BERNHARD PAUMGARTNER · MOZART

BERNHARD PAUMGARTNER

MOZART

ATLANTIS MUSIKBUCH-VERLAG

SECHSTE, GÄNZLICH ÜBERARBEITETE
NEUAUFLAGE 1967
7. AUFLAGE 1973
8. AUFLAGE 1980
9. AUFLAGE 1986

HERSTELLUNG: KÖSEL, KEMPTEN
PRINTED IN GERMANY
ISBN 3-254-00039-0

DEM ANDENKEN MEINES FREUNDES
ALFRED VON ROTTAUSCHER

INHALTSVERZEICHNIS

Viertes Buch

DER MEISTER

VORWORT ZUR FÜNFTEN AUFLAGE

Zwei Ziele verfolgt mein Buch: Das Bild Mozarts, sein Leben, seine Entwicklung, sein Werk im Geiste unseres Jahrhunderts, doch aus dem Spiegel jener Zeit zu erkennen, die sein Genie mitgestaltete, und seine liebe, verehrungswürdige Erscheinung allen, nicht nur den Eingeweihten im Reiche der Musik, menschlich und künstlerisch nahezubringen. Von Analysen und Notenbeispielen – so nützlich, so unumgänglich sie in Spezialuntersuchungen sind – ist in diesem Buche, das eine zu tieferer Versenkung anregende Schau über einen ungeheuren Lebensweg geben will, grundsätzlich abgesehen worden. Wenn ein einziges Werk Mozarts schon einer Unzahl von Notenbeispielen bedürfte, nur um einen schwachen Begriff von der logischen Kraft der Synthese zu geben, die dieses Werk aus dem Ureinfall zu vollendeter Gestaltung wachsen ließ, wie stümperhaft müßte ein Versuch der ungeheuren Fülle seines Gesamtschaffens gegenüber bleiben. Und – da eine Analyse wiederum in Gefahr gerät, über Dinge, die sich bloß mit *tonlichem* Material erklären lassen, von außen herum unzureichende *Worte* zu machen, sei jener kurze Hinweis angängiger, der das einzelne Werk nur an seinen Platz im künstlerischen Raum zu stellen versucht.

Die Resultate des Buches – wenn es auch der Allgemeinheit dienen will – sind auf wissenschaftlicher Arbeit gegründet. Ich habe in meiner langjährigen Tätigkeit am Salzburger Mozarteum selbst einen bescheidenen Anteil an den lebhaften Fortschritten der neueren Mozartforschung nehmen dürfen. Dazu hatte ich das Glück, als Leiter des Mozartorchesters, insbesondere aber des von mir gegründeten Orchesters «Camerata academica» der Akademie Mozarteum, des Instituts, dessen Führung mir schon 1917 anvertraut worden war, manche Erkenntnisse, von der lebendigen Herrlichkeit der Musik gleichsam bestätigt, wiederzuerleben, manches selbst erstmalig zu erfühlen. Einiges davon konnte ich im Buche festhalten. Die fachliche Rechtfertigung findet sich am Schluß bei den Quellennachweisen und Anmerkungen, mit denen ich den Text nicht belasten wollte. Das Mozart-Jahr 1956 hat eine reiche Literatur reifen lassen. Soweit die Aufnahme neuer Erkenntnisse in diesem Buche notwendig erschien, sind jene berücksichtigt worden. Die in Klammer beigefügte Nummer bezieht sich auf *Köchels thematisches Verzeichnis* der Werke Mozarts. Die Stellen aus Briefen Mozarts und seiner Familie sind im Wortlaut unverändert geblieben, wenn auch Kürzungen und Zusammenfassungen bei der auszugsweisen Wiedergabe notwendig wurden.

Salzburg, im Sommer 1957 *Dr. Bernhard Paumgartner*

VORWORT ZUR SECHSTEN AUFLAGE

In dem Dezennium seit Erscheinen der fünften Auflage bis zu dieser Neuauflage hat die Mozartforschung, namentlich die umfassende Arbeit des *Zentralinstitutes für Mozartforschung* am Mozarteum in Salzburg durch seine Mitarbeiter eine Fülle wertvoller Erkenntnisse über und um Mozart der Welt erschlossen. Nur ein kleiner Teil dieser Arbeit ist im *Mozart-Jahrbuch der Internationalen Stiftung Mozarteum* gesammelt. Was darüber hinaus, gefördert durch die allgemeinen Fortschritte der Musikwissenschaft, an Wertvollem, Zusammenfassendem oder an eindringlicher Kleinarbeit, inzwischen erschienen ist – vom emsigen Wust des Belanglosen natürlich abgesehen –, bedarf vieler Mühe und Aufmerksamkeit. Manche eigene Erkenntnis mußte korrigiert, manches beigefügt werden. Die Gesamtschau konnte unverändert bleiben. Nach so vielen Jahren seit der Erstauflage dieses Buches (1927) ist dankbar festzustellen, wie die Erscheinung Mozarts, sein menschliches Bild, sein Werk, das klingende Wunder seiner Musik in der Welt des Geistes weit über alle Erwartung gewachsen sind. Über die Grausamkeit der Kriege, der politischen Wirren, über alle Unordnung und Unrast unserer Zeit hinweg hat die umfassende Größe dieser Schöpfung, die logische Kraft und Tiefe ihrer Aussage allen Erkennenden mit immer stärkerer Überzeugungskraft den Glauben an die Existenz jener höheren Ordnung erhalten, wie sie uns eben mit aller Vollkommenheit, gleichsam als eine himmlische Verkündigung, in der Musik Mozarts vorgebildet erscheint.

Salzburg, im Herbst 1967 *Dr. Bernhard Paumgartner*

ERSTES BUCH

ERKENNTNIS
TYPUS
ZEITSTIL

1. MOZARTS BILD IM WANDEL DER ZEITEN

> In solcher feierlicher Pracht
> Wirst du nun bald der ganzen Welt erscheinen.
> Ins Reich der Sonne wirket deine Macht!
> (Goethe, Der Zauberflöte zweiter Teil, 1798)

Als der k. k. Kammerkompositeur Wolfgang Amadeus Mozart in der ersten Morgenstunde des 5. Dezember 1791 arm und verschuldet dahinging, war keiner da, würdig, ihm die Augen zuzudrücken. Joseph Haydn, der einzige, der mit der ganzen Größe und Wärme des eigenen Schöpfergeistes den unsterblichen Genius in dem armseligen Menschendasein seines Freundes rein und leuchtend erschaut hatte, weilte in London. Beethoven lebte noch nicht in Wien. Kein Neugieriger, kein Freund, kein Angehöriger, nicht einmal die Witwe standen an dem Rand des dunklen Grabes, als gleichgültige Fäuste der St. Marxer Totengräber den kleinen Körper zu den traurigen Resten namenlosen Elends eilig einscharrten. Niemand kümmerte sich damals um die Ruhestätte des toten Meisters. Sein sterblich Teil ist spurlos verschollen.[1] Wir aber stehen vor ihr mit Schauer wie vor dem Grabmal des unbekannten Soldaten, wissend, daß es gerade das Namenlose, das Beliebige des Körperlichen ist, das Seele und Geist mit letztem Anstoß frei macht, den Flügelschlag einer großen Epoche ergriffen wiederzuerleben.

Als Haydn achtzehn Jahre später starb, war Wien von den Franzosen besetzt. Napoleonische Soldaten und die Bürgerwehr hielten die Ehrenwache an seiner Bahre. Jedermann in der Stadt wußte, wer dahingegangen war. Aber die Tausende, die um Haydn trauerten, trauerten auch um Mozart. Und die Blicke der Welt richteten sich auf Beethoven, der, groß und einsam, das Erbe antrat.

Es bleibt eine schöne Legende, daß bei Mozarts Tode dunkle Scharen von Leidtragenden klagend an seinem Sterbehause vorübergezogen seien. Als der Meister ein Jahr früher bei der Kaiserkrönung Leopolds II. in Frankfurt weilte, stand er, kaum beachtet, im Schatten eines Salieri und anderer Modekomponisten. Bei den Zeitgenossen galt er als Klavierspieler von Rang, sogar als tüchtiger Tonsetzer – kaum mehr. Niemals zu seinen Lebzeiten wurde er «populair und jedem Liebhaber angenehm», wie das Gerbers Lexikon bereits 1791 an Joseph Haydn rühmt. Sogar die ahnungslose Witwe Mozarts erfuhr erst allmählich zu ihrem Erstaunen, mit wem sie verheiratet gewesen war. Und selbst dann hat sie die Größe des Wunders nicht annähernd begriffen. Schlichtegrolls Nekrolog (1792) spricht von der «Zauberflöte» und vom «Requiem», ohne die «Entführung», «Figaro» und «Don Giovanni» zu erwähnen.

Erst der ungeheure Erfolg der «Zauberflöte» hat Mozarts Opern zum dauernden Besitztum des Theaters emporgerissen. Das ist gewiß kein Zufall. Aber es gehört zur schwermütigen Tragik, die wie ein dunkler Schatten über Mozarts armseligem Erdendasein schwebt, daß er diesen Sturm erkennender Begeisterung nicht mehr erleben sollte. Der immer steigende Zuspruch des Lokalpublikums nach dem schmerzlich geringen Beifall der Wiener Uraufführung blieb seine letzte lächelnde Freude.

Die Anfänge seines Schaffens standen an der Schwelle einer neuen Entwicklungsperiode der Musikgeschichte. Seine letzten Werke wieder atmen den Geist einer anderen Kulturepoche, deren Jünglingsreife sich erst nach seinem Tode erfüllen sollte. Aber sein kurzes Leben umfing die Grenzen dieser ungeheuren Wandlung mit solcher Genauigkeit, daß es wie Fügung einer ewigen Gewalt erscheinen muß, die sein Genie an Anfang und Ende der Zeit stellte.

Nicht umsonst besaß er als Musiker eine Universalität[2] ohnegleichen. Auf anderem Gebiet sind ihm darin vielleicht nur Goethe und Lionardo ähnlich. Zum letzten Male faßte sein ungeheurer Geist die absinkenden Erscheinungen seiner Epoche, so vielfältig sie waren, in ihrem Wertvollsten zusammen und verlieh ihnen die ewige Formel. Haydn, der Ältere, hat vor ihm die neue Tonsprache der klassischen Schule mitgestaltet. Er hat Mozart um mehr als die Hälfte eines Menschenalters überlebt. In Haydns Spätwerken aber offenbart sich bereits die fortwirkende Kraft des Mozartschen Genius. Immer wieder blieb diese Kraft wegeweisend, wenn spätere Generationen neue Ausdrucksformen suchten. Jeder erlebte Mozart so, wie es die eigene Künstlersehnsucht wollte. Die Fülle seines Werkes schenkte jedem, was er erheischte. Es bedürfte keines weiteren Beweises seiner Größe als die Summe von Idealen, die seine Kunst den verschiedenen Stilrichtungen von beinahe eineinhalb Jahrhunderten mit lächelnder Vielseitigkeit geboten hat.

Einen lauten Kampf für und wider sein Werk – man denke an Beethoven und Wagner – hat es wohl kaum gegeben. Dagegen ist der Kampf um seinen Besitz auch heute zum Glück nicht ganz verstummt. Was sind alle Worte, alle Lobpreisungen gegen die innige Beharrlichkeit jedes ernsten Musikers, immer tiefer in den geheimnisvollen Organismus so geliebter Musik einzudringen. Was hier mühelos in zauberhafter Schönheit gewebt erscheint, ist nur die geheimnisvolle Pforte in das dunkle Reich der Mütter. Dort aber, dem Verstande nicht mehr faßlich, wirkt die Urkraft alles Gestaltens, der letzte Anstoß ewiger Gesetze des Weltwerdens und ihres tönenden Abbildes, der Musik.

In Mozarts Werk sind alle künstlerischen Merkmale, die sich jede neue Generation zu eigen machen will, in vollendeter Harmonie vereinigt: Bezwingende Logik und Schönheit des Melos, Kühnheit im harmonischen

Aufbau, Ausgleich im Klanglichen wie in der Bewegung, ideale Verschmelzung des linear-kontrapunktischen Flusses mit der Klarheit homophon-vertikaler Gestaltung. Mozart erreichte damit ein Ziel, das allen Meistern vor ihm vorgeschwebt war, doch nur von wenigen erreicht wurde, ein ewig neues Ideal, wann immer wieder die kulturelle Bewegung in die Richtung gebändigter künstlerischer Form einzuschwenken bestrebt ist.

Wenn wir auch den lebendigen Kontakt mit Mozart nicht verloren haben, ist den Nachfahren der Kunstwille, die geistige Atmosphäre jener Zeit entschwunden, in der sich sein Genie leuchtend entwickeln konnte. Schon mit Beethoven setzt erkennbar eine neue Kunstgesinnung ein. Es ist anregend zu erkennen, wie alle Musikurteile des 19. Jahrhunderts über Mozarts Kunst die wandelnde Stilhaltung von *Beethoven,* über *Wagner* und *Brahms* hinaus, seltsam widerspiegeln. Fast immer führen sie am Kern der Mozartschen Synthese vorüber, wenn auch die sichere Intuition begnadeter Geister Tieferes errät. Während das lebensprühende Werk des Meisters da und dort sogar noch Widerspruch erregte, erstarrte die Bewunderung vor der «klaren, mühelosen (!) Vollkommenheit» seiner Musik bereits in dem kühlen Schönheitsideal des «Klassischen», des Klassischen im antikisierenden Sinne damaliger Umgrenzung dieses Begriffs. Robert Schumann war es, dessen herzenswarme Phantasie das schöne, so gerne nachgebetete, leider so unzutreffende Wort von der «griechisch schwebenden Grazie» für die g-moll-Symphonie prägte. Man glaube aber nicht, daß die «himmlische Gabe» Mozartscher Tonkunst vom sanften Vormärz immer nur mit Samthandschuhen angerührt wurde. Schon der preußische Hofkapellmeister Johann Friedrich Reichardt beklagt sich in der «Berliner Musik-Zeitung» von 1793 über das modische «Gemozarte», das «jetzt schier kein Ende habe». Noch 1823/24 erklärt der «Schweizer Sängervater» Hans Georg Nägeli, Komponist des Liedes «Freut euch des Lebens», neben großmütiger Anerkennung anderer Vorzüge, unseren Meister für einen «unreinen Instrumentalkomponisten», «der die Kantabilität mit dem freien, instrumentalischen Ideenspiel auf tausendfach bunte Art vermengte, vermöge seiner Erfindungsgabe, seines Ideenreichtums, eine ungeheure Fermentation in das ganze Kunstgebiet hineinbrachte, dadurch vielleicht mehr mißbildend als bildend, aber mächtig aufregend wirkte. Gefühlsheld und Phantasieheld in gleichem Maße, voll Drang und Kraft, erscheint er in vielen seiner Kompositionen augenblicklich als *Schäfer und Krieger,* als *Schmeichler und Stürmer;* weiche Melodien wechseln häufig mit scharfem, schneidendem Tonspiel, Anmut der Bewegung mit Ungestüm. Groß war sein Genie, aber ebenso groß sein *Geniefehler,* durch Kontraste zu wirken. Fehlerhaft war dies hier um so mehr, als er das Nichtinstrumentalische mit dem Instrumentalischen, die Kantabilität mit dem freien Tonspiel in steten Kontrast setzte. Unkünstlerisch war es, wie es in allen Künsten ist, wenn etwas nur durch sein Gegenteil Wirkung gewinnen muß. Mißbildend war es, weil man, sowie das ewige Kontrastieren zum Hauptwirkungsmittel erhoben wird, die *schöne Proportion* der Teile eines Kunstwerks *außer acht* läßt. Dieser Stilunfug Mozarts ist in vielen seiner Werke vielfach nachzuweisen ... Ich fand und finde also Mozarts Stil fehlerhaft.» («Vorlesungen über Musik mit Berücksichtigung der Dilettanten», gedruckt bei Cotta, 1826.)

Richard Wagner, der wieder das Wort vom «zarten Licht- und Liebesgenius Mozart» erfunden hatte, versuchte, unbekümmert darum, diese «göttliche» Erscheinung seiner eigenen starken Natur gefügig zu machen. Selten hat ein großer Meister, vom eigenen Schaffensdämon umstrickt, so viel Widersinniges über ein gewiß nicht geringeres Genie des vergangenen Jahrhunderts ausgesagt, dessen geistige Triebkräfte und Gestaltungen er, in der vordersten Kampflinie einer völlig anders gearteten Zeitströmung, naturgemäß mißverstehen mußte. Von der Voraussetzung ausgehend, daß Mozart erst von dem Gebiete der dramatischen Musik in die Symphonie eingetreten sei, erkennt Wagner im symphonischen Schaffen Mozarts nur die Schönheit der Themen und geübte Satztechnik, der aber für die Belebung der Bindeglieder die gewohnte dramatische Anregung fehle. «Was nun jenes Mozartsche *absolute Allegro* noch besonders als der naiven Gattung angehörig erkennen läßt, ist nach der Seite der Dynamik hin, der einfache Wechsel von *forte* und *piano,* sowie, im Betreff seiner formellen Struktur, die wahllose Nebeneinanderstellung gewisser, dem Piano- oder Forte-Vortrag angeeigneter, völlig stabil gewordener rhythmisch-melodischer Formen, in deren Verwendung (wie bei den stets gleichartig wiederkehrenden rauschenden Halbschlüssen) der Meister eine fast mehr als überraschende Unbefangenheit zeigt. Hier erklärt sich jedoch alles, auch die größte Achtlosigkeit in der Anwendung gänzlich banaler Satzformen, aus dem einen Charakter eben dieses Allegros, welcher gar nicht durch Kantilene uns fesseln, sondern vielmehr nur durch rastlose Bewegung uns in eine gewisse Berauschung versetzen soll.» («Über das Dirigieren», Ges. Schriften, VIII/288). Dies eine Beispiel genüge für viele, ähnlich apodiktische Urteile aus der Epoche einer selbstbewußten, voluminös gewordenen Romantik. Sie wären wirksamer geworden, hätte sie nicht das strahlende Licht Mozartscher Tatsächlichkeit bald wieder zu harmlosen Buchweisheiten degradiert. Die *Mozartliteratur*[3] *des 19. Jahrhunderts* bietet dieselbe Spiegelung des wechselnden Zeitbildes in der Betrachtung von Mozarts Erscheinung wie die Urteile der schaffenden Tonkünstler: Die meisten Versuche aus dem Vormärz begnügen sich mit anekdotenhafter Schilderung von Mozarts Leben; sie vermeiden ein tieferes Eingehen auf sein künstlerisches Schaffen, oder sie treten diesem in persönlich befangener Einstellung entgegen. Als das Wissen um die Erscheinung Mozarts nach der Wende vom 18. zum 19. Jahrhundert langsam aufgestiegen war, lebten noch Zeitgenossen des Frühvollendeten, viele, die ihn in seiner menschlichen Verhüllung flüchtiger oder persönlicher gekannt haben wollten, manche, die blauen Dunst aufwirbelten, die meisten, nun ins ruhige, erinnerungsfreudige Alter tretend, voll Ehrfurcht vor dem Frühlingswunder seines Daseins. Aus dieser seltsamen Mischung nachwirkenden Gedenkens an die noch irdische Berührung mit einem bald in unerreichbare Weiten Entrückten und der leise aufdümmernden Erkenntnis des bis an die Grenzen menschlichen Ermessens reichenden Maßes seiner Leistung formte sich die früheste Haltung der Mozart-Literatur.

Mit Ausnahme des bald nach Mozarts Hinscheiden erschienenen «Nekrologs» von *Schlichtegroll* (1792) und der ernsten Lebensbeschreibung von *Niemetschek* (1798), die sich auf gute Quellenberichte stützen, sieht das Schrifttum dieser Zeit und das der ersten Jahrzehnte des 19. Jahrhunderts (Rochlitz, Carpani, Reichardt u. a., schließlich auch E. T. A. Hoffmann) den Gefeierten bereits im Lichte der eigenen, völlig veränderten Zeit, mit dem Urteil und den Ansprüchen einer völlig gewandelten Lebens- und Sittenanschauung.

Zu diesen Arbeiten gehört auch die wichtige, erst nach dem Tode ihres Autors (1828) erschienene Biographie von *Nikolaus von Nissen.* Nissen dürfte Mozarts Witwe in erster Linie wohl aus einem rührenden Enthusiasmus für den Meister selbst geheiratet haben. Durch Konstanze trat er in persönliche Nähe seines Idols. Zweifellos hat er gläubigen Herzens alles niedergeschrieben, was ihm Konstanze mehr als eine Generationsspanne nach dem Ereignen, in völlig anderer Seelenlage als damals, berichtete. Hier trübte sich die wichtige Quelle schon an ihrem Ursprung. Was wußte diese Frau, die ihrem Mann ein gehätscheltes, kaum entbehrliches, von diesem bis zur Selbstaufgabe verwöhntes Spielzeug gewesen, die jetzt eine würdige Biedermeiermatrone geworden war, von den dunklen Tiefen seines göttlichen, seines schauerlichen Schicksals, von der wahren Größe seiner Erscheinung, von der Zwiespältigkeit seines Wesens? Geschichtchen und Anekdoten wußte sie zu erzählen, die Nissen spießbürgerlich stilisierte, kleine Dinge eines kleinen Lebens, ohne Bewußtheit für die Zusammenhänge, für den «Filo», dem schon Vater Leopold Mozart so große Bedeutung im Leben, wie in der Musik beigemessen hatte.

»Man will, man darf seinen Helden nicht öffentlich ganz so zeigen, wie er sich etwa selbst in Abenden der Vertraulichkeit geschildert hat. Durch alle Wahrheit kann man seinem Ruhm, seiner Achtung und dem Eindrucke seiner Werke schaden.» Das ist Nissens Maxime, wie er sie in der Einleitung zu seinem Buche wörtlich ausspricht.

Das «Verschweigen zu seinem Ruhme», das Nissen übte, hat gerade bei der Schilderung der kritisch schicksalhaften Zeitabschnitte in Mozarts Dasein empfindliche Lücken zurückgelassen. Die von Nissen sorgsam appretierten Darstellungen der Witwe haben viele romanhafte Ansätze in der späteren Biographik, fast bis in unsere Gegenwart hinein, üppig gedeihen lassen. Schmerzlicher noch ist die Erkenntnis, daß vieles für immer verschwunden ist, was in seiner großartigen Ungebundenheit nicht recht zum süßlich angelegten Bild des Unsterblichen gepaßt, was im Vormärz Metternichs zu kompromittierenden Urteilen Anlaß gegeben, vielleicht sogar den rosigen Schein um Konstanze getrübt hätte. Viele Stellen, viele Namen sind von Nissen – in den Originalen der Briefe Mozarts selbst! – getilgt, überschrieben, somit verfälscht worden. Das ist sicher nur ein kleiner Teil verdunkelnder Dinge, die geschehen sind, ohne daß wir davon wissen.

Erst hundert Jahre nach Mozarts Geburt erscheint die große, umfassende Biographie von *Otto Jahn*, das grundlegende Werk von nicht genug zu würdigender Bedeutung. Zum ersten Male wird hier der reiche Stoff erschöpfend, mit warmem Herzen, in kluger, bedachtsamer Anlage behandelt, zum erstenmal besteht hier der Versuch, dem Gesamtwerke bis in Einzelheiten liebevoll nahezukommen.

Jahns Auffassung entspricht einer typischen Einstellung seiner Zeit. Ihr entspricht die Sorgfalt, das Idealisieren eines fast göttlich verehrten Vorbildes. Schöpfung und Persönlichkeit werden zu untrennbarer Einheit verschmolzen. Da Mozarts Werk dem Biographen somit als ein Fertiges, ewig Schönes, Vollendetes erschien, dem selbst die Stürme der Entwicklung fremd geblieben waren, so mußte er – selbst mit bewußter Unterdrückung oder Abschleifung historischer Tatsachen – aus der rührend menschlichen, den kleinen Schwächen des Daseins kindlich zugänglichen Erscheinung unseres Meisters eine romantisch verklärte Lichtgestalt zu formen versuchen.

Diese idealisierende Grundanschauung hat sich in der Literatur der folgenden Jahrzehnte mit Hartnäckigkeit festgesetzt. Sie blieb im breiten Publikum bis auf den heutigen Tag erhalten.

Man braucht nur auf die Bühnen- und Kostümbilder der zweiten Hälfte des vorigen Jahrhunderts zu Mozarts Opern einen Blick zu werfen: Süßliches Rokokogetändel, amorettenumflogene Genrebilder im Zuckerbäkkerstil! Um jene Zeit unternahm Louis Schneider seine sonderbare «Modernisierung» des «Schauspieldirektor», wo Mozart selbst, von einer Altistin gesungen, die Bühne betreten muß. Überall kokettierte die Putzigkeit puppenhafter Cherubino-Soubretten als lächerliches Trugbild der leidenschaftlichsten Ephebengestalt unserer Literatur über die Theater. Immer noch fühlt sich dieser und jener Enthusiast verpflichtet, aus der edelsten, ritterlichsten Musik aller Zeiten, aus der Verhaltenheit dämonischer Leidenschaft die traditionelle «Zierlichkeit» herauszuhören, da er diesen Begriff gewohnheitsmäßig mit einem Zeitalter verbindet, das in Wahrheit an Gegensätzen überreich, bewußt, kraftvoll und neben empfindsamer Schwärmerei, wenn es beliebte, auch voll Brutalität gewesen war.

1912 erschien zu Paris das zweibändige Werk «W. A. Mozart. Sa vie musicale et son œuvre de l'enfance à la pleine maturité» (1756–1777) von *Theodor de Wyzewa* und *Georges de Saint Foix*. Nach dem Tode Wyzewas hat M. de Saint Foix, die Arbeit weiterführend, 1936 einen dritten, bis 1784 reichenden, und 1939 einen vierten Band (bis 1788) bei Desclée de Brouwer & Cie. herausgegeben. Der fünfte (letzte), die umfangreichen Studien abschließende Band, ist 1946 erschienen. Das bedeutende Werk behandelt die Entwicklung des Mozartschen Œuvre unter Beiseitestellung der äußeren Lebensumstände. Der Betrachtung der Musik ist dagegen alle Sorgfalt, eine Fülle von Wissen und historischer Erfahrung gewidmet. Die Methode stilkritischer Vergleichung des tonlichen Materials mit seiner musikalischen Umwelt, wie sie bereits in zahlreichen kleineren Arbeiten vorhergehender Jahre gehandhabt wurde, findet nun auf so umfassendem Gebiete fleißige Anwendung. Mit aller Gründlichkeit versuchen die Verfasser die künstlerischen Eindrücke auf die empfangsbereite Seele des jungen Meisters systematisch aufzudecken. Sie gelangen in folgerichtiger, mitunter leidenschaftlicher Auswertung dieses Verfahrens zur Einteilung des Mozartschen Schaffens in vierunddreißig (!) Entwicklungsperioden, die jeweils unter dem besonderen Einfluß künstlerischer Vorbilder zu stehen scheinen. Im Zusammenhang damit wird eine neue chronologische Anordnung («Nouveau Classement») aller Werke gewonnen, eine Anzahl irriger Ergebnisse der älteren Forschung richtiggestellt, wobei freilich eine Reihe neuer Irrtümer nicht vermieden werden konnte. Dennoch war damit im Gegensatz zur romantischen Betrachtungsweise Jahns und seiner Nachfolger ein Schritt nach vorwärts getan, der nicht ohne Wirkung bleiben konnte.

In der Freude am stilkritischen Vergleichen unterließ man es zunächst, nach tieferen Gesetzen zu forschen, die Mozarts Musik trotz unleugbarer Anklänge an zeitgenössische Vorbilder von diesen *wesenhaft verschieden* werden und *eben dadurch* zu dauerhaften Gebilden eigener Formung emporwachsen ließen. Die literarisch bestimmte Publizistik leugnete, an ihrer Spitze das zweibändige Mozart-Werk von *Artur Schurig* (Leipzig 1913), prinzipiell jeden Zusammenhang der Persönlichkeit Mozarts mit seinem Schaffen. Man tat dies um so lieber, als Jahn und seine Anhänger vom harmonischen Einklang zwischen Leben und Kunst überzeugt waren. Man kleidete die Idealgestalt des 19. Jahrhunderts, den «apollinischen Sonnenjüngling» Mozart, mit einem Male zur sonderbaren Gegenerscheinung eines banalen Durchschnittsbürgers um, der inmitten eines hilflos verwirrten Lebens unsterbliche Musik schrieb. Wie die idealisierende Romantik war aber auch diese, für kurze Zeit verblüffende Betrachtungsweise am Wesentlichen vorbeigegangen: an dem schlichten, aufrechten Menschentum des Meisters, an seiner wunderbaren Verbundenheit mit den treibenden Gewalten eines mächtigen Schöpferdranges, der sein Leben wie sein Verhältnis zur Mitwelt entscheidend bestimmte.

Solche Fehler hat die Neubearbeitung der alten Jahnschen Biographie von *Hermann Abert* (1919/21) glücklich vermieden.[4] Das umfangreiche Werk ist mit dem Rüstzeug der gereiften Musikwissenschaft, mit Objektivität, Wärme und Können geschrieben. Neue Richtlinien führen zum Wunder der Mozartschen Erscheinung: «Schon der gewöhnliche Mensch pflegt ja nichts nachzuahmen, wozu der Keim nicht schon in ihm liegt. Beim Genie aber trägt bereits diese Auswahl das Gepräge des Schöpferischen, sie ist sein erster Versuch, sich der Tradition gegenüber zu behaupten, das ihm Fremde und Hemmende abzustoßen und das Wesensverwandte nicht etwa bloß nach-, sondern umzubilden und in seinen eigenen Besitz zu verwandeln. – Wir sollten also nie vergessen, daß das Größte an Mozart sein eigenes Ich und dessen Gestaltungskraft ist, nicht das Material, an dem sie sich erprobt hat.»

Aus der lebendigen Wiedererweckung seines Zeitalters kann eine objektive Einstellung zu Mozarts Leben und Werk gewonnen werden. Als Endzweck bliebe sie ungenügend. Aber sie vermag zu den Quellen tieferer Erkenntnis zu führen. In den geheimen Merkmalen, die eines Unsterblichen Werk von dem kurzlebigen Schaffen seiner Vorbilder und Zeitgenossen unterscheiden, liegen die Wurzeln seines Wesens, seiner Kraft, seiner Genialität. Eine Frage höherer Ordnung bleibt zuletzt offen: die Ergründung der zwingenden inneren Gesetze jener organisatorischen Synthese. Hier stehen wir freilich bald an der Schwelle des Unfaßbaren. Denn die ewigen Normen, nach denen sich jeder schöpferische Akt im Genius vollzieht, sind wohl nur diesem zu eigen. In den Urgrund dieser treibenden Kräfte hinabzusteigen, vermögen wir indes ebenso schwer, wie es uns gegeben ist, den letzten Sinn der Naturgesetze zu verstehen, deren Erscheinungsformen wir doch zu kennen vermeinen.

Die Musikwissenschaft hat uns in den letzten drei Jahrzehnten – seit Aberts Biographie – auch in der Mozartliteratur eine Reihe wichtiger Arbeiten geschenkt. Verbindungsbrücken aus dem Reiche der Tonkunst zu den anderen Künsten, zu großen kulturellen Erscheinungen der Epoche, scheinen gesichert. Durch die klingende Wiedererweckung zahlreicher Musikstücke aus Mozarts Jahrhundert ist es leichter geworden, Distanz und Persönlichkeit seiner Kunst lebendig aus der tönenden Spiegelung ihrer Umwelt zu erfassen. Zeit und Musik erglänzen in neuem, vertrauterem

Licht. Wir hören viel Mozart im Rundfunk; nicht selten Werke, die bisher fast unbekannt geblieben waren. Dieser Fortschritt belebt die Konzertprogramme, ermuntert die Teilnahme aller Musikliebenden.

Zur *Lebens*geschichte Mozarts ist manche Einzelheit in letzter Zeit wieder ans Licht gekommen. Das äußere Bild seines kurzen Erdendaseins, die schon bekannten «historischen» Daten haben dadurch keine entscheidende Änderung erfahren, wenn auch die allgemeine Schau durch zahlreiche Einzelheiten eine frische Belebung erfuhr. So insbesondere durch die ausführliche Schilderung des Mozartschen Erdenweges in den alle wesentlichen Erkenntnisse der letzten Jahre zusammenfassenden Biographien von *Robert Haas* (Potsdam 1933), *Alfred Orel* (Wien 1941, Salzburg 1956) und *Erich Schenk* (Wien 1955). In der Erkenntnis seines *Werkes* sind wir gleichfalls ein gutes Stück weitergekommen: Auf diesem Gebiet bedeutete die Neuausgabe (3. Auflage) des «chronologisch-thematischen Verzeichnisses sämtlicher Tonwerke W. A. Mozarts von Ludwig von Köchel» durch *Alfred Einstein* (Leipzig 1937) wieder einen entscheidenden Schritt. Was die langjährige Mühe eines Berufenen mit universellem Fachwissen in diesem «Katalog» zur erfreulichen Sicherung und Wegleitung der Forschung und des praktischen Musiklebens erschöpfend in übersichtlicher Ordnung und Knappheit zusammengestellt hat, das erscheint «in persönlicherem und lebhafterem Zusammenhange», in jener überlegenen Auflockerung, schlichten Klarheit und Allgemeinverständlichkeit dargestellt, die immer das Merkmal hoher wissenschaftlicher Qualität gewesen ist, in desselben Autors «Mozart» (Stockholm 1947). In diesem Buche wird das Leben Mozarts nicht mehr fortlaufend in allen Einzelheiten erzählt. Sein menschliches Bild aber und das der «Menschen und Ereignisse, die diesen Charakter entscheidend beeinflußt haben», wird in einzelnen Abschnitten scharf umrissen und vielseitig durchleuchtet. Mehr Raum noch ist der tiefgründigen, niemals trockenen Schau seines Werkes gewidmet, der «Einordnung jeder einzelnen Schöpfung in das Gesamtwerk» und der Betrachtung dieser Gesamtheit «vom Standpunkt seiner Entstehungszeit wie unserer Beziehung zu ihm». Ein wichtiger Leitgedanke dieses aufschlußreichen, wesentlichen Buches führt immer wieder zur Erkenntnis der «herrlichen Einheit» des Menschen und des Schöpfers, des Göttlichen und des Irdischen in Mozart. Dieser Gedanke gibt der ganzen Arbeit viel Wärme und den Widerschein eines neuen, schönen Lichts.

Die 3. Auflage des *«Köchel»* hat 1946 ein noch von *Einstein* selbst besorgtes «Supplement» und zwei Nachdrucke als 4. und 5. Auflage erlebt. Nach dem Tode Einsteins (1952) ist eine gründliche Neubearbeitung des unentbehrlichen Nachschlagewerks von *Franz Giegling, Alexander Weinmann* und *Gerd Sievers* als *6. Auflage des Köchel* 1964 bei Breitkopf & Härtel in Wiesbaden erschienen. Das allgemeine Schrifttum über

Mozart ist in den letzten Jahrzehnten gewaltig angewachsen. Die wertvollen Arbeiten aus dieser Fülle haben das Übernommene vermehrt, neue Anhaltspunkte gefunden, neue Wege gewiesen. Somit darf die gegenwärtige Generation ihre Leistung mit gutem Gewissen den Harrenden der Zukunft in die Hände legen. Im Bärenreiter-Verlag (Kassel) erscheint seit 1956 fortlaufend, herausgegeben von der Internationalen Stiftung Mozarteum in Salzburg, betreut von hervorragenden Musikgelehrten, eine *Neuausgabe sämtlicher Werke W. A. Mozarts.* Die *«Dokumente seines Lebens»*, gesammelt und erläutert von *Otto Erich Deutsch* (1961), und die neue, mit peinlicher Genauigkeit redigierte *Gesamtausgabe der Briefe und Aufzeichnungen Mozarts* von *W. A. Bauer* und *O. E. Deutsch* (Kassel 1962) haben dazu eine moderne, sichere Grundlage für jede künftige Mozart-Arbeit geschaffen.

2. MOZARTS PERSÖNLICHKEIT

Typus

Es ist nichts in der Haut,
Was nicht im Knochen ist.
Vor schlechtem Gebilde jedem graut,
Das ein Augenschmerz ihm ist.

Was freut denn jeden? Blühen zu sehn?
Das von innen schon gut gestaltet:
Außen mag's in Glätte, mag's in Farben gehn.
Es ist ihm schon voran gewaltet. (Goethe)

Es ist etwas Eigentümliches um die Art des Musikers. Gewiß bleibt, daß Maler oder Dichter, die ihre Stoffe aus den Erscheinungen der Umwelt gewinnen, zu dieser mehr Beziehungen erhalten müssen als der Musiker, der seine Assoziationskeime aus dem musikalischen Grundstoffe seines Innern schöpft und nach rein musikalischen Bewegungsgesetzen ausbaut. Daher das Weltabgewandte bei manchen Musikererscheinungen, ihr sonderbares Unverständnis für viele Dinge des täglichen Lebens.

In der Reihe unserer großen Tondichter werden wir, ganz allgemein gesprochen, zwei Grundtypen unterscheiden können: Musiker, denen ihr Schaffen nur der geläufigste Ausdruck einer allgemeinen künstlerischen Anlage ist, und solche, die aus der Musik den primären Anstoß ihres ganzen Seins, ihrer Vitalität, ihres Denkens und Fühlens empfangen, die in ihrer Umwelt nur das als brauchbar und beachtenswert empfinden, was mit ihrem musikalischen Urtrieb mittelbar oder unmittelbar zusammenhängt.

Die erste Gruppe schließt musikantische Genialität keineswegs aus. Hierher können wir die großen Musikdramatiker Gluck und Wagner zählen, dazu eine endlose Reihe kleinerer Meister bis herab zu dem modernen Typus des universell gebildeten Kapellmeisters und Komponisten. Gemeinsam ist allen eine gewisse gesteigerte Helligkeit des Bewußtseins ihrem Berufe und der Welt gegenüber, der Hang, zu dem Werke in kritische Distanz zu kommen, zu theoretisieren und Programme zu entwerfen, eine starke Hinneigung zum Problematischen und die Empfänglichkeit für alle künstlerischen und kulturellen Regungen ihrer Zeit. Wo höhere musikalische Anlage nicht sieghaft durchbricht, bleibt manchmal als Folge nicht gebändigter Universalität ein leichter Restbestand von Dilettantismus im rein Musikalischen zurück.

Ganz anders liegt der Fall bei den Musikern der zweiten Gruppe, der neben Haydn und Schubert auch Mozart zugehörig ist. Ihr Schaffen, dem sie sich nicht entziehen können, hat stets den Charakter des Naiven, Unbewußten, scheinbar Selbstverständlichen. Ihr Instinkt für die Brauchbarkeit eines Eindrucks ist ins Feinste gesteigert. Niemals tragen ihre Werturteile den Charakter theoretischer Formeln. Immer entscheiden sie im Falle selbst, knapp und praktisch. Ihre Tiefe liegt in der Tatsache der genialen Produktion. Durch ihre Schöpfung stehen sie nicht minder fest, wenn auch zum Teil unbewußt, in ihrem Zeitalter und seinen kulturellen Strömungen. Ihr Leben entwickelt sich nach den höheren Richtlinien ihres Schaffens. Fast allen ist eine wunderbare Fruchtbarkeit und eiserner Fleiß eigentümlich. Meist sind sie von der Musik besessen.

So stand auch Mozarts Wesen und sein Schicksal völlig unter dem herrischen Einflusse eines unerbittlichen Dämons, der Körper, Geist, Willen und gesellschaftliche Anlagen einzig nach den Zweckgründen seiner musikalischen Sendung formte. Kein Sinn, keine Eigenschaft erscheint ausgebildet, die nicht als zweckmäßiges Medium jener übermächtigen, produktiven Gewalt zu brauchen wäre. Ihre Vitalität entzieht sich jeder störenden Gefahr der Außenwelt durch wirksame Abwehrmittel, meist durch völligen Abschluß nach innen. Wo sie Förderung wittert oder energischer Kraft bedarf, stattet sie das zarte menschliche Wesen des Künstlers mit den feinsten Empfangsorganen aus. Oder sie verleiht ihm eine trotzige Stärke, die niemand erwartet hätte. Sein menschliches Bild ist schlicht und kindlich. Nirgends bezwingt er die Mitwelt durch seine Persönlichkeit allein, wie Beethoven, dessen unheimlich dämonische Erscheinung dem letzten Wiener Straßenkehrer Respekt einjagte. Dem Erdenwallen Mozarts fehlt jedes feierliche Pathos.

Ein Musikerleben mit mehr Anerkennung für das Wunderkind als für den reifen, in sich gefestigten Meister, voll der gewöhnlichen Strapazen, Entbehrungen, Hoffnungen und Lichtblicke, ein resigniert fröhliches Jahrzehnt an der Seite einer sinnlich reizvollen, munteren, aber trivialen Frau, inmitten einer unsteten, wenig verläßlichen Umgebung, die ihn gerne unterschätzte. Nichts von alledem würde einer oberflächlichen Beurteilung Gelegenheit geben, in solch bescheidenem Dasein die Gegenwart eines der größten Geister der Menschheit zu erahnen. Alles menschlich Unerfüllte, niemals Gelöste in der sehnsüchtigen Seele des Meisters hatte sich in den nur ihm eigenen Gemütston seiner Musik gewandelt und legte mit wehmütigem Lächeln Freude und Schmerz in denselben Atemzug unerschöpflicher Melodien.

Darum mußten alle Urteile versagen, die sein Wesen nicht aus der Formel jener einzigartigen Besonderheit abzuleiten verstanden. Falsch blieb die Methode, den Maßstab eines universellen Bildungsgeistes, etwa vom Schlage Goethes, an das musikversonnene Menschentum Mozarts anzulegen. Was in diesem Falle als Bildungsmangel oder Interesselosigkeit erscheinen mag, ist die letzte Konsequenz einer spezifisch musikantischen Genialität gewesen, die wirksamste Schutzmaßnahme der unermüdlich tätigen musikantischen Urkraft gegen alle störenden Einflüsse des Lebens.

Mozarts unscheinbarer körperlicher Typus[5] stellt darum die zweckmäßigste Erscheinungsform eines nach innen gewandten Musikergeistes vor. Den angenehmen, durch Stimmungen sehr veränderlichen Zügen fehlte im Alltagsleben die Leidenschaft persönlich bewußter Ausprägung. Während das Antlitz Beethovens, von den bildenden Künstlern seiner Zeit mit Hingabe geformt, heute im Gedächtnis aller Gebildeten mit ziemlicher Echtheitstreue festliegt, herrschen über Mozarts äußere Erscheinung immer noch seltsame Ansichten.

Wir besitzen von ihm, dem Vielgereisten, kein einziges Porträt von der Hand eines bedeutenden Malers, der verborgene Spuren seiner Genialität erschaut, geoffenbart hätte. Die braven Meister, denen er saß, bemühten sich wacker, die Ähnlichkeit festzuhalten. Bei der ständigen Lebhaftigkeit ihres Modells – er spielte ohne Unterlaß mit Dingen, die in seiner Nähe waren, «gleichsam Klavier» – werden sie es mit Mozart nicht gerade leicht gehabt haben. Ihnen fehlte der kongeniale Geist, das geheime Feuer in seinen Zügen festzuhalten. Viele der heute im Verkehr befindlichen Bilder sind stark idealisierte Darstellungen aus späterer Zeit.[6]

Mozart war als sechsjähriges Kind, wie sein frühestes Bild zeigt, gesund, kräftig, von pausbäckiger Frische. Strapazen der Reisen und Krankheiten der Kinderjahre warfen bald einen Schatten auf die schlankeren Linien und blassen Gesichtszüge der späteren Knabenbildnisse. Als Jüngling war seine Erscheinung nicht ohne Anmut. Allein schön oder irgendwie durch sein Äußeres bezwingend ist er gewiß nie gewesen. Immer blieb ein unausgebildeter Restbestand von Kindlichkeit auf seinen Zügen zurück. Das Alter, wo das Leben die individuellen Furchen zu prägen beginnt, hat er nie erreicht. Eine Sängerin nennt ihn einmal boshaft «ein kleines rasiertes Schweinsrüsselchen». Der Mannheimer Schauspieler Backhaus hält ihn für einen schmächtigen Schneidergesellen.

Die auffallende Kleinheit seiner schlanken, beweglichen Gestalt wird von allen Zeitgenossen bezeugt. Heute spräche man von asthenisch-leptosomer Konstitution. «Klein, hager, von bleicher Gesichtsfarbe, ganz leer von aller Prätention in Physiognomie oder Körper.» So sah ihn die Schwester. Die Linien seines großen, doch nicht unproportionierten Kopfes sind alles andere als hart und eigenwillig. Eher von einer sanft gelösten Derbheit. Dieser Typus ist von der Mutter ererbt. Die feinen Haare waren blond, leichtgewellt und dicht. Die nicht sehr hohe, aber weichgeformte, kaum gewölbte Stirne bildet mit der auffallend großen Nase einen ziemlich flachen Winkel. Der Einschnitt an der Nasenwurzel bleibt nur angedeutet. Merkwürdig, fast undefinierbar erscheint die Stellung der

Sulz

unsteten, mattblauen Augen, die in seltsamem Feuer nur aufglänzten, wenn er musizierte. Sein Blick war sonst zerstreut wie der eines Kurzsichtigen ohne Brille, die Ohren sonderbar gebildet, es fehlte das Läppchen. Die Modellierung der Muschel wies die nicht seltene Anomalie der sogenannten «fehlenden Concha» auf. Der gleichmäßige, keineswegs zu kleine Mund entbehrte nicht eines gewissen Ausdruckes, namentlich in den ein wenig nach oben gezogenen Mundwinkeln, wo, kaum merklich, ein still beobachtender Humor auflebte. Das weiche Kinn wies nach unten hin eine leichte Wellung auf; der Österreicher bezeichnet sie mit dem gemütlichen Worte «Goderl». In keiner Weise verriet diese Partie energischen Trotz oder Beharrlichkeit.

Vollkommen gebildet erschienen seine besonders schönen, kleinen, nicht mageren Hände, das irdische Handwerksgerät seines musikalischen Dämons. Sie gewannen noch mehr, wenn er am Flügel saß. Auf diese wohlgeformten Hände war Mozart stolz. Er wußte hier einen Zauber seiner Persönlichkeit verborgen. Der Mangel anderer körperlicher Vorzüge quälte ihn. Darum legte er Wert auf sorgfältige, elegante Kleidung. Nichts konnte ihn mehr in Erregung bringen als eine abfällige Bemerkung über sein unscheinbares Äußeres.

Sein ständig schaffender Geist äußerte sich an der Oberfläche nur durch ununterbrochene nervöse Beweglichkeit des Körpers. Nie blieb er ruhig stehen. Wenigstens schlug er dabei eine Ferse an die andere. Immer schien er irgendwie nachdenkend. Seine innere Wachheit war ständig mit einer Fülle wechselnder Vorstellungen beschäftigt. Namentlich wenn er an einem wichtigen Werke arbeitete. Dann vernachlässigte er in Freundeskreisen mitunter, wie absichtlich, sein Benehmen, sprach verwirrt durcheinander oder trieb heillose Späße. Das Billardspiel liebte er leidenschaftlich. Unter dem Lärm des Kegelschiebens soll er sein schönes Klarinettentrio geschrieben haben. Gerne unternahm er weite Spaziergänge nach angestrengter Arbeit. In späteren Jahren versuchte er sich sogar im Reiten. Dem Tanze huldigte er mit Geschick und Hingabe. Am liebsten komponierte und spielte er, selbst nach ausgelassenen Unterhaltungen, bis in die tiefe Nacht hinein. Gewiß hat seine zarte Konstitution dadurch schon von Jugend auf Schaden gelitten. Seine Nerven waren außerordentlich sensibel wie sein Gemüt. Als der gesundheitliche Verfall der letzten Jahre allmählich die Widerstände seines Körpers löste, traten Erscheinungen einer krankhaft gesteigerten Reizbarkeit auf.

Das technisch musikalische Rüstzeug Mozarts hatte sich schon in früher Jugend verschwenderisch aufs feinste ausgebildet. Eine unversiegbare Arbeitsenergie entströmte der rastlosen Schöpferkraft seines Geistes. Systematische Erziehung im Vaterhause hatte sie nutzbringend geschult. «Ich bin vergnügter, weil ich zu komponieren habe, welches doch meine einzige

Freude und Passion ist!», schreibt Mozart einmal. Er wäre schon als Knabe am liebsten Tag und Nacht bei der Musik sitzen geblieben.

Sein wunderbares musikalisches Gedächtnis, das mit dem lokalen oder mechanischen Gedächtnis so vieler Virtuosen sehr wenig zu tun hat, ist der Ausfluß einer unvergleichlichen synthetischen Kraft. Der Einfall stand plastisch in seinem Geiste fest. Mit ihm aber auch die einmal als richtig erkannte, immer gleiche Linie der notwendigen Fortbildung. So fiel es ihm leicht, die meisten seiner Arbeiten im Kopfe fertigzustellen und die Niederschrift inmitten lautester Ablenkung schnell, mit müheloser Sicherheit zu vollenden. Seine fabelhafte Kompositionstechnik kam ihm dabei freilich noch zu Hilfe. Die Freude an so unfehlbarer Sicherheit steigerte die Schöpferkraft zu herrlicher Kühnheit. Das Gefühl verströmt im Adel der Linie. Das Werden solcher Musik ist seliges Dahinfliegen in der Wonne harmonischer Gelöstheit. Die Bewegung steigt, um der Süßigkeit des Sinkens willen, mühelos und unbeschwert.

Die Leichtigkeit solcher Synthese ist *Beethoven* versagt. Er ringt mit ihr. Seine Skizzenbücher sind die Schlachtfelder dieses titanischen Kampfes. Mühevoll gestaltet sich der Ausbau des Einfalls. Schritt für Schritt in hundert trotzigen Formungen, bis endlich sieghaft die einzige Gestaltung erreicht ist. Die Arbeitsstätte seines Schaffens ist der Entwurf. In den dämonischen Zügen seiner Notenschrift zuckt noch die wuchtige Gebärde des Bezwingers. Seine Briefe, seine Sonaten atmen den Rhythmus der erschütternden Spannungen seiner schmerzlich bewußten Künstlerseele.

In Mozarts Werk herrscht die aufgelöste, ins Unendliche fortgesponnene Linie. Entwürfe und durchgreifende Verbesserungen von seiner Hand haben sich nur in geringer Zahl erhalten. Er liebt die leicht dahinströmende, durchsichtige Arbeit. Sein fliegender Impuls drängt zur flüssigen Vollendung der Form *vor* der technischen Detailarbeit. Die Anfangstakte werden meist in allen Stimmen ausgeführt, gleichsam um die Anlage festzulegen. Dann führt die wesentliche Stimme allein die melodische Linie weiter. Manchmal wird noch der Baß beigesetzt oder sind Besonderheiten der Durchführung angedeutet. Die übrigen Stimmen bleiben für die spätere Arbeit ausgespart. Seine feine, sichere Hand liebt es, die Taktstriche leicht flüssig durch das ganze System, aber bei jeder Notenzeile einzeln abgesetzt, zu ziehen. Nur selten unterbrechen Korrekturen den eiligen, aber peinlich klaren, genialen Duktus der Schrift, deren Schlankheit und Wohlverteilung mit gleicher Lauterkeit anspricht wie die Musik selbst. Feingeschwungene Klammern umschließen die Partitur auf der linken Seite des Blattes, als umfingen sie den edlen Kern des Geschaffenen mit liebwarmen väterlichen Armen. Der durchaus originelle Zug der Linien tritt früh in Erscheinung. Wir erkennen die starke Eigenpersönlichkeit schon bei Arbeiten, die auf den ersten Blick der Notenschrift des

Vaters oder den welligen Zügen der Italiener nachgebildet sind. Gern setzt Mozart Name, Titel und Entstehungsdaten an die Spitze des noch ungeschriebenen Werkes, das er im Geiste schon fertig vor sich hat. Seiner letzten unvollendeten Schöpfung, dem Requiem, ist so in tragischer Bedeutsamkeit das Jahr 1792 vorangeschrieben, das der Meister nicht mehr erleben sollte.

Mozarts Schaffen bestimmte völlig die Bedingungen seines Wesens. Wie sein empfängliches Ohr stets bereit war, die gesamte musikalische Kultur seines Zeitalters ohne Unterschied der Länder in sich aufzunehmen, so erfüllte sein Genius die erhabene Berufung, sich grenzenlos der ganzen Menschheit zu schenken.

Der «ganzen deutschen *Nation* in der großen Welt Ehre zu machen», dieser Gedanke erfüllte ihn zeitweilig mit brennendem Ehrgeiz: «Will mich Deutschland, mein geliebtes Vaterland, worauf ich stolz bin, nicht aufnehmen, so muß in Gottes Namen Frankreich oder England um einen geschickten Deutschen mehr reich werden. Und das zur Schande der deutschen Nation. Sie wissen wohl, daß fast immer in allen Künsten die Deutschen diejenigen waren, welche exzellierten. Wo fanden sie aber ihr Glück? In Deutschland gewiß nicht! – Der Kurfürst weiß nicht, was ich kann. Er soll alle Komponisten von München herkommen lassen, er kann auch einige von Italien und Frankreich, Deutschland und Spanien beschreiben. Ich traue mir, mit einem jeden zu schreiben!» (Aus Mozarts Briefen an den Vater.)

Mozarts *Patriotismus* war das humane Bewußtsein der nicht an Landesgrenzen gebundenen Macht des deutschen Geistes. Solche Gedanken hatten als befreiende Einstellung aller Künstler der Sturm- und Drangperiode gegen den partikularistischen Absolutismus der kleinen Landesfürsten zum erstenmal schärfer umrissenen Ausdruck gefunden. Inniger noch mußte Mozart, der Musiker, die Kraft seiner *Musik* empfinden, die er aus galantem Spiel zur Künderin höheren Seins emporzuheben im Begriffe stand.

Mozart verbrachte einen Teil seiner Lehrjahre in außerdeutschen Ländern. Er hat sich fremde Stilelemente in dieser Zeit unbedenklich zu eigen gemacht, ja, er vermeinte, viele seiner früheren Werke ganz in diesem Geiste zu schaffen. Trotzdem führte ihn seine Seele immer weiter in ihr ureigenes Reich.

Was er in deutscher Sprache schrieb, bleibt ohne Gewicht vor der Erkenntnis, daß auch seine Opern italienischer Faktur ganz ihm selbst zugehören. Schon Stendhal ahnte, daß Mozart in Italien niemals den Beifall finden werde, den er in Deutschland und England genieße, weil seine Musik nicht «für den Süden geschaffen» sei. Man vergleiche die rechnende Klugheit der italienischen Buffa mit der leidenschaftlichen Aufgeschlossenheit der Mozartschen Spätoper. Mozarts Wesen spricht eben hier aus jedem seiner Bühnengeschöpfe. Diese Durchdringung des musikalischen Dramas mit der ganzen Fülle schöpferischen Hingegebenseins beseelte das Theatergeschehen mit dem Herzschlag unmittelbaren Lebens. Aus den kühlen Typen der alten Gesangsbühne wurden unsterbliche Charakterfiguren der dramatischen Weltliteratur.

Ein untrüglicher *Blick für das Wesentliche* enthob ihn ein für allemal, im Leben wie im Schaffen, jeder theoretischen Spekulation, regelte Auswahl, Entschlüsse und die Gestaltung seiner Arbeiten, bildete den Urgrund einer überaus feinen und anschaulichen, in dem großen Dramatiker früh entwickelten Gabe der Menschenbeobachtung. Mozart sah alle Menschen, wie sie als Erscheinung wirkten. Sein scharfes, unerbittliches Urteil blieb immer dasselbe, ob er von Kurfürsten oder Musikanten sprach. Immer sah er nur die Menschen, nicht aber Rang und Einfluß. Niemals versuchte er, wie sein Vater, einen Charakter mit logischen Verstandesformeln zu erfassen und dann für seine Zwecke zu nützen. Nie regte sich in ihm der Drang, den einzelnen zu bessern. Jeden erlebt er – gleichsam als gestaltender Künstler – mit dem kritischen, doch heiter unpathetischen Realismus seines schöpferischen Theaterinstinkts.

Seine *Lebensklugheit* im weltläufig banalen Sinne war gering. Sie blieb die ewige Sorge des ängstlichen Vaters, eine Quelle unaufhörlicher Enttäuschungen für ihn selbst. «Il est zu treuherzig, peu actif, trop aisé à attrapper, trop peu occupé des moyens qui peuvent conduire à la fortune.» So schreibt der kluge Melchior Grimm über seinen zweiundzwanzigjährigen Schützling Wolfgang aus Paris. In der Tat stand Mozart der betriebsamen Welt stets hilflos gegenüber. Nur wenn sich der Zwang seiner schöpferischen Kräfte selbsterhaltend in der Außenwelt durchsetzen mußte, verstand Mozart, energisch und zweckbewußt dem realen Leben gegenüber vorzugehen.

Viele wußten seine *Gutmütigkeit* auszunützen, ohne sich weiterhin um den Spender freundlicher Wohltaten zu bekümmern. Denn dieser in seinem Schaffen so frühreife Künstler hat in allen Dingen des täglichen Lebens nie aufgehört, ein Kind zu sein.

Die mit der göttlichen Unmittelbarkeit seiner Kunst seltsam harmonierende *Kindlichkeit,* eines der geheimnisvollsten Gebiete in Mozarts Seelenleben, war zunächst ein Rückschlag der ununterbrochen schöpferischen Tätigkeit seines Innenlebens, eine selektive Schutzmaßnahme dieser zeugenden Urkraft, vielleicht auch ungelöster, reaktiver Rest aus der drükkenden Pflichtenbeengtheit seiner Knabenjahre.

Auf die *Melancholie* im Wesen Mozarts, der zweiten primären Eigenschaft bedeutender Geister im Sinne Schopenhauers, hat schon Stendhal hingewiesen. Tatsächlich finden wir Triebkräfte melancholischer Art im

Urgrund der Mozartschen Musik fest verankert. Aus ihrem Schoße wird die Eigenart seiner sehnsuchtsbangen, weitgeschwungenen Melodik, der sanfte, dunkle Klang seiner Spätwerke und manche geheimnisvolle Wendung der Harmonik geboren.

Eine im melancholischen Genie häufige, den widerwärtigen Umständen der Welt unbewußt widerstrebende *Heiterkeit des Gemütes* war unserem Meister in besonderem Maße zu eigen. Ihr entsprang ein unvergleichlicher, mitunter boshafter oder derber *Humor,* der oft auch in seiner Musik befreiend aufleuchtet. Der Ausdrucksform und dem Wesen nach war dieser süddeutsches Erbgut mit ausgesprochen alpinem Einschlag. Man pflegte im Hause Mozart alle Dinge mit dem richtigen Namen zu nennen. Vom Vater stammte die sarkastische Ironie, von der Mutter eine oft groteske Freude an der klangvollen Steigerung läppisch derber Albernheiten, die Lust an sinnlosen Reimspielen und Wortverdrehungen. Diese seltsame Freude am «Blödeln», man mag sie beurteilen, wie man will, hat bei genialen Menschen doch einen schöpferischen Untergrund.[7] Es ist die Neigung einer rastlos gestaltenden Phantasie, sich hin und wieder in den Niederungen des Geistes auszutoben. Als individuelle Prägung bodenständiger Komik, in Kinderreimen, Gasselsprüchen und dramatischen Spielen des Salzburger Volkes unzählige Male geübt, mag jene sonderbare, doch urkünstlerische Trivialität gleichfalls Geltung behalten.

Wie *Mozarts äußere Erscheinung* nur eine sonderbare Verhüllung ungeheurer Genialität darstellte, so hat er auch im Leben den letzten Schleier seiner Seele vor keinem der Mitmenschen wirklich fortgezogen. Dabei hat sein einsames Herz zeitlebens nach einem wahren ebenbürtigen Freunde gebebt. Aber eine instinktive Abwehr in seinem Innern lehnte sich gegen alle Einflüsse auf, die seiner schöpferischen Bestimmung zuwiderliefen. Dabei war Mozart alles eher als ein verschlossener, mieselsüchtiger Eigenbrötler. Er liebte heitere, auch derbe Geselligkeit ungemein. Das Summen fröhlich erregter Stimmen, herzhaftes Lachen, übermütiger Gläserklang verscheuchten ihm die Sorgen des Alltags, befruchteten die unablässig schaffenden Kräfte seines Geistes, ohne sie abzulenken. Mit richtiger Erfühlung der anregenden Wirkung also gehobenen Genießens beschied er sich dann nicht mit der Rolle des stillen Zuhörers. Er gab, wo er nur konnte, von dem Besten, was er besaß, von seiner Kunst. Viele reizvolle Kleinwerke sind so entstanden. Manches davon, an Unwürdige verschleudert, ist verlorengegangen.

Als echter Salzburger wußte Mozart eine gute Küche zu schätzen. Er trank gerne ein Glas Wein oder Punsch. Wenn er gerade Geld hatte, schlug er dabei nicht selten über die Schnur. Doch wußte er sich still und anspruchslos einzuschränken, wenn er bei Kaffee und Brot tagelang fasten mußte. In diesen Dingen war ihm die österreichische *Leichtlebigkeit* voll und ganz zu eigen, die nicht gerne an den nächsten Tag denkt, sich an der süßen Kunst, über die Verhältnisse zu leben, mit einem gewissen Stolz erfreut und alle Vorwürfe durch humorvolle Ergebenheit entwaffnet.

Im gesellschaftlichen Verkehr offenbarte Mozart jene charmante *Liebenswürdigkeit* des Österreichers, die impulsive Bereitwilligkeit mit Bescheidenheit und Takt zu paaren versteht. Mit angeborener Artigkeit wußte er sich in allen Schichten gleich gut, gleich unbefangen zu bewegen. Diese Sicherheit verließ ihn nur, sobald er gezwungen war, sich in gönnerhaften Kreisen nach Protektion umzusehen. Denn niemals vermochte er seinen Stolz zu dem Bedientenrespekt der abhängigen Klassen herabzuwürdigen, wenn ihn seine Stellung zur Unterordnung zwang. In den aristokratischen Zirkeln, die sich erst Beethoven bedingungslos unterwarf, galt er, mit wenigen Ausnahmen, noch immer als bezahlter, wenn auch gerne gesehener Aufputz. So heiß er nach Anerkennung seiner Künstlerschaft dürstete, auf äußerliche Auszeichnungen hat er nie Wert gelegt. Zur Führung des bescheidenen Adelstitels «Cavaliere», den der «Ritter» Gluck zeitlebens mit Stolz hervorhob, hätte er schon als vierzehnjähriger Knabe nach der päpstlichen Ordensverleihung alle Ansprüche gehabt. Bald darauf hat er aber die klangvolle Wesenlosigkeit dieses Prädikates unauffällig wieder abgelegt. Armut und die zigeunerhafte Wirtschaft seiner Ehe hinderten ihn später, ein standesgemäßes Haus zu führen. Niemals hatte sich das Glück geruhsamen Besitzes der drängenden Unrast seines Lebens erschlossen.

Für erwiesene Freundlichkeiten war er dankbar und vergaß sie nie. Dem Einzelnen trat er mit der ganzen Fülle seiner *Herzensgüte und Hilfsbereitschaft* entgegen, wo immer man seiner bedurfte. Aber seine so mitteilungsbedürftige Seele gab jedem schließlich nur das, was er zu fassen vermochte. Er wandelte sich vielgestaltig mit den Menschen, die ihm gegenübertraten, und blieb doch immer derselbe.

Der lebendige Widerschein des Mozartschen Wesens sind seine *Briefe*, eine unerschöpfliche Fundgrube köstlicher, knapp umrissener Schilderungen, ein lebendiges Brevier prächtig gesehener Ausschnitte der musikalischen Kultur seiner Zeit. Sie sind wohl die anschaulichsten, beruflichsten, unmittelbarsten unter allen «Musikantenbriefen». Das Unüberlegte, Lebendige, Kerzengerade ihres Stils macht ihren besonderen Reiz, ihre Bedeutung aus. Mozarts lebhafte Art, die Gedanken, wie sie sich ihm aufdrängten, aufs Papier zu werfen, wirkt hinreißend durch die Unmittelbarkeit der persönlichen Aussprache. Der geniale, leidenschaftliche Antrieb bleibt der gleiche wie in seinen Werken.[8] Hier wie dort steht das Heitere gleich neben dem Tragischen. Auch die Briefe sind von jenem charakteristischen Stimmungsumschwung, dem «aufregenden Moment» in seinen Kompositionen erfüllt, jenem «Urplötzlichen, Unberechneten», das

Alfred Heuß[9] sinnvoll als «dämonisches Element in Mozarts Werken» bezeichnet.

Viele charakteristische, im Familiensinn «anstößige» Schriftstücke des Meisters sind durch subjektiv begreifliche Bedenken seiner später zur dänischen Etatsrätin konsolidierten Witwe unterdrückt worden. Die berühmten Briefe an das Augsburger «Bäsle» blieben lange Zeit der Nachwelt entzogen. Auch diese Dokumente bilden einen untrennbaren Teil im eigentümlichen Wesensbild des Meisters, einzig durch den echten Herzenston freundschaftlicher Innigkeit, der plötzlich mitten aus den saftigen Redensarten hervorleuchtet.

Mozarts *allgemeine Bildung* will ebensowenig am Goetheschen wie am Bildungsideale unserer Zeit gemessen werden. Mozart war Musiker. Trotzdem vermochte er unter den Kollegen seiner Zeit wie in der Vielgestalt seiner Umwelt prächtig seinen Mann zu stellen. Sein Vater besaß für seinen Stand hervorragende Weltkenntnisse. Er suchte sie, wo es ging, dem Sohne nach praktischen Gesichtspunkten zu vermitteln. Von einer systematischen Vorbereitung des Knaben im humanistischen Sinne konnte nicht die Rede sein. Allein, Wolfgang verstand es gut, sich als ebenbürtiger Geist in der Gesellschaft zu bewegen. Seine praktischen Kenntnisse der wichtigen europäischen Kultursprachen waren mehr als hinreichend. Italienisch sprach er am liebsten und am geläufigsten. Der Klang dieser Sprache kommt in seiner Musik überaus lebendig zum Ausdruck. Weite Reisen durch eben diesen Kulturraum hatten ihn zum Weltbürger gemacht. Die naiv-unbewußte Sicherheit seines Schaffens enthob ihn der Notwendigkeit, die textlichen Vorwürfe zu seinen Opern durch literarische Werturteile auf ihre Verwendbarkeit zu prüfen. Ihm genügte die Brauchbarkeit der dramatischen Anlage, ihres «Planes», dazu eine ungewöhnliche Vertrautheit mit der musikalischen Produktion seines Zeitalters. Es gibt keine besseren Opernbücher als «Figaros Hochzeit» und «Don Giovanni». Auch «Così fan tutte» sehen wir heute mit anderen Augen an, als man dies noch zu Anfang dieses Jahrhunderts zu tun wagte. Und zur «Zauberflöte» hat Goethe einen zweiten Teil zu schreiben begonnen. Daß Mozart Bücherleser war, ist nicht allgemein bekannt. Wir können dies einem Brief entnehmen, den er am 20. Dezember 1777 aus Mannheim an seinen Vater richtet: «Um 6 Uhr», heißt es da, «gehe ich zum Cannabich und lehre die Mademoiselle Rose; dort bleibe ich beim Nachtessen, dann wird diskuriert – oder bisweilen gespielt, da ziehe ich aber allzeit ein Buch aus meiner Tasche und lese – wie ich es zu Salzburg zu machen pflegte.» –

Zwei *Frauen* bilden die Grenzwerte in Mozarts Liebesleben: Die schlanke, hinreißend begabte Aloysia Weber, die zum ersten Mal sein leidenschaftliches Naturell zu hellen Flammen zu entfachen verstand, und sein drolliges Augsburger «Bäsle» mit den unbefangenen, etwas derben Zügen, die merkwürdig vertraute Kameradin seiner heillosen Späße an der Grenze von zügelloser Verbalerotik zum ordinär Animalischen, dort, wo seine lebhafte Phantasie sich im Primitiven austobte. Zwischen diesen sonderbaren Gegensätzen, zwischen Pamina und Papagena, erstreckte sich ein vielgestaltiges Reich fröhlicher Tatsächlichkeit.

Wie sehr Mozart den Frauen gewogen war, gesteht er selbst. Mit jedem weiblichen Wesen, das ihm gefiel – und das waren viele –, pflegte er sich zu necken, allerhand Dummheiten und Mannsbilderspäße zu treiben. Bis ihn hin und wieder die Leidenschaft seines Blutes oder freundliches Entgegenkommen hinriß und ihm ein schnelles Erlebnis bescherte. Nur wenige Liebesangelegenheiten werden in seiner Seele tiefere Spuren hinterlassen haben. Wohl dann nur, wenn künstlerische Triebkräfte seine Erotik überwuchsen und seine Neigung zum Plänemachen, zum gestaltenden Phantasieren beflügelten. Als die Schauer der vollerwachten Mannesliebe die Seele des Zweiundzwanzigjährigen zum ersten Male erschütterten, waren es die bezaubernden künstlerischen Anlagen seiner angebeteten Weberin, das wundersame Erblühen des jungen Talentes unter seinem Einflusse und ein eigentümlicher Zauber ihrer Stimme, was ihn neben körperlichen Reizen faszinierte und zu leidenschaftlichem Schaffen anspornte.

Solche Wechselwirkung entfachte die Glut, die ihn verwirrte, erklärt die Beharrlichkeit seiner erotischen Hingabe und den schweren seelischen Zusammenbruch, als ihm die Freundin mit berechnender Herzlosigkeit den Laufpaß gab. Da vermochte der schwer Erschütterte das Sachliche als echter Mozart wohl mit einem kräftigen Zitat aus der Welt zu schaffen. Allein der Eindruck des Erlebnisses haftete fortwirkend in seiner Seele. Zeitlebens kam Mozart nicht mehr von Aloysias Typus los. So nachhaltige Gebundenheit, gesteigert durch schwungvoll verklärte Erinnerungsvorstellungen, warf ihn schließlich Aloysias unbedeutender Schwester, Konstanze, in die Arme, die wohl über denselben geheimen Sinnenreiz verfügte, der ihn schon bei Aloysia betört hatte.

Mozart durchlebte in seiner Ehe nur eine bürgerliche Wiederholung seines ersten, tiefsten Liebeserlebnisses. Dies erklärt die starke, andauernde Sinnenfreude, die Zärtlichkeit und Aufopferung, die er trotz zahlreichen Seitensprüngen immer wieder für seine Frau übrig hatte. Sein gutes, mitleidiges Herz und das leichtlebige Wesen beider Gatten taten das übrige. Mozarts Ehe scheint glücklich gewesen zu sein. Die zärtlichen Briefe an seine Frau sind ein fröhlich ungeschminkter Niederschlag dieses in den prinzipiellen Dingen durchaus geradlinigen Verhältnisses. Wenn er hin und wieder von der Plattform der Ehe absprang, sah die Gattin süßsauer durch die Finger. Solange es sich um «Stubenmädeleien» handelte, wie sie meinte. In gewissen Grenzen dürfte auch ihr Lebenswandel nicht immer kanonisch gewesen sein. So oft Mozart aber mit den begabten Schönen vom Theater ernsthafter anbandelte, wo er sich mit ganzer Seele zu Hause fühlte, quälte sie ihn heftig mit der üblichen Eifersucht zurückgesetzter Frauen. Sie fühlte deutlich, daß sie ihm mit ihren beschränkten musikalischen Anlagen über das Alltägliche hinaus nicht viel bedeuten konnte.

Die unnachdenkliche, unsentimentale Freude am Weibe eröffnete Mozarts intuitiv erkennendem Genie ohne Beschränkung durch ein vorgefaßtes Ideal gleichmäßig alle Spielarten, Leidenschaften und Zartheiten des schillernden Dämons. Darum vermochte er die Liebe auch in seiner Kunst wunderbar lebenswarm und vielgestaltig zu erfassen. In der Seele seiner reifen Bühnengestalten, sichtlich auch in den «Frauen mit den warmen Herzen» – Constanze, Gräfin, Pamina – und im lächelnden Liebreiz der Schalkhaften – Blondchen, Susanne –, schlummert zuletzt ein Stück von Mozarts ureigenem Wesen. In der künstlerischen Umformung von Leben und Liebe, nicht in wirklichen Erlebnissen steckt in Wahrheit das Problem des Erotikers Mozart. Der Meister des «Figaro» und des «Don Giovanni» war weder ein haltloser Wüstling noch ein «Nachläufer», der um des erotischen Erlebens willen spekulierend hinter den Frauen her war. Er nützte nur die günstigen Gelegenheiten mit der Unbefangenheit seines fröhlichen Burschentums, wo sie sich boten, und trat den adretten Geschöpfen mit wirksamer Gradlinigkeit entgegen. Käufliche Liebe vermied er lebenslang. Für platonische Dinge scheint er kein Verständnis gehabt zu haben. Romantisches Schmachten und Phantasieren lag ihm, dem heiteren Sinnenmenschen, noch ferner. Seine Erotik blieb stets gesund, unverdorben und männlich.

Mozarts sittlicher Maßstab lag in seiner eigenen, kindlich reinen Natur und in einem hochstehenden Gewissen, das seine Handlungen lenkte. In allen Dingen, die seine persönliche Ehre betrafen, nahm er einen leidenschaftlich strengen Standpunkt ein. Sein Selbstgefühl war edel und groß. Aber einen auf Vernunftgründen aufgebauten moralischen Richtkreis, wie er seinem Vater als einziger Lebensweiser diente, hat er sich ebensowenig zurechtgelegt wie eine philosophierende Weltanschauung.[10] Niemals schuf er sich theoretische Systeme, die außerhalb seines künstlerisch sinnlichen Erfassens lagen. Als er in späteren Jahren der Freimaurerei nähertrat, fesselte ihn vor allem ihr menschlich konkretes Ideal, die Verbrüderung aller auf dem Wege der Humanität. Diesem Ideal war er schon im Selim seiner «Entführung» nahegetreten. Er hat es geläutert als Sarastro in der «Zauberflöte» verkündet.

In den Dogmen der katholischen *Religion* war er erzogen worden. Ihnen bewahrte er die Jugendtreue bis an sein Ende, obwohl er später in seinen Anschauungen freier und unabhängiger geworden war. Die große künstlerische Geste der katholischen Kirche, vielleicht der stärkste Eindruck seiner Salzburger Jugend, vermochte seine gestaltende Phantasie dauernd festzuhalten. In manchen seiner kirchlichen Werke, wo das Wort des Kanons aus dem Dogmatischen in mystische Bezirke hinausführt, verläßt auch die Musik die Gebiete des Traditionellen und strebt mit mächtigen Flügeln in das lichte Land persönlicher Gestaltungskraft.

Über den *Tod* dachte Mozart in seiner Weise. Je älter er wurde, um so geklärter, inniger und beruhigter beschäftigte er sich mit dieser tiefsten Frage der Menschheit. Sein frühes Ende hat er wohl bewußter geahnt, als man denken möchte. In den letzten Jahren lag es wie ein Schimmer von verklärter Euphorie über seinem Dasein, eine ätherische Gespanntheit des Geistes, die sich in der zunehmenden Schaffensunrast kundtat, eine zarte, fast hellseherische Weite des inneren Blickes und die stille Ergebenheit ins Unvermeidliche. Es war die Zeit, wo die Merkmale seines letzten Stiles zusammengefaßter in seinen Werken auftauchen, manche Wendungen, die über Beethoven hinweg eine Brücke in das romantische Land Franz Schuberts zu schlagen scheinen.

Auch Schubert ist früh gestorben. In seinen Weisen leuchtet ein dunkler Herzenston, der so vielen großen Musikern zu eigen wird, wenn ihre Melodien sich zu reiner Innigkeit lösen. Die Todesbereitschaft Schuberts und Mozarts inmitten aller Lebensfröhlichkeit ist vielleicht der edelste Ausdruck des Österreichertums und seiner uralten, schon etwas müden Kultur. Sehnsucht eines dem Tode vertrauten Lebens formt sich zur Schönheit. Heiterkeit und Lust wird zur Seligkeit des Vergehens. So geklärtem Bewußtsein entquillt die wahre, schöpferische Daseinshelligkeit ihres Wesens und ihrer Kunst.

Der geläuterte *Ewigkeitsglaube* Mozarts hatte allmählich die Dogmen der Kirche von Tod und Unsterblichkeit, Verwesungsschauer, Gericht, Höllenstrafen, Anschauung höchsten Lichtes leise abgestreift. Was zurückblieb, war eine milde Ergebung in den Willen Gottes und die erlösende Hoffnung auf ein glückliches, nimmer endendes Wiedersehen in einer besseren Welt. Dieser schlichte, unerschütterliche Glaube gab ihm Trost, als er die Mutter verlor; er kehrt in seinen Worten wieder, wenn er den Verlust lieber Familienfreunde beklagt. Er findet in dem letzten Briefe Mozarts an seinen sterbenskranken Vater vom 4. April 1787 erhabenen Ausdruck: «Da der Tod, genau zu nehmen, der wahre Endzweck unseres Lebens ist, so habe ich mich seit ein paar Jahren mit diesem wahren, besten Freunde des Menschen so bekannt gemacht, daß sein Bild nicht allein nichts Schreckendes mehr für mich hat, sondern recht viel Beruhigendes und Tröstendes! Und ich danke meinem Gott, daß er mir das Glück gegönnt hat, mir die Gelegenheit zu verschaffen, ihn als den Schlüssel zu unserer wahren Glückseligkeit kennenzulernen. Ich lege mich nie zu Bette, ohne zu bedenken, daß ich vielleicht, so jung als ich bin, den andern Tag nicht mehr sein werde. Und es wird doch kein Mensch von allen, die mich kennen, sagen können, daß ich im Umgange mürrisch oder traurig wäre. Für diese Glückseligkeit danke ich alle Tage meinem Schöpfer und wünsche sie von Herzen jedem meiner Mitmenschen.»

Den Zeitgenossen, ja selbst den Nachfahren, schien die menschliche Erscheinung Mozarts an vielen Dingen des Weltgeschehens mit seltsam kindlicher Fremdheit vorbeizuwandeln. Und doch spiegeln seine Werke den allgemeinen Typus seiner Epoche – nicht etwa die musikalische Lese allein – vollkommen wider. Sie stellen *sein Schaffen als Idealbild der Zeit* dem Lebenswerke Goethes ebenbürtig zur Seite. Mozarts grandioses Erfühlen der rings um ihn treibenden Kräfte drängte in seinem Werke unmittelbar, ohne den Umweg über erkennende Vernunft, zur Formung. Er ist in dieser Hinsicht vielleicht das höchste Beispiel des intuitiven Genies, des sinnlich erfassenden und gestaltenden Künstlers. Sein Werk entwächst ihm, dem Geselligen, nicht wie das trotzige Gebilde eines Einsamen gegen die Welt. Es fließt organisch aus ihren Erscheinungen und überwindet sie durch ihre Vollendung.[11]

3. ZEIT UND MUSIK UM MOZART

«Die Kunst stellt eigentlich nicht Begriffe dar, aber die Art, wie sie darstellt, ist ein Begreifen, ein Zusammenfassen des Gemeinsamen und Charakteristischen d. h. der Stil.» (Goethe)

Etwa ein Jahrhundert vor Mozarts Geburt war nach dem Westfälischen Frieden für die kulturelle Entwicklung Deutschlands eine neue Zeit angebrochen. Die Wirren des Dreißigjährigen Krieges hatten in den blühenden Aufschwung der deutschen Musik mit eiserner Faust eingegriffen. Aus Tod und Zerstörung formte der lebenskräftige Stamm eine noch mächtigere Regeneration, fortwirkend zu den Höchstleistungen eines Händel und Bach. Das deutsche Kirchenlied, ein Hort des deutschen Gemüts, als die Welt in Waffen starrte, wurde neuerdings der Anknüpfungspunkt zur großartigen Neubelebung der deutschen Musik.

Die andere mächtige Welle war von Italien über die Alpen geströmt. Dieses glückliche Land hatte als Erbe der Niederländer die musikalische Weltmeisterschaft in friedlicher Entwicklung auf den Schultern Palestrinas, Gabrielis und Monteverdis angetreten. Gleichzeitig bahnte sich auf architektonischem und malerischem Gebiete ein gewaltiger Strom italienischen Kunsteinflusses den Weg nach dem Norden.

An die Stelle der ausklingenden deutschen Hochrenaissance war allüberall der dekorative, theatralische Geist des Barock getreten. Sein Aufschwung fällt mit dem Erstarken der Landeshoheit und des Absolutismus in Mitteleuropa zusammen. Die mächtigen geistlichen und weltlichen Fürsten waren die großen künstlerischen Unternehmer der Zeit. Darum entsteht dieser Stil als prunkender Ausdruck machtstolzer Repräsentation und höfischen Genusses. Architektur, Malerei, Musik und der leidenschaftliche Widerhall der Geister in der kirchlichen Bewegung werden die Grundpfeiler der neuen, kosmopolitisch orientierten Kultur Deutschlands. In der Musik stellte sich dem polyphonlinearen, «gearbeiteten» Stil die melodisch-homophone, leichtverständliche, erdenfreudige und sinnlich-heitere Schreibart des Südens lockend gegenüber. Mit der italienischen Musik traten die welschen Musiker, Kapellmeister, Instrumentalisten, Sängerinnen, Tenöre und Kastraten in erfolgreichen Wettbewerb mit den angestammten deutschen Künstlern. Die ehrbare Schar dieser braven Meister, die in den «Collegiis musicis» als ebenbürtige Bürger neben Studenten, Patriziern und Adeligen gewirkt hatte, verlor ihre gesellschaftliche Bedeutung. Wenn der Einzelne eine feste Stellung an einem Hofe anstrebte, sah er sich allmählich in jene eigentümliche Bedientensubalternität herabgedrückt, die für die ganze Zeit bis zum Ausgange des 18. Jahrhunderts charakteristisch blieb.

Zu Beginn des 18. Jahrhunderts ließ der kulturelle Zustand Europas tiefgehende Veränderungen vorhersehen. Der neue Geist der fortgeschrittenen «Aufklärung», jener scharfen, kritischen, verstandesmäßigen Richtung, die jeder Art des Druckes kühn die Stirne bot, vor keiner Autorität zurückscheute, noch die ererbte Überlieferung gelten ließ, gewann bald Einfluß auf alle Gebiete des geistigen Lebens, selbst in der Kirche und über die herrschenden Gewalten. Die große Geste des Barock, die mit gleich ekstatischer Weite Himmel und Hölle, Auferstehung und Verwesung umschrieb, die willig die triumphierenden Scharen der Heiligen neben breit hingelagerten Heidengöttern auf schönen Wolken in einen fanfarenlauten Allegoriehimmel trug, verlor ihren glanzvollen Ausdruck vor dem Naturevangelium Rousseaus. Man fand sich im Menschlichen wieder. Das «unverkünstelte Gefühl» wurde Wegweiser des Denkens, der Anschauung und der Kunst.

Der Weg zur restlosen Erfüllung dieser neuen Forderungen war freilich ein weiter. Noch lockte der goldene Reiz des alten Heims. In zierlich geschnittenen Gärten des Ancien régime, mit Reifrock und Galanteriedegen auf gepflegten Rasen zu modischer Schäferspielerei gelagert, wähnte die graziöse Gebärde des Rokoko der Natur nahe zu sein. Daneben klang, über Zeit und Mode hinweg, die süße Schwermut des nahen Todes durch alle Heiterkeit der Bewegung. Watteaus Pinsel und die innige Kantabilität mancher Allegrosätze Mozarts haben dieser Stimmung ewige Form gegeben.

In den jungen Kräften dieser Übergangsperiode aber begann die frühe Romantik des Sturmes und Dranges zu schwärmen. Sie mußte sich in Deutschland als eine gefühlsmäßige, nationale Reaktion nordisch-germanischen Empfindens gegen die kosmopolitischen Elemente des ausklingenden Hochbarock, mehr noch gegen die überwiegend verstandesmäßige Einstellung der Aufklärung entwickeln. Gemütsinnerlichkeit, ungehemmte Entfaltung der ursprünglichen Persönlichkeit der «Genies», Kraft, Phantasie, Enthusiasmus, Feuer, das waren die Schlagworte der neuen Richtung. Sie schuf gleicherart eine neue Literatur wie den neuen Instrumentalstil.

Lessings kritische Arbeiten lösten das deutsche Drama aus den Fesseln der französischen Regeln, sie stellten Homer, Sophokles und Shakespeare als leuchtende Vorbilder hin. Winckelmann hatte die Wunder des griechisch-römischen Altertums in einem neuen antibarocken Geiste erschlossen. Klopstock und seine Barden sangen von der Herrlichkeit deutscher Vorzeit. Herder wies auf die Volksdichtung als den Ursprung alles künstlerischen Lebens hin. Wieland schenkte der deutschen Sprache Grazie und heiter-sinnliche Anmut. Goethe und Schiller rundeten den Kreis zu harmonischer Vollendung.

Während die literarische Hochentwicklung der deutschen Klassik in Österreich nur verspätete Nachzügler mitriß, hat der neue Musikstil in seinen Anfängen auch in diesem Lande hochbedeutende Vertreter gefunden, um im Lebenswerk der Wiener Großmeister Haydn und Mozart endlich seine ewige Note zu erhalten.

Der geistig-kulturelle Anstoß der gesamten Bewegung war derselbe. Die literarische Bewegung fußte auf der geläuterten Erkenntnis altklassischen Kulturgutes und des altenglischen Dramas, während die Musik als «unhistorische» Kunst die Wurzeln ihrer jungen Blüte in der zeitgenössischen Produktion verankerte. War ursprünglich Italien und das Werk der neapolitanischen Schulen (Pergolesi, Scarlatti, Sammartini, Jomelli, Traetta, Hasse u. a.) von bedeutsamem Einflusse auf die Stilwandlung der ersten Wiener und Mannheimer Meister, so wirkten später Elemente französischer Herkunft, namentlich auf dem Gebiete des schlicht melodischen Singspieles, mit, den neuen musikalischen Ausdruck der Epoche zu finden. Sein Wesen liegt in der dramatisch-gefühlsstarken Kontrastierung von Rhythmik und Kantabilität, in der homophonen, faßlich gegliederten, dem volkstümlichen Ton angenäherten Melodiegestaltung auf klangvoll akkordlicher Grundlage.

Um die Mitte des 18. Jahrhunderts, als Klopstocks «Messias» den Anbruch der modernen deutschen Literatur verkündete und Wolfgang Amadeus Mozart geboren wurde, war auch die alte Musik, die sich in Bach und Händel zum letzten Male in größter Herrlichkeit zusammengefaßt hatte, ins Grab gesunken. Es ist überwältigend, zu erkennen, wie unzählige Geister allerorten schon *vor* diesem Ereignis, ihrer wahren Aufgabe unbewußt, einträchtig an einem gewaltigen Werke schufen, das erst, durch das Genie der Allergrößten zur Vollkommenheit zusammengefaßt, unsterbliche Gestalt gewinnen sollte.

Der neue Instrumentalstil setzt mit einer schroffen Abkehr vom Alten zugleich mit allen Unvollkommenheiten und technischen Mängeln des Neuen ein. Er beherrscht von der frühen Mitte an das ganze Jahrhundert, um in Haydn und Mozart ebenso Ausgleich und Vollendung zu finden wie das frühe Zeitalter in Bach und Händel. Während sich aber der Stil Haydns in den jüngeren Werken Beethovens fortsetzt, um in dessen mittlerer Schaffensperiode eine Wandlung zum neuen Ausdruck zu finden, erscheint die von Haydn wesenhaft verschiedene Kunst Mozarts in sich zur höchsten Spitze geführt und bleibt als Gesamterscheinung zunächst ohne ebenbürtige Nachfolge.

Die Wandlung der Tonkunst vom alten Generalbaßstil zum neuen Instrumentalstil berührte *alle Mittel des musikalischen Ausdrucks.*[12]

An die Stelle der polyphonen Kontrapunktik tritt die gefühlsbewegte homophone Tonsprache auf flächenhaft akkordlicher Grundlage. Während der barocken Thematik die Fortspinnung *eines* Grundaffektes zugrunde liegt, beruht die Technik des neuen Stils in der *Kontrastierung* der Gedanken innerhalb der kleineren Einheit des Themas wie im größeren Komplexe der Sonatenform. Ihr neuer Baustein ist der periodisierende Liedtypus, oder diesem nahestehende Formen, wie ihn die altklassische Schule nur in Tanzsätzen kultivierte. Das Kennzeichen der neuen Kompositionsweise ist wohlgegliederte Symmetrie.

Die beherrschende Form der Zeit wird folgerichtig für alle Gattungen der Instrumentalmusik die neue *«klassische Sonatenform»*. Sie ist im weitesten Sinne der höchste Triumph der künstlerisch individualisierten, modernen dualen (Dur-Moll) Tonalität. Diese hatte, in ihrer drängenden Naturkraft schon weit früher fühlbar, um 1600 die alten, konstruktiven Kirchentonarten siegreich überwunden. Ihr Grundschema ist einfache Kadenz der Hauptdreiklänge, die wiederum nur den harmonischen Ausdruck der zwei Tetrachorde unserer diatonischen Skala darstellt. Demgemäß erscheint nunmehr auch die Harmonik gegenüber der komplizierten Stufenfolge des Generalbaß-Zeitalters wesentlich vereinfacht, jedoch im Dienste der melodischen Linie zum Ausdrucksmittel des gesteigerten individuellen Empfindens mit herangezogen. Auch der Rhythmus läßt die allgemeine Tendenz zur faßlichen Gliederung und Differenzierung erkennen. Der gute, betonte Taktteil wird gleichzeitig zum Träger des harmonischen Schwerpunkts, selbst wenn sich die Melodie erst in gefühlsbeseelten Vorhaltswendungen, typischen «alla lombarda»-Rhythmen, «Seufzern» oder ähnlichen weiblichen Schlußmodifikationen löst. Diese für die ganze Zeit charakteristischen melodischen Gebärden unterbrechen «bei Mozart und Haydn meist die rhythmische und oft auch die harmonische Ruhe des schwersten Taktteils» (Fischer). Bei Mozart erscheint die Tendenz, jene Vorhalte harmonisch auszukomponieren, als Kennzeichen seines Spätstils.

Allmählich nimmt die *Sonate* ihre Entwicklung zur uns geläufigen klassischen Gestaltung. Ihre *Form* wird zum Träger der gesamten Instrumentalkomposition, der Klavier-, Kammer- und Orchestermusik des Zeitalters, ihr *Inhalt* zum erlesenen musikalischen Künder «klassischen» Weltgefühls, «klassischer» Geisteshaltung. Die Satzzahl beschränkt sich auf drei und vier. Die Mehrsätzigkeit der alten Suite wird nur mehr bei der Serenade und ihren Varianten, den Divertimenti, Cassationen und Notturni beibehalten. Das Menuett hat sich als Absenker der alten Formen auch in der neuen Sonate ein bedeutsames Heimatrecht gewahrt. Der altklassischen Einheitlichkeit des «auszudrückenden Affekts» entsprach die Aneinanderreihung sämtlicher Sätze in derselben Tonart. Die neue Ordnung stellt wenigstens den langsamen Mittelsatz in verwandte Tonarten (Dominante, Subdominante, Parallele oder Variante), aber innerhalb des eigentlichen Sonatensatzes tritt der Wechsel der Tonarten – zuerst noch in den engsten Verwandtschaftsgraden – bestimmend in den Vordergrund. Tonika und Dominante werden die Grundpfeiler des neuen Schemas. Der Satz gliedert sich in Exposition, Durchführung und Reprise, der als äußerliche Erweiterung gerne eine Coda beigegeben wird. Im Entwicklungsstadium erscheinen alle diese Teile vorerst mehr oder weniger unvollkommen ausgebildet. Das Ende des Jahrhunderts bringt die typische Abrundung.

Charakteristisch wird die melodiegebundene Gestaltung selbst in den schnellen Sätzen, die bald zu dem «kantablen», «singenden» Allegro geführt hat. Die kontrapunktische Linie der alten polyphonen Struktur ist einer frischen, akkordgeborenen Melodik gewichen. An die Stelle der barocken Sequenz ist die rauschende Skalenpassage getreten. Die kontrapunktische Arbeit, die in den Durchführungsteilen allmählich wieder zu neuem Leben ersteht, bleibt vorwiegend auf leicht faßliche, kurze melodische Imitation beschränkt. Das alte polyphone Gefüge der Begleitstimmen hat sich auf dem Klavier zu einfachen Akkordbrechungen, Brillen- und Albertibässen, im Orchester zu synkopierten Tonwiederholungen oder wirkungsvollen Tremoloeffekten gewandelt.

Die Melodie gewinnt, namentlich in den langsamen Sätzen, schlicht volkstümlichen oder den weichen, südlichen Charakter italienischer Herkunft. Terz- und Sextenparallelen werden zur beliebten Manier, das reiche Zierwerk zum Träger eines schmachtenden Gefühls. Es ist die Eingänglichkeit und Strophigkeit des Ganzen, das Subjektive, was Leopold Mozart «das Populare» nennt, die Absage einer individuellen Intimität gegen die pathetisch-repräsentative Hoheit des Barock, eine musikalische Parallele zur dekorativen Kunst des Rokoko, das gerne die Fülle seiner traulich-spielerischen Einfälle in kleineren Räumen, an Stelle der großräumig-feierlichen, etwas steifen Pracht der älteren Bauweise, auszugießen liebte.

Die subtile Differenzierung des neuen Stils sprach sich nicht zuletzt in einer verfeinerten Abtönung der Vortragsweise aus. Die betonte Dynamik des Generalbaßzeitalters verlor ihren Reiz vor der individuellen Gestaltung des Vortrags innerhalb der gleichen melodischen Linie. So entstanden die Grundprinzipien unserer modernen Symphonik, die fein abgetönte Phrasierung, die Atempausen, die Bindungsbögen und Staccatizeichen mit ihren hundert Varianten, die kurz akzentuierten Noten, Sforzato und Fortepiano, die dynamischen Mittel- und Grenzwerte (mf, mp, ff, mezza voce usw.), der gefühlvolle Schwellton auf einer Note und das atemberaubende Crescendo über weite Orchesterstrecken.

Diese neuen Gesetze eines «wahren, gefühlvollen Vortrages» stellten an den reproduzierenden Künstler der Zeit dankbare Aufgaben: «Die musikalischen Stücke von guten Meistern richtig nach der Vorschrift lesen und nach dem im Stücke herrschenden Affekte abspielen, ist weit künstlicher als die schwersten Soli und Konzerte studieren. Denn man muß nicht nur alles Angemerkte und Vorgeschriebene genau beobachten und nicht anders, als wie es hingesetzt ist, abspielen, sondern man muß auch mit einer gewissen Empfindlichkeit spielen. Man muß sich in den Affekt setzen, der auszudrücken ist, und alle die Züge, die Schleifer, das Abstoßen der Noten, das Schwache und Starke, mit einem Worte alles, was immer zum schmackhaften Vortrage eines Stückes gehöret, auf eine gewisse gute Art anbringen und vortragen, die man nicht anders als mit gesunder Beurteilungskraft durch eine lange Erfahrnis erlernet. – Man muß lernen, die Charaktere der Stücke unterscheiden und alle Passagen nach ihrem erforderlichen eigenen Geschmacke vortragen. Lustige und tändelnde Passagen müssen mit leichten und kurzen Bogenstrichen erhoben, fröhlich und geschwind weggespielet werden, gleichwie man langsame und traurige Stücke mit langen Bogenzügen, nahrhaft und mit Zärtlichkeit vortragen muß. Man muß sich endlich bei der Ausübung selbst alle Mühe geben, *den* Affekt zu finden und richtig vorzutragen, den der Komponist hat anbringen wollen. Und da oft das Traurige mit dem Fröhlichen abwechselt, so muß man jedes nach sicherer Art vorzutragen beflissen sein. Mit einem Wort: Man muß alles so spielen, daß man selbst davon gerührt wird. Aus diesem fließet, daß man die vorgeschriebenen Piano und Forte aufs genaueste beobachten und nicht immer in einem Tone fortleiern muß. Ja man muß das Schwache mit dem Starken, ohne Vorschrift, auch meistens selbst abzuwechseln und jedes am rechten Orte anzubringen wissen: denn dies heißt nach dem bekannten Malerspruche *Licht und Schatten.*» (Aus Leopold Mozarts «Violinschule» XII. Hauptstück.)

Die lineare Individualisierung des Ausdrucks nahm bald entscheidenden Einfluß auf die Umgestaltung des anfänglich schlichten Stimmgefüges der neuen Schreibweise. In langsamer Entwicklung erhoben sich die Füllstimmen der Begleitung zu neuem Eigenleben neben der Hauptmelodie. Dieses Wechselverhältnis gestattete nicht mehr, einen Teil des Ganzen der improvisatorischen Begabung des Ausführenden zur freien Behandlung zu überlassen. Der «eherne» Basso-continuo, der in der zweiten Hälfte des 18. Jahrhunderts aus der Instrumentalmusik verschwand, hatte am Ende dieser Zeit seine individuelle Erfüllung in der Beseelung aller Stimmen, dem «obligaten Akkompagnement» an Stelle der improvisierten Begleitung gefunden.

Damit änderten sich alle instrumentalen Mittel der Darstellung von Grund auf. Außerhalb des Theaters findet das akkompagnierende Cembalo keine Verwendung mehr. Es ist zum obligaten, selbständig behandelten Klavier geworden. Das in den Streichern gruppenweise verstärkte, noch unserer Zeit geläufige Orchester mit seiner paarweisen Bläserbesetzung und das moderne Kammermusikensemble haben das alte, vom Generalbaß gestützte Ensemble der Bachschen Zeit verdrängt. Anstelle der absterbenden «Sonata da chiesa» und «da camera» mit ihren vielen Varianten (a due, tre, quattro etc. über einem bezifferten Basse) tritt das Duo, Trio, Quartett usw., mit und ohne Klavier im heutigen Sinne.

Den Streichinstrumenten hatte sich schon zu Beginn des Jahrhunderts ein großes Wirkungsfeld erschlossen. Der modernen, durch die großen Cremoneser Geigenbauer endgültig festgelegten Bauart entsprach die rauschende Passage wie die tiefempfundene Kantilene anstelle des alten doppelgriffigen Spiels. Diese neuzeitliche Technik des Violinspiels, gestützt auf die Erfahrungen der italienischen Geigerschulen, brachte durchgreifende Veränderungen in das Partiturbild der Orchesterwerke, der Kammermusik und des Konzerts. Anstelle des barocken Ideals der *klanglichen Differenzierung* ist das klassisch-moderne Ideal der *Klangvermischung* getreten.

Die alte, hochstehende Technik des «Clarinblasens», die noch heute eine korrekte Wiedergabe Bachscher Werke den Trompetern schwierig macht, starb langsam aus oder blieb hervorragenden Solisten als virtuose Domäne vorbehalten. Die nun meist auf die tieferen, akkordlichen Obertöne beschränkten Naturhörner und Naturtrompeten bilden mit den Pauken als Füllstimmen das «schlichte, urgesunde Kadenzgerüst» der neuen Diatonik (Moser). Das Waldhorn wird zur «romantischen Seele» des Orchesters. Es belebt dessen mittlere Register, wo nur die Bratschen, meist «col basso», eine anfänglich recht beschränkte Rolle spielen, und dient somit als teilweiser Ersatz der alten Kontinuofüllung. Seine Fähigkeit, die Töne weich und lange auszuhalten, machen es zum «Pedal» des Orchesters. Seine wirkungsvollen Schwelltöne werden die brauchbarsten Träger des Tutti-Crescendos. Sein Klang vermag sich dem Streicher- und Holzbläserklang wohltuend zu vermählen. Neben den glänzenden Trompeten leistet es als markantes Blechinstrument nicht weniger begehrte Dienste. Diese Vielseitigkeit läßt es trotz seiner Beschränkung auf die Naturtöne nach den Streichern als unentbehrliches Instrument des neuen Ensembles erscheinen.

Die Holzbläser verlieren anfänglich die individuelle Beweglichkeit der früheren Zeit. Sie schließen sich im Tutti zu dem bekannten Füllstimmenkomplex der klassischen Partituren zusammen. Bald treten sie jedoch solistisch oder gruppenweise, vorerst in Episoden, dann immer persönlicher, gegen die Streicher oder mit ihnen hervor. Um die Mitte des Jahrhunderts finden die vielseitigen Klarinetten langsamen Eingang ins Orchester. Mozart verwendet sie seit 1771.[13] Sein besonderes Verdienst ist die Auflockerung und Befreiung des Holzbläserkörpers aus der ihm noch immer anhaftenden Starrheit der Übergangszeit und die gemütvolle Beseelung dieser Instrumentengattungen durch feinsinnige Verwendung ihrer letzten Ausdrucksmöglichkeiten. Der zauberhafte Klang des Mozartschen Holzbläserensembles ist bis heute nicht übertroffen worden. Das Blech emanzipiert sich erst später, im dritten Jahrzehnt des 19. Jahrhunderts, nach Erfindung der Ventile, aus seiner akkordlich-diatonischen Bindung.

Zu Mozarts Zeiten galt das Mannheimer Orchester als beispielgebendes Ensemble des Kontinents. Seine Technik und Vortragsweise hat ihren bleibenden Ausdruck in den Werken seiner Führer und Hauskomponisten, den Meistern der Mannheimer Schule, gefunden.

Wie der neue Kunstwille der Zeit allerorten, auf allen Gebieten neue Gedanken und Formen hervorbrachte, erlangte er gleichzeitig auch in der Musik seinen bestimmenden Einfluß. In Italien begann sich der alte Stil zu den gefällig spielerischen Formungen der «Neuneapolitaner» umzugestalten und die alte Vorherrschaft, namentlich auf dem Gebiete der Oper, in dieser leichteren Rüstung zu verteidigen. In Deutschland, vorwiegend in seinem südlichen Teile, fand die neue Ausdrucksweise überall begeisterte Pflege. Die bedeutendsten Musikstätten waren Wien und Mannheim. Beide Orte hatten durch die musikwissenschaftlich noch keineswegs voll durchleuchtete böhmische Emigrationsbewegung in der ersten Hälfte des 18. Jahrhunderts eine wesentliche künstlerische Blutzufuhr erhalten.[14] Jede der beiden Städte glänzte durch hervorragende Meister. In Mannheim waren es vor allem Johann Stamitz, Franz Xaver Richter, Franz Beck, Alessandro Toeschi und Christian Cannabich, in Wien Matthias Georg Monn, Ignaz Holzbauer, Georg Christoph Wagenseil, Florian Leopold Gaßmann, Joseph Starzer und der junge Haydn. Aber auch andere Zentren und Vorkämpfer der neuen Bewegung wurden für die Entwicklung Mozarts bedeutsam: sein Geburtsort Salzburg, die norddeutschen Meister, vor allem Philipp Emanuel Bach, Christian Bach in England, Johann Schobert in Paris, München und Italien, in dessen unmittelbares Wirkungsfeld er auf den Reisen seiner Knabenzeit gelangte.

ZWEITES BUCH

LANDSCHAFT
HEIMAT
FAMILIE

4. DIE SALZBURGER LANDSCHAFT UND MOZART

«Es is a freudig's Umanandschaun!» (Ein St. Gilgner Bauer über die Landschaft)

Die erzbischöfliche Residenzstadt Salzburg liegt inmitten dreier Landschaften. Im Süden schließt sich das Tal der Salzach enger und enger, bis der schnellströmende Fluß die letzte Schwelle des steilgedrängten Hochgebirges im Luegpasse durchbricht, wo das Kalkalpenmassiv jäh und dräuend die sonnige Ebene abgrenzt. Etwas näher zur Stadt hat sich der düstere, sagenumwobene Untersberg vorgelagert, ein dunkler Dämon am Rande des moordurchzogenen Walserfeldes. Im Westen breitet sich in wunderbarem Abklange die freundliche Landschaft der bayrischen Hochebene aus. Kaum daß sanfte Hügel den endlosen Horizont wellen. Wenn die Sonne sinkt, spielen feine Wolken darüber. Von der Höhe des Gaisbergs sieht man weit draußen traumhaft den silberglänzenden Spiegel des Chiemsees und viele rote Dächer der friedlichen Dörfer des Rupertiwinkels, die in Mozarts Zeiten noch dem alten Erzbistume angehörten. Im Norden und Osten begrenzen die waldigen Höhen des Mittelgebirges den Blick, ohne ihn zu hemmen.

Im Mittelpunkte dieses zauberhaften Einklanges landschaftlicher Gegensätze liegt die kleine freundliche Stadt. Sie hat wie eine kostbare Blume das Edelste des Heimatbodens in ihre Blüte gezogen. Ihre alten Bauten wachsen aus der Scholle, erdgebunden, wie ein fröhlicher, gepflegter Garten. Zum ersten Male grüßt hier den Wanderer, der von Norden kommt, ein Hauch des Südens. An schönen Frühlingstagen wölbt sich ein unwahrscheinlich blauer Himmel über der Stadt.

Zu ihrem Glücke hat die alte Residenz – zum mindesten im Stadtkern – die architektonische Erinnerung an die große Zeit fast rein erhalten. Nur selten schneidet ein unglückseliges Bauwerk späterer Epochen eine abscheuliche Silhouette in die Harmonie der Linien.

Hier ist uralter Kulturboden. Auf dem Felsen des Rainberges südlich der Stadt liegen unter dünner Grasnarbe die Fundschichten aus vorgeschichtlicher Zeit in seltener Vollständigkeit. Am Bürgelstein halbwegs gegen Osten dehnt sich das Gräberfeld der römischen Ansiedlung Juvavum. Mosaiken, Heizziegel und Weihaltäre kommen in der Stadt und ihrer Umgebung allenthalben wieder ans Licht. Hier lag der Ausgangspunkt des großen südlichen Durchzugweges über den Tauern. Wo die neue Straße auf altem Unterbau steil den Paß hinanklimmt, stehen heute noch Meilensteine aus der Zeit des Kaisers Gordianus. Germanische Wanderhaufen siedelten zwischen den alten, rasch oder langsamer verschwindenden Niederlassungen der römischen Kulturepoche. Dunkle Legenden spinnen aus diesen Zeiten ihre sonderbaren Fäden herüber. Als hier die neue Kolonisation des heiligen Rupert die geistliche Herrschaft anbahnte, mußte auf kümmerlichen Resten begonnen werden. Im Mittelalter stieg das Erzbistum Salzburg zum ersten kirchlichen Fürstentume Deutschlands empor. Reich und von den Machthabern der Zeit umschmeichelt, saßen die geistlichen Herren auf der Hohensalzburg. Die dunkle, breit dahingelagerte Burg gibt der Stadt immer noch ihre bezeichnende Prägung. Das Gold und Silber der Tauern, das Salz, das dem Lande seinen Namen gab, hat sie erbaut.

Gewaltig waren die Kulturschätze des uralten Benediktinerklosters St. Peter und der Chorfrauen am Nonnberg, die in den Anfängen des mittelalterlichen Salzburg ihre Niederlassung am Osthang der Festung gründeten. Um die Wende zum 15. Jahrhundert, als der wilde, kriegerische Erzbischof Pilgrim von Puchheim mit der Welt in Hader lag, taucht zum ersten Male eine unbändige musikalische Seele geheimnisvoll aus dem Dunkel. Eine Mönchskapuze verhüllt seine Züge, ein Klosterbruder vielleicht, vielleicht ein maskierter Laie. Seine Lieder allein haben sich in zahlreichen Handschriften erhalten, lebendiges Zeugnis der gewaltigen Tragkraft seiner Kunst bei den Zeitgenossen. Die seltsame Gestalt heißt der Mönch von Salzburg. Die ganze Süßigkeit des frühen deutschen Volksliedes ist in seinen schlichten minnesingerischen Weisen eingefangen. Manche erstehen aus einfachen Dreiklangstönen zu unbeschreiblichem Ausdruck.[15] Vier Jahrhunderte später wiederholt sich das sonderliche Geschehen. Ein Salzburger Schullehrer singt das innigste Weihnachtslied der Deutschen. Nur wenige kennen seinen Namen. Wie ein Volkslied aber ist seine «Stille Nacht, heilige Nacht» über die ganze Welt gewandert.

Der übermächtige, eigenstarke Kunstwille der barocken Epoche ließ in Salzburg nicht allzu viele von den Denkmälern mittelalterlichen Geistes bestehen. Hie und da zwängte er seine Formen den ehrwürdigen Grundgebilden früherer Zeiten auf und schuf – wie in der Franziskanerkirche – die eigenartigsten Synthesen divergierender Baustile nicht ohne Anmut. Was jedoch für das architektonische Werden der Residenz in diesen Zeiten fast ohne Beispiel dasteht, ist die völlige Neugestaltung des Stadtbildes. Nicht wie sonst aus langsamem, zufälligem Wachstum, sondern in spontaner Befolgung kühn hingeworfener Pläne eines willensmächtigen erzbischöflichen Bauherrn. Wie die Szenerie einer Bühne wandelten sich die steinernen Fronten des Orts in unverhältnismäßig kurzer Zeit. Ganze Häuserviertel verschwanden. Neue Straßenzüge und Plätze schufen die vollkommensten Veduten. Palastformen ohne entsprechenden Zweckbau hinter sich wuchsen aus der Erde, nur um das Schaubild vollkommen zu umrahmen. Nirgends ward in ähnlicher Weise eine ganze Stadt zur Szene.[16] Berge und Hügel schließen als letzte Front harmonisch ab. Vom kleinsten baulichen Detail schweift der Blick zu immer weiter geschwungenen Linien in die Ferne. Mittelalterliche Mystik zwingt in der architektonischen Anlage zum Stillestehen, zu ruhigem Versenken in dunkel Geheimnisvolles, zum ergriffenen Aufwärtsschauen. Barocker Überschwang aber will Licht und Bewegung. Die ungeheure Szene braucht Tempo, Farbe, Musik und Staffage, Spiele und Akteure. Keine problematischen Handlungen, die ins Innere gekehrt sind, nur freudige, prunkvolle Ekstase der Gebärde, Trionfi, Prozessionen, endlose tönende Züge, Allegorien und Fanfaren. Nur dort, wo die Landschaft leicht bezwinglich in wohliger Breite diesem Geiste dienstbar wird, erscheint sie der Zeit erträglich. Die Schönheit des Hochgebirges mit den steilaufragenden Felsenwänden bleibt dem barocken Ideale fremd und unnahbar wie die gotischen Dome des Mittelalters.

Erst die neue Romantik des absterbenden 18. Jahrhunderts versuchte, jenen Wundern tiefer Großartigkeit wieder nahezukommen. Die Zeit Mozarts in Salzburg hat diesen Evolutionsprozeß nicht mehr völlig durcherlebt. In ihr bebte noch lange der Abklang der stärkeren Epoche, als sich im bürgerlichen Leben schon längst der nüchterne Geist der Aufklärung einzunisten begann. Die produktive Kraft des bildenden Geistes war freilich schon um die Mitte des Jahrhunderts versiegt. Die endgültige äußere Form hatte sich geschlossen. So lebt die alte Stadt noch heute als wunderbarer Eindruck.

Es ist merkwürdig, wie in Mozarts Anschauung die Betrachtung der Natur als äußere Erscheinung, nicht als inneres Erleben, vorwaltend bleibt, obwohl seine reife Musik schon eindringlich in die Regionen einer neuen Geistigkeit leitet. In seiner Jugendzeit wird jene Einstellung besonders charakteristisch: «Bozen, dies Sauloch!» (28. Oktober 1772), solch merkwürdiges Urteil des Knaben entspricht ihr durchaus. Es darf nicht mit der Meinung der Jetztzeit gemessen werden. Fehlschlüsse über Mozarts Naturliebe blieben daher unvermeidlich. Die Landschaft, in der er sich wohl fühlte, war das Idyll. Die Salzburger Gegend war er gewohnt. Sie erschien ihm zu vertraut, um sich ihrer als Sondereindruck besonders zu erinnern. Die hohen Berge liegen dort weit ab und stören die beschauliche Ruhe der sonnigen Fläche nicht. So entspricht das Salzburger Bild durchaus dem Gleichmaße seiner Proportionen. Rochlitz berichtet, angeblich nach Mitteilungen Konstanzes: «Wenn er mit seiner Frau durch schöne Gegenden reiste, sah er aufmerksam und stumm in die ihn umgebende Welt hinaus, sein gewöhnlich mehr in sich gezogenes und düsteres als munteres und freies Gesicht heiterte sich nach und nach auf, dann fing er an zu singen oder vielmehr zu brummen, bis er endlich ausbrach: ‹Wenn ich doch das Thema auf dem Papiere hätte!› – Und wenn sie ihm etwa sagte, daß dies wohl zu machen sei (im Reisewagen pflegte der

Meister eine kleine Tasche mit leeren Notenblättern zum Skizzieren bei sich zu führen), so fuhr er fort: ‹Ja, mit der Ausführung, versteht sich. Es ist albern, daß wir unsere Arbeiten auf der Stube aushecken müssen.›» Aber dieses gern zitierte biedermeierische Stimmungsbild einer unbedenklichen journalistischen Phantasie malt bereits mit falscher, nach dem eigenen Geschmack willkürlich verschobener Perspektive.

Eduard Mörike, der diesen Bericht vielleicht kannte, beginnt seine Novelle «Mozart auf der Reise nach Prag» mit der Schilderung einer unendlich ruhigen spätsommerlichen Landschaft. Der Wagen der Mozarts gleitet still durch die fruchtschwere Wehmut der Gegend. Hier erschaut ein *Dichter* in zeitlosem Bilde dunkle Zusammenhänge der Dinge.

Nur so, als schöpferischer Urgrund, möge die Landschaft in Mozarts Werk eine Erklärung finden. Es hieße dem absoluten, formgebundenen Geist seiner Musik Gewalt antun, wollte man irgendwo eine artistische Stimmungsgebundenheit erblicken, wo nicht der äußere Zweck der Naturschilderung im Augenblicke als solcher erkennbar wäre. Und dies geschieht in seltenen Fällen, dann aber mit so diskreter, jedem groben Realismus abholder Feinheit, daß die Grenzen stets verwischt bleiben und die Phantasie des Hörers niemals in eine bestimmte Bahn gezwungen wird. Wird uns dies nicht in Susannens lieblicher «Garten-Arie» fühlbar, wo wir, wie Mörike sagt, «den Geist der süßen Leidenschaft stromweise, wie die gewürzte sommerliche Abendluft einatmen»? So restloses Eindringen in die geheimsten Tiefen ist ohne innige Wesensverwandtschaft mit der Natur doch nicht denkbar. Dem kecken Landschaftsrealismus des niederösterreichischen Bauernsohnes Haydn ist Mozart dagegen zeitlebens ferne geblieben.

Mozart schuf gerne in den schlichten Wiener Hausgärten oder in ländlicher Einsamkeit. Da ging ihm die Arbeit leicht und frisch von der Hand. Am Schreibpulte sitzend, genoß er die Behaglichkeit des ruhigen Bildes. Der Sturm Beethovens durch die Landschaft war ihm wesensfremd wie Felsklüfte, Gießbäche und nebelnde Gebirgswälder. Die Tiefe seiner Kunst ist harmonischer Ausgleich, ihre Dämonie die dunkle Leidenschaft der Schönheit, die sich im Gegensatze auflösen muß, um veredelt wiederzuerstehen. In demselben Urkeime sind von Anfang an die Gesetze der Ruhe und Bewegung beschlossen. Immer wieder formt sich die Linie in organischer Entwicklung zur unerklärlichen Schönheit naturgemäßen Wachstums. Auch die verzehrende Glut des inneren Überschwangs trübt das Wunder der äußeren Gestaltung nicht. Der Blick ins Weite ist frei. In allem aber, dem Entrückten und dem Faßlichen, hebt sich gleichschwingend der Atem des fortzeugenden Lebens.

5. HERKOMMEN[17]

«Dauid Motzert, Maurer von Pferschen, Lödig stands, Ist zue einem Burger angenommen worden, Vermögens fl. 100. Kaufft der Maurer gerechtigkeit, seine Bürgen seindt Carol Dietz, werkhmaister und Daniel Weller, Bauwarh.» (Bürgerbuch der Stadt Augsburg, 1643)

Die Familie Mozart stammt aus dem bayrischen Schwaben. Das ehrsame Handwerkergeschlecht hat sich im Laufe mehrerer hundert Jahre in der Augsburger Gegend fest verankert. 1331 erscheint der Name Mozart zum erstenmal in einer Urkunde. Sie überliefert uns den Verkauf der Hofstatt eines gewissen Heinrich Motzhart im Dorfe Fischach. Das Dorf liegt geruhsam im mittelschwäbischen Hügelland südwestlich von der Reichsstadt Augsburg, in einer der Markgrafschaft Burgau zugehörigen Landschaft, die man die «Stauden» nennt. Als Besitz des Hauses Habsburg zählte die Markgrafschaft Burgau zu den österreichischen Erblanden. Die ersten uns bekannten Mozarts waren somit österreichische Untertanen.

Eine Zeit später wird die Zahl der erforschbaren Mozarts in den «Stauden» und in den benachbarten Gebieten immer größer, zuletzt kaum mehr übersehbar. Der Name Mozart gehört zu den häufigsten in dieser Gegend nachweisbaren Familiennamen. 1480 ist er auch in Augsburg beurkundet. Die Schreibweise ist begreiflicherweise vielfältig: Mozart, Motzart, Motzhart, Motard, Moßhard. Der Wortsinn geht aber nicht, wie ursprünglich vermutet, auf das Stammwort mod, muot (Mut, Mouthart) zurück. Vielmehr ist die Silbe «Motz» weit weniger poetisch, dafür aber von solider Bodenständigkeit den Worten Moor oder Moder verwandt und erzählt von der Seßhaftigkeit der Namensträger in einer Torf- oder Moorgegend, was für die Urheimat der Mozarts in jenem schwäbischen Winkel durchaus stimmt.

Die *Augsburger Mozarts* treten uns vorerst als ehrsame Handwerker, Weber, Schäffler, Bäcker, Bleicher oder Tuchscherer, um die Mitte des 16. Jahrhunderts jedoch bedeutsamer als Maler entgegen. 1541 wird unter diesen ein Stoffel Mozart genannt. Seine Söhne Christoph und Hieronymus arbeiten als «Lernknaben» beim Vater, Christoph ist später im Fugger'schen Hause beschäftigt. Wichtiger noch wird ein Zeitgenosse des berühmten Baumeisters Elias Holl, Antonius Mozart (gest. 1625), der in Breughels Manier kleine, figurenreiche Landschaften schuf. Auch ein Musiker, Johannes Mozart (geb. 1592), zuletzt Probst des Chorherrenstifts Heilig Kreuz, wirkte in einer glanzvollen Periode der Augsburger Musik neben Hans Leo Hasler, Gregor Aichinger und Adam Gumpelzheimer in der Reichsstadt. 1589 finden wir den Namen Baltes Mozart in einer Eingabe an den Stadtrat, die von einer «neuen, zuvor nie erhörten noch gebrauchten Invention» eines gewissen Carlin aus Ravensburg handelt, «durch natürliche selbst bestendige mittel und element, daß ain jede armhaltige Saltzsohlen ohne feyr und holtz vonn seinen wilden und sießen Wassern mögen geschaiden werden». Baltes Mozart hatte nach dem Inhalt dieser Eingabe die Erfindung Carlins in Form einer «Gewerrschaft» finanziert, geriet aber in Schulden und mußte fliehen.

Ein genealogischer Zusammenhang aller dieser Mozarts mit der Familie des großen Tondichters konnte bisher nicht gefunden werden. Der *echte Stammbaum* unseres Meisters geht über den ersten Augsburger Bürger der Sippe, den Maurermeister *David Mozart d. J.* aus dem, heute längst von der Stadt inkorporierten Randdorfe Pfersee, über dessen Vater, den Zimmermann oder Maurer *David Mozart d. Ä.* (gest. 1625), den Großvater *Peter Mozart,* Häusler und Handwerker im Dorfe Leitershofen und den Urgroßvater *Lienhart Mozart* (gest. vor 1591) bis zu dem Leitershofner «Söldner» (Häusler) *Hans Mozart* zurück, der um die Mitte des 16. Jahrhunderts lebte und vor 1564 gestorben sein dürfte. Von hier führt eine letzte Spur mit Wahrscheinlichkeit wieder in die «Stauden», in den winzigen, nahe bei Fischach gelegenen Weiler Heimberg. Den zentralen Hof dieses Weilers hat der Abt des Donauwörther Klosters Kaisheim im Jahr 1486 dem Vorfahren der Leiterhofner Mozarte, *Ändris Mozart,* verliehen. Dieser recht stattlich am Ufer des Flüßchens Schmutter gelegene Ansitz hat sich bis heute in guter Verfassung erhalten.

Wenige Tage nach dem glücklichen Erwerb des Bürgerrechts und der Maurergerechtigkeit (17. Jänner 1643), am 25. Jänner, heiratete *David Mozart d. J.* die Jungfer Maria Negelerin aus Lechhausen. Als tüchtiger Meister seines Faches – er baute unter anderem den Turmaufsatz der Stadtpfarrkirche zu Dillingen – vermehrte er Besitz und Ansehen seines Vaters. Er starb am 28. Januar 1685 als Eigentümer eines Vorstadthauses und Vater von drei Söhnen, Daniel, Hans-Georg und Franz. Diese setzten das Maurer-, oder sagen wir in heutigem Sinne besser, das Baumeisterhandwerk ihres Vaters fort. Der zweite Sohn, Hans-Georg (Hans-Jörg), 1647 geboren, hat 35 Jahre lang das Amt eines Werkmeisters des Augsburger Domkapitels verwaltet, er hat, wie es in einem Nachruf heißt, «viele schöne Kirchen, Schloesser, Cloester und Häuser gebauet und ist von der ganzen Bürgerschaft als ein ehrlicher und wohlverständiger Mann geehret und geliebet worden». 1719, nicht lange vor seinem Hinscheiden, hat er seinen Enkel Leopold aus der Taufe gehoben. Sein jüngerer Bruder Michael ist Bildhauer geworden. Als man 1683 die Türken von Wien verjagt hatte, ist er dorthin abgewandert, hat bei St. Stephan die Wirtstochter Eva Eleonora Danglin geheiratet und zwei Jahre später, am 9. März 1687, den Bürgereid abgelegt. Von seinem Leben und Schaffen wissen wir nicht mehr, als daß er mit dem tüchtigen

Wiener Hofbildhauer Johann Frühwirth, vorerst vielleicht als dessen Lehrgeselle, zusammengearbeitet hat. Ein weiterer Sohn David Mozarts d. J. ist Geistlicher geworden und in den Minoriten-Orden eingetreten. Der jüngste Sohn, Franz Mozart, geboren am 3. Oktober 1649, gestorben 1683, erst 34 Jahre alt, vermählte sich am 30. Jänner 1678 mit Anna Harrer aus Oberpüchsheim. Sein ältester Sohn, Johann Georg Mozart (4. Mai 1679 – 19. Februar 1763), Wolfgang Mozarts Großvater, hat das Gewerbe seiner Ahnen verlassen und ist Buchbindermeister in seiner Vaterstadt Augsburg geworden. Zwei Jahre lang ist er «Vorgeher» der Buchbinderinnung gewesen. Durch seine erste Ehe mit der Buchbinderswitwe Anna Maria Banegger, geb. Peter, heiratete er zunftgemäß in das Gewerbe hinein. Seine zweite Frau, Anna Maria (1696–1766), eine Tochter des in Baden[18] gebürtigen Webermeisters Christian Sulzer, die er bald nach dem Hinscheiden seiner ersten Gattin, am 16. Mai 1718, heimführte, hat ihn mit sechs Söhnen und zwei Töchtern beschenkt. Zwei der jüngeren Söhne, Joseph Ignaz (1725–1796) und Franz Aloys (1727–1791), übernahmen das Gewerbe ihres Vaters in Augsburg. Franz Aloys wurde der Vater des berühmten «Bäsle», der heiteren Jugendfreundin Wolfgangs, Maria Anna Thekla. Durch Joseph Ignaz hat sich das Geschlecht der Mozarts in männlicher Linie bis in unser Jahrhundert hinein fortgepflanzt. Sein älterer Bruder, der Erstgeborene Johann Georg Mozarts, Johann Georg Leopold, der Vater unseres Meisters, ist zugleich der erste bedeutende Musiker in dem alten Handwerkergeschlecht geworden.

Ob schon ein anderer aus der Reihe der Mozartschen Ahnen mit so unzweifelhaften musikalischen Anlagen begabt war, daß wir auf eine längere Vererbung des musikalischen Talentes schließen könnten, läßt sich nicht nachweisen. Selbst wenn dem so gewesen wäre, siegte in diesem ehrsamen Stamm klassenbewußter, fleißiger Kleinbürger stets das alte Zunftgesetz, das dem Sohne gebot, dem beschränkten, aber grundfesten Handwerksbrauche des Vaters zu folgen. Auch Leopold Mozart vermochte nur auf dem Umwege über das geistliche Studium zu seiner geliebten Musik zu gelangen.

Sämtliche Ahnen Mozarts, soweit wir davon Kenntnis haben, sind Oberdeutsche gewesen. Schwäbisch-alemannisches Blut einte sich mit bayrisch-salzburgischem. Väterliche und mütterliche Vorfahren entstammten weit voneinander entfernten Räumen, sie scheinen also kaum, auch in hohen Generationen nicht, miteinander verwandt gewesen zu sein. Die entscheidende Blutmischung hat erst in den letzten Generationen vor Wolfgangs Geburt stattgefunden. Wenn wir das Genie als eine glückliche Synthese vieler brauchbarer Durchschnittseigenschaften zu gemeinsamer Steigerung der höchsten produktiven Anlage betrachten wollen, dann haben die Voreltern ihres großen Enkels sicher ihr redlich Teil beigetragen. Von ihnen stammt kaum der phantasievolle Flug der Gedanken, die Leichtigkeit und Schlankheit der schöpferischen Arbeit, vielleicht aber die zähe, unermüdliche Schaffensenergie und ein instinktsicherer Blick für das Wesentliche, der bei dem Musiker, noch mehr bei dem Dramatiker Mozart überragend in Erscheinung tritt. Wir finden diese Eigenschaften beharrlicher Bürgertüchtigkeit schon bei Vater Leopold nutzbringend mit künstlerischer Energie gepaart. Die glückliche Mischung dieses väterlichen Stammguts mit dem leichteren Blute der mütterlichen Familie aus der Salzburger Landschaft sollte den jähen Hochflug zu dem künstlerischen Genius bedeuten.

In der väterlichen Generation der Mozarts waltet das bürgerliche Element vor. Dagegen wiegt in der Familie der Mutter Mozarts bäuerliches Blut und bäuerliche Art selbst bei jenen Ahnen vor, die ihre Lebensstellung im Dienste des Salzburger Hofes fanden.

Die Augsburger Mozarts waren ein kinderreiches Geschlecht. Das durchschnittliche Lebensalter der Stammväter Wolfgangs ist nicht kurz, annähernd sechzig Jahre. Der Verfall der Linie des großen Tondichters, dessen zwei überlebende Söhne ohne Hinterlassung von Nachkommen starben, ist darum um so auffallender. Auch bei der Nachkommenschaft der Schwester Wolfgangs sind Degenerationserscheinungen unverkennbar. Zum letzten Male flackerte in dem jüngsten Sohne des Genies ein schwaches musikalisches Flämmchen auf, um damit für immer in der weitverzweigten Familie zu erlöschen.

6. DER VATER: LEOPOLD MOZART[19]

«A propos! Kann sich der Papa des Namens Freysingen nicht erinnern? – Der Papa der genannten zwei schönen Fräulein sagt, er kenne den Papa sehr gut; er habe mit dem Papa studiert. Er erinnert sich noch absonderlich auf Wessobrunn, wo der Papa – das war mir völlig neu! – recht unvergleichlich auf der Orgel geschlagen hat. Er sagte: ‹Das war erschröcklich, wie es untereinanderging mit den Füßen und Händen. Aber wohl unvergleichlich! Ja, ein ganzer Mann! Bei meinem Vater galt er sehr viel! Und wie er die Pfaffen herumgefoppt hat wegen dem Geistlich-Werden.›»

Johann Georg Leopold Mozart, der Vater Wolfgang Amadeus Mozarts, empfing am 14. November 1719 in der Pfarre von St. Georg zu Augsburg die Taufe. Wir wissen nicht, ob er, wie sein großer Sohn, schon in erster Kindheit musikalische Anlagen in hervorragendem Maße geoffenbart hat. Jedenfalls war er anstellig, aufgeweckt, klug und von guter Haltung, so daß es sein Protektor, der Augsburger Domherr Johann Georg Grabher, verantworten durfte, den Knaben aus dem traditionellen Handwerksbetrieb der Familie wegzunehmen und dem geistlichen Berufe zuzuführen.

Aus der deutschen Elementarschule zu St. Ulrich ist Leopold Mozart im Herbst 1727 in das Jesuitenkolleg zu St. Salvator eingetreten. Hier absolvierte er das Gymnasium, um im Herbst 1735 seine Studien im benachbarten Lyzeum der Jesuiten fortzusetzen. Hier hörte er im normalen akademischen Lehrgang zwei Jahre Logik und Physik und sicherte damit die Grundlagen seiner breiten Allgemeinbildung; hier bildeten sich die gelehrten und nachdenklichen Neigungen, wie sie uns immer wieder aus seinem anregenden Lebensbild entgegentreten.

Von weittragender Bedeutung ist die Tatsache, daß Leopold mehrere Male anläßlich der Feierlichkeiten zum Schuljahrsende auf der Saalbühne des Kollegs in singenden Rollen aufgetreten ist: das erstemal noch nicht vierzehnjährig im musikalischen Prolog des Schuldramas «Protasius, König zu Arima», zuletzt im September 1735 als Phaeton in den Intermedien zu dem Trauerspiel «Cussero, des Mogorischen Königs rebellischer Sohn». Manche Erfahrung, die Leopold aus diesen Schuldramen, den letzten Ausläufern des geistlichen Barocktheaters mit seiner großartigen, aus Sprechstück und Musikkomödie zusammengedrängten dramatischen Intensität, mit seinem Überschwang an Handlung, Kostümen, Dekorationen, Maschinen und Requisiten, gewonnen haben mochte, hat später in der Bühnenleidenschaft seines großen Sohnes prachtvoll Wurzel geschlagen.

Daß Leopold schon als Knabe schwierige Gesangsrollen übernehmen konnte und von den Benediktinern zu St. Ulrich und Afra wie von den

Augustiner-Chorherrn zu Heilig-Kreuz fleißig als Sängerknabe beschäftigt wurde, läßt vermuten, daß er frühzeitig über tüchtige musikalische Übung und eine nicht gewöhnliche Begabung verfügte und daß er es damals wahrscheinlich auch auf der Violine und als Klavierspieler entsprechend weit gebracht haben dürfte. Seine späteren gründlichen Kenntnisse erweisen nicht minder als die historischen Nachforschungen, daß er in allen Fächern von ausgezeichneten Pädagogen geführt worden war. Mochte der Unterricht in den humanistischen Disziplinen mitunter durch eine gewisse Lehrhaftigkeit beherrscht erscheinen, in der Musik war er jedenfalls von jenem derb zugreifenden, praktischen Handwerksgeist erfüllt, der sich stets als die beste Grundlage sicherer Technik erwiesen hat. Zeitlebens aber sind die Spuren geistlicher Zucht an Vater Mozarts Charakterbild haftengeblieben.

Im Kolleg wird Leopold seine eigentliche Mission um so deutlicher erkannt haben, je weiter sein ursprüngliches, durch Fleiß und Beharrlichkeit fortgebildetes musikalisches Talent die durchschnittlichen Anlagen seiner Mitschüler überflügelte. Als der nicht ganz freiwillig gewählte geistliche Beruf aus seinen Zukunftsplänen entschwunden war, scheint der heranreifende Knabe immer vorsichtiger, diplomatischer seine geheimen Absichten den gutgläubigen Lehrern verhehlt zu haben. So kluges Verbergen der Ziele ist dem älteren Mozart – sehr im Gegensatz zu seinem Sohn, dem allzuoft das Herz überfloß – zeitlebens zustatten gekommen. Ein überlegener Verstand lenkte frühzeitig seine Handlungen. Die Bevorzugung vor seinen jüngeren Brüdern in der braven Handwerkerschürze der Ahnen machte ihn stolz und ehrgeizig. Er neigte zur Überschätzung der geistigen Berufe. Gewerbetreibende Kleinbürger liebte er nicht. Immer bereit, über die Engherzigkeit seiner Augsburger Landsleute ein scharfes Urteil zu fällen, sah er später mit gleicher Verachtung auf das Salzburger Spießertum. Dabei vergaß er freilich, daß auch in ihm recht oft das Blut seiner Väter kleinbürgerte.

Sein kritischer Geist, der so ungern über alle Unzulänglichkeiten der Umgebung hinwegsah, hat dem Knaben schon in der Augsburger Lehrzeit manche Schwächen geistlicher Einrichtungen geoffenbart. Der Mann hat dies niemals vergessen. «Die Prälaten in Augsburg waren alle, die ich als junger Mensch kannte, solche Schrollen und werden es noch sein. Vom alten Ochsen lernt der junge das Pflügen.» (Brief vom 18. Oktober 1777.) Dabei war Leopold Mozart ein gläubiger, überzeugter Katholik. Aber er bewahrte stets das offene Auge für die Fehler der Kirche und ihrer Diener, die er von Grund auf kannte.

Denn seinem Glauben war späterhin der starke Rationalismus eigen, der als hervortretende Eigenschaft seines Charakters ihn zum echten Kind seiner Zeit erzog. Dem kirchlichen Zeremoniell unterwarf er sich willig.

Es gehörte als wesentlicher Teil zu seinem Berufe. Ihm fehlte nur die Flugkraft der ausklingenden barocken Kirchenkultur, die, ins Empfindsame gewendet, noch in der jugendlichen Kunst Wolfgangs liebliche Blüten trieb. Leopolds Religiosität hatte etwas von der reinlichen Nüchternheit der katholischen Landkirchen des 18. Jahrhunderts. Aber über ihm stand ein starker, unerschütterlicher Begriff: Gott, der Anfang und das Ende, ein gütiger Gott, der mit milder, weiser Hand das unerbittliche Schicksal der Menschen regiert und trösten kann, wenn wir uns demütig seinem Willen ergeben. Das höchste Gebot für jeden Menschen ist die Pflicht, die ihm von der Vorsehung zu vernunftgemäßer Erfüllung zugemessen ist.

«Ich nahm alles, wie es kommt» – schreibt Leopold in seinen letzten Lebensjahren an seine Tochter – «und dachte immer, daß Gott in allem nach seiner göttlichen Vorsehung uns versorgt, wenn wir Menschen unsere Schuldigkeit mit Liebe gegen Gott, unsern Nebenmenschen und gegen uns selbst genau beobachten. Die Liebe gegen uns selbst besteht aber in unserer Selbsterhaltung und Sorge für unsere künftige Seligkeit.»

Und in einem Brief an Wolfgang (4. Dezember 1777) lehrt er: «Daß alles nach Gottes Willen gehen muß, wird kein vernünftiger Mensch, will nicht sagen Christ, leugnen. Folgt aber daraus, daß wir blind dahin handeln und für alles unbesorgt leben, keine Anstalten treffen und nur abwarten sollen, bis etwas von oben selbst zum Dache hereinfliegt? Verlangt nicht Gott selbst und die vernünftige Welt von uns, daß wir bei allen unseren Handlungen die Folgen und das Ende nach unseren menschlichen Vernunftkräften zu überlegen und, soviel uns möglich, vorauszusehen uns bemühen sollen? – Wer anders handelt, ist ein unverständiger oder leichtsinniger Mensch, der sonderheitlich bei der heutigen Welt immer zurückbleiben, ja unglücklich sein wird, da er überdies von Schmeichlern, Maulfreunden und Neidern beständig wird hintergangen werden.»

Andersgläubigen gegenüber wahrt er bei ziemlicher Toleranz eine typische, kühle Reserve. Dem «lutherischen» Dichter Gellert, dessen Religiosität der seinen verwandt war, bezeigt er dagegen seine persönliche Verehrung.

Er war eben ein richtiger Zeitgenosse: leidenschaftlicher Jünger der Aufklärung, dabei aber pflichttreuer Beamter und Untertan eines katholisch-absolutistischen Regimes zu Salzburg. Den Erzbischof respektiert er darum mehr noch als Landesherrn denn als geistlichen Oberhirten. Er erscheint ihm als die notwendige Instanz, die nun einmal von Gottes Weisheit eingesetzt ist, Untertanen zu regieren. Dabei hält er es für durchaus erlaubt, über die menschlichen Fehler seines Fürsten in vertrautem Kreise mit aller Schärfe loszuziehen. Eine destruktive Auflehnung gegen die staatliche Hierarchie im Sinne des heutigen Klassenkampfes lag ihm, wie dem ganzen Zeitalter, völlig ferne. Im äußersten Notfalle wechselt man seinen Dienst, aber man dient weiter, da man schon einmal von Gott dazu bestimmt ist. Zudem wäre es ja gegen die Vernunft, sich ohne sicheres Einkommen auf die eigenen Beine stellen zu wollen. Diese für Leopold Mozarts Epoche bezeichnende Einstellung gegenüber den herrschenden Gewalten macht auch den tiefen Groll gegen den geliebten Sohn begreiflich, als sich der fünfundzwanzigjährige Wolfgang mit dem erzbischöflichen Brotherrn überwarf. Sie darf von unserem Zeitalter nicht mißverstanden werden. Die Befreiung des Künstlers aus dienender Stellung vermochte Beethoven erst festzuhalten, nachdem die Französische Revolution die Staatsidee des 18. Jahrhunderts in ihren Grundfesten erschüttert hatte.

Nach Abschluß des «Physicums» verließ Leopold Mozart im Herbst 1737 das Augsburger Jesuiten-Lyzeum. Er erlegte bald darauf an der Salzburger Universität die übliche Matrikelgebühr von 45 Kreuzern und trug seinen Namen vorschriftsmäßig in das «Album studiosorum» ein. Schon am 22. Juli 1738 wurde er nach wohlbestandener Prüfung öffentlich ausgezeichnet. Er hatte sich mit diesem Rigorosum den Grad eines Baccalaureus der Philosophie erworben. Als Promotor bei dem feierlichen Akt waltete sein Ordinarius, Professor Dr. Rupert Sembler, ein Benediktiner aus St. Ulrich, der mit ihm aus der Heimat nach Salzburg gezogen war. Ob Sembler selbst den Anstoß zu Leopolds Übersiedlung nach der Salzachstadt gegeben hatte, oder ob ein etwas wüster Streit der Augsburger Webergesellen mit den Studenten von St. Salvator, der damals viel Staub aufwirbelte, damit in Zusammenhang stand, wissen wir nicht. Leopold hat späterhin die Augsburger Verbindungen mit den Verwandten, aber auch mit anderen einflußreichen Persönlichkeiten nur so weit aufrechterhalten, daß sie für sein und seines Sohnes späteres Leben wichtig und nutzbringend blieben. Das Augsburger Bürgerrecht hat er sich trotzdem bis 1755 gewahrt.

Aus dem Protokoll der Salzburger Philosophischen Fakultät geht noch hervor, daß Leopold nach bestandenem logischem Examen als «Physicus» weiterzustudieren beabsichtigte. Doch scheint er das Kolleg nur bis Ende 1738 besucht zu haben. Dann blieb er aus. In seinem Leben hatte sich die entscheidende Wendung vollzogen. Wenige Tage vor der vorgeschriebenen Prüfung zitierte ihn der Rektor. Drohte mit Ausschluß, falls er nicht Abbitte leiste und das Versäumte nachhole. Leopold schwieg und ging. Das Protokoll verzeichnet zu Ende des Studienjahres (September 1739) den trockenen Beschluß, er habe sich des Namens eines Studenten unwürdig gezeigt und sei daher an keiner Fakultät weiterhin zuzulassen.[20] Daß er, wie er in einem autobiographischen Bericht bei Marpurg angibt, auch die «Rechtsgelahrtheit» studiert habe, läßt sich aktenmäßig nicht nachweisen. Doch offenbaren manche Stellen aus seinen Briefen eine beinahe fachliche Vertrautheit mit der juristischen Materie.

Die erzürnten Lehrer und enttäuschten Protektoren scheint Leopold durch seine Kunst versöhnt zu haben, um derentwillen er die Schulpflichten in dem abgelaufenen Studienjahr vernachlässigt hatte. Wir finden ihn und seinen Knaben späterhin als Komponisten im Dienste der Universität eifrig tätig. Bald hatte er einen mächtigeren Gönner als den freundlichen Fakultätsdekan, Dr. Sembler, gefunden. Dies war der Domherr und Konsistorialpräsident Johann Baptist Graf Thurn-Valsassina und Taxis, der den zwanzigjährigen Ausreißer als Kammerdiener und damit auch als Musikus in seine Dienste nahm. Ihm widmete dieser 1740 sein erstes, eigenhändig gestochenes Werk, sechs Trios («Sonate per chiesa e da camera») für zwei Violinen und Baß. Die sonderbare Stellung als Kammerdiener, die Leopold auch in seinem späteren Dienstplatz beibehalten mußte, war für die Hofmusiker jener Zeit durchaus gebräuchlich.

Schon in den nächsten Jahren komponierte er für die Fastenaufführungen am fürsterzbischöflichen Hofe zwei Passionskantaten «Christus begraben» und «Christus verurteilt». Die Musik dieser ersten Vokalwerke Leopolds ist verlorengegangen. Auch von seiner am 18. Mai 1742 in der kleinen Universitätsaula aufgeführten lateinischen Schuloper «Antiquitas personata» besitzen wir nur mehr das Szenarium. Jedenfalls war der junge Tonkünstler, der sich an so tüchtige Aufgaben wagen durfte, mit den Regeln der dramatischen Gesangskomposition vertraut und erweckte durch sein frisches Talent und eine nicht gewöhnliche Geschicklichkeit die besten Meinungen aller musikalischen Kreise, die dem Salzburger Hofe nahestanden. Es erscheint daher nicht verwunderlich, daß er schon im Jahre 1743 als vierter Violinist in der erzbischöflichen Hofkapelle Eingang fand, der er bis zu seinem Tode angehören sollte.

Seiner Fertigkeit auf der Geige, wohl auch seiner besseren Bildung, hatte er es zu verdanken, daß ihm 1756 der Violinunterricht der Kapellknaben anvertraut wurde. Dagegen hatte er im Orchester seßhafte Vorgänger, die er, gehemmt durch eine altgewohnte Pragmatik, nicht so schnell überflügeln konnte. Seit 1757 führte er den Titel eines «Hofkomponisten», der ihn wenigstens dem Ansehen nach den Kapellmeistern gleichstellte. Aber erst 1758 wurde er zweiter Violinist. Nach dem Tode des ausgezeichneten Kapellmeisters Ernst Eberlin, 1762, dessen Amt der Italiener Giuseppe Francesco Lolli erhielt, wurde er endlich zum Vizekapellmeister ernannt.

Wirklicher Kapellmeister ist Leopold Mozart, ungeachtet aller Bemühungen, nie geworden. Bei einer vorübergehenden Vakanz zur Zeit des Regierungsantrittes des Erzbischofs Hieronymus, Grafen von Colloredo, 1772, wurde der Neapolitaner Domenico Fischietti, der seinen Posten in Dresden verloren hatte, nach Salzburg berufen. Fischietti erscheint auch weiterhin als «Titularkapellmeister» im Salzburgischen Kirchen- und Hofkalender, als Lolli im nächsten Jahre die Leitung der Kapelle wieder übernommen hatte. Mozart hatte nun zwei Kapellmeister über sich. Als Lolli 1778 starb, versuchte er, sich dem Erzbischof in einem kurzen Gesuche als berufener Anwärter auf die erste Stelle in Erinnerung zu bringen. Der Erfolg blieb aus. Mozart erhielt in Anerkennung seiner Verdienste zwar eine finanzielle Aufbesserung. Aber Fischietti blieb. An seine Stelle wurde 1783 wieder ein Italiener, Luigi Gatti, berufen.

Ein Hofamt, das ihm – lediglich als Ehrenamt – innerhalb des erzbischöflichen Gefolges eine bestimmte Rangordnung gesichert hätte – Truchseß, Anti-camera-Kammerdiener, Kammerportier oder Spielgraf –, wie es einzelnen Musikern als besondere Auszeichnung verliehen wurde, hat Leopold Mozart nie bekleidet.

Man könnte in diesen Tatsachen eine unbillige Zurücksetzung seiner Verdienste erblicken. Doch will auch der Standpunkt der Salzburger Regierung verstanden werden. Bei Eberlins Tode weilte Mozart mit seinen Kindern bereits auf der ersten größeren Konzertreise in Wien. Solche Kunstfahrten entzogen den Mann, der in Salzburg an wichtiger Stelle stand, oft für lange seinem offiziellen Berufe. Für die weltumspannende Bedeutung, die Leopold den Talenten und der Ausbildung seiner Kinder beimaß, fehlte das Verständnis der vorgesetzten Behörde. Sehr bald erkannte man, daß der hochfürstliche Vizekapellmeister, wenn er überhaupt in Salzburg weilte, seinen Dienst zwar korrekt, aber nicht mit der innigen Hingabe erfüllte, die man früher von ihm gewohnt war.

Unter dem Erzbischof Sigismund war das Verhältnis immer auskömmlich geblieben. Selbst nach längeren Urlaubsüberschreitungen gestattete der freundliche Herr seinem freizügigen Hofmusikus immer wieder Rückkehr in die Kapelle, wobei er freilich jedesmal einen entsprechenden Abstrich vom Gehalt machte. Denn die labilen Verhältnisse der Salzburger Staatsfinanzen geboten strenge Sparsamkeit. Der Vertreter des beurlaubten Vizekapellmeisters mußte entlohnt werden. Als Sigismund 1772 starb, verschärfte sich das Verhältnis zu seinem Nachfolger Hieronymus um so fühlbarer, je mehr der heißblütige Sohn Mozart neben dem Vater als handelnde Person in Erscheinung trat. Als sich Wolfgang schließlich mit seinem Brotherrn überwarf, erscheint es nur natürlich, daß der Vater weiterhin nicht auf Sympathien bei Hofe rechnen durfte. Es spricht aber für den liberalen Sinn des Erzbischofs, daß er Leopold, den er als Bundesgenossen seines ungebärdigen Sohnes ansehen konnte, in seinem Amte unbehelligt, sogar mit erhöhtem Gehalte weiter beließ.

Trotz seiner autoritätstreuen Gesinnung mag Vater Mozart in den Augen serviler Elemente nicht immer als bequemer Untertan gegolten haben. Sein kritischer Geist bemerkte zu viel. Seine Zunge war scharf geschliffen, sein Überlegenheitsgefühl stärker als seine vielgeübten diplomatischen Zügel. Wenn er sich im Rechte meinte oder für seine Kinder stritt, ließ er sich sogar zu Fehlern hinreißen, die ihn nachträglich zwangen, wohlfeile Kompromisse zu schließen. Der Heroismus seines Sohnes im Kampfe um die eigene Persönlichkeit blieb ihm unverständlich. So mußte er einmal recht demütig zu Kreuze kriechen, als er eine «anzügliche Vertätigungsschrüfft» gegen den Priester Egglstainer und den Grafen Hannibal von Thurn verfaßt hatte. Vater Mozart tat seinen Canossagang und diente stillschweigend weiter. Sein Unwille verkroch sich immer vorsichtiger in einen verbitterten Pessimismus.

Als mit Hieronymus der Geist des Josephinismus sogar in der obersten Regierungsgewalt des altehrwürdigen Erzbistums einen vorsichtigen, aber eifrigen Förderer gefunden hatte, schien für Leopold, den begeisterten Jünger der Aufklärung, die Stunde gekommen. Allein von dieser Zeit an trübte sich das Verhältnis zu seinem Fürsten zusehends. Im Lande des Krummstabs waren einem durchgreifenden Rationalismus unüberschreitbare Grenzen gezogen. Ein phantastischer, ganz mittelalterlicher Geist, der noch lange in den weltabgeschiedenen Winkeln des Landes sein Wesen trieb, blockierte das Verständnis eines großen Teiles der Untertanen. Die neuen Gedanken des hochbegabten Landesherrn, seine haushälterische Sparsamkeit, riefen selbst in höherstehenden Kreisen den bornierten Wunsch nach den alten gemütlichen Zeiten duldender Denkfaulheit wach. Leopold Mozart konnte einen wärmeren Anschluß an den Regenten, der seine Ideale praktisch vertrat, aus menschlichen Gründen nicht finden. So blieb er nun auch in seinen Kreisen innerlich ziemlich allein. Dabei besaß er aufrichtige, hilfsbereite Freunde und war geselligen Unterhaltungen durchaus nicht abhold. Nur vermied er, soweit es sein konnte, einen familiären Verkehr mit seinen Kunstgenossen und dem untergeordneten Bürgertum. Der bornierten Schar der erzbischöflichen Hofmusiker ging er möglichst aus dem Wege. Dafür versuchte er vorsichtig die Verbindung mit zugänglichen Kreisen des Adels und der höheren Beamtenschaft. Er blieb sich dabei seiner in heißer Arbeit erworbenen Sonderstellung wohl bewußt, da er darin den einzigen Schlüssel erblickte, der ihm, dem armen Musiker, die Tore zu höheren Kreisen annehmlich erschloß. Aber auch hier blieb er mit der ihm eigenen Reserve immer bereit, Gegner zu wittern und in seinem Herzen die eigenen Wege zu gehen.

Der universelle Literat Baron Grimm lobt ihn nicht nur als geschickten Musiker, sondern als Mann von Verstand und Geist, der mit einem Talente außergewöhnliche Vorzüge verbinde. Wirklich überragte die weltmännische Sicherheit seines Wissens die Durchschnittskenntnisse seiner Berufsgenossen um ein Beträchtliches. Auch stellte er sein Licht, wenn es sein mußte, nicht unter den Scheffel. Er beherrschte mehrere Sprachen und war stolz darauf, ein gutes Deutsch zu schreiben. Er wendete dabei schon die damalige moderne Rechtschreibung[21] an, die sonst in Salzburg noch kaum geübt wurde.

Seinen Briefen, die er mit peinlicher Sorgfalt verfaßte, ist Klarheit und Prägnanz der Gedanken zu eigen. Er liebt es, in Form einer gelehrten Dissertation die Schlußfolgerungen aus dem Vorhergehenden in kurzer, überzeugender Form zu ziehen. Er spart nicht mit Fachausdrücken aus allen Wissensgebieten, aber auch nicht mit Proben des ihm eigenen trockenen Humors, der allzu scharfe Urteile in milderem Licht erscheinen läßt. Fehlt seinen Briefen auch das Feuer und die rührende Kindlichkeit Wolfgangs, so bleiben sie doch, über ihren biographischen Wert hinaus, interessante Dokumente einer scharfumrissenen Persönlichkeit, die mit offenen Augen in einem höchst eigenartigen Zeitalter als sein treues menschliches Abbild steht.

Mit der Helligkeit der Aufklärungsepoche enthüllt sich Leopolds Charakter in den knappen, lebhaften Sätzen. Nichts ist ihm zu gering, um nicht darüber zu reden oder eine praktische Nutzanwendung zu ziehen. Für alle Dinge sucht er eine vernunftgemäße Erklärung. Immer steht er gewappnet, die Stacheln nach außen, in dem kleinen Lebenskampfe. Prüfende Voraussicht, Mißtrauen und achtsame Klugheit sind seine Verbündeten. Niemals stürzt er sich in unsichere Unternehmungen. Selbst anscheinend günstige Gelegenheiten tastet er vorher sorgfältig ab. Er ist, wie sein Sohn, durch jähe Ereignisse leicht vor den Kopf zu stoßen und in zweifelhaften Dingen irrezumachen. Aber den einmal beschlossenen Weg verfolgt er mit der schlauen Zähigkeit seines schwäbischen Bluts. Von ausdauernder Freundschaft hat er keine allzu hohe Meinung. Vielmehr ist er geneigt, an Feinde und Intrigen zu glauben. Denn er, der typische Selfmademan aus kleinen Verhältnissen, der für sich und seine Kinder jeden Fußbreit Boden erkämpfen mußte, fühlte nur zu gut, daß er als besserer Künstler inmitten der engbegrenzten, boshaften Umgebung wie unter einer gläsernen Glocke saß. Doch wendet er den Maßstab der Salzburger Verhältnisse nicht ganz zutreffend auch für die Ereignisse der größeren Welt an. In solchen Augenblicken spüren wir, wie sich sein Horizont deutlich begrenzt; der selbstbewußte sichere Mann verliert die Bodenfestigkeit und damit die Ruhe des Urteils, namentlich dann, wenn eine leidenschaftliche Aktivität für den Weltruhm der Kinder seinen sonst so klaren Blick trübt.

Manche Züge väterlicher Besonderheit haben sich von Leopold auf seinen großen Sohn vererbt. Das starke, unermüdliche Pflichtbewußtsein hat Wolfgang Amadeus durch strenge Erziehung im Elternhause auf seinen kurzen Lebensweg mitbekommen. Diese Feststellungen erscheinen um so wichtiger, als gewöhnlich das musikalische Erbteil von Vaters Seite auf Kosten anderer Talente und Charaktereigentümlichkeiten etwas zu hoch eingeschätzt wird. Gewiß verdankt Wolfgang Mozart manche Anlagen und die primäre Einstellung zur Tonkunst vor allem seinem Vater. In dessen Geist entwirft er seine ersten, unselbständigen Arbeiten. Aber auch in diesen frühen Versuchen des Kindes offenbart sich die eigene Gestaltungskraft manchmal in so gegensätzlicher Weise, daß man geneigt sein muß, die künstlerischen Triebkräfte beider Mozarts in zwei ganz verschiedenen Welten zu suchen. Immer wieder hat die Mozartforschung die Werke beider verglichen und die Zusammenhänge in stilkritisches Licht gerückt. Weit anziehender läßt sich an der Hand geheimer Unterschiede der Weg aufdecken, der Wolfgang Amadeus fernab von der Ausdrucksweise seines Vaters in das Land seines eigenen Geistes führte. So wird es möglich, das Unnachahmliche seiner Eigenart wenigstens aus weiter Ferne zu erahnen. Daß der Sohn späterhin auch in der äußeren Gebärde von der Musik seines Vaters auffallend schnell abrückte, sobald er wesensverwandte Vorbilder gefunden hatte, zeigt, wie leicht er sich innerlich von der Manier seines ersten Lehrmeisters loslöste.

Leopold Mozarts Musik ist von der einen Seite über Gebühr in den Himmel gehoben, von der anderen maßlos schlecht abgefertigt worden. Er will weder als Vorläufer seines Sohnes noch als sein Konkurrent betrachtet sein. Man stelle seine Werke neben die Durchschnittsarbeiten seiner Epoche, neben die Kompositionen seiner Salzburger Kollegen, und man wird bald zu maßvoller Einschätzung gelangen und den Ruf begreifen, den der ältere Mozart nicht bloß als Pädagoge unter seinen Zeitgenossen besessen hat.

7. SALZBURGER MUSIK- UND THEATERKULTUR

«Ich versichere Sie, mein liebster Vater, daß ich mich nun ganz zu Ihnen, aber nicht nach Salzburg freue, weil ich nun durch Ihr letztes versichert worden bin, daß Sie mich besser kennen, als vordem. Ich freue mich und verspreche mir schon im voraus die angenehmsten und glücklichsten Tage. Aber nur in Ihrer und in meiner liebsten Schwester Gesellschaft. Ich schwöre Ihnen bei meiner Ehre, daß ich Salzburg und die Einwohner – ich rede von geborenen Salzburgern – nicht leiden kann. Mir ist ihre Sprache, ihre Lebensart ganz unerträglich.» (Wolfgang Mozart an den Vater, München, 1. Jänner 1779, vor der Rückkunft von der großen Mannheimer und Pariser Reise)

Wer über den Kastengeist alteingesessener Salzburger Bürger erhaben war, mochte begreifen, daß sich Leopold Mozart niemals völlig in der schönen Stadt einleben konnte, die ihn an fünfzig Jahre in ihren Mauern hielt. Immerhin galt der von auswärts Kommende in den Augen jener ehrbaren Patrizier als «Zuag'raster», als «homo novus» mit einer leise geminderten Rechtsfähigkeit gegenüber den angestammten Vollbürgern, den «Dasigen», die mit ererbtem Stolze ihre alten Sippschaften, Familientraditionen und den übrigen Hausrat verklungener Jahrhunderte in beschaulicher Unnahbarkeit abgeschlossen hielten. Für Leopold Mozart änderte auch die Heirat mit einem Salzburger Bürgermädchen nicht viel. Seine Frau stammte aus armer Familie ohne Hausbesitz und Gewerbe. Ihr Vater war zwar hochfürstlicher Pflegschaftsbeamter gewesen. Aber darüber hinaus wurzelte ihr Stammbaum im Kleinbäuerlichen.

So kam es, daß der alte Mozart alle Ereignisse in der beweglichen Stadt mit herber, zuwartender Objektivität in den Kreis seiner Betrachtungen zog. Auch Wolfgang kam über das bittere Gefühl einer gewissen zuwartenden Abgeschlossenheit seiner Heimatstadt nie ganz hinaus, wenngleich Gründe anderer Art seine Abneigung gegen Salzburg späterhin über das billige Maß steigerten.

Die Glanzzeit der Stadt war schon im Verblassen, als Leopold, achtzehnjährig, mit dem Wanderranzen auf den Schultern, voll guter Zukunftshoffnungen durch das wappengeschmückte Klausentor in seine neue Heimat einzog.

Als 1598 der gewaltige romanische Dom bis zum Grunde niederbrannte, leuchtete er als Fanal einer neuen Zeit. Das Volk, mit dem klugen Instinkt für alles Symbolische, bezichtigte damals den Erzbischof Wolf Dietrich, diesen prachtvollen dunklen Renaissancekerl, in dessen Adern das Blut der Mediceer floß, im geheimen der Brandlegung. Denn die erschreckten Bürger fühlten die unbeugsamen Absichten ihres Herrn nur zu deutlich, als er ihre alten winkligen Häuser hinwegfegte, Raum zu schaffen, Raum für die großartige Phantasie seines hemmungslosen Geistes, der bereits ein zweites Rom an der Salzach erstehen sah. Und schon wuchs aus den rauchenden Trümmern des Mittelalters inmitten weiter Plätze eine neue Peterskirche unter den Meisterhänden Santino Solaris, der hochragende neue Dom mit seiner weißen, breitgegliederten Marmorfassade. Um ihn reihten sich in bunter Fülle Kirchen und Paläste, Brunnen und Arkaden, trotz ihrer verwirrenden Vielgestalt mit Sicherheit in die Umgebung gesetzt und harmonisch einander angeglichen.

Auch die Musik nahm in jener Zeit stärkster künstlerischer Intensität einen Aufschwung zu glanzvoller Fülle. 1591 hatte Wolf Dietrich die fürsterzbischöfliche Hofkapelle errichtet und als ersten Kapellmeister und Organisator den ehemaligen «Vorsinger» der Kantoreiknaben der kaiserlichen Kapelle, Tiburtius Massainus aus Cremona, berufen. Zur feierlichen Einweihung des neuen Doms, an die erst unter Erzbischof Paris Lodron 1628 geschritten werden konnte, komponierte der Römer Orazio Benevoli die berühmte dreiundfünfzigstimmige Messe und ein zwölfchöriges Tedeum. Gegen vierhundert Musiker und Sänger waren an der Aufführung dieser prunkvollen Werke beteiligt. Ein mächtigeres Aufgebot an Kräften hat das musikalische Salzburg seither nicht mehr erlebt.

Schon früher hatten der Salzburger Dommusik Künstler von ausgezeichnetem Namen angehört, der Niederländer Jakob Flory, der in München unter Orlando di Lasso diente, der Deutsche Peter Guetfreundt, Johannes Stadlmayr, vor allem aber der gelehrte und hochgeachtete Paul Hofhaymer. Nun war es Stefano Bernardi, dessen schönes fünfstimmiges «Stella coeli» auch heute nach feierlichen Kapitelämtern gesungen wird. Seine meist doppelchörigen, edlen Vokalmessen lagen noch zu Mozarts Zeiten auf den Singepulten des Domchores. Sicher hat der junge Wolfgang manche von ihnen gehört. Um die Wende zum 18. Jahrhundert wirkten hier der ausgezeichnete Instrumentalkomponist Georg Muffat als Organist, nicht minder berühmt sein Zeitgenosse, der hervorragende Geiger und Tonsetzer Franz Heinrich von Biber als Domkapellmeister. Der berühmte kaiserliche Vizekapellmeister Antonio Caldara schrieb Messen und Opern ausdrücklich für den Salzburger Hof. Die Reihe dieser vortrefflichen Künstler bis zur Zeit Leopold Mozarts schloß Johann Ernst Eberlin würdig ab.[22]

Auch im Hinblick auf das Lebenswerk Mozarts dürfen wir den Wert dieser ehrbaren Meister nicht gering schätzen. Soweit die lebendige Übung in seine Tage hineinreichte, lassen sich Spuren ihrer Kunst in Arbeiten der Entwicklungsjahre Wolfgangs mit Sicherheit nachweisen. Aber selbst darüber hinaus war der universelle Geist der Salzburger Musik eine der besten Grundlagen für die technische und stilistische Fertigkeit, mit der schon der Jüngling alle Kompositionsgattungen meisterte.

Noch wesentlicher erscheint die uralte Salzburger Theaterkultur[23] für den *Dramatiker* Mozart. Sie schärfte ihm von früher Kindheit an Sinn und Blick für das Bühnengeschehen.

Es wird kaum einen Ort in Deutschland geben, wo leidenschaftlicher Theater gespielt wurde als in der kleinen fürsterzbischöflichen Residenz. Fast jede Aufführung war Angelegenheit des ganzen Volks. Ist der gesunde Sinn für fröhliches Gepränge selbst in unseren Zeiten nicht völlig erloschen, um wieviel lebendiger und eindrucksvoller müssen die zahllosen Umzüge und Schaustellungen in den gestalten- und farbenfrohen Zeiten des Barocks gewirkt haben, um deren Gelingen Landesfürsten, Adel, Geistlichkeit, Universität und die Bürgerschaft wetteiferten: Die Eintritte der neugewählten Bischöfe im Stile italienischer Trionfi, Karfreitags- und Fronleichnamsprozessionen, alle mit der großen theatralischen Geste der Zeit gestaltet, mit einer erdrückenden Fülle allegorischer Gruppen der christlichen Legende und der antiken Mythologie phantastisch aufgeputzt, buntgewandete Züge der Geistlichen, der Bruderschaften, der Studenten mit Pechpfannen, Weihrauch, Bildern und Standarten, ein verwirrendes Gedränge erregend bewegter Bilder, umwogt von dem Klange der Glocken, Litaneien und Fanfaren, von den Rufen der Menge und dem Dröhnen der Kanonen, vollends der Einzug des Kirchenfürsten zu feierlichen Ämtern in den Dom, Kardinalspurpur, Schleppenträger, die große Assistenz in goldgestickten Kaseln, die Kleriker in hellen Chorhemden, sanfter Schimmer von tausend Wachskerzen, von der Höhe das «Ecce sacerdos magnus», Posaunen und brausender Orgelklang, das waren Eindrücke, die ihresgleichen auf der ganzen Welt suchten.

Nicht minder lebhaften Anteil nahm die Bevölkerung an weltlichen *Volksspielen,* die zum Teil in alten Fastnachtsscherzen wie in den Tänzen und Schaustellungen handwerklicher Gilden wurzeln. Lauffen war später der wichtigste Platz für diese anschaulichen, oft humorvollen und reichlich derben Spiele.

In all diesen Stücken spielen komische Figuren, späterhin der Hanswurst, immer mehr die entscheidende Rolle. Der gesunde Sinn des Volkes braucht ihn als Widerspiel gegen die Tragik der Handlung, gerade dann, wenn sie ans Herz greift. In dem Kostüm des Salzburger Bauern wird diese unvergleichliche Figur, die »commedia dell'arte« des Österreichers auf zwei Beinen, durch Stranitzky in Wien heimisch. Er treibt in den klassischen Dramen, selbst im «Hamlet», das geniale Unwesen seiner Extempore, bis ihn der literarische Nachtreter Lessings, Joseph von Sonnenfels, von der ernsten Bühne zu verbannen sucht. Aber da feiert er fröhliche Urständ in verklärter Form. Als die «Zauberflöte» über die Bretter des Wiedner Theaters geistert, springt er, unzerstörbar, im Federkleid Papagenos aus den Kulissen. Und noch früher: In einem Berichte des

Radstädter Pflegers an den Erzbischof Hieronymus lesen wir: «Die Bauern haben nur dort ihre Unterhaltung, wo der Hanswurst und der *Lipperl* die Hauptrollen spielen.» Werden wir bei dem bäuerlichen Namen dieser burlesken Figuren nicht an Don Giovannis unsterblichen Diener *Leporello* erinnert, der doch in den älteren Vorlagen zu Mozarts Drama ganz andere Namen getragen hat? In heiteren Stunden hat sich Mozart sogar mit den *Prosa*entwürfen für zwei Hanswurstspiele, «Die Liebesprobe» und «Der Salzburgerlump in Wien», beschäftigt.

Neben der gesunden Entwicklung der volkstümlichen Dramatik gelangte das literarisch-musikalische Theater am Salzburger Hofe und in der Alma Benedictina zu Höhepunkten von kulturhistorischer Bedeutung.

Schon im 16. Jahrhundert veranstalteten Schulmeister der Domschule und von St. Peter vor dem Landesfürsten und der Bürgerschaft Komödien in lateinischer oder deutscher Sprache, die bis zur Gründung der Salzburger Universität vorhielten.

Diese war 1623 unter dem Erzbischof Paris Lodron aus dem benediktinischen Gymnasium durch kaiserliches Privileg zur Hochschule erhoben worden. Sie wurde nicht bloß vom Landesherrn, sondern von den meisten Benediktinerklöstern Süddeutschlands und Österreichs erhalten. Dem Orden, der zu den glanzvollsten Kulturträgern der barocken Epoche im südlichen Deutschland gezählt werden darf, der die hohe Errungenschaft des Humanismus, die Förderung klassischer Bildung und Moral mit weiser Vorsicht in sein altes Programm aufgenommen hatte, mußte das Theater als wirksames Mittel zur Erreichung dieser Ziele erscheinen. An der Salzburger Universität, als geistigem Zentrum dieser Bestrebungen, konnte sich daher unter der hilfreichen Hand des erzbischöflichen Landesherrn eine Theaterkultur von eigenartigem Reiz entwickeln. Vorerst versucht man, die Errungenschaften des Schuldramas wie des neuen italienischen musikdramatischen Stils zu verwerten. Sehr bald gelangt man zu eigener Formung. Man verstand es, im Gegensatz zu den Jesuiten, in engem Zusammenhang mit der Mentalität des Volkes zu bleiben. Die Theatraldichter waren fast ausnahmslos Salzburger Universitätsprofessoren. Die *musikalischen* Partien gewannen in den Stücken immer mehr an Umfang. Mit ihrer Vertonung wurden meist Komponisten der Hofkapelle betraut. Auch Leopold und Wolfgang Mozart erscheinen unter den Tonsetzern. Als fünfeinhalbjähriger Knabe ist Wolfgang Amadeus in der Komödie «Sigismund, der Ungarkönig» schon als Akteur im Knabenchor aufgetreten. Eberlin hat die Musik dazu geschrieben. Eine «lateinische Komödie» des elfjährigen Mozart, «Apollo et Hyacinthus» (K. 38), muß in diesem Zusammenhang gleichfalls aufgezählt werden.

Gespielt wurde meist in der «Aula academica», einem geräumigen Saal des Universitätsgebäudes. Die Bühne war maschinell aufs beste eingerichtet, mit Dekorationen und Requisiten reichlich ausgestattet. Nicht gerne ließ man sich einen festlichen Anlaß zum Theaterspielen entgehen. Man spielte zudem im Fasching, in den Oster- und Weihnachtsfesttagen, vor allem aber am Schlusse des Schuljahres, wo dann die Schulpreise während der «Finalkomödie» auf offener Szene gewöhnlich durch den Gott Merkur oder eine andere mythologische Persönlichkeit zur Verteilung gelangten.

Das Gebiet dieser *akademischen Bühne* ist nicht minder vielfältig als die Vorwürfe der Volkskomödie. Kaum ein Gegenstand der dramatischen Gesamtliteratur blieb unbeachtet. Neben Stoffen aus Bibel, Legende und Kirchengeschichte finden wir antik mythologische und historische Themen aus allen Zeiten, daneben Handlungen aus dem Leben der verschiedenen Stände des Volkes. Wie es dem Wesen des Barockdramas entspricht, ist alles der Farbigkeit und der bunten Abwechslung des Bühnengeschehens untergeordnet. Eine unerschöpfliche Phantasie unterbricht die Haupthandlung immer wieder durch Zwischenspiele, Pantomimen, Tänze, allegorische Gruppen und durch die Possen der unentbehrlichen Narren in tausend Gestalten.

Neben *Volksspielen* und *Universitätstheater* muß noch einem dritten Zweige der Salzburger Theaterkultur besondere Aufmerksamkeit zugewendet werden, der zwar nur durch kurze Zeit – im Anfang seiner Entwicklung – eine hohe Blüte erreichen konnte, dafür aber zu bedeutenden musikgeschichtlichen Ergebnissen gelangte: der *erzbischöflichen Hofbühne.*

Markus Sittikus, nach Arthur Kutscher der «Bahnbrecher romanischer Theaterkultur in Deutschland», hat sie begründet. Er hatte im Collegium Germanicum zu Rom studiert und stand wie sein Vetter und Vorgänger Wolf Dietrich italienischem Wesen sehr nahe. Trotz seiner bigotten Frömmigkeit, seiner gehorsamen Ergebenheit gegenüber dem päpstlichen Stuhl war er als Fürst und Mensch großzügig, prachtliebend, reich an phantasievoller Gestaltungskraft, in künstlerischer Beziehung gewiß der begabteste aller Salzburger Regenten. Das Schloß Altenau, das Wolf Dietrich seiner Geliebten und der Mutter seiner vielen Kinder, Salome Alt, vor dem Pergstraßtor auf dem rechten Ufer der Salzach erbaut hatte, erweiterte er und gab ihm den Namen Mirabell. Das anmutige, noch heute erhaltene Heckentheater in dem prächtigen Barockgarten dieses Schlosses, dessen imposante Statuen etwas von der Ungebärdigkeit spätrömischer Provinzialkultur an sich haben, ist allerdings erst später, zu Ende des 17. Jahrhunderts, aber als das erste seiner Art in Deutschland, angelegt worden. Salzachaufwärts ließ Marx Sittich etwa eine Wegstunde von der Residenz das liebliche Lustschloß Hellbrunn nach den Plänen Santino Solaris entstehen und mit einem weiten Park umgeben. In dessen

Mitte, auf bewaldetem Hügel, wurde eine mächtige Felsenhöhle zu dem ältesten Naturtheater auf deutschem Boden ausgestaltet.

Im Carabinieri-Saal der Salzburger erzbischöflichen Residenz hat sich Markus Sittikus nach Florentiner Muster eine Verwandlungs-(Periakten)-Bühne mit Kulissenprismen, sogenannten ‹Telari›, Schnürboden und Maschinen eingerichtet. Der treffliche Chronist *Johann Stainhauser*, «hochfürstlich Salzburgisch bestellter Secretarius», berichtet uns unmittelbar aus jenen Jahren, daß dort am 27. Jänner 1614 – es ist dies das Tagesdatum von Mozarts Geburt! – eine «überaus stattliche und khunstreiche Hof-Tragicomoedia in Italienischer Sprach mit cöstlichem Apparat von khünstlich verkhertem Theatro und ansehnlichen Repräsentationen das erste Mal gehalten worden». Im nächsten Jahr wird an derselben Stelle «die geistliche Action von der Marter und Todt der heiligen Junckhfrauen und Martererin Santa Christina», mit «fürtrefflicher, lieblicher Musica» zur Aufführung gebracht. Im Fasching 1616 erfahren wir von der ersten «Repraesentation» eines «Orfeo», vielleicht sogar des berühmten «Orfeo» von Claudio Monteverdi, der nur neun Jahre früher in der «Accademia degli Invaghiti» zu Mantua erstmalig in Szene gegangen war. Im Dezember desselben Jahres erleben wir dann «vor in Salzburg weilenden Fürstenpersonen, andern frembden Herrschaften und Frawenzimmern» die «schön newe und khünstliche Action in Musica, ‹Andromeda› genannt», vielleicht die Oper des Hieronimo Giacobbi zum Libretto des Rodolfo Campeggi, die 1610 in Bologna zur Uraufführung gekommen war. Mit anderen Worten, dies waren die ersten Opernaufführungen diesseits der Alpen, und Markus Sittikus, der erste deutsche Fürst, der eine Verwandlungsbühne besaß, darf auch den Ruhm für sich in Anspruch nehmen, die Oper, die kaum zwanzig Jahre vorher in der Florentiner Camerata das Licht der Welt erblickt hatte und eben ihren Siegeslauf in Italien antrat, in den Raum «nördlich des Gebürges» gebracht zu haben. Dieselben Werke sind auch des öftern in dem erwähnten »Steinernen Theater» auf dem Hellbrunner Hügel zur Aufführung gekommen, «wie denn Ihre hochfürstliche Gnaden etlichmal und sonderlich in Gegenwärtigkeit fürstlicher Personen solche Pastoral haben agieren lassen, welche neben der Verwunderung eine herrliche Lust empfangen und dieses Werk sonderlich gelobt haben». Daß dabei neben einheimischen Kräften italienische Musiker und Sänger mitwirkten, ist aus Berichten und Archiven nachweisbar.

Nach dem frühen Tode Marx Sittichs (1619) sank das Salzburger Hoftheater rasch von seiner früh erreichten Bedeutung herab. Es nahm unter dem Erzbischof Franz Anton von Harrach (1709 bis 1727) einen vorübergehenden Aufschwung durch mehrere Opern, Serenaden und Pastorales des Venezianers Antonio Caldara und erlebte eine schöne Spätblüte unter der Regierung des theaterfreundlichen Sigismund von Schrattenbach (1753–1771), der neben den Künstlern seiner Kapelle gerne auch italienische Truppen an seinem Hofe begrüßte.

Von den einheimischen Komponisten schrieben vor allem Johann Ernst Eberlin, sein Schüler Anton Cajetan Adlgasser, die auch Texte von Metastasio vertonten, und Michael Haydn für sein Theater. Daneben sind natürlich auch die schon genannten italienischen Hofkapellmeister, Fischietti, Rust und Gatti gelegentlich als Bühnenkomponisten herangezogen worden. Am 21. Dezember 1766, gelegentlich eines Gastspiels italienischer Sänger, wird berichtet: «Letztliche», d. h. nach der Oper, «ware die Licenza[24] in einem Rezitativ und ein Aria, so welche Musique darüber der junge Mozard Wolfgang, Sohn des hiesigen Vizekapellmeisters und bewunderungswürdige Knab von zehn Jahren, in dem Instrument ein vollkommener Meister, zu jedermanns Bewunderung komponiert hat.» Am 1. Mai 1769, dem Namenstage des Fürsten, ließ Sigismund Wolfgangs erste Buffaoper «La finta semplice» (K. 51), die über Vorschlag des Kaisers Franz I. in Wien geschrieben, dort trotz aller Bemühungen des Vaters nicht auf die Bühne zu bringen war, in seinem Theater aufführen.

Sigismunds Nachfolger, Hieronymus Colloredo (1772–1803), zu Ehren hat Wolfgang als Feier seines Regierungsantrittes eine einaktige dramatische Serenata «Il Sogno di Scipione» (K. 126) und 1775 noch das Festspiel «Il Rè pastore» (K. 208) komponiert. Für den barocken Aufwand der Oper besaß dieser sparsame, nüchterne Fürst kein rechtes Verständnis mehr. Metastasios «Olympiade» mit der Musik Luigi Gattis beschloß am 30. September 1775 die lange Reihe der Opernvorstellungen in der Salzburger Residenz. 1776 verbot er die bühnenmäßigen Aufführungen der benediktinischen Universität und wendete sich in scharfen Hirtenbriefen gegen die «wahrer Gottesverehrung widerstrebenden theatralischen Vorstellungen» der geistlichen Volksspiele und Gebräuche.

Im Sinne der Aufklärungsideen wollte Hieronymus das Theater neugestaltet allen Schichten der Bevölkerung zugänglich machen. Freilich sollte das Unternehmen sich möglichst selbst erhalten. Er ließ den städtischen Rathaussaal zu einem Redoutensaal umbauen und gab dem widerstrebenden Bürgermeister eine Konzession, dort Bälle zu veranstalten, wofür er jährlich fünfhundert Gulden an den Theaterfonds zu entrichten hatte. Hieronymus streckte selbst zwölftausend Gulden vor und ließ um diesen Betrag das alte Ballhaus nächst dem Mirabellgarten zu einem Hoftheater umbauen, das etwa sechs- bis siebenhundert Personen faßte.

Am 16. November 1775 wurde das neue Haus eröffnet. Die Auswahl der Stücke, die eine erzbischöfliche Theaterkommission zu überwachen hatte, zeigte sofort den Geist einer neuen Zeit. Man spielte neben vergänglichen Modewerken auch Shakespeare, Lessing, Goethe und Schiller, man führte deutsche und italienische Opern auf. Hin und wieder durften Studenten und Kapellsänger im Chore mitwirken. 1780 zieht Emanuel Schikaneder, der später in Mozarts Leben eine so bedeutende Rolle spielen sollte, als Prinzipal einer Wandertruppe in das Haus und weiß sich mit der theaternärrischen Familie Mozart bald anzufreunden.

Im Zusammenhang mit diesem Salzburger Theater stehen Mozarts Arbeiten an der Schauspielmusik zu Geblers «König Thamos» (K. 345) und dem deutschen Singspiel «Zaide» (K. 344). Als Wolfgang 1784 längst in Wien weilte, wurde dort die »Entführung aus dem Serail« mit größtem Erfolge gegeben. In Vater Leopolds Briefen hat sich eine Erinnerung an diese Salzburger Erstaufführung erhalten.

8. DIE MUSIKPFLEGE AM ERZBISCHÖFLICHEN HOFE

«Vivo in un paese dove la musica fa pochissima fortuna, benchè oltre di quelli, che ci hanno abandonati, ne abbiamo ancora bravissimi professori e particolarmente compositori di gran fondo, sapere, e gusto. Per il teatro stiamo male, per mancanza dei recitanti. Non abbiamo musici, e non gli averemo si facilmente, gia che vogliono esser ben pagati: e la generosità non è il nostro diffetto.» (Wolfgang an Padre Martini, 4. September 1776)

Die Zahl der vom erzbischöflichen Hofe besoldeten Musiker betrug um die Mitte des 18. Jahrhunderts fast hundert. Die Aufgabe der Kapelle, in der Kirche und als Vergnügungsmusik des Landesfürsten, gestaltete sich, mit Hinblick auf die zahlreichen liturgischen Dienste, vielseitig und ziemlich anstrengend. Chöre und Orchester, namentlich die «blasenden Instrumente», scheinen auf respektabler Höhe gestanden zu sein. Einige Virtuosen und Sänger überragten den Durchschnitt um ein beträchtliches. Dagegen dürfte die Disziplin in der bunten Gesellschaft mit ihren künstlerischen Leistungen nicht immer Schritt gehalten haben. Der geistige Horizont der Salzburger Musiker blieb mit wenigen Ausnahmen provinziell und beschränkt. Wolfgang Mozart äußert sich einmal recht abfällig über seine Salzburger Kollegen:

«Dies ist auch eins von den Hauptursachen, was mir Salzburg verhaßt macht: die grobe, lumpenhafte und liederliche Hof-Musique. Es kann ja ein honetter Mann, der Lebensart hat, nicht mit ihnen leben; er muß sich ja, anstatt daß er sich ihrer annehmen könnte, ihrer schämen! – Dann ist auch, und vielleicht aus dieser Ursache, die Musik bei uns nicht beliebt und in gar keinem Ansehen. Ja, wenn die Musique nur so bestellt wäre wie zu Mannheim! – Die Subordination, die in diesem Orchestre herrscht! – Die Auctorität, die der Cannabich hat! Da wird alles ernsthaft verrichtet; Cannabich, welcher der beste Direktor ist, den ich je gesehen, hat die Liebe und Forcht von seinen Untergebenen. Er ist auch in der ganzen Stadt angesehen und seine Soldaten auch. Sie führen sich aber auch anders auf, haben Lebensart, sind gut gekleidet, gehen nicht in die Wirtshäuser und saufen. Bei Ihnen kann dies aber nicht sein, ausgenommen der Fürst vertrauet sich Ihnen oder mir und gibt uns alle Gewalt, was nur immer zur Musik notwendig ist – sonst ist es umsonst. Denn zu Salzburg hat jeder von der Musique oder auch – keiner zu schaffen. Wenn ich mich darum annehmen müßte, so müßte ich ganz freien Willen haben. Der Obersthofmeister müßte mir in Musiquesachen alles, was die Musique betrifft, nichts zu sagen haben. Denn ein Cavalier kann keinen Kapellmeister abgeben, aber ein Kapellmeister wohl einen Cavalier.» (An den Vater, Paris, 9. Juli 1778.)

Einmal klagt Wolfgang einem alten Familienfreunde, dem Abbé Bullinger, sein Leid. Vor allem bewegte ihn der Verdruß über den Mangel eines Operntheaters am Hofe, das Hieronymus bekanntlich eingehen ließ. «Sie werden mich vielleicht unrecht verstehen und glauben, Salzburg sei mir zu klein. Da würden Sie sich sehr betrügen. Ich habe meinem Vattern schon einige Ursachen darüber geschrieben. Unterdessen begnügen Sie sich mit dieser, daß Salzburg kein Ort für mein Talent ist. Erstens sind die Leute von der Musik in keinem Ansehen und zweitens hört man nichts. Es ist kein Theater da, keine Opera! Wenn man auch wirklich eine spielen wollte, wer würde denn singen?» (7. August 1778.)

Erzbischof Sigismund hatte der Musik noch besondere Sorgfalt gewidmet. Ihren Hauptberuf hatte er allerdings im kirchlichen Dienste gesehen. Unter Hieronymus Colloredo, der im einzelnen Reformen versuchte, das Gesamtbudget aber nach Möglichkeit einschränkte, war eine fühlbare Verschlechterung der künstlerischen Leistungen eingetreten. Zum Teil mag sie in dem gespannten Verhältnis der Musiker zu ihrem gestrengen Herrn einen Grund gehabt haben. Versäumtes ließ sich in der leise verfallenden Kultur des kleinen Staates nicht mehr nachholen. Zwanzig Jahre später berichtet Carl Maria von Webers Vater über die Salzburger Kapelle: «Es fehlt hier nicht an großen Leuten, aber es sind lauter liederliche, versoffene Kerls.»

Zu Wolfgang Mozarts Jugendzeiten glänzten unter den Mitgliedern der erzbischöflichen Hofmusik die Sänger Felix Winter und Joseph Nikolaus Meißner durch ungewöhnliche Stimmittel. Beide waren zur Ausbildung nach Italien geschickt worden. Die aus früherer Zeit angestellten Kastraten ließ man unter Sigismund aussterben. Dagegen stellte man die spätere Frau Michael Haydns, Maria Magdalena Lipp, Tochter des dritten Organisten Franz Ignaz Lipp, die mit ihrer Kollegin Maria Anna Braunhofer gleichfalls in Italien studiert hatte, als Hofsängerin an. Neben ihr wirkten dann noch fünf Sängerinnen.

Unter Hieronymus wurde 1778 wieder ein Kastrat, Francesco Cecarelli, angeworben. Wolfgang glossiert diese Neuerscheinung im Salzburger Musikleben nach seiner Art: «Wir haben ja einen Kastraten. Sie wissen ja, was das für ein Tier ist. Der kann hoch singen, mithin ganz vortrefflich ein Frauenzimmer abgeben. Freilich würde sich das Kapitel dareinlegen. Allein, dareinlegen ist doch immer besser als darauflegen. Lassen wir unterdessen immer den Herrn Cecarelli bald Weibs- bald Mannsperson sein. Weil ich weiß, daß man bei uns die Abwechslungen, Veränderungen und Neuerungen liebt, so sehe ich ein weites Feld vor meiner, dessen Aufführung Epoche machen kann. – Oh, wenn man genereux ist, kann man alles haben. Mir ist gar nicht bang, daß man den Metastasio von Wien kommen lassen kann, oder ihm wenigstens den Antrag macht, daß er etliche Dutzend Opern verfertigt, allwo der Primo Uomo und die Prima Donna niemalen zusammenkommen. Auf diese Art kann der Kastrat den Liebhaber und die Liebhaberin zugleich machen, und das Stück wird dadurch interessanter, indem man die Tugend der beiden Liebenden bewundert, die so weit gehet, daß sie mit allem Fleiß die Gelegenheit vermeiden, sich in Publico zu sprechen. – Da haben Sie nun die Meinung eines wahren Patrioten!» (Brief an Bullinger, Paris, 7. August 1778). Cecarelli blieb bis 1788 in Salzburg. Ein zweiter italienischer ‹Sopranist›, Michele Angelo Bologna, gehörte der Hofkapelle nur zwei Jahre, 1782 bis 1784, an.

Die hohen Chorstimmen wurden von den Kapellknaben gesungen. Diese, fünfzehn an der Zahl, wohnten unter der Aufsicht eines Präfekten im Kapellhaus, wo sie neben der Ausbildung in der Musik und in der «welschen Sprache» die übliche Erziehung genossen. Sie blieben nach der Mutierung meist zu weiterer Ausbildung in dem Institute, um später, wenn sie tauglich waren, gewöhnlich in den Hofdienst zu treten.

Im Orchester wirkten zahlreiche tüchtige Kräfte. Unter den Geigern Johann Paul Schorn und Franz Schwarzmann aus Salzburg, die Mährer Hebelt und Hülber, Joseph Hafeneder, Wolfgang Mozart (Konzertmeister 1769–1777) und sein Nachfolger Antonio Brunetti, unter den Bläsern der vorzügliche Posaunist Thomas Gschlat, der Oboist Giuseppe Ferlendis aus Brescia, für den Wolfgang ein Konzert schrieb, der Hornist Joseph Leutgeb, später in Wien, wo Mozart ihm mit einem Hornquintett und vier trefflichen Hornkonzerten hilfreich unter die Arme griff, vor allem der Trompeter Andreas Schachtner, Freund der Familie Mozart, ein feingebildeter, in der Literatur nicht ungewandter Mann, der sich als Autor und Bearbeiter weltlicher und geistlicher dramatischer Werke versuchte und dabei auch einiges für Leopold und Wolfgang Mozart lieferte, für Wolfgang u. a. die Bearbeitung des «Zaide»-Librettos (K. 344) und die deutsche Übersetzung des «Idomeneo»-Textes (K. 366).

Von den Organisten ragten neben Eberlin, der bis zu seiner Ernennung zum Kapellmeister (1744) die erste Stelle innehatte, Anton Cajetan Adlgasser und Johann Michael Haydn hervor. Dieser wurde der Nachfolger Wolfgang Mozarts, der vom 17. Jänner 1779 bis zum Juni 1781 gleichfalls die Stelle eines Hof- und Domorganisten innegehabt hatte.

Die Salzburger Domkirche besaß damals sechs Orgeln, die große Hauptorgel rückwärts über dem Kircheneingange, vier Seitenorgeln in Stockhöhe an den Pfeilern des vorderen Kuppelraumes und eine kleine Chororgel, die unten im Chore neben den Sängern aufgestellt war. «Die große Orgel wird», laut Leopold Mozarts Bericht, «bei einer großen Musik nur zum Präludieren gebraucht. Bei der Musik selbst aber wird eine der vier Seitenorgeln beständig gespielet, nämlich die nächste am Altar rechter Hand, wo die Solosänger und Bässe sind. Gegenüber auf der linken Seitenorgel sind die Violinisten usw. und auf den beiden anderen Seitenorgeln sind die zwei Chöre, Trompeten und Pauken. Die untere Chororgel und Violon spielet, wenn es völlig gehet, mit. Die Oboe und Querflöte wird selten, das Waldhorn aber niemals in der Domkirche gehöret. Alle diese Herren spielen demnach in der Kirche bei der Violine mit. – Es wird kein Trompeter noch Pauker in die hochfürstlichen Dienste genommen, der nicht eine gute Violin spielet: wie sie denn bei starken Musiken bei Hofe alle erscheinen und die zweite Violin oder die Viola mitspielen müssen.»

Auch die meisten der übrigen Orchestermitglieder beherrschten mehrere Instrumente. Die Klarinetten fehlten in Salzburg gänzlich, weshalb dieses Instrument in den Salzburger Kompositionen Wolfgangs nicht verwendet wird. «Ach, wenn wir nur auch Clarinetti hätten!», schreibt er am 3. Dezember 1778 an den Vater aus Mannheim, wo ihn der warme, sinnliche Ton dieses Instrumentes wieder begeistert haben mußte. «Sie glauben nicht, was eine Sinfonie mit Flauten, Oboen und Clarinetten einen herrlichen Effekt macht. Ich werde dem Erzbischof bei der ersten Audienz viel Neues erzählen und vielleicht auch einige Vorschläge machen. Ach, die Musique könnte bei uns viel schöner und besser sein, wenn der Erzbischof nur wollte.»

Wie allerorten erprobten die Dilettanten damals auch in Salzburg ihre Kräfte in bunt zusammengewürfelten Orchestern. Ein Brief Leopold Mozarts schildert das Treiben solch einer lustig gemischten Gesellschaft recht anschaulich: «Graf Czernin ist mit seiner Fiedlerei bei Hofe nicht zufrieden. Er möchte auch dirigieren. Deswegen hat er nun eine Dilettantenmusik errichtet, die im Graf-Lodronischen Saal alle Sonntag nach 3 Uhr anfangen soll. Graf Sigerl Lodron kam zu uns, die Nannerl (als eine Dilettantin!) zum Klavier einzuladen, mich aber zu ersuchen, die Sekundviolinen in Ordnung zu halten. Heute vor acht Tag war also die erste Musik. Da war dann Graf Czernin das Primo Violino, dann Baron Babbius, Lodron-Sigerl, der junge Weinrother, Kolb, des Kolbs Student vom Nonnberg und noch ein paar junge Studenten, die ich nicht kenne. Beim Violino secundo ich, Robini Sigerl, Cusetti, Graf Altham, Andretter Cajetan, ein Student und der Cecarelli la coda dei Secondi. Die zwei Violen sind die zwei Exjesuiten Bullinger und Wieshofer. Zwei Oboen der Lakai Weber und der gewisse Schulzensohn, der bei der Linzer Komödie agiert hat. Zwei Thurnergesellen blasen die Horn, Violon geigen Cassl und der Graf Wolfegg, auch zu Zeiten der Ranftl, Violoncell die neuen jungen Domherrn, Graf Zeil und Graf Spaur, der Hofrat Mölk, Andretter Sigerl und Ranftl. Die Nannerl akkompagnierte alle Sinfonien und, da der Cecarelli ‹per l'appertura della academia di dilettanti› eine Arie sang, so akkompagnierte sie ihm auch. Nach der Sinfonie spielte Graf Czernin ein schön komponiertes Konzert von Sirmen alla Brunetti und dann, doppo un altra Sinfonia, Graf Altham ein fürchterliches Trio. Kein Mensch kann sagen, ob es gekratzt oder gegeigt war, ob es im 3/4 oder geraden Takte, oder gar eine Erfindung eines bishero unbekannten Tempo war. Die Nannerl sollte ein Konzert spielen. Allein da die Gräfin ihren guten Flügel, der nur Casus reservatus pro summo Pontifice ist, nicht herausgab, sondern nur der am Fuß vergoldete Egndacherflügel dastand, so spielte sie nicht. Am Ende mußten die zwei Lodronischen Fräulein spielen. Es war vorher nicht der mindeste Antrag, daß sie spielen sollten, allein da sie nun, seitdem sie mich haben, alle Augenblick etwas zu spielen imstande sind, so machten sie mir beide Ehre.» – Der launige Brief wirft ein wertvolles Licht in die Aufführungspraxis der Zeit (1778), die sich in Salzburg noch des Cembalos im Symphonieorchester bediente.

9. SALZBURGER KOMPONISTEN: EBERLIN, ADLGASSER, MICHAEL HAYDN, LEOPOLD MOZART[25]

> «Wenn der Papa die Werke von Eberlin noch nicht hat abschreiben lassen, so ist es mir sehr lieb. Ich habe sie unter der Hand bekommen und – denn ich konnte mich nicht mehr erinnern – leider gesehen, daß sie gar zu geringe sind und wahrhaftig nicht einen Platz zwischen Händel und Bach verdienen. Allen Respekt für seinen vierstimmigen Satz. Aber seine Klavierfugen sind lauter in die Länge gezogene Versettl.» (Wolfgang Mozart an seine Schwester, Wien, 20. April 1782)

> «Und was wir halt noch gerne haben möchten, wären einige von Ihren besten Kirchenstücken, mein liebster Vater. Denn wir lieben, uns mit allen möglichen Meistern zu unterhalten, mit alten und modernen. – Sie haben gar nicht nötig, sich zu schämen. Baron van Swieten und Starzer wissen so gut als Sie und ich, daß sich der Gusto immer ändert. Und aber, daß sich die Veränderung des Gusto leider sogar bis auf die Kirchenmusik erstreckt hat. Woher es denn auch kömmt, daß man die wahre Kirchenmusik unter dem Dache und fast von Würmern gefressen findet.» (Wolfgang an den Vater, Wien, März/April 1783)

Die Salzburger Meister der Epoche, die noch einen unmittelbaren Einfluß auf Mozarts frühes Schaffen ausüben konnten, waren – nach seinem Vater – Eberlin, Adlgasser und Michael Haydn.

Johann Ernst Eberlin, 1702 zu Jettenbach im bayrischen Schwaben geboren, hatte, wie Leopold Mozart, die Salzburger Universität bezogen, ohne dort sein Studium abzuschließen. 1726 wurde er – vielleicht nach kurzem Studienaufenthalt in Italien – Salzburgischer Hof- und Domorganist, dreiundzwanzig Jahre später Hof- und Domkapellmeister. Am 21. Juni 1762 starb er hochgeachtet und nicht unberühmt, obwohl nur wenige seiner Werke im Druck erschienen waren. Er war ein «gründlicher und fertiger Meister in der Setzkunst», den sein aufrichtiger Bewunderer Leopold Mozart an Schaffensenergie «zween so sehr fleißigen als berühmten Herrn Componisten Scarlatti und Teleman» an die Seite stellt. Hat er doch in etwa vierzig Jahren neben einer Fülle wertvoller Kirchenmusik eine große Zahl dramatischer Werke und Oratorien geschrieben, von denen heute noch einundneunzig solcher Stücke, natürlich nur ein Bruchteil seines Schaffens, nachweisbar sind.

Die Klavierfugen haben ihm einmal den Namen eines «Salzburger Bach» eingetragen. Freilich sehr zu Unrecht, da ihr äußeres Gehaben nur einem oberflächlichen Betrachter Beziehungen zu dem großen Thomaskantor erwecken könnte. Als Wolfgang Mozart in reifen Jahren dem Baron van Swieten einmal neben Fugen Bachs und Händels auch solche von Eberlin vorspielen wollte, mußte er leider einsehen, daß sie «gar zu geringe» waren.

Die erhaltenen Oratorien zeigen uns Eberlin als tüchtigen zeitgenössischen Vertreter der Gattung, einen Mann von dramatischer Begabung und Fähigkeit, der auf Mozart noch entscheidend einzuwirken vermochte, als der Knabe nach seinen ersten Reisen schon von den Eindrücken einer stärker pulsierenden Welt erfüllt war. Mit Geschick versuchte Eberlin die Errungenschaften des italienischen Stils, etwa Hasses, durch warme Melodik süddeutschen Geistes zu veredeln. Er liebt es, seine Arien vom Kantatenstil zum Liedhaften abzubiegen und mit volkstümlichen Wendungen auszustatten. Im Gegensatze zu den kirchlichen Kompositionen Eberlins neigen die dramatischen Arbeiten oft zu flacher Homophonie. Durch farbige Grundierung, tonmalerische Versuche und die Neigung zu aparten Orchesterwirkungen wird dagegen ein gewisser Ausgleich erzielt. Mitunter werden seltene Instrumente, Glockenspiel, Vogelpfeife, Harfe, Psalterium verwendet: realistische Tendenzen, denen auch Vater Mozart in symphonisch programmatischen Arbeiten gerne nachgibt. Manche Besonderheiten der Orchestrierung, eine eigenartig hervortretende Soloposaune, sordinierte Geigen und geteilte Bratschen hat sich der junge Mozart zu eigen gemacht, wie denn überhaupt der Einfluß Eberlins auf die Mozartsche Musik dieser Periode von der äußeren formellen Gestaltungsweise bis zu inneren Beziehungen und thematischen Anklängen vor allen anderen Meistern klar erkennbar wird.

In Eberlins Musik, wie in der Geste seiner dramatischen Werke, lebt noch die Seele des ausklingenden Salzburger Hochbarock. Sein eigentümlicher Mischstil tritt auch in manchen Werken der ersten Jugendzeit Mozarts charakteristisch zutage. Eberlins Kunst bewahrt trotz neuerischen Zügen und der Hinneigung zur leichteren italienischen Spielweise etwas Altväterliches, im Ernst der alten deutschen Meister Festgewurzeltes. Dies gibt sich namentlich in der ausdrucksvollen, sorgfältigen Ausarbeitung der Rezitative kund. Der volkstümliche Gehalt, dem Zeitgeist entsprechend stilisiert, ist noch nicht Bestandteil des inneren Organismus geworden. Daß dabei die bodenständige Liedmelodik in glücklichen Augenblicken doch tiefer greift, ist als feinsinnige Einfühlung in die populären Tendenzen der Benediktinischen Dramatik, vielleicht in den Salzburger Geist überhaupt, dem schwäbischen Meister hoch anzurechnen und sichert ihm eine ehrenvolle Stelle im Vorhof der deutschen Oper.

Weniger bedeutend als Eberlin erscheint sein Schüler *Anton Cajetan Adlgasser,* am 1. Oktober 1729 zu Inzell in Bayern geboren, «nicht nur ein guter Organist, sondern auch ein guter Accompagnist auf dem Flügel. Nur hängt er noch gar zu merklich an der Nachahmung andrer, sonderlich seines Lehrmeisters». Adlgasser vertonte neben einer größeren Anzahl kirchlicher Kompositionen gegen zwanzig Oratorien und Komödientexte. Sein Stil lehnt sich, wie schon Vater Mozart richtig bemerkte, stark an die Ausdrucksweise seines Lehrers an, ohne die persönliche Eigenart zu besitzen, die schon in den Kinderwerken Wolfgangs hie und da blitzartig aufleuchtet. Sein Gesicht ist der Vergangenheit zugekehrt. Seine oft guten Einfälle, die aufhorchen machen, verflachen in der epigonenhaften Zopfigkeit der weiteren Durchführung. Er bleibt ein redlicher Handwerker, auf dessen Arbeiten mehr der Kunstwille der Zeit als die Persönlichkeit des Schöpfers das unterscheidende Siegel drückt. In Ausübung seines Berufes wurde der pflichtgetreue Künstler auf der Orgelbank am 21. Dezember 1777 vom Tode ereilt. Die Organistenstelle erhielt Wolfgang Mozart, während der Vater aus Adlgassers Hand den Klavierunterricht übernahm.

Weit lebendiger als Adlgasser wirkte der jüngere Bruder des großen Joseph Haydn, *Johann Michael Haydn,* geboren am 14. September 1737 zu Rohrau in Niederösterreich, gleich seinem Bruder im Kapellhaus zu St. Stephan in Wien erzogen und über die Empfehlung eines Neffen des Erzbischofs Sigismund 1762 aus Großwardein an den Salzburger Hof berufen. Sein Anstellungsdekret zum Hofmusiker und Konzertmeister sicherte ihm ein Jahresgehalt von 300 fl. und die freie Kost an der Offizierstafel bei Hofe. Diese Vergünstigung haben weder Vater noch Sohn Mozart besessen. Wolfgang saß, wenn er bei Hofe speisen mußte, an der Bedientetafel.

Später erhielt Michael Haydn die Domorganistenstelle. Nach der Säkularisation des Erzstiftes (1803) erhöhten sich seine Bezüge auf 600 fl. Er lebte in angenehmen Verhältnissen, die auch nach seiner Verheiratung mit der Organistentochter und Hofsängerin Magdalene Lipp, 1768, keinerlei Einbußen erlitten, obwohl er als Gatte dieser leichtsinnigen und putzsüchtigen Frau, ständig durch Schuldklagen der Salzburger «Tandler» gedrängt, sich manche Gehaltsabzüge gefallen lassen mußte. Doch war er persönlich bedürfnislos und fand ein auskömmliches Nebeneinkommen durch Unterrichten – u. a. gehören Carl Maria von Weber und Anton Reicha zu seinen Schülern –, weniger durch seine Kompositionen, da er eine merkwürdige Scheu vor der Drucklegung seiner weithin geschätzten Werke besaß.

Hochgeachtet als Komponist und Lehrer diente Michael Haydn vierundvierzig Jahre bis zu seinem Tode (10. August 1806) in Salzburg. Mehrere günstige Angebote von auswärts schlug er aus. Er spann sich immer mehr in das kleinbürgerliche Milieu Salzburgs ein, das seinem heitern, leicht philiströsen Naturell heimatlich zusagte. Dem objektiven Urteil erscheint er als fröhlicher, in den Umgangsformen etwas derber, immer wohlwollender Mann, von streng rechtlicher Gesinnung, milde und nachsichtig im Urteil, ein treuer und verläßlicher Freund und fleißiger Arbeiter, der durch seine zahlreichen, sorgfältig geschriebenen Werke das Urteil Leopold Mozarts, er werde durch seine Trunksucht immer fauler, am besten widerlegt. Den in Salzburg blühenden Lokaltratsch liebte er, im Gegensatz zu den Mozarts, keineswegs. Seine Schwäche war die anakreontische Hinneigung zu einem tüchtigen Glase Wein und dem hochberühmten Bier der Salzburger Brauereien. Hier hakte auch der Antagonismus des nüchternen Leopold Mozart, der in dem gutgestellten, leichtlebigen Niederösterreicher die ihm gegensätzlichste Figur unter den Hofmusikern erkennen mußte, mit scharfem Blicke ein. Naturgemäß konnte es daher niemals zu wirklich freundschaftlichen Beziehungen zwischen den beiden Familien kommen, obwohl beide Mozarts die Kunst Haydns hochschätzten und auf sein Urteil großen Wert legten. Die persönlich gespannte Stellung Wolfgangs zu Michael Haydn unter dem erzieherischen Drucke des Vaters schwindet mit den Jahren zusehends. Wenigstens können wir den Briefen aus der Wiener Zeit kein abfälliges Wort mehr entnehmen. Schneller und inniger hat Wolfgang später den herzlichen Kontakt zu Michaels größerem Bruder, Joseph Haydn, gefunden.

Unter Michael Haydns Tonwerken nehmen seine Kirchenwerke die bedeutendste Stellung ein. Seine Spätwerke der Gattung stehen unter dem Einflusse der kirchenreformatorischen, durch das «Josephinistische» Salzburger Edikt von 1782 ins Leben gerufenen oppositionellen Einstellung gegen die opernhafte Figuralmesse in der Art der Neapolitaner, wie wir ihnen noch in seinen jüngeren Arbeiten und in einem Teile der Kirchenwerke seines Bruders und Mozarts begegnen. Er ist der Künstler, der, auf dem Sondergebiete der geistlichen Musik von der nationalen Bewegung der Aufklärungszeit am deutlichsten erfaßt, jene aus der alten Bindung an die rokokohafte, italianisierende Koloraturweise löste und in Verfolgung der neuen Ideen bleibende Werte schuf. Darin und in der echt deutschen Vertiefung dieses seines vornehmsten Kunstzweiges liegt die Bedeutung Michael Haydns und der Ehrenplatz seiner Schöpfungen neben den Mozartschen Spätwerken. Sein Weg führte ihn einerseits zu vokalen Arbeiten im strengen kontrapunktischen Stil, denen er edle, ernste Stücke mit Orchester würdig zur Seite stellt. Sein ergreifendes Karfreitagsresponsorium «Tenebrae factae sunt» steht der Komposition Palestrinas an Bedeutung nicht ferne. Andererseits bringt ihn das Erstarken des deutschen katholischen Kirchenliedes auch diesem Gebiete nahe. Auf den Schultern der berühmten deutschen Singmesse «Hier liegt vor deiner Majestät», die er zwar nur redigiert, nicht selbst geschaffen hat, steht Schuberts deutsche Messe «Wohin soll ich mich wenden» und eine lange Reihe guter deutscher Kirchenlieder, die heute noch den deutschen Gesang in der römischen Kirche beherrschen.

An dieser Stelle muß auch der heiter-gemütvollen Männerquartette gedacht werden, die Haydn lange vor Zelter, dem offiziellen Ahnherrn der deutschen Liedertafel, für eine feuchtfröhliche Runde im Salzburger St.-Peters-Keller geschrieben haben soll.

Seine Instrumentalwerke zeigen schon frühzeitig (um 1760) manche Kennzeichen, die für den neuen Stil der Wiener Schule charakteristisch sind. Die Setzart bleibt in der Regel homophon, die Harmonie einfach in den Grenzen der einmal festgestellten Tonalität. Eine Eigenart seiner Sonatenform bildet die sogenannte «falsche Reprise», die nochmalige Verwendung des Hauptgedankens als Koda, und die kunstvollen Schlußfugati in den Symphonien der achtziger Jahre. Auch Mozart verwendet in gleichzeitigen Werken und später gerne diese «zweite Reprise». Noch deutlicher wird der Einfluß der Haydnschen Schlußfugati auf Mozarts Symphonien und Kammermusikwerke. Das zweite Thema stellt sich bei Haydn schon kontrastierend gegen den ersten Gedanken, ohne die lyrische Ausprägsamkeit, Rundung und Empfindungstiefe der Mozartschen Gesangslinie zu besitzen. Dasselbe gilt für seine langsamen Sätze, so oft hier auch äußerliche Beziehungen zu Mozart aufscheinen mögen.

Die Kammermusikwerke Haydns sind lebendiger als seine Symphonien. Manche seiner Divertimenti reizend, von anmutiger Abwechslung in der Kürze der einzelnen Sätze. Auch auf dramatischem Gebiete hat sich Michael Haydn versucht. Seine kürzlich wiederentdeckte opera seria «Andromeda e Perseo»[26] muß als durchaus achtbare Arbeit angesprochen werden. Die Musik zu Reichsiegels Singspiel «Die Hochzeit auf der Alm», ein stilisiertes Rokoko-Sennerstück, bleibt in freundlicher Erinnerung. Die in grobem Salzburger Dialekt musizierte Zwei-Personen-Farsa «Der Baßgeiger von Wörgl» dürfte als ein launiges, freilich recht derbes ‹Intermezzo› bei entsprechender Wiedergabe auch heute noch von Wirkung sein. Zu Mozarts «Schuldigkeit» (K. 35) schrieb Haydn den zweiten, Adlgasser den dritten Teil.

Mit Joseph Haydn hat Michael den fröhlichen Herzenston und die Lehrjahre der Wiener Zeit gemein, so daß beide Brüder in den ersten Jahren ihrer schöpferischen Tätigkeit weit mehr Verbindendes besitzen als späterhin. Joseph eilte mit dem Schrittmaße des Genies der Zukunft entgegen, während der jüngere Bruder in genießerischer Behaglichkeit die einmal erreichte Höhe seiner Mannesjahre festhält. Beethoven hatte seine Eroika der Welt geschenkt, als Johann Michael, unberührt von der gewaltigen Entwicklung außerhalb der erzbischöflichen Grenzpfähle, die Augen schloß.

In entsprechendem Abstand neben Michael Haydn möge nun auch das musikalische Lebenswerk *Leopold Mozarts* kurz gewürdigt werden. Es ist interessant, wie dieser Meister, der als Mensch durch Ernst und Tiefgründigkeit der Lebensansichten von dem leichtlebigen, nicht immer nüchternen Kollegen vorteilhaft absticht, in seiner Kunst aus mehr verstandesmäßiger Sehnsucht nach dem «Popularen» manches Mal zu trivialen Regionen herabsteigt, die Haydn in seiner echten Volkstümlichkeit niemals berührt hätte.

Gemeint sind damit in erster Linie programmatische Gelegenheitsmusiken, die «Schlittenfahrt», das «Divertimento militare», die «Bauernhochzeit» u. a. Diese haben seinen Namen bekannt gemacht und lebendig erhalten. Leopold Mozart stand mit solchen Werken in der Zeitströmung gewiß nicht allein. Doch führt ihn die Lust an realistischen Orchesterspäßen mitunter aus dem Gefüge musikalischer Zulässigkeit, so daß es begreiflich erscheint, wenn der feinfühlige Sohn ihm selbst in der Nachahmungsfreude seiner Kinderjahre nie so weit gefolgt ist. Als reifer Mann ist Wolfgang in seinem «Musikalischen Spaß» (K. 522) dem Problem in viel genialerer, überlegen distanzierter Weise nahegetreten. «Popular» im Sinne Leopolds ist sein Sohn nie gewesen, nicht einmal in dem sehr frühen, nie richtig fertiggestellten Quodlibet «Galimathias musicum« (K. 32). Die obengenannten Werke Leopolds sind vornehmlich für ein Augsburger Collegium Musicum entworfen, wo der studentische Zug der alten Liedersammlung des «Tafelkonfekts» noch lebendig war. Mit der Gewissenhaftigkeit des alten deutschen Kunsthandwerkers macht sich Leopold für den festgesetzten Lohn an die Arbeit. Die fertigen Stücke übersendet er mit originellen Gebrauchsanweisungen: «Hier kommt auch die Bauernhochzeit. Es ist eine Leyer und ein Dudelsack oder Polnischerpock dabei. Diese könnte man auf die Fastnacht produzieren. Es wäre gut, wenn Sie auch ein Hackebrettl oder Cymbal dabei hätten. – Was bei dem Adagio stehet wegen der Bedauernis des Jungfernkranzes, kann meinethalben auf eine noch bessere Art erklärt werden. – Bei dem Marsche mag auch nach dem Jauchzen jedesmal ein Pistolenschuß geschehen, wie es bei den Hochzeiten gebräuchlich ist, und wer recht auf den Fingern pfeifen kann, mag auch unter dem Jauchzen darein pfeifen.» – «Bericht über die Jagd-Sinfonia: Erstlich müssen die g-Horn ganz rauh geplossen werden, wie es nämlich bei der Jagd gewöhnlich und so forte als immer möglich. Dann soll man etliche Hunde haben, die bellen, die übrigen aber schreien zusammen hoho, nur aber 6 Takte lang.»

Populäre Elemente finden sich auch in Vater Mozarts Symphonien. Durch Einführung volkstümlicher Themen neben eingänglicher Melodik italienischer Herkunft, durch Bevorzugung der Märsche und Tänze bei schwankender Satzzahl (zwischen zwei und sechs) nähern sich diese einer Form, die im Prinzip mit der Symphoniegestaltung der Wiener und Mannheimer – auch Michael Haydns – wenig gemein hat. Bei Leopold Mozart regt sich vielmehr der alte Suitengeist noch lebendiger und reiht fröhlich Satz an Satz. Die Durchführungen sind in der Regel kurz und primitiv, der kontrastierende Charakter der beiden Themen wenigstens angedeutet, die Reprisen meist von gleicher Länge wie die Exposition, mitunter sogar erweitert.

Von den erhaltenen Konzerten Leopold Mozarts verlangt das Trompetenkonzert vom Solisten noch die schwierige Technik des alten «Clarinblasens» der Zeit Johann Sebastian Bachs. Wir finden die letzten Erinnerungen an diese Sonderkunst noch bei Wolfgangs Trompetendivertimento (K. 188). Es stellt neben des Vaters Konzert dem Können der Salzburger Bläser – vielleicht dem Freunde des Hauses, Andreas Schachtner – ein ehrenvolles Zeugnis aus. Der Symphoniestil Leopolds kehrt in zahlreichen Divertimenti, Kassationen und Serenaden der Salzburger Knaben- und Jünglingszeit Wolfgangs deutlich wieder.

Die Kammermusikwerke Leopolds zeigen eine ähnliche stilistische Zweiteilung wie die Symphonien. Die Triosonaten mit obligatem Klavier stammen aus früherer Zeit. Sie weisen bei mäßig fortschrittlichen Zügen in die Vergangenheit. Eine glückliche Fortsetzung läßt indessen meist auf sich warten. Frischer und lebendiger wirken sechs dreisätzige Divertimenti für zwei Violinen und Violoncell aus späterer Zeit, heitere, liebenswürdige, mitunter sogar nachdenkliche und gefühlswarme Gesellschaftsmusik, deren Wiederbelebung nicht ohne Reiz ist.

Drei erhaltene Klaviersonaten, gleichfalls in der neueren dreisätzigen Gestalt, zeigen Leopold als gewandten Beherrscher dieses Instrumentes, der technischen Errungenschaften Domenico Scarlattis und Philipp Emanuel Bachs kundig, nicht unempfänglich für Einflüsse der Wiener und Mannheimer Schule. Aber auch hier bleiben moderne Züge ohne Fortentwicklung. So wertvoll ein Einfall auf den ersten Blick erscheinen mag, er führt ins Formelhafte und verflüchtigt sich nach wenigen glücklichen Augenblicken.

Während Michael Haydns Kirchenwerke bis auf den heutigen Tag halbwegs lebendig geblieben sind, haben Leopolds Arbeiten dieser Gattung, selbst zu seinen Lebzeiten, nur selten den Bannkreis der erzbischöflichen Hofmusik überschritten. In den Litaneien und in kürzeren Kirchenstücken, die müheloser Gelegenheit zu künstlerischer Entfaltung boten als die Messen, hat Vater Mozart sein Wertvollstes auf diesem Gebiete geschaffen. Von hier aus läuft die Linie der kleineren geistlichen Werke Wolfgangs über lernselige Arbeiten des Knaben und Jünglings zu dem lieblichen Graduale «Sancta Maria» (K. 273) des Einundzwanzigjährigen, zuletzt zu dem wunderbaren «Ave verum» (K. 618) des todesnahen Meisters. Die eigenhändige Abschrift der zweiten Es-Dur-Litanei Leopolds von Wolfgangs Hand in der Salzburger Museumsbibliothek spricht von der intensiven Beschäftigung des Sohnes mit solchen Arbeiten des Vaters.

Was sich von dem Gesamtwerke Leopold Mozarts erhalten hat, genügt, um über seine Vielseitigkeit, sein achtbares Können, seine Aufnahmefähigkeit, aber auch über seine Grenzen ein sicheres Urteil zu fällen. In dem aufsteigenden Genie seines Sohnes scheint er frühzeitig mit stiller Selbstentsagung seine Beschränkung erkannt zu haben. Wenigstens schwebt ihm bald die Erziehung Wolfgangs als höheres Ziel vor Augen als das eigene Schaffen. Langsam legt er die Feder aus der Hand, um desto inniger über der musikalischen Ausbildung des Knaben zu wachen. Er schreibt wohl noch einiges für die Kirche, wie es seine Anstellung gebot, hie und da auch eine kleinere weltliche Gelegenheitsmusik; die Zuweisung einer im April 1770 zu Rom vollendeten *D-Dur-Symphonie* (K. 81) an Leopold wird neuerdings heftig bestritten. *A. Einstein* nimmt das Werk, «eine der reiz- und geistvollsten der italienischen Sinfonien aus dem Jahr 1770» mit Nachdruck für Wolfgang in Anspruch.[27]

Wichtiger als seine Tondichtung und von überragender Bedeutung bis in unsere Zeit bleibt Leopold Mozarts *Violinschule*.[28] Die erste Auflage erschien 1756, im Geburtsjahr seines Sohnes, zu Augsburg bei J. Jakob Lotter im Druck. Leopold besaß, wie auch der Unterricht seines Sohnes erkennen läßt, eine umfassende Kenntnis der musikalischen Literatur seiner Zeit. Er verstand das Wertvolle und Brauchbare auszusondern und in systematischer Durchbildung seinen Zwecken dienstbar zu machen. Der glückliche Gedanke, eine neue, praktisch brauchbare Violinschule herauszugeben und damit seine Kenntnisse, Erfahrungen und Vorzüge eines wissenschaftlich gebildeten Stils wirtschaftlich zu nützen, entspricht kluger Urteilskraft und der sicheren Erkenntnis eines allgemeinen Bedürfnisses jener Zeit. Der Erfolg war groß. Wiederholte Neuauflagen und die Übersetzungen ins Französische und Holländische beweisen es zur Genüge. Die Violinschule blieb lange Zeit hindurch das brauchbarste Lehrbuch in deutscher Sprache. Sie wurde noch um die Mitte des 19. Jahrhunderts dort fleißig benutzt, wohin neuere Methoden noch nicht gedrungen waren.

Als direkte Vorgängerin von Leopold Mozarts Werk kann die 1731 und 1740 in englischer Sprache zu London erschienene Violinschule des Italieners Francesco Geminiani, eines Schülers von Corelli, gelten. Mozart, der Geminiani durch pädagogische Konzentration, Klarheit des Ausdrukkes übertrifft, verwertet im violintechnischen Teile seine eigene reiche Erfahrung mit Heranziehung der zeitgenössischen Violinliteratur, insonderlich der Werke Tartinis. In den allgemeinen, theoretischen und ästhetischen Partien folgt er den Prinzipien der norddeutschen Musiker. Hier wurden ihm die zwei hervorragendsten Werke der damaligen musikpädagogischen Literatur maßgebend, der «Versuch einer Anweisung, die Flöte Traversière zu spielen» von Johann Joachim Quantz, dem bekannten Flötenvirtuosen und Hofmusiker Friedrichs des Großen (1752), und Philipp Emanuel Bachs «Versuch über die wahre Art das Klavier zu spielen» (1753). Die ältere Richtung ist hier einer klaren, dem innersten Wesen der

Musik entspringenden Auffassung gewichen. Bei Philipp Emanuel Bach wie bei Mozart ist das höchste Ziel ein einfacher und natürlicher Gesang, möglichste Annäherung des instrumentalen Vortrags an die beseelte Singekunst und die richtige Wiedergabe der Affekte nach dem Willen des Komponisten. Das Wichtigste bleibt ein «rechtschaffener und mannbarer Ton», gediegener und natürlicher musikalischer Geschmack, Genauigkeit und Gründlichkeit im Technischen. Jedes Virtuosentum ohne diese unentbehrlichen Grundlagen ist als wertlos zu verurteilen. Diese anständige Kunstanschauung darf auch heute noch Geltung beanspruchen. Leopold Mozarts Darstellungskunst ist durch Kürze, Drastik und Schärfe des Ausdrucks ausgezeichnet. Manche Sätze sind in ihrer lapidaren Anschaulichkeit unübertroffen geblieben. Es ist kein Wunder, daß die Güte und die kernige, mitunter humorvolle Art des Stils den Zeitgenossen sofort auffallen und die Verbreitung des Werkes durch ganz Deutschland fördern mußte.

Leopold Mozart, der nach Adlgassers Tode (1777) zu dem Violinunterricht auch die pianistische Unterweisung der Kapellknaben übernommen hatte, besaß neben seinem Sohne noch eine Reihe ausgezeichneter Privatschüler. Zu diesen gehören in erster Linie der Salzburger Joseph Wölfl (1773–1812), ein hervorragender Klaviervirtuose und Meister der freien Improvisation – in dieser Kunst von den Zeitgenossen sogar über Beethoven gestellt –, und der talentvolle Geiger und Pianist Heinrich Marchandt. Die Sorgfalt Vater Mozarts in seinem Lehrberufe kommt namentlich in seinen späteren Briefen ansprechend zur Geltung.

In den Werken der vier Meister, Eberlin, Adlgasser, Michael Haydn und Leopold Mozart, hat sich die Salzburger Musik der zweiten Hälfte des 18. Jahrhunderts typisch ausgesprochen. Ihre Züge finden wir vielgestaltig in den Jugendwerken Wolfgangs wieder. Freilich bedeutet ihr Einfluß nur den kleinen Bruchteil unzähliger fremder Stilelemente, die der junge Mozart in sich verarbeitete, um schließlich seinen ureigenen, von jenen so verschiedenen Ausdruck zu finden. Hier muß auch der italienischen Meister am Salzburger Hof gedacht werden, unter denen Domenico Fischietti damals ohne Zweifel einen hochberühmten Namen in der europäischen Musikwelt einnahm. Allerdings ist seine Tätigkeit in Salzburg schattenhaft geblieben und darum wohl auch bis heute noch nicht genügend geklärt worden. Eine «Salzburger Schule» in dem Sinne von Wien oder Mannheim hat es nicht gegeben. Gemeinsames entstand hier durch die Pflichtforderung des Salzburger Hofes und durch modische Neuerungen der großen musikalischen Welt, die gemach an die Salzach drangen. Eberlin und Adlgasser beschließen eine verklingende Zeit, Leopold Mozart und Michael Haydn stehen halbwegs in der Mitte zwischen gestern und heute. Wolfgang Mozart aber verließ die kleine Residenz, als seine Kraft genügt hätte, hier ein neues Reich der Musik zu gründen.

10. HAUS UND HAUSHALT

«Mir ist beigefallen, daß wir zu Hause nicht wohnen können. Du mußt mir also schreiben, ob wir beim Sailerwirt, beim Stern oder beim Saulentzl einlogieren sollen. Ich glaube, es wird am besten sein, ich nehme meine Wohnung im Löchl, so habe ich alsdann nicht weit ins Hagenauerhaus. So wie wir, wie die Soldaten, untereinanderschliefen, können wir nicht mehr sein. Der Wolfgang ist nicht mehr sieben Jahre alt.» (Leopold Mozart an die Gattin aus Venedig, 20. Februar 1771)

«Ich soll Dir von der Thresel was schreiben und das ist, daß sie nicht mehr bei uns hat wollen bleiben, weil Du nicht da bist. Also daß Du es weißt: wenn Du schreibst, so schreibe ihr was von ihr, denn sie beklagt sich, daß Du so wenig an sie denkst. Du weißt ja, was für ein Narr sie ist.» (Nannerl Mozart am 18. Dezember 1780 an ihren Bruder nach München)

Die gesellschaftliche und kulturelle Zusammensetzung der Salzburger Bevölkerung war höchst eigenartig. Niemals hatte die Stadt politisch selbständig denken gelernt. Frühere Versuche der Bürgerschaft, die Reichsfreiheit zu erlangen, waren von den Erzbischöfen stets mit eiserner Strenge niedergehalten worden. Man bedauerte es später kaum, erfreute sich an dem glänzenden Schauspiel des geistlichen Hofes und ließ das Gottesgnadentum für sich denken. Man wußte es dankbar zu schätzen, daß die kluge Diplomatie der Regierung immer verstanden hatte, größere bewaffnete Unternehmungen, ja selbst die Wirren des Dreißigjährigen Krieges dem Lande ferne zu halten.

Der erzbischöfliche Hof beherrschte in jeder Beziehung das Bild der kleinen Stadt. Durch ihn und durch die vielköpfige Studentenschaft der Alma Benedictina erhielt sie ein leise internationales Gepräge. Um den geistlichen Landesherrn schloß sich in immer weiteren Kreisen der Adel, der auch im Domkapitel die wichtigen Stellen besetzte, eine unabsehbare Schar weltlicher Kleriker und Ordensleute, die Hofbeamten, Offiziere, Musiker und Bedienten, endlich die gewerbetreibende Bürgerschaft, die mit Stolz in eigenen Häusern saß und auf das ärmere Proletariat mit Überheblichkeit herabsah.

Fast der fünfte Teil der Bewohner Salzburgs lebte von Pensionen und Gnadengehalten. Man wußte oben sehr gut, daß die Bevölkerung nur geringe Rechte besaß, also bitten mußte, wenn sie bedürftig war, und man nützte diesen Umstand geschickt aus. Die im Gnadenwege bewilligten Summen waren stets gering, aber man wies selten einen Bittsteller ganz zurück. Man zahlte lieber öfter, stets aber so wenig, daß die Petenten in Abhängigkeit verblieben. Durch diese eigenartige Politik weckte die

Regierung auch bei den Ärmeren eine gewisse unbekümmerte Sorglosigkeit, die für den Charakter der Stadt bezeichnend blieb. Stets war man fröhlich und guter Dinge; man lebte von der Hand in den Mund, lief ins Theater, stopfte die Wirtshäuser randvoll und betrachtete es als Unglück, wenn man ein Vergnügen oder ein festliches Schaugepränge versäumen mußte.

Die alten Bürgerhäuser, die sich in festem Ringe um die prunkvollen Bauten des erzbischöflichen Hofes schlossen, geben noch heute der Stadt ihr reizvolles Gepräge. Als sich die Paläste des Adels und der Kirche ausdehnten und pomphafte Plätze in die Breite strebten, wurde die Zivilstadt zu räumlicher Beschränkung gezwungen. Die Häuser wuchsen in die Höhe statt in die Breite. Sie setzten bedachtsam Stock auf Stock, bis die Vier- oder Fünfzahl erreicht war. Die mittelalterlichen Giebel und Erker, die gotischen Zierbogen über den Fenstern verschwanden. An ihre Stelle trat eine glatte Fassade, deren Reiz in den Proportionen der fast schmucklosen Fensterreihen liegt. Nach oben hin schließt eine einfache Hohlkehle die Front geradlinig ab. Tore weiten sich zu schönen Portalen mit kunstvollen Schlössern und Beschlägen. Die Berge der Umgebung liefern verschwenderisch den schönsten Baustoff, roten, weißen und violetten Marmor. Auch im Innern des Hauses sind die Stufen der schmalen, steilen Stiegen, die Pfeiler, Geländer und Brunnen aus dem bunten Stein gehauen und wecken den Eindruck behaglich freundlichen Wohlstandes. Die hell gefärbten Zimmer sind von wohnlicher Beschränkung, niedrig, im Winter gut heizbar. Selten fehlt ein anmutiges Stuckornament am Plafond. Dunkle gewölbte Vorräume führen in lichte Loggien. Sie umkränzen den gemütlichen Innenhof des Hauses. Hier, wo die kleinen Bezirke der Wohnparteien zusammenstoßen, wo die Sonne über bunte Topfblumen, Vogelbauer und blanke Wäsche spielt, ist das Reich des kleinen Bürgertratsches. Hier spinnt Dienstbotenweisheit ihre sonderbaren Fäden, hier träumen die Alten und Kranken in wohliger Frühlingswärme. An den Fenstern der Zimmer aber, die auf enge Gassen führen, sitzen Hausfrauen und beobachten einander, jede wohlgeborgen wie die Spinne in ihrem Netze. Emsige Stricknadeln gleiten durch ihre Hände, dieweil unten, wie auf der Bühne, der kleine Stadtbetrieb vorbeiwogt, hochbeladene Botenwagen der umliegenden Dörfer, Staatskarossen hinter blitzenden Läufern, Fremde von Distinktion, Soldaten und Bauern mit rotem Brustfleck unter breitkrempigen Hüten, vor allem aber die lieben Nachbarn, deren geheimnisvolle Wege zu ergründen ein Stück Lebensberuf der anderen ist.

In der belebtesten Geschäftsstraße der Stadt, der Getreidegasse, gegenüber dem kleinen Platz vor dem Löchelbogen, der an die Flußlände hinausführt, steht das Haus, das Leopold Mozart bald nach seiner Verheiratung bezogen haben dürfte, das bestimmt war, die Geburtsstätte des großen Genius zu werden. Es unterscheidet sich äußerlich nicht von den freundlichen Bauten seiner Umgebung. Der Innenhof ist langgestreckt und schmal, die Unregelmäßigkeit des rückwärtigen Trakts, der bis zum Universitätsplatze reicht, bedingte die Führung eines Lichtschachts zur Aufhellung des dunklen Schlafzimmers der Familie. Das einzige Fenster, das von hier aus gerade in den Schacht mündet, gewährt einen lieblichen Ausblick auf die statuengekrönte Plattform eines Turmes der Kollegienkirche.

Seit 1408 ist das Haus urkundlich nachgewiesen. 1713 kaufte es die Kaufmannsfamilie Hagenauer und behielt es bis in die Mitte des 19. Jahrhunderts. 1917 wurde es von der Internationalen Stiftung Mozarteum erworben und die Räume in den höheren Stöcken als Museum eingerichtet.

Die Wohnung Leopold Mozarts umfaßte das ganze Geschoß des Vorderhauses in der Getreidegasse, drei größere, ein kleineres Zimmer und die mit Marmorplatten belegte Küche. Der Aufwand entsprach den bescheidenen, aber gesicherten Verhältnissen des erzbischöflichen Vizekapellmeisters, dem Armseligkeit und Luxus gleich fremde Begriffe waren. Er liebte die geordnete Behaglichkeit seines Heims und schätzte die Freuden der guten Salzburger Küche nicht minder. In seinen späteren Briefen an die verheiratete Tochter nach St. Gilgen spielt die kulinarische Korrespondenz neben heiteren Problemen der Dienstbotenfrage eine wichtige Rolle. Ein kleines Ehrenreislein sei der flinken und gewandten Hausperle bei Mozart, der unverwüstlichen «Thresel», mit bürgerlichem Namen Theresia Päncklin aus Linz, geflochten, die mit patriarchalischer Anhänglichkeit Leid und Freud der «Herrschaft» aufrichtig teilte und den Vater bis zu seinem Tode betreute. Schon darum allein erscheint das brave «Kuchelmensch» der Erinnerung der Nachwelt nicht unwert. Vierfüßige Hausgenossen und Vögel fehlten im Hause Mozart niemals. Die Tierliebe der Eltern ist unvermindert auf den Sohn übergegangen. Die Hündin «Pimperl», ein «gutes und getreues Foxel», muß als wesentlicher Faktor des Hauses betrachtet werden.

Während der italienischen Reisen, als der Sohn immer mehr heranwuchs, reifte in dem Vater der Plan, eine größere Wohnung zu beziehen. Nach dem Abschluß dieser Reisen (1773) scheint Leopold seine Absicht ausgeführt zu haben. Er übersiedelte in das sogenannte «Tanzmeisterhaus»[29] auf dem Hannibalplatz (heute Makartplatz) gegenüber dem Ballhaus, dem späteren Hoftheater am Eingang des Mirabellgartens. Das Haus hat seinen Namen von dem erzbischöflichen Kammerdiener und hochfürstlichen Tanzmeister Franz Gottlieb Speckner erhalten. Nach dem Tode Speckners, der als Trauzeuge der Eltern zu den alten Freunden der

Mozarts zählte, kam das Anwesen 1767 an seine Base Anna Maria Raab. Fräulein Raab war eine würdige Dame von über 60 Jahren, als die Familie Mozart die geräumige Wohnung im ersten Stock bezog. Lebendiger wird ihr Bild in der Familienkorrespondenz der Mozarts, wo sie als «Jungfer Danzmeister Mitzerl» eine freundliche Rolle spielt. Zur neuen Wohnung gehörten acht Zimmer, darunter ein schön stukkierter, zum Musizieren wohlgeeigneter Saal. In diesen Räumen hat der Jüngling Wolfgang die prächtigsten Werke seiner Salzburger Jahre vollendet, Serenaden und Divertimenti, Konzerte und Kirchenstücke, auch einige bedeutsame Versuche für die Bühne. Als er Salzburg endgültig verließ, war die Mutter schon gestorben. Nicht lange darauf heiratete Schwester Nannerl nach St. Gilgen. Leopold blieb allein in der großen Wohnung zurück, fühlte sich alt und vereinsamt in seiner «Eremitage». Zur Gesellschaft blieben ihm die Schüler, die er als Pensionäre aufgenommen hatte, bald auch der hier geborene Sohn Nannerls, den er bis zu seinem Tode bei sich behielt. Die rührende Fürsorge um den kleinen Enkel Leopold hat ihm dort noch seine letzten Lebenstage verschönt.

11. MOZARTS MUTTER

«Den bimperl küsse ich auf sein Zingerl, er würd mich schon vergessen haben. Die nanerl würd wohl schön gebuzt sein weill sie zwey Kammer Jungfern hat, schreib uns fein was in Salzburg Neues pasiert. Morgen wird eine deutsche operette auf gefürth, wirr werden hinein gehen, solche zu sehen, weill ein solcher lerm ist das sie schön sein soll. Die thresel lasse ich auch schön griessen, sie soll ihr die Zeit nicht lang werden lassen bis ich wider komme, und den bimpes fleisig brunzen führen. Die Vögel las ich auch griessen, ich kan unmöglich vill schreiben, dan die feder ist Miserabel und mit der goldern kann ich gar nicht schreiben, ich küsse euch also alle beyde vill Million 1000 mahl lebts recht vergniegt und gesund beysammen, ich bette däglich für euch, adio. Maria Anna Mozartin.» (Aus der Nachschrift der Mutter zu Wolfgangs Brief aus München, 29. September 1777)

Auf Mozarts Ahnen von mütterlicher Seite haben erst die Forschungen Erich Schenks[30] ein helleres Licht geworfen. Wolfgangs Großvater, Wolf Niklas Pertl, war der erste geistige Arbeiter in der Familie; Urgroßvater und Ururgroßvater gehörten dem Kleinbürgerstande an. Hofkutscher und Tuchmacher ihrem Gewerbe nach, holten sie sich ihre Frauen von der Scholle der salzburgischen Heimaterde weg, aus den Dörfern Kirchheim und Lamprechtshausen. Wolf Niklas scheint eine entbehrungsreiche Jugend durchgemacht zu haben. Mit neunzehn Jahren kommt er, wohl unter geistlicher Obhut, zum Studium der Jurisprudenz an die Alma Benedictina zu Salzburg. Durch zwölf Jahre wirkte er, zuerst als Statist, dann aber als Bassist in deren Jahresschluß-Spielen mit. Gleichzeitig verdient er sich als Musikus (Bassist) und Präbendist, d. h. als Lehrer in der Klosterschule des St.-Peter-Stiftes, sein Brot. Später ergriff Pertl die Beamtenlaufbahn. Über diese sind wir ziemlich eingehend unterrichtet. Vor uns ersteht ein tüchtiger und gebildeter Mann, mehr durch Strebsamkeit als durch die Gunst des Schicksals emporgekommen, eine Persönlichkeit, die durchsetzt, was sie will, und auch der Obrigkeit gegenüber eine feste Sprache zu reden weiß. Die Anfänge seiner juridischen Karriere führten ihn nach Wien, später nach Graz, wo er als Sekretär eines Fürsten von Eggenberg tätig war. 1706 tritt er als Akzessist bei der fürsterzbischöflichen Rentmeisterei in Salzburg ein. 1707 wird er Sekretärsadjunkt, 1712 wirklicher Hofkammersekretär. Am 22. November desselben Jahres heiratet er die Witwe Eva Rosina Buxbaumerin geborene Altmann, die Tochter eines Musikers. 1714 wird er Pflegeamtsmitverwalter in St. Andrä, der damals salzburgischen Grenzstadt im kärntnerischen Lavanttale. 1716 erhält er die vakant gewordene Stelle eines Pflegekommissarius in Hüttenstein bei St. Gilgen am Wolfgangsee. Das Hauptergebnis seiner kurzen Amtstätigkeit ist die Erbauung des St. Gilgener Pflegegerichtshauses, in dem die Mutter Mozarts als letztes von drei Kindern am 25. Dezember 1720 das Licht der Welt erblicken sollte. Das Haus steht heute noch, wenige Schritte vom Ufer des Wolfgangsees entfernt, an der Straße, die vom Kirchenplatz zum See herabführt. Seit den Tagen, da die kleine Maria Anna in dem gewölbten, steingepflasterten Torgange spielte, durch den eine Generation später auch ihre Tochter als würdige Frau Pflegerin wieder einziehen sollte, hat sich das stille Gebäude kaum verändert. In dem bunten Vorgarten blühen heute wohl noch die gleichen Bauernblumen wie damals, und die Heimatlieder der Landleute, die einst durch den freundlichen Ort klangen, sind auch heute nicht ganz verstummt.

Die kleine Anna Maria zählte erst vier Jahre, als der Vater am 7. März 1724 unverhofft, erst siebenundfünfzig Jahre alt, verstarb und die Mutter, durch den plötzlichen Todesfall in bittere Not geraten, nach Salzburg übersiedelte. Trotzdem blieb es das Bestreben der Witwe, ihrem Töchterchen eine tüchtige Erziehung und die «erlehrnung der zum khünfftigen Vortkhommen vonnethen habenten handarbeithen» zuteil werden zu lassen, wie aus ihren Gnadengesuchen an die erzbischöfliche Hofkammer hervorgeht.

Wann die Jungfer Anna Maria Pertlin ihren zukünftigen Gatten kennenlernte, wissen wir ebensowenig, als wir die Erlebnisse ihrer Mädchenjahre kennen. Einmal wird das salzburgische Hofzahlamt angewiesen, sich nach dem Zustand «der immerdar khrankh ligenten Tochter von vierzehn Jahr» zu erkundigen. Leopold Mozart mag vor dem bindenden Entschlusse wohl längere Zeit vorsichtig zugewartet haben, wie es seine Art war. Er stand ja erst seit 1743 in Diensten des Erzbischofs. Dieser hielt vielleicht mit der notwendigen Zustimmung noch zurück. Am 21. November 1747 führte der Achtundzwanzigjährige die fast gleichaltrige Braut endlich heim. Der Stadtdekan Leopold Joly vollzog die Trauung in der Domkirche. Die Ehe wurde sehr glücklich. Wir wissen nichts von dem leisesten Mißton, der das herzliche Verhältnis der Gatten trüben konnte. Am Tag der silbernen Hochzeit schreibt Leopold seiner treuen Lebensgefährtin aus Mailand: «Heut ist die Jahrszeit unsers Hochzeitstags. Es wird, wie ich glaube, 25 Jahre sein, daß wir den guten Gedanken hatten, uns zu verheirathen. Diesen Gedanken hatten wir zwar viele Jahre zuvor. Gute Dinge brauchen Zeit!»

Mit feinem Instinkte ordnete sich die Gattin, die in die Ehe nichts als die heitere Anmut ihres Wesens mitgebracht hatte, dem Manne willig unter. In allen äußeren Dingen des Lebens, durch künstlerische und gesellschaftliche Bildung, weltmännische Erfahrung und rechnerische Gaben war ihr

Leopold gewiß überlegen. Dagegen war ihr ein innigeres Gefühlsleben zu eigen als ihrem mißtrauischen und nüchternen Manne, eine lebhafte Phantasie, ein heiterer Optimismus, den sie oft und mit Erfolg der schwerblütigen Nachdenklichkeit ihres Gatten entgegenzusetzen verstand. So schuf sie in der Familie von Anbeginn mit zarter Hand zwischen der herben Gründlichkeit des Vaters und der begabten Leichtigkeit ihrer österreichischen Heimat den richtigen Ausgleich.

Wir besitzen – im Gegensatz zu Leopold – von Mutter Mozart nur wenig persönliche Dokumente. Niemals war sie bestrebt, sich nach außen hin in Erscheinung zu setzen. Die ausführlichen Ergänzungen, die sie von der Mannheimer und Pariser Reise an die Briefe ihres Sohnes mit durchaus eigenen und lebendigen Schriftzügen fügt, sind so ziemlich die einzig erhaltenen unmittelbaren Erinnerungen. Freilich wären sie einer liebevolleren Betrachtung wert, als sie bisher in der Literatur gefunden haben. Man wird keine welterschütternden Tatsachen, keine Proben eines überlegenen Verstandes, dafür aber eine solche Fülle rührender Menschlichkeit in diesen Blättern finden, daß man sie kaum ohne Bewegung aus der Hand legen könnte, auch wenn sie nicht von der verehrungswürdigen Mutter des Meisters stammten. Orthographie und Sprache sind ebenso mangelhaft als bezaubernd durch natürliche Frische und eine unverkennbare Eigenart des Ausdruckes und des gedanklichen Impulses. Immer wieder entsteht ein plastischer Ausschnitt in dem krausen Durcheinander: Menschen, Ereignisse, ein wenig Politik und ferner Kriegslärm, das geliebte Theater, die innige Sorge für den vergötterten Sohn, Stolz über seine Leistungen, zärtliche Gedanken, die der Heimat gehörten, dem Vater, der Tochter, den Salzburger Bekannten, den Dienstboten und Haustieren, derbe, unsinnige Scherzworte, Reimspielereien, wie sie Wolfgang so gerne hat, die kindischen Einzelheiten eines kleinbürgerlichen Haushaltes.

Was ihren Sohn, ihre Familie angeht, durchlebt sie bis in die kleinste Einzelheit. Die weltmännische Bildung ihres Mannes hat ihren Gesichtskreis geweitet. Seine Ansichten, seine Ziele, seine Freunde und Feinde sind die ihren. Ihm zuliebe sieht sie eifriger in die Dinge der großen Welt hinein, als es ihre Natur wäre. Dabei offenbart sie klaren Verstand und gute Beobachtungsgabe. Doch fühlt man, wie innig sie sich in der erregenden Fülle der Reiseereignisse nach dem behaglichen Salzburger Heim sehnt, nach der starken ordnenden Hand ihres Mannes, nach dem kleinen Reich ihrer Hausmütterlichkeit, wo die resche Thresel mit dem «Pimperl» zankte und die «guten Freind und freindinen» plaudernd «auf die nacht beym essen beysammen sizen», «absonderlich Monsieur Bullinger, Jungfer Sallerl, Gilowsky Katherl, die Antretterische, Hagenauerische, Rubinische, Schüttenhofische, Mölkische, Frau von Gerlitsch, Herr Gött, Jungfrau Mizerl und Jungfrau Sandl».

Tapfer und mit nachgiebiger Aufopferung harrt sie bei dem geliebten Sohne auf der langen, schicksalsreichen Reise aus. Sie fühlte, wie ihre Autorität nicht mehr hinreichte, das Temperament Wolfgangs zu zügeln, wie unbezwinglich sein liebenswürdiger Charme immer wieder ihre Einwände besiegte. Wider ihre bessere Einsicht sucht sie ihrem strengen Gatten gegenüber jede Unbesonnenheit ihres Kindes zu entschuldigen. Nur verstohlen, voll schüchterner Liebe wagt sie es, hin und wieder einen leisen Wink nach Salzburg zu geben, ein paar heimliche Zeilen am Schlusse des gemeinsamen Briefes, wenn der Sohn gerade ausgegangen ist. Traurig und verlassen harrt sie geduldig in dem elenden Pariser Quartier aus. Sie spürte, wie sie von Tag zu Tag kränker und schwächer wurde, aber sie verrät es dem Gatten mit keinem Wort. Vielleicht wußte es auch der Sohn kaum, wie ernst es um sie stand. In der Jugendzeit hatte sie gelernt, Armut und Elend schweigend zu erdulden. So trug sie still die letzte Zeit des Darbens, Kränkelns und Dahinwelkens. Fern von der geliebten Heimat sank sie, kaum achtundfünfzig Jahre alt, in ein fremdes, einsames Grab. Wolfgangs erschütternder Brief über ihren Tod an Freund Bullinger ist das herrlichste Denkmal kindlicher Liebe. Er prägt ihr Bild unverlöschlich in die Herzen der Nachwelt.

Ein derber, aber immer urwüchsiger und fröhlicher Ton in der Familie, dem sich sogar Leopold anpaßte, ist echtes Salzburger Erbgut der Mutter. Ihre hohe sittliche Reinheit, die unbedingte Treue und herzliche Kameradschaft zu ihrem Manne und den Kindern, ihre nie versagende mütterliche Hilfsbereitschaft waren die Grundpfeiler des lauteren Geistes im Familienleben der Mozarts. Nach außen hin mag ihre Umgänglichkeit mit den Menschen aller Schichten manche Brücken geschlagen haben, die Leopolds schroffere Art niemals erbaut hätte. Im Hause waltet sie mit freundlicher Umsicht und Sparsamkeit. Heitere Freunde, die zahlreichen Sensationen der kleinen Residenz, der emsige Klatsch bei Hofe und in der Bürgerschaft, das «Pölzelschießen», das Theater und die Freude am Erleben sind nach der Familie ihr bescheidenes Glück. «Wür reden fast däglich von unsern Salzburger freinden und wünscheten sie zu uns, ville wurden augen und maull auf Reissen, was sie das seheten, was hier zu sehen ist.» (Letzter Brief aus Paris, 12. Juni 1778.)

Maria Anna Mozart hat im Höchstfalle vielleicht die musikalische Uranlage der Alpenbewohner mitbekommen. Keine Nachricht sagt uns, daß sie handwerklich verwendbare musikalische Eigenschaften besessen hätte. Aber die Komponenten, die in harmonischer Mischung einmal ein Genie erschaffen, sind geheimnisvoll und unergründlich. Man vergesse nicht, daß ihr Vater, der Pfleger Wolf Pertl, zu dessen ehrendem Gedächtnis ihr unsterblicher Sohn den Namen Wolfgang erhalten hat, im Nebenberuf ein brauchbarer Musiker und daß ihre Mutter die Tochter eines Berufsmusikers gewesen ist. So bleibt es wohl denkbar, daß die Gabe technisch reinlicher Gestaltung in Wolfgangs Musik vom Vater stamme, daß aber die Elemente des wahrhaft Schöpferischen, der unergründlichen, beschwingten Phantasie und der innigen Gemütstiefe aus dem Blute der Mutter in die Seele des Kindes überströmten.

Wer die wenigen nicht idealisierten Bilder des Sohnes, namentlich das Familienbild von de la Croce aufmerksam betrachtet, wird die Ähnlichkeit des körperlichen Typus Wolfgangs mit der Mutter, nicht so sehr mit dem Vater erkennen. Die Bildung der Stirn, der Augenpartie und der Nase ist auffallend. Wer den gedanklichen Flug der Familienbriefe wertet, wird sich gleichfalls der Einsicht nicht verschließen können, daß auch die seelischen Richtlinien in der Ausdrucksweise des Sohnes dem Wesen der Mutter näherkommen, obwohl väterliche Erziehung ihren Einfluß auf Form und Inhalt niemals verleugnet. Die phantasievolle freiere Form von Wolfgangs feinem Schriftbilde erweckt Beziehungen zu dem originellen Duktus der mütterlichen Handschrift.

Der kritische Geist Wolfgangs, der wertvolle Dienste der Auslese leistet, ist väterlicher Herkunft, wie alles Verstandesmäßige, Zergliedernde seines Wesens. Es ist das Erbteil, das den Meister aufnahmebereit und scharfhörig machte für die verwirrende Vielfalt der musikalischen und künstlerischen Eindrücke seiner Umwelt. Das intuitiv Verbindende aber, die Synthese seines Stils und seiner Symphonik, der spielfreudige Geist seiner dramatischen Begabung und der edle Gefühlston seiner melodischen Linie, der als größtes Wunder des Wunderknaben schon in den ersten kindlichen Werken aufleuchtet, ist wohl in der Tiefe der mütterlichen Seele unbewußt und unvollkommen, aber voll bodenstarker Triebkraft beheimatet gewesen.

12. SCHWESTER NANNERL

«Ich danke Dir für das erste Stück und Andante der Sonate. Ich habe es schon durchgespielt. Das Andante braucht schon eine starke Aufmerksamkeit und Nettigkeit. Mir gefällt sie recht gut, man kennet es, daß Du sie in Mannheim komponiert hast.» (Nannerl an Wolfgang, 8. Dezember 1778)

«Meine Schwester umarme ich von ganzem Herzen. Sie soll nicht gleich über jeden Dreck weinen, sonst komme ich mein Lebtag nimmer zurück!» (Wolfgang an den Vater, Mannheim, 19. Februar 1778)

Die Ehe der Eltern Mozart währte über dreißig glückliche Jahre. Von den sieben Kindern, die Maria Anna ihrem Manne schenkte, blieben nur zwei dem Leben erhalten, das vierte und das letzte. Am 30. Juli 1751 wurde eine Tochter geboren und mit dem Vornamen Maria Anna Walburga getauft, das «Nannerl». Als Kind offenbarte sie frühzeitig ein seltenes musikalisches Talent. Durch Unterweisung des Vaters war sie bald zu solcher Fertigkeit im Klavierspiele herangebildet, daß sie bei den ersten Kunstreisen der Familie bis 1767 neben ihrem Bruder wacker mithalten konnte. Erst bei den späteren Italienfahrten, als sie dem kindlichen Alter entwachsen und Wolfgang mehr als Komponist denn als Virtuose zu glänzen bestrebt war, begleitete sie ihn und den Vater nicht mehr. Ihrem Bruder, der ihr stets mit herzlicher Liebe an die Hand ging, verdankte sie vielleicht das Beste ihres gediegenen Könnens. Sie bekannte sich mit Stolz als seine Schülerin. Auch Wolfgang pflegte ihr in späteren Jahren regelmäßig seine Klavierkompositionen zu schicken und legte auf ihr fachliches Urteil den größten Wert.

Die beiden Geschwister waren einander mit Zärtlichkeit und aufrichtiger, neidloser Freundschaft zugetan. Es wird nur wenige Geheimnisse zwischen ihnen gegeben haben. Wir wissen aus den Briefen, daß sie auch ihre Herzensangelegenheiten miteinander austauschten. Gemeinsame künstlerische Interessen ließen die guten Beziehungen noch eine Zeit weiterbestehen, als der persönliche Kontakt dauernd unterbrochen war.

Nannerl besaß ein weiches, leicht erregbares Gemüt, wie ihr Bruder, der sich aber gelegentlich darüber lustig macht. Auch sonst war sie, die «Schwester Canaglie», eine beliebte Zielscheibe seiner übermütigen Ulke, die sie als echte Mozart heiter zu würdigen verstand.

Frühzeitig begann sie mit Geschick zu unterrichten. Als die Mutter Wolfgang auf die große Pariser Reise begleitete, übernahm Nannerl die Führung der Hauswirtschaft. Alle kleinstädtischen Angelegenheiten interessierten sie kaum weniger als ihre Mutter, mit der sie überhaupt viele gemeinsame Züge verbinden. Als «lebendiges Salzburger Protokoll» berichtet sie dem Bruder nach Wien und führt auch in späteren Jahren ein Tagebuch, wie es ihr der Vater schon in den Kinderjahren geboten hatte.

Als Mädchen scheint sie hübsch gewesen zu sein. Wolfgang rühmt einmal scherzhaft ihr wundervolles «Pferdegesicht». Ein Bild, das sie schon als verheiratete Frau darstellt, gibt ihr anmutige Züge. An Bewerbern mangelte es nicht. Zwei Herzensangelegenheiten, von denen wir wissen, gingen fehl. Die erste um 1770 mit Joseph von Mölk, dem Sohne eines mit dem Vater befreundeten Hofrates, die zweite, tiefere, zehn Jahre später mit dem Hofkriegsrat Franz d'Yppold.[31] Dieser liebte Nannerl herzlich und nicht unerwidert. Aber seine Verhältnisse gestatteten eine Heirat nicht. Nannerl begann zu kränkeln. Wolfgang versuchte, der Schwester in rührender Weise beizustehen. Allen Ernstes denkt er, selbst noch in ungewissen Verhältnissen, Nannerl und d'Yppold bei sich in Wien unterzubringen: «Glaube mir, liebste Schwester, daß die beste Kur für Dich ein Mann wäre. Und eben deshalb wünsche ich von Herzen, daß Du bald heiraten könntest. – Dann müßte aber mein Vater quittieren und ich auch mit. Dann könnten wir wieder recht vergnügt zusammen leben. Denn durch das Einkommen Deines Mannes, durch Dein eigens und durch das meinige können wir schon auskommen und ihm Ruhe und ein vergnügtes Leben verschaffen» (19. September 1781).

Dieser Plan kam indes nicht zur Ausführung. Das Verhältnis der Liebenden wandelte sich in eine warme, treue Freundschaft. Als Nannerls kleiner Sohn später bei dem Großvater aufgezogen wurde, hat sich d'Yppold als fürsorglicher «Onkel» bewährt.

Als Wolfgang 1782 in Wien heiratete, teilte die Schwester die Abneigung des Vaters gegen das Ehebündnis. Die geschwisterlichen Beziehungen wurden von dieser Zeit an merklich kühler. Des Vaters Urteil und Wille wie die ehrliche Überzeugung von Konstanzes Leichtfertigkeit als Hausfrau und Gattin steckten der soliden Nannerl allzutief im Blute. Darum mußten auch des Bruders Bemühungen, seiner Schwester eine andere Meinung beizubringen, ebenso scheitern wie der Höflichkeitsbesuch, den Wolfgang mit seiner Frau in Salzburg abgestattet hatte. Marianne war ihrer Schwägerin sittlich und an Bildung weit überlegen. Zu der sachlichen Antipathie scheint sich später auch noch eine persönliche Abneigung gesellt zu haben. Daß ihr, als Tochter ihres Vaters, der schleuderhafte Bohèmegeist der Weberschen Familie ehrlich zuwider war, muß durchaus begreiflich erscheinen. So erklärt sich in Verbindung mit ihrer schwesterlichen Liebe das ungünstige Urteil, das sie über Konstanze nach dem Tode ihres Bruders dem Verleger Breitkopf gegenüber fällte. Auch später, als beide Frauen ihren Lebensabend in Salzburg verbrachten, hat sich ein näherer Kontakt zwischen ihnen nicht einstellen wollen.

DIE FAMILIE MOZART

Gemälde von J. N. de Croce 1780/81. Mozartmuseum Salzburg

1784 entschloß sich Marianne zu einer Vernunftehe mit dem um fünfzehn Jahre älteren Hofrat und Gerichtspfleger zu St. Gilgen, Johann Baptist Freiherrn von Berchtold zu Sonnenburg. Berchtold, schon zum zweiten Male Witwer, brachte fünf Kinder in den neuen Ehestand mit. Leopold Mozart schildert diese Rangen, die ihrer Stiefmutter viel zu tun gaben, als boshaft, ungezogen und unwissend. Auch sonst scheint die Ehe nicht allzu glücklich gewesen zu sein.

Zur Hochzeit meldete sich Wolfgang mit einem launigen Briefe (Wien, 18. August 1784): «Ma très chère soeur! Potz Sapperment; – Itzt ist es Zeit, daß ich schreibe, wenn ich will, daß Dich mein Brief noch als Vestalin antreffen soll! – Ein paar Tage später, und – weg ist's! – Wir bedauern nun nichts mehrer als unsern lieben Vater, welcher nun so ganz allein leben soll! – Wenn ich aber an meines Vaters Stelle wäre, so würde ich es also machen: Ich bittete den Erzbischof, mich in meine Ruhe zu setzen und nach erhaltener Pension ginge ich zu meiner Tochter nach St. Gilgen und lebte dort ruhig. – Wollte der Erzbischof meine Bitte nicht eingehen, so begehrte ich meine Entlassung und ging zu meinem Sohne nach Wien – und das ist's, was ich Dich hauptsächlich bitte, daß Du Dir Mühe geben möchtest, ihn dazu zu bereden. Und nun schicke ich Dir noch tausend gute Wünsche von Wien nach Salzburg, besonders daß ihr beide so gut zusammen leben möchtet, als wir zwei. Drum nimm von meinem poetischen Hirnkasten einen kleinen Rat an; denn höre nur:

Du wirst im Eh'stand viel erfahren,
was Dir ein halbes Rätsel war;
bald wirst Du aus Erfahrung wissen,
wie Eva einst hat handeln müssen,
daß sie hernach den Kain gebar.
Doch, Schwester, diese Eh'standspflichten
wirst Du von Herzen gern verrichten,
denn glaube mir, sie sind nicht schwer.
Doch jede Sache hat zwo Seiten;
der Eh'stand bringt zwar viele Freuden,
allein auch Kummer bringet er.
Drum wenn Dein Mann Dir finstre Mienen,
die Du nicht glaubest zu verdienen,
in seiner übeln Laune macht:
so denke, das ist Männergrille,
und sag': ‹Herr, es gescheh' Dein Wille,
bei Tag – und meiner in der Nacht!›

Dein aufrichtiger Bruder
W. A. Mozart.»

Von drei Kindern aus Nannerls Ehe blieb nur der Erstgeborene, Leopold, nach dem Großvater genannt, zu längerem Leben. Er starb im Mai 1840 als Landwehroffizier zu Innsbruck. Sein Stamm hat sich in weiblicher Linie fast bis in unsere Tage erhalten. Am 9. Jänner 1919 starb Nannerls Urenkelin Bertha Forschter in der Landesirrenanstalt Feldhof bei Graz nach dreißigjährigem Siechtum im 77. Lebensjahre. Sie war die Tochter von Nannerls Enkelin Henriette von Sonnenburg, die, mit dem k. k. Militärverpflegsverwalter Franz Forschter verheiratet, im Jahre 1890 in der gleichen Anstalt wie ihre Tochter dahingegangen war. Aus der zweifellos hereditären Belastung läßt sich auf Degenerationserscheinung in der Familie schließen, die jedoch, soweit unsere Kenntnisse reichen, auf die Familie Berchtold zurückweist.

Als der kleine Leopold zur Welt kam, hielt Marianne ihr Wochenbett in Salzburg. Da sie kränkelte, behielt der Großvater den Säugling bei sich und pflegte das Kind mit zärtlicher Sorgfalt, solange er lebte. Nach Leopolds Tode scheint es zwischen Nannerl und ihrem Bruder wegen des geringen Nachlasses zu einer gewissen Verstimmung gekommen zu sein. Der briefliche Verkehr hörte auf. Marianne ist über das Schicksal der traurigen letzten Lebensjahre Wolfgangs wahrscheinlich in Ungewißheit geblieben.

Am 26. Februar 1801 starb ihr Gatte. Marianne verlebte ihre Witwenzeit wieder in Salzburg. Der Nachlaß ihres Mannes sicherte ihr eine auskömmliche Rente. Da sie sich von neuem dem Klavierunterricht widmete, konnte sie ein ruhiges, behagliches Leben führen. Mit dem steigenden Ruhme ihres Bruders wuchs die Verehrung und Anhänglichkeit ihrer Landsleute. Im Jahre 1820 erblindete sie. Den schweren Schicksalsschlag trug sie tapfer und mit heiterer Fassung. Am 29. Oktober 1829 starb sie hochbetagt und als Schwester des Meisters gefeiert, dessen Werk nun schon der Welt gehörte. Auf dem Petersfriedhofe wahrt eine schlichte Tafel neben dem Denkmal Michael Haydns ihr Andenken.

DRITTES BUCH

KINDHEIT
LEHR- UND WANDERJAHRE
BEFREIUNG

13. ERSTE KINDERJAHRE MUSIKALISCHES ERWACHEN

«Und so regt er sich gebärdend, sich als Knabe schon verkündend,
Künftigen Meister alles Schönen, dem die ewigen Melodien
Durch die Glieder sich bewegen, und so werdet ihr ihn hören,
Und so werdet ihr ihn sehn zu einzigster Bewunderung.»
(Goethe, «Faust» II.)

Am 27. Jänner 1756, um 8 Uhr abends, kam in der dunklen Schlafstube der Mozartschen Wohnung im unteren Hagenauerhause das letzte Kind[32] des ehrbaren hochfürstlichen Hofmusikus zur Welt. Schon am nächsten Morgen wurde der Knabe auf den Namen *Johannes Chrysostomus Wolfgangus Theophilus* getauft. Der Beiname «Theophilus», von dem «edlen Herrn Taufpaten Johann Theophilus Pergmayr», bürgerlichem Rate und Handelsmann, übernommen, wandelte sich später in den klangvolleren sinngleichen «Amadeus», wie ihn schon ein früh verstorbenes Brüderchen tragen sollte. An Wolfgangs Geburt wäre die Mutter beinahe gestorben. Sie brauchte längere Zeit, sich von einer gefährlichen Schwäche als Folge der Entbindung[33] zu erholen. Das Schicksal der Säuglinge war in jener beängstigend unhygienischen Zeit immer ungewiß. Ein gütiger Zufall, wenn sie die ersten Jahre überdauerten. Einer damaligen Anschauung folgend, zogen auch die Mozarts ihre Kinder mit «Wasser» auf. Die kräftige, erst durch die Strapazen der späteren Reisen angegriffene Konstitution des kleinen Wolfgang half ihm über diesen Hebammenunfug, wohl auch über manche der unzähligen Säuglingskrankheiten, die damals mehr als die Hälfte des widerstandsunfähigen Nachwuchses dahinrafften, glücklich hinweg. Wie Vater Leopold später bei seinem kleinen Enkel allerhand spielerische Proben[34] anstellte, auf Leuchter klopfte und auf der Geige spielte, die musikalischen Fähigkeiten des Kindes zu erproben, wird er dies auch bei Wolfgang versucht haben. Die väterliche Musikunterweisung seiner um fünf Jahre älteren Schwester fesselte das aufgeweckte Kind frühzeitig. Es trieb ihn zum Klaviere, wo er sich mit dem Aufsuchen konsonierender Intervalle unterhielt und über glücklich gefundene Terzen laut seine Freude äußern konnte. Bald mehrten sich die Anzeichen seines außerordentlich feinen Gehörs und einer erstaunlichen Kraft des musikalischen Gedächtnisses. Der dreijährige Knabe vermochte bereits leichte Klavierstückchen ohne Anstrengung in etwa einer halben Stunde auswendig zu lernen und «mit vollkommenster Nettigkeit und festestem Takte» abzuspielen. Auch zur Geige[35] scheint er damals schon im kindlichen Spiele gegriffen zu haben.

Der musikalische Betätigungstrieb beherrschte bald alle Gedanken des Knaben. Sobald er sich mit Musik beschäftigte, waren seine Sinne für alle übrigen Dinge ohne Teilnahme. Selbst die Kindereien und Tändelspiele mußten, wenn sie für ihn interessant sein sollten, von der Musik begleitet werden. Vor dem Schlafengehen stellte der Vater den kleinen Wolferl vor sich auf einen Stuhl. Das Kind sang ihm auf den sinnlosen Text «oragnia figatafa» die Variante einer alten Volksweise, küßte ihm «öfters und zuletzt das Nasenspitzl» und versprach, ihn, wenn er alt sein werde, «in einer Kapsel, wo ein Glas vor», vor aller Luft zu bewahren und immer bei sich und in Ehren zu halten. «Wenn Du beim Klaviere saßest», schreibt Leopold Mozart am 16. Februar 1778, «oder sonst mit Musik zu tun hattest, so durfte sich niemand unterstehen, Dir den mindesten Spaß zu machen. Ja, Du warst selber in Deiner Gesichtsbildung so ernsthaft, daß viele einsichtsvolle Personen in verschiedenen Ländern wegen dem zu früh aufkeimenden Talente und Deiner immer ernsthaft nachdenkenden Gesichtsbildung für Dein langes Leben besorgt waren.» Nichts konnte später den sonst friedfertigen Mann so in Harnisch bringen als ein unaufmerksames, vorlautes oder unverständiges Publikum. Schon als Kind weigerte er sich zu spielen, wenn keine Musikkenner unter seinen Zuhörern waren. Man mußte ihn höchstens betrügen und sie dafür ausgeben. Am Hofe Maria Theresias verlangte der sechsjährige Knabe nach dem angesehenen Komponisten und Lehrer der Kaiserin, Georg Christoph Wagenseil, da ihm die noblen Herrschaften allein nicht genügten: «Der soll herkommen, der versteht es!» Auf nichts war Mozart in reifen Jahren stolzer als auf das Urteil seines großen Freundes Joseph Haydn.

So meldeten sich alle Eigenschaften, die seinem Lebensbild die typische Note gaben, schon im Kinde. «Er war voll Feuer», berichtet Andreas Schachtner, Familienfreund der Mozarts. «Seine Neigung hing jedem Gegenstande sehr leicht an. Ich denke, daß er im Ermangelungsfalle einer guten Erziehung der ruchloseste Bösewicht hätte werden können. So empfänglich war er für jeden Reiz, dessen Güte oder Schädlichkeit er zu prüfen noch nicht imstande war.» – Wolfgang besaß zeitlebens dieses weiche, liebebedürftige Herz, eine sanguinische Vertrauensseligkeit. Später macht der Vater dem Sohne über diese Leichtgläubigkeit und Wolfgangs Neigung zu freundlich entgegenkommender Offenheit, «die man bei dieser Welt nicht viel suchen muß, wenn man seinen Respekt erhalten will», manche Vorwürfe: «Wenn man ein gutes Herz hat, so ist man frei und natürlich sich herauszulassen gewohnt. Allein das ist gefehlt. Und eben Dein gutes Herz ist es, welches macht, daß Du an einem Menschen, der Dich wacker lobt, der Dich hochschätzt und bis in den Himmel erhebt, keinen Fehler mehr siehst, ihm alle Deine Vertraulichkeit und Liebe schenkst, wo Du als Knabe die übertriebene Bescheidenheit hattest, gar zu weinen, wenn man Dich zu sehr lobte» (16. Februar 1778). «Gott hat Dir eine treffliche Vernunft gegeben. Was Dich hindert, solche manchmal recht anzuwenden, sind nur zwei Ursachen. – Du wirst's finden: es sind ein bißchen zuviel Hochmut und Eigenliebe. Und dann, daß Du Dich gleich zu familiär machst und jedem Dein Herz öffnest. – Und um Dich desto gewisser zu fangen, mischen sich die Frauenzimmer darunter. Widerstehst Du da nicht, so wirst Du unglücklich auf Deine Lebenszeit. – Du bist mehr Gefahren unterworfen als all die Millionen Menschen, die das Talent nicht haben, denn Du bist unendlich mehr Verfolgungen auf einer und Nachstellungen anderseits ausgesetzt» (23. Februar 1778).

Mit solchen Richtlinien wird der Vater seine Erziehung schon früh begonnen haben. Das Innerste seines Sohnes umzustellen vermochte er freilich nicht. Allein er erreichte, was Konsequenz erreichen konnte, die wertvollen Anlagen Wolfgangs nach Menschenmöglichkeit auszubilden. Leopolds größtes Verdienst bestand darin, daß er die Arbeitslust und Ausdauer Wolfgangs, die triebhafte Lebendigkeit seines Schöpferdämons auf sichern musikalischen Grund zu legen und in geordnete Bahnen zu lenken verstand.

Das Verhältnis zwischen Vater und Sohn blieb wenigstens in der Jugend Wolfgangs immer zärtlich und aufrichtig. «Nach dem lieben Gott kommt gleich der Papa», pflegte der Knabe zu sagen. Das Kind war ungemein willig und folgsam. Eine körperliche Strafe hat es nie erhalten. Je selbständiger sich der Jüngling später in der Welt bewegen konnte, um so mehr dürfte ihm die Verschiedenheit seiner impulsiven Art von der kühlen Verständigkeit des Vaters zu Bewußtsein gekommen sein. Bei aller Verehrung wurde er diesem gegenüber vorsichtiger. In seinen Briefen geradezu diplomatisch und berechnend. Es mutet wie boshafte Ironie eines kleinen Schicksals an, daß Leopold Mozart der einzige blieb, demgegenüber die klugen Vorsichtsmaßregeln seiner Erziehung von Wolfgang wirklich angewendet wurden.

Im fünften Lebensjahre begann sich der schöpferische Trieb des Knaben klar zu entwickeln. Damals hatte Leopold angefangen, ihn allmählich geregelter im Klavierspiel zu unterrichten. Die ausgezeichnete Methodik des Vaters führte über knappe lebendige Beispiele, kurze Menuette und andere schlichte Stücke vorläufig in das Reich der kleinen geschlossenen Form. Erst viel später wurde mit Studien im strengen Kontrapunkt begonnen. Was Wolfgang phantasierend auf dem Flügel erfand, brachte der väterliche Lehrer sorgsam zu Papier, bis der Kleine selbst imstande war, große, ungelenke Notenköpfe zu malen.

Ein gütiges Schicksal hat uns Zeugen dieser frühen Studienzeit erhalten, Übungsbücher, in die Leopold, dem Brauche seiner Zeit folgend, die kleinen «Handstücke» für seine Sprößlinge, eigene Kompositionen oder leichtfaßliche Werkchen fremder Meister als Erholung und Aufmunterung nach technischen Studien eigenhändig mit sorgfältiger Feder eintrug. Das für den kleinen Wolfgang bestimmte Notenbuch mit dem Vermerke «Meinem lieben Sohne Wolfgang zu seinem sechsten Namenstage von seinem Vater Leopold Mozart, Salzburg, den 31. Oktober 1762» mit 135 Stücken ist vollständig erhalten. Dem anderen, der Schwester Marianne zugehörigen Büchlein gleicher Art fehlen leider viele Blätter. Mitten unter den Übungsstücken dieses Bandes stehen die erstaunlichen ersten Versuche des kleinen Wolfgang, der aus dem Büchlein mitlernen durfte. Der Vater hat die rührenden Tatsachen frühkindlicher Entfaltung bei den einzelnen Stücken mit kurzen Anmerkungen verewigt: «Diese vorhergehende Menuet hat der Wolfgangerl im vierten Jahr erlernt.» Oder: «Diesen Menuet und Trio hat der Wolfgangerl den 26. Januarij 1761 einen Tag vor seinem fünften Jahr um halb zehn Uhr nachts in einer halben Stund gelernt.» – Und nun die ersten kompositorischen Versuche des Knaben, von des Vaters Hand eingetragen: Am linken Rande des Büchleins, von oben nach unten geschrieben: «Des Wolfgangerl Compositiones in den ersten 3 Monat(en) nach seinem 5ten Jahre.» Dann ... «Di Wolfgango Mozart 11. May 1762 und 16. July 1762.» Einmal auch die noch unbeholfenen, aber doch irgendwie wunderbar fertigen Notenzüge des Knaben selbst.[36]

Die fremden Übungsstücke der beiden Bücher zeigen Meister, mit denen Wolfgang in seiner frühesten Jugend bekannt wurde. Die Auswahl des Lehrstoffs stellt den methodischen Anlagen und der Literaturkenntnis des väterlichen Mentors ein ehrenvolles Zeugnis aus. Es ist solides, 1762 zum Teil schon «altmodisch» gewordenes Musikgut, vorsorgliches Gegengewicht zu den in der Salzburger Praxis damals zweifellos umlaufenden leichteren «Galanterien», die Wolfgang gewiß kannte und gerne spielte. Neben Kompositionen des Wieners Wagenseil im ersten Buche sind im zweiten viele norddeutsche Meister der Zeit, namentlich G. Ph. Telemann, Hasse, Hurlebusch, Philipp Emanuel Bach und Stücke aus dem Leipziger Sammelwerke «Singende Muse an der Pleiße» von Sperontes, vertreten. Abert hat an der Hand dieser Tatsachen auf den Einfluß der norddeutschen Kunst in Wolfgangs erster Entwicklung hingewiesen und die Nachwirkung der aus dem Tanzstücke geborenen, damals fast schon überwundenen Lieder in der Art des Sperontes bei Mozart über «Bastien und Bastienne» (K. 50) bis in die Mannheimer Zeit (1778) hinein verfolgt.

Die ersten Kompositionen Wolfgangs sind mit einer Ausnahme kurz, in der Form untadelige Menuettchen, schlichte, ein wenig steife, ein wenig zierliche Melodien über einfachen Baßschritten; ein Stück ist ein kleines dreiteiliges Lied, mit deutlichen Spuren Mozartscher Eigenpersönlichkeit. Die Hand des Lehrers war dabei sichtlich im Spiele.

In dem Kopfe des Knaben mochten damals schon hochfliegende Pläne ihr Wesen treiben. Schachtner berichtet von solch einer «sonderbaren Wunderwürdigkeit», als der vierjährige Wolfgang gar ein schweres Konzertstück mit ungefügen Schriftzügen aufs Papier zu malen versuchte.

Welch krause Blüten die Phantasie des kleinen Tonsetzers damals zeitigte, wie seine Arbeiten sich formten, wenn die ordnende und bessernde Hand des Vaters fehlte, zeigt eine Sammlung von dreiundvierzig Stükken[37], die laut Vermerk Leopolds 1764 auf der Londoner Reise entstanden sind, als der Vater erkrankt und der achtjährige Knabe ohne Mithilfe eines Klaviers allein auf sich und sein inneres Ohr angewiesen war. Die Fülle und Abwechslung dieses Skizzenbuches (KV 15 a–15 ss) ist außerordentlich. Hier finden sich Klavierstücke in kleinster, geschickt abgerundeter Form, galante Menuette, Kontertänze, Rondeaus, Sätze nach Art eines Sicilianos oder einer Gigue, aber auch Eingangs- und Finalsätze einer Sonate, einige davon (Nr. 23, 29, 35) zweifellos für Orchester entworfen, daneben typische Klavierminiaturen von feiner, durchsichtiger Faktur, Scarlattischer Transparenz nicht unwürdig (etwa das hübsche F-Dur-Rondeau mit dem Moll-Mittelsatz, Nr. 33), das ahnungsvoll verträumte As-Dur-Menuettchen (Nr. 31), zwischendurch Seltsamkeiten wie der verwirrte Versuch eines Präludiums (Nr. 7 – wohl nicht für die Orgel!) oder das kindliche Bruchstück einer Fuge (Nr. 43). Gewiß lassen sich technische Übelstände, Satzfehler, Ideensprünge und andere Unvollkommenheiten bei einiger Aufmerksamkeit unschwer feststellen. Man mag sie als Beweis für Lücken im Theoretischen nehmen, für Unvergorenes aus der Menge der verschiedenartigen musikalischen Reiseeindrücke. Es sind Unzulänglichkeiten, die mit der Legende von der wundervoll fertigen Setzkunst des Knaben zum Glück aufräumen, die klarstellen, daß sich seine Entwicklung in gesunden, natürlichen Bahnen, wenn auch erstaunlich früh bewegt hat. Daneben aber fasziniert, erhaben über jede Splitterkritik, die Sicherheit einer zuweilen traumhaft unfehlbaren Gestaltungskraft. Das Studium dieses unmittelbaren, freizügigen Skizzenbuches ist daher noch anregender als manche der ausgeglichenen Kompositionen Wolfgangs aus derselben Epoche, in denen wir, vergleichend, der Mitarbeit und einschränkenden Kontrolle des Vaters einen weiteren Spielraum eingestehen müssen, als man bisher glauben mochte.

Frühzeitig hat der Knabe auch in der freien Phantasie am Klavier Erstaunliches geleistet. Über sein feines absolutes Gehör werden Wunderdinge berichtet. Vor dem schmetternden Klang der Trompete hatte er eine heftige Abneigung. Mit der Geige versuchte er, zuerst allein, ohne väterliche Anweisung, weiterzukommen. Schon auf der ersten Wiener Reise konnte er sich damit nützlich machen. «Eins muß ich besonders anmerken» – berichtet der Vater darüber –, «daß wir bei der Schanzlmaut ganz geschwind sind abgefertigt und von der Hauptmaut gänzlich dispensiert worden sind. Daran war unser Wolferl schuld; denn er machte allsogleich Vertraulichkeit mit dem Mautner, zeigte ihm das Klavier, machte seine Einladung, spielte ihm auf dem Geigerl ein Menuett, und hiermit waren wir expediert.» (16. Oktober 1762.) Und Schachtner erzählt: «Als sie von Wien zurückkamen, kam unser ehemaliger, sehr guter Geiger, Herr Wentzl seel., ein Anfänger in der Komposition. Er brachte sechs Trios mit. Wir spielten diese Trios. Der Papa mit der Viola den Baß, der Wentzl das erste Violin, und ich sollte das zweite spielen. Wolfgangerl bat, daß er das zweite Violin spielen dürfte. Der Papa aber verwies ihm seine närrische Bitte, weil er noch nicht die geringste Anweisung in der Violine hatte. Wolfgang sagte: ‹Um ein zweites Violin zu spielen, braucht man es ja wohl nicht erst gelernt zu haben.› Als Papa darauf bestand, daß er uns nicht weiter beunruhigen sollte, fing Wolfgang an, bitterlich zu weinen und trollte sich mit seinem Geigerl weg. Ich bat, daß man ihn mit mir möchte spielen lassen. Endlich sagte Papa: ‹Geig' mit Herrn Schachtner, aber so stille, daß man dich nicht hört, sonst mußt du fort!› Dies geschah. Wolfgang geigte mit mir. Bald bemerkte ich mit Erstaunen, daß ich da ganz überflüssig sei. Ich legte still meine Geige weg und sah Herrn Papa an, dem bei dieser Szene die Tränen der Bewunderung und des Trostes über die Wangen rollten. Und so spielte er alle sechs Trios. Als wir fertig waren, wurde Wolfgang durch unseren Beifall so kühn, daß er behauptete, auch das erste Violin spielen zu können. Wir machten zum Spaß einen Versuch und mußten uns fast zu Tode lachen, als er auch dies, wiewohl mit lauter unrechten und unregelmäßigen Applikaturen, doch so spielte, daß er nie ganz stecken blieb.»

Bis zu seinen Wiener Jahren blieb Wolfgang der Violine treu und übte fleißig. Er mußte beruflich als Geiger in der Salzburger Hofmusik mithalten. «Du weißt selbst nicht, wie gut Du Violin spielst» – schrieb ihm der Vater am 18. Oktober 1777 –, «wenn Du nur Dir Ehre geben und mit Figur, Herzhaftigkeit und Geist spielen willst, ja, so als wärst Du der erste Violinspieler in Europa.» In der Wiener Zeit hat er sich als Geiger öffentlich nicht mehr hören lassen. Zu Hause griff er dann gerne zur bequemeren Bratsche.

Seine Liebe für den beseelten Ton und die technische Universalität der Violine entsprang ganz der kantablen, schlank bewegten Erfindungsrichtung seines Wesens. Er hat dies Instrument namentlich in seiner Salzburger Zeit, zum großen Teil für den eigenen Konzertgebrauch[38], reich bedacht. In den sechs Joseph Haydn gewidmeten Streichquartetten der Wiener Zeit erreichte seine Behandlungskunst des Streicherkörpers ihren Höhepunkt. Die technische Anlage jener Stücke läßt auf seine persönliche Spielweise schließen. «Sie wissen, daß ich kein großer Liebhaber von Schwierigkeiten bin» – urteilt er über den Mannheimer Konzertmeister Fränzl, in dessen Spiel er den eigenen Geschmack wiederfand: «er spielt schwer, aber man kennt nicht, daß es schwer ist. Man glaubt, man kann es gleich nachmachen. Und das ist das Wahre. Er hat auch einen sehr schönen runden Ton. Er fehlt keine Note, man hört alles, es ist alles markiert. Er hat ein schönes Staccato, in einem Bogen, sowohl hinauf als herab. Den doppelten Triller habe ich noch nie so gehört wie von ihm. Mit einem Worte. Er ist meinethalben kein Hexenmeister, aber ein sehr solider Geiger.» (An den Vater, 22. November 1777.) – Mozarts Kompositionsweise für die Violine hat in der Tat schon in jüngeren Werken den Ausgleich zwischen Virtuosität und beseelter melodischer Linie erreicht. Seine Vertrautheit mit dem Instrument ist eine Ursache des immer wohlklingenden lockeren Streichersatzes aller seiner Arbeiten.

Als Wolfgang sechs Jahre alt wurde, reiften lange überlegte Pläne des Vaters der Wirklichkeit entgegen. Er, der in der Erziehung seiner Kinder eine göttliche Sendung zu erfüllen glaubte, fand auch jetzt die sonderbare Formel zu ihrer Rechtfertigung: Das größte Naturwunder des Jahrhunderts dürfe nicht unbeachtet im Salzburger Winkel bleiben. Zum Teil mochte er wirklich einen Auftrag der Vorsehung in dem Talente des Knaben erblickt haben. Ein vernünftiger Christ wie Leopold vergräbt sein Pfund nicht in der Erde. Besonders, da es zur höheren Ehre der Allmacht angelegt werden konnte. Daneben verstand sein klug rechnender Sinn, die Gelegenheiten auf den langen Reisen zu nützen. Die laute Art, wie er mitunter die Reklametrommel rührte oder nach Salzburg berichtete, hat für unsere Ohren einen unangenehmen Beiklang. Vieles war freilich allgemeine Künstlersitte der Zeit. Ehrgeizige Komponisten führten sich am wirksamsten als Virtuosen in die Gesellschaft ein.

Dies wird Leopold Mozart bedacht haben, als er fühlte, wie bedeutungsvoll sich die Begabung des Kindes dem schöpferischen Musizieren zuwandte. Die Salzburger Vorbilder, seine Person inbegriffen, erschienen ihm in richtiger Selbsteinschätzung beschränkt und ungenügend. Draußen in der Welt gab es so viel Neues, Unerhörtes auf künstlerischem Gebiete, das sein Sohn als der künftige Stern von Europa – so erträumte er sich die Laufbahn des kleinen Wolfgang – aus eigener Anschauung kennenlernen mußte. Daß die andauernden Strapazen der Kunstreisen den zarten Körper der Kinder in unverantwortlichem Maße angreifen würden, diese wichtige Erkenntnis schien ihm gar nicht in den Kopf zu wollen. Eine merkwürdige, nervöse Unrast hielt den verständigen Mann in Banden: «Jeder Augenblick, den ich verliere, ist auf ewig verloren, und wenn ich jemals gewußt habe, wie kostbar die Zeit für die Jugend ist, so weiß ich es jetzt. Sie wissen, daß meine Kinder der Arbeit gewohnt sind. Sollten sie sich an müßige Stunden gewöhnen, so fiele mein ganzes Gebäude über den Haufen.» (Leopold an H. Hagenauer, 10. November 1766.)

Die künftigen Reisen sollten für die Mozarts erfolgreich und ehrenvoll, aber auch eine harte Schule und die Quelle mancher Erfahrungen werden. Sie haben den kleinen Wolfgang in der Tat unbändig viel des Neuen gelehrt, seine musikalische Entwicklung wunderbar befruchtet. Aber zugleich untergruben sie die Gesundheit des Knaben schon im zartesten Alter und schwächten seinen Körper dauernd für den Kampf ums Dasein.

Gleichsam zur Probe unternahm der Vater mit beiden Kindern in der Karnevalszeit 1762 erst einen dreiwöchigen Ausflug nach dem nahen München. Man spielte mit Erfolg vor dem Kurfürsten Maximilian. Einzelheiten sind nicht bekanntgeworden.

14. DAS WUNDERKIND
ERSTE REISE NACH WIEN

«Dann war ich bei Thurn, wo der Junge aus Salzburg und seine Schwester Klavier spielten. Das arme Kerlchen spielt wunderbar. Er ist klug, lebhaft, allerliebst. Seine Schwester ist eine kleine Meisterin, gab ihm einen Kuß, worauf er sich den Mund wischte.»
(Aus dem Tagebuch des Grafen Karl Zinzendorf; 17. Oktober)

Am 18. September 1762 verließ die Familie Mozart das stille Haus in der Getreidegasse zur ersten Fahrt in die Kaiserstadt. Leopold führt ein genaues Reisetagebuch und berichtet in Briefen dem hausherrlichen Freunde Lorenz Hagenauer[39] alle Erlebnisse. Nicht ohne die Nebenabsicht, den mißtrauischen Salzburgern gewaltig zu imponieren.

Erst hielt man sich nordwärts, der Donau zu. Seine «fürstliche Gnaden», der Passauer Bischof, Graf Joseph Maria von Thun-Hohenstein, hielt die Gesellschaft einige Tage hin, ließ endlich nur Wolfgang zur Produktion vor und belohnte ihn fürstlich mit einem (!) Dukaten. Aber der erste Protektor meldet sich, ein Passauer Domherr, der Graf Ernst Johann Herberstein, später der erste Bischof von Linz. Er begleitet die Familie mit der sogenannten «Wasser-Ordinaire» – also zu Schiff, den Wagen aufgeladen – nach Linz, wo man konzertiert, und fährt nach Wien voraus, «einen großen Lärm dahin zu bringen». In Linz überfiel Wolfgang die erste leise Krankheitserinnerung, ein leichter Katarrh. «Doch aller Unordnung, frühem Aufstehen, unordentlich Essen und Trinken, Wind und Regen ungeachtet», war die Unpäßlichkeit rasch verflogen. Nach kleineren Stationen in Mauthausen und Ybbs, «wo sich Wolferl auf der Orgel so herumtummelte und so gut spielte, daß die Franziskanerpatres, die eben mit einigen Gästen bei der Tafel saßen, samt ihren Gästen das Essen verließen, dem Chor zuliefen und sich fast zu Tode wunderten», übernachtet man in dem alten Donaustädtchen Stein bei Krems und langte am 6. Oktober nachmittags in Wien an.

Hier standen die Salzburger Kleinstädter plötzlich in einer bewegten Welt, die sie zu Anfang mit erstaunten, ungewohnten Augen ansahen. Kaum waren sie in der kaiserlichen Residenz angelangt, als man sich schon in den aristokratischen Kreisen um die Wunderkinder bemühte. Öffentliche Konzerte waren damals noch nicht an der Tagesordnung. Das Sensationelle der Sache zog mehr als das Künstlerische. «Die Herrschaften bestellen uns schon vier, fünf, sechs bis acht Tage zum voraus, um nicht zu spät zu kommen. – Alle Damen sind in meinen Buben verliebt. – Ich habe noch niemanden gehört, der nicht sagte, daß es unbegreiflich sei.» Wenige Tage nach der Ankunft erhielt Leopold ohne vorhergegangene Audienz den Befehl, sich am 13. Oktober in Schönbrunn bei der kaiserlichen Familie vorzustellen. Das Ziel seiner ehrgeizigen Wünsche war erreicht. Leichter vielleicht, als er es sich hatte träumen lassen.

Das prachtliebende Zeitalter Maria Theresias hatte dem alten Österreich einen glänzenden Höhepunkt in langjähriger kultureller Entwicklung gebracht. Wien und der kaiserliche Hof blieben der belebende Mittelpunkt dieses frohen und starken Aufschwungs. Die geniale Regentin verstand es, in jenem weiten, vielsprachigen Lande eine höhere geistige Einheit zu schaffen, die bis zum Weltkrieg das alte Reich trotz aller Stürme zusammengehalten hat: die österreichische Staatsgesinnung. An ihrem Hofe verschmolzen die bisher getrennten Gruppen des Adels der habsburgischen Länder, der österreichische, böhmische und ungarische, nicht allein gesellig, sondern auch politisch zu einem kaisertreuen, schwarzgelben Organismus, der unerschütterlichen Stütze der Regierung in Armee, Verwaltung und Rechtsprechung bis in die letzten Tage der Monarchie. Die hohe, mütterliche Frau und treue Gattin inmitten eines glücklichen Familienkreises erschien dem Lande auch menschlich als verehrtes Vorbild, um so mehr, als sie und ihr Hof bei aller Prachtliebe der Bevölkerung nicht in steifer Abgeschlossenheit gegenüberstanden. Gerne nahm sie an den Festen des Volkes teil. Ungezwungen, aber respektgebietend pflegte sie selbst mit dem letzten Bürger zu verkehren.

Die Epoche Karls VI. und Maria Theresias bedeutete malerisch wie architektonisch die Blütezeit des Wiener Hochbarock. Das Theatralische löste sich in frische, lachende Bewegung und lichte Farben. Ununterbrochen drängten sich fröhliche Veranstaltungen bei Hofe: Familienfeste, Jagden, Maskenbälle, Opernvorstellungen und Konzerte. Schon 1741 war für italienisches und deutsches Schauspiel ein eigenes Theater in der Hofburg errichtet worden. Die gesamte kaiserliche Familie war musikalisch im besten Sinne des Wortes; altes habsburgisches Bildungsgut seit den Tagen Ferdinands II. Dessen Sohn Ferdinand III., Leopold I. und Karl VI. haben bemerkenswerte Kompositionen hinterlassen. Maria Theresia, eine Schülerin Hasses, war als Prinzessin eine ausgezeichnete Sängerin gewesen, ihre Töchter zum Teil nicht minder. Sie sangen bei festlichen Gelegenheiten selbst in der Oper vor dem ganzen Hofe. Der Kronprinz und spätere Kaiser Joseph II. verstand das Cello, das Klavier und den Generalbaß befriedigend zu handhaben. Der hochachtbare Tonsetzer und Pianist Georg Christoph Wagenseil, ein Vorkämpfer des neuen Stils, wirkte als Lehrer bei Hof. Nach dem Vorbilde des kaiserlichen Hauses blühte allerorten, auch auf den Sitzen des Adels, eine gewählte, begeisterte Musikpflege. Es gab nur wenige Magnaten, die nicht über eine eigene, wenn auch kleine Hauskapelle verfügten. Man verpflichtete seine Kammerdiener, Förster, Schreiber, Köche und Lakaien nur dann, wenn sie ein Instrument zu spielen verstanden. Bisweilen konnte man sich – wie am Hofe des Fürsten Esterházy – mit eigenen Kräften an Opernaufführungen wagen. In dieser erlesenen, breitgestreuten musikalischen Kultur ruhen die Grundfesten der Vorherrschaft Österreichs während der klassischen Periode der Tonkunst, im Zeitalter Haydns, Mozarts und Beethovens.

Am 21. Oktober spielten die Mozartschen Kinder abermals vor der kaiserlichen Familie. Die Aufnahme der kleinen Künstler scheint eine durchaus freundliche gewesen zu sein. Man kargte nicht mit Belohnung, Anerkennung und Bewunderung. Eine große Zahl anmutiger Anekdoten über den kleinen Wolfgang in Schönbrunn, deren Gewährsmann allerdings der erfolgberauschte Vater geblieben ist, hat sich in unsere Zeit hinübergerettet. Ob die Gunst der Kaiserin für die Mozarts wirklich so felsenfest begründet war, wie Leopold in seinen Briefen durchblicken läßt, muß bezweifelt werden. Gewiß kam die Kaiserin den Kleinen mit der Kinderfreundlichkeit entgegen, die ihrem mütterlichen Herzen zu eigen war. Dies mochte den Salzburger Hofmusikus, der sich in der Wiener Atmosphäre liebenswürdiger und humaner behandelt sah, als er es von seinem Subalterndienste her gewohnt war, verblenden und sein sicheres Urteil verwirren.

Wahrscheinlich erblickte Maria Theresia in Wolfgang nur das Phänomenale, Artistische seiner Begabung, ein Schaustück, womit sie ihren Kindern eine Freude bereiten wollte, nicht aber die musikalische Leuchte der Zukunft, wie Leopold Mozart glaubte. Man darf der musikverständigen Frau deswegen keinen Vorwurf machen. In späteren Jahren urteilt sie über die Mozarts nicht eben günstig. Die letzte Vorsprache Wolfgangs an ihrem Hofe im August 1773, wahrscheinlich ein Versuch, dort eine bleibende Anstellung zu erlangen, endete mit einem ausgesprochenen Mißerfolg. Daran mag zum Teil das zurückgezogene Leben der Kaiserin schuld gewesen sein. Vielleicht auch eine Verstimmung, da der vierzehnjährige Knabe mit ihrem alten, verehrten Lehrer Hasse zu Mailand in fühlbare Konkurrenz getreten war. Der Hauptgrund blieb wohl ihre harte Meinung über die unaufhörlichen, von Leopold geräuschvoll in Szene gesetzten Wanderzüge der Wunderkinder, die ihrer soliden Lebensanschauung kaum als das achtbare Wirken ehrlicher Künstler erscheinen mußten. Ihrem Sohne, Erzherzog Ferdinand, Generalgouverneur der Lombardei, der die Absicht hatte, Wolfgang bei sich aufzunehmen, schrieb Maria Theresia späterhin recht schroffe Worte der Ablehnung[40]: «Du frägst mich, ob Du den jungen Salzburger in Deine Dienste nehmen sollst. Ich wüßte nicht warum, da Du doch nicht nötig hast, einen Komponisten oder unnütze Leute anzustellen. Wenn es Dir trotzdem Vergnügen macht, möchte ich Dich daran nicht hindern. Ich sage es Dir nur, um Dich nicht mit unnützem Volk zu belasten. Vermeide es durchaus, solchen Menschen

Titel zu verleihen, als ob sie in Deinem Dienste stünden. Das diskreditiert den Dienst, wenn diese Leute in der Welt wie Bettler herumlaufen. Zudem hängt ihm eine große Familie an.» (12. Dezember 1771.)

So kühle Reserve bekam der sechsjährige Wunderknabe freilich noch nicht zu kosten. Leopold schwamm in Hoffnungsseligkeit: «Es scheint, daß ich vergnügt von Wien abreisen werde», berichtet er schon in seinem ersten Briefe. Aber kurze Zeit später ereilt ihn das erste Mißgeschick. - «Ich dachte es fast, da wir vierzehn Tage hintereinander gar zu glücklich waren.» Wolfgang wurde von schwerem Fieber befallen.[41] Die bösartige, ansteckende Krankheit machte dem fröhlichen Treiben ein jähes Ende. Allerorten zog man sich furchtsam zurück. Man blieb auch nach Wolfgangs Genesung in scheuer Reserve. – «Es haben zwar einige Herrschaften zu uns geschickt, ihm Glück zu wünschen und sich um seinen Wohlstand erkundigen lassen. Allein dies war auch alles.» – Die Salzburger Urlaubsfrist war abgelaufen. Trotzdem unternahm die Familie über Einladung ungarischer Magnaten noch eine kurze Reise nach dem nahen Preßburg, gab nach der Rückkehr in Wien ein kleines Hauskonzert im Palais Kinsky zu Ehren des Feldmarschalls Daun und verließ am 30. Dezember, etwas gehetzt, die Kaiserstadt. Am 5. Jänner 1763 abends war man wieder in der Heimat eingetroffen.

Von der musikalischen und theatralischen Kultur Wiens scheint damals nicht allzuviel in Mozart nachwirkend geblieben zu sein. Die Jagd von einer Produktion zur anderen, die plötzliche Krankheit schränkten die Aufnahmemöglichkeit des Knaben aufs äußerste ein. Eine einzige Musikerpersönlichkeit hat deutliche Spuren in seiner Entwicklung hinterlassen: Wagenseil. Daß Glucks «Orpheus» während Mozarts Anwesenheit in Wien über die Szene ging, finden wir in den Briefen Leopolds ebensowenig erwähnt wie andere tiefergreifende musikalische oder dramatische Erlebnisse. Sechs Jahre später sah Wolfgang mit weit kritischerem Auge in das Wiener Musikleben hinein.

Der unleugbare Erfolg der Reise spornte den Vater zu neuen, kühneren Plänen an. Paris und London waren die hochgesteckten Ziele. Nach kurzer Zeit des Ausruhens und Weiterbildens in der Stille rüstete man sich im Frühsommer 1763 zu der weiten Fahrt. Am 9. Juni verließ der Familienwagen die erzbischöfliche Residenz durchs Klausentor, der bayrischen Grenze zu. Auf denselben Wegen, die einst Leopold Mozart als hoffnungsvoller Student nach Salzburg gewandert war. Über drei Jahre sah man die Heimat nicht wieder.

15. REISE NACH PARIS UND LONDON
1763–1766

«Da die Reisen, so wir machten, ihn in unterschiedene Länder führten, so sann er sich, während wir von einem Ort in das andere fuhren, ein Königreich aus, welches er das Königreich Rücken nannte. Er sagte, er wäre der König von diesem Reiche, und unser Bedienter, der ein wenig zeichnen konnte, mußte eine Karte davon machen, wovon er ihm die Namen der Städte, Märkte und Dörfer diktierte.» (Erinnerungen von Marianne Mozart an ihren Bruder in einem Briefe vom 24. November 1799)

«L'on peut prédire qu'il sera un jour un des plus grands maître dans son art.» (Dr. Auguste Tissot, Lausanne 1766, über den kleinen Mozart)

Schon am 10. Juni 1763, zwei Wegstunden vor dem altertümlichen Innstädtchen Wasserburg, halben Wegs nach München, brach ein Wagenrad: «Da saßen wir! – Es hieß, der Wagen würde bis heute früh restituiert sein. Aber ja! Ein blauer Teufel! Es heißt also, bleibt heute nacht noch hier!! Das Neueste ist, daß wir, um uns zu unterhalten, auf die Orgel gegangen sind und ich dem Wolferl das Pedal erklärt habe. Davon er gleich stante pede die Probe abgeleget, den Schemel hinweggerückt und stehend präambuliert und das Pedal dazu getreten, und zwar so, als wenn er es schon viele Monate geübt hätte. Alles geriet in Erstaunen und ist eine neue Gnad Gottes, die mancher nach vieler Mühe erst erhält.»

Am 12. Juni abends traf man in München ein. Nannerl schreibt in ihr Reisetagebuch: «Zu München hab ich gesehen das ninfenburg, das schloss und den garten und die vier Schlösser, nemlich amalienburg, badenburg, bagotenburg (= Pagodenburg) und die ermitage, amalienburg ist das schönste, worinnen das schöne bett ist und die küchel, wo die kurfürstin selbst gekocht hat. badenburg ist das größte, wo ein sall ist von lauter spiegeln, das bald von marmor, bagotenburg ist das kleinste, wo die mauern von mrolika (= Majolika) ist. und die ermitage ist das sitzamste, wo die capel von muschel ist.»

Durch Vermittlung des Prinzen Karl August von Zweibrücken fand die Familie am Hofe des Kurfürsten Maximilian III. von Bayern gnädige Aufnahme. Die Kinder spielten vor ihm und vor dem Herzog Clemens mehrere Male. Maximilian zeigte sich am Ende generös und lud die Mozarts zu baldiger Wiederkehr freundlich ein.

Leopold drängte nach Augsburg. Er konnte kaum erwarten, den Landsleuten «sein Weltwunder» vor Augen zu führen. Der wirtschaftliche Erfolg dreier Konzerte[42] entsprach jedoch nicht den Erwartungen. Ein Artikel des Augsburger Berichterstatters in der Salzburger «Europäischen

Zeitung» ergeht sich dagegen in Lobeshymnen über die Kinder, streicht auch den «Herrn Kapellmeister», der sich der Gottesgaben der «zwei lieben Kleinen mit so unermüdetem Fleiße als ein wahrer Vater bedient hat», wacker heraus. Allein dieser meint mißmutig, seine Vaterstadt hätte ihm «wenig, ja nichts genützet», und «was ins Concert kam», seien fast lauter «Lutheraner» gewesen. Das Reisetagebuch vermerkt neben alten Bekannten ein Zusammentreffen mit dem berühmten italienischen Geiger und Schüler Tartinis, Pietro Nardini, damals Konzertmeister der Hofkapelle in Stuttgart. In der «Schönheit, Reinigkeit, Gleichheit des Tones und im singbaren Geschmacke» könne nach Leopolds Urteil nichts Schöneres gehört werden.

Am 6. Juli wurde die Weiterreise angetreten, in Ulm, dem «abscheulichen, altväterischen und abgeschmackt gebauten Orte», das Münster mit der großen Orgel besichtigt. Über Plochingen und Cannstatt ging die Fahrt nun nach Ludwigsburg, Residenzort des Herzogs Karl Eugen von Württemberg, wo man am 9. Juli spät abends eintraf. «Ich konnte aber nicht eher als den 10. Juli morgens den Oberkapellmeister Jomelli und den Oberjägermeister Baron von Pöllnitz sprechen. Allein es war nichts zu machen. Ich sehe die ganze Sache als ein Werk Jomellis an, der sich Mühe gibt, die Deutschen an diesem Hofe auszurotten und nichts als Italiener einzuführen.» Leopold verdächtigt den liebenswürdigen italienischen Meister, der noch eine freundliche Rolle in Mozarts Leben zu spielen hatte, hier sicher zu Unrecht. Jomellis Urteil über den kleinen Wolfgang nach einem Konzert in seinem Hause, es sei zu verwundern und kaum glaublich, daß ein Kind deutscher Geburt so viel musikalisches Genie, Geist und Feuer haben könnte, beweist, daß er die künstlerische Bedeutung des Knaben schon damals einzuschätzen verstand. Mit klugen Augen sieht Leopold die militärische Wirtschaft an dem Hofe des berühmten kleinen Despoten, der ehrgeizig, kunst- und prachtliebend, selbst mit dem französischen König wetteiferte: «Wenn Sie ausspeien, so speien Sie einem Offizier in die Tasche oder einem Soldaten in die Patronentasche. Sie hören ohne Unterlaß auf der Gasse nichts als: Halt! Marsch! Schwenkt euch! Sie sehen nichts als Waffen, Trommeln und Kriegsgeräte. Vor dem Eingang des Schlosses stehen zwei Grenadiere und zwei Dragoner zu Pferd, die Grenadiermützen auf dem Kopfe und einen Küraß auf der Brust, in der Hand aber den bloßen Säbel. Wenn ich zum Fenster stand, so glaubte ich nichts als Soldaten zu sehen, die bereit wären, eine Person auf einer Komödie oder Opera vorzustellen. Alle Leute sind haargleich und täglich, nicht in Wuckeln frisiert, sondern wie der erste petit-Maître in viele Locken vom Kopf weggekämmt und schneeweiß eingepudert, die Bärte aber kohlschwarz geschmiert. Doch kann ich nicht umhin, zu sagen, daß Württemberg das schönste Land ist: Von Geislingen an bis Ludwigsburg sieht man nichts anderes als rechts und links zu gleicher Zeit Wasser, Wälder, Felder, Gärten und Weinberge auf das Schönste vermischet.»

Die Weiterfahrt am 12. Juli früh führte die Mozarts über Bruchsal nach Schwetzingen. Hier, in der Sommerresidenz des Kurfürsten Karl Theodor von der Pfalz, kamen sie zum erstenmal mit der berühmten Mannheimer Kapelle in persönliche Verbindung: «Gestern [18. Juli] ward eigens Akademie wegen uns anbefohlen. Sie dauerte von 5 Uhr abends bis nachts 9 Uhr. Das Orchester ist ohne Widerspruch das beste in Deutschland. Lauter junge Leute, durchaus von guter Lebensart, weder Säufer, weder Spieler, weder liederliche Lumpen, so daß sowohl ihre Konduite als ihre Produktion hochzuschätzen sind. Meine Kinder haben ganz Schwetzingen in Bewegung gesetzt, und die kurfürstlichen Herrschaften hatten ein unbeschreibliches Vergnügen. Alles geriet in Verwunderung.»

Über Heidelberg, Mannheim, Worms und Mainz ging die Reise nach Frankfurt, wo man am 12. August eintraf. In fünf aufsehenerregenden Produktionen war der Zulauf eines sensationslüsternen Publikums kaum zu bewältigen. «Diese allgemeine Bewunderung ist die Ursach, daß heute, den 30. August, aber gewiß das letzte Konzert sein wird, wobei das Mägdlein, welches im zwölften, und der Knab, der im siebenten Jahr ist, nicht nur Konzerte auf dem Clavecin oder Flügel, und zwar ersteres die schwersten Stücke der größten Meister, spielen wird, sondern der Knab wird auch ein Konzert auf der Violine spielen, bei Sinfonien mit dem Klavier akkompagnieren, das Manual mit einem Tuch gänzlich verdecken; er wird ferner in der Entfernung alle Töne, die man einzeln oder in Akkorden auf dem Klavier oder auf allen nur denkbaren Instrumenten, Glocken, Gläser und Uhren usw. anzugeben imstande ist, genauest benennen. Letztlich wird er nicht nur auf dem Flügel, sondern auch auf einer Orgel aus allen, auch den schwersten Tönen, vom Kopf phantasieren.» (Frankfurter Konzertanzeige.) Der gemischte Charakter solcher halb artistischer Vorführungen ist aus diesem bunten Programm klar ersichtlich. «Ich habe Mozart als siebenjährigen Knaben gesehen», erzählt Goethe, «wo er auf einer Durchreise ein Konzert gab. Ich selber war etwa vierzehn Jahre alt, und ich erinnere mich des kleinen Mannes in seiner Frisur und Degen noch ganz deutlich.» Das Reisetagebuch Leopolds erwähnt noch eine Zusammenkunft mit Wieland.

Die Weiterreise berührte Koblenz, Bonn, Köln – «der schmutzige Münster oder Dom»(!) – und Aachen. Dort weilte die Prinzessin Amalia, Friedrichs II. Schwester. Leopold fand ihre sparsame Equipage und den Hofstaat der Suite eines Arztes so ähnlich wie einen Tropfen Wasser dem andern. «Wenn die Küsse, so sie meinen Kindern, sonderheitlich dem Meister Wolfgang, gegeben, lauter neue Louisdor wären, so wären wir glücklich genug. Allein weder der Wirt noch der Postmeister lassen sich mit Küssen abfertigen.» Ihren «Propositionen» zu einer Kunstreise nach Berlin gegenüber verhielt sich Leopold in vorsichtiger Ablehnung.

Man gelangte nun über Lüttich, Tirlemont und Löwen am 4. Oktober zu längerem Aufenthalt nach Brüssel. Von einem Zwischenaufenthalt auf dieser Fahrt hinterläßt uns Vater Leopold eine köstliche Schilderung: Da ein Reifen neu aufs Vorderrad des Wagens aufgesetzt werden muß, sitzt man in einem einfachen Wirtshaus «auf holländischen strohenen Sesseln zum Kaminfeuer, wo ein Kessel an einer langen Kette hing, in welchem Fleisch, Rüben und allerhand beisammen en Compagnie sieden mußte. Da bekamen wir ein kleines elendes Tischtuch hin, und aus dem großen Kessel wurde uns Suppe und Fleisch angerichtet und eine Bouteille roter Champagner gereicht, dabei aber kein Wort deutsch, sondern nur wallonisch, das ist schlecht französisch gesprochen. Die Türe war beständig offen, darum hatten wir sehr oft die Ehre, daß uns die Schweine einen Besuch abstatteten und um uns herum grunzten. Sie können sich nichts natürlicher vorstellen, als wenn Sie sich unsere Mittagstafel als ein gemaltes Holländer-Stück vorstellen.» In Brüssel steht Leopold in aufrichtiger Bewunderung vor den Gemälden der großen niederländischen Meister. Wolfgang komponierte ein kleines Allegro für Klavier (K. 9), das in Nannerls Notenbuch erhalten ist. «Nun sind wir schon bald 3 Wochen in Brüssel aufgehalten, und der Prinz Karl Alexander (von Lothringen, Generalgouverneur der österreichischen Niederlande) hat mit mir selbst gesprochen, daß er meine Kinder hören will, und doch ist noch nichts geschehen. Denn der Herr Prinz tut nichts als jagen, fressen und saufen, und am Ende kommt heraus, daß er kein Geld hat.» Endlich glückte es, ein Konzert zu arrangieren, dem auch der kaiserliche Statthalter beiwohnte. Am 15. November «sind wir um 9 Uhr mit vier Postpferden unter der traurigen Beurlaubung vieler guter Freunde abgefahren und abends bei hellem Tage in Mons und am vierten Tage um 1/24 Uhr abends in *Paris* angelangt.» In dem Palais des bayrischen Gesandten, Grafen van Eyck, der mit einer Salzburgerin, der Tochter des fürsterzbischöflichen Oberkämmerers, späteren Obersthofmeisters Grafen Georg Anton Arco vermählt war, fand man angenehme Unterkunft, dazu sogar den zweimanualigen Flügel der Gräfin im Zimmer und diese selbst als die angenehmste, liebenswürdigste Gastgeberin.

In dem verwirrenden Treiben der Weltstadt gewannen die Mozarts dagegen an dem vielseitig begabten Sekretär des Herzogs von Orléans, Friedrich Melchior Grimm[43], eine hilfreiche und wertvolle Stütze. Monsieur Grimm, dessen Goethe in «Dichtung und Wahrheit» als eines «in den Schoß der einzig sprachseligen Kirche» ausnahmsweise aufgenommenen

Fremden gedenkt, war als Sohn eines Pastors in Regensburg geboren, in Leipzig Schüler Gottscheds gewesen und gehörte dem lebhaften Kreise der französischen Enzyklopädisten an. Sein Einfluß auf das Kunstleben war bedeutend. Von Paris aus führte er eine umfangreiche Korrespondenz mit auswärtigen Höfen über die neuesten Ereignisse in der französischen Hauptstadt, so daß sein Urteil auch über die Grenzen des Landes hinweg zu wirken vermochte. Von Musik verstand er, selbst für den gebildeten Dilettanten der Zeit, überraschend viel. Seine Neigung gehörte voll und ganz der italienischen Oper, für die er mit Temperament gegen die französische Nationaloper Stellung nahm. Von gleicher Geistesrichtung wie Leopold und in bestem gesellschaftlichen Ansehen, mußte er diesem vom ersten Augenblick an gewaltig imponieren. Er blieb einer der wenigen, denen der vorsichtige Vater sogar in musikalischen Dingen blindes Vertrauen entgegenbrachte. «Dieser, mein großer Freund, ist ein gelehrter Mann und ein großer Menschenfreund. Alle meine übrigen Briefe und Recommendationen waren nichts. Der einzige M. Grimm, an den ich von einer Kaufmannsfrau in Frankfurt einen Brief hatte, hat alles getan. Er hat die Sache nach Hofe gebracht, er hat das erste Konzert besorget und wird nun auch das zweite besorgen. – Er ist schon über fünfzehn Jahre in Paris und weiß alles auf die rechte Straße so einzuleiten, daß es so, wie er will, ausfallen muß.» Grimm begann in seiner Revue, der «Correspondance littéraire, philosophique et critique», kräftig die Reklametrommel zu rühren: «Wahre Wunder sind selten genug. So muß man davon reden, wenn man Gelegenheit hat, ein solches zu sehen. Da ist soeben ein Salzburger Kapellmeister mit zwei Kindern von der nettesten Erscheinung der Welt hier eingetroffen: Die Tochter, elf Jahre alt, spielt glänzend Klavier. Ihr Bruder, der erst im nächsten Februar sieben Jahre alt wird, ist eine so außerordentliche Erscheinung, daß man kaum glauben kann, was man mit eigenen Augen sieht, mit eigenen Ohren hört.» Nun führt der Bericht die schon von der deutschen Presse verkündeten pianistischen Leistungen und Kunststücke des Knaben an; daß er ferner zu einem Menuett, das Grimm ihm eigenhändig aufgeschrieben habe, ohne ans Klavier zu gehen, den korrekten Baß sofort aufgesetzt, einer Dame nach dem Gehör allein eine italienische Kavatine aufs phantasievollste begleitet habe, so daß es begreiflicherweise schwerfalle, sich vor dem Wahnsinn zu bewahren, wenn man solche Wunder erlebe.

Bald waren die Wunderkinder in Versailles, bald auch in den besten Kreisen der Pariser Gesellschaft eingeführt. Allerorten bezauberten die beiden «vrais prodigues» das Publikum. Ein kleines Ölgemälde des Malers Ollivier im Louvre verewigt ein solches Hauskonzert beim Prinzen Conti mit Wolfgang am Klavier. Das bekannte Aquarell von Carmontelle, die Familie Mozart darstellend, stammt gleichfalls aus diesen

Tagen. Am Neujahrsabend 1764 erhielt die Familie als Auszeichnung den Zutritt zum «grand Couvert» am königlichen Hofe. Wolfgang stand neben der Königin [Maria Lesczynska], «mit ihr beständig zu sprechen, sie zu unterhalten, ihr öfters die Hände zu küssen und die Speisen, so sie ihm von der Tafel gab, neben ihr zu verzehren.» «Die Königin spricht so gut deutsch als wir. Da nun aber der König [Ludwig XV.] nichts davon weiß, so verdolmetschte die Königin ihm alles, was unser heldenmütiger Wolfgang sprach. Bei ihm stand ich, auf der anderen Seite des Königs meine Frau und meine Tochter.» «Die Madame Pompadour muß recht gar schön gewesen sein, denn sie ist noch sauber. Sie ist großer, ansehnlicher Person, fett, wohl bei Leib, aber sehr proportioniert, blond, hat vieles von der ehemaligen Freysauf-Thresel und in den Augen einige Ähnlichkeit mit der Kaiserin Majestät. Sie ist von einem großen Hochmut und regiert zur Stunde noch alles, gibt sich viel Ehre und hat einen ungemeinen Geist. Ihre Zimmer in Versailles sind wie ein Paradies.»

Etwas streng, doch scharf, ein wenig für die Salzburger adaptiert, wird Paris gesehen: «Ich kann versichern, daß man die schlechten Früchte des Krieges ohne Augenglas allerorten sieht. Die Herrn sind voller Schulden, der größte Reichtum steckt etwa unter hundert Personen. Die sind einige große Bankiers und Fermiers généraux. Das meiste Geld wird auf die Lukretien, die sich nicht selbst erstechen, verwendet. – Sie werden nicht bald einen Ort finden, der mit so vielen elenden und gestümmelten Personen angefüllt ist. Sie sind kaum eine Minute in der Kirche, gehen kaum durch ein paar Straßen, so kommt ein Blinder, ein Lahmer, ein Hinkender, ein halb verfaulter Bettler, oder es liegt einer auf der Straße, dem die Schweine als Kind eine Hand weggefressen und eine Menge solcher Leute, die ich aus Ekel im Vorbeigehen nicht anschaue. – Ob die Frauenzimmer in Paris schön sind, kann ich mit Grund nicht sagen. Denn sie sind wider alle Natur, wie die Berchtesgadner Docken, so gemalt, daß auch eine von Natur schöne Person durch diese garstige Zierlichkeit den Augen eines ehrlichen Deutschen unerträglich wird. – Man hat Mühe genug, hier zu unterscheiden, wer die Frau vom Hause ist. Jeder lebt, wie er will. Und so gehet es dem Staat von Frankreich wie dem ehemaligen Persischen Reiche.»

In dem musikalischen Urteil Leopolds spricht der Geist M. Grimms mit: «Hier ist ein beständiger Krieg zwischen der italienischen und französischen Musik. Die ganze französische Musik ist einen T ... wert. Die Deutschen spielen in Herausgabe ihrer Kompositionen den Meister. Darunter Mr. Schobert, Mr. Eckardt, Mr. Honauer fürs Klavier, Mr. Hochbrucker und Mr. Mayr für die Harfe sehr beliebt sind. Mr. le Grand, ein französischer Klavierist, hat seinen goût gänzlich verlassen, und seine Sonaten sind nach unserem Geschmack. Mr. Schobert, Mr. Eckardt, Mr. le Grand und Mr.

Hochbrucker haben ihre gestochenen Sonaten alle zu uns gebracht und meinen Kindern verehret. Nun sind vier Sonaten[44] von Mr. Wolfgang Mozart beim Stechen (K. 6–9). Stellen Sie sich den Lärm vor, den diese Sonaten in der Welt machen werden, wenn am Titelblatt stehet, daß es ein Werk eines Kindes von sieben Jahren ist, und wenn man die Ungläubigen herausfordert, eine Probe diesfalls zu unternehmen, wie es bereits geschehen ist, wo er jemand ein Menuett oder sonst etwas niederschreiben läßt und dann gleich, ohne das Klavier zu berühren, den Baß und, wenn man will, auch das zweite Violin darunter setzet! Sie werden seiner Zeit hören, wie gut die Sonaten sind: ein Andante ist dabei von einem ganz sonderbaren goût.»

Diese kleinen Sonaten, durch Beweglichkeit und frische Gedanken ausgezeichnet, verraten noch die bessernde Hand des Vaters, aber auch manchen Zug von Wolfgangs unnachahmlicher kindlicher Genialität. Einer Mode der Zeit folgend, wird eine begleitende Violinstimme dem Klavierpart beigegeben. Italienische Einflüsse sind unverkennbar. Daneben ein fühlbarer, doch kindlicher Niederschlag der schwärmerischen Kunst Johann Schoberts.[45] Diese Sonaten (K. 6–9 = op. I u. II), Mozarts erste gedruckte Arbeit, aber auch die Sonaten der Londoner und Haager Serie (K. 10–15 = op. III und K. 26–31 = op. IV) gehören dem sehr zeitgemäßen, von der älteren Generalbaßsonate durchaus verschiedenen Typus der *von der Violine begleiteten Klavier-Sonate* an, einer wichtigen galanten Übergangsform zu der uns geläufigen klassischen Klavier-Violin-Sonate. In jener Klaviersonate «mit Accompagnement» ist die in der barocken Solosonate gegenüber dem Continuo dominierende Violine an zweite Stelle gerückt. Das bewegliche Klavier führt so entschieden, daß das accompagnierende Instrument ohne empfindlichen Schaden auch weggelassen werden kann. In der klassischen Duo-Sonate wird der ideale Ausgleich zwischen den beiden Partnern dann glücklich gefunden.

Schobert, seit 1760 Kammervirtuose des Prinzen Conti, war eine dämonische Persönlichkeit – von Leopold Mozart menschlich scharf beurteilt –, ein genialer romantischer Eigenbrötler, von wilder Phantasie durchlodert, das typische, ungebändigte Musikernaturell der Sturm- und Drangzeit. Sein Klavierstil wirkte als ein völlig Neuartiges auf den kleinen Wolfgang, mehr noch die inneren Merkmale seiner Musik, eine glühende Empfindungssprache der Allegrothemen und die Neigung zu unvermittelten Stimmungsgegensätzen. In dem kleinen Wolfgang traf diese Kunst eine tiefverwandte Seele. Kein Wunder, daß sie von nun an in steigendem Maße in seiner künstlerischen Entwicklung fühlbar wird.

Neben diesem und den schon erwähnten Meistern deutscher Provenienz müssen wir unter den neu erworbenen Musikerbekanntschaften neben vielen nebensächlichen vor allen den Komponisten Egidio Romualdo Duni, die Geiger Pierre Gaviniés, seinen Schüler Simon le Duc und den Violinisten der königlichen Kapelle, Louis André Harranc, erwähnen.

Das bunte Bild der französischen Metropole mochte, phantastischer noch als Wien, im Gemüte des Knaben fortgewirkt haben. Über die finanziellen Erfolge und Geschenke konnte der Vater befriedigt nach Salzburg berichten. Bis auf eine kurze anginöse Erkrankung Wolfgangs im Februar war alles prächtig abgelaufen. Einer wohlwollenden Zumutung moderner Fortschrittler, «dem Buben die Blattern einpfropfen zu lassen», hatte sich der Vater durch den Hinweis auf die Gnade Gottes entzogen. Am 10. April 1764 rüstete man zum Aufbruch. Am 23. war man nach glücklicher Überquerung des Kanals, des «Maxglaner Baches»[46], wie Leopold scherzend bemerkt, in *London* eingetroffen.

Hier empfing sie eine wesentlich andere Welt, als sie zu Paris kennengelernt hatten. Die prominente Stellung Englands als Musikland war in dem Maße geschwunden, als das britische Volk seine ganze Kraft dem Handel und der Erwerbung von Kolonien zugewandt hatte. Henry Purcell (1659–1695) ist der letzte große nationale Komponist geblieben. Um so mehr blühte im 18. Jahrhundert die Einfuhr musikalischen Kulturgutes nach Großbritannien. War es zu Beginn dieser Epoche noch der Geist Händels, der 1710 herübergekommen war, dem englischen Musikleben seine persönliche Note aufzuprägen, so hatte sich zur Zeit, als die Mozarts in dem Lande erschienen, neben dem volkstümlich nationalen Singspiel der Beggars-Opera Gay-Pepuschs, die italienische Opera seria im Londoner Haymarket-Theater eine beispiellose Anziehungskraft gesichert. Zwei hervorragende Schüler Johann Sebastian Bachs, sein jüngster Sohn Johann Christian Bach, der sich, weit entfernt von der Eigenart seines Vaters, als Vorkämpfer des neuen Stils entwickelt hatte, und Karl Friedrich Abel[47] beherrschten das musikalische Leben der Hauptstadt. Der englische Hof war leidlich musikverständig.

Zu Anfang schienen die Erfolge der Mozarts in London selbst die starken Pariser Eindrücke zu verwischen. Schon am 27. April erlangte man Zutritt bei Hof und wurde von dem noch jungen Königspaare – Georg III. war damals 27 Jahre alt, seine Gattin, Sophie Charlotte, eine deutsche Prinzessin aus Mecklenburg-Strelitz – mit Leutseligkeit empfangen. «Am 19. Mai fand abermals ein kleines Konzert bei Hofe statt.» «Der König hat Wolfgang nicht nur Stücke vom Wagenseil, sondern vom [Christian] Bach, Abel und Händel vorgelegt, alles hat er prima vista weggespielt. Er hat auf des Königs Orgel so gespielt, daß alle sein Orgelspielen weit höher schätzten als sein Klavierspielen. Dann hat er der Königin eine Aria, die sie sang, und einem Flautotraversisten ein Solo akkompagniert. Endlich hat er die Violonstimme der Händelschen Arien, die von ungefähr dalagen, hergenommen und hat über den glatten Baß die schönste Melodie gespielet, so daß alles in das äußerste Erstaunen geriet. Mit einem Worte, das, was er gewußt, da wir aus Salzburg abgereist, ist ein purer Schatten gegen demjenigen, was er jetzt weiß. Es übersteiget alle Einbildungskraft.» Am 5. Juni brachte eine öffentliche Produktion die glänzende Einnahme von 100 Guineen. Bald darauf spielte der Knabe bei einem Wohltätigkeitskonzert im Saale des Ranelagh-Gartens mit größtem Erfolge.

Im Juni 1764 erkrankte Leopold Mozart an einer schweren Halsentzündung, die ihn zwang, mit der Familie durch sieben Wochen in der Nähe Londons, in dem freundlichen Dorfe Chelsea an der Themse, Erholung zu suchen. Nach der Rückkehr in die Hauptstadt fand am 25. Oktober abermals ein Hofkonzert statt. Allein die Verhältnisse schienen sich nun zum Schlechteren wenden zu wollen. Der Londoner Aufenthalt hatte bereits zu lange gedauert, um die Neugierde des Publikums weiterhin fesseln zu können. Ein Konzert mußte gar dreimal verschoben werden und blieb zuletzt doch nur schwach besucht. Der immer lautere Ton der Ankündigung Leopolds verhallte ohne entsprechende Wirkung. Selbst die Privatvorstellungen in dem Gasthofe, wo die Mozarts logierten, verloren ihre Zugkraft. Die zunehmende Geisteskrankheit des Königs und politische Krisen verschlechterten die allgemeine Lage, so daß der Vater im Sommer 1765, gedrängt von der Salzburger Dienststelle, zur Abreise rüstete. Am 24. Juli verließ die Familie die englische Hauptstadt. Wolfgang hat den Engländern immer eine freundliche Sympathie bewahrt. Mehrere Male erwog er in späteren Jahren eine dauernde Übersiedlung nach England und nimmt als «Erz-Engelländer» gelegentlich für sie Partei, soweit ihm Politik überhaupt nahegehen konnte.

Vor allem mochte ihn ein dankbares Gedenken an die Stätte fesseln, wo ihm zuerst ein großer Musiker, *Christian Bach*, nicht allein künstlerisch, wie Schobert, und als Lehrer, sondern auch menschlich nähergetreten war. Auch Bach fühlte sich damals schon freundschaftlich zu dem Knaben hingezogen. Er wurde sein herzlich verehrter älterer Freund und Ratgeber in allen Dingen. Seine allgemeine Bedeutung in der Zeit der großen Stilwandlung kann nicht genug gewürdigt werden. Mehr noch bedeutet er als wegweisender Faktor in der Entwicklung Wolfgangs. Zunächst erschien das große Gebiet der neapolitanischen *Oper*, ein Ruhmesblatt in der kompositorischen Entwicklung Bachs, leuchtend in die Nähe des Knaben gerückt. Wolfgang hatte jetzt Gelegenheit gehabt, die italienische Oper durch glanzvolle Aufführungen in Reinkultur kennenzulernen und zudem die gesanglichen Unterweisungen eines berühmten Florentiner Kastraten, *Giovanni Manzuoli*,[48] zu genießen. Diese Kenntnisse hat der Knabe als Tonsetzer bald praktisch zu verwerten verstanden.

Auch in der *Symphonie* und in der *Klaviermusik* wurde Christian Bach für lange Zeit hinaus sein Vorbild. Dieser hatte sich mit seltener natürlicher Anlage in die leichtere gesangliche Art der Italiener einzuführen verstanden und einen Personalstil gefunden, der seine symphonische Kunst als äußerst glückliche Mischung vorwiegend südlicher Einflüsse, Wagenseils und der Mailänder Meister um die Jahrhundertmitte, etwa Sammartinis, mit den technischen Errungenschaften der älteren Mannheimer darstellt. Seine musikalische Sprache ist zwar nicht von der Leidenschaft Schoberts erfüllt, dafür leichtbeschwingt und weltmännisch. Das sogenannte «singende Allegro» – die Verwendung der kantablen Melodie in den schnellen Sätzen – gilt als ihr vornehmstes Kennzeichen. Christian Bach bedeutete für Mozart das heitere, elegante Gegenspiel zu Schobert, «ein durch die neue Stilwandlung hindurchgegangenes, modernisiertes Italienertum» (Abert), Auflockerung und Antrieb zu leichterer, galanter Schreibweise, zu frischer, spielerischer Rhythmik in den Finalsätzen, anmutige Lösungen aus der trockenen Kompositionsweise seines Vaters. Schon die *Londoner Sonaten* des Knaben (K. 10–15), noch mehr die später im *Haag entstandenen Stücke der gleichen Art* (K. 26–31) zeigen formell und inhaltlich seinen Einfluß, wenn auch die Saite, die Schobert in Mozart zum Klingen gebracht hatte, nicht mehr verstummen sollte.

Zwei Symphonien, die Mozart in London schrieb (K. 16 und 19)[49], seine ersten frischen Versuche auf diesem Gebiete, lassen deutlich das Vorbild Christian Bachs neben dem Abels erkennen. Es ist modisches Gut, die alte italienische, dreisätzige Theatersymphonie mit ihren rauschenden Streicherpassagen und Fanfaren. Daneben aber viele Sonderheiten der neuen Schreibweise, prägnant unterschiedene Motive, Kontrastwirkungen und melodische Wendungen, wie sie allen Meistern der süddeutschen Schulen, damit auch Bach und Leopold Mozart, mehr oder weniger zu eigen waren. In Mozarts erster Symphonie (Es-Dur, K. 16) fallen einige wunderbare Züge auf, die in geheimnisvoller Weise weit in die Zukunft zu weisen scheinen: die seltsame, dualistisch geformte Thematik des Eingangsgedankens (das sanglich Gefühlvolle als Folgegegensatz mit dem betont Rhythmischen kontrastierend!), die dunkle, fast dämonische Färbung des Mittelsatzes in c-Moll, in dessen 7. bis 10. Takt das erste Horn den großen Mozartschen Leitgedanken (es-f-as-g) wie eine schicksalhafte Ahnung anstimmt, ein Motiv, das, von kleineren Werken abgesehen, wieder in einer Symphonie des Dreiundzwanzigjährigen, in der Durchführung des Eingangssatzes der B-Dur-Symphonie (K. 319) auftaucht, dann aber, höchst bedeutungsvoll, als Hauptgedanke des fugierten Finales, Mozarts letzte Symphonie, die sog. «Jupiter-Symphonie» (C-Dur, K. 551), zu triumphalem Ausklang führt. Auf die Beschäftigung Wolfgangs mit der Klaviermusik Christian Bachs weisen neben seinen eigenen Sonaten aus der Londoner Zeit – namentlich in der äußeren Anlage und in der Gestaltung der Durchführungspartien – zunächst eine *Sonate in C-Dur für das Klavier zu vier Händen* (K. 19 d),[50] das erste Mozartsche Stück einer Gattung, die Bach in der Literatur eingebürgert und an seinen kleinen Freund überliefert hatte, und – allerdings aus späterer Zeit (um 1770/71) – *die Bearbeitung dreier Sonaten Bachs als Konzerte* (K. 107) hin. Diese *Konzertbearbeitungen* stellen eine sehr taugliche Gebrauchsmusik für den jungen Reisevirtuosen vor. Die aufs äußerste eingeschränkte, auch solistisch zu besetzende Gruppe der Begleitinstrumente (zwei Violinen und Baß) macht ihre Verwendung auch im kleinsten Rahmen möglich. Mozart hat sie, wie zwei wesentlich reifere Kadenzen beweisen, noch in späteren Jahren gespielt.

Unter dem Eindruck seiner Opernerlebnisse hat Wolfgang dem Sänger *Ercole Ciprandi* eine lebhafte *Tenorarie «Va dal furor portata»* (K. 21) gesetzt.[51] Der Text ist dem 2. Akt von Metastasios «Ezio» entnommen. Ciprandi hat das Stück in einem aus Kompositionen verschiedener Meister zusammengeflickten Ezio-Pasticcio, das damals im Kings Theatre am Haymarket in Szene ging, wahrscheinlich gesungen. Es ist der erste, uns erhaltene Versuch des Knaben auf dem Gebiete der Vokalmusik. In seiner ungebärdigen Draufgängerei erinnert es an die Arienimprovisationen Wolfgangs, wie sie uns ein Bericht des gelehrten *Daines Barrington* in den «Philosophical Transactions» von 1770 erzählt: «Da ich fand, daß der Knabe bei Laune war – er hatte vorher eine verliebte Arie improvisiert –, bat ich ihn, einen Wutgesang (‹Song of Rage›) zu komponieren, der sich für die Bühne eignen könnte. Wieder sah sich der Junge listig um und begann ein einleitendes Recitativ von etwa fünf bis sechs Zeilen. In der Mitte seines ‹Zorngesanges› hatte er sich in eine solche Begeisterung hineingesteigert, daß er wie ein Besessener auf sein Klavier schlug und sich einigemale in seinem Stuhl emporhob. Das Wort, das er zu dieser extemporierten Komposition erwählt hatte, war ‹Perfido›.» Unser Gesangstück, keineswegs Bravourarie (– die leichten Koloraturen dauern nur drei Takte lang! –), ist voll abrupter, der Tongebärde der Seria übersteigert abgelauschter motivischer und harmonischer Einfälle, eckig, ohne den Charme des «Filo» (– im Sinne Leopold Mozarts –), der feinen organischen Bindung des musikalischen Flusses, der schon die frühesten Instrumentalstücke Wolfgangs auszeichnete. Der Mittelteil läßt aufhorchen. Er beginnt in der Subdominante und kehrt über die Parallele ins «da Capo» zurück. Auch die Instrumentation verrät hier einen persönlichen Hauch. Noch individueller berührt uns die liebliche *Sopranarie «Conservati fedele»* (K. 23)[52], ein auch heute noch gut singbares Stückchen, die zweite erhaltene Gesangskomposition aus einer sonst verschwundenen Serie von «fünfzehn italiänischen Arien», die Leopold

Mozarts Verzeichnis von 1768 als Arbeiten Wolfgangs zur Zeit des Aufenthalts in London und im Haag anführt. Über die merkwürdigen selbständigen Kompositionsversuche, die er während der Krankheit des Vaters ohne Mentor, ohne die Kontrolle eines Klaviers in sein Notenbuch eintrug, ist bereits gesprochen worden. Der Kunst Händels ist Mozart erst in seinen letzten Jahren innerlich nahegetreten.

Leopold Mozart hatte ursprünglich die Absicht, über Mailand und Venedig die Heimreise anzutreten. Er dachte wohl schon damals an die Notwendigkeit einer Italienreise für die künstlerische Entwicklung seines Sohnes. Allein er fügte sich endlich den dringenden Vorstellungen und Versprechungen des holländischen Gesandten, der ihn im Auftrage der Prinzessin Karoline von Nassau-Weilburg nach den Haag einlud. Vielleicht bewog ihn die Rücksicht auf Salzburg zur Wahl des kürzeren Weges. Die ursprüngliche Urlaubsfrist war längst überschritten. Der Vater ahnte nicht, wie viele Widerwärtigkeiten die Rückkunft noch verzögern würden.

Schon in Lille, wo sie Anfang 1765 ankamen, zwang eine Unpäßlichkeit Sohn und Vater zu vierwöchigem Aufenthalte. «Halb gesund und halb krank» kam man am 4. September nach Gent, wo Wolfgang auf der großen Orgel bei den Bernhardinern spielte. In Antwerpen versuchte er die Orgel der Kathedralkirche. Man lief in den zwei Tagen des Aufenthaltes alle Kirchen ab, um den «Überfluß von trefflichen Malereien» zu studieren. Über Moerdijk und Rotterdam traf die Gesellschaft am Abend des 11. September im Haag ein. Hier wurden sie von dem Prinzen Wilhelm V. von Oranien und seiner Schwester, der eben genannten Prinzessin von Weilburg, aufs freundlichste empfangen. Am 30. September fand ein großes öffentliches Konzert mit Orchester statt. Ein holländisches Lied des Dirigenten Christian Ernst Graaf verarbeitete Wolfgang zu *acht Klaviervariationen* (K. 24), seiner ersten uns erhaltenen Komposition dieser Art. Die vierzehnjährige Nannerl, die sich schon bei der Ankunft im Haag nicht wohl gefühlt hatte und an den Produktionen nicht teilnehmen konnte, erkrankte in der Folge an einer so heftigen Lungenentzündung, daß die Ärzte alle Hoffnung verloren und der verzweifelte Vater dem Mädchen am 21. Oktober die Sterbesakramente spenden ließ. «Mein armes Kind sah die Gefahr selbst ein und empfand ihre Schwäche. Ich bereitete sie zur Resignation in den göttlichen Willen. Sollte jemand unsere Unterredung, die wir drei, meine Frau, ich und meine Tochter manchen Abend zusammen hatten und wo wir dieselbe von der Eitelkeit dieser Welt, von dem glückseligen Tode der Kinder überzeuget, gehöret haben, der würde ohne nasse Augen es nicht angehört haben, da inzwischen der Wolfgangl im anderen Zimmer sich mit seiner Musik unterhielt.» Als das Kind wie durch ein Wunder die gefährliche Krise überstanden hatte, fiel Wolfgang in ein hitziges Fieber, das den Knaben «in so elende Umstände setzte, daß er nichts als seine zarte Haut und kleine Gebeine mehr an sich hatte.» Beide Kinder haben damals wahrscheinlich einen schweren Unterleibstyphus überstanden. Ein gütiges Geschick, daß sie am Leben blieben! Selbst nach der Genesung war Wolfgang lange zu schwach, sich ohne Hilfe im Zimmer zu bewegen. Noch im Bette ward das arme Kind, obwohl die zarten Finger den Dienst versagen wollten, von einem unheimlichen inneren Schaffensdrang zur Arbeit getrieben. Für die Prinzessin von Weilburg überarbeitete er die schon erwähnte *Sopranarie* (K. 23) und *sechs Sonaten für Klavier und Violine* (K. 26–31) nebst anderen «Kleinigkeiten», darunter die «in der Geschwindigkeit hingeschriebenen» *Klaviervariationen über das alte niederländische Volkslied «Wilhelmus von Nassauen»* (K. 25). Dazu kam noch die recht flüssige *Symphonie in B-Dur* (K. 22) mit Rondo-Finale und einem merkwürdig tiefen, schon echt Mozartschen g-Moll-Seitensatz, zuletzt das heitere, von einem Fugato über das Wilhelmuslied gekrönte Klavier-Orchester-Quodlibet *«Galimathias musicum»* (K. 32), das in seiner derben Volksliedseligkeit nach des Vaters Geschmack gearbeitet erscheint.[53]

Nach völliger Genesung der Kinder absolvierte man noch einige Konzerte im Haag, in Amsterdam und Utrecht und traf über Brüssel, Valenciennes und Cambrai am 10. Mai 1766 abends wieder in Paris ein. Der Aufenthalt in den Niederlanden hatte Wolfgang viel äußere Erfolge gebracht, aber wenig neue künstlerische Eindrücke vermittelt. Auch die französische Hauptstadt scheint die Wunderkinder nicht mehr mit gleichem Interesse aufgenommen zu haben wie das erstemal, obwohl man ihre Fortschritte mit Erstaunen feststellen konnte. Sie spielten wie früher mehrere Male bei Hof. Leopolds Reisetagebuch verzeichnet eine Begegnung mit François Philidor[54], dem berühmten Meister der französischen Opéra comique und nicht minder gefeierten Meister der Schachkunst. Ein Besuch des Erbprinzen Karl Wilhelm Ferdinand von Braunschweig, des berühmten Helden aus dem Siebenjährigen Kriege und feingebildeten Musikers, der vor Wolfgang in die staunenden Worte ausbrach: «Mancher Kapellmeister stirbt, ohne gelernt zu haben, was dies Kind kann», blieb inniger in der Erinnerung Mozarts haften. Dieser Ausspruch des Prinzen wird in einem erneuten Artikel Grimms in seiner «Correspondance litteraire» festgehalten. «Dieser merkwürdige Knabe», heißt es darin weiter, «ist nun neun Jahre alt geworden. Er ist fast gar nicht gewachsen, aber er hat wunderbare Fortschritte in der Musik gemacht. Er hat bereits italienische Arien gesetzt. Ich gebe die Hoffnung nicht auf, daß er, vielleicht noch ehe er zwölf Jahre alt geworden ist, bereits eine Oper auf einer italienischen Bühne aufführen wird. In London hat er Manzuoli einen ganzen Winter lang gehört und so viel Nutzen davon gehabt, daß er nun, obwohl seine Stimme außerordentlich schwach ist, doch mit ebensoviel

Geschmack wie mit Seele singt. Aber das Unfaßbare ist jene profunde Kenntnis der Harmonie und ihrer geheimsten Wege, die er im höchsten Maße besitzt. Dabei ist er eines der liebenswürdigsten Geschöpfe, die man sehen kann: alles, was er sagt und tut, ist voll Geist und Seele, gekrönt durch die Anmut und die Lieblichkeit seines Alters. Bald werden sich die Herrscher um seinen Besitz streiten.»

Am 9. Juli verließ die Familie Paris und fuhr mit längeren Ruhepausen über Dijon, Lyon, Genf, Lausanne und Bern nach Zürich.[55] In Lyon, wo sich die Familie fast einen Monat lang aufhält, spielt Wolfgang am 13. August im Musiksaal auf der Place des Cordeliers «au grand Concert». Es war ein Abend, der sonst nur dem Andenken Rameaus gewidmet war. Nun wird die Schweizer Grenze überschritten. Am Abend des 20. August dürften die Mozarts in Genf angekommen sein. Auch hier blieben sie geraume Zeit: drei Wochen. Es war wohl die noch immer geschwächte Konstitution des Knaben, die solche stilleren Pausen erforderte. Oder brauchte er diese Tage, um wieder zu sich selbst, zum immer tätigeren Urquell seines Schaffens zu kommen? Leopold schreibt in seinen Briefen vom «Bürgerkrieg in vollen Flammen», der bei ihrem Aufenthalt in Genf tobte. In Wahrheit handelte es sich um eine etwas laute, demokratische, doch eher sachliche Auseinandersetzung zwischen dem regierenden Patriziat und der Bürgerschaft, zu deren endgültiger Beilegung eben eine Art internationaler Kommission in der Stadt amtete, der französische Gesandte sowie Ratsherren aus Bern und Zürich. Diese hatten ad hoc eine französische Operntruppe eingeladen. Neben dieser dürften auch die Mozartkinder mehrmals aufgetreten sein. Eine unmittelbare Nachricht fehlt. Vater Mozarts Reisetagebuch – zum mindesten das eine vollgeschriebene Heft, das wir von dieser Fahrt besitzen – schließt schon in Dijon. Dafür hat sich aus der Genfer Aura eine interessante Briefstelle in der Korrespondenz des alten Voltaire mit Madame d'Epinay, der umtunlichen Freundin Grimms und Gönnerin der Mozarts, erhalten. «Ihr kleiner Mozart, Madame», schreibt da der kranke Philosoph aus seinem Gutshof Ferney nach Paris, «hat, wie ich glaube, einen recht schlechten Zeitpunkt ausgewählt, um Wohlklang in den Tempel der Disharmonie zu bringen. Sie wissen, daß ich zwei Meilen von Genf entfernt mein Leben hinbringen muß. Doch gehe ich niemals aus. Ich war sehr krank, als dieses Phänomen am dunklen Horizont Genfs aufleuchtete. Nun ist es fort, und ich habe es zu meinem größten Bedauern nicht einmal gesehen.» Daß jedoch Vater Mozart, sonderlich damals, als noch der bigotte Erzbischof Sigismund von Schrattenbach zu Salzburg regierte, es trotz allen aufklärerischen Maximen und Empfehlungen aus Paris nicht gewagt haben dürfte, den alten Atheisten persönlich in Ferney aufzusuchen, dürfen wir getrost annehmen.

In Lausanne gedachte man ursprünglich nur «über den Mittag» zu bleiben. Aber der Reisewagen wurde unvermutet durch die Livrée einiger Mitglieder der Noblesse und des kunstsinnigen Prinzen Ludwig von Württemberg aufgehalten. So gewichtigen Persönlichkeiten konnte man nicht gut widersprechen. Leopold ließ sich also bereden, fünf Tage in der fröhlichen Stadt zu bleiben. Denn wahrscheinlich fand die Familie beim Prinzen selbst, in dessen Haus Grand-Montriont, wo auch zwei öffentliche Konzerte – am 17. und 18. September – rasch improvisiert wurden, annehmlichstes Quartier. In Bern verhielt man sich acht Tage. Am 27. oder 28. September trafen die Mozarts in Zürich ein. Nehmen wir an, daß sie im berühmten Gasthof «Zum Schwert» logierten. Am 3. Oktober verbrachten sie vergnügte Stunden in der Münstergasse, im Hause «Zum Schwanen» bei den «zween gelehrten Herren Geßner», dem Physiker Johannes und dem Dichter Salomon Geßner. Dieser widmet den «wertesten Freunden» ein Exemplar seiner «Schriften» aus der eigenen Verlagsdruckerei und hält den violinspielenden Knaben inmitten der Gesellschaft in einer flüchtigen Zeichnung fest. Am 7. und 9. Oktober konzertieren die Kinder öffentlich über Einladung des Musik-Kollegiums im gewohnten Konzertsaal beim Fraumünster.

Nun ging es rascher über Winterthur, wo die Familie zwei Tage im Hause des kunstsinnigen Stadtschreibers Wolfgang Dietrich Sulzer Aufenthalt nahm, über das «sehr angenehme» Schaffhausen an den Hof des Fürsten Joseph Wenzel zu Fürstenberg nach Donaueschingen. Hier wird zwölf Tage lang eifrig musiziert. Beim Abschied ist man zu Tränen gerührt. Die Reise geht jetzt donauabwärts nach Ulm, über Dillingen und Augsburg zurück nach München. «Gestern (9. November) haben wir Se. Kurfürstliche Durchlaucht bei der Tafel besucht, wir wurden gnädigst empfangen. Der Wolfgangl mußte gleich neben dem Kurfürsten ein Stück auf der Tafel komponieren, davon ihm Sr. Durchlaucht den Anfang von ein paar Takten vorsang. Er mußte es auch nach der Tafel im Kabinett spielen. Wie erstaunt jedermann war, dieses zu sehen und zu hören, ist leicht zu erachten.» Ein rheumatisches Fieber Wolfgangs zwang Leopold, seinen Plan, den Umweg über Regensburg zu nehmen, widerstrebend aufzugeben. Nach mehrwöchigem unfreiwilligem Aufenthalt in der bayrischen Hauptstadt traf die Familie am 30. November 1766 mit Erlebnissen und Geschenken beladen wieder in der Salzburger Heimat ein. Was die Reisestrapazen und die vielen Erkrankungen Wolfgangs in dem zarten Körper angerichtet hatten, dürfte Leopold kaum zu Bewußtsein gekommen sein, als sich der Ruhm des «Weltwunders» bei seinen Erzählungen in den erstaunten Gesichtern der Nachbarn widerspiegelte. Dabei mußte er doch erschauernd gefühlt haben, wie in dem Knaben der echte Künstler allmählich das phänomenal begabte Wunderkind überwuchs.

In der langen Zeit dieser Reise hatte Wolfgang zum ersten Male das urgewaltige Schaffensfieber überkommen, das ihn seither nicht mehr verlassen sollte. Die zitternden Hände des todkranken Kindes, die in unheimlicher Unrast Note an Note reihten, als gälte es dem schwindenden Leben das Letzte abzuringen, werden zum Symbol seines Daseins. Zum ersten Male verwob der Knabe die Fülle wechselnder Eindrücke mit der ureigenen Forderung seiner Schöpferseele. Sei es Schobert, sei es Christian Bach, von denen er Erfahrung und Gebärde nahm, kein Ton dieser Meister blieb dauernd in ihm haften, der nicht Verwandtes, Bildungsfähiges in seiner Seele berührt hatte. Viel Unbedeutendes, Unfertiges, das er damals hörte, fesselte ihn weit über Gebühr, wenn er nur einen kleinen Teil davon zum Aufbau seines eigenen Schaffens verwerten konnte. Die Zeit der Ruhe, die nun den bewegten Eindrücken der drei Wanderjahre folgen sollte, brachte seinem Werden den heilsamen Gegensatz der Sammlung und inneren Weiterbildung in der stilleren Umgebung der Heimat.

16. DIE LEHRJAHRE IN SALZBURG DIE ZWEITE WIENER REISE 1768

> «Gott, der für mich bösen Menschen allzu gütige Gott, hat meinen Kindern solche Talente gegeben, die ohne an die Schuldigkeit des Vaters zu gedenken, mich reizen würden, alles der guten Erziehung derselben aufzuopfern.» (Leopold Mozart an Lorenz Hagenauer, 15. November 1766)

Die Erwartungen Leopolds von der langen Reise hatten sich zum größten Teil erfüllt. Ein ansehnlicher Reingewinn konnte für spätere Zeiten angelegt werden. Der Erlös vieler Geschenke wurde diesem stattlichen Kapital noch zugeschlagen. Draußen in der Welt sprach man von den Leistungen der Wunderkinder, um sie allerdings schneller zu vergessen, als Leopold ahnen mochte. Die Salzburger hatte er freilich zum Respekt gezwungen. Aber auch da hielt die Wohlmeinung seiner «Abderiten» nur so lange an, als der Glorienschein des Fremden noch um die Familie Mozart schwebte. Sobald man einsah, daß die Lebensweise der Weitgereisten wieder im gewohnten Geleise lief, schwand die allgemeine Hochachtung, und der Vater mußte erneut an Wanderfahrten denken.

Wolfgang war sich zum ersten Male seiner schöpferischen Kraft bewußt geworden. Mit zehn Jahren hatte er eine musikalische Reife erlangt, um die ihn ein erfahrener alter Tonsetzer beneiden konnte. Die natürliche, gesunde Pausbäckigkeit des Kindes war einer fast krankhaften Vergeistigung in den Zügen gewichen. Alle Bewunderung der Menschen über seine Anlagen hatte ihn nicht selbstsüchtig, stolz oder eigensinnig gemacht. Er blieb ein überaus folgsames und gefälliges Kind. Ausgelassene Knabentollheit mit gleichaltrigen Kumpanen hat ihn scheinbar nie beglückt.

Mit erneutem Eifer wandte sich Leopold der methodischen Weiterbildung seines Sohnes zu. Daß Wolfgang eine Schule besucht hat, ist nicht anzunehmen. Wahrscheinlich hat der Vater die Lasten der allgemeinen Erziehung des Knaben allein auf sich genommen. Sie umfaßte neben bescheidenen Fragen wissenschaftlicher Natur ein wenig Geschichte, Geographie, Mathematik und Literatur. Vor allem stand ein gründlicher Sprachunterricht, Italienisch und Französisch und das Notwendige im Lateinischen und Englischen, soweit es Wolfgang nicht schon aus der Umgangspraxis beherrschte. Dazu trat die immer fortschreitende musiktheoretische Ausbildung. Es ist anregend, festzustellen, daß Leopold seinen Sohn, der sich schon erfolgreich als schaffender Künstler in den freien Formen bewegt hatte, wieder in die Fesseln des strengen kontrapunktischen Stils zwang. Er legte den alten «Gradus ad Parnassum» von Johann Joseph Fux (1725) den methodischen Studien zugrunde, die uns in einem Arbeitshefte Wolfgangs im Archiv des Mozarteums erhalten sind. Kurze launige oder der Not des Augenblickes abgepreßte Worte stehen da manchmal zwischen den Zeilen. Einige Kompositionen aus dieser Zeit sind verlorengegangen. Die Aufführung seines Schuloratoriums *«Die Schuldigkeit des ersten Gebotes»* (K. 35)[56], dessen ersten Teil der Knabe auf Befehl des Erzbischofes in strenger Klausur fertigstellte (die übrigen Partien stammten von Michael Haydn und Adlgasser), fand unter allgemeinem Beifall am 12. März 1767 bei Hofe statt. Es ist merkwürdig, wie Mozart sich in diesem Stücke, das seine erste, erstaunlich beherrschte Komposition im größeren Gesangsstil darstellt, wieder der strengen Art seines Vorbildes Eberlin, namentlich in der sorgfältigen Behandlung der Rezitative, nähert, ohne den modernen Einfluß Christian Bachs vergessen zu haben. Fühlbarer wird die spielerische Diktion des neapolitanischen Oratorienstils mit seiner Vorliebe für Koloraturen, Fanfarengepränge und weichere Melismen in einer kleinen deutschen Fastenkantate *«Grabmusik»* (K. 42) und in dem lateinischen Schuldrama *«Apollo et Hyacinthus»* (K. 38)[57]. In diesem werden die Arien fast ausnahmslos nach der dreiteiligen Da-capo-Form Hasses gebildet, während sie in der «Schuldigkeit» noch die ältere zweiteilige Gestaltung aufwiesen. Trotz einer gewissen barocken Umständlichkeit im Ariosen, die zum Teil in der trockenen Gelehrsamkeit des lateinischen Textes begründet sein mag, hat sich das hübsche kurze Stück erst neuerdings wieder auf Liebhaber- und Jugendbühnen sehr bewährt. Hie und da melden sich Wendungen süddeutscher Art. Das Schaffen einheimischer Meister, vor allem Eberlins und Michael Haydns, die Salzburger instrumentale Musikpraxis begann in Wolfgangs Kunst frische Triebe zu schlagen. Der neue Geist, der auch in Haydn lebte, sprach eindringlicher zu ihm, da er Schobert und Christian Bach kennengelernt hatte. Das österreichische Blut jenes Meisters mußte ihn noch wesensverwandter berühren, je mehr er sich in der Heimat und ihren Klängen wieder zurechtfand.

Vorläufig ließ ihm der Vater nur nicht die nötige Zeit. Nach zehn Monaten der Rast trieb ihn Leopolds ehrgeizige Unruhe wieder aus den Salzburger Mauern. Als die Nachricht von der bevorstehenden Vermählungsfeier der österreichischen Erzherzogin Maria Josepha mit dem König Ferdinand von Neapel im Spätsommer 1767 aus Wien an die Salzach drang, wurden eilig die Reisebündel geschnürt, und Leopold verließ am 11. September 1767 mit Gattin und beiden Kindern zum vierten Male die erzbischöfliche Residenz. Am 15. September saß man bereits in der kaiserlichen Hauptstadt, voll froher Hoffnungen auf ein glänzendes Gelingen der Pläne.

Allein die Ausfahrt war diesmal von keinem glücklichen Stern begleitet.

Eine Blatternepidemie brach wenige Tage später in Wien aus und raffte die Prinzessin Braut unter den ersten Opfern dahin. Die Mozarts flohen nach Olmütz. Hier ereilte auch sie das Schicksal. Erst Wolfgang, dann Nannerl wurden von der Seuche ergriffen. Wieder standen beide Kinder am Rande des Grabes. Der Knabe lag neun Tage lang blind und mußte in der Folge seine Augen noch durch Wochen schonen. Vielleicht blieb eine leichte Kurzsichtigkeit aus dieser Zeit zurück. Graf Leopold Anton Podstatzky, Domdechant von Olmütz, der als ehemaliger Salzburger Kanonikus mit Leopold Mozart gut bekannt war, hatte die Familie ohne Furcht vor Ansteckung liebevoll in sein Haus genommen und gepflegt. Erst am 23. Dezember konnte die Rückreise über Brünn angetreten werden. Hier wurden die Mozarts um die Weihnachtszeit bei dem Grafen Franz Anton Schrattenbach, dem Bruder des Salzburger regierenden Erzbischofs, freundlich empfangen. Am 10. Jänner 1768 fand man sich wieder in den Mauern Wiens.

Von dem Unglücke der Kinder unterrichtet, ließ die Kaiserin sehr bald die Familie zu sich bescheiden und bewies mit herzlichen Worten ihre warme mütterliche Teilnahme. Allein der alte frohe Geist am Hofe war seit dem Tode ihres kaiserlichen Gemahls geschwunden. Sie vermied jeden Theaterbesuch und hatte die Musik in ihrer Umgebung eingestellt. Mit ihrem Sohn und Mitregenten Joseph II. war die Sparsamkeit im kaiserlichen Haushalte eingezogen. Das Hoftheater wurde verpachtet, um es mit geringsten Kosten weiterführen zu können. Der vermögende Adel wetteiferte aus Liebedienerei mit dem Kaiser in modischer Enthaltsamkeit. Brotlose Künstler jagten einander, verhetzt und hungrig, mit unlauteren Konkurrenzmanövern.

Wolfgang war zwölf Jahre alt geworden. Man begann ihn als Künstler zu werten, nicht mehr als Wunderkind. Das sensationelle Interesse für das Artistische seiner Leistung wich allmählich einem strengeren Urteile des Publikums und neidischer Fachkritik bei den Kollegen: «Ich erfuhr, daß alle Klavieristen und Komponisten in Wien sich unserem Fortgange widersetzten, ausgenommen der einzige Wagenseil, der aber, da er krank zu Hause ist, nicht helfen oder wenig zu unserem Vorteil beitragen kann. Die Hauptmaxime dieser Leute war, alle Gelegenheit, uns zu sehen und die Wissenschaft des Wolfgangerls einzusehen, sorgfältig zu vermeiden. Und warum? Damit sie bei den so vielen Fällen, da sie gefragt würden, ob sie den Knaben gehört hätten, und was sie davon hielten, allezeit sagen konnten, daß sie ihn nicht gehört haben und daß es unmöglich wahr sein könnte.» Oft mußte Leopold zur List greifen, die Widerstrebenden zu erheuchelter oder echter Bewunderung zu bekehren.

Als Kaiser Joseph, um dem Knaben irgendwie zu helfen, vielleicht auch, um seine wahren Kenntnisse zu prüfen, den Wunsch ausgesprochen hatte, in Wien eine Oper seiner Komposition zu hören, ließ der damalige Pächter der Hofoper, *Giuseppe Affligio*[58], den wohlgemeinten Vorschlag des Kaisers nur mit innerlichem Widerstreben über sich ergehen. Zunächst wurde ein Kontrakt stipuliert, der Wolfgang verpflichtete, für ein Honorar von hundert Dukaten eine Oper zu schreiben. Man wählte mit Rücksicht auf die mäßigen Qualitäten des darstellenden Personals der Opera seria einen heiteren Stoff, die *«Finta semplice» («Die verstellte Einfalt»)* (K. 51). Die Einrichtung der dreiaktigen Posse nach dem Libretto Carlo Goldonis hatte der seit 1758 in Wien lebende Florentiner «Theaterdichter» Marco Coltellini zu besorgen. Das Buch verrät die lockere Hand des Routiniers und weiß sich in der Erfindung operettenhaft burlesker Szenen gewandt dem Geschmacke der Zeit anzupassen, ohne von der typenhaften Behandlung seiner Figuren ins Tiefere, Persönliche abzuirren. Ein Offizier, Fracasso, im Hause zweier schrullenhafter Junggesellen einquartiert, liebt deren anmutige Schwester Giacinta. Mit Hilfe seiner eigenen Schwester Rosina, die als verstellte Einfalt den zwei Hagestolzen unter mannigfachen Verwicklungen die Köpfe verdreht, wird den Brüdern schließlich weisgemacht, Giacinta sei mit ihrer Zofe samt allen Schätzen des Hauses entflohen. Der Wiederbringer der angeblich Entflohenen, natürlich Fracasso, erhält zum Lohne ihre Hand, und alles endet in Jubel.

Bald hatte Wolfgang, nicht ohne Hilfe und Beratung des Vaters, den ersten Akt in Musik gesetzt und damit die Zufriedenheit aller Sänger errungen. Trotz mannigfachen Verzögerungen seitens des Dichters gelang es ihm, den noch fehlenden Teil der umfangreichen Partitur in überraschend kurzer Zeit fertigzustellen.

Während seines Wiener Aufenthaltes hatte der Knabe Gelegenheit, vorbildliches Theater zu hören, obwohl der gereizte Vater sich in nicht sehr schmeichelhaften Worten über die damaligen theatralischen Verhältnisse der kaiserlichen Residenzstadt ergeht. 1767 war hier Glucks Reformoper «Alceste»[59] zum ersten Male über die Szene gegangen. Neben ihr standen Musterwerke der italienischen Richtung auf dem Repertoire, Hasses «Partenope», Niccolo Piccinis rührselige «Buona figliuola», Scarlattis «Moglie padrona» und die «Notte critica» des hochbegabten Florian Gaßmann. Die heiteren Stücke der Gattung waren, getragen von der famosen Darstellung, wohl geeignet, Mozarts Sinn lebendiger für das Maskenspiel der Buffa zu entzünden.

Es ist erstaunlich, wieviel der Knabe jenen Vorbildern, namentlich Piccini und Gaßmann, abgeguckt hatte, wie gut er sich dadurch mit vielen Situationen in seinen eigenen Werken abzufinden wußte, wie ausgezeichnet und persönlich er zu charakterisieren verstand, obwohl ihm bei allem musikalischen und technischen Genie die nötige Alterserfahrung fehlte. Das unpersönlich Konventionelle der Figuren hat ihm vieles erleichtert.

Aber das Orchester ist reicher und differenzierter, dem Wiener Brauch folgend, behandelt, lebendiger, als man es von den gleichzeitigen Farse der Italiener her gewohnt war. Auch die Gesangsstücke sind dort am besten, wo sie sich dem leichten, lockeren Coupletton der Wiener Singkomödien annähern. Die drei relativ großen Finale der «*Finta semplice*» (K. 51) sind fröhlich und unbekümmert durchmusiziert, wie es eben der Fortgang des Librettos verlangt, ohne der notwendigen formellen und psychologischen Gliederung des Innenbaus allzuviel Gewicht beizumessen. Manche, bereits sehr charakteristisch Mozartsche Einfälle weisen überraschend auf die späten Meisterwerke hin. Der Meinung, daß die «Finta» nur ein matter Abklatsch der damaligen durchschnittlichen Buffa-Produktion sei, muß energisch widersprochen werden. Aus der Folge der größeren Sologesänge ragt ein Glanzstück, Rosinas liebliche, echt Mozartsche Arie: «Amoretti che ascosi» (Nr. 15) bedeutsam hervor. Auch das Männerduett «Cospetton, cospettonaccio» (Nr. 19) läßt aufhorchen.[60]

Die Schwächen dieser ersten Oper Mozarts wird schon der kühle, einer persönlichen Begünstigung Wolfgangs von vornherein abgeneigte Impresario richtig erkannt haben. Er steckte außerdem in finanziellen Nöten. Eine Kette feingesponnener oder derber Intrigen setzte gegen die Aufführung ein. Vater Mozart kämpfte wie ein Löwe für das Prestige seines Kindes. «Ich kann kurz nichts anderes sagen, als daß die ganze Musikhölle sich empört hat, um zu verhindern, daß man die Geschicklichkeit eines Kindes nicht sehen soll. Unter dieser Zeit haben alle Kompositores, darunter Gluck eine Hauptperson ist, alles untergraben, um den Fortgang dieser Opera zu hindern. Die Sänger wurden aufgeredet, das Orchester aufgehetzt und alles angewendet, um die Aufführung einzustellen. Die Sänger, die ohnehin kaum die Noten kennen, sollten nun sagen, sie könnten ihre Arien nicht singen, das Orchester sollte sich nun nicht gerne von einem Knaben dirigieren lassen und hundert solche Sachen. Inzwischen wurde von einigen ausgesprengt, die Musik sei keinen blauen Teufel wert. Kaum hörte ich dieses, so bewies ich an den ansehnlichsten Musikorten, daß der Musikvater Hasse und der große Metastasio sich darüber erklären, daß diejenigen Verleumder, die dieses aussprengen, zu ihnen kommen sollen, um aus ihrem Munde zu hören, daß dreißig Opern in Wien aufgeführt worden, die in keinem Stücke der Opera dieses Knaben beikommen. Nun hieß es, nicht der Knab, sondern der Vater hat es gemacht. Ich ließ den nächsten besten Teil der Werke des Metastasio nehmen, das Buch öffnen, die erste Aria, die in die Hände fiel, dem Wolfgang vorlegen. Er ergriff die Feder und schrieb, ohne sich zu bedenken, in Gegenwart vieler Personen von Ansehen die Musik dazu mit vielen Instrumenten in der erstaunlichsten Geschwindigkeit. – Affligio schob den Verzug der Opera auf die Sänger und sagte, sie könnten und wollten solche nicht singen, die

Sänger hingegen schoben es auf den Affligio und gaben vor, er hätte gesagt, daß er solche nicht aufführen werde. – Sollte nun aber ein neues Hindernis sich äußern, so werde ich meine Klage an Sr. Majestät den Kaiser und die Kaiserin gelangen lassen und eine solche Genugtuung verlangen, die unsere Ehre vor ganz Wien und der ganzen ehrlichen Welt rettet.»

Der Verdacht Leopolds gegen Gluck ist wahrscheinlich die erste Ursache geworden, daß sich engere persönliche Beziehungen zwischen seinem Sohne und dem großen Reformator der Oper zeitlebens nicht einstellen wollten, obwohl beide später Jahre hindurch gleichzeitig in Wien wohnten. 1767 wurde Gluck 53 Jahre alt. Auf der Höhe seiner Künstlerschaft, in anstrengende Arbeit vertieft und darum gezwungen, sich abzuschließen, hat er dem elfjährigen, von seinem Vater laut in Szene gesetzten Wunderknaben aus Salzburg begreiflicherweise nicht das erwartete Interesse entgegengebracht. Zum Neid auf das Jugendwerk Wolfgangs lag für ihn wahrhaftig kein Grund vor. Hinterhältigkeit waren seinem offenen Charakter noch fremder. Vielleicht hatte ein im besten Sinne gemeintes vorsichtiges Wort des Meisters dem Unternehmer genügt, sich endgültig aus der Verantwortung für die Oper auszuschalten. Auch die Audienz des erbitterten Vaters am 21. September 1768 «wider den Theatral-Impresarium» beim Kaiser, der «gnädigst alle Gerechtigkeit» versprach, versagte vollständig. Die «Finta semplice» wurde in Wien nicht aufgeführt.

Zum Glück erhielt Wolfgang in dieser Zeit von dem angesehenen Arzte, dem berühmten Vorkämpfer des Magnetismus, Dr. Franz Anton Mesmer, eine Aufforderung, in seinem Hause auf der Landstraße das kleine deutsche Singspiel *«Bastien und Bastienne»* (K. 50) aufzuführen, das der Knabe vielleicht schon früher begonnen hatte und nun eilig fertiggestellt haben dürfte.

Der Wiener Regisseur Fr. W. Weiskern hatte Madame Favarts Parodie zu Rousseaus reizendem Schäferspiel «Le devin du village», das als nationales Gegenstück zu den italienischen Intermezzi sich von seiner ersten sensationellen Aufführung vor dem König in Fontainebleau fast bis in unsere Zeit auf dem Theater zu halten vermochte, für die Wiener Singspielbühne bearbeitet, aber durch eine grobschlächtige Sprache etwas ungefüge gemacht. Der anmutige Kern der simplen Fabel, Streit und Wiederversöhnung eines verliebten Schäferpaares durch den gefälligen Dorfzauberer, ist geblieben.

In Wolfgang werden musikalische Erinnerungen an seine Pariser Zeit, an Duni, Monsigny und Philidor, an die Tanzlieder des Sperontes aus seinem ersten Notenbuche erneut aufgeklungen sein, als er sich an die Vertonung machte. Der harmlose ländliche Stoff lag seinem Kinderherzen näher als das lockere Intrigenspiel der «Finta». Wenn dieses Werk in Einzelzügen eine höhere Stufe der Technik erreicht, so hat die schlichte

Geschlossenheit des Stils in «Bastien und Bastienne» im Verein mit einem lieben volkstümlichen Klang die anspruchslose Operette bis heute lebendig erhalten. Der warme pastorale Ton, der schon in der einfachen einsätzigen Ouvertüre die Handlung passend vorbereitet, ist in dem ganzen Werkchen glücklich festgehalten. Die Form aller Gesangnummern, selbst der Ensemblesätze, ist das einfache Lied. Die Melodien sind gut gegliedert und lebendig rhythmisiert. In der burlesken Partie des pfiffigen Zauberers Colas finden sich geschickte Ansätze musikalischer Charakterisierungskunst, getragen von dem kleinen, aber geschickt und locker verwendeten Orchester.[61]

Noch eine zweite Genugtuung sollte der junge Künstler erleben: Durch Vermittlung eines ehemaligen Salzburger Bekannten, des Jesuitenpaters Ignaz Parhammer, der als Persona grata am Wiener Hofe das Waisenhaus zu einer mustergültigen, nach dem Beispiele der italienischen «Ospedaletti» musikalisch vortrefflich verwendbaren Organisation umgewandelt hatte, erhielt Wolfgang den kaiserlichen Auftrag, zu der feierlichen Einweihung der neuen Waisenhauskirche am Rennweg eine Festmesse, ein dazugehöriges Offertorium und ein Trompetenkonzert zu komponieren, das ein Zögling der Anstalt zu blasen hatte. Am 7. Dezember 1768 wurde die Messe in Gegenwart des kaiserlichen Hofes unter erstaunlichem Zulaufe der Wiener aufgeführt, wobei Wolfgang selbst den Takt schlug.[62]

Nach diesem ehrenvollen Erfolge konnten die Mozarts beruhigter die Rückreise nach Salzburg antreten. Am 5. Jänner 1769 traf die Familie nach einer Abwesenheit von fast sechzehn Monaten wieder in der Heimat ein. Die abgelaufene Zeit war für die künstlerische Entwicklung des Knaben in jeder Beziehung bedeutsam geworden, so geringfügig diesmal der materielle Erfolg des Ausfluges gewesen sein mag. Den süddeutschen Geist der Salzburger Meister hatte er mit geläutertem Verständnis beweglicher und lebendiger in Wien wiedergefunden. Es war der fröhlich konzertierende, von der Kunst der Italiener genährte, aber auch den Einflüssen der böhmischen Musikbegabung offene, bodenständige Instrumentalstil, der in den Mauern der Donaustadt seine eigene, helle, volkstümliche Prägung angenommen hatte. Damals erklangen dort die Symphonien, Serenaden und Divertimenti Georg Reutters (1708–1772), Georg Matthias Monns (1717–1750), Christoph Wagenseils (1715–1777), Florian Dellers (1729–1773), Joseph Starzers (1726–1787) und des um 1770 langsam zur Höhe reifer Schaffenskraft aufsteigenden Joseph Haydn (1732 bis 1809). Bei aller persönlicher Verschiedenheit und Bedeutung dieser Meister steht ihr Werk doch einmütig in einer großen, aufsteigenden Entwicklungslinie. Diese hatte in der stärksten, eigenwilligsten Individualität, Haydns, die entscheidende Richtweisung, die klarste und modernste

Gestaltung gefunden. Durch die Gesamtheit ihrer musikalischen Ausdrucksmittel, durch eine warme bodenständige Melodik mit ihrer Vorliebe zu starken, oft leidenschaftlichen Kontrasten und origineller Rhythmik, durch reicheren Ausbau der Sonatenform und Lebendigkeit des Orchestersatzes hat die Wiener Symphonik den jungen Mozart noch tiefer in ihren Bann gezwungen, als dies Christian Bachs Werke in London vermocht hatten. Die *Symphonien* Wolfgangs aus der Zeit seines Wiener Aufenthaltes zeigen bei aller Hinneigung zur festlich heiteren Gebärde des italienischen Theaterstils die Spuren ihres Entstehungsortes mit Deutlichkeit. Das hier zu neuer Bedeutsamkeit gelangte Menuett wird nunmehr auch bei Mozart zum beliebten Bestandteil dieser zyklischen Form.

Schon die früheste Schöpfung dieser Reihe, die *F-Dur-Symphonie* (K. 43), an der Mozart wahrscheinlich zur Zeit seines Olmützer Zwangsaufenthalts gearbeitet hat, zeigt deutlich eine Abkehr vom unverbindlichen Stil aus der Zeit der englischen Reise zur persönlichen wesentlich lebhafteren Ausdrucksform des Wiener Geschmacks. In dem *»con sordino-Andante«* hat Wolfgang ein Duett aus »Apollo et Hyacinthus« (K. 38) («Natus cadit atque Deus») zu einem zarten Serenadenstück umgebildet, während die *D-Dur-Symphonie* (K. 45) – natürlich ohne die hübsche Menuettgruppe – zur Ouvertüre der Buffa «La finta semplice» (K. 51) geworden ist. Die andere, erst um die Mitte des Dezember 1768 vollendete *Symphonie in D-Dur* (K. 48) scheint mir das von der fortschrittlichen Orchesterkultur der Wiener Schule am deutlichsten inspirierte Werk der Gruppe zu sein, ohne Zweifel ein eigenwilliges, recht virtuoses, aber durchaus beherrschtes Stück. Schon das kühn abstürzende Eingangsthema des ersten Satzes mit seinem jähen Wechsel zwischen Forte und Piano zeigt das Genie des Knaben. Kaum ein reifer Meister jener Jahre, der ein so kühnes Thema niederzuschreiben gewagt hätte! Dabei bleibt die formelle Gestaltung dieses Satzes äußerster Knappheit beflissen: Durchführung und Rückführung beanspruchen zusammen nicht mehr als 26 Takte! Einen glücklichen Kontrast zu diesem Satz bildet das verträumte, nur von den Streichern gespielte *Andante.* Der Eindruck des Exzeptionellen, Überraschenden des ganzen Jugendwerkes wird durch die Kraft und Beschwingtheit des *Finales,* eines Presto-Satzes von ausgesprochenem Tarantella-Charakter, nur bestätigt.

Das musikfreudige Benediktinerstift Lambach – halbwegs zwischen Salzburg und Linz gelegen – hat den Mozarts auf ihren Wiener Reisen stets einen angenehmen Zwischenaufenthalt geboten. Damals konnten die Ordensherrn, wohl unter Beiziehung ihrer Zöglinge und kunstgeübter Ortsinsassen jederzeit ein tüchtiges Orchester zusammenstellen. Es gab dort sogar einen kleinen, wohleingerichteten Theatersaal. So wird es selbstverständlich, daß sich im Klosterarchiv die Stimmensätze von

Der siebenjährige Mozart mit
Vater und Schwester

Stich von Delafosse 1764 nach
Charmontelle. Musée de Chantilly

nicht weniger als zwölf Symphonien Leopold Mozarts vorfanden, dazu aber auch eine dreisätzige *G-Dur-Symphonie* Wolfgangs (K. 45 a), «Sinfonia à 2 Violini, 2 Oboe, 2 Corni, Viola, e Basso del *Sigre Wolfgango Mozart»* mit dem Bibliotheksvermerk «Dono Authoris 4ten Jan. 769» auf dem Titelblatt. Den gleichen Schenkungsvermerk vom gleichen Tage trägt auch eine jener zwölf mit «del *Sigre Leopoldo Mozart»* überschriebenen Symphonien. Somit dürften beide Werke den Lambacher Stiftsherren von den Mozarts auf ihrer Rückreise von Wien überreicht worden sein. Die Familie – Mutter Mozart und das Nannerl fuhren damals mit – hatte das Kloster Melk schon am 29. Dezember 1768 im vierspännigen Postwagen verlassen, («Lincium (= Linz) versus equis 4 veredariis vectus» wie die Melker Priorats-Ephemeriden melden.) Sie dürften daher spätestens am Sylvestertag in Lambach eingetroffen sein, wenn sie sich nicht in Linz aufgehalten haben. Jedenfalls hat man fleißig zu Lambach musiziert und dabei sicher auch die beiden Widmungssymphonien zu fröhlicher Aufführung gebracht.[63]

Der Wiener Kirchenstil liebte im Gegensatz zur strengeren Salzburger Tradition die prunkvolle Weitschweifigkeit und zeichnete sich durch die eigentümliche, nicht immer homogene Mischung alter Elemente der strengen kontrapunktischen Arbeit eines Fux oder Caldara mit der homophonen Theatralkirchenkunst der modernen Neapolitaner aus. In diesem merkwürdigen, aber zeitgerechten, echt spätbarocken «Stilus mixtus», der von der Reinheit der älteren Musica sacra schon recht entfernt war, bewegen sich im allgemeinen auch die Messekompositionen des jungen Mozart. Sie bleiben je nach Charakter oder Umfang des Werkes der älteren strengeren Durchbildung Eberlins oder Leopold Mozarts mit ihrer sparsamen Orchestersprache angeglichen oder von der italienischen Manier mit ihrer Vorliebe für das Solistische und instrumental Effektvolle beherrscht. Zum ersten Typus gehören auch die kleinen *Messen in G-Dur und d-moll* (K. 49 und 65), während in der solennen *Pater-Dominikus-Messe* (K. 66, C-Dur), die Wolfgang für die Primiz seines Freundes Dominik Hagenauer im Oktober 1769 schrieb, die Erinnerung an den koloraturfreudigen Wiener Kirchenstil Hassescher Herkunft wieder auftaucht.[64]

Mit solchen Versuchen mannigfaltiger Art hatte das künstlerische Genie des Knaben hoffnungsvolle Werte geschaffen. Es bedurfte noch der lebendigen Erfahrung, der natürlichen menschlichen Reife, um in weiterem Fortschreiten Erlerntes und Eigenes zur Meisterschaft zu entwickeln. Dieser Entwicklungsprozeß im Zeitraum der folgenden zehn Jahre widerlegt die alten Legenden von der frühen Vollkommenheit und Ausgeglichenheit seines Gesamtschaffens. Es ist bezeichnend, daß die Reifeschauer des Sturmes und Dranges den Jüngling erst im Alter von fast zwanzig Jahren, also keineswegs zu früh, überfielen. Die Zeit vor diesen Ereignissen hatte ihn gewiß auf die beherrschende Ebene der damaligen Gegenwartskunst gebracht. Allein erst jene neuerliche Wandlung vertiefte sein Schaffen zum zeitlosen Idealtypus der Epoche.

Das Ruhejahr 1769 widmete Wolfgang in Salzburg seiner weiteren Fortbildung. Die kompositorische Ausbeute dieser Zeit ist verhältnismäßig gering. Wichtig sind zwei *Cassationen* in *G-Dur* und *B-Dur* (K. 63 und 99) und eine achtsätzige *Serenade* in *D-Dur* (K. 100), zu Festen der Alma Benediktina geschrieben, womit Wolfgang wieder das Gebiet fröhlicher *Gesellschaftsmusik* betrat. Diese Kunstgattung, der auch die *«Divertimenti»*, *«Notturni»*, *«Finalmusiken»*, ja selbst gewisse als «Sinfonie» gemeldete Stücke angehören, kann als Fortbildung der alten, in der Satzzahl nicht beschränkten Instrumentalsuite betrachtet werden. Meist tragen solche Arbeiten den Stempel heiterer Gelegenheitsarbeit, als Ständchen oder musikalische Überraschungen bei festlichen Anlässen. Gerne gewähren sie dem konzertierenden Element einen breiten Spielraum. Bei Verwendung eines *solistischen* Streicherkörpers haben die *Divertimenti* eine bedeutende Rolle als Vorläufer des Streichquartetts gespielt. Wolfgang hatte nicht nur in Wien, wo man fast jeden Abend eine Nachtmusik zu hören bekam, sondern auch in Salzburg Gelegenheit, sich in den Geist jener reizvollen Musik einzuleben, um so mehr, als sein Vater und Michael Haydn darin Vorzügliches leisteten. Und das Salzburg des jungen Mozart stand an solcher abendlichen Musizierfreude der Kaiserstadt an der Donau kaum nach. Der erzbischöfliche Hof, der Adel, die Studenten und die Bürgerschaft wetteiferten da miteinander zur Freude des jungen Mozart. Die Freiheit in der Gestaltung solcher Stücke, das Unmittelbare ihrer Wirkung in festlich erregter Umgebung, die Möglichkeit, solistische Paradestückchen und Instrumentalspäße glänzen zu lassen, sagten seiner frischen Phantasie ungemein zu. Tatsächlich hat er diese Stücke durch einen schlanken Zug, flotte Instrumentierung und eine intime Note vor den Symphonien der gleichen Zeit ausgezeichnet.

Die Salzburger akademische Tradition leitet das Wort *«Cassation»* von ‹gassatim-Gehen› ab, einem Ausdruck, der im studentischen Salzburg des 17. und 18. Jahrhunderts populär war und uns aus Tagebüchern, Protokollen und Liederheften überliefert ist: des Abends oder nachts ziehen die Studenten mit Fackeln, Laternen und Instrumenten musizierend durch die Gassen der Stadt («gassatim»!), um sich vor dem Haus eines Professors, Studenten oder auch einer Schönen feierlich aufzustellen, um den Gefeierten nunmehr ein schönes Ständchen darzubringen. Von diesem «Gassen-Ständchen» (‹Gassatio› oder ‹Cassatio›) erhält dann das Musikstück selbst seinen Namen. Es ist somit eine besondere Art der in Salzburg so beliebten ‹Serenaden›, regelmäßig von einem *Marsch* eingeleitet und beschlossen, bei dessen Klängen die Musikanten aufmarschieren oder abziehen.[65]

Die künstlerischen Erfolge der Wiener Reise hatten in Salzburg ihre Wirkung nicht verfehlt. Erzbischof Sigismund ließ Wolfgangs «Finta semplice» in gerechtem Stolze über sein Landeskind an seinem Hoftheater zur Aufführung bringen, obwohl ihm kein richtiges Buffa-Personal zur Verfügung stand. Meißner sang den Fracasso, Frau Haydn die Rosina. Ende November 1769 erfolgte die Ernennung des noch nicht vierzehnjährigen Knaben zum unbesoldeten Salzburgischen Hofkonzertmeister zugleich mit der Urlaubsbewilligung für die italienische Reise, um die Leopold in der Zwischenzeit dringlich nachgesucht hatte.

DIE DREI ITALIENISCHEN REISEN[66]

«Allerliebste mama! Mein Herz ist völlig entzückt aus lauter Vergnügen, weil mir auf dieser Reise so lustig ist, weil es so warm ist in dem wagen und weil unser gutscher ein galanter kerl ist, welcher, wen es der weg ein bischen zuläßt, so geschwind fahrt. Die reisebeschreibung wird mein papa der mama schon erkläret haben, die ursache, daß ich der mama geschrieben, ist, zu zeigen, daß ich meine schuldigkeit weis, mit der ich bin in tiefstem Respect ihr getreuer Sohn Wolfgang Mozart.» (Aus Wörgl am 13. Dezember 1769)

Schon auf der englischen Reise hatte Vater Mozart eine Rückkehr in die Heimat über Italien erwogen. Die Fahrt in dieses gelobte Land der Musik allein vermochte damals einem strebsamen jungen Künstler den Meistertitel, Ruhm und Ansehen bei seinen Landsleuten zu verleihen. Darum war sie auch den Mozarts als die wichtigste, entscheidende aller Urlaubsreisen erschienen. Sie folgten damit nur uralter Musiküberlieferung seit den Tagen der großen venezianischen Meister. Zu deren Füßen waren ehrfurchtsvolle Adepten aus der ganzen Welt gesessen. Händel, Hasse und Gluck waren, wie Christian Bach, erst nach ihrer italienischen Zeit zu internationaler Berühmtheit aufgestiegen. Christian Bachs größerer Vater war, ohne solche «höhere Weihe», solange er lebte bloß ein still verehrter deutscher Provinzmeister geblieben. War zu Wolfgangs Zeiten die musikalische Vorherrschaft der Italiener schon leise aus den Fugen geraten, so hatte sie doch in den Augen der Zeitgenossen noch nichts von ihrem alten Glanz verloren.

Die letzten Studienjahre, der zweite Wiener Aufenthalt, die Zeit erfolgreicher Weiterentwicklung in der Heimat hatten die musikalischen Sinne des jungen Mozart geschärft und seiner Empfangsbereitschaft für fremde Eindrücke stärkeren Eigenwillen, strengere Kritik beigegeben, als dies zur Zeit der englischen Reise der Fall gewesen war. Äußerlich freilich nahm sein Schaffen fast täuschend die Gebärde seiner Umgebung an. Erst vorsichtig, tastend, wie allmähliche Gewöhnung, dann immer sicherer, bewußter. Bis ihn die Studien bei dem gelehrten Padre Martini in Bologna für kurze Frist zur strengeren Gestaltung der älteren Kontrapunktik zurückführten. Dadurch gewann seine Technik wertvolle Grundlagen, die seine Arbeiten gefestigter und reifer erscheinen lassen, als sich Wolfgang späterhin zu Mailand erneut von dem galanten Zuge der Neapolitaner Richtung mitreißen ließ.

Diesmal hatte sich der Vater mit Wolfgang allein zur Fahrt über die Alpen angeschickt. Gattin und Tochter blieben daheim. Von allen Stationen senden die glückstrahlenden Wanderkünstler ihre launigen, stolzen Reisebriefe, unsere beste Quelle für die entscheidenden Erlebnisse in

Wolfgangs Leben. Finanzielle Erfolge waren bei der eigentümlichen Gestaltung des italienischen Konzertlebens, wo die «Akademien» meist vor geladener Gesellschaft unentgeltlich stattfanden, kaum zu erwarten. Der Zweck der Fahrt blieb vorwiegend ein künstlerischer. Zur Deckung der Kosten mußte das mühsam ersparte Kapital der früheren Reisen herhalten.

Am 13. Dezember 1769 war man von Salzburg abgereist, am 15. Dezember abends über Lofer und Wörgl in *Innsbruck* angelangt. Am Weihnachtsabend traf man über Brixen, Bozen und Trient in *Rovereto* ein. Dort fanden die Mozarts zu ihrer Freude einen alten «Scolaren» Leopolds, Nicolaus Christiani, als kaiserlichen Kreishauptmann, und die Grafen Septimo und Domenico Lodron, Verwandte der ihnen befreundeten Salzburger Adelsfamilie gleichen Namens, den tüchtigen Kapellmeister Abbate Pasqui und eine Menge musikverständiger Adeliger, die ihnen gefällig waren. Als der Knabe die Orgel der Hauptkirche spielte, mußten «starke Kerle» vorausgehen, ihm den Weg auf den Chor zu bahnen. Ganz Rovereto war im Gotteshaus versammelt, das Wunder zu hören. Die italienische Lebhaftigkeit herzlichen Willkomms für den «giovanotto tedesco» spiegelt sich von nun ab in allen Briefen der Mozarts fröhlich wider.

«Jetzt hört der deutsche Tölpel auf und fängt das wälsche Tölperl an», schreibt Wolfgang der Schwester am 27. Dezember aus *Verona*. Hier konnte man täglich die Oper hören. Den «Ruggiero», wahrscheinlich von Pietro Guglielmi. In einer launigen halb deutschen, halb italienischen Beschreibung dieser Aufführung für Nannerl hat sich die erste köstliche Probe von Wolfgangs kritischem Humor erhalten: «Oronte il padre di Bradamante, è un principe, un bravo cantante, un baritono, mà gezwungen, wenn er im Falsett hinauf, aber doch nicht so sehr wie der Tibaldi zu Wien. Bradamante, figlia d'Orionte, inamorata di Ruggiero, mà (sie soll den Leone heiraten, sie will ihn aber nicht), fà una povera Baronessa, che ha avuto una gran disgrazia, mà non so che? Recita (unter einem fremden Namen, ich weiß aber den Namen nicht), ha una voce passabile, e la statura non sarebbe male, ma distona come il diavolo. Ruggiero canta un poco Manzolisch ed à una bellissima voce forte ed è già vecchio, ha cinquanta cinque anni ed à una läufige Gurgel. – Irene fà una sorella di Lolli, dell gran Violinista che abbiamo sentito a Vienna. A una schnoffelte voce e canta sempre um ein Viertel zu tardi, ò troppo à buon ora. – Zwischen einem jeden Akt ist ein Ballett. – A propos: Alles in der Maschera jetzt und was das Commote ist, wenn man seine Larve auf dem Hut hat und das Privilegium den Hut nicht abzuziehen, wenn einer mich grüßt und nimmer beim Namen nennen, sondern allzeit: Servitore umilissimo, giora Maschera! – Cospeto di Bacco, das spritzt!»

Erst am siebenten Rasttage konnte Wolfgang Gelegenheit nehmen, sich nach vielen Privateinladungen in einer Akademie mit seinen staunenswerten Leistungen vor der gesamten Noblesse zu revanchieren.

Begeisterte «Sonetti estemporanei in argumento di maraviglio e di amore», nicht minder überschwengliche Zeitungsartikel zeugen von der temperamentvollen Teilnahme eines leichtentzündlichen Publikums. Der wohlhabende Kaufmann Pietro Lugiati ließ den «raro e portentoso giovane» von Saverio della Rosa lebensgroß in Öl malen und am Familienhause eine Gedenktafel mit schwungvoller Inschrift anbringen. Man befreundete sich mit dem berühmten Geiger Locatelli, besah mit ihm das Amphitheater. Der Bischof von Verona, Nicola Antonio Giustiniani[67], setzte alle Ehre darein, dem Knaben den Hof zu machen. Als Wolfgang die zwei Orgeln in San Tomaso spielte, war der Wirbel des andrängenden Publikums womöglich noch größer als in Rovereto. Man war froh, trotz der großen Kälte am 10. Jänner 1770 endlich abreisen zu können, um schon am selben Nachmittag in *Mantua* anzulangen. Eine Stunde darauf war man wieder im Theater, in Hasses Oper «Demetrio»: «Die Primadonna singt gut, aber still, und wenn man sie nicht agieren sähe, so meinete man, sie singe nicht. Denn den Mund kann sie nicht öffnen, sondern winselt alles her. La seconda Donna macht ein Ansehen wie ein Grenadierer und hat auch eine starke Stimme. – Einer nennt sich Otini, welcher nicht übel singt, aber halt schwer, wie alle italienischen Tenöre. – Primo Ballerino gut; Prima Ballerina gut und man sagt, sie sei gar kein Hund nicht. Ich aber habe sie zwar in der Nähe nicht gesehen. – Das Orchestro ist nicht übel gewesen.»

Auch zu Mantua wurden die Mozarts bei vornehmen Dilettanten freundlich aufgenommen. Am 10. Jänner fand in dem reizenden «Teatrino» der Philharmonischen Akademie ein Konzert mit «unbeschreiblichstem» Beifall für Wolfgang statt. «Die Veroneser Poeten feierten ihn um die Wette.» In Cremona[68] hörte man eine zweite Oper von Hasse «La clemenza di Tito».

Am 23. Jänner war man in *Mailand,* dem vorläufig ersten Reiseziel, angekommen. Hier fand man im Kloster der Augustiner von San Marco eine ideale Wohnung mit «eingewärmten Betten» und in dem kunstverständigen Generalgouverneur der damals österreichischen Lombardei, dem Grafen Karl Joseph von Firmian, geborenem Salzburger und Bruder des 1740 verstorbenen Erzbischofs, den liebenswürdigsten Protektor. Er führte die Mozarts in die Häuser des Adels und der angesehenen Familien ein. Er sorgte, daß seine Landsleute das bunte Karnevalstreiben und das Musikleben der Stadt recht genießen konnten. Hier lernten sie den berühmten Altmeister Giambattista Sammartini, den Lehrer Glucks, und den liebenswürdigen Niccolò Piccini, Komponisten der «Buona figliuola» Wiener Angedenkens, kennen, der eben seinen «Cesare in Egitto» zur Aufführung vorbereitete. Bei einem Hauskonzert im Palazzo des Generalgouverneurs wurden als Beweis von Wolfgangs Begabung für ernste und dramatische Musik in Gegenwart des Herzogs von Modena und zahlreicher Personen des Hochadels mehrere eilig komponierte *Arien* auf Texte von Metastasio zur Aufführung gebracht, deren schönste, *«Misero pargoletto»* (K. 77), den jungen Maestro auf erstaunlicher Höhe zeigt.[69] Der wichtigste Erfolg dieser gelungenen Probe war der Auftrag, für die Mailänder Stagione der Karnevalszeit 1771 eine Oper zu schreiben. Die kontraktlichen Bedingungen dieser «Scrittura» stellten sich für Wolfgang recht günstig. Er erhielt ein Honorar von hundert Gigliati, etwa tausend Goldmark, und freies Quartier in Mailand zugesichert, wo er erst im November zur Vollendung des Werkes in Gegenwart der Sänger einzutreffen hatte. Es blieb ihm somit noch genügend Zeit zur Fortsetzung der Reise und eine angenehme Frist für die Fertigstellung der nötigen Vorarbeiten. Die in Aussicht genommenen Darsteller waren fast durchweg ausgezeichnete Kräfte.

Auf der Weiterfahrt nach *Parma* vollendete Wolfgang in *Lodi* sein *erstes Streichquartett* (K. 80). Dieses, «abends im Wirtshaus gemachte», erstaunlich gelungene Werk bestand ursprünglich nur aus drei Sätzen (Adagio-Allegro-Menuetto). Einige Jahre später hat es Mozart durch ein anmutiges «Rondeau» noch gelöster abgerundet. Es ist schon ein echtes Streichquartett, obwohl eine gewisse Gebundenheit der begleitenden Stimmen aufs «Divertimento» zurückweisen könnte. Doch überwiegt das «Espressive» auch in der Stimme der ersten Violine alle konzertanten Neigungen, die galante Gesamthaltung wird durch ernsthafte Zwischenzüge im gelehrten, «fleißigen» Stil bescheiden, aber deutlich unterbrochen, kurzum: ein anregendes kleines Werk zwischen Salzburg und Mailand, noch nicht Sammartini, aber auch nicht Haydn, mit vielen persönlichen Zügen, richtige Kammermusik im Gegensatz zu den Quartetten (Divertimenti) der nächsten Etappe K. 136, 137, 138 von 1772, die auch in größerer Besetzung gut spielbar und gerade in den letzten Jahren zu Lieblingsstücken vieler Orchester aufgerückt sind.

Am 24. März fand man zu *Bologna* durch Empfehlung des Grafen Firmian bei dem Feldmarschall Grafen von Pallavicini die freundlichste Aufnahme. Anläßlich einer glänzenden Akademie in dessen Hause traf Wolfgang zum ersten Male mit seinem guten Schutzgeist, dem berühmten, weithin geehrten Musikgelehrten Padre Martini[70] zusammen. «Was mich sonderlich vergnüget», schreibt Leopold, «ist, daß wir hier ungemein beliebt sind und der Wolfgang noch mehr bewundert wird als in allen anderen Städten Italiens, weil hier der Sitz und Wohnplatz von vielen Meistern, Künstlern und gelehrten Leuten ist. Hier ist er auch am stärksten versucht worden. Und dies vergrößert seinen Ruhm durch ganz Italien, weil der P. Martini, der Italiener Abgott, mit solcher Verwunderung von dem Wolfgang spricht und alle Proben mit ihm gemacht hat. Wir haben den P. Martini zweimal besucht. Jedesmal hat der Wolfgang eine Fuga ausgeführt, davon der P. Martini nur den Ducem mit etlichen Noten aufgeschrieben hat.»

«Ich wünschte, daß du Florenz selbst, die ganze Gegend und Lage dieser Stadt sehen solltest! Du würdest sagen, daß man hier leben und sterben soll», berichtet der Vater begeistert nach Hause, als sie über die Apenninenpässe am 30. März ins Arnotal herabgekommen waren. Wolfgang hatte von Regen und starkem Wind «über das Gebürge» wieder einmal seinen Katarrh wegbekommen. Aber man beeilte sich, an den Hof des Großherzogs Leopold von Toscana, des späteren Kaisers Leopold II., zu gelangen, der sich der Mozarts von Wien her noch erinnerte und sie gnädigst empfing. Am 2. April spielte Wolfgang bei Hofe. Der berühmte Geiger Pietro Nardini[71], den er in Augsburg kennengelernt hatte, akkompagnierte. «Die Sache ging wie gewöhnlich, und die Verwunderung war um so größer, da Marchese von Ligniville, welcher Musikdirektor und der stärkste Kontrapunktist in ganz Italien ist, dem Wolfgang die schwersten Fugen vorgelegt und die schwersten Themata aufgegeben, die der Wolfgang, wie man ein Stück Brot ißt, weggespielt und ausgeführt.» Ein zweiter Bekannter von der englischen Reise, der Kastrat Manzuoli, erneute die herzlichen Beziehungen. Wolfgang hoffte, ihn als Sänger für die Mailänder Stagione zu gewinnen. Mit dem vierzehnjährigen englischen Knaben Thomas Linley, dem schon hochgefeierten Schüler Nardinis, spann sich im Hause der ruhmgekrönten Dichterin Corilla eine innige Jugendfreundschaft an. Mozart hat diesen Beziehungen nach Linleys unglücklichem Tode (1778) bis in seine letzten Jahre ein treues Gedenken bewahrt. Am 11. April 1770 grüßen unsere Reisenden die heilige Stadt. «Man hätte mich leichter bereden können, daß ich nach Salzburg als nach Rom kommen werde, da wir fünf Tage in dem abscheulichsten Regen und kaltem Winde von Florenz nach Rom zu reisen hatten. Da wir ankamen, sind wir nach Tische in die St. Peterskirche und dann in die Mette gegangen. Den 12. haben wir die Funktiones, und da der Papst bei der Tafel der Armen aufwartete, denselben so nahe gesehen, daß wir obenan, neben ihm standen. Die Kleidung, die teutsche Sprache, meine gewöhnliche Freiheit, mit welcher ich meinen Bedienten in teutscher Sprache den Schweizern zurufen ließ, daß sie Platz machen sollten, half uns allerorten durch. Sie hielten den Wolfgang für einen teutschen Kavalier, andere gar für einen Prinzen. Der Bediente ließ sie auf dem guten Glauben, und ich ward als sein Hofmeister angesehen. Ebenso gingen wir zu der Tafel der Kardinäle. Da begab sich, daß der Wolfgang zwischen die Sessel zweier

Kardinäle zu stehen kam, deren einer der *Kardinal Pallavicini* war. Dieser gab dem Wolfgang einen Wink und sprach zu ihm: ‹Wollen Sie nicht die Güte haben, mir im Vertrauen zu sagen, wer Sie sind?› Der Wolfgang sagte ihm alles, der Kardinal antwortete ihm mit der größten Verwunderung und sagte: ‹Ei, sind Sie der berühmte Knab, von dem mir so vieles geschrieben worden!› Da wir weggingen, küßte ihm der Wolfgang die Hand. Der Kardinal nahm das Birett vom Haupt und machte ihm ein sehr höfliches Kompliment.» (Leopold an die Gattin, 4. April 1770). Wie es dem kleinen Mozart gelingen konnte, so kühn in die unmittelbare Nähe des Kardinalstaatssekretärs vorzudringen, ist nicht ganz geklärt. Jedenfalls ist Pallavicini nach diesem wunderlichen Rencontre der freundlichste Gönner Wolfgangs in Rom geworden. Daneben war es der toskanische Gesandte, *Baron de Saint-Odile*[72], der als Bewunderer seines «petit Mozart, qui est rempli des plus belles qualités» unseren Künstlern den weiten Weg nach Neapel durch herzliche Empfehlung an den «allmächtigen Minister *Tanucci*» annehmlich eröffnete.

In der Sixtinischen Kapelle hörte Wolfgang das berühmte Miserere von Gregorio Allegri (1584–1652), das bei Strafe der Exkommunikation nicht abgeschrieben oder in Stimmen entlehnt werden durfte. Er schrieb es nach dem Anhören frei aus dem Gedächtnis nieder, eine erstaunliche Leistung. Man verkehrte in den Häusern der Kardinäle Pallavicini und Orsini, des berühmten Kunstsammlers Alessandro Albani und erster Familien des Adels wie im Collegium Germanicum, wo man mit alten Salzburger Freunden zusammentraf. Überall fand die Kunst Wolfgangs[73] begeisterte Aufnahme.

In sechstägiger Reise ging es auf von Räuberbanden bedrohter Straße über Capua nach *Neapel.* «Die Lage dieser Stadt gefällt mir täglich besser», berichtet Leopold, «wenn das Volk nicht so gottlos und auch gewisse Leute nicht so dumm wären. Und der Aberglaube! – Auch Leute von Distinktion sind voll Aberglaubens. – Die Lage des Ortes, die Fruchtbarkeit, Lebhaftigkeit, Seltenheiten usw. machen mir meine Abreise traurig. Die Unfläterei, die Menge der Bettler, das abscheuliche Volk, die schlechte Erziehung der Kinder, sogar in den Kirchen, macht, daß man auch das Gute mit ruhigerem Gemüte verläßt. – Ob wir bei dem König[74] gespielt haben? Nichts wenigeres! Es ist bei den puren Komplimenten geblieben, die uns die Königin aller Orten, wo sie uns sah, gemacht hat. Die Königin kann nichts tun, und was der König für ein Subjectum ist, schicket sich besser zu erzählen als zu beschreiben.» Wolfgang ergänzt: «Der König ist grob neapolitanisch auferzogen und steht in der Oper allezeit auf einem Schemerl, damit er ein bissel größer als die Königin scheint. Die Königin ist schön und höflich, indem sie mich gewiß sechsmal auf das freundlichste gegrüßt hat.» Im Theatro San Carlo hörte man

Jomellis «Armida abbandonata». Jomelli, zu lange als Stuttgarter Hofkapellmeister im Norden tätig, bereitete seinen Landsleuten mit diesem, deutscher Musik allzu nahen Werke eine tiefe Enttäuschung. Auch Wolfgang scheint im Urteile etwas von der Umgebung befangen. Er findet die Oper zwar «schön, aber zu gescheut, zu altväterisch fürs Theater». Der freundliche Jomelli war auch diesmal dem Knaben liebenswürdig entgegengetreten. Von den anderen Meistern der neapolitanischen Oper lernte man jetzt neben Giovanni Paisiello (1741 bis 1815) und Francesco di Majo (1745–1770) noch eine Reihe kleinerer Sterne, viele Sänger und Virtuosen persönlich kennen. Im Conservatorio della Pietà mußte Wolfgang erst seinen Fingerring von der linken Hand ziehen, da das abergläubische Publikum seine stupende technische Fertigkeit mit diesem in Zusammenhang brachte. Man verkehrte in den vornehmsten Häusern, wie bei dem englischen Gesandten, Sir William Hamilton, dessen Frau, eine in den Adelskreisen geschätzte Klaviervirtuosin, zwar «rührend» zu spielen verstand, aber doch vor Wolfgang zitterte, wie Leopold befriedigt feststellt. Am 28. Mai konnte eine glänzend besuchte Akademie veranstaltet werden. «Der kleine Mozart wird nie mehr als ein Wunderkind bleiben, und damit erledigt sich die Sache», urteilt der hochgebildete Abbé Galiani.

Alle Sehenswürdigkeiten der Stadt und Umgebung, der Vesuv, die Landschaft, die Altertümer, die «versunkenen Städte» Pompeji und Herkulaneum werden an der Hand von «Keiyßlers Reisebeschreibung» mit pedantischem Eifer besichtigt. Manche Bemerkung Leopolds über Land und Leute in seinen Briefen zeigt, daß er mit klugen Augen die Gegend sah und seinem träumerischer in seine Musik eingesponnenen Sprößling wertvolle Bildungswinke erteilt haben dürfte.

Am 25. Juni verließen die Mozarts die Stadt des «rauchenden Vesuvius» mit Extrapost und langten nach siebenundzwanzigstündiger, ununterbrochener Fahrt wieder in *Rom* an. Leopold wurde durch einen Wagenunfall nicht unerheblich am Schienbein verletzt. Wolfgang schlief bei der Ankunft todmüde in einem Sessel ein, daß er gar nicht merkte, wie ihn der Vater auszog und ins Bett legte. Am 8. Juli empfing der Papst, Clemens XIV., Wolfgang in Audienz und verlieh ihm den Orden vom Goldenen Sporn. Orlando di Lasso hatte die gleiche Auszeichnung erhalten. Gluck und Dittersdorf sind nur zu «Rittern des Laterans» ernannt worden. Mozart hat mit ihr und dem damit verbundenen persönlichen Adel allerdings nie Aufhebens gemacht. Bald nach der italienischen Reise legte er, zum Ärger des ehrgeizigen Vaters, Orden und «Cavaliere» wieder in die Schublade sanfter Vergessenheit.

Am 20. Juli war man neuerdings zu dreimonatigem Aufenthalte in *Bologna* eingetroffen und verbrachte den größten Teil dieser ruhigeren Zeit in der Villa des Feldmarschalls Grafen *Johann Pallavicini-Centurioni* außerhalb der Stadt. «Die Leinlacher sind feiner als manches Edelmanns Hemd. Alles ist von Silber, sogar das Nachtgeschirr und das Nachtlicht. Wir haben einen Laufer und einen Bedienten zu unserer Bedienung. Der junge Herr Graf[75], in des Wolfgangs Alter und der einzige Erbe, besitzet große Talente, spielt Klavier, spricht deutsch, welsch und französisch und hat alle Tage fünf bis sechs Lehrmeister in verschiedenen Wissenschaften. Du kannst Dir wohl vorstellen, daß dieser junge Herr und der Wolfgang die besten Freunde sind.» (An die Gattin, 11. August 1770). Man begann, sich häuslich einzurichten. Leopold laborierte noch an seinem verletzten Fuße. Das Textbuch für die Oper «Mitridate, Ré di Ponto» des Turiner Poeten Vittorio Amadeo Cignasanti war aus Mailand gekommen. Grund genug für Wolfgang, der eben jetzt den Verlust seiner Knabenstimme und mit ihr den Abschied seiner Wunderkinderherrlichkeit beklagte, sich geruhsamer in die ländliche Stille zu verschließen. Den Ausschlag gaben die fast täglichen Besuche bei Padre Martini. Die liebevollen Unterweisungen dieses hervorragenden und gütigen Mannes im alten «stile osservato» wurden für die künstlerische Entwicklung des Jünglings von tiefster Bedeutung. Eine Reihe von Studien und kirchlichen Kompositionen, vor allem ein schönes dreistimmiges *«Miserere»* mit Continuo (K. 85) ist Zeuge dieser kurzen, aber tiefschürfenden Lehrzeit.

Am 30. August trifft der englische Musikgelehrte *Dr. Charles Burney*[76] «Herrn Mozart und seinen Sohn, den kleinen Deutschen, dessen frühzeitige und stets übernatürliche Talente uns vor einigen Jahren zu London in Erstaunen setzten, als er kaum über seine Kinderjahre hinaus war, unter vielem Volk in der Kirche San Giovanni in Monte.» Dort eben hält – morgens und abends, mit Amt und Vesper – die berühmte «Academia filarmonica» ihre jährliche «öffentliche Probemusik» ab. Nach altem Bologneser Brauch ist Chor und Orchester stark besetzt. Gegen hundert Mitwirkende füllen eine halbrunde Estrade im Chor, zwei große Orgeln sind in Tätigkeit, eine dritte kleine bei den Dirigenten zur Unterstützung der Solisten. Jeder Teil der Messe und der Vesper stammt von einem anderen Mitglied der Akademie, strenger oder lockerer gefertigt, je nach Können und Gusto des einzelnen. Jeder schlug den Takt bei seiner eigenen Komposition. Mit einem «ernsthaft majestätischen» Kyrie des akademischen Prinzeps, *Petronio Lanzi*, wird die Feier eingeleitet. Jüngere Meister, Schüler von Padre Martini, glänzen durch «Feuer, Einbildung und Mannigfaltigkeit des Stils». Die Messe schließt mit einem Violinkonzert, das der nicht mehr junge *Giovanni Piantanida* mit allem Temperament, «mit gutem Tone und neuem Geschmack» verwunderungswürdig produziert. Es ist klar, daß die beiden Mozarts dieser Musterdemonstration einer festlichen italienischen Kirchenmusik im gemischten Stil, die der heimischen nicht unähnlich, nur noch bunter war, mit aller Aufmerksamkeit folgten. Nachklänge dieser Eindrücke mögen in einigen der späteren Kirchenwerke Wolfgangs, in Messen, vielleicht in der Sakramentslitanei (K. 125) zu finden sein. *Burney* erwähnt, gut beobachtend, die Vielfältigkeit jener kirchlichen Produktion in Italien, die neuere «leicht und dünner gewebte», mit Orchesterinstrumenten begleitete Musik an Festtagen und die Alltagsmusik in den größeren Kirchen, nur von der Orgel begleitet, in der «alten, ernsthaften Schreibart», zuletzt den schlichten gregorianischen «Canto fermo», die schlichteste, unbegleitete Form gottesdienstlicher Musik. Die Theoretiker lehrten, wie im Grunde noch heute, einen ganz strengen Stil in den alten Modi, der, zum Teil schon damals, eine reine Schul- und Prüfungsangelegenheit geworden war. In der zeitgemäßen festlichen Kirchenmusik genoß man die Einschaltung strengerer Episoden an ganz bestimmten Stellen der Messe («Cum sancto spirito»-Fuge im Gloria, «Et vitam»-Fuge im Credo, «Osanna»-Fuge im Sanctus u. a.) als gewissensberuhigenden Kontrast gegenüber den nach modischem Geschmack zugerichteten, konzertanten oder espressiven Teilen. So entstand die seltsame, aber durchaus begreifliche und lebendige Verbindung konservativ-archaistischer und fortschrittlich-opernhafter Elemente, die ebenso in der Kirchenmusik Mozarts, Haydns und ihrer süddeutschen Zeitgenossen anzutreffen ist, deren Geist zu tadeln nur von geschichtlichem Unwissen[77] zeugt. Daß Wolfgang bei jenem Bologneser Kirchenfest der «Academia» noch aufmerksam mithörte, hatte vielleicht auch seinen besonderen Grund. Wußte er schon, welche Auszeichnung ihm bevorstand? Wie er sich diese zu erwerben hatte?

Diese ehrenvolle Anerkennung für den jungen Tonkünstler war der gewiß durch Padre Martini angeregte Beschluß der Bologneser «Academia Filarmonica», Wolfgang als «Compositore» in die Reihe ihrer Mitglieder aufzunehmen, obwohl er das für die Aufnahme satzungsgemäß erforderliche Mindestalter von zwanzig Jahren noch lange nicht erreicht hatte. Dazu war eine Klausurarbeit im strengen Stil über einen Cantus firmus des Gregorianischen Antiphonars erforderlich, der sich Wolfgang am 9. Oktober 1770 unterzog. Leopold Mozart schreibt darüber nach Salzburg: «Wolfgang mußte um 4 Uhr im akademischen Saale erscheinen. Allda gab ihm der Princeps academiae und die zwei Censores in Gegenwart aller Mitglieder eine Antiphona vor, die er in einem Nebenzimmer, wohin ihn der Pedellus führte und die Tür zuschloß, vierstimmig setzen mußte. Nachdem er solche fertig hatte, wurde sie von den Censoribus und Compositoribus untersucht und alsdann darüber votiert, welches durch weiße und schwarze Kugeln geschieht. Da nun alle Kugeln weiß waren, so wurde er gerufen. Alle klatschten bei seinem Eintritte mit den Händen und wünschten ihm Glück, nachdem ihm vorher der Princeps die Aufnahme angekündigt hatte. Ich war unterdessen auf einer anderen Seite des Saales in der akademischen Bibliothek eingesperrt. Alle wunderten sich, daß er es so geschwind fertig hatte, da manche drei Stunden mit einer Antiphona von drei Zeilen zugebracht haben. Er hatte es in einer starken halben Stunde fertig.» Das Original von Mozarts Prüfungsarbeit wurde 1858 im Archiv der Philharmonischen Gesellschaft mit einer zweiten Bearbeitung Padre Martinis aufgefunden. Das im Mozartmuseum befindliche Blatt, die *Antiphone «Quaerite primum regnum Dei»* (K. 86), stellt nur Wolfgangs Abschrift dieser Bearbeitung, nicht etwa die eigentliche Prüfungsarbeit dar. Leopold Mozarts Vermerk: «Scritto nella Sala dell'academia filarmonica» beruht also auf einem gutgemeinten Irrtum. Wahrscheinlich hat Padre Martini die Klausurarbeit, die im Protokoll nur als «den Umständen nach genügend» bezeichnet ist, doch einige Verstöße gegen den strengen Stil aufweist, nachträglich mit dem Knaben durchgearbeitet und ihm eine glattere Lösung der Aufgabe gewiesen. Von dieser hat Mozart die Abschrift nach Salzburg zurückgebracht. Neun Tage nach der feierlichen Prüfung[78] saß man bereits wieder in *Mailand.*

In Eile brachte Wolfgang die schon zu Bologna angefangenen Rezitative zu Ende. Dann widmete er sich mit ganzer Kraft den geschlossenen Gesangsstücken, deren Fertigstellung nach Gepflogenheit der Zeit ohne persönliche Mitwirkung der Sänger kaum denkbar war. Leopold tat sein möglichstes, dem Knaben über die Nervosität und die ernste Stimmung dieser gehetzten Schaffenszeit hinwegzuhelfen, die Intrigen der «Virtuosen-Canaille» zum Schweigen zu bringen, die einflußreichen alten Maestri Sammartini und Lampugnani und die empfindlichen Sänger für seinen Sohn zu gewinnen. Die Darsteller der ersten Partien, die Primadonna Antonia Bernasconi und der Primouomo Cicognani, nicht Manzuoli, wie man gehofft hatte – waren hochbefriedigt und «sehr vergnügt». Der Kopist, «welches in Italien eine gute Vorbedeutung ist», erwartete schmunzelnd eine große Einnahme. Selbst die «Boßhaften im Orchester» erklärten sich für den jungen Maestro. Kurz, die allgemeine Stimmung war so günstig, daß man schon bei den letzten Proben[79] einen durchschlagenden Erfolg voraussagen konnte.

Die Uraufführung am 26. Dezember 1770 unter Leitung des noch nicht fünfzehnjährigen Wolfgang überstieg alle Erwartungen. Es war Mozarts erster großer Theatererfolg. – «Zwei Sachen, die in Mailand noch niemals geschehen, sind dabei vorgegangen», berichtete Leopold in freudiger Erregung nach Hause, «nämlich daß eine Arie der Primadonna ist wiederholt worden, da man sonst bei der ersten Produktion niemals fora ruft, und zweitens, daß bei fast allen Arien ein erstaunliches Händeklatschen und ‹viva il Maestro, viva il Maestrino›-Rufen erfolget. – Die Opera geht mit allgemeinem Beifall fort und, wie die Italiener sagen, ist ‹alle stelle›.» Wenn wir selbst von den begreiflichen Begeisterungsausbrüchen des Vaters einen kleinen Abstrich dulden, so genügt das ehrenvolle Urteil der Mailänder Zeitung und die Tatsache, daß die Oper etwa zwanzigmal bei stets ausverkauftem, applausfreudigem Hause gegeben werden konnte, um den starken Augenblickseindruck des Werkes festzustellen. Es kam dem Durchschnittsgeschmack seiner Umgebung geschickt entgegen. Die Handlung von Cignasanti, nach Racines gleichnamigem Drama (von 1673!) – ein Liebeskonflikt des bekannten Königs von Pontus mit seinen Söhnen um die Braut, die er, im Kampfe mit den Römern zu Tode verwundet, seinem von dem Mädchen allein geliebten zweitgeborenen Sohn Sifare überläßt –, ist mit dem Geschmack der Metastasianischen Barock-Antike erschaut. Was der kaum fünfzehnjährige Knabe den traditionellen Konflikten und Charakterkämpfen geben konnte, war der Reichtum seiner überschwenglichen musikalischen Phantasie. Er gab davon so viel, daß er jene kluge Ökonomie der Mittel nicht ganz zu wahren verstand, die seinen älteren Kollegen minderen Ranges als sicheres Erfahrungsgut zu eigen war.

Die Oper (K. 87) besteht aus der knappen Ouvertüre, aus einundzwanzig langatmigen Arien, nur einem einzigen Duett und dem Schlußchor. Eine erhebliche Anzahl zurückgelegter Entwürfe und zahllose Koloraturen weisen auf die Abhängigkeit des jugendlichen Tonsetzers von seinen Sängern hin. Trotz aller Unvollkommenheit offenbaren manche Einzelheiten Spuren von Mozarts künstlerischer Eigenart im Keime. Namentlich in den lyrischen Partien, wo sich seine zarte Seele schwärmerisch entfalten konnte. Im allgemeinen steht weder die Orchesterbehandlung noch der Gesangsstil auf der Ebene überragender Leistungen der zeitgenössischen italienischen Opernkunst, so gut der Knabe deren Gebärde auch getroffen haben mag. Den Durchschnitt überragt manches gewiß.

Noch in Mailand erreichte Wolfgang die Kunde von seiner Ernennung zum Kapellmeister der Academia filarmonica in Verona. Er spielte noch in einigen Privatkonzerten und genoß behaglich die Ruhe nach den Tagen schwerer seelischer Spannung: «Am Donnerstag speisten wir bei der Madame von Asteburg, oder ehemals Troger Mariandel, die uns mit Leberknödel und Sauerkraut, so sich der Wolfgang ausgebeten, aufs prächtigste bewirtet hat.»

Ein Abstecher von zwei Wochen Dauer hatte die Mozarts nach *Turin* geführt. Dann ging die Rückreise über Venedig, wo man sich willig von dem tollen Faschingstreiben mitreißen ließ, nach *Padua*. Hier erhielt Wolfgang die Aufforderung, ein *Oratorium «Betulia liberata»* nach Metastasio für die Fastenzeit 1772 zu schreiben, und einen neuerlichen Opernauftrag der Mailänder für die Karnevalsstagione von 1773 unter noch günstigeren Bedingungen: die wertvollste Anerkennung seines ersten Erfolges. Nach einigen Tagen genußreichen Aufenthaltes bei den alten Freunden in *Verona* trafen die beiden Mozarts ruhmgekrönt nach mehr als fünfzehnmonatiger Abwesenheit am 28. März 1771 wieder in *Salzburg* ein.

Die stillere Zeit eines halben Jahres, die Wolfgang nun in der Heimat verbrachte, mag er in erster Linie der Vorbereitung für die italienischen Aufträge gewidmet haben. Wir wissen nur wenig über diese Tage. Schon im März hatte den jungen Künstler der ehrenvolle Auftrag aus Wien erreicht, zur Hochzeit des Erzherzogs Ferdinand mit der Prinzessin Maria Ricciarda Beatrice von Modena, die am 15. Oktober 1772 in Mailand stattfinden sollte, eine theatralische Serenata zu komponieren. Somit wußte er schon bei der Rückkehr, daß sein Zwischenaufenthalt in Salzburg nicht viel mehr zu bedeuten habe als eine vorübergehende sommerliche Vakanz. Doch weisen mehrere Kompositionen dieser Zeit, ein *«Regina Coeli»* (K. 108), eine *«Lauretanische Litanei»* in B-Dur (K. 109) und *drei einsätzige Kirchensonaten* für zwei Violinen, Baß und begleitende Orgel (K. 67–69), wie sie nach Salzburger Gebrauch in der Messe zwischen Epistel und Evangelium vorgetragen wurden, auf Wolfgangs Salzburger Berufspflichten. Drei viersätzige *Symphonien* aus dieser Zeit (K. 73, 75 und 110) tragen neben Anklängen aus der Wiener und Salzburger Praxis italienisches Gepräge. Überraschend das geniale Finale der C-Dur-Symphonie (K. 73, ‹Allegro molto›), ein prächtiges, flottes Stück, das virtuoses Spiel erfordert, um auch heute noch von hinreißender Wirkung zu sein. Auch das F-Dur-Andante dieser Symphonie (mit Flöten statt der Oboen, die, obwohl nur einfache Verstärkung der beiden Violinen, reizend klingen) hat, bei schier undenklichen Seltsamkeiten der Stimmführung (T. 28/29!), viel Eigenständiges (etwa der kurze Durchführungsteil in seinem scheinbar so schlichten Dahinmelodisieren), gehört daher zu den interessantesten Sätzen des jungen Meisters. Die *G-Dur-Symphonie* (K. 110) vom Juli 1771 kommt der Stilhaltung damaliger Wiener Symphoniepraxis schon durch die flotte Motorik ihrès *Einleitungssatzes* mit der interessanten imitatorischen Behandlung seiner drei Grundgedanken wieder näher. Reizvoll das kurzatmige Duettieren der beiden Violinen im *Andante*, anmutig der Kanon zwischen den zwei hohen und den zwei tiefen Streichern im *Menuett*, ein Einfall, der auf Joseph Haydn hinweisen könnte, aber schon in Mozarts *G-Dur-Cassation* (K. 63) acht Jahre früher versucht wurde. Auch das *Finale*, ein Rondeau mit schönem Minore-Mittelteil, beginnt imitatorisch, zwischen hohen und tiefen Streichern alternierend.[80]

Als Hauptwerk dieses Abschnitts muß das *Oratorium «La Betulia liberata»* (K. 118) angesehen werden. Das Libretto – eine der schwächeren Leistungen Metastasios – wurde bereits 1734 im Auftrag Karls VI. geschrieben und zuerst mit der Musik *Georg Reutters* aufgeführt. Auffallend ist die Moll-Haltung der Mozartschen Partitur, vielleicht ein Grund mehr, neben dem mangelhaften Buch, warum das Werk den geplanten Weg in Italien nicht gemacht hat, wo man selbst bei geistlicher Musik einen unbekümmerten festlichen Prunk gewohnt war. Von den 15 Gesangsstücken des Oratoriums stehen 4 (die Arien 2 und 14, der Chor 4 und der Beginn von 15) in Moll, von weiteren drei Arien (3, 7, 10) hält wenigstens der Mittelteil die Mollfarbe fest. Die, wie üblich, zweiteilige «Azione sacra» folgt im wesentlichen dem italienischen Oratorienstil Hasses. Vieles aber erinnert noch an die alten Salzburger Meister, an Eberlin vor allem: der ernste Geist, namentlich im soliden Handwerk der einfachen Chorsätze, manche Züge einer etwas schwerblütigen Orchestrierung, die Nachdrücklichkeit der nicht uninteressanten, ein wenig steifen Accompagnati. Die schöne d-Moll-Ouvertüre sieht auf den ersten Blick recht «gluckisch» aus. Man merkt ihr die Sorgfalt an, die ihre Faktur stellenweise deutlich von den üblichen, mit leichter Hand gefügten theatralischen «Sinfonien» unterscheidet. Die Partie der Giuditta ist einer Altstimme zugedacht. Im Finalchor alterniert sie unter geschickter, ein wenig länglicher Verwendung eines Psalmtons («In exitu Israel») mit dem jubelnden Volk. Ihre Schilderung der Mordtat an Holofernes («Io lo svenai») geschieht in einem, mitunter realistisch zugreifenden, von den Streichern begleiteten Rezitativ. Die übrigen Sologesänge führen in die passagenfreudige Umwelt der «Mitridate»-Arien, ohne, bei konziser Form, allzu große Ansprüche an die gesangliche Bravour zu stellen. – Wir kennen das weitere Schicksal der «Betulia» nicht genau. Leopold Mozart berichtet am 14. März 1771 von einem Oratorium, das Wolfgang «nach Padua componieren» müsse und «nach Gelegenheit» machen könne. Ob es jemals (Fasten 1772?) in Padua aufgeführt wurde, hat sich bis jetzt nicht feststellen lassen. Später (1784) verlangt Mozart das alte «Oratorium betulia liberata» nach Wien. Vielleicht könnte er etwas aus der Spart «stückweise brauchen», da er dieses Oratorium «für die hiesige Societät» schreiben müsse. Aus diesem Vorhaben ist jedoch nichts geworden. Die Arien der Giuditta ließen sich mit Glück noch in das, was Mozart betrifft, von ihm karg bedachte Konzertrepertoire ambitionierter Altistinnen einreihen.

Leise Andeutungen in späteren Briefen an seine Schwester lassen vermuten, daß Wolfgang in diesen Tagen zum ersten Male tiefer in die reizenden Augen einer unbekannten Freundin Nannerls geblickt hatte. Allein das kleine Erlebnis scheint ihn nicht allzusehr belastet zu haben. In seinem Gebaren bleibt er noch lange der ausgelassene Junge, der seiner Schwester in ähnlich verliebter Lage mit derben Witzen aufwartet. Wir dürfen nur annehmen, daß er von diesem Zeitpunkte an die Frauen mit anderen Blicken anzusehen begann als das heitere Kind, das nicht lange vorher mit unwissender Hand die leidenschaftlichen Aventuren barocker Opernheldinnen in Musik gesetzt hatte.

Am 13. August 1771 waren Vater und Sohn zur *zweiten italienischen* Reise aufgebrochen. Schon eine Woche später hatte der Wagen die lombardische Hauptstadt wieder erreicht. «Wir haben auf der Reise viele Hitz ausgestanden und der Staub hat uns beständig impertinent seckiert», schreibt Wolfgang am 24. August der Schwester. «Jetzt blas ich just vor Hitz! Nun reiß ich das Leibl auf. – Ober unser ist ein Violinist, unter unser auch einer, neben uns ein Singmeister, der Lektion gibt, in dem letzten Zimmer gegen unser ist der Hautboist. Das ist lustig zum Komponieren! Gibt einem viel Gedanken.»

Das Textbuch zu der *Serenata «Ascanio in Alba»* (K. 111), ein allegorisierendes Schäferspiel vom Abbate Giuseppe Parini, wurde Wolfgang erst jetzt übergeben. Es ist die richtige barocke «Licenza» mit allerlei Gelegenheiten zu prunkvoller Ausbreitung des szenischen Apparates, mit Verwandlungen, Flugwerken, Genien, Grazien, Chören und Balletten.[81] Venus steigt mit glänzender mythologischer Suite vom Olymp herab, ihren hoffnungsvollen Enkel Ascanio nach den üblichen Mißverständnissen und Verwicklungen, nicht ohne gehörige Anspielungen auf das erlauchte Paar im Zuschauerraum, mit der bildschönen Nymphe Silvia aus dem Geschlechte des Herkules glücklich zu vermählen. Daß man die gütige Kaiserin Maria Theresia mit Venus identifizierte, verschlug ebensowenig wie die Tatsache, daß Silvias Urbild, die tugendhafte Prinzessin Braut, nach Leopolds Ansicht ihrem Gatten wenig Vergnügen gemacht haben dürfte, «indem sie nicht schön ist».

Wolfgang stürzte sich mit um so größerem Eifer in die Arbeit, als die eigentliche Festoper «Ruggiero» seinem verehrten Vorbild, dem alten Meister und Lehrer Maria Theresias, Johann Adolf Hasse (1699–1783), übertragen worden war. «Es war eine seltsame Fügung des Schicksals, die hier den deutschen Erneuerer der italienischen Oper mit dem späteren Überwinder der Italienherrschaft zu gemeinsamer Arbeit vereinigte» (Abert). Hinter Wolfgang, der mit innigem Bemühen, dem greisen Meister gleichzukommen, «schier alle seine Arien auswendig» wußte und keinen Ton der rüstig fortschreitenden Arbeit des berühmten Maestro übersah, steht der Vater, erfüllt von brennendem Ehrgeiz, kaum frei von kritischer Mißgunst. Hasse, den die Italiener «il caro Sassone» nannten, edel als Mensch, groß als Künstler, schätzte die wunderbare Begabung des Knaben schon von der ersten Wiener Begegnung her. Mit abgeklärtem Blick hatte er damals einem Freunde geschrieben: «Der junge Mozart ist für sein Alter sicher ein Wunder, und ich liebe ihn wirklich unendlich. Der Vater ist, soweit ich sehe, ewig und mit allem unzufrieden. Darüber wird inzwischen auch hier geklagt. Er vergöttert seinen Sohn etwas zu sehr und tut damit, was möglich ist, ihn zu verderben. Aber ich habe von dem natürlichen Sinne des Jungen eine so gute Meinung, daß ich hoffe, er wird sich trotz der Schmeicheleien des Vaters nicht verderben lassen, sondern ein wackerer Mensch werden.»

In zwölf Tagen konnte Wolfgang die umfangreiche Partitur (K. 111) fertigstellen. Er schrieb, daß ihn die Finger schmerzten. Die Arbeit mit den Sängern ging angesichts der festlichen Ereignisse glatt vonstatten. Diesmal sang Manzuoli den Ascanio, die berühmte Catarina Gabrieli die weibliche Hauptpartie. Am 16. Oktober ging Hasses «Ruggiero» in Szene, am 17. Wolfgangs Serenata, die nach Leopolds Bericht so erstaunlich gefiel, daß man sie tags darauf wiederholen mußte. «Alle Cavaliere und andere Leute reden uns beständig auf den Straßen an, dem Wolfgang zu gratulieren. Kurz, mir ist leid: Die Serenata des Wolfgang hat die Opera von Hasse so niedergeschlagen, daß ich es nicht beschreiben kann.» Daß der alte Hasse aber, edel und weise, vom kleinen Mozart gesagt haben soll: «Dieser Knabe wird uns alle vergessen machen», dürfte eine Erfindung der freundlichen Nachwelt sein.

Leopolds stolzes Urteil dürfte von den Tatsachen wirklich nicht allzuweit entfernt sein. Hasses Oper erlebte nur drei Wiederholungen. Der bukolische Stoff «Ascanio» mit seinen zahlreichen Chören und Balletteinlagen hat den jungen Tondichter gewiß vor eine leichtere Aufgabe gestellt, als es der «Mitridate» gewesen. Was ihm noch half, war das Sensationelle, das Anmutige seiner Jugend vor dem südlichen, vom Augenblicke leicht erregbaren Publikum, das im Taumel der Festwoche die stille Abklärung des Altmeisters für die heitere Musik des Jünglings willig in die Rumpelkammer zu stellen bereit war.

Für Mailänder Akademien hat Wolfgang im November noch eine *Symphonie in F-Dur* (K. 112) und ein «*Concerto ò sia Divertimento à 8*» in Es (K. 113) geschrieben. Die *Symphonie* zeigt eher süddeutschen Typus mit knapp umrissenem Eingangssatz ($^3/_4$), serenadenhaftem «Andante» und hübschem Finalrondo (Seitengedanken in Moll!), das «*Concerto*» könnte, wie schon dieser Name andeutet, als ein moderner Absenker des älteren italienischen «Concerto grosso» angesehen werden, in der *Form*, nicht im leichtflüssigen, divertimentohaften Gehaben, bewußt rückwärtsschauend, die führenden Stimmen – Klarinetten, hier von Mozart zum erstenmal verwendet!, Hörner, aber auch die beiden Violinen, Violen und Bässe – in kurzen solistischen Episoden locker alternierend. Welche Vorbilder mag Wolfgang da nur zur Hand gehabt haben? Es gibt ähnliche Stücke von dem soliden *Sarti*. Später einmal, vielleicht 1777, hat Mozart die Klarinetten, da es solche in Salzburg nicht gab, durch eine Gruppe von je 2 Oboen, 2 Englischhörnern und 2 Fagotten ersetzt, das Ganze durch diese kräftige Auffüllung dem Klange der beliebten heimischen Bläserdivertimenti annähernd.

«Umstände», die Leopold noch in der Stadt zurückhielten, waren wohl die ergebnislosen Anknüpfungsversuche mit Erzherzog Ferdinand. Der jugendliche Erzherzog (geb. 1754) zeigte sich entgegenkommend. Allein seine Mutter, die Kaiserin Maria Theresia, wußte eine Anstellung Wolfgangs am Mailänder Hofe zu verhindern. Geschickte Verhandlungen mit dem Impresario des «Teatro nobile di San Benedetto» in Venedig, die Übernahme einer Scrittura für den Karneval 1773 betreffend, hatten schon früher einen vorteilhaften Vertrag gezeitigt. Die Ausführung der Oper kam indes nicht zustande.

Kaum waren die Mozarts wieder in Salzburg eingetroffen, als ihr wohlwollender Gönner, der Erzbischof Sigismund von Schrattenbach, nach längerem Siechtum am 16. Dezember 1771 verschied. Wolfgang wurde zu Beginn des Jahres 1772, bald nach Vollendung einer *Symphonie* (K. 114), von einer schweren Krankheit heimgesucht. Die endgültige Wahl des neuen Erzbischofs verzögerte sich bis in den März. Als nach mehreren Skrutinien der bisherige Bischof von Gurk, Hieronymus Graf von Colloredo, als Sieger hervorging, ahnten die Eingeweihten, mit ihnen auch die Mozarts, daß nunmehr viel weniger gemütliche Zeiten für das Land hereinbrechen würden. «Er weiß, daß er den Salzburgern nicht sehr angenehm ist, verachtet sie daher und verschließt sich», urteilt ein Zeitgenosse.

Die Regierungszeit seines Vorgängers war auf kulturellem Gebiete ein ruhiges Ausklingen des Ancien régime gewesen. Ihre musikalische Umschreibung ist durch die Namen Eberlin, Adlgasser und Leopold Mozart gegeben. Irgendwie reichte diese Kunst noch in die Zeiten der alten «Collegia Musica» zurück. Die barocken Schwingen ihrer Muse waren aus schwerem, bodenständigem Holz geschnitzt. Hieronymus aber galt als moderne, umstürzlerische Natur. Aufklärer aus Überzeugung, arbeitsam, ein Feind allen Schlendrians aus Sparsamkeit und Pflichtgefühl, zauderte er nicht einen Augenblick, seine wohlgemeinten Ideen mit scharfen Maßregeln zu verwirklichen.

Sein musikalischer Sinn liebte die kosmopolitische Grazie des Italienertums. Mit den Mozarts trat er von vorneweg in ein reserviertes Verhältnis, obwohl er den Sohn in seiner herben Art als bedeutendes Talent schätzte und seinem Hofe zu erhalten trachtete. Schon zu Colloredos feierlichem Amtsantritt, am 29. April 1772, hatte der junge Mozart eine theatralische Serenata in der Art des «Ascanio», das einaktige Festspiel *«Il Sogno di Scipione»* (K. 126) geschrieben. Der Metastasianische Text war unter Benützung des Ciceronischen «Somnium Scipionis» gefertigt.

Wenn diese Arbeit unter Mozarts theatralischen Versuchen vielleicht die flüchtigste, schwächste darstellt, so hat der sechzehnjährige Knabe in diesem Jahre dafür auf instrumentalem Gebiete eine aufsteigende Linie zu jugendlicher Meisterschaft eingeschlagen, die zu den bedeutenden Entwicklungsabschnitten seines Künstlerlebens gerechnet werden muß. In der kurzen Zeit vom Ende 1771 bis zur erneuten Abreise nach Italien, im Oktober 1772, schrieb Wolfgang nicht weniger als *acht Symphonien* (K. 114, 124, 128, 129, 130, 132, 133 und 134), *drei* dreisätzige Quartette (Divertimenti) (K. 136, 137, 138) und ein sechssätziges *Divertimento* (K. 131) mit Streichern, Flöte, Oboe, Fagott und vier Hörnern, ein entzückendes, instrumental reich kombiniertes Stück, das den auf die Naturtöne beschränkten Satz des Hornquartetts konzertant auszugestalten versteht. Diese Werke knüpfen vorerst an die gattungsähnliche Produktion der früheren Zeit an. Sie gelangen aber bald aus dem Passagenwerk und der rudimentären Durchführungstechnik der italienischen Instrumentalmusik durch konsequente motivische Arbeit, beseelte, volkstümliche Melodik, humorvolle oder dramatische Intermezzi, selbständige Behandlung der Bläserpartien und straffere Organisation nach den Beispielen Joseph und Michael Haydns zu einem Ideal, das die Richtung der Mozartschen Persönlichkeit schon deutlich offenbart. In dem männlichen Zug dieser Arbeiten lag die Gewähr eines nunmehr Unverlierbaren, ein wunderbares Bewußtsein, den Vorbildern sachte entwachsen zu sein.

Die Entwicklung des Symphonikers Mozart in dem relativ kurzen Zeitraum der Vollendung jener acht Symphonien gehört zu den erstaunlichen Tatsachen zielbewußten schöpferischen Fortschritts. Es wird die Sache hellhöriger Musiker sein, jene frischen, geistvollen, untereinander so verschiedenen Stücke unserer Gegenwart auf dem Konzertpodium und im Rundfunk wiederzugewinnen. Am Eingang der Reihe steht die zarte, manchmal verträumte *A-Dur* (K. 114, Dezember 1771), in gewissen Zügen, dem leisen Anheben des Einleitungssatzes etwa, mit den zwei Violinen allein, wie es Mozart später des öftern anzuwenden liebt, ihre bedeutendere Schwester in derselben Tonart (K. 201) vorausahnend, mit Flöten statt der Oboen in den Ecksätzen, die knappe *G-Dur* (K. 124, Februar 1772), der Kirchensonate in D (K. 144) durch das Anfangsmotiv verwandt, reich an kleinen Meisterzügen im langsamen Satz, mit der geistvollen Fortführung eines simplen Menuettgedankens, keineswegs eine rasch hingeworfene Arbeit; beide Symphonien vorwiegend süddeutscher Prägung. Ihnen benachbart zwei nach italienischem Gusto ausgerichtete Arbeiten, wie sie dem neuen Erzbischof zu festlichen Anlässen besonders behagen mochten, die dreisätzigen *Symphonien in C-Dur* (K. 128) und *G-Dur* (K. 129), beide unmittelbar hintereinander, im Mai 1772 vollendet. Der Quartsprung abwärts, als Motto der «C-Dur», wird sich bald in der *F-Dur-Symphonie* (K. 130), eineinhalb Jahre später in der andern *C-Dur-*

Symphonie (K. 200), bestimmender noch für den Verlauf des *ganzen* Werkes Geltung verschaffen. Sehr ouvertürenhaft beginnt die *G-Dur* (K. 129) mit lombardischen Figuren über einem kräftigen Orgelpunkt. Der flüchtige zweite Gedanke, hübsch von der Modulationspartie abgesetzt, gewinnt erst in der Durchführung höhere Bedeutung. Es fehlt sogar nicht der Ansatz zu einem beinahe «Mannheimerschen» Crescendo, allerdings, wie auch in der *D-Dur-Serenade* (K. 203), ohne die sonst übliche «Explosion», die dem aristokratischen Zug der Mozartschen Synthese recht zuwider wäre. Das hübsche «Andante» ist in seinem Eingang so «haydnisch», daß ein Vorausdenken zur «Militärsymphonie» dieses Meisters gar nicht so abwegig erscheint. Preziöse kontrapunktische Arbeit hat schon der nicht minder bezaubernde «graziose» Satz der vorhergehenden Symphonie (K. 128) gebracht: nun wiederholt sich das reizvolle Geschehen im Mittelsatz. Als richtige «Caccia» stürmen die *Finali* beider Symphonien einher, echte Jagdstücke, als bodenständige Erfreulichkeiten deutbar, mehr Hellbrunn als transalpinische Haine, mehr Haydn als Sammartini, prächtig, schwungvoll und einfallsreich, das C-Dur-Stück ($^6/_8$) ein *Rondo,* eigenwillig dem Inhalt und der Form nach, faszinierend durch Zahl und Ordnung der Seitengedanken, das *G-Dur-Finale* ($^3/_8$) in aufgelockerter *Sonatenform* mit kräftigem, bei der Wiederholung in die Oberoktav emporblitzendem Hauptthema, origineller Reprise und launig abruptem Ausklang. In gleichem Zuge mit dem *D-Dur-Divertimento* (K. 131), von diesem artgemäß verschieden, geraten, Ende Mai und im Juni 1772, weitere *zwei Symphonien* in F (K. 130) und *Es* (K. 132), beide durch Verwendung zweier Hornpaare (wie im Divertimento) auffallend, doch auch als künstlerische Leistung bedeutungsvoll. Mit der *F-Dur-Symphonie* hat Mozart binnen unglaublich kurzer Zeit einen neuen Typus in seinem symphonischen Œuvre geschaffen. Er ist damit um einen entscheidenden Schritt auf dem Wege durch die verschiedenen Einflußsphären zu sich selbst vorwärtsgekommen, einen Schritt, den zu wagen sein geniales Ahnungsvermögen nicht gezögert hat. Gewiß stand ihm jetzt und lange noch, bis in die Jahre reifer Meisterschaft, das leuchtende Beispiel Joseph Haydns vor Augen. Er konnte daneben sogar noch immer etwas der trockenen Handwerkstüchtigkeit Michael Haydns absehen oder sich mühelos der flüssigeren Wendungen des modischen Instrumentalstils der Italiener bedienen: Das Wesentliche aber in der Ausgestaltung solcher Baurisse, die bis zu einem gewissen Grade jedem gewandten Musiker geläufig waren, wurde immer selbstverständlicher, die persönliche Genialität des jungen Mozart, die es, von Joseph Haydn abgesehen, sehr bald viel besser machte als alle die vielgerühmten Vorbilder, besser im Wurf, in der Fortspinnung der Themen, feinsinniger im Gefühl für die subtile Kunst der Innenvariation anstelle bequemer Redikte, hinreißend im Aufleuchten einer geistvollen Rückführung, einer gemütvollen kantablen Wendung, im schlanken, untadeligen Wuchs der Ganzheit einer Symphonie, in der Vielfalt geheimer Beziehungen zwischen den Grundeinfällen, in der Präzision eines schier unfaßlichen Sinnes für den Klang, dessen Schönheit doch mehr ist als das bloße Ineinanderwirken aufgelockerter Satzkunst mit der Feinhörigkeit für die tönende Seele der Instrumente. Unsere *F-Dur-Symphonie* ist solch ein Beispiel früher persönlicher Bestätigung ihres jungen Meisters. Man müßte dafür hundert Stellen im Werke anführen, angefangen bei der fernwirkenden Kraft des Quartensprungs im Hauptgedanken über die Coda des *ersten Satzes* hinweg, ins *Andantino,* ins *Finale* hinein, bis zur Vielfalt der Ideen in diesem sprühenden Satz. Ob sich hinter dem ersten Satz der *Es-Dur-Symphonie* (K. 132), zumindesten hinter dessen breitgespanntem Eingang, nicht der ältere Entwurf zu einem Konzert-Tutti verbirgt? Anstelle des ursprünglichen, sehr schlichten «Andantino grazioso» ist später ein wesentlich anspruchsvollerer, geradezu seltsamer *langsamer* Satz getreten. Das schlagkräftige *Finale* fügt eine Reihe übermütiger Kontertänze geschickt zu einem wirbelnden Rondo zusammen. In der – wieder *vier*sätzigen – Schlußgruppe der ganzen Reihe zeigt sich die *D-Dur-Symphonie* (K. 133, Juli 1772) als ein erstaunlich reifes Werk, den späten Symphonien in dieser Tonart (K. 385 «Haffner»-, K. 504 «Prager»-) nicht unwürdig, mit gut gearbeitetem Eingangssatz, serenadenhaft, voll hübscher formeller und instrumentaler Überraschungen, mit sordinierten Geigen und «Flauto obligato» im *Andante,* galantem *Menuett* und einem äußerst lebendigen *Finale* in Sonatenform. Die *A-Dur-Symphonie* (K. 134, August 1772) verwendet, ihrem sanfteren Charakter gemäß, wieder wie K. 114, die luftigen Flöten statt der Oboen. Ihr Kopfmotiv, der aufspringende Dreiklang, erscheint als thematische Schlußklausel im *A-Dur-Violinkonzert* (K. 219) wieder. Es beherrscht den ersten Satz mit nachdrücklicher Energie. Der langsame Satz wird eines jener charmanten nachtblauen «Garten- und Fontainenstücke» Mozarts: Zartes Melodisieren der Primgeigen über geschäftigem Murmeln der zweiten Violinen, ein erregender Windstoß, Mollwendung, diskretes Horngetön, die Rückführung einbegleitend, alles in engstem Rahmen, von einer präzisen «Coda» unsentimental, doch lächelnd entlassen. Das *Finale* hebt wieder leise im Violinduo an, verzichtet jedoch geistvoll auf eine kräftige Wiederholung des Eingangs, um glückhaft, mit neuem Einfall zu einem kapriziös-kantablen Seitengedanken weiterzuspinnen. Die Durchführung bleibt knapp, thematisch unverbindlich, mehr eine energisch modulierende, eilig rückleitende Tutti-Kadenz, dafür eine lustig polternde Schlußbestätigung nach Haydnscher Art. Vieles in diesen Symphonien kommt – oft nur stimmungsmäßig – dem Divertimenten- und Serenadenstil nahe. Für diesen aber bleibt eine stärkere Betonung des «Popularen» und die Neigung zum Konzertieren charakteristisch, während in der Symphonie die preziöse, gleichsam für den kleineren Raum bestimmte Detailarbeit und ein feingeschliffenes Dialogisieren der Motive und der instrumentalen Gruppen vorwiegt.

Hier ist noch eine viersätzige, knapp gefaßte festliche *Symphonie in C-Dur* (K. 96) mit zusätzlichen Trompeten und Pauken anzufügen, eine der lebendigsten Arbeiten dieses Zeitabschnitts, heute noch frisch ansprechend und der Wiederbelebung daher nicht unwert. Das Autograph ist verloren. Die Vollendung im Herbst 1772 ist aus innern Gründen wahrscheinlich. Selbst wenn das *Menuett* nachträglich eingefügt worden wäre, ist die vermutete Bestimmung des Werkes als ursprünglich geplante Ouvertüre zu «Lucio Silla» kaum glaubhaft. Gegen eine solche Meinung spricht die Tonart (C-Dur, statt des üblichen D-Dur!) und der Charakter als «Sinfonia da camera» trotz der Fanfarenthematik und der beliebten Schleiferfiguren des Eingangs, die, veredeltes Allgemeingut der italienisch-süddeutschen «Sinfonia», schon in der Ascanio-Ouvertüre zu «Idomeneo» und «Titus», vor allem durch das Incipit der letzten *C-Dur-Symphonie* (K. 551) geläufig geworden sind. In der *Symphonie* K. 96 überrascht der «mannheimerische» piano-forte-Wechsel des im Siciliano-Rhythmus gelöst dahinträumenden *f-moll-Andantes,* wie die reiche Zahl der Vortragszeichen überhaupt, vorausgesetzt, daß diese erregte Dynamisierung wirklich von Mozart stammt und nicht späterer Kapellmeisterzusatz ist. Viele Züge, namentlich im *Finale,* weisen auf den symphonischen Stil Wolfgangs in der Folgezeit, wie er uns am sinnfälligsten in der frischen *C-Dur* (K. 200), aber auch noch im Finale der *«Linzer-Symphonie»* (K. 425) gegenübertritt. Noch andere Kompositionen aus diesem Lebensabschnitte bleiben in Mozarts Entwicklung von Bedeutung. Wir nennen die schöne *«Litanei vom hochwürdigsten Gut»* in B-Dur (K. 125) – neapolitanisches Koloraturgepränge kontrastiert da merkwürdig neben großartigen Eingebungen einer jungen mystischen Seele –, ein zweites *«Regina coeli»* (K. 127), zwei *Kirchensonaten* für Orgel und Streicher (K. 144 und 145), *eine vierhändige Klaviersonate* (K. 381) eine damals moderne Gattung, wie sie Wolfgang schon bei Christian Bach, neuerdings wieder in Italien durch Jomelli kennengelernt hat und – «mit Vorbehalt!» – *drei deutsche Lieder* (K. 149, 150, 151). – Die Sonate diente vermutlich dem praktischen Gebrauche Mozarts und seiner Schwester, aus deren Besitz das Autograph stammte.[82]

Daß Hieronymus bald nach seinem Regierungsantritte seinen Vizekapellmeister Leopold Mozart nicht an die freigewordene erste Stelle berief, sondern ihm den in Dresden unsicher gewordenen Domenico Fischietti vorzog, hatte trotz der begreiflichen Empörung des Zurückgesetzten seine guten Gründe. Der Landesfürst vermied, die ohnehin recht disziplinlose Schar seiner Musiker einem Manne anzuvertrauen, der mit seinem Sohne dauernd in der Welt herumzog und seine Lebensaufgabe eher in dessen Förderung als in seiner Amtspflicht erblickte. Die gütige Nachsicht Sigismunds besaß sein kühl rechnender Nachfolger nicht. Später wird ihn die versteckte Opposition Leopolds oft genug unsympathisch berührt haben. Sie wog zu wenig, um aktiv gegen ihn vorzugehen, genug jedoch, um der Familie ein förderndes Wohlwollen zu entziehen. Daß dieses Mißverhältnis schließlich zum Bruche Wolfgangs mit dem Salzburger Hofe führte und den Künstler damit der Welt schenkte, erscheint trotz der beklagenswerten persönlichen Vorfälle doch wie der Auftrag eines höheren Schicksals. Am 9. August 1772 wurde Wolfgang definitiv zum besoldeten erzbischöflichen Konzertmeister mit einem Jahresgehalt von 150 Gulden «für dermalen» ernannt. Den Titel besaß er schon seit drei Jahren.

Am 24. Oktober brach er mit dem Vater neuerdings zur dritten und letzten italienischen Reise auf. Vorläufig dürfte der Erzbischof noch die vertragliche Bindung mit Mailand anerkannt und den Urlaub bewilligt haben. Auf bekannten Wegen zog man wieder, brennerabwärts, der lombardischen Hauptstadt entgegen. Wie seinerzeit in Lodi, schrieb Wolfgang in dem «traurigen Botzen» «für die lange Weile ein Quattro», das erste einer Reihe von *sechs Quartetten* (K. 155 bis 160)[83], die in einzelnen Etappen der Reise und später noch in Salzburg allmählich zur Vollendung gelangten. Wenn diese Stücke formell mit ihren Vorgängern, dem «Lodi-Quartett» (K. 80) und drei Salzburger Divertimenten (K. 136–138) gemeinsame Züge italienischen Charakters aufweisen, so ist der subjektive Ausdrucksgehalt nunmehr stärker, selbständiger, die thematische Arbeit gründlicher geworden. Neben diesen Quartetten hat Mozart, unbeschadet seiner Arbeit an der neuen Oper, für deren «Primo uomo» Rauzzini eine dreiteilige *Motette «Exsultate»* (K. 165) im konzertanten Koloraturstil vollendet, deren bekannter Schlußteil, das «Alleluja», eine melodische Wendung aus Joseph Haydns «österreichischer Volkshymne» vorwegnimmt. Der langsame Mittelsatz dieser Konzertmotette in der Mediante ist schön und innig. In Mailand am 4. November 1772 angelangt, machte sich Wolfgang mit Eifer an die Fertigstellung der neuen Oper *«Lucio Silla»* (K. 135). Der Textdichter Giovanni de Gamerra hatte das Werk Metastasio zur Durchsicht vorgelegt. Die Folge waren zahlreiche Änderungen. Wolfgang mußte schon fertige Secco-Rezitative nochmals umarbeiten. Erst allmählich trafen die Sänger ein. In der fieberhaften Eile der vorbereitenden Arbeiten galt es zudem, das noble Publikum des Hochadels in mehreren größeren Akademien zu gewinnen. Es bleibt immerhin wunderbar, daß der junge Künstler in seinem Kopfe Ordnung zu halten verstand und nicht vorzeitig zusammenbrach.

Die Generalprobe verlief glücklich. Die Uraufführung am zweiten Weihnachtsfeiertage 1772 stand dagegen unter keinem freundlichen Stern. Durch anderweitige Inanspruchnahme des Erzherzogs Ferdinand verzögerte sich der Beginn um drei Stunden. Für den erkrankten Primo Tenore agierte ein gänzlich unroutinierter Kirchensänger, «als wolle er der Primadonna Ohrfeigen geben und ihr die Nase mit der Faust wegstoßen». Trotzdem – wenn wir Leopolds überschwenglichen Berichten Glauben schenken können – übertraf der Beifall womöglich noch die Begeisterung des Publikums bei «Mitridate». Das Werk erlebte zwar mehr als zwanzig Wiederholungen, vermochte aber einen nachhaltigen Eindruck nicht zu erzielen. Auch die sehnsüchtig erwartete neuerliche Opernbestellung blieb aus. «Lucio Silla»[84] ist die letzte Scrittura gewesen, die Mozart für Italien erhalten hat.

Das Buch Gamerras, eines halben Dilettanten Metastasianischer Richtung, entspricht im Wesen dem konventionellen Seria-Typus vom Schlage des «Mitridate». Der römische Diktator Silla (Sulla) begehrt Giunia, die Tochter des Marius. Giunia hält ihrem Geliebten, dem von Silla geächteten Senator Cecilio, jedoch standhaft die Treue. Cecilio wagt einen kühnen Mordanschlag auf den Nebenbuhler und beschließt, mit Giunia zu sterben, als der verbrecherische Versuch mißglückt. Allein Silla verzeiht großmütig, vereint die Liebenden und entsagt seiner beherrschenden Stellung, um dem römischen Volke die Freiheit wiederzugeben.

Lose Beziehungen führen zu Mozarts Spätoper «La clemenza di Tito» hinüber. Die Handlung bringt gute Situationen, packende Szenen und Verwicklungen, die dem Zeitgeschmack entsprechen, wenn auch die Dichtung in keinem Punkte die Verdichtung Metastasianischer Libretti erreicht. Mozart war in der Zeit des letzten Salzburger Aufenthaltes einen Weg innerer Entwicklung gegangen, der Kompromisse mit dem modischen Italienertum kaum mehr zuließ. Die musikalische Substanz seiner Vertonung überwuchs die Fadenscheinigkeit des dramatischen Gerüsts. Das spürte wohl auch das Durchschnittspublikum. Wolfgang war inzwischen zum jungen Manne herangereift. In der großen, von schönen Chören eingefaßten Gräberszene blickte mit einem Male, von der blutwarmen Schönheit eines großen Künstlerherzens ganz erfüllt, der Meister des «Don Giovanni» für einen Augenblick aus den Schemen der barocken Komödie. Von diesem Augenblicke an war das sonnige Land dem jungen Künstler, das er eben mit der tiefen Innigkeit seiner Seele zu erfüllen bereit war, als Wirkensstätte verloren. Es lebte nur mehr als Sehnsucht in seinem Herzen weiter. Was Mozart jedoch an wesensverwandten Zügen in der italienischen Musik und Landschaft gefunden hatte, das hielt ihn bis an sein Lebensende fest. Es verschmolz mit seinem Persönlichsten und verlieh der Linie seiner innigen Melodik jene schlanke, unnachahmbare

Grazie, eine ritterliche Leichtigkeit und Lebendigkeit, mit kluger Ökonomie gepaarte Auflockerung des Satzes. Die weitere Entwicklung des jungen Künstlers nimmt den Weg in die Tiefe. Die «romantische Krise» der letzten italienischen Reise[85] war nur der Auftakt eines leidenschaftlichen Gärungsprozesses: *der Mozartschen Sturm- und Drangzeit.* Sein Werdegang führt ihn nunmehr durch die vielfältigen Ausstrahlungen der zeitgerechten deutschen Kulturwandlung hindurch. Alle die verschiedenartigen Auswirkungen dieser regenerativen Welle, die galante Gebärde des abklingenden Rokoko, Empfindsamkeit, Auflehnung und frühe Romantik – nur um deren Hauptzüge zu nennen – offenbaren sich nun in der singulären Prägung seines Werkes ebenso deutlich wie in der Gesamtheit der deutschen Kultur. Einstweilen waren es zwei Meister, mitten im Leben des Fortschrittes stehend, die ihn mit der Überzeugungskraft ihrer Kunst in ihren Bannkreis zogen: Joseph und Michael Haydn. Es war die Zeit, da mit Goethes «Werther» ein neuer Gefühlssturm durch die Welt brauste.

18. WERKE DES SIEBZEHN- BIS ACHTZEHNJÄHRIGEN. SALZBURG UND WIEN

«Wien ist so reich an Komponisten und birgt in seinen Mauern eine so stattliche Anzahl von vortrefflichen Tonkünstlern, daß diese Stadt mit Recht die Hauptstadt der deutschen Musik genannt wird. Ich begründe dies mit den Namen: Hasse, Gluck, Wagenseil, Salieri, Hoffmann, Joseph Haydn, Ditters, Vanhall und Huber, die sich allesamt als große Komponisten gezeigt haben. Die Symphonien und Quartette der letzteren fünf gehören zu den Meisterwerken ihrer Art.» (Charles Burney, Reisetagebücher 1773)

Auch bei der dritten Italienfahrt hatte Leopold Mozart die Abreise aus Mailand so lange als möglich hinausgeschoben. Geheimnisvolle Andeutungen in seinen Briefen lenken die Fäden an den Hof des Großherzogs von Toskana nach Florenz, wo er für Wolfgang eine bleibende Anstellung erhoffte. Allein, diese Träume schlugen fehl. Man war froh, am 13. März 1773, dem Vortage zur Jahresfeier der erzbischöflichen Neuwahl, endlich wieder die Stadtgrenze Salzburgs erreicht zu haben.

Bald scheint Mozarts Leben wieder seinen gewohnten Gang genommen zu haben. In den Werken des nun folgenden Zeitabschnitts ist die lebhaft nachwirkende Intensität jener künstlerischen Krise, ein wunderbares Bewußtwerden jugendlich männlicher Kraft zu immer klarerem Gestaltungswillen deutlich zu erfühlen. Vollkommen überzeugend vor allem in der prachtvollen Reihe der *neun*, zwischen März 1773 und Mitte November 1774 entstandenen *Symphonien.*

Ein freundliches Geschick hat uns diese wichtige Gruppe unter den Salzburger Symphonien geschlossen erhalten. Schon um die Mitte des vorigen Jahrhunderts sind dem Mozartbiographen *Otto Jahn* «drey Bände Original-Handschriften W. A. Mozarts» aus dem Besitz des Musikalienhändlers *August Cranz* in Hamburg mit Instrumentalkompositionen des jugendlichen Meisters bekannt geworden, drei blaugrau gebundene Hefte im kleinen Querformat, wie es Mozart seit seiner Rückkehr nach Salzburg im März 1773 in Benützung genommen hat. Eines dieser Hefte enthält alle jene neun Symphonien, fast durchwegs von Mozarts eigener Hand mit feiner, zierlicher Schrift eingetragen; nur das Titelblatt stammt von seinem Vater. Leider wurden die genauen Daten, wie sie Wolfgang nach Vollendung jedes Werkes auf dem ersten Blatt der Niederschrift zu vermerken pflegte, durch grobe Strichelung – wahrscheinlich von Leopold selbst in dem Bestreben, das ganze Heft ‹verlagsgerecht› herzurichten – so unlesbar gemacht, daß sie erst in neuerer Zeit mit Hilfe besonderer Bestrahlungsmethoden halbwegs genau entziffert werden konnten. Dadurch erst ist es möglich geworden, die Arbeiten zeitlich in richtiger Reihenfolge einzuordnen.[86]

Fünf dreisätzige Symphonien (K. 184, 199, 162, 181, 182) stehen am Anfang. Die Vermutung *A. Einsteins,* daß einige dieser Salzburger Werke – die dreisätzigen vor allen! – im Auftrag eines unbekannten Mailänder Gönners geschrieben sein könnten, gewinnt dadurch an Wahrscheinlichkeit, wenn auch die Physiognomie dieser Arbeiten nicht immer den unbeschwerten «italienischen» Ausdruck aufweisen will. Jedenfalls aber wird bei allen diesen fünf Symphonien der *Ouvertürencharakter,* nicht allein durch die äußere Gestalt, durch Art und Formung der Hauptgedanken wie durch den Verzicht auf breite motivische Durchführungen, mehr vielleicht noch durch gewisse «theatralische Züge» erkennbar.

Dies ohne Zweifel bei der *Es-Dur-Symphonie* (K. 184) vom 30. März 1773, der zeitlich ersten in dieser Reihe. Ihre drei Sätze gehen unmittelbar ineinander über. Ein tragischer Ton beherrscht die Ecksätze durch starke Moll-Trübungen der Grundtonart, selbst im tanzhaften *Final-Rondo,* fühlbarer noch im *Eingangssatz* (Molto Presto) durch seine dunkel leidenschaftliche Haltung. Im *Mittelsatz* drängt das Werk zur Tiefe eines leidvollen Bekenntnisses. Es ist von Anfang an mit Mozarts Schauspielmusik zu *T. Ph. Geblers* Drama «König Thamos» als dazu gut passende ‹Ouvertüre› in einer gewissen Verbindung geblieben. Später wurde es – ohne Zweifel mit Zustimmung Mozarts – von dem Theaterprinzipal *Johann Böhm* als Einleitungsmusik zu einem exotischen Schauspiel, der »Lanassa« von *Karl Martin Plümicke* verwendet. Böhm ist damit seit 1785 auf weiten Gastspielreisen durch Deutschland gezogen, wobei er auch die übrige Bühnenmusik Mozarts zum «Thamos» für seine «Lanassa» heranzog.

Persönlicher, intimer wirkt die *G-Dur-Symphonie* (K. 199) vom April 1773. Zu den Streichern treten nur zwei Flöten und zwei Hörner. Der Flötenklang bestimmt, gleichsam symbolisch, die zartere Tönung des ganzen Werkes, das man sich gut einer heiteren, nicht derben Oper vorangestellt denken könnte. Aber der *langsame Satz* (Andantino grazioso, con sordini) gibt sich durchaus serenadenhaft: tiefere Streicher begleiten im Pizzicato, wie mit einer Gitarre, die volkstümlich ständchenhafte Melodie der Violinen und Flöten. Die *Ecksätze* sind voll von geistvollen Einfällen, wie das Fugato-Thema des *Finales* (Presto, 3/4), das einmal in beschwingt tanzhaftem Melodisieren weitergesponnen wird, bald wieder sich zu heimlichem Gelächter, bald zu derberem Fanfarenklang zu zerlösen scheint.

«Trombe lunghe» werden in der *C-Dur-Symphonie* (K. 162) für den, übrigens sehr einfachen, anspruchslosen Trompetenpart vorgeschrieben. Diese Vorschrift in beiden Ecksätzen ließe an die, bei festlichen Aufzügen im Salzburger Dom angeblich verwendeten langen Fanfarentrompeten, somit an eine kirchliche Bestimmung der Symphonie denken, würde nicht der ständchenhafte *Mittelsatz* (Andantino grazioso) und das *Presto-Finale,* ein richtiges «Jagdstück», eine «Caccia» im 6/8-Takt einer solchen Annahme glatt widersprechen. Das kräftige Eingangsthema der Symphonie, eine schlichte Dreiklangszerlegung (c-e-g-e-c) ist – zwar möglich, doch mit anderem Sinn! – auch zum Hauptgedanken jener Caccia geworden, das jünglingshaft gesunde, gewiß nicht mit Problemen belastete Werk, ein Stück, «richtig zwischen Mailand und Wien, zwischen Sammartini und Joseph Haydn etwa», zuletzt doch auf Salzburgische Art zu fröhlichem Ende bringt.

Auch die *D-Dur-Symphonie* (K. 181) erscheint, deutlicher noch als die vorhergehende, durch Geschlossenheit und Knappheit der Synthese dem italienischen Ouvertürentypus in heimischer Abwandlung angeglichen. Wie in der Es-Dur-Symphonie (K. 184) gehen alle drei Sätze ohne Wiederholungsvorschriften unmittelbar ineinander über. Das einfache Dreiklangsmotiv als Grundgedanke im Eingang des *ersten Satzes* und in dessen Fortspinnung erinnert an das Incipit der C-Dur-Symphonie (K. 162); ein Durchführungsgedanke dieses breit angelegten Satzes wird zur tauglichen Überleitung in das liebliche, von der Oboe geführten Kantilenenspiel des *«Andantino grazioso»*. Im *Finale* (Presto assai) gelangt ein knapp umrissenes Rondo-Thema in punktiertem Marschrhythmus mit zahlreichen, ebenso konzisen Seitengedanken zu unterhaltsam abwechselnder Durchführung.

Zwischen dieser Symphonie vom 19. Mai und dem nächsten Werk der Reihe, der *B-Dur-Symphonie* (K. 182) vom 3. Oktober 1773, liegt die schöpferische Pause einer Reise Wolfgangs mit dem Vater nach Wien, von der bald gesprochen werden soll. So ergebnislos diese Fahrt in seinem äußeren Leben gewesen zu sein scheint, so intensiv läßt sich ein künstlerischer Niederschlag der Wiener Eindrücke bereits in dieser Symphonie erfühlen, unzweifelhafter noch in den bedeutsamen viersätzigen symphonischen Leistungen in der Folgezeit nach jener Reise, zu denen unsere Symphonie eine taugliche Überleitung darstellt. Hier eröffnet der bei Mozart so beliebte, energische Quartschritt, von luftigen Trillerfiguren kontrastiert, einen schlank gehaltenen, geistvollen *Einleitungssatz*, aber auch das ouvertürenhaft knappe *Finale.*

Auffallender noch wird diese «motivische Einheit durch die Sätze» in der höchst bedeutsamen, nur zwei Tage nach der «B-Dur», am 5. Oktober 1773 vollendeten *g-moll-Symphonie* (K. 183), der ersten Moll-Symphonie Mozarts. Sie hat in den letzten Jahren unter dem nicht eben glücklichen Beinamen «die kleine g-moll» (um sie von der hochberühmten «g-moll» K. 550 zu unterscheiden!) einen temperamentvollen Siegeszug durch die Konzertsäle angetreten. Mit ihr, die in unserer Reihe die *viersätzigen* jungen Meisterwerke dieses kurzen Zeitabschnitts eröffnet, ist eine neue Weite errungen, «eine Weite im Ausdruck, die vom ersten dunklen g-moll zu einer lichten Gelöstheit reicht, vor allem eine neue Sprache, die sich über den gesellschaftlichen Charakter der älteren Symphonien weit erhebt» *(Hermann Beck)*. G-moll die Tonart der tragischen Leidenschaft bei Mozart zu nennen, hat seine Berechtigung. Immer provoziert ihre Wahl eine stark subjektive Färbung der Aussage, Versenkung in die Tiefe der eigenen Seele, ausdrucksvolle Intensität, mitunter eine in schwärmerische Kantilene gelöste Melancholie. Erscheinen alle diese Merkmale bei der *späten* «g-moll-Symphonie» durch letzte Meisterschaft gleichsam sublimiert, in reinem Lichte strahlend, so glühen sie in der *frühen* «g-moll» um so unvermittelter auf. Von eigenartigem Klangreiz ist die bei Mozart und seinen Zeitgenossen seltene Verwendung von *zwei Hornpaaren* (in G und B) neben Oboen und Fagotten in der Bläsergruppe. Der *erste Satz* (Allegro con brio) bringt das Eingangsmotiv unison. Schon im dritten und vierten Takt erscheint das berühmte Mozartsche Moll-Intervall, die verminderte Sept. Violinen und Violen skandieren in erregtem Synkopen-Rhythmus, der uns aus der Komturatmosphäre des ‹Don Giovanni›, aus dem d-moll-Klavierkonzert (K. 466), aus der ersten Arie der Königin der Nacht (‹Zauberflöte›) vertraut werden wird. In der Fortsetzung dieses Gedankens mit der ungestümen, zur Dezime emporspringenden Geigenfigur erleben wir die Urform des Final-Themas aus der «späten g-moll Symphonie». Von der Oboe mit Zartheit aufgenommen, sinkt das Thema zur Stille ab. Der zweite Gedanke bringt, trotz Dur-Färbung, keine Aufhellung – eher eine Verstärkung der dunklen, fatalistischen Stimmung. Die Fortführung läßt einen neuen Einfall anklingen: es ist die Vorausnahme des Final-Themas, bindet somit die beiden Sätze zu höherer Einheit, die durch die Verwandtschaft des auffallenden Intervallschritts im *Menuett-Gedanken* noch fester gefügt wird. Großartig die bei Mozart kaum ein zweitesmal zu findende Rückkehr aus der Durchführung zur Reprise über das kurze (zwei Takte in ganzen Noten!) «Crescendo» der Bläsergruppe. Auch im *langsamen Satz* (Andante, Es-Dur) will sich die gewohnte Beruhigung bis zu dem einsam herabsinkenden Schluß nicht einstellen: ein seltsamer, sehr eigenwilliger Satz, völlig, wie das ganze Werk, aus dem Gefühlsmaß seiner Zeit fallend. Auch das dunkle *Menuett* hat mit der galanten Haltung jener Tanzform nichts mehr zu tun. Der idyllische Kontrast des von den Bläsern intonierten *Trios* verstärkt nur, wie in der andern «g-Moll», die tragische Aussage des Hauptteils. Im *Finale* wiederholt sich der leidenschaftliche Pessimismus des ersten Satzes. Es steigt schattenhaft aus der Tiefe. Wieder melden sich die erregenden Synkopen-Rhythmen. Ein scheinbar nebensächliches Motiv am Ende der Exposition wird zu treibenden Kraft des Durchführungsteils, aber auch der Coda, die in wildem Unisono die Symphonie mit unerbittlicher Konsequenz zu Ende führt. In diesem so «wertherhaften», noch ganz von der genialischen Leidenschaft des «Sturmes und Dranges» erfüllten Werk können wir die erste bekenntnishaft tragische Symphonie im Morgenrot der Hochklassik erblicken. Sie bleibt eine der persönlichsten Schöpfungen Mozarts.

Hier wird nur zu begreiflich, daß Vater Leopold Beziehung und Urteil zu solchen, dem Salzburger Maß völlig entschwundenen Leistungen seines Sohnes längst verloren hatte, als er Jahre später über die ganze Reihe dieser Symphonien dem Sohne schrieb: «Was Dir keine Ehre macht, ist besser, wenn's nicht bekannt wird. Deswegen habe ich von Deinen Sinfonien nichts hergegeben, weil ich voraus wußte, daß Du mit reiferen Jahren, wo die Einsicht wächst, froh sein wirst, daß sie niemand hat, wenn Du gleich damals, als Du sie schriebst, damit zufrieden warest. Man wird immer heikler.»

Welch ein innerer Fortschritt von der ouvertürenhaft *dreisätzigen C-Dur-Symphonie* (K. 162) zum Charakterstück der *viersätzigen Symphonie* in der gleichen Tonart (K. 200)! Bei nicht eindeutig entzifferbarem Datumsvermerk dürfen wir ihre Entstehung um die Mitte des November 1773, etwa fünf Wochen nach der g-moll-Symphonie (K. 183) annehmen. Aus der schier unbekümmerten Festfröhlichkeit des locker gefügten dreisätzigen Werkes ist ein kaum minder hochgemuter, doch thematisch subtil durchgearbeiteter Zyklus geworden, der jeden Satz – auch das Menuett – mit individueller Bedeutsamkeit zum Künder einer ganz bestimmten persönlichen Aussage werden läßt. Verbindender Grundgedanke, wie so oft, der energische, den *ersten Satz* einführende Quartschritt nach abwärts. Er bringt gleicherweise die Symphonie, im Wirbelsturm des *Finales* immer wieder betont hervortretend, vom Sprühregen der Passagen umspielt, trompetenglänzend zu glücklichem Ende. Überraschende Kontraste nach Haydn'schem Vorbild kommen sogar in der Idylle des *zweiten Satzes* zu eigentümlicher Wirkung: hier wird die zart dahinträumende Schwärmerei der sordinierten Geigen plötzlich mit jungenhaftem Übermut durch einen derben Hornstoß unterbrochen. In die walzerhafte Beschwingtheit des *Menuetts* tönt ein versonnenes Waldhorn völlig «romantisch» hinein. Alles an dieser Symphonie ist Jugend, aber eine prachtvoll ihrer Meisterschaft bewußte Jugend, beschwingt durch das sichere Bewußtsein könnerischen Vollbringens.

Nur mit zwei Oboen und zwei Hörnern ist der Bläserpart der schon dem nächsten Jahr (April 1774) zugehörigen *A-Dur-Symphonie* (K. 201) besetzt. Aber welche Fülle kleiner Klangwunder, berückender Stimmungen, überraschender Einfälle vermag die erstaunlich gereifte Instrumentierungskunst des jugendlichen Meisters aus dem Zusammenspiel jener

Gruppe mit den, aller konventionellen Blockhaftigkeit entbundenen Streichern zu erfinden. Schon der imitierend aufgelockerte *Eingang* dieser Symphonie bestätigt dies in vollem Maße; später nicht weniger die schlanke, maßvolle Kraft dieses Satzes. Und vollends das zauberhafte Nachtstück, das sordinierte *«Andante»* mit seinen romantisch verträumten Hörnern und der schlichten Schönheit seiner Geigenkantilenen dem sanften Sternenlicht von Susannens ‹Gartenarie› bereits nahe! Dann ein nervöses, keck rhythmisiertes *Menuett* mit lustig nachpolternden Bläsern, die hier das letzte Wort behalten wollen, und ein *Finale* voll Spiritualität und Brio mit dem Oktavensprung des Eingangs als bewegende Kraft, vielleicht das genialste Stück dieser Art, das Mozart bisher gelungen. «Es ist ein neues Gefühl für die Notwendigkeit der Vertiefung der Symphonie durch imitatorische Belebung, ihrer Rettung aus dem bloß Dekorativen durch kammermusikalische Feinheit. Die Instrumente wandeln ihren Charakter; die Geigen werden geistiger, die Bläser vermeiden alles Lärmende, die Figurationen alles Konventionelle. – Wie unendlich weit entfernt sind wir bereits von der «italienischen Sinfonia»! Wer in Italien hätte ein solches Werk schaffen und wo hätte es seinen Platz finden können?» *(A. Einstein)*

Das letzte Werk in dieser kostbaren Reihe, die *D-Dur-Symphonie* (K. 202) vom 5. Mai 1774 gibt sich leichtwiegender, gefälliger, ein luftiger Ausklang der drei bedeutsamen Arbeiten, die ihr vorausgingen. Sie scheint unmittelbarer von der Art Joseph Haydns beeinflußt, als sie es in Wahrheit ist: ein knapp zugemessenes Stück, unterhaltsam durch die lockere Vielartigkeit der Einfälle. Auch hier verbindet das Incipit der Symphonie als ihr Grundgedanke, ein Quartschritt nach abwärts, den *Eingangssatz* (Molto Allegro) mit dem *Presto-Finale* zu betonter Einheit. Das Brio dieser beiden Sätze wird durch eine klare Disposition wirksam kontrastierender Ideen und die überraschende Transparenz des Satzes noch gesteigert. Im schlichten *‹Andantino con moto›* werden nur die Streicher beschäftigt. So auch im ansprechenden *Trio* des *Menuetts.* Die geistvolle Coda des *Finales* verklingt wie ein Hauch.

Bis zum Juni 1778, d. h. bis zur sogenannten «Pariser-Symphonie» (K. 297) für die «Concerts spirituels» des Managers Le Gros, hat Mozart kein symphonisches Werk mehr geschrieben, das Sinn und Bedeutung der eben besprochenen Reihe fortgesetzt hätte. In Salzburg war er mit Arbeiten für die Kirche, mit Serenaden und Divertimenten genugsam beschäftigt; für die Reisen hat er – von wichtigen Werken, die er mitnahm, abgesehen – noch zwei Opern-Ouvertüren zu Konzert-Symphonien ergänzt: die *zweisätzige Ouvertüre zur ‹Finta giardiniera›* (K. 196), die er erst nach seiner Rückkehr aus München, wahrscheinlich im Frühjahr 1775 durch Anfügung eines beschwingten *Finales* (K. 121) ausbaute und das bloß *ein*sätzige Vorspiel zum «Rè pastore» (K. 208). Dieses Stück hat er durch Umwandlung der ersten Arie des Aminta aus derselben Oper («Intendo amico») zu einem instrumentalen *‹Andantino›* mit Oboensolo und Anfügung einer überaus beweglichen ‹Contredanse en Rondeau› (Presto assai, K. 102 = 213 a) als *Finale* in eine ansprechende, leichtwiegende Gelegenheitssymphonie umgeschaffen, ein Werk, das er in einer Akademie seiner Mannheimer Musikerfreunde Cannabich sogar selbst zur Aufführung gebracht hat, wie ein Brief an den Vater vom 13. Februar 1778 berichtet.

Ein *«Concertone» für zwei Violinen und Orchester* (K. 190) vom 31. Mai 1774 zieht auch das Violoncello und die Oboe in das fröhlich-unbefangene Konzertieren hinein und mutet wie ein spätes Abbild des alten Concerto grosso an. Es ist ein gut gewachsenes, für die Solisten dankbar gefaßtes Stück in der Nähe der späteren, musizierfreudigen Serenaden. Der erste Satz ist bedeutender als die beiden folgenden. Wohl über Bestellung eines Mailänder Musikfreundes entstanden *zwei fünfsätzige Divertimenti für zehn Bläser* (K. 166 und 186) mit Klarinetten, die im Salzburger Orchester fehlten. Beide finden ihren Höhepunkt in den innigen Adagioklängen des vierten Satzes. Eine *C-Dur-Messe «in honorem sanctissimae Trinitatis»* (K. 167) aus dem Juni 1773 gehört zu den schönsten Werken aus Mozarts Jugendzeit. Im Gloria und Credo werden, den strengen kirchlichen Vorschriften entsprechend, die Anfangsworte des intonierenden Priesters nicht wiederholt. Auf die Gegenüberstellung von Tutti und Solo wird diesmal verzichtet. Die Verwendung von vier Trompeten erinnert an die ältere Festmesse (K. 139). Das Bestreben, die einzelnen Sätze zu organischer Geschlossenheit zu runden, fällt auf. Die Linie des Kontrapunkts, die Behandlung des Orchesters ist überlegen, gehaltvoll geworden. Überall herrscht eine sorgfältige Ökonomie der Mittel. Alle Einzelheiten lassen uns die Bedeutung der schöpferischen Wandlung ermessen, die mit diesem Werke auch für Mozarts *geistliche* Kompositionen erkennbar einsetzt und bis etwa 1780 fortwirkt.[87]

Inzwischen war der Hochsommer herangekommen. Als der Erzbischof die Stadt zur Erholung verließ und alle Hofbeamten beurlaubte, zögerte auch Leopold keinen Augenblick, diesen günstigen Zeitpunkt zu einem Abstecher nach Wien zu nützen. Am 18. Juni traf er mit Wolfgang dort ein.

Mit anderen Augen sollte der reifende Künstler nunmehr das blühende Kulturleben dieser Stadt erschauen als einst der noch unfertige, seiner Eigenpersönlichkeit fast unbewußte Wunderknabe. Die Absicht des Vaters, für seinen Sohn nach dem Tode des Hofkapellmeisters Gaßmann eine dauernde Stelle in kaiserlichen Diensten zu finden, schlug fehl. Nach dem Tode Gaßmanns (1774) erhielt der bisherige Hofkompositeur Giuseppe Bonno dessen Amt. Eine Audienz bei Maria Theresia enttäuschte schwer: «Die Kaiserin waren sehr gnädig mit uns, allein dieses ist auch alles», muß Leopold gekränkt nach Hause berichten. Kaiser Joseph war abwesend. Ans Geldverdienen war bei diesem Aufenthalt nicht zu denken. Genug, daß sich alte Bekannte, namentlich Dr. Mesmer, der Mozarts freundlich annahmen.

Dagegen erlangten die vielfältigen musikalischen Eindrücke gerade im rechten Augenblicke tiefere Bedeutung in Wolfgangs Werdegang. Sein Genius fand in den Mauern Wiens eine kraftvolle, wesensverwandte Kunst. Ihr unbestrittener Führer auf dem Gebiete der Instrumentalmusik, Joseph Haydn, hatte um jene Zeit in seinen Streichquartetten durch ideale Vermählung freibewegter Satzgestaltung mit lebendiger kontrapunktischer Kunst einen neuen, meisterhaften Typus gefunden. In allen öffentlichen und privaten Konzerten erfreuten sich seine Symphonien und Kammermusikwerke der beispiellosen Beliebtheit des Publikums. Neben Haydn konnte das Schaffen des hochbegabten Gaßmann, eines Schülers von Padre Martini, Wolfgangs dankbares Interesse finden. Salieri stand am Anfang einer glänzenden Laufbahn. Wagenseil, Starzer, Vanhall, Dittersdorf und andere kleine Meister rundeten mit vortrefflichen Arbeiten das Bild des neuen Aufschwunges der süddeutschen Tonkunst.

Auch auf dem Theater bewegte sich die Kurve des Wiener Musiklebens in aufsteigender Richtung. Die Seria stand im Zeichen einer fruchtbringenden Antagonie zwischen den Meistern der älteren italienischen Richtung, um die greisen Künstler Hasse und Metastasio, und den streitbaren Neuerern um Gluck. Neben Hasses «Parthenope» hatte Mozart Gelegenheit, Glucks dritte Reformoper «Paride ed Elena» in einer von der Regiekunst des Komponisten kühn emporgerissenen Wiedergabe auf der Bühne zu sehen. Daneben feierte die Opera buffa – Stücke von Gaßmann, Piccini, Salieri, Anfossi und Galuppi – anziehende Feste, mit der heiter-ironisierenden Seele des Wienertums noch inniger verwachsen als die Seria. Die theatralische Kultur der Stadt lenkte Mozarts Blick auf das nunmehr *Wesentliche* des bühnengemäßen Vorgangs, auf das heitere oder tragische Erleben des bewegten *Menschlichen* in Handlung und Musik.

Wenn sich trotzdem die Eindruckskraft der Wiener musikalischen Sphäre in Mozarts Werk zunächst auf dem Gebiete der *Instrumentalkunst* kundgab, so lag das nicht allein am Vorbild Joseph Haydns, sondern wohl auch daran, daß Wolfgang im Augenblicke keine Gelegenheit fand, sich auf dramatischem Gebiete zu versuchen.

In Wien vollendete Mozart (größtenteils im August 1773) *sechs* neue *Streichquartette* (K. 168–173), *sechs Klaviervariationen über das Arien-Thema «Mio caro Adone»* aus *Antonio Salieris «Fiera di Venezia»*

(K. 180) und eine *siebensätzige Serenade* in D-Dur (K. 185). Dieses sehr repräsentative Stück (7 Sätze!) ist vermutlich von dem ältesten Sohn des angesehenen Hofkriegsrats und Landschaftskanzlers, *Johann Ernst von Andretter, Thaddäus,* damals Hörer an der Salzburger Universität, als «Final-Musik», wie sie die Studenten alljährlich nach Beendigung der Prüfungen dem Erzbischof oder ihren Professoren darbrachten, bei Mozart bestellt und in den ersten Augusttagen unter Leitung des Hofsängers *Joseph Meißner* zur Uraufführung gebracht worden.[88] Nach dem einleitenden «Allegro» mit echtem Divertimento-Thema ist ein dreisätziges «Concertino» für die Solovioline eingebaut, das in ähnlicher Art bei den nun folgenden Serenaden wiederkehren wird: ein «Andante», ein variiertes Rondino («Allegro») und ein Violinsolo im Menuett-Trio, die ersten beiden Sätze schon durch die fremde Tonart (F-Dur) deutlich aus dem übrigen Komplex herausgehoben. Sollte das graziös-martialische zweite Trio des zweiten Menuetts nicht doch eine lächelnde Anspielung auf den verehrten Familienvater, den Herrn Hofkriegsrat, gewesen sein? Nach stilkritischen Erwägungen werden noch andere, nicht bestimmt datierbare Kompositionen Mozarts in die unmittelbare Einflußsphäre dieses Wiener Aufenthaltes zu rücken sein. Darunter das fröhliche *D-Dur-Divertimento* (K. 205) für eine Violine, Baß, Fagott und 2 Hörner, vielleicht die liebliche, achtsätzige *D-Dur-Serenade* (K. 203), breiter noch und inniger gestaltet als die Andretterische «Finalmusik», nach Niemetscheks Vermutung zum Namensfest des Erzbischofs Hieronymus Colloredo geschrieben[89] –, im zweiten und vierten Satz zu einem richtigen kleinen Violinkonzert ausgewachsen. Das sordinierte G-DurAndante, eine breite süße Melodie über geschäftig summenden Sekundviolinen, wird zum zauberhaften Nachtstück. Wahrscheinlich hat Mozart um diese Zeit auch die erste Fassung der *Musik zu dem Geblerschen Schauspiel «König Thamos»* (K. 345) in Angriff genommen.

Hatte Mozart sein erstes Streichquartett zu Lodi unter Anregung des italienischen Quattro der Sammartini, Boccherini und Tartini versucht, stand selbst die Reihe aus der Zeit des «Lucio Silla» (K. 155 bis 160) trotz unverkennbar deutscher Züge noch im Banne jener Meister, so zeigen die sechs Streichquartette von 1773 Mozarts bekennende Hinneigung zur gediegenen Kunst der Wiener Schule. Von diesem Augenblicke an nimmt die Verknüpfung mit der Arbeitsweise Haydns[90] ihren gewaltigen Aufschwung zu den Hochleistungen der sechs, diesem Meister gewidmeten Quartette aus der Zeit zwischen der «Entführung» und dem «Figaro». Eine sorgfältig aufgelockerte Synthese veredelt die thematische Durchbildung und schafft gedankenvolle Beziehungen. Schon der Einfall allein erzwingt die organische Fortspinnung aus seiner Eigenart. Allmählich entwickelt sich die volle, nur im Zuge des Werkes gebundene Individualität der vier Spieler zu gleichgestellten Dienern der schöpferischen Idee als vornehmstes Merkmal der modernen Kammermusik. Nichts ist verständlicher als der Abstand der Jünglingsarbeiten Mozarts von der gereiften Kunst seines Vorbildes. In dem Ehrgeiz, es diesem gleichzutun, steckt noch Befangenheit. Allein es geraten viele Stellen so vollendet, so persönlich, so meisterhaft neben kleinen Unzulänglichkeiten, daß diese Arbeiten Mozarts als prächtige Musizierstücke, nicht zuletzt als Marksteine seines Entwicklungsganges hochbedeutend bleiben. Es ist wichtig, festzustellen, daß sich Mozart erst wieder mit dem Streichquartett befaßte, als Haydn (1781) nach längerer Schaffenspause auf diesem Gebiet seine berühmten «Russischen Quartette» der Welt geschenkt hatte. Aber schon das G-Dur-Quartett Mozarts vom 31. Dezember 1782 (K. 387) bringt dann den klassischen Typus in seiner höchsten Form.

Am 7. August kam Wolfgangs *«Pater-Dominikus-Messe»* (K. 66) in der Jesuitenkirche am Hof unter Leitung des Vaters zu erfolgreicher Aufführung. Bei den Theatinern hatte er die «Keckheit», ein Konzert auf einer entlehnten Violine zu spielen. Leopolds zähe Hoffnungen auf eine Wiener Anstellung seines Sohnes hinter dem Rücken des Erzbischofs sollten sich nicht erfüllen. Ende September 1773 mußten sie nach Salzburg zurück.

Die folgende Zeit fruchtbarer schöpferischer Tätigkeit in der Heimat bis Ende 1774 brachte vorläufig die Erregung der inneren Wandlung zur vollen Auswirkung. Ein hoher Ernst, der selbst die helleren Instrumentalwerke umweht, weitgesteckte Anlage, Männlichkeit und Tiefe der Empfindung, prägen allen Schöpfungen dieser Periode ihren Charakter auf. Zwischen der Arbeit an den Symphonien vollendete Mozart die Neufassung eines schon früher begonnenen *Streichquintetts* divertimentoartigen Charakters in B-Dur (K. 174), eines gerade im noch nicht erreichten Gleichmaß des sich unbefangen Fortspinnenden und des «Gearbeiteten», des Serenadenhaften und des Kammerstils, höchst anregenden Stückes. Wichtiger noch als ein kleines, unnachahmliches Meisterstück seiner Art steht in dieser Zeitspanne das knapp gehaltene *B-Dur-Konzert für Fagott* (K. 191)[91] und Mozarts *erstes Klavierkonzert in D-Dur* (K. 175, Dezember 1773).[92]

Dieses hat er auch in späterer Zeit geschätzt und gerne gespielt. Tatsächlich vermochte er schon mit diesem Werke trotz mancher Verbindungsbrücken zur Vergangenheit einen neuen Eigentypus der Kompositionsgattung zu schaffen, der, sich in der großen Zahl seiner gleichartigen Arbeiten fortentwickelnd, Mozarts Bedeutung als erster Konzertkomponist großen Stils für das Klavier endgültig feststellte. Die Fäden, die ihn mit Übernommenem verbinden, führen einerseits zu dem Passagenwerk, zur zartbeschwingten Melodieseligkeit Christian Bachs, nicht minder zum volkstümlichen Divertimentoton des Wiener Konzerts in der Art Wagenseils. Von der Wiener Richtung unterscheidet ihn jedoch das ungleich tiefere Erfassen des Konzertbegriffes, das sinnvolle Kontrastieren und Wiederverschmelzen der zwei dominierenden Klangkörper, des Orchesters und des solistischen Klaviers. Schon der streng gearbeitete Finalsatz in Sonatenform[93] seines ersten D-Dur-Konzertes – erst später hat Mozart die Rondoform in diese Gattung wieder übernommen – entrückt es deutlich dem Unterhaltungscharakter der Wiener Gesellschaftsmusik und schafft Beziehungen zum hochgestimmten Ton der gleichzeitigen Symphonien. Das bevorzugte Instrument für die Bewältigung der tonlichen Aufgaben ist schon das modulationsfähige Hammerklavier, das Pianoforte mit seiner reichen, dynamischen Schattierungsmöglichkeit. Mit tiefer Genialität erfaßt Mozart den noch ungelösten, jungen Konflikt zwischen der Symphonieform (Dualismus zweier Themen) und der Konzertform (Dualismus zweier Klangkörper) und gelangt – im Gegensatze zu den Vertretern des nur virtuosen, brillanten Konzertstils unter seinen Zeitgenossen und Nachfolgern – zu einer Fülle wundervoller Lösungsversuche jenes Problems. Seine Konzerte gehören soziologisch und formell gewiß noch zum Typus des Gesellschaftskonzertes. Nur selten gelangt der Gegensatz des Klaviers und des Orchesters zur schweren, dramatischen Kontrastwirkung der späteren Richtungen. Der weniger tragfähige Ton der zarten Instrumente in der zweiten Hälfte des 18. Jahrhunderts würde eine entsprechende Klavierbehandlung geradezu als widersinnig erscheinen lassen. Doch wirken innere Spannungen und dialogische Wechselbeziehungen des Soloparts zu dem durchaus individuellen Orchester so stark, daß wir den Nachklang dieser Kunst in der veränderten Gefühlswelt des Empire verstehen und ihren Einfluß auf die subjektive Seelensprache Beethovens nicht viel geringer ansetzen mögen als die Wesensverwandtschaft Philipp Emanuel Bachs mit den Klavierkompositionen des Bonner Meisters. Was die Violinkonzerte und Serenaden Mozarts auszeichnet, das kommt seinen Klavierkonzerten in besonderem Maße zugute: In erster Linie für den persönlichen Gebrauch geschrieben, bilden sie für ihn ein reiches Gebiet unmittelbarer Aussprache als Komponist und Interpret seines Werkes zugleich, einen ähnlichen Prüfstein neuer Instrumentationsmöglichkeiten wie die Symphonie für Joseph Haydn als Fürstlichen Kapellmeister in Esterház. Die neue, freiere Behandlung der Holzbläser, Mozarts besondere Liebe, ist hier noch kühner, vielgestaltiger durchgeführt als in den gleichzeitigen Opernwerken und Symphonien.

Auf dem Gebiete der geistlichen Musik entstanden in diesem Zeitraume die zweite *Lauretanische Litanei* (K. 195) und zwei *Missae breves* in F-Dur und D-Dur (K. 192 und 194) für vier Singstimmen, zwei Violinen, Baß und Orgel. Die *F-Dur-Messe* nimmt eine eigentümliche Zwischenstellung im Schaffen Mozarts ein. Neben Augenblicken von der Gefühlstiefe der gleichzeitigen Instrumentalwerke, neben reifer Geschlossenheit des Organismus wie in der Trinitatismesse (K. 167) und ernsten Elementen der älteren, kontrapunktischen Schreibweise finden sich auch Züge von anmutiger, zeitnaher Gesanghaftigkeit. Deutlich noch wiegt dieser Ton in der D-Messe und in der Lauretanischen Litanei vor, obwohl es auch hier nicht an dunklen Erlebnissen mangelt. Beide Messen erfreuen sich noch heute unverminderter Beliebtheit im praktischen Kirchengebrauch. Das d-moll-Agnus der F-Messe ist ein Satz von großartiger melodischer Inspiration. In der *Motette Misericordias Domini* (K. 222), die Mozart zur Beurteilung an Padre Martini gesandt hatte, wird mit vielerlei, über 158 Takte umständlich ausgebreiteten Kombinationen zweier verschiedenartiger, gut kontrastierter Themen ein beachtenswertes Schaustück kontrapunktischer Technik bei fesselnder harmonischer Anlage und kraftvollem Ausdruck des Wortes geboten. Der zweite Gedanke entstammt einer Motette *Eberlins* «Benedixisti Domine». Mozart hatte sie im Frühjahr 1773 unter andern Kirchenwerken dieses Meisters und *Michael Haydns* zu eigenem Gebrauche spartiert. Das feinhörig raffinierte Urteil Padre Martinis, man finde alles in dem Werke, was die *moderne* (!) Musik brauche, «buona armonia» (= gute Führung der Stimmen), «matura modulazione, moderato movimento de Violini, modulazione delli passi naturali, e buona condotta» (= gute Führung im zusammenschauenden Sinne) konnte Mozart mit Recht nicht befriedigen, der mit der Motette ein Werk im strengen, *alten* Kirchenstil vollendet zu haben meinte. Besser, daß es nicht so wurde, daß Mozarts Persönlichstes ihn den völlig archaisierenden Weg nicht gehen ließ. Trotzdem: ein harmonischer Ausgleich ist in dieser Ausstellungsarbeit nicht gelungen, nicht einmal ein Ausgleich im Sinne des süddeutschen Kirchenstils. Die lebendige Wirkung einer Aufführung bleibt immer hinter den theoretischen Erwartungen zurück, immer hemmt die intensive Bemühung der «Arbeit» die sonst so wunderbare Entwicklung des natürlichen musikalischen Geschehens.

In den Herbsttagen 1774 wurde Wolfgang von dem ehrenvollen Auftrage überrascht, für die kommende Karnevalszeit in München eine Oper zu schreiben. Vielleicht hatte der Bischof von Chiemsee, Graf Ferdinand von Zeill, die Sache vermittelt. Gegen die Urlaubsbitte des alten Gönners der Mozarts, des Kurfürsten Maximilian III., konnte selbst der gestrenge Erzbischof kein plausibles Veto einlegen. Sofort begann Mozart mit der Komposition des Textes, um wenigstens einen Teil der Arbeit fertiggestellt in die bayrische Hauptstadt mitzubringen. Die Vorlage Ranieri Calzabigis, ein Buffostück der neuen, etwas rührseligen Richtung wie Piccinis «Buona figliuola», war schon zu Rom in der abgelaufenen Karnevalszeit mit der Musik des Neapolitaners Pasquale Anfossi (1727–1797) aufgeführt worden. Es war die *«Finta giardiniera»* («Die Gärtnerin aus Liebe»)

(K. 196). Das heitere Buch bleibt in der Scheinwelt jener zeitgenössischen Kunstform tief verwurzelt. Einige der späteren Bearbeitungen[94] schoben das Werk aus seinem urtümlichen Geleise, dem glückselig unlogischen Maskenspiel der Typen, und schufen damit einen Kompromiß divergenter Stilrichtungen, ungeeignet, die Bühne dauernd zu gewinnen.

Die Handlung: Graf Belfiore hat seine Geliebte, die Marchesa Violante Onesti, in einem Anfall von Eifersucht verwundet, glaubt sie tot und entflieht. Sie sucht den Flüchtigen mit ihrem treuen Diener Roberto in der bukolischen Verkleidung als Gärtnerin Sandrina, findet ihn endlich auf dem Gute des verliebten Podestà von Lagonero, aber voreilig mit der schönen Arminda, einer Mailänder Aristokratin, verlobt. Der Podestà hat seine Kolumbine, die eifersüchtige Zofe Serpetta, um Sandrinas willen kaltgestellt, Arminda ihren traurigen Kavalier Ramiro für Belfiore verlassen, Roberto, jetzt der findige Gärtnerbursche Nardo, liebt Serpetta: Mit Feuereifer und Sorglosigkeit stürzt sich die geschäftige Buffa schon in der Exposition auf ihre beliebte Aufgabe, nach allerhand närrischen Verwicklungen, Zufällen und Intrigen die Paare in der gehörigen Ordnung wieder zusammenzubringen und nur den dummen Pantalone-Podestà als Blamierten leer ausgehen zu lassen. So will es das uralte Gesetz der Stegreifkomödie. Um tiefere menschliche Konflikte ist der Librettist nicht bemüht. Er erfindet neue Namen für beliebte Chargen der volkstümlichen Commedia dell'arte, rückt sie in das gesellschaftliche Milieu der Zeit, genügt mit empfindsamen Strichen dem sentimentalischen Geschmack der Mode und stellt altbewährte Situationen in ein neues Gehäuse.

Für die kühle Unbeschwertheit eines Anfossi hat das Buch gewiß ein brauchbares Gerüst abgegeben. Daß Mozart es nicht so machen wollte wie sein Vorläufer, dessen Musik er sicher gekannt hat, daß er mitunter in die Tiefe schürfte, wo das Maskenspiel nur unterhalten wollte, ergab eine Kluft, die schon den Zeitgenossen auffiel. Mozarts Arbeit ist von genialen Einzelheiten erfüllt, die Sprünge in die alten Gewohnheiten der Buffa reißen. Urplötzlich erwachen dunkle Leidenschaften, blutwarme Gefühle in den matten Schemen des Librettos. Das konventionelle Lächeln der Masken erstirbt für Augenblicke in der erregten Sprache echten Menschentums. Schon melden sich die ersten Anzeichen dunkler, tragischer Elemente, die Mozarts Kunst zu der Erfüllung der «Opera giocosa» emporheben. In den zwei ersten Finalsätzen der Oper, die sich zu schöner Weite entspannen, begegnen wir glücklichen Versuchen, einzelne Typen in der Vielgestaltigkeit des Ensembles musikalisch zu individualisieren. Beseelte Augenblicksbilder flammen in den Arien auf. Das Persönliche der Figuren wechselt mit den Situationen. Noch fehlt die völlige Einheit eines durchgebildeten Charakters, die lächelnde Objektivität des gereiften Dramatikers. So blieb die Oper schon in der Gunst der Zeitgenossen hinter der gefälligen Mache des Anfossi zurück. Für uns bedeutet das helle, jugendwarme Werk den ersten Schritt des Genius auf seinen, ihm noch kaum bewußten Eigenpfaden zu den Meisterwerken der Mannesjahre. Christian Daniel Schubart fand in der «Teutschen Chronik» (1775) prophetische Worte, die Wesentliches mit der Seelenverwandtschaft des Stürmers und Drängers schon damals richtig umschrieben: «Eine opera buffa habe ich gehört von dem wunderbaren Genie Mozart; sie heißt ‹La finta giardiniera›. Genieflammen zückten da und dort. Aber es ist noch nicht das stille Altarfeuer, das in Weihrauchwolken gen Himmel steigt, den Göttern ein lieblicher Geruch. Wenn Mozart nicht eine im Gewächshaus getriebene Pflanze ist, so muß er einer der größten musikalischen Komponisten werden, die jemals gelebt haben.»

19. «LA FINTA GIARDINIERA» IN MÜNCHEN

«Wissen Sie wohl, was der verfluchte Kerl Seeau hier gesagt hat? – Meine opera buffa zu München sei ausgepfiffen worden! – Unglücklicherweise hat er es in einem Ort gesagt, wo man mich gar zu sehr kennt! – Mich ärgert aber nur die Keckheit, indem die Leute, wenn sie nach München kommen, just das Gegenteil erfahren können! –»
(Wolfgang an den Vater, Mannheim, 12. November 1778)

Am Abend des 9. Dezember 1774 war Wolfgang mit dem Vater, einen guten Teil der fertigen Opernpartitur im Reisewagen, in München eingetroffen. Im Bellvallischen Hause bei dem Kanonikus Herrn von Pernat fand man ein trauliches Quartier. In den ersten Jännertagen fuhr auch das Nannerl in Begleitung der Familienfreundin Frau von Robinig, mit «Mannspelz», Filzstiefeln und Heufüllung in der halboffenen Chaise gegen die Kälte wohl versehen, den beiden in die bayrische Hauptstadt nach. Allein die Uraufführung der Oper wurde nach manchen Verzögerungen bis zum 13. Jänner 1775 hinausgerückt, so daß man Gelegenheit hatte, sich in München rechtschaffen umzusehen.

Der Kurfürst Maximilian III. war ein tüchtiger Musiker. Er beherrschte die Viola da gamba wie ein Berufskünstler. Seine Schwester, die verwitwete Kurfürstin von Sachsen, war Schülerin Hasses gewesen und versuchte sich als Sängerin und Komponistin selbstverfaßter italienischer Opern. Graf Joseph Anton von Seeau, «ein lieber, höflicher Herr, mit mehr Lebensart als viel von seinesgleichen in Salzburg», wirkte als «Hofintendant der Musik und Spektakeln». Vermochte man somit beinahe mit der Lebhaftigkeit Wiens wettzueifern, so hatte auch die kurfürstliche Residenz in dem tüchtigen Meister Placidus von Camerloher (1718 bis 1776) rechtzeitig einen würdigen Vertreter der neuen Stilrichtung gefunden. Mit süddeutscher Frohlaune genoß man alle musikalischen und theatralischen Darbietungen. Das welsche Element stand durch die ausübenden Musiker noch in beherrschender Stellung. Die Auswahl italienischer Opern, der Seria und Buffa, war verhältnismäßig groß. Neben der deutschen Komödie der Hofschauspieler erfreute sich eine volkstümliche, derb-gesunde Theaterkultur der Gunst des Vorstadtpublikums. Der Aufschwung des deutschen Singspiels stand auch hier vor der Tür. Daneben blühte das Ballett, von dem klassizistisch-pathetischen Reformgeiste Jean Georges Noverres (1727–1810) inspiriert. Bei Hofe veranstaltete man gewählte Konzertakademien in rascher Folge. Im Theater herrschte die deutsche Repertoireordnung anstelle des italienischen Stagioneprinzips. Neben Wolfgangs «Finta» stand eine Neuausgabe des Gluckschen «Orfeo» von dem Münchner Hofkapellmeister Antonio Tozzi in Vorbereitung.

Am 14. Jänner konnte Wolfgang den Erfolg seiner Premiere an die Mutter berichten: «Gottlob! Meine opera ist gestern so gut ausgefallen, daß ich der Mama den Lärmen ohnmöglich beschreiben kann. Erstens war das ganze Theater so gestrotzt voll, daß viele Leute wieder zurück haben müssen. Nach einer jeden Aria war allzeit ein erschröckliches Getös mit Klatschen und ‹Viva Maestro› Schreien. S. Durchlaucht die Kurfürstin und die Verwitwete (welche mir vis-à-vis waren), sagten mir auch Bravo. Wie die opera aus war, so ist unter der Zeit, wo man still ist, bis das Ballett anfängt[95], nichts als geklatscht und Bravo geschrien worden. Bald aufgehört, wieder angefangen und sofort. Nach dem bin ich mit meinem Papa in ein gewisses Zimmer gegangen, wo der Kurfürst und der ganze Hof durch muß, und hab dem Kurfürst und der Kurfürstin und den Hoheiten die Hände geküßt, welche alle sehr gnädig waren. – Wegen unserer Rückreise wird es so bald nichts werden. Die Mama soll es auch nicht wünschen, denn die Mama weiß ja, wie wohl das Schnaufen tut.»

Indes scheint Wolfgang doch nicht recht zum «Ausschnaufen» gekommen zu sein. Eine Wiederholung der Oper konnte wegen Erkrankung der Seconda Donna erst am 3. Februar in Szene gehen. Allein jetzt galt es, die Salzburger Bekannten gebührend zu begrüßen, die aus Neugierde zur Oper oder nach altem Nachbarbrauche zum Münchner Karneval gekommen waren, zuletzt sogar den Erzbischof in höchsteigener Person. Dieser war jedoch erst nach der Premiere eingetroffen. Mit zwiespältigen Gefühlen mag er die «Lobeserhebungen und feierlichen Glückwünsche» der kurfürstlichen Herrschaft und des Hochadels entgegengenommen haben, «so verlegen», wie Leopold boshaft anmerkt, «daß er mit nichts als einem Kopfneigen und Achsel in die Höhe ziehen antworten konnte». Bestimmt war Hieronymus großzügig genug, sich über den Erfolg seines Landeskindes zu erfreuen. Mit einer Urlaubsverlängerung für die Mozarts, zweier so wichtiger Mitglieder seiner Kapelle, die er aus Courtoisie gegen seinen Gastgeber nicht recht vor den Kopf stoßen konnte, wird er sich weniger gerne abgefunden haben. Vielleicht erfüllten ihn die Gerüchte von der heimlichen Absicht der beiden, in kurfürstlichen Dienst zu treten, mit begreiflichem Mißtrauen.

Ob diese ernstlich daran dachten, läßt sich nicht feststellen. Unbeschwert stürzte man sich in das bunte Treiben des Münchner Faschings. Dazwischen erlebte man bescheidene musikalische Triumphe: «Am verflossenen Sonntag ist eine kleine Messe vom Wolfgang in der Hofkapelle gemacht worden, und ich habe taktiert. Am Sonntag wird wieder eine gemacht», berichtet der Vater am 15. Februar. Die *Motette «Misericordias»* (K. 222) ist auf Wunsch Maximilians III. geschrieben. Für den musikalischen Gutsbesitzer Baron von Dürnitz, der als Klavierspieler und Fagottvirtuose brillierte, wurden *sechs Klaviersonaten* (K. 279–284), zum Teil wohl mit Verwendung älteren Studienmaterials, in Angriff genommen und vielleicht noch vor der Abreise vollendet. Das zugesagte Honorar hat der Komponist allerdings nie erhalten. Dafür blieben die sechs Sonaten beliebte Stücke in Wolfgangs eigenem Repertoire. Gerne ließ er sich in wohlhabenden Privathäusern auf dem Fortepiano hören. Schubart schildert das Vergnügen, «zwei Giganten auf dem Klaviere, Herrn Mozart und Herrn Hauptmann von Beecké[96], zwei der größten Klavierspieler», wetteifernd bei seinem Wirte, Herrn Albert in der Kaufingerstraße, genießen zu können. «Mozart spielt sehr schwer und alles, was man ihm vorlegt, vom Blatt weg. Aber's braucht weiter nichts. Beecké übertrifft ihn weit. Geflügelte Geschwindigkeit, Anmut, schmelzende Süßigkeit und ein ganz eigentümlicher, selbst gebildeter Geschmack sind Keulen, die diesem Herkul wohl niemand aus den Händen winden wird.» (Teutsche Chronik 1776.)

Ein blühender Theaterskandal – Maestro Tozzi war im «Liebesverständnis» mit der verheirateten Gräfin von Seefeld unter Mitnahme des gräflichen Familienschmuckes auf Nimmerwiedersehen durchgegangen – wird von Leopold mit saftigen Kommentaren versehen. «Stell Dir die Freude vor, die Madame Tozzi, so auf der opera die Euridice macht, haben muß, die um alles nichts wußte. – Die Historie darfst Du jedermann erzählen. So sehen die Leute, daß die Welschen allerorten Spitzbuben sind. – Gottlob, der Karneval ist vorbei!»

Am 3. März 1775 fand die letzte Aufführung der «Finta» statt. Vier Tage später saß man wieder in den engeren Mauern Salzburgs. Die Erwartungen des Vaters, Wolfgang werde die Scrittura für die nächstjährige opera seria in München erhalten, sollte sich aus unbekannten Gründen nicht erfüllen.

20. JÜNGLINGSJAHRE IN SALZBURG

«Ich bitte meine Empfehlung an die Roxelane. Und sie wird heute abends mit dem Sultan den Tee nehmen. An die Jungfrau Mitzerl bitte alles Erdenkliche. Sie soll an meiner Liebe nicht zweifeln. Sie ist mir beständig in ihrem reizenden Negligé vor Augen. Ich habe viel hübsche Mädel hier gesehen, aber eine solche Schönheit habe ich nicht gefunden.» (Wolfgang an die Schwester aus München, 30. Dezember 1774)

Wir haben der merkwürdigen Erscheinung, daß Mozart in der Umwelt der «Finta giardiniera» aus den ernsten Richtlinien der letzten Wiener Erinnerung zur leichteren Ausdrucksweise der galanten Modeströmung gelangte, schon Erwähnung getan. Die neuerliche Berührung mit den Neapolitaner Buffonisten mag daran ebenso ihren Anteil haben wie unbekannte innere Gründe.

Die nächsten Jahre in der Heimat sollten diese Wandlung noch bewußter zur Ausprägung bringen. Mozart war in dieser Zeit zum gerne gesehenen, musikalischen «Cavaliere serviente» der lebenslustigen Adelskreise Salzburgs aufgerückt. Bald hallten die vornehmen Interieurs der kleinen barocken Palazzi von den bezaubernden Klängen der aristokratischen Musik wider, die unser empfänglicher Künstler aus dem unerschöpflichen Füllhorn seiner süß berauschten Phantasie in diese mondäne Umwelt ergoß. Sein schöpferischer Impuls belebt sich von Tag zu Tag in wunderbarer Steigerung. Freude an der spielerischen Beherrschung des Stoffes blitzt aus eleganten Linien der thematischen Arbeit. Wie ein dunkler Dämon ruht die jähe Leidenschaft der ersten g-moll-Symphonie in der Tiefe. Nur selten fühlen wir ihren Nachhall, wenn sich schwermütige Schatten plötzlich über die helle Anmut der Töne breiten. Das drückende Gefühl unwürdiger Bedientenabhängigkeit mochte den jungen Mann in dem sorglosen Glanze der vornehmen Umgebung plötzlich wie ein fröstelnder Schauer überkommen. Noch blieb dieser Schmerz dumpf, im halben Bewußtsein. Ungebändigte Impulse der Sturm- und Drangperiode, eruptives Genietum, Empfindsamkeit und die elegante Galanterie des ausklingenden Rokoko haben von seiner reifenden Künstlerseele in seltsam wechselnden Perioden Besitz ergriffen. Die *sechs Klaviersonaten für den Baron Dürnitz* (K. 279–284)[97] stehen an einem dieser eigentümlichen Wendepunkte. Sie stellen die ersten vollgewachsenen Arbeiten Wolfgangs auf dem Gebiete der reinen Klaviersonate dar. Der Mißbrauch zu Unterrichtszwecken für Minderbegabte hat diese wunderbaren Gebilde einer so genialen als gewichtlosen Kunst dauernd in eine peinliche Atmosphäre gerückt. Sie verlangen überlegenen Geist, gewandte, mühelose Beherrschung des Instrumentes. Die letzte, «ex-D», liebt Mozart besonders. Er läßt sie noch 1784 bei dem Wiener Verleger Toricella stechen. Zweifellos gebührt dieser Sonate (K. 284) eine Sonderstellung in der Reihe. Der Mittelsatz, ein «Rondeau en Polonaise», und die Variationenform des Finales deuten auf die französischen Einflüsse. Mozart dürfte ihnen durch Beecké, der in Paris vieles erlernt hatte, wieder nähergerückt sein. Wie selbstverständlich taucht damit in der Durchführung des ersten Satzes für einige Augenblicke das dunkle, leidenschaftliche Bild Schoberts beziehungsvoll auf. Der Variationensatz bedeutet gegenüber dem vorwiegend ornamentalen Paradestück der *Variationen über ein Menuett von Fischer* (K. 179)[98] einen entschiedenen Schritt zur psychologischen Vertiefung des thematischen Vorwurfes. Die übrigen Sonaten lassen zahlreiche Verschiedenheiten der Faktur erkennen, Anlehnungen an die gediegene Arbeitsweise Joseph Haydns (K. 280 und 284) wie an den italienisierenden Modestil der Wiener (K. 279), so daß die Annahme ihrer Entstehung aus bereitliegenden Skizzen früherer Zeit berechtigt erscheint. Fast allen ist das einzigartige Streben des Künstlers nach organischer Verknüpfung der ganzen Sonate zu einer großen Einheit gemeinsam, ein Arbeitsprinzip, das Mozart immer vollkommener in der aufsteigenden Linie seines Gesamtschaffens festhält.

Gleichsam als Auftakt der gesellschaftlichen Hochstimmung dieses Zeitabschnitts überraschte den jungen Künstler bei seiner Ankunft in Salzburg ein ähnlicher Auftrag seines Landesherren, wie es seinerzeit die Bestellung der allegorischen Serenata «Ascanio in Alba» durch die Kaiserin gewesen war. Für den April 1775 stand der Besuch ihres jüngsten Sohnes, des Erzherzogs Maximilian, nachmaligem Kurfürsten von Köln, am Salzburger Hofe bevor. In Eile machte sich Mozart an die Komposition der geplanten zweiteiligen Festoper Metastasios *«Il Rè pastore»* (K. 208)[99], die schon am 23. April zur ersten und einzigen Aufführung gelangte. Mozart verstand, die Gunst des fürstlichen Gastes durch sein Klavierspiel fester noch zu erwerben. In Wien ist ihm Erzherzog Maximilian später ein freundlicher Gönner geblieben.

Der *«Rè pastore»* wurde erstaunlich rasch vollendet. Die kühle Schablonenhandlung des dramatischen Pastorales in dem edelmütigen Blechpanzer der landläufigen Seria – verwickelte Liebesgeschichten eines überaus vollkommenen Pseudoschäfers mit der nicht minder rührenden Schäferin Elisa aus dem bewährten Stamme des Kadmus, durch die Hochherzigkeit des großen Mazedonierfürsten Alexander zu guter Letzt in das gewünschte Geleise gebracht – bot dem Komponisten kaum *einen* Augenblick persönlicher Einfühlung. Unbedenklich griff Mozart also in den glitzernden Bodenkram der neuneapolitanischen Opernrequisiten und füllte die dickleibige Partitur mit gewandt deklamierten Recitativen und fröhlich konzertierenden Arien. Weit öfter als in den Mailänder Jugendopern überglüht nun ein Eigenton des Meisters die blassen Geschöpfe dichterischer Routine und weckt untadelige Formgebilde zu wärmerem Leben. Zweimal in dieser Oper wird das *Gesangsrondo* als neue Arienform im Schaffen Mozarts verwendet. So in der Szene Amintas *«L'amerò, sarò costante»* (Nr. 10)[100] mit obligater Solovioline, die ein beliebtes Sängerstück geworden ist. Eine Tenorarie (Alessandro: «Se vincendo vi rendo felici», Nr. 9) gibt wieder den Flöten und Oboen neben der Singstimme hübsche virtuose Aufgaben. Der Tutti-Eingang der B-Dur-Arie des Aminta (Nr. 3 «Aer tranquillo») kehrt bald als Hauptgedanke des G-Dur-Violinkonzerts (K. 216) wieder. Der Chor bleibt unbeschäftigt. Auffallend ist die lockere Behandlung des Orchesters mit stellenweiser Verwendung der englischen Hörner, beweglich geführten Holzbläsern und durchsichtig hellem Streicherklang. Die Nähe der lebenskräftigen *Instrumental*werke dieser Periode ist unverkennbar.

Mozart war in sein zwanzigstes Lebensjahr getreten. Bis Ende 1777 sollte er seine Vaterstadt nicht mehr verlassen. Der schillernde Einfluß der Fremde war vorläufig einem heiteren Gleichmaß in der freundlichen Salzburger Landschaft gewichen. Es ist ein Segen wie milde Sonne über diese kurze Wegstrecke gebreitet. Stück für Stück der holdseligen Werke dieser Zeit schenkt der Genius des jungen Meisters der Welt – weit über dreißig der schönsten, schlankgefügten Arbeiten in einem einzigen Jahr!

Da sind vor allem die *Serenaden,* vollblütige, geistvolle Musik unbeschwerter künstlerischer Frohlaune zu fröhlichen Festen. Ihr adeliger Hauch atmet die südliche Wärme der Heimat, den bezaubernden Linienschwung der Salzburger Architektur. In dieser Umwelt erklangen sie zum erstenmal. Geheimnisvolle Lichtreflexe der Wachsfackeln am Gemäuer, über erwartungsvoller Bürgerfeierlichkeit und gesundem Lachen molliger Landkomtessen. Degenklirren im Dunkel, taftenes Rauschen diskreter Talare, ein unwahrscheinlich tiefer Sternenhimmel über der schwarzen Silhouette schöner Bogen und Gesimse. Nun erklingt der chevalereske Marsch der aufziehenden Musikanten. Aufstellung, heimliches Geigenstimmen, ein verlassener Ton des ersten Oboisten. Schon glänzt trompetensatt das «Maestoso» der Einleitung. In die Mitte der Serenata ist sinnvoll ein kleines Concertino gebettet. Die Geige des jungen Maestro hebt sich gewandt und verführerisch über das lauschende Begleitorchester. Verstohlen plätschert ein weißer Marmorbrunnen in das Pianissimo der Kantilene. Satz auf Satz folgt in überschwenglicher Geberlaune, bis ein übersprudelndes Finale als Kehraus die musikalische Herrlichkeit beschließt. Lebhaft und leicht tummeln sich die Instrumente dahin. Trompeten und Hörner sparen nicht mit saftigen Akzenten. Die Holzbläser sind in konzertanter Stimmung. Ihr Part ist locker über dem beweglichen Gerüste der Streicher aufgebaut und fügt sich lebendig in den berauschenden

Zusammenklang des Ganzen.[101] Eine Hochleistung dieser glitzernden Reihe ist die bekannte achtsätzige *«Haffner-Serenade»* (K. 250), «Serenata per lo sposalizio del Sgr. Cavaliere Spath colla Sgra. Elisabetta Haffner del Sgr. Cavaliere Amadeo Wolfgango Mozart». Dazu ein *flotter Marsch* (K. 249) als übliche Umrahmung. Überaus breite Anlage, gehobene festliche Sprache und ein bei allem schuldigen Respekt vertraulicher Ton dieses anmutigsten Hochzeitskarmens lassen genugsam durchblicken, daß der Herr Brautvater der noch nicht lange verstorbene Großhändler und hochlöbliche Bürgermeister Sigmund Haffner gewesen war, dessen Name noch heute in der Erinnerung dankbarer Bürger weiterlebt. In der Sommernacht des 21. Juli 1776, am Polterabend vor der Trauung, haben die Salzburger Musikanten das prächtige Stück zum ersten Male produziert. Wolfgang hat wohl selbst zur Geige gegriffen, die süßen Weisen des Soloinstrumentes in dem langsamen zweiten Satz, die galante Trioantithese zu dem merkwürdig dunklen g-moll-Menuett mit ihren zarten Hornklängen und das übersprudelnde Perpetuum mobile des unvergleichlichen G-Dur-Rondos dem Brautpaare, vielleicht gar einer unbekannten Schönen «voll Feuer, Gusto und Expression» ins Herz zu spielen.

Etwas knapper umrissen hält sich die virtuose, glanzvolle *D-Dur-Serenade* (K. 204) in sieben Sätzen. Die kurze *«Serenata notturna»* (K. 239), Jänner 1776, ist für zwei kleine Orchester geschrieben. Zwei Prinzipalviolinen, Viola und Kontrabaß treten als Solisten einem mehrfach besetzten Streicherensemble gegenüber, das nur durch die Pauke eine pikante klangliche Beimischung erhält. Ein Prachtstück heiterer Gesellschaftskunst, voll Laune, Witz und Geist. Das dreisätzige *«Notturno»* (K. 286) *für vier Streichorchester mit je zwei Hörnern* glänzt wieder in fröhlicher Romantik lieblicher Echowirkungen. Die Gruppen lösen einander in wohlerwogener Fortspinnung der thematischen Linie sinngemäß ab. Ein Final-Rondo fehlt. Das Menuett schließt ab.

Von den Serenaden zu den Divertimenti und Kassationen läuft keine scharfe Grenzlinie. Die Gattungen greifen ineinander. Gemeinsam ist allen die Freiheit der Satzzahl und ein unterhaltsamer, geselliger Zug wie in der älteren «Orchestersuite» mit idealer Eingliederung melodischer Elemente des volkstümlichen Heimatgeistes in den kunstvollen, schlanken Organismus der modernen Form. Die Serenade nähert sich vielfach bis zur Identität der Symphonie, während Divertimenti und Kassationen meist für solistische Besetzung gedacht sind. Von einfachen Streicherdivertimenten laufen darum wieder direkte Fäden zur höher entwickelten Gattung unseres Streichquartettes, wie die neuere Kammermusik der Bläser in den knappen Zyklen der Harmoniemusiken des 18. Jahrhunderts wurzelt.

Auch von dieser letzten Art hat Mozart in den Jahren 1775 bis 1777 mustergültige Stücke geschrieben, reizvoll durch die konzise Erfüllung der formellen Aufgabe im engsten Rahmen, voll von Anklängen an die Tanzmusik des Volkes, meisterhaft in der lockeren Führung des Holzbläsersatzes. Eine solche Reihe von *sechs Divertimenti für zwei Oboen, zwei Fagotte und zwei Hörner* (K. 213, 240, 252, 253, 270 und 289) ist vermutlich als Tafelmusik für festliche Gelegenheiten am erzbischöflichen Hofe gedacht, darum leicht und unbeschwert behandelt. Alle Sätze bleiben knapp umrissen, mit feinem Fingerspitzengefühl auf die einfachste Formel gebracht. K. 252 bringt einen hübschen «Siciliano» als Einleitung, K. 253 ein «Thema» mit fünf Variationen. Neben Finalsätzen mit Kontertanzcharakter (K. 252, 253) finden wir auch die «Gigue» als Abschluß (K. 270); einige Tänze besonderer Art zwischen den üblichen Menuetten, so eine «Polonaise» in K. 252 und eine «Contredanse en Rondeau» in K. 213 werden ausdrücklich durch den Titel hervorgehoben. Kaum anspruchsvoller geben sich – wenn wir sie als völlig gesichert annehmen könnten – *zwei fünfsätzige Divertimenti in Es und B* (K. Anh. 226 und 227) *für acht Bläser*, mit Einbeziehung eines Klarinettenpaares also, die aus der Münchner Zeit um die «Finta giardiniera» (Karnevalstage zu Beginn 1775) stammen müßten. Sie sind uns nur aus Stimmen-Frühdrucken Breitkopf & Härtels von 1801, nicht im Autograph erhalten, vielleicht identisch mit den Stücken in jener «ganzen Musik-Spart für die blasenden Hofinstrumenten», die Leopold Mozart in einem Brief vom 9. Oktober 1777 erwähnt.[102] Von den seltsam besetzten zwei *«Trompetendivertimenten»* in C-Dur (K. 187 und 188), Folgen kürzester Sätze für fünf Trompeten, zwei Flöten und vier Pauken, hat sich wenigstens das eine (K. 187) als Bearbeitung von Stücken Glucks und Joseph Starzers nachweisen lassen.[103] Eine Verwendung dieser anspruchslos aparten «Partien» als festliche Aufzüge, vielleicht sogar als Begleitmusik zu einem bescheidenen Roßballett in der offenen Felsenreitschule am Mönchsberg wäre anzunehmen.

Ein *Divertimento in D-Dur* (K. 251) vom Juli 1776 für Oboe, zwei Violinen, Viola, Baß und zwei Hörner mit dazugehöriger «Marcia alla francese» ist einer glaubwürdigen Tradition zufolge für Nannerls Namenstag (26. Juli) in zeitlicher Nähe der «Haffner-Serenade» geschrieben. In das aristokratische Milieu der kleinen Residenz führen die zwei *«Lodron'schen Nachtmusiken»* (Divertimenti in F-Dur und B-Dur, K. 247 und 287, 1776 und 1777) für Streichquartett und zwei Hörner mit dem *F-Dur-Marsch* (K. 248) zur Feier des Namensfestes seiner freundlichen Gönnerin, der Gräfin Antonia Lodron, großzügig und genial angelegte Arbeiten, der symphonischen Schreibweise Michael Haydns und der Wiener Meister nahestehend, doch frei und selbständig, wahre Höhepunkte der adeligen Gesellschaftskunst[104] in Mozarts Gesamtschaffen.

Im *F-Dur-Divertimento* (K. 287) wird das *«Andante grazioso»* zu einem Variationensatz über ein im gräflichen Hause offenbar beliebtes Volkslied; aber auch das *Finale* hat sich, eingeleitet durch ein offenbar parodistisch gemeintes «tragisches» Accompagnato, ein Salzburger Volkslied, «D'Bäurin hat d'Katz verlor'n», zum Thema gewählt. Mozart liebte und schätzte alle diese Stücke sehr. In «Haus-Accademien» spielte er selbst gerne den schwierigen Part der ersten Violine – «als wenn ich der größte Geiger in ganz Europa wäre» – und ließ sich die «Cassationen», wie er sie nannte, später auch nach Wien schicken.

Nicht weniger hing Mozart an dem reizenden, auch heute noch viel gespielten *D-Dur-Konzert für drei Klaviere* (K. 242) vom Februar 1776, dem sogenannten «Lodron-Konzert» – «dedicato al incomparabile merito di Sua Excellenza la Sigra Contessa Lodron, nata Contessa d'Arco, e delle sue figlie, le Sigre Contesse Aloisia e Giuseppa» – mit nicht übermäßig strengen Anforderungen an die Ausführenden. (Die beiden jungen Damen sind vermutlich Schülerinnen Vater Leopolds gewesen.) Dem Salzburger Serenadenton gar nicht fern, bleibt das Konzert ein illustratives Beispiel dafür, wie unvergleichlich Mozart es verstand, ein bestimmtes Werk nicht nur dem Können, sondern auch der geistigen Welt der Ausführenden anzupassen, denen es zugedacht war. Leicht faßlich, ansprechend bleibt diese liebliche Blüte des ausklingenden musikalischen Rokoko das tönende Abbild einer in lächelnder Anmut versinkenden kulturellen Epoche und ihrer Gesellschaft.

Als Erzbischof Paris Lodron, einer der großen Fürsten Salzburgs zur Zeit des Dreißigjährigen Krieges, der es verstanden hat, alle Tatsächlichkeiten dieser Katastrophe von seinem kleinen Lande fernzuhalten, im jüngeren Stadtteil Salzburgs auf dem rechten Flußufer einen Primogeniturpalast für seinen Bruder Christian und dessen Nachkommen zu erbauen, ahnte er nicht, daß dieses festgefügte, weitläufige Gebäude fast eineinhalb Jahrhunderte später über das ehrenvolle Andenken seines Namens auch einen Schimmer unvergänglichen Glanzes in der Geschichte der Tonkunst durch die Tatsache erhalten werde, daß es für den Jüngling Mozart in den fruchtbarsten Jahren seiner Salzburger Zeit ein glückseliges Asyl seiner Kunst bedeuten durfte. Seit Leopold Mozart nach den italienischen Reisen für seine Familie am Hannibalplatz, wenige Schritte von jenem Palast, eine annehmliche Unterkunft gefunden hatte, scheint der Name vieler Mitglieder der Familie Lodron in den Tagebuchaufzeichnungen und Briefen der Mozarts, ihrer Freunde und kunstbewußter Salzburger Bürger immer wieder auf. Der Musiksaal des Palastes muß der Ort unzähliger fröhlicher Konzertabende gewesen sein. Gräfin Antonia, eine Gattin des Salzburger Erbmarschalls Ernst Grafen Lodron, blieb der gute Geist jener Veranstaltungen, bei denen nicht Name oder

Stand, nur die Begeisterung für die Tonkunst und ein entsprechendes praktisches Können die einzige Legitimation zur Teilnahme bedeutete.

Daß es dabei, angesichts der bunten Zusammensetzung der Lodron'schen Musikerschar nicht immer mit letzter Präzision und Tonschönheit hergegangen sein muß, ist schon in dem Kapitel über die Musikpflege am erzbischöflichen Hof geschildert worden. Einmal, als Wolfgang schon in Paris weilte, spielte dort, wie ihm der Vater erzählt, auch der recht tüchtige Geiger Kolb den ‹Violino primo› in «seiner Cassation›, dem F-Dur-Divertimento, «mit den erstaunlichsten Beyfahl ... Alles hörte mit dem größten Stillschweigen zu, und nach jedem Stück schrie Graf Wolfegg, Graf Zeyl, Graf Spauer und alle ‹bravo il Maestro e bravo il Signore Kolb!› Die Gräfin Lodron kannte es erst an den Variationen, die Du öfter vorspielen mußtest, daß dies ihre Musik war. Sie lief zu mir voll Freuden her und sagte mir es – denn ich spielte das zweite Violin.» Gewiß würde sich der alte Herr nicht so ausführlich über solche «Accademien» ausgelassen haben, wäre nicht Wolfgangs Erinnerung solchen Vorkommnissen persönlicher verbunden gewesen, als wir uns das vielleicht vorstellen mögen. Denn bei allen Unvollkommenheiten und – für die Mozarts – lächerlichen Zwischenfällen bedeuteten jene improvisierten Musikabende doch die erste, lebendige Klangwerdung unzähliger Kompositionen des jungen Meisters, eine Fülle tatsächlichen Erlebens und der Erfahrung, das Erdreich, dem die Herrlichkeit seines blühenden Gartens entwuchs. –

Schon die konzertanten Einlagen in den Serenaden und die virtuose Behandlung der ersten Violine in den Divertimenti läßt auf die große Aufmerksamkeit schließen, die Wolfgang nunmehr diesem Instrument zugewendet hatte. Am 14. April 1775 vollendete er sein erstes *Violinkonzert in B-Dur* (K. 207), *vier weitere* (K. 211, 216, 218 und 219) folgten in kurzen Abständen noch im selben Jahre.[105]

Ihrem Charakter nach stehen alle diese Konzerte als geistreiche Gesellschaftsmusik mit den Serenaden und Divertimenten der Zeit auf gleicher Ebene. Als Schüler seines Vaters behandelt Mozart den geigentechnischen Part nach der Praxis Tartinis (1692–1770) und Nardinis (1722–1793). Das virtuose Element bleibt im Gegensatz zu der französischen Manier (Viotti) stets dem rein musikalischen untergeordnet. Der «singbare Geschmack», die süße Kantabilität, die sich namentlich in den Mittelsätzen zu weitgespannten melodischen Bogen ausbreitet, überwiegt das wohlgeordnete und organische, also stets moderierte Passagenwerk. Formell wahren alle Konzerte die typische Dreisätzigkeit wie die herkömmliche Teilung der Sonatenform des ersten Satzes in vier Tutti und drei dazwischenliegende Partien des Soloinstrumentes nach Vivaldischem Muster. Doch ist die Kunst innerer Disposition, die überlegene Freiheit in der Behandlung des einheitlichen thematischen Materials bei Mozart weit über die alten Vorbilder hinausgewachsen. Jedes neue Werk zeigt den jungen Meister mit neuen Formproblemen beschäftigt. Immer gelingt ihm, wie spielerisch, eine überraschend geniale Lösung. Die heiteren Finalsätze, vorwiegend in der französischen «Rondeauform», gelangen dabei zu besonders abwechslungsreicher Gestaltung. Neben exotischen Episoden vom Charakter des modischen «alla turca» – wie in dem A-Dur-Konzert (K. 219) – führen Anklänge an trauliche Volksweisen wieder auf süddeutschen Heimatboden zurück. Alle fünf Konzerte gehören zum eisernen Repertoirebestand unserer fortgeschrittenen Geiger.

Doch stehen die beiden ersten Konzerte in B und D (K. 207 und 211) mit gewissem Recht an Beliebtheit hinter den ihnen folgenden drei Schwesterwerken in G, D und A (K. 216, 218 und 219) zurück. Der innere und äußere Fortschritt zwischen diesen beiden Gruppen ist überraschend, obwohl sie nur eine Zeitspanne von etwa drei Monaten trennt.[106] Traumhaftere Sätze als das «Adagio con sordini» des G-Dur-Konzerts, anmutigere als die beiden Rondeaus der Konzerte in D und A, jenes mit dem «Straßburger»-Thema[107], dieses mit der eben erwähnten, prickelnden Reminiszenz aus dem Mailänder Türkenballett, den «Gelosie del Serraglio», konzisere als den Eingangssatz von K. 219 hat Mozart nur mehr selten geschrieben. In die Sphäre dieser Konzerte gehören einige Einzelsätze für die Solovioline mit begleitendem Orchester aus späterer Zeit: ein *Rondo* in B (K. 269), vielleicht das Ersatzstück für das ursprüngliche Finale von K. 207, und das graziöse *C-Dur-Rondo* (K. 373) für den Salzburger Hofgeiger *Antonio Brunetti,* letzteres erst 1781 zu Wien, für eine Aufführung im Hause des alten Grafen *Colloredo,* Vaters des Erzbischofs, geschrieben. Für «den Brunetti, da ihm das eine zu studiert war»[108], hat Wolfgang auch ein *«Adagio in E-Dur»* (K. 261) mit sordinierten Geigen und Flötenklang statt der Oboen ins A-Dur-Konzert (K. 219) eingelegt. Von einem *«Andante»* in *A-Dur* (K. 470), «für die Violin zu einem Konzert», kennen wir leider nur mehr diese Eintragung und das thematische Incipit in Mozarts eigenhändigem Verzeichnis (April 1785).[109]

Dieselbe Vielfalt und Reichhaltigkeit der inneren Anlage bei äußerer Gleichheit des formellen Schemas wie die Violinkonzerte weisen auch die *vier Klavierkonzerte* (K. 238, 246, 271 und 242) dieser Epoche auf. Das *erste Konzert* in *B-Dur* (K. 238, Jänner 1776) hat sich Mozart für den eigenen Gebrauch zurechtgelegt. Er hat es später in München und Augsburg (Oktober 1777) gespielt, im nächsten Jahre für Rosa Cannabich zu Mannheim wieder hervorgeholt. Das *C-Dur-Konzert* (K. 246, April 1776) ist für eine Gräfin von Lützow, Gemahlin des Festungskommandanten der Hohensalzburg, wahrscheinlich eine Schülerin Leopold Mozarts, geschrieben, das dritte in *Es-Dur* (K. 271, Jänner 1777) für die französische Pianistin Mademoiselle Jeunehomme,[110] die zu kurzem Aufenthalt in Salzburg weilte und später mit Wolfgang wieder in Paris zusammentreffen sollte. Man sieht diesem Werke im Vergleiche zu den anderen deutlich an, daß es für eine Künstlerin großen Formats bestimmt war. Mozart hat gelegentlich auch selbst gerne darauf zurückgegriffen. Den großen Konzerten der Wiener Zeit kommt es, namentlich in dem schönen dialogischen Wechselspiele zwischen dem Solisten und dem begleitenden Orchesterkörper, schon sehr nahe, wenn sein Charakter auch ein völlig anderer geblieben ist und das Ganze als eine einmalige Erscheinung in späteren Jahren keine Fortsetzung gefunden hat. Es ist ein großartiges jugendliches Meisterstück, einzig in seiner Art, unnachahmlich und auch durch Vollkommeneres im Schaffen Mozarts nicht zu übertreffen. In dem c-moll-Mittelsatze, einer Gesangsszene von großartiger Haltung, kreisen die dunklen Schwingen der Mozartschen Schwermut ahnungsvoll über der hellen Landschaft.

Die *weltliche Gesangsmusik* der Salzburger Zeit nach dem «Rè pastore» ist durch sechs Arien[111] verschiedenen Charakters vertreten. Sie dienten als selbständige Konzertstücke oder Einlagen in fremde Opern. Wir wissen von einer italienischen Truppe, die um jene Zeit über ein Jahr lang in Salzburg spielte; nicht im Hoftheater, sondern in den winzigen Lokalen des Rathauses oder der bürgerlichen Trinkstube am Waagplatz. Vielleicht waren die Gesangsstücke K. 209, 210, 255 und 256 für diese Truppe gedacht. Das würdige Gegenstück zur Haffner-Serenade, dem Konzert für Mlle. Jeunehomme und dem B-Dur-Divertimento ist die große *Soloszene der Andromeda «Ah, lo previdi»* (K. 272, August 1777) nach einem Texte aus Paisiellos gleichnamiger Oper. Dieser bedeutende, restlos bewältigte Wurf aus den letzten Tagen des Aufenthaltes in der Heimat führt schon weit aus der «galanten» Grundstimmung der verflossenen Zeit in die trübe Unruhe der Zukunft. Mozart hat die Arie für die Gattin des Prager Pianisten Franz Duschek, eine treffliche Sängerin und Pianistin, komponiert. Josepha Duschek, geborene Hambacher, war mit ihrem Mann im Sommer 1777 nach Salzburg gekommen, ihre Verwandten zu besuchen. Sie sollte in Mozarts Leben noch eine freundliche Rolle spielen. Schön und ernst bleibt die *Szene «Ombra felice»* (K. 255, September 1776) für den Altisten Fortini, die einzige ‹Einlage-Arie› Mozarts für eine Altstimme, die wir besitzen. «In tempo commodo d'un gran ciarlone», unbeschwert und übermütig, sprudelt die witzige *Tenorszene «Clarice cara mia sposa»* (K. 256, September 1776) dahin, ein echtes Parlando-Stück im Stil der neapolitanischen Buffa. Die *G-Dur-Arie «Vio avete un cor fedele»* für Sopran (K. 217, Oktober 1775) scheint wiederum der Empfindungswelt des deutschen Singspiels näher.

Von den *sechs Messen*[112] dieses Zeitabschnittes (K. 220, 257, 258, 259,

262 und 275) nimmt lediglich die *Missa brevis* (K. 258), bis zu einem gewissen Grade auch die schöne *B-Dur-Messe* (K. 275), breitere Anläufe zu kontrapunktischer Gestaltung. Die gefällige Ausdrucksweise, die Mozarts Stilrichtung in jener «Serenadenzeit» auszeichnet, kommt in allen diesen Werken zur Geltung. Namentlich im volkstümlichen Geiste der zweiten *C-Dur-Messe* (K. 257, «Credo-Messe»). Nirgends fehlen Augenblicke echt Mozartscher Inspiration, vor allem an jenen Stellen, wo geheimnisschwere Wendungen des Textes die mystische Sehnsucht seiner Seele leise erregten. Überall fühlen wir das Streben des Künstlers nach Mannigfaltigkeit der Formgebung. Selbst in jenen Stücken, wo eine gewisse Gleichgültigkeit des Schaffenden gegen die dienstliche Brotarbeit unvermeidlich blieb. Die *Missa longa* (K. 262) ist die einzige der Reihe von größeren, «solennen» Dimensionen. Sie entbehrt nicht der Schlußfugen im Gloria und Credo, die ein Edikt des Erzbischofs für den Gottesdienst im Dome verboten hatte, und verwendet die Hörner im Orchester gegen den Gebrauch in dieser Kirche. Vermutlich ist die Messe also für andere Zwecke geschrieben.

Eine *Litanei «de venerabili altaris sacramento»* (K. 243, März 1776) besteht aus zehn unterschiedlichen Sätzen. Neben kolorierten Arien finden wir Stücke von strengem kirchlichen Ernst, wie die wunderbare Choralparaphrase über den liturgischen Hymnus «Pange lingua» im «Viaticum». Das dunkel pathetische «Tremendum» gehört zu den großartigen Eingebungen des Werkes, voll Ausdruckskraft der Chorpartie, durch effektvolle Behandlung der Geigen und selbständige Verwendung der drei Posaunen ausgezeichnet. Das *Offertorium de Venerabili Sacramento «Venite populi»* (K. 260, 1776) für *zwei* vierstimmige Chöre, zwei Violinen (ad lib.), Baß und Orgel ist ein effektvolles Echostück, unfern dem «Notturno» (K. 286) für vier Orchester, ein neuer Versuch in der alten Weise der Doppelchöre des Stefano Bernardi (1613–1660), dessen Vokalmessen noch zu Mozarts Zeiten zum Repertoirebestand der Salzburger Dommusik gehörten. Das schlichte, vierstimmige *Marienoffertorium «Alma Dei creatoris»* (K. 277) bildet ein Gegenstück zu dem kirchlichen Meisterwerk der Zeit, dem *Graduale «Sancta Maria»* (K. 273, 9. September 1777). Zwischen dessen Entstehung und der berühmten Motette «Ave verum» liegt ein Zeitraum von fast vierzehn Jahren. Und doch verknüpft ein innerer Zusammenhang die beiden Werke. Auf den 8. September fällt das Kirchenfest Mariä Geburt. Wolfgang rüstete sich für seine große Reise nach Mannheim und Paris. Diese Tatsachen, verbunden mit dem herzlichen Ton des Gebetes, lassen die Vermutung eines persönlichen Bekenntnisses des jungen Künstlers zur mütterlichen Jungfrau Maria vor Antritt der schicksalsreichen Fahrt als berechtigt erscheinen. Das vierstimmige Graduale ist, wie das «Ave verum», in einfachem Chorsatz – mit

Vermeidung solistischer Effekte – fast liedmäßig gestaltet. In ununterbrochenem Flusse strömt die Melodie dahin. Nirgends stört eine äußerliche Wendung die Innigkeit und Tiefe der Empfindung. Diesem Werk gegenüber verblassen die noch restlichen Pflichtarbeiten, *acht* einsätzige *Kirchensonaten für Orgel, zwei Violinen und Baß* (K. 212, 224, 225, 241, 244, 245, 274 und 278), zeitgemäße Einlagemusik für den Salzburger Gottesdienst.[113]

In einem Zeitabschnitte von nicht drei Jahren, von der Rückkehr aus München bis zum Herbst 1777, hatte Mozart an hundert Werke vollendet. Wir wissen von keinem Ereignis, das stark genug gewesen wäre, den äußeren Lebensgang des Jünglings in der vergnügten Bürger- und Aristokratenwelt der kleinen Residenz zu stören. Nur selten, daß Gäste aus der großen Welt, etwa Fräulein Jeunehomme, mit ihrem mondänen Parfüm den traulichen Dunst der Selbstgenügsamkeit zerrissen, der den Horizont ehrsamer Bürger und Hofleute freundlich umhüllte.

In solchen Augenblicken mögen in der Seele Wolfgangs wieder die alten Reiseerinnerungen aufgestiegen sein, eine neue Sehnsucht nach der bewegten Ferne. Sein Vater hatte längst aufgehört, ihm auf musikalischem Gebiete Lehrer und Vorbild zu sein. Doch auch bei Michael Haydn, dessen anakreontisch fröhlichen Umgang das Machtwort des Vaters möglichst fernehielt, mochte der scharfe Blick des jungen Mannes den drohenden Stillstand einer schöpferischen Begabung in den engen Mauern Salzburgs bemerkt haben. Allmählich stieg wohl ein dunkles Unbehagen über das Mißverhältnis von Wolfgangs sprühender Musik zur Umwelt, für die er schuf, in seinem Bewußtsein auf. Wir bemerken ein eigentümliches Nachlassen der Produktionsfreudigkeit im letzten Viertel des Jahres 1776, während die Arbeiten des folgenden Jahres, das Jeunehomme-Konzert, die Andromeda-Szene und das Graduale «Sancta Maria» uns den jungen Künstler bereits auf neuen, von dem verblaßten Ideale irgendwie abgewandten Wegen zeigen.

Am 30. November 1775 hatte Erzbischof Hieronymus das alte Hoftheater in der Residenz mit Gattis «Olympiade» geschlossen, sechs Wochen darauf das neue Impresariotheater nächst dem Mirabellgarten eröffnet und verschiedenwertigen Wandertruppen als Geschäftsunternehmen preisgegeben. «Ich lebe in einem Lande, wo die Musik kein Glück hat», schreibt Wolfgang am 4. September 1776 dem verehrten Padre Martini. – «Mit dem Theater geht es schlecht bei uns. Es fehlen Sänger. Wir haben keine Castraten («musici»). Wir bekämen auch keine. Sie wollen gut bezahlt sein, aber Freigebigkeit ist nicht unsere Sache. Ich vertreibe mir indes die Zeit und schreibe also für die Kammer und für die Kirche. – Ach, wie weit sind wir, teuerster Meister, wieviel hätte ich noch zu sagen!»

Wir merken aus solchen Worten, wie eine Wolke den sonnigen Himmel Wolfgangs allmählich zu verdüstern begann. Der Vater versuchte neuerdings bei jeder Gelegenheit, seinem Sohne eine Stellung im Ausland zu verschaffen. Der Erfolg blieb aus. In dem Maße, als Leopold die karge Besoldung des Sohnes in subalterner Stellung mit seinem wirtschaftlichen Gewissen nicht vereinen konnte, trieb diesen die schöpferische Sehnsucht zu innerem Widerstand gegen die Enge der Heimat. Wolfgang dachte an eine utopische Freiheit, an die erträumte künstlerische Ungebundenheit der kraftgenialischen Schwärmer, wenn der Vater eine gesicherte Brotstelle an einem weniger sparsamen Hofe im Auge hatte. Einstweilen begegneten sich noch die Ziele der beiden. Der Erzbischof hat es sicher verstanden, ihre malkontenten Äußerungen, die ein bereitwilliges Lakaienohr ihm liebedienernd hinterbrachte, richtig auszulegen. So wuchs die Spannung, von beiden Seiten empfunden, für Wolfgang ins Unerträgliche.

Allerhand Reisepläne reiften im geheimen. Der Vater schrieb Briefe an die alten Bekannten im Reich. Wolfgang legte sich eine Reihe von Werken zurecht, die er draußen als Virtuose verwenden konnte. Im Juni 1777 wagte der Vater, bei dem Erzbischof für sich und Wolfgang um einen Urlaub «von etlichen Monaten» zu bitten. Hieronymus schlug dieses Ansuchen verärgert ab. Schließlich gab er zögernd seine Bereitwilligkeit zu verstehen, den Sohn, «der ohnehin nur halb in Diensten wäre», allenfalls allein reisen zu lassen. Schweren Herzens mußte Leopold die Absicht aufgeben, seinen Sohn durch die tausend Fährlichkeiten der Reise zu begleiten. Daß Wolfgang, unpraktisch wie er war, nicht imstande wäre, allein durch die Welt zu kommen, davon war der Vater fest überzeugt. So fand man in der Not den letzten Ausweg. An Leopolds Stelle sollte diesmal seine Gattin die schwere, für ihre mütterliche Nachsicht und halbe Weltfremdheit beinahe unerfüllbare Aufgabe übernehmen, ihr großes Kind auf der weiten Fahrt zu beschützen. Daß die Mutter Wolfgangs Gesundheit wie ihren Augapfel bewachen und tägliche Mühseligkeiten bis zur Selbstaufopferung auf sich nehmen würde, dessen war Leopold sicher. Doch kannte er ihre lieben Schwächen dem Sohne gegenüber. Aber er hoffte, die Fäden durch ihr strenges Pflichtbewußtsein halbwegs in Händen zu behalten. Er rechnete auf ihren klugen weiblichen Instinkt, der manches abwehren konnte, was den jugendlichen Heißsporn in der fremden Welt ohne weiteres zu Fall gebracht hätte.

Als man auf die halbe Zusage des Landesherrn gestützt, bei diesem für Wolfgangs Urlaub neuerdings bittlich wurde, scheint der Erzbischof unerwartet «einige gnädigste Einwendungen» gemacht zu haben. Kurz entschlossen überreichte der junge Künstler nun sein endgültiges Abschiedsgesuch:

«Euer Hochfürstliche Gnaden erlauben mir demnach gnädigst, daß ich noch von dem eingehenden Herbstmonat Gebrauch zu machen gezwungen bin, um nicht durch die nachfolgenden kalten Monate der üblen Witterung ausgesetzt zu sein. Euer Hochfürstliche Gnaden werden mir diese untertänigste Bitte nicht ungnädig nehmen, da Höchstdieselben schon vor drei Jahren, da ich um die Erlaubnis, nach Wien zu reisen, bat, sich gnädigst gegen mich erklärten, daß ich nichts zu hoffen hätte und besser tun würde, mein Glück andernorts zu suchen. – Je mehr die Kinder von Gott Talente erhalten haben, je mehr sind sie verbunden, Gebrauch davon zu machen, um ihre eigenen und ihrer Eltern Umstände zu verbessern, ihren Eltern beizustehen und für ihr eigenes Fortkommen und für die Zukunft zu sorgen. Diesen Talentwucher lehrt uns das Evangelium.» –

Der Erzbischof schrieb am 28. August 1777 eigenhändig den schlagfertigen Bescheid unter diesen merkwürdigen biblischen Erguß, dessen Autorschaft er wohl Leopold zumuten konnte: «Auf die Hofkammer mit deme, daß Vater und Sohn nach dem Evangelio die Erlaubnis haben, ihr Glück weiter zu suchen.»

Die Verabschiedung des Vaters hat ein späteres Dekret allerdings zurückgenommen. Allein Wolfgang war frei. Wie ein böser Alp fiel die bedrückte Stimmung der letzten Monate von seiner Seele. Nicht so der Vater. Da die Entscheidung einmal gefallen war, fühlte er sich wie vor den Kopf geschlagen. Er ahnte wohl, daß sein Kind in der neuen Freiheit seiner väterlichen Gewalt bald für immer entgleiten würde. Zum ersten Male wankte das mühsam errichtete Gebäude seiner Autorität, mit ihm alle wohlgemeinten Pläne für eine gesicherte Zukunft des Sohnes. Irgendwie mochte er fühlen, daß ein starker Riß die Bande der Familie nunmehr fürs Leben trennen würde. Dazu erfüllte ihn die Sorge für Wolfgangs weitere Schicksale und macht die seelische Erschütterung des alternden Mannes begreiflich, als der Reisewagen am Morgen des 23. September 1777 mit Gattin und Sohn seinen tränenfeuchten Blicken entschwand.

«Nachdem Ihr abgereist, ging ich sehr matt über die Stiege und warf mich in einen Sessel nieder. Ich habe mir alle Mühe gegeben, mich bei unserer Beurlaubung zurückzuhalten, um unsern Abschied nicht schmerzlicher zu machen. Und in diesem Taumel vergaß ich, meinem Sohn den väterlichen Segen zu geben. Ich lief zum Fenster und gab ihn solchen Euch beiden nach, sahe Euch aber nicht beim Tor hinausfahren, und wir mußten glauben, Ihr wäret schon vorbei, weil ich vorher lange dasaß, ohne auf etwas zu denken. Die Nannerl weinte ganz erstaunlich, und ich mußte mir alle Mühe geben, sie zu trösten. Sie klagte über Kopfweh und Grausen im Magen, endlich kam ihr ein Erbrechen, und sie spie tapfer, band sich den Kopf ein, legte sich ins Bett und ließ die Fensterläden zumachen. Der betrübte Pimpes lag zu ihr. Ich ging in mein Zimmer, legte mich aufs Bett, las in einem Buch, beruhigte mich und schlummerte ein. Der Hund kam, ich wurde wach. Ich stand auf, nahm meinen Pelz, fand die Nannerl in tiefem Schlaf und sah auf die Uhr, daß es halb ein Uhr war. – Den Abend war die Nannerl gesund und hungrig, wir spielten Piquet, dann gingen wir in Gottes Namen schlafen. So verging dieser traurige Tag, den ich in meinem Leben nicht zu erleben glaubte.» (25. September 1777.)

Die Freunde und Förderer Mozarts waren durch die Nachricht von Wolfgangs Entlassung in nicht geringe Bestürzung geraten. Da und dort in der Salzburger Gesellschaft wird man doch die Öde empfunden haben, die der Abschied des sonnigen Künstlers in der langsam vertrocknenden musikalischen Kultur der Stadt zurückließ.

Ein paar Worte Leopolds, den Entschwundenen nachgesendet, geben Kunde von einem kleinen Seelendrama, das Wolfgang-Cherubino angerichtet. Vielleicht nicht das einzige: «Sage dem Wolfgang, die großaugete Mundbäckentochter, die mit ihm beim Stern getanzt und ihm oft freundliche Komplimente gemacht, dann endlich nach Loretto ins Kloster gegangen, ist wieder in ihr vatterliches Haus zurückgekehrt. Sie hat gehört, daß er von Salzburg wegreisen will. Sie wird geglaubt haben, ihn noch zu sehen und ihn abzuhalten. Er wird also die Güte haben, dem Vater die Unkösten zu ersetzen, die der Pomp und alle die schöne Zubereitung des Klostereintritts gekostet haben.» Wolfgang antwortet etwas bestürzt, aber dunkel: «Wegen der Mundbäcken Tochter habe ich gar nichts einzuwenden. Dies habe ich alles schon lange vorher gesehen. Das war eben die Ursache, warum ich so zögerte, wegzureisen und warum es mir so hart ankam. Ich hoffe, die Historie wird doch nicht schon in ganz Salzburg bekannt sein? – Ich bitte den Papa, recht inständigst zu tuschen, solange es möglich ist und in Gottes Namen halt die Unkösten, die ihr Vatter wegen dem prächtigen Eintritt ins Kloster gehabt hat, unterdessen für mich zu ersetzen, bis ich wieder nach Salzburg komme und das arme Mädel, ganz natürlich und ohne alle Hexerei krank, dann wieder gesund mache und so völlig wieder zum Klosterleben bringe.» Vater Leopold war keineswegs so engherzig, derlei kleine Affären nicht offen und kameradschaftlich mit dem Sohne zu besprechen, wenn er wußte, daß es nicht tief ging. Vielleicht ist auch diese «Affaire» nur ein galant verkleideter Familienscherz der Mozarts gewesen. Daß Leopold später im Falle Aloysia Weber ganz anders dachte, ist nur zu erklärlich.

21. MÜNCHEN UND AUGSBURG 1777

«Und ich schwize, das mir das Wasser über das gsicht läuft vor lauter müehung mit dem einpacken, holle der Plunder das Reisen, ich mayne, ich mus die füsse ins maul schieben von Müdigkeit.» Minichen, den 11ten abends umb 8 Uhr 1777. (Mutter Mozart an den Gatten)

Mit vollen Segeln ging es wieder in die Welt. Zunächst der bayrischen Hauptstadt zu, wo man in dem Kurfürsten den alten huldreichen Gönner wiederzufinden hoffte. Das Glück der Freiheit jubelt aus dem ersten Berichte Wolfgangs: «Viviamo come i Principi! Uns gehet nichts ab als der Papa. Je nu, Gott will's so haben. Es wird noch alles gut gehen! Ich hoffe, der Papa wird wohlauf sein und so vergnügt wie ich. Ich bin der anderte Papa. Ich gebe auf alles acht. Ich habe mir auch gleich ausgebeten, die Postillionen auszuzahlen, denn ich kann mit den Kerls besser sprechen als die Mama. – Zu Wasserburg beim Stern ist man unvergleichlich bedienet. Ich sitze da wie ein Prinz. Vor einer halben Stund (meine Mama war just auf dem H . . .l) klopfte der Hausknecht an, und ich antwortete ihm mit aller meiner Ernsthaftigkeit, wie ich im Porträt bin. – Wir bitten alle zwei, der Papa möge Achtung geben auf seine Gesundheit, nicht zu früh ausgehen, sich nicht selbst Verdruß machen, brav lachen und lustig sein und allzeit mit Freuden, wie wir, gedenken, daß der Mufti H[ieronymus] C[olloredo] ein Schwanz, Gott aber mitleidig, barmherzig und liebreich sei. Ich küsse dem Papa 1000mal die Hände und umarme meine Schwester Canaglie so oft, als ich heute schon – Toback genommen habe. – Ich glaube, ich habe zuhause meine Dekrete vergessen? – Ich bitte mir selbe in Bälde zu schicken.» – (Wasserburg, 23. September 1777, 11 Uhr nachts).

Für den Aufenthalt in München, wo sie am 24. September abends anlangten, hatte der Vater, der «alte verlassene Einsiedler mit seiner Häuserin», eine Menge brauchbarer Ratschläge in petto: «Dem Grafen Seeau mußt Du erschrecklich das Maul machen, was Du ihm für sein Theater in Arien und Ballets, ohne eine Bezahlung zu verlangen, alles machen willst. Mit den Kavalieren mußt Du erstaunlich höflich sein, denn ein jeder hat sein Maul drin. Consoli könnte die neue Szene für die Madame Duschek singen. Vielleicht könntet ihr beim Grafen Seeau im Garten eine Musik machen. Mache Dir den Herrn Woschitka[114] recht zum Freund, er hat immer Gelegenheit, mit dem Kurfürsten zu sprechen und hat allen Kredit. Solltest Du für den Kurfürsten auf die Gamba etwas machen müssen, so kann Dir derselbe sagen, wie es sein muß. – Ich schicke Dir hier die zwei Diplomata und die Attestation des Padre Martini. Das macht großes Aufsehen, daß Du schon vor sieben Jahren Maestro di Capella von den Akademien geworden.»

Von Wolfgangs Hauptquartier bei dem «grundehrlichen» und kunstverständigen Wirte Herrn Albert in der Kaufingerstraße, wo Mozart seinerzeit mit Beecké zusammengetroffen war, begannen nun die Streifzüge zu alten Freunden, Künstlern und Gönnern, um die wohlmeinenden Anleitungen des Vaters gewissenhaft zu befolgen: «Es gibt hier einen gewissen Professor Huber. Dieser ist auch ein Viceintendant du théatre. Seine Arbeit ist, die Komödien, die man aufführen will, durchzulesen, zu verbessern, zu verderben, hinzuzutun, hinwegzusetzen. Er kommt alle Abend zum Albert. – Heute war ich um ein halb neun Uhr beim Grafen Seeau. Ich entdeckte mich ihm ganz kurz. Er sagte, ich solle nur schnurgerade bei Sr. Kurfürstlichen Durchlaucht Audienz begehren. Sollte ich aber im Fall nicht zukommen können, so sollte ich meine Sache nur schriftlich vorbringen. – Nach diesem ging ich zum Bischof in Chiemsee. Er versprach mir, sein Möglichstes in dieser Sache zu tun. – Gestern war ich beim Grafen Salern, und heute speiste ich gar da. Diese Tage spielte ich mir genug, aber doch recht gern. Sie können sich nicht einbilden, was der Graf für eine Freude hatte. Er versteht doch die Musique, denn er sagte allzeit Bravo, wo andere Kavaliere eine Prise Tobak nehmen, sich schneuzen, räuspern oder einen Diskurs anfangen. Ich sagte ihm, ich wünschte nur, daß der Kurfürst da wäre, so könnte er doch was hören. Er weiß nicht, was ich kann. – Baron Rumling machte mir neulich das Kompliment: Spektakeln sind meine Freude, gute Acteurs und Actrices, gute Sänger und Sängerinnen und dann einen so braven Komponisten dazu wie Sie! Das ist freilich nur geredet, und reden läßt sich viel. Doch hat er niemalen mit mir so geredet. – Ich bin immer in meinem schönsten Humor. Mir ist so federleicht ums Herz, seitdem ich von dieser Chicane weg bin! Ich bin auch schon fetter.»

Im Münchner Herzogsspital besuchte Mozart mehrere Male den an einer schweren Krankheit leidenden Komponisten Joseph Mysliweczek, was ihn jedesmal heftig erschütterte. Mysliweczek war den Mozarts seinerzeit schon in Bologna freundlich beigestanden. Nun erbot er sich neuerdings in liebenswürdiger Weise, Wolfgang eine Scrittura für Neapel zu beschaffen. Dieser Plan, den Vater Mozart von Salzburg aus weiter verfolgte, verwirklichte sich nicht.

Man sieht, daß sich Wolfgang rechtschaffen umtat. Seine Bemühungen, in München eine feste Anstellung zu finden, verloren allmählich den zuversichtlichen Charakter der ersten Tage. Die Intervention des hilfsbereiten Chiemseer Bischofs beim Kurfürsten verlief zunächst ohne Erfolg. «Das ist wahr! Sehr viele gute Freunde: aber leider die meisten, die nichts oder wenig vermögen. Ich war gestern beim Grafen Seeau und habe ihn aber viel ernsthafter und nicht so natürlich wie das erstemal befunden. Dann war ich beim Fürsten Zeill und der hat mir folgendes mit aller

Höflichkeit gesagt: «Ich glaube, hier werden wir nicht viel ausrichten. Ich habe bei der Tafel zu Nymphenburg heimlich mit dem Kurfürsten gesprochen. Er sagte mir: ‹Jetzt ist es noch zu früh. Er soll gehen, nach Italien reisen, sich berühmt machen. Ich versage ihm nichts, aber jetzt ist es noch zu früh.› – Da haben wir's. Die meisten großen Herren haben einen so entsetzlichen Welschland-Paroxismus.» Auch die persönliche Unterredung mit dem Kurfürsten, die Woschitka vermittelte, brachte eine schwere Enttäuschung: «Um 10 Uhr führte er mich in ein enges Zimmerl so, wo Se. Kurfürstl. Durchlaucht durchgehen müssen, um vor der Jagd Messe zu hören. Graf Seeau ging vorbei und grüßte mich sehr freundlich. Als der Kurfürst an mich kam, so sagte ich: ‹Euer Kurfürstl. Durchlaucht erlauben, daß ich mich untertänigst zu Füßen legen und meine Dienste antragen darf.›

‹Ja, völlig weg von Salzburg, völlig weg?› –

‹Ja, Euer Kurfürstl. Durchlaucht.›

‹Ja, warum denn? Habt's enk z'kriegt?›

‹Ei beileibe, Euer Durchlaucht, ich habe nur um eine Reise gebeten. Er hat sie mir abgeschlagen. Mithin war ich gezwungen, diesen Schritt zu machen, obwohl ich schon lange im Sinn hatte, wegzugehen. Denn Salzburg ist kein Ort für mich. Ja ganz sicher!›

‹Mein Gott, ein junger Mensch! Aber der Vater ist ja noch in Salzburg?›

‹Ja, Euer Kurfürstl. Durchlaucht! Er legt sich untertänigst etc. Ich bin schon dreimal in Italien gewesen, habe drei Opern geschrieben, bin Mitglied der Akademie in Bologna, habe müssen eine Probe ausstehen, wo viele Maestri vier bis fünf Stunden gearbeitet und geschwitzet haben. Ich habe es in einer Stunde verfertigt. Das mag zum Zeugnis dienen, daß ich imstande bin, in einem jeden Hof zu dienen. Mein einziger Wunsch ist aber, Euer Kurfürstl. Durchlaucht zu dienen, der selbst ein großer . . .›

‹Ja, mein liebes Kind, es ist keine Vakatur da. Mir ist leid. Wenn nur eine Vakatur da wäre.›

‹Ich versichere Euer Durchlaucht, ich würde München gewiß Ehre machen!›

‹Ja, das nutzt alles nicht. Es ist keine Vakatur da.›

Dies sagte er gehend. Nun empfahl ich mich zu Höchsten Gnaden.»

Und schon begannen die abenteuerlichen Projekte «auf Anraten guter Freunde», die für Mozarts Wesen so charakteristisch sind und den heftigen Widerstand des Vaters erregen mußten. «Hier bin ich gern und bin der Meinung wie viele meiner guten Freunde, daß, wenn ich nur ein Jahr oder zwei hierbliebe, ich mir durch meine Arbeit Verdienst und Meriten machen könnte und folglich ehender von Hof gesucht würde, als suchen sollte. Für mich alleine wäre es nicht unmöglich, mich durchzubringen. Denn vom Grafen Seeau wollte ich wenigstens 300 Gulden bekommen, für das Essen dürfte ich mich nicht sorgen, denn ich wäre immer eingeladen. Wäre ich nicht eingeladen, so machte sich Albert eine Freude, mich bei sich zu Tisch zu haben. – Herr Albert hat seit meiner Ankunft ein Projekt im Kopf, dessen Ausführung mir nicht unmöglich erscheint. Er wollte zehn gute Freunde zusammenbringen, wo ein jeder monatlich nur einen Dukaten spendieren dürfte. Das sind jährlich 600 Gulden. Wenn ich nun hernach vom Grafen Seeau jährlich nur 200 Gulden hätte, wären es 800 Gulden. – Ich würde den Kontrakt mit Graf Seeau so machen: Alle Jahre vier teutsche Opern, teils Buffe und Serie, zu liefern. Da hätte ich von einer jeden eine Sera oder Einnahme für mich. Das würde mir allein wenigstens 500 Gulden tragen. Und ich bin hier sehr beliebt. Und wie würde ich erst beliebt werden, wenn ich der teutschen Nationalbühne in der Musik emporhälfe?» – Zum ersten Male taucht dieser Gedanke in Mozarts Entwürfen auf! – «Und das würde durch mich gewiß geschehen! Denn ich war schon voll Begierde zu schreiben, als ich das teutsche Singspiel hörte. Das Stück hieß ‹das Fischermädchen›, eine nach der Musik des Piccini sehr gute Übersetzung. Originalstücke haben sie noch nicht. Eine teutsche Opera seria möchten sie auch bald geben, und man wünschte halt, daß ich sie komponierte.»

Vater Leopold nahm alle diese Ergüsse mit der größten Reserve auf. – «Daß Du allein in München leben könntest, hat seine Richtigkeit. Allein was würde Dir dieses für eine Ehre machen, wie würde der Erzbischof darüber spotten! Man muß sich nicht so klein machen und nicht so hinwerfen. Dazu ist ganz gewiß noch keine Not. Die schönen Worte, Lobsprüche und Bravissimo zahlen weder Postmeister noch Wirte. Sobald man nichts mehr gewinnen kann, muß man alsogleich weitertrachten.»

Wie der Vater voraussah, war ein handgreifliches Ergebnis nicht zu erzielen. So verließen Mutter und Sohn München, um die erste Erfahrung reicher, schon am Vormittag des 11. Oktober. Noch am gleichen Tage, spät abends, fuhren sie in Augsburg, Leopolds Heimatstadt, ein. Es war der ehrgeizige Wille des Vaters, seinen Sohn als fertigen Künstler wieder mit Verwandten und Landsleuten zusammenzubringen, allen zu beweisen, daß sein «Weltwunder» auch für die Zukunft vorhielte. Praktische Berufszwecke waren mit diesem Besuche kaum verbunden. Es ist köstlich, zu verfolgen, wie Wolfgang mit der spöttischen Arroganz des Hofmanns und weitgereisten Künstlers in das zunftstolze Bürgermilieu der freien Reichsstadt eintritt, wie scharf sich die Karikatur kleinstädtischer Reserve in der lebhaften Korrespondenz zwischen Vater und Sohn während der knappen zwei Wochen des Aufenthaltes widerspiegelt. «So oft ich an Deine Reise nach Augsburg dachte», meint Leopold, «ebenso oft fielen mir Wielands ‹Abderiten› ein. Man muß doch, was man im Lesen für pures Ideal hält, gelegentlich in Natura zu sehen bekommen.» Da war vor allem der Herr Stadtpfleger von Langenmantel, dem Wolfgangs erster Besuch galt. Wolfgang hatte die Ehre, «in Gegenwart des gestarzten Herrn Sohn und der langhaxigen gnädigen jungen Frau und der einfältigen alten Frau so beiläufig dreiviertel Stunden auf einem guten Clavichord zu spielen», während sein Vetter, «ein ehrlicher Bürger», draußen «wie ein Lakai» zu warten hatte. «Alle Bürger in Salzburg», beruhigt der Vater, «müssen beim Stadtsyndikus manchmal stundenweis im Vorhause warten. Und der Syndicus ist doch nichts als Syndicus und nicht der regierende Fürst. Der Stadtpfleger in Augsburg ist aber ihr regierender Schellenkönig und dieser weiß nicht geschwind, wie er mit anderen Leuten reden muß, da er meistens nur gewohnt ist, mit seinen Magistratsdienern oder mit seiner Bürgerschaft von der Höhe seines schmutzigen Thrones herunter zu sprechen. So sind alle diese vornehmen Herren in den Reichsstädten. Und diese stolze und unbesonnene Plumpheit sind sie auch imstande, gegen wirklich große regierende Herren auszuüben, welches dem Augsburger Magistrat sonderheitlich gegen den Kurfürsten von Bayern schon einige hunderttausend Gulden gekostet hat, da er ihnen auf jede beleidigende Plumpheit den Lechfluß sperrt. Dann haben sie kein Wasser, müssen bezahlen, schmieren und eingehen, was man verlangt, und noch recht schöne Worte ausgeben. – Herr ‹Longotabaro›[115] war ein außerordentlich guter Kopf in seinem Studieren, kam aber nirgends hin als nach Salzburg und Innsbruck, seine Studien zu treiben. Er hat also nichts in der Welt gesehen.»

Der junge Langenmantel war so taktlos, Mozart wegen des päpstlichen Ordens, den er über Wunsch des Vaters in Augsburg trug, mit seinen Kumpanen von der Augsburger Jeunesse dorée empfindlich aufzuziehen. Wolfgang blieb ihnen zwar die Antwort nicht schuldig, aber Leopold kann ihm den Vorwurf, sich mit diesen «ungezogenen, unzeitigen Buben» gemein gemacht zu haben, nicht ersparen. Im «Cofféhaus» glaubte Wolfgang in der Türkei zu sein «vor Gestank und Rauch vom Tabak». Die musikalischen Verhältnisse der Stadt erbauten ihn noch weniger. «Hier ist ein Orchester zum Frais kriegen.» Der heimische Meister Friedrich Hartmann Graf, der Stolz der Augsburger, weiß ihm schon gar keinen Respekt einzujagen: «Das ist ein ganz nobler Mann. Er setzt alle Wörter auf Stelzen und macht gemeiniglich das Maul eher auf, als er nur weiß, was er sagen will. – Manchmal fällt es auch zu, ohne etwas zu tun gehabt zu haben. Er produzierte nach vielen Komplimenten ein Konzert auf zwei Flöten. Das Konzert ist so: Gar nicht gut ins Gehör, nicht natürlich. Er marschiert oft in die Töne gar zu plump und dies alles ohne die mindeste Hexerei. Wie es vorbei war, so lobte ich ihn recht sehr, denn er verdient es auch. Der arme Mann wird Mühe genug gehabt haben.»

Die Veranstaltung eines eigenen Konzerts in der Stadt seines Vaters stieß auf Schwierigkeiten. Erst hatte sich der junge Langenmantel angetragen, eine Akademie «auf der ‹Stube› ganz allein für die Herren Patricii zu veranstalten» und Mozarts bereitwillige Musizierfreude durch diese Aussicht weidlich ausgenützt. Schließlich rückte er mit Ausreden hervor. Mit der «Kassa» der Patrizier sei es traurig bestellt. Wenn der junge Künstler doch wenigstens bei einer der gewöhnlichen Akademien mitwirken wollte, die wöchentlich von den katholischen und evangelischen Bürgern gemeinsam in jener «Geschlechterstube» veranstaltet wurden. Wolfgang, fest entschlossen, wegzureisen, konnte nur durch das Zureden einiger Freunde beschwichtigt werden. Schließlich spielte er gutherzig, aber sehr zum Ärger des Vaters, in solch einer «Bettelakademie» gar noch im Orchester mit, das eine seiner Symphonien recht und schlecht herunterkratzte. Da gelang es der Umsicht des Grafen Wolfegg und einiger Anhänger Wolfgangs, für den 22. Oktober auch ein öffentliches Konzert[116] im «Hochgräflich Fuggerschen» Saal zustande zu bringen. Es brachte Mozart viel äußere Ehren, aber nur bescheidenen Reingewinn, rund 75 Gulden.

In den alten Klöstern St. Ulrich und Zum heiligen Kreuz gab der Sohn freigebig die erstaunlichsten Proben von seiner Kunst. Von tieferer, künstlerischer Bedeutung wurde die erneute Bekanntschaft mit dem berühmten Klaviermacher Johann Andreas Stein (1728–1792), dem Erfinder der sogenannten «deutschen Mechanik»[117]. Stein war ein Handwerkskünstler vom prächtigen alten Schlag, zudem ein «passionierter Liebhaber der Musik». Der langhaltende gleichmäßige Ton seiner Instrumente, ihre künstlerische Verwendbarkeit hat in Mozarts Werken einen dauernden Eindruck hinterlassen. Seine damals achteinhalbjährige Tochter Nannette, die spätere Gattin von Schillers Jugendfreund, des Wiener Klavierfabrikanten Johann Andreas Streicher, Beethovens fürsorgliche Beraterin, findet als klavierspielendes Wunderkind vor Wolfgangs unerbittlichen Augen nicht die gleiche begeisterte Kritik wie des Vaters liebevoll gearbeitete Flügel.

Längst wäre der junge Künstler der bösen Abderitenstadt ingrimmig entwischt, hätten ihn nicht im Hause seines ehrsamen Onkels, des Buchbindermeisters Aloys Mozart, zwei Mädchenaugen zurückgehalten. Sie gehörten dem drolligen Kameraden seiner derben Späße und Neckereien, der berühmten Adressatin jener «erschröcklich» unzüchtigen Briefe, dem harmlosen, in tiefster Seele zart verliebten Gottseibeiuns der Mozartphilister, seinem getreuen «Bäsle» Marianne Thekla (geb. 1758): «Das kann ich sagen, wenn nicht ein so braver Herr Vetter und Base, und so liebs Bäsle da wäre, so reuete es mich, so viel als ich Haar am Kopf habe, daß ich nach Augsburg bin. Man muß ganz aufgeheitert sein, wenn man sie recht loben will, wie sie es verdienet. Wir zwei taugen recht zusammen, denn sie ist auch ein bischen schlimm. Wir foppen die Leute miteinander, daß es lustig ist. – Gestern hatte sie sich mir zu gefallen, französisch angezogen. Da ist sie um 5 pro cento schöner.» Wenn Marianne Thekla sich mit allerhand ernsthaften Zukunftsträumen befassen mochte, Wolfgang genoß unbedenklich die Gegenwart und sparte nicht mit vetterlichen Freundlichkeiten. So wurde der Abschied am 26. Oktober gewiß schwer.

Während Mutter und Sohn über Donauwörth und Nördlingen zu kurzem Aufenthalt nach Hohenaltheim, dem Lustschlosse des Fürsten von Öttingen-Wallerstein gelangten, wo Mozart mit dem ausgezeichneten Pianisten Hauptmann von Beecké wieder musikalische Zwiesprache pflegen konnte, lief schon die Kunde von Wolfgangs Idyll durch die lustigen Kreise der Salzburger Bekanntschaft. Beim Bölzelschießen erschien nach Leopolds Bericht eine allerliebste Scheibe: «Eine Augsburgerin stand rechter Hand und präsentierte einem jungen Menschen, der Stiefel anhatte und reisefertig war, einen Reisebuschen. In der anderen Hand hatte sie ein erstaunlich auf dem Boden nachschleppendes Leinlach, womit sie die weinenden Augen abtrocknete. Der Chapeau hatte auch ein dergleichen Leinlach, tat das nämliche, und hielt in der anderen Hand seinen Hut. Oben stand geschrieben:

Adieu, meine Jungfer Bas! – Adieu, mein liebster Vetter!
Ich wünsch zur Reise Glück, Gesundheit, schönes Wetter:
Wir haben 14 Täg recht fröhlich hingebracht,
Das ist's, was beyderseits den Abschied traurig macht.
Verhaßtes Schicksal! – ach! – ich sah sie kaum erscheinen;
So sind sie wieder weg! – Wer sollte nun nicht weinen? –»

22. MANNHEIM

> «Nach Mannheim muß ich, denn ich will und muß einmal in meinem Leben mich recht an Musik ersättigen, und wann oder wo werde ich jemals dazu bessere Gelegenheit finden?» (Wieland an Merck)

Nach den zwiespältigen Eindrücken der selbstgenügsamen Bürgerstadt am Lech überkam das buntbewegte, künstlerische Leben der kurpfälzischen Residenz Mannheim, wo Wolfgang mit der Mutter am 30. Oktober 1777 voll hochgespannter Erwartungen eingetroffen war, den jungen Stürmer und Dränger wie ein hinreißender Frühlingswind. «Wenn sich Neapel durch Pracht, Berlin durch kritische Genauigkeit, Dresden durch Grazie, Wien durch das Komisch-Tragische auszeichneten, so erregte Mannheim die Bewunderung der Welt durch Mannigfaltigkeit.» (Schubart.)

Kurfürst Karl Ludwig hatte die Stadt als Handelsplatz zwischen Oberdeutschland und Holland neben der Feste Friedrichsburg erst 1652 gegründet, diesen gelungenen Zweckbau «von symmetrischer Anlage und Schönheit» mit dem prächtigen Schloß und seinen schnurgeraden Straßen, «gemacht und nicht geworden», «so gebaut, als ob die Leute darin wohnen sollten und müßten, nicht als ob sie in den Häusern hätten wohnen wollen», einen Mittelpunkt internationaler Hochkonjunktur des 18. Jahrhunderts. «Alles, was je eine Regierung von Pfaffen, Maitressen, natürlichen Fürstensöhnen, Parvenüs, Spekulanten, Kastraten, Bankrottiers und dergleichen mehr ausgezeichnet hat, fand man in der Pfalz wie in einem Kompendium zusammen, Katholiken, Lutheraner, Reformierte, Mennonisten, Juden, Freigeister, Höflinge, Soldaten, Gelehrte, Kaufleute, Hantierer und Künstler von aller Art, kalte, ruhige Seelen, die das Feuer des alten Hochheimer oder Niersteiner Nektars nicht auftaut, und Strudelköpfe, die beim ersten Kelchglase schon sieden.»

Kurfürst Karl Theodor von Pfalz-Sulzbach (1742–1799) hatte erst nach mühseligem Streite um das niederrheinische Erbe allgemeine Anerkennung gefunden. Er war ein echter Pfälzer, in Heidelberg gut katholisch erzogen, lebhaften Geistes, leutselig und leichtlebig. Der Hof von Versailles blieb, wie so vielen deutschen Landesfürsten des Jahrhunderts, auch sein angebetetes Vorbild. Voltaire genoß seine persönliche Freundschaft. Kaum anderswo als in der Pfalz konnte der französische Geist tiefer Wurzel fassen. Die Erinnerung an die schrecklichen Verwüstungen der Raubkriege Ludwigs XIV. schien durch die Auswirkung der prunkvollen und freigebigen Hofhaltung des Kurfürsten bis in die untersten Kreise der Bevölkerung ausgelöscht. Man könne die Pfälzer ebenso leicht für eine Kolonie von Franzosen als von deutschen Provinzialen halten, schrieb Schubart 1773.

In Glaubenssachen leidlich tolerant, auch sonst nicht engherzig, pünktlich, fleißig und ziemlich selbständig in seinem Berufe, in den freien Stunden aber liberaler Epikureer von einnehmender Persönlichkeit, erfreute sich Karl Theodor im Lande und bei den Fremden allgemeiner Beliebtheit. Sein lockeres Leben trug man ihm kaum nach. Er genoß mit Stil und Jovialität, sozusagen als «arbiter elegantiarum» seiner gleichgesinnten Landeskinder. «Wenn der Kurfürst in Schwetzingen, seiner Sommerresidenz, weilte und ihm sein vortreffliches Orchester dahin gefolgt war, wo alles Ton ist, wo Nixen, Gnomen und Salamander, Wasser-, Luft-, Erd- und Feuermelodien durcheinanderjagen und dadurch die wundervollste Symphonie bilden, so glaubte man in eine Zauberinsel versetzt zu sein. Alles klang und sang. Aus dem Badehause seines Hesperidengartens ertönte abends die wollüstigste Musik.» Die Staatskunst war nicht seine starke Sache: «Zuweilen stemmt sich der politische Eisgang der Geschäfte turmhoch. Dann hängen dem guten, sich nie entscheiden könnenden, durchlauchtigen Karl Theodor am Ufer über den Greuel der Verwüstung die Hosen herunter. Hie und da kommt manchmal ein politischer oder artistischer Kesselflicker zum Vorschein und klopft dann eine deutsche Gesellschaft, ein Nationaltheater, ein Hurenhaus usw. zusammen.» Diese beißende Kritik Heinses übersah das kulturell Bleibende jener gutgemeinten Improvisationsfreudigkeit. Solcherart hatte der Landesherr eine Kunstakademie, eine Akademie der Wissenschaften, eine Bibliothek, eine Sternwarte, ein vorbildliches Naturalienkabinett, eine Gemälde- und Kupferstichsammlung, einen Antikensaal mit erlesenen Gipsabgüssen – die Stätte ehrlicher Begeisterung für den jungen Goethe – gegründet und die theatralische Kunst wie die Musikpflege auf einer Höhe erhalten, «daß es keinen Ort in der Welt gab, wo man seinen Geschmack in einer Schnelle so sicher bilden konnte als Mannheim». Die «abwechselnde Laune» des Fürsten sorgte für fruchtbare Vielfalt der künstlerischen Erscheinungen und Ströme.

Zeitgemäß hatte die nationale Bewegung auch dort festen Fuß gefaßt. Im Jahre 1770 war die kostspielige französische Schauspielergruppe plötzlich entlassen worden. An ihre Stelle traten deutsche Künstler in deutschen Stücken, zum mindesten in guten deutschen Übersetzungen. 1775 begründete Karl Theodor die Kurpfälzische Deutsche Gesellschaft zur Pflege der nationalen Sprache und Literatur, die in Dalberg, Gemmingen und dem Maler Müller ausgezeichnete Mitarbeiter fand, aber auch mit Klopstock, Lessing und Wieland in Verbindung zu treten suchte. 1777 war der Bau des Deutschen Nationaltheaters vollendet. An vierhundert Menschen hatten durch fast zwei Jahre daran gearbeitet. Hand in Hand mit diesen Bestrebungen ging die Bevorzugung der deutschen Künstler vor den Ausländern auf allen Gebieten.

Das Unerschütterliche im Wechsel jener kulturellen Strömungen blieben die Hochleistungen des weithin berühmten Orchesters. Der Begründer seines Weltrufs, Johann Stamitz, war schon 1757 gestorben. Seine Söhne, Carl und Anton, seine Schüler und Nachfolger hielten die große Tradition aufrecht. Sie wurzelte im einheitlich geschulten Geschmack des Einzelnen wie in der straffen Disziplin der Gesamtheit. Aus diesen Komponenten wuchs die überzeugende Kraft eines fein differenzierten Vortrags, die Mannigfaltigkeit und Modernität des Ausdrucks. Die Virtuosität dieses seltenen Ensembles trug auch die schwächeren Werke seiner Hauskomponisten in die begeistert aufhorchende Zeit. «Kein Orchester der Welt hat es je in der Ausführung dem Mannheimer zuvorgetan. Sein Forte ist ein Donner, sein Crescendo ein Katarakt, sein Diminuendo ein in die Ferne hinplätschernder Kristallfluß, sein Piano ein Frühlingshauch. Die blasenden Instrumente sind alle so angebracht, wie sie angebracht sein sollen: sie heben und tragen oder füllen und beseelen den Sturm der Geigen.» (Schubart.)

Zu Mozarts Zeiten hatte Christian Cannabich (1731–1798), Schüler von Jomelli und Stamitz, dessen Erbe angetreten, weniger bedeutend als Komponist, aber «von Natur selbst zum Konzertmeister gebildet», überragend als Orchesterführer, Solist und Lehrer. Die ersten Sologeiger und die vortrefflichsten Ripienisten gingen aus seiner Schule hervor. Neben ihm, als Hauptstützen des Orchesters, Carlo Toëschi, der zweite Konzertmeister, Wilhelm Cramer, «ein Geiger voll Genie», Ignaz Fränzl, «einer der lieblichsten Violinisten der Zeit», der Mozarts höchsten Beifall fand, der Cellist Innozenz Danzi, Ludwig August Lebrun, «ein wahrer Zauberer auf der Oboe», und sein Kollege Friedrich Ramm, Johann Baptist Wendling, «ein vorzüglicher Flötenspieler, der echte Grundsätze mit fertiger Ausführung zu verbinden weiß», der Fagottist Georg Wenzel Ritter und der Hornist Franz Lang. Als Dirigent des Orchesters wirkte – neben der dominierenden Kraft Cannabichs in der Instrumentalmusik – Ignaz Holzbauer (1711 bis 1783), «ein ungemein gründlicher und fleißiger Künstler, ein trefflicher Kopf, dessen Musik einen eigenen Stempel hatte, wenn er gleich darin nicht eigensinnig war, auch Gold aus fremden Ländern zu holen: Deutschheit mit welscher Anmut koloriert». Die Kirchenmusik leitete der geistliche Rat, Abbé Georg Joseph Vogler (1749–1814), eine der seltsamen Musikererscheinungen des Jahrhunderts, Jesuit, Persona gratissima am Hofe, unpopulär bei den Musikern, impulsiver Künstler, Gelehrter und Scharlatan in einer Person, zuletzt doch der verehrte Lehrer Carl Maria von Webers, von Mozart aber gründlich unter die Lupe genommen und verachtet.

Unter den Sängern ragte der Tenorist Anton Raaff (1714–1791) hervor. Er hatte die Zeit seiner großen Triumphe schon hinter sich. Aber mit den Resten seiner Stimme, die «in die Sphäre des Alts hinauf und ebenso glücklich in die Regionen des Basses» hinuntersteigen konnte, wußte er durch seine Gesangskunst alle zu bezaubern, obwohl er kein guter Akteur war. Die Primadonna des Mannheimer Theaters – gewandt «im französischen, welschen und deutschen Spiele», am besten im komischen Fach – war Madame Dorothea Wendling, die Gattin des Flötisten, eine «deutsche Melpomene der goldenen Zeit von Mannheim». Ihrer Miene war das «Anschmiegende, Glutstillende von Weibesliebe, dabei das Schnelle, Leichtbewegliche der Leidenschaft» zu eigen. Ihre Tochter Auguste, die «Mademoiselle Gustl» Mozarts, sang und spielte am Flügel. Weit tiefer wirkte sie durch ihre Schönheit. Heinse nennt sie «eine volle hundertblättrige Rose, an der nur zum Unglück schon eine fatale Nase gerochen hatte», der Landesherr nämlich in höchsteigener Person. Dabei stand ihr die süße Unschuldsmiene so gut, daß selbst Wieland sie einer Madonna von Raffael oder Dolce so ähnlich fand, daß man sich kaum erwehren könne, ihr ein Salve Regina zu adressieren.

In so lebenslustige, buntgemischte Umwelt war der junge Mozart mit einem Male mitten hineingeraten. Der künstlerische Elan der Gesellschaft riß ihn hoch. Sofort fand er den richtigen Ton. Seine Briefe atmen Frohlaune und hochgestimmten Übermut. «Gott gebe nur, daß mir nicht zu wohl unter diesem Volke werde», schrieb der vorsichtige Wieland.

Schon am Tage nach der Ankunft brachte ihn der Geiger Danner zu Cannabich. In kurzer Zeit hatte er die Musikanten ganz für sich gewonnen. Die Orchesterdisziplin, die künstlerischen Leistungen imponierten ihm. Er war beglückt, endlich wieder vor erlesenen Berufskennern sein Genie zeigen zu dürfen. Mit der Familie Cannabich standen die Mozarts bald in vertrautem Verkehr. Wenige Tage später schwamm Wolfgang mitten im Strudel der lockeren Künstlergeselligkeit: «Ich, Johannes Chrysostomus Amadeus Wolfgang Sigismundus Mozart, gebe mich schuldig, daß ich vorgestern und gestern (auch schon öfters) erst bei der Nacht um 12 Uhr nach Haus gekommen bin, und daß ich von 10 Uhr an bis zur benennten Stund beim Cannabich in Gegenwart und en compagnie des Cannabich, seiner Gemahlin und Tochter, Herrn Schatzmeister, Ramm und Lang oft nicht schwer, sondern ganz leichtweg gereimet habe, und zwar lauter Sauereien, und zwar mit Gedanken, Worten und – aber nicht mit Werken. Ich hätte mich aber nicht so gottlos aufgeführt, wenn nicht die Rädelsführerin, nämlich die sogenannte Lisel [Cannabichs Tochter], mich gar so sehr dazu animieret und aufgehetzt hätte.» Cannabich brachte Wolfgang in Wendlings gastliches Haus: «Die Tochter, welche einmal Maitresse von dem Kurfürsten war, spielt recht hübsch Klavier.

Hernach habe ich gespielt. Ich war in einer so vortrefflichen Laune, daß ich es nicht beschreiben kann. Ich habe nichts als aus dem Kopf gespielt und drei Duetti mit Violine, die ich mein Lebtag niemalen gesehen. Sie waren allerseits so zufrieden, daß ich die Frauenzimmer küssen mußte. Bei der Tochter kam es mir gar nicht hart an, denn sie ist gar kein Hund.» (8. November 1777.)

Bald zeigt sich Mozart den Freunden gefällig. Ramm wird mit einem Oboenkonzert[118] überrascht, für Vater Wendling ein Flötenkonzert durch Beifügung von blasenden Instrumenten bereichert, für die Mutter Dorothea eine *Arie aus Metastasios «Didone»* (K. 486 a) skizziert. Mlle. Gustl erhält *französische Arietten* (K. 307 und 308)[119], das närrische Entzücken der Familie. Die madonnenhafte Schönheit des etwas kränklichen Mädchens scheint nicht ohne Eindruck auf Wolfgang geblieben zu sein. Mehr noch fesselte ihn die gesunde Musikalität von Cannabichs zweiter, nicht minder hübschen, dreizehnjährigen Tochter Rose, so vernachlässigt er ihre pianistische Technik fand. «Sie hat für ihr Alter sehr viel Vernunft und gesetztes Wesen, ist serios, redet nicht viel. Was sie aber redet, geschieht mit Anmut und Freundlichkeit. – Gestern hat sie mir wieder ein recht unbeschreibliches Vergnügen gemacht, sie hat meine Sonata ganz vortrefflich gespielt.» (6. Dezember 1777.) Mozart hatte mit dem Mädchen einen regelrechten Klavierunterricht begonnen und das Andante seiner neuen Sonate (K. 309) ganz nach ihrem «Caractère» gebildet, daß es «halt außerordentlich» gefiel. Die trockene Kritik Leopolds fand darin allerdings nur «etwas vom vermanirierten Mannheimer goût».

Die Mannheimer Klavierkunst vermochte Mozart nicht zu entzücken. Sein vernichtendes Urteil über Mannheims pianistischen Stolz, den Abbé Vogler, entsprang nicht allein einer starken persönlichen Abneigung, sondern einem tief verwurzelten, jeder unharmonischen, nicht gebändigten Kunstäußerung abholden Reinlichkeitsgefühl. Nicht minder entsetzten ihn die miserablen Vokalstimmen des vernachlässigten Kirchenchors und das klangliche Mißverhältnis zu dem stark besetzten Begleitorchester: «Sie haben nur zwei Kastraten hier und die sind schon alt. Man läßt sie halt absterben. Der Sopranist möchte auch schon lieber den Alt singen, er kann nicht mehr hinauf. Die etlichen Buben, die sie haben, sind elendig, die Tenöre und Bässe wie bei uns die Totensinger. Der Herr Vizekapellmeister Vogler, der neulich das Amt machte, ist ein öder musikalischer Spaßmacher, ein Mensch, der sich recht viel einbildet und nicht viel kann.» Schonungslos geht es nun über die Organisten her: «Es ist zum Totlachen, diesen Herrn zuzusehen. Der zweite ist bei der Orgel wie das Kind beim Dreck. Man sieht ihm seine Kunst schon im Gesichte an. Der erste hat doch Brillen auf.» Eine Messe von Holzbauer gefällt. Sie habe einen guten Kirchenstil, guten Satz und gute Fugen.

Was Mozart vor allem künstlerisch fesseln mußte und ihm neue, grundlegende Anregungen zu geben vermochte, war das Theater, im Theater die deutsche Oper. Er war dem Problem bereits in München nähergetreten und hatte seine Ansichten mit dem Dramaturgen, Professor Huber, ausgetauscht. Dort mußte man sich mit Übersetzungen wie «dem Fischermädchen» Piccinis behelfen, die Mannheimer aber hatten schon 1775 ein Originalstück, Wielands «deutsches Singspiel» «Alceste» mit der Musik von Anton Schweitzer (1735–1787), das zwei Jahre vorher in Weimar seine Erstaufführung erlebt hatte, kennengelernt. Am 5. März 1777 war Holzbauers «Günther von Schwarzburg» nach dem vaterländischen Libretto von Anton Klein in prächtiger Ausstattung unter starkem Beifall zum ersten Male in Szene gegangen. Mozart hatte Gelegenheit, eine Aufführung des Werkes schon am Tage nach seiner Ankunft zu hören: «Die Musik ist sehr schön. Die Poesie ist nicht wert einer solchen Musik. Am meisten wundert mich, daß ein so alter Mann wie Holzbauer noch so viel Geist hat. Das ist nicht zu glauben, was in der Musik für Feuer ist. – Herr Raaff hat unter vier Arien einmal so gesungen, daß man gemerkt hat, daß seine Stimme die stärkste Ursache ist, daß er so schlecht singt. In der Opera mußte er sterben. Und das singend, in einer langen, langsamen Aria. Und da starb er mit lachendem Munde. Und gegen Ende der Arie fiel er mit der Stimme so sehr, daß man es nicht aushalten konnte. Ich saß neben dem Flötisten Wendling im Orchester: Ich sagte zu ihm, daß es unnatürlich sei, so lange zu singen, bis man stirbt. Man kann's ja kaum erwarten. Dann sagte ich zu ihm: ‹Haben Sie eine kleine Geduld, jetzt wird er bald hin sein, denn ich höre es.› ‹Ich auch›, sagte er und lachte.» (14. November 1777.)

Ein ehrenvolleres Urteil unseres Meisters über Holzbauers Musik klingt unsterblich in einigen Reminiszenzen[120] der «Zauberflöte» weiter. Es ist bezeichnend, daß gerade die volkstümlichen Melodien Holzbauers in ihrer klassizistisch-romantischen Schlichtheit eine neue Saite in Mozarts Seele zum Klingen brachten und in seinem Gedächtnis bis zu der Zeit haften blieben, wo er den Faden der deutschen romantischen Oper in seinem letzten dramatischen Meisterwerk wieder aufnahm. Schon im «Idomeneo» spüren wir etwas von diesem neuen Klange. Für den Jänner 1778 stand ein drittes Werk in Vorbereitung, das Mozarts Interesse im höchsten Grade erregen mußte. Es war dies Wielands und Schweitzers zweites Werk, «Rosemunde». Im Dezember lernte er beide Autoren kennen, die zu den letzten Proben nach Mannheim gekommen waren. Schweitzer «ist ein guter braver Mann, trocken und glatt, wie unser Michael Haydn, nur daß die Sprache feiner ist», Wieland hätte er sich nicht so vorgestellt, wie er ihn gefunden. «Er kommt mir beim Reden ein wenig gezwungen vor; eine ziemlich kindische Stimme, ein beständiges Gläselgucken, eine gewisse gelehrte Grobheit und doch zuweilen eine dumme Herablassung. Die Leute sehen ihn hier an, als wenn er vom Himmel herabgefahren wäre. Man geniert sich ordentlich wegen ihm, man redet nichts, man ist still, man gibt auf jedes Wort acht, was er spricht. – Nur schade, daß die Leute oft solange in der Erwartung sein müssen, denn er hat einen Defekt in der Zunge, vermög er ganz sachte redet und nicht sechs Worte sagen kann, ohne einzuhalten. Sonst ist er ein vortrefflicher Kopf. Das Gesicht ist von Herzen häßlich, mit Blattern angefüllt, und eine ziemlich lange Nase; die Statur beiläufig etwas größer als der Papa.» Wieland war von Mozarts Spiel ehrlich entzückt und sparte nicht mit «allen möglichen Lobsprüchen».

Je weiter die Proben fortschritten, um so kühler wird Wolfgangs Urteil über die Musik. Im Dezember meldet die Mutter, daß die Oper dem Wolfgang gar nicht gefalle. Er finde «keine Natur darinnen, alles übertrieben und für die Sänger nicht gut gesetzt». Im Jänner ist Mozart endlich zu dem lakonischen Urteil gekommen: «Sie ist – gut, aber sonst nichts. Denn wenn sie schlecht wäre, so könnte man sie ja nicht aufführen.» Im letzten Augenblicke vereiteln schwerwiegende politische Ereignisse die mit allgemeiner Spannung erwartete Premiere. Wie in München versuchte Wolfgang auch bei dem pfälzischen Kurfürsten eine dauernde Anstellung zu erlangen. Der Intendant, Graf Savioli, führte ihn bei Hofe ein. Am 6. November spielte er unter dem Beifalle Karl Theodors bei einer Akademie. «Alle zweimal, wie ich spielte, so ging der Kurfürst und sie völlig neben meiner zum Klavier. – Gestern sprach ich den Kurfürst wie meinen guten Freund. Er ist ein recht gnädiger und guter Herr. Er sagte zu mir: ‹Ich habe gehört, er hat zu München eine Opera geschrieben.› – ‹Ja, Euer Durchlaucht. Ich empfehle mich Euer Durchlaucht zur höchsten Gnad. Mein größter Wunsch wäre, hier eine Opera zu schreiben. Ich bitte auf mich nicht ganz zu vergessen. Ich kann, Gott Lob und Dank, auch Deutsch!› und schmutzte.»

Die freundliche Art des Kurfürsten erweckte in Wolfgang die schönsten Hoffnungen. Karl Theodor zog den jungen Künstler bei dem Klavierunterricht seiner natürlichen Kinder, die er mit der Gräfin Haydeck, einer ehemaligen Schauspielerin, hatte, ins Vertrauen. Mozart wartete mit den leichten Variationen über das Fischerische Menuett «für den jungen Grafen» und einem kleinen Rondeau für eine der «Comtessen» bereitwillig auf und versuchte bei jeder Gelegenheit, den Kurfürsten einem Entschlusse näherzubringen. Allein Karl Theodor konnte sich, wie es seine Art war, nicht «resolvieren». Aus Salzburg drängte Vater Leopold immer heftiger auf Entscheidung. 700 Gulden hatte er schon zur Bestreitung der Reisekosten aufgenommen. Nun spürte er, wie das letzte Geld in dem teuren Mannheim in alle Winde flog. «Man muß andere, wichtigere

Gedanken im Kopf haben als Narrenpossen, sonst sitzt man auf einmal ohne Geld im Dreck. Wo kein Geld ist, ist auch kein Freund. Und wenn Du hundert Lektionen umsonst gibst, Sonaten komponierst und alle Nächte statt wichtigeren Dingen von 10 bis 12 Uhr Sauereien machst. Begehre dann einen Geldkredit! Da hört aller Spaß einmal auf, und im Augenblicke wird das lächerlichste Gesicht ganz gewiß ernsthaft. – Einige sonst müßige Abendstunden hättest Du Deinem für Dich so sorgfältigen Vater schenken und ihm keinen in der Geschwindigkeit hingeschriebenen Mischmasch, sondern einen ordentlichen vertraulichen Bericht von euren Reisekosten, von eurem noch übrigen Geld etz. umständlich niederschreiben und Dich Rats erholen sollen.» (24. November 1777.)

Am 10. Dezember mußte Wolfgang nach neuen, vergeblichen Versuchen endlich die bittere Nachricht nach Hause melden, «daß es dermalen nichts mit dem Kurfürsten» sei. «Der Graf Savioli wich mir ordentlich aus, ich ging aber auf ihn zu. Als er mich sah, schupfte er die Achseln. ‹Was›, sagte ich, ‹noch keine Antwort?› – ‹Bitte um Vergebung›, sagte er, ‹aber leider nichts› – ‹Eh bien›, sagte ich, ‹das hätte mir der Kurfürst eher sagen können.›» Niedergeschmettert eilte Mozart zu Cannabichs. Mademoiselle Rosl spielte «ganz serieuse» seine Sonate. Wolfgang brach in Tränen aus. Auch bei Wendlings war man über die traurige Nachricht nicht minder bestürzt. Wendling hatte mit Mozart, dem Oboisten Ramm, dem Fagottisten Ritter und dem Ballettmeister Lanchéry eine Künstlerreise nach Paris für die kommende Fastenzeit in Aussicht genommen. Bis zu dieser Zeit wenigstens sollte der junge Maestro in Mannheim bleiben. Die Freunde rückten umgehend mit gutgemeinten Projekten heraus und überboten sich an kollegialer Hilfsbereitschaft.

Bei dem Hofkammerrat Serrarius fanden Mutter und Sohn unentgeltlich eine gemütliche Wohnung, Beheizung und Licht. Wolfgang hatte dafür nur dessen fünfzehnjährige, mäßig begabte Tochter, die «Hausnymphe», kostenlos im Klavierspiele zu unterrichten. Zudem fand er noch weitere Scolaren und einen reichen Holländer De Jean, für den er mehrere Flötenkompositionen in Auftrag nahm. Zu den Mittags- und Abendmahlzeiten hatten ihn die Musikerfreunde ständig eingeladen, so daß die Kosten des weiteren Aufenthaltes zur Not gedeckt waren und eine Erhöhung der Schuldenlast des Vaters wenigstens für die nächste Zeit nicht zu befürchten war. Nach und nach gelang es daher den beruhigenden Versicherungen der Mutter, auch Leopolds Zustimmung zu diesen Plänen zu erlangen. Aber Wolfgangs Hoffnungen, den Kurfürsten doch noch herumzukriegen, sollten bald eine jähe Enttäuschung erfahren. Am 30. Dezember war Kurfürst Maximilian von Bayern als letzter der bayrischen Wittelsbacher unerwartet schnell gestorben. Karl Theodor rüstete sofort, noch in der Silvesternacht, zur Abreise nach München, die ihm zufallende

Erbschaft unverzüglich anzutreten. Ein großer Teil der Künstler seines Hofes sollte ihm bald nachfolgen. Mit diesem unerwarteten Abgang des Landesherrn aus der Pfalz sank eine musikalische Blütezeit Mannheims, deren letzten Glanz Mozart wie durch einen gütigen Zufall noch miterlebt hatte, rasch zur provinziellen Alltäglichkeit hinab.

Vater Mozart versuchte mittlerweile in seiner beharrlichen Art durch den Schriftsteller Franz von Heufeld neue Beziehungen mit Wien anzuknüpfen. Er hatte durch Wolfgang von den Plänen Josephs II. zur Errichtung einer deutschen Nationaloper Kenntnis erhalten und durfte das glühende Interesse seines Sohnes für eine «teutsche opera» voraussetzen. Durch den Sänger Raaff, den Mozart mit einer *Arie («Se al labbro mio non credi»*, K. 295) gewonnen hatte, sollte gleichwohl eine Verbindung mit Karl Theodor aufrecht erhalten bleiben. Auch in Salzburg war durch den plötzlichen Tod Cajetan Adlgassers auf der Orgelbank die Stelle des ersten Hoforganisten, nicht ohne die Möglichkeit einer Neubesetzung durch den jungen Mozart, frei geworden. Nichtsdestoweniger beschäftigte sich der Vater, je näher der Tag der geplanten Reise nach Paris heranrückte, mit wohlgemeinten Ratschlägen für die Fahrt in die große Stadt, wo er mit Recht unzählige Gefahren für seinen Sohn zu wittern geneigt war. Je besorgter und dringlicher der Ton in seinen Briefen wurde, um so unbestimmter und vorsichtiger klangen Wolfgangs Antworten. Die hochgestimmte Lebenslust der ersten Berichte aus Mannheim war einem merkwürdigen Pathos gewichen, sonderbaren Lebensansichten, die Leopold dem lockeren Einflusse der Mannheimer Bohème zu Lasten schrieb. Der erfahrene Vater mochte zwar fühlen, daß Wolfgang hinter vielen leeren Umschreibungen irgendein Erlebnis verschwieg. Aber er vertraute noch immer felsenfest seiner Autorität und einer tatkräftigen Unterstützung durch die Gattin.

Da stürzte ihn ein merkwürdiger Brief Wolfgangs vom 4. Februar 1778 aus allen Himmeln. In diesem Schreiben erklärte der Sohn, den Leopold schon längst außerhalb der pfälzischen Grenzpfähle vermutete, er habe aus triftigen Gründen den Gedanken einer Pariser Reise mit den Mannheimer Musikerfreunden aufgegeben. Wendling sei zwar «ein grundehrlicher und sehr guter Mann, aber leider ohne alle Religion», Ramm ein «braver Mensch, aber ein Libertin». Der Gedanke, auf der Reise mit Leuten in Gesellschaft zu sein, deren Denkungsart so sehr verschieden von der seinigen sei, erschrecke ihn. Außerdem wisse er nicht, was er in Paris zu tun hätte. Er könne sich dort mit nichts Rechtem fortbringen, und zur trockenen Schulmeisterarbeit mit beliebigen Scolaren «ohne Genie, Feuer und Lust» sei er nicht geboren.

Nun gingen dem Vater die Augen auf. Daß sich die alten, grundbraven Kollegen plötzlich in ruchlose Freigeister verwandelten, war doch zu auffällig. Eine zitternde Nachschrift der Mutter zu jenem Briefe Wolfgangs brachte die Gewißheit: «Mein lieber Mann! Aus diesem Briefe wirst du ersehen haben, daß, wann der Wolfgang eine neue Bekanntschaft macht, er gleich Guth und Blueth für solche Leute geben wollte. – Es ist wahr, *sie* singt unvergleichlich. Allein da muß man sein eigenes Interesse auf die Seiten setzen. Es ist mir die Gesellschaft mit dem Wendling und Ramm niemals recht gewesen, allein ich hatte keine Einwendung machen dürfen und mir ist niemals geglaubt worden. – Sobald er aber mit den Weberischen bekannt worden, so hat er gleich seinen Sinn geändert. Mit einem Worte: bei andern Leuten ist er lieber als bei mir. Ich mache ihm Einwendungen, und das ist ihm nicht recht. Du wirst es also bei Dir selbst überlegen, was zu thun ist. Unterdessen verlieren wir hier nichts. Ich schreibe dieses in der größten Geheim, weil Er beim Essen ist, und ich will, damit ich nicht überfallen werde.»

Fast nebensächlich hatte Wolfgangs Brief vom 17. Jänner 1778 die «Weberischen» zum ersten Male erwähnt: «Künftigen Mittwoch werde ich auf etliche Tage nach Kirchheim-Poland zu der Prinzessin von Oranien[121] gehen. Weil sie eine außerordentliche Liebhaberin vom Singen ist, habe ich ihr vier Arien abschreiben lassen. Eine Sinfonie werde ich ihr auch geben, denn sie hat ein ganz niedliches Orchester und gibt alle Tage Akademie. Die Kopiatur von den Arien wird mich auch nicht viel kosten. Denn die hat mir ein gewisser Herr Weber, welcher mit mir hinübergehen will, abgeschrieben. Dieser hat eine Tochter, die vortrefflich singt, eine schöne reine Stimme hat und erst 15 Jahre alt ist. Es geht ihr nichts als die Aktion ab, dann kann sie auf jedem Theater die Primadonna machen. Ihr Vater ist ein grundehrlicher deutscher Mann, der seine Kinder gut erzieht, und dies eben ist die Ursache, warum das Mädel hier verfolgt wird. Er hat sich mit Frau und Kindern 14 Jahre mit 200 Gulden begnügen müssen, und weil er seinem Dienste allezeit gut vorgestanden und dem Kurfürsten eine sehr geschickte Sängerin gestellt hat, so hat er nun – ganze 400 Gulden!»

Das Bemühen Wolfgangs, die Weberische Familie vor dem Vater ins rechte Licht zu setzen, zeigt, daß er schon bei der ersten Begegnung Feuer gefangen hatte. Vollends aber scheint jene Tochter, Aloysia, sein Herz bei der lustigen «Vakanzreise» gewonnen zu haben: «Abends gingen wir nach Hof, da sang die Mlle. Weber drei Arien. Ich übergehe ihr Singen – mit einem Wort vortrefflich! Ich habe ja im neulichen Brief von ihren Verdiensten geschrieben, doch werde ich diesen Brief nicht schließen können, ohne noch mehr von ihr zu schreiben, da ich sie itzt erst recht kennen gelernt und folglich ihre ganze Stärke einsehe. – Den andern Tag gingen wir ein ziemlich Stück Weg in die Kirche. Das war Sonntag. – Wir hätten unanimiter von Herzen gerne das Essen bei Hofe hergeschenkt, denn wir waren niemals so vergnügt, als da wir allein beisammen waren. –

Die Mlle. Weber sang in Allem dreizehnmal und spielte zweimal Klavier, denn sie spielt gar nicht schlecht. Ich will bei meiner Ehre meine Sonaten lieber von ihr als vom Vogler spielen hören. Ich habe in allem zwölfmal gespielt und der Fürstin mit vier Sinfonien aufgewartet und nicht mehr als sieben Louisdor bekommen und meine liebe arme Weberin fünf! – Basta! – Ich habe noch 42 Gulden Profit und das unaussprechliche Vergnügen, mit grundehrlichen, gut katholischen und christlichen Leuten in Bekanntschaft gekommen zu sein. Mir ist leid genug, daß ich sie nicht schon lange kenne. – Hernach sind wir fünf Tage zu Worms geblieben, dort hat der Weber einen Schwager, nämlich den Dechant vom Stift. Da waren wir lustig. Das kann ich sagen, die kleine Reise war ein rechtes Exerzitium für mich auf dem Klavier.» (2. Februar 1778.)

Das Mädchen, das die Vernunft des jungen Meisters so rasch und gründlich in Verwirrung gebracht hatte, war die zweite Tochter des Mannheimer Hofmusikus Fridolin Weber (geb. 1733), der zu Freiburg i. Br. die Rechte studiert hatte, dann aber zur Musik übergeschwenkt war und dem Kurfürsten, in bescheidener Stellung, von materiellen Sorgen gepeinigt, vielfältige Dienste als Bassist, Souffleur und Notenkopist leistete. Der richtige Dämon der Familie aber war seine Gattin, Marie Cäcilia, geborene Stamm aus Mannheim, energisch, kühl berechnend, von grober Derbheit, wenn sie den Erfolg ihrer Winkelzüge sicher in Händen glaubte, sonst aufgeblasen von dem hohlen Pathos hausmütterlicher Rechtlichkeit, launisch, zanksüchtig, intrigant aus Passion, in stillen Stunden dem Trunke nicht abgeneigt und zweifellos hysterisch. Aloysia hatte von beiden Eltern ihr gut Teil mitbekommen. Vom Vater die musikalischen Anlagen und die künstlerischen Urinstinkte, von der Mutter die kleinbürgerliche Kühle eines klugen Selbsterhaltungstriebes, der sie im Leben geschickt vor Dummheiten bewahrte, so überströmend der Sängerin eine gefühlvolle Kantilene zur Verfügung stand. Diese sonderbare Mischung seelischer Gegensätze gab ihr die Überlegenheit über Mozart. Mit der Wärme ihrer musikalischen Anlage riß sie ihn hin. Mit diesem Teil ihres Wesens liebte sie ihn wohl auch ein wenig. Zu engen Geistes freilich, um nur einen Funken seines wahren Genies zu ahnen. Als sie später auf dem bürgerlichen Piedestal einer auskömmlich bezahlten Hofsängerin stand, verloren alle phantastischen Pläne, die sie früher in Mozart genährt hatte, jede Bedeutung in ihrer frühreifen Seele. Sie warf die schönen Träume, das bißchen eigene Liebe und das glühende Herz ihres Erweckers ohne Reue in die Rumpelkammer der Erinnerungen und fand als brauchbare Gattin des ehrenwerten Schauspielers Lange eine kaum minder solide Existenz als ihre jüngere Schwester – Mozarts Konstanze – in ihrer zweiten Ehe mit dem dänischen Staatsrat Nissen. Daß Aloysia Weber eine glänzende und eigenartige Sängerin gewesen, hat nicht nur ihre schnelle Karriere, sondern auch ein späteres Urteil des gewiß voreingenommenen Leopold Mozart bestätigt. Durch ihre körperlichen Reize – sie gehörte im Gegensatz zu dem Augsburger Bäsle der schlanken, anschmiegsamen Gattung an – wußte sie den arglosen Wolfgang nicht minder zu bezaubern als durch ihre Kunst, die unter seinem feurigen Einflusse zum ersten Male hold erblühte.

In dieser Stimmung, als süßestes Bekenntnis der leidenschaftlichen Gefühle, die ihn durchbebten, schrieb er eine wunderbare, ganz persönliche Arie *«Non so d'onde viene»* (K. 294)[122]. In einer Akademie bei Cannabich singt Luise dieses herrliche Stück zum erstenmal mit Orchester. Die gewiegten Instrumentalisten begleiten mit Akkuratesse. Cannabich schreit laut vor Begeisterung. Die Musiker hören nicht auf, das Stück zu loben. Der junge Meister ist selig über das Urteil der Fachgenossen. Die Leistung seiner Schülerin erfüllt ihn mit Stolz und Ehrgeiz. Schon längst träumt er von neuen Wegen an der Seite des geliebten Wesens. Ihre Stimme trüge den Ruhm seines Werkes durch die Welt.

Im Mozartschen Hause, wo der alternde Vater bei Freunden die letzten Kreditreste zusammenkratzte und das Nannerl sich mit Lektionen abrackerte, die Reisegesellschaft über Wasser zu halten, war trotz allem kein Hauch von Armseligkeit oder Unordnung zu spüren. Bei den Webers aber sprangen die kläglichen Verhältnisse einer zerrütteten Hauswirtschaft dem jungen Mozart immer deutlicher in die Augen. Täglich saß er bei Aloysia am Klavier, während Mutter und Schwester seine zerrissenen Sachen flickten. Das Mitleid stieg in seinem weichen Herzen auf. Sogar vage Heiratsgedanken. «Ich habe diese bedrückte Familie so lieb, daß ich nichts mehr wünsche, als daß ich sie glücklich machen könnte. Und vielleicht kann ich es auch.» Sofort tauchte ein kühnes Projekt auf. Wolfgangs Begeisterung für die «teutsche Oper» ist vorläufig kaltgestellt. Er will wieder eine richtige italienische schreiben, «serios nicht buffa», für Venedig etwa, oder Verona, selbst um fünfzig Zechini, «nur damit sie sich Ruhm mache». Und dann schnell auf, über die Alpen, in ein glücklicheres Land, selbstredend mit der Weberin als Primadonna, ihrem Vater als Impresario und Garde, der ältesten Schwester als Hausfrau dazu, «weil sie auch kocht». Für Aloysias Singen stünde Wolfgang mit seinem Leben gut. Auch «wegen der Aktion» sei ihm gar nicht bange. Inzwischen wolle er durch andere gemeinsame Reisen schon «so viel Geld machen», daß man durchhalten könne.

Als Leopold Mozart Nachricht von diesen abenteuerlichen Dingen erhielt, die ihm «nicht anders wie ein Roman geschrieben» vorkamen, war er vorerst völlig auf den Kopf geschlagen. Dann erwachte seine alte Besonnenheit. Er setzte sich hin und schrieb am 12. Februar 1778 den würdigsten Brief seines Lebens:

«Mein lieber Sohn! Deinen Brief vom 4ten habe ich mit Verwunderung und Schröcken durchlesen. Ich fange auch an, ihn heut zu beantworten, indem ich die ganze Nacht nicht hab' schlafen können und so matt bin, daß ich ganz langsam Wort für Wort schreiben und ihn nach und nach bis morgen zu Ende bringen muß. Ich war Gottlob itzt immer wohlauf. Allein dieser Brief, an dem ich meinen Sohn an nichts anderem mehr kenne, als an dem Fehler, daß er allen Leuten auf das erste Wort glaubt, sein zu gutes Herz durch Schmeicheleien und gute schöne Worte jedermann bloßstellt, sich von jedem auf alle ihm gemachten Vorstellungen nach Belieben hin und her lenken und dahin bringen läßt, dem Nutzen fremder Leute seinen eigenen Ruhm und Nutzen, und sogar die seinen alten ehrlichen Eltern schuldige Hilfe aufzuopfern, dieser Brief hat mich um so mehr niedergeschlagen, als ich mir vernünftige Hoffnung machte, daß Dich einige Dir schon begegnete Umstände und meine Erinnerungen hätten überzeugen sollen, daß man, um sein Glück in der Welt zu suchen, nichts ohne die größte Überlegung unternehmen und sich von enthusiastischer Einbildung und ohngefähr blinden Einfällen niemals hinreißen lassen müßte. Ich bitte Dich, mein lieber Sohn, lese diesen Brief mit Bedacht. Nehme Dir die Zeit, solchen mit Überlegung zu lesen! –

Unsere Salzburger Bedrückungen sind Dir vollkommen bekannt, Du weißt mein schlechtes Auskommen und endlich, warum ich Dir mein Versprechen gehalten, Dich weiter gehen zu lassen. Die Absicht Deiner Reise waren zwei Ursachen: Einen beständigen guten Dienst zu suchen oder, wenn dieses mißlingt, sich an einen großen Platz zu begeben, wo große Verdienste sind. Beides ging auf die Absicht, Deinen Eltern beizustehen und Deiner lieben Schwester fortzuhelfen, vor allem aber Dir Ruhm und Ehre in der Welt zu machen. Das bist Du Deinem von dem gütigen Gott erhaltenen außerordentlichen Talent schuldig und es kommt nur auf Deine Vernunft und Lebensart an, ob Du als gemeiner Tonkünstler, auf den die ganze Welt vergißt, oder als ein berühmter Kapellmeister, von dem die Nachwelt auch noch in Büchern lieset, ob Du von einem Weibsbild etwa eingeschäfert, mit einer Stube voll notleidender Kinder auf einem Strohsack, oder nach einem christlich hingebrachten Leben mit Vergnügen, Ehre und Nachruhm, mit allem für Deine Familie wohl versehen, bei aller Welt in Ansehen sterben willst?

Deine Reise ging nach München. Du weißt die Absicht. Es war nichts zu tun. Da warst du ganz erstaunlich für die kleine Sängerin des Theaters eingenommen und wünschtest nichts mehr als dem teutschen Theater aufzuhelfen: Itzt erklärst Du Dich, daß Du nicht einmal eine komische Oper schreiben möchtest. Sobald du beim Tor in München heraus warst, hatte Dich auch, wie ich es vorsagte, Deine ganze freundschaftliche Subskribentengesellschaft vergessen. – Und was wäre es nun in München gewesen?

In Augsburg hast Du auch Deine kleinen Szenen gehabt. Dich mit meines Bruders Tochter lustig unterhalten, die Dir nun auch ihr Portrait schicken mußte. In Mannheim hast Du sehr wohl getan, Dich bei dem Herrn Cannabich einzuschmeicheln. Da wurde nun die Mlle. Tochter des Herrn Cannabich mit Lobeserhebungen überhäuft, das Portrait ihres Temperaments im Adagio der Sonate ausgedrückt, kurz, diese war nun die Favoritperson. Dann kamst Du in die Bekanntschaft des Herrn Wendling. Itzt war dieser der ehrlichste Freund. In einem Augenblicke kommt die neue Bekanntschaft mit Herrn Weber: Nun ist alles Vorige vorbei. Itzt ist diese Familie die redlichste, christlichste Familie und die Tochter ist die Hauptperson des zwischen Deiner eigenen und dieser Familie vorzustellenden Trauerspiels und alles, was Du Dir in dem Taumel, in den Dich Dein, für alle Leute offenes gutes Herz gesetzt hat, ohne genugsame Überlegung einbildest, so richtig und so unfehlbar tunlich, als wenn es schon ganz natürlich so gehen müßte.

Du gedenkest sie als Primadonna nach Italien zu bringen. Sage mir, ob Du eine Primadonna kennst, die als Primadonna, ohne vormals in Teutschland schon öfters rezitiert zu haben, das Theater in Italien betreten hat? Ich lasse, daß die Mlle. Weber wie eine Gabrieli singt, daß sie eine starke Stimme für die italienischen Theater hat usw., daß sie für eine Primadonna gut gewachsen ist usw., so ist es lächerlich, daß Du für ihre Aktion gut stehen willst. Da gehört was mehrers dazu. Welcher Impresario würde nicht lachen, wenn man ihm ein Mädl von 16 oder 17 Jahren, die noch niemals auf dem Theater gestanden, rekommandieren wollte!

Dein Vorschlag, ich kann kaum schreiben, wenn ich daran denke, der Vorschlag mit Herrn Weber und NB. zwei Töchtern herumzureisen, hätte mich beinahe um meine Vernunft gebracht. – Liebster Sohn! Wie kannst Du Dich von einem so abscheulichen Dir zugebrachten Gedanken auch nur auf eine Stunde einnehmen lassen? Und Du könntest Dich wirklich entschließen, mit fremden Leuten in der Welt herumzuziehen? Deinen Ruhm, Deine alten Eltern, Deine liebe Schwester auf die Seite zu setzen? Mich dem Fürsten und der ganzen Stadt, die Dich liebt, dem Spott und Gelächter auszusetzen? Ja, dem Spott und Dich der Verachtung, da ich aller Welt, die mich immer fragte, sagen mußte, daß Du nach Paris gehen wirst. Und nun am Ende wolltest Du mit fremden Personen aufs Geratewohl herumziehen? Nein, das kannst Du nach ein bißchen Überlegung nicht einmal mehr gedenken! Das ist nur eine Sache für kleine Lichter, für Halbkomponisten, für Schmierer! Nenne mir einen großen Komponisten, der sich würdiget, einen solchen niederträchtigen Schritt zu tun? *Fort mit Dir nach Paris!* Und das bald, setze Dich großen Leuten an die Seite – Aut Caesar aut nihil! Der einzige Gedanke, Paris zu sehen, hätte Dich vor allen fliegenden Einfällen bewahren sollen. Von Paris aus geht der Ruhm und Name eines Mannes von großem Talente durch die ganze Welt, da behandelt der Adel Leute von Genie mit der größten Herablassung, Hochschätzung und Höflichkeit, da siehet man eine schöne Lebensart, die ganz erstaunlich absticht gegen die Grobheit unserer deutschen Cavaliers und Damen.

Was die Gesellschaft mit Wendling betrifft, hast Du sie gar nicht nötig. Du hast sie längst gekannt. Was hielt Euch denn ab, mich um Rat zu fragen und allzeit nach meinem Willen zu tun? Mein Sohn, Du hast mich mehr als Deinen aufrichtigen Freund als einen scharfen Vater anzusehen! – Denke nach, ob ich Dich nicht allzeit freundschaftlich behandelt und wie ein Diener seinen Herrn bedient, auch Dir alle mögliche Unterhaltung verschafft und zu allem ehrlichen und wohlanständigen Vergnügen, oft mit meiner eigenen größten Unbequemlichkeit, geholfen habe?

Ich habe, obwohl ich halb tot war, bereits wegen der Pariser Reise alles ausgedacht und in Ordnung gebracht. Mit nächster Post Nachricht! Damit ich weiß, wie die Sachen stehen. Mache Dir Ruhm und Geld in Paris, dann kannst Du, wenn Du Geld hast, nach Italien gehen und allda Opern schreiben zu bekommen. Die Nannerl hat diese zwei Tage ihren Teil geweint. Die Mama wird mit dem Wolfgang nach Paris gehen, damit Ihr Euch in Ordnung richtet.»

Gegen diesen dringenden Appell der väterlichen Autorität blieb Wolfgang nicht viel mehr zu tun übrig, als zu gehorchen. Er schickte sich ins Unvermeidliche, wenn auch unter heftigen seelischen Erregungen, die ihn zwei Tage ins Bett warfen. Den Gedanken an Aloysia gab er freilich nicht auf. Er wird nicht müde, sie dem Vater mit aller Herzlichkeit zu «rekommandieren». Ganz leise klingt in den ergebenen Zeilen des Sohnes ein Ton von Widerspruch, von verschlossener Verstocktheit mit. Ein tiefer, unheilbarer Riß hat die vorbildliche Mozartsche Familiengemeinschaft im Innersten verletzt. Wolfgang wußte schon zu viel um die Freiheit des Künstlers und Menschen.

Voll innerer Empörung rüstet er zur Abreise nach der französischen Hauptstadt. Den Abschied von den Weberischen sieht er in verklärtem Licht. «Wie ich wegging, so weinten sie alle. Ich bitte um Verzeihung, aber mir kommen die Tränen in die Augen, wenn ich daran denke.» – Tags darauf, am 14. März 1778, rollte die Mozartsche Chaise der französischen Weltstadt zu. Als Anzahlung für den Fuhrlohn hatte man den Wagen um billiges Geld dem «Hauderer» ins Eigentum überlassen müssen. Eine lebensvolle Epoche in Mozarts Entwicklung war abgelaufen. Sie drückt sich nicht in der verhältnismäßig geringen Zahl von knapp zwanzig Werken aus, die er in Mannheim geschaffen. Ihre wahre Auswirkung lag in der Zukunft beschlossen. Merkwürdigerweise fehlen Symphonien in jener Reihe. So sehr Mozart die Technik des Mannheimer Instrumentalkörpers bewunderte und sich zunutze machte, das Ungebändigte des vielbewunderten Kompositionsstiles mit seinen abrupten Effekten, «wo man vor Lärm und Getöse nichts hören könne», schien ihm, dem mit Joseph Haydns thematischer Kunst Wohlvertrauten, weit weniger Respekt einzujagen. Damals stand er dem Geiste Christian Bachs merkwürdig nahe, der nicht allein in den drei schönen *Arien* jener Zeit (K. 294, 295 und 486 a) wie eine verklärte Erinnerung an alte Zeiten wieder aufsteigt. Zwei *Klaviersonaten* (K. 309 und 311) zeigen Einzelheiten der Mannheimer Technik, in die zartere Welt des Klavierklanges übertragen. Die thematische Organisation dieser Arbeiten überwächst die Durchschnittsproduktion der Mannheimer Größen um ein Beträchtliches. Nicht minder die edle Erfindung und Geschlossenheit der *fünf Violinsonaten* dieser Zeit (K. 296, 301–303 und 305)[123] mit ihrer neuen, freigelösten Dialogik der beiden Instrumente. *Zwei Flötenkonzerte* (K. 313 und 314)[124], den früheren Violinkonzerten verwandt, doch leichteren Charakters, offenbaren das geübte Ohr Mozarts, in die Seele des Instrumentes hineinzuhören und seinen feinsten technischen Forderungen gerecht zu werden, obwohl er die Flöte nie recht leiden konnte. Wendling stand ihm offenbar als Berater während der Arbeit zur Verfügung. Dasselbe gilt von den *drei Quartetten für Flöte und Streicher* (K. 285, 285 a, 285 b). Sie sind wie die Konzerte und ein *«Andante für Flöte und Orchester»* (K. 315) für den vermögenden «indianischen» Holländer De Jean geschrieben. Ein viertes Quartett K. 298 in derselben Besetzung ist erst zu Paris vollendet worden. Von einer Messe, die Mozart auf Cannabichs und Raaffs Empfehlung für den Kurfürsten in Mannheim begonnen hatte, hat sich nur ein schönes *Kyrie* (K. 322) als Bruchstück erhalten, falls das Autograph im Salzburger Mozarteum mit diesem Stück identisch ist.

Das Abenteuer mit Luise Weber fällt erst in die zweite Hälfte seines Mannheimer Aufenthaltes. Vor so übermächtigem, nie vergessenem seelischen Eindruck und vor den italienischen Träumereien verblaßte fürs erste das große künstlerische Erlebnis Mozarts in Mannheim: die deutsche Oper. Inmitten der Fremdheit des Pariser Lebens sollte der verdrängte Schatz dieses großen Gedankens als leidenschaftliches Nationalgefühl in Mozart wieder erwachen. Die revolutionären Kulturströmungen der pfälzischen Residenz haben einen kühnen, männlich feurigen Zug in seinem Charakter hinterlassen. Wie die neugewonnene Einstellung zur Welt, so blieben auch die andern Grunderlebnisse der Mannheimer Zeit in Mozart lebenslang wirksam.

23. ZUM DRITTENMAL IN PARIS

«Ist Mr. Grimm da, so wird er mir recht und Dir alle Anleitung geben. Du kannst ihm alles sagen, was ich Dir geschrieben habe. – Sollte Gluck, Piccini da sein, so wirst Du ihren Umgang möglichst meiden und so auch mit Gretry keine Freundschaft machen. De la politesse et pas d'autre chose! Mit hohen Standespersonen kannst Du immer ganz natürlich sein. Aber mit allen andern mache einen Engelländer. Da bitte ich Dich, sei nicht so aufrichtig!» (Leopold Mozart an den Sohn, 9. Februar 1778)

Noch war Paris der Mittelpunkt europäischer Weltläufigkeit geblieben, seit Mozart zum letzten Male als Knabe in seinen Mauern geweilt hatte. Das stolze Bild der Erinnerung des Vaters, Beifall eines zärtlichen Publikums für das Wunderkind, Gefühl des Getragenwerdens in einer Atmosphäre rauschender Erfolge, Beziehungen und Zukunftshoffnungen, alle diese Vorstellungen hielten Leopolds sonst so kühles Urteil immer noch in Bann. Er ahnte nicht, wie vieles sich seither verändert hatte. In seinem Sohne, wie in der Seele jener Stadt, die unaufhaltsam der Revolution zutrieb.

Im Jahre 1774 war Ludwig XVI. zur Regierung gelangt. Zu jung, zu wenig energisch, belastet mit einer luxuriösen Tradition, trieb er im großen Strome des Vergnügens, ohne ihn hemmen zu können. Seine Finanzreformen blieben gutgemeinte Ansätze. Die unzähligen Drohnen der Hofgesellschaft fraßen in seinem geheiligten Namen das Land kahl. Sie ahnten nicht, daß die freigeistigen Bonmots ihrer Salons sich allmählich zu groben Schlagworten des Pöbels wandelten und bald alle die Herrlichkeit im Namen der Vernunft auf das Schafott führen sollten.

Überall tobte ein anregender Wettstreit des Geistes. Hochspannung vor dem noch kaum bewußten, dunklen Ende. Die «grande affaire» auf musikalischem Gebiete, der leidenschaftliche Kampf der Anhänger des Gluckschen Reformgedankens mit der italienischen Opernpartei, bedeutete eine Teilerscheinung der allgemeinen Unruhe. Zu Beginn des Jahres 1774 war Gluck auf Veranlassung seiner Beschützerin, der Königin Marie Antoinette, nach Paris gekommen. Sein Programm stellte die *dramatische Forderung* in den Mittelpunkt der Oper und verknüpfte die alten Bestrebungen der klassizistischen französischen Nationaloper, der «tragédie lyrique», deren Kampf gegen die machtvollen Vorstöße des italienischen Ideals seit Jean Baptiste Lully (1632–1687) nicht mehr zu Ende gekommen war, mit der Werbekraft der Ideen. Die Pariser Erstaufführungen der «Iphigenie in Aulis» und des «Orpheus» (1774) vermochten Gluck noch keinen vollen Erfolg zu sichern. Sie verschafften ihm nur eine bedeutende Anhängerschaft. Die Gegner wiederum hoben Niccolò Piccini auf ihren Schild. Mit seinem Erscheinen wandelte sich die alte Fehde der «Buffonisten und Antibuffonisten» in den Krieg der «Piccinisten und Gluckisten», der gerade mit Heftigkeit ausgefochten wurde, als Wolfgang zum dritten Male in Paris einzog.

Mozarts alter Gönner, Melchior Grimm, war leidenschaftlicher Anhänger der italienischen Partei geblieben. Er hatte sich, ein richtiger «selfmade man» des Ancien Régime, aus einem kleinen Sekretär des sächsischen Grafen von Friesen, mit dem er nach Paris gekommen war, mit Geschick und Kenntnissen, «associant la diplomatie à la critique», zum einflußreichen «arbiter elegantiarum» der Gesellschaft entwickelt. Die französische Sprache beherrschte er, wie seine Biographen versichern, «avec toute la facilité et la grâce d'un Français». 1777 von Kaiser Joseph II. geadelt, verstand er, den Freiherrntitel mit nicht weniger Würde zu tragen, als das Großkreuz des Wladimirordens, das ihm Katharina II. als ihrem Staatsrat und literarischen Berichterstatter über Paris verliehen hatte, und die noch leichtere Bürde eines Gotha'schen bevollmächtigten Ministers. Wichtiger blieben seine Leistungen als Herausgeber der ‹Correspondance littéraire› und Mitarbeiter an der von Diderot und d'Alembert betreuten ‹Encyclopédie des sciences, des arts et des métiers›, die ihm eine ständige geistige Verbindung mit diesen und mit Rousseau sicherte. Sein geistvolles Pamphlet ‹Le petit Prophète de Boehmischbroda› über die Unarten der französischen Musikpflege ist heute noch unterhaltlich zu lesen.

«Ich empfehle mich ihm untertänigst», schreibt Leopold dem Sohne am 16. März 1778, »und ich bin versichert, daß, wenn er alle Bedrückung, Verfolgung und Tyrannei, der wir in Salzburg seit sechs Jahren ausgesetzt waren, genau und umständlich wissen wird, solches sein Mitleid erwecken und uns zu helfen sein Herz in Bewegung bringen wird. Er kann doch sein zärtliches Herz in Rußland nicht mit eines Moskowitischen Herze vertauscht haben.» Am 6. April wiederholt der Vater die dringende Rekommandation: «Itzt empfehle ich Dir nachdrücklich, Dir durch ein vollkommenes kindliches Vertrauen recht die Gnade, Liebe und Freundschaft des Herrn Baron v. Grimm zu verdienen, ihn in allen Stücken zu Rat zu ziehen und nichts aus eigenem Kopf oder vorgefaßter Einbildung zu tun und durchaus auf Dein und dadurch auf unser gemeinschaftliches Interesse bedacht zu sein.» Aber alle Erwartungen des Vaters sollten ihn um so empfindlicher enttäuschen, je weniger er über den Verlauf der inneren Wandlung Wolfgangs Klarheit gewinnen konnte. Daß neben Aloysia Weber noch andere Erlebnisse vom Gemüte seines Sohnes Besitz ergriffen hatten, blieb ihm zunächst völlig verschlossen. Eine hausmütterliche Nachricht der Gattin (20. Dezember 1777) über Wolfgang klingt wie ein heiteres Symbol jener seelischen Mutation: «Noch ist der Bart nicht barbieret worden, sondern nur mit dem Scherl geschnitten. Es wird sich aber nicht mehr thuen lassen. Mit nechsten wird der Barbier herhalten missen.»

Auch Leopolds freundschaftlicher Berater, Melchior Grimm, war nicht der alte geblieben. Das Gefallen des umtunlichen Schöngeistes für die Sensation des Wunderkindes hatte sich in eine zuwartende Gönnerschaft für den erwachsenen Künstler verwandelt. Nicht viel mehr. Wolfgang war alles andere als ein Blender für das snobistische Publikum der Pariser Salons, kein Modernist, der unreife Luftexperimente in die Öffentlichkeit warf, kein fanfarenlauter Parteizänker mit geistreichen theoretischen Formeln und Programmen. Es fehlte ihm jene «Aktivität», die Grimm von einem Mitläufer seines geheizten Esprits erwartete, jene bedingungslose Hingabe in der «grande affaire» zwischen Gluck und Piccini. Mozart war ein stiller Bauherr an dem vollkommenen Organismus seines Werkes, der instinktiv aufhorchte, wo er Brauchbares, Wesensverwandtes vernahm, gleichgültig woher es kam, ein Vollender der lebenskräftigen Triebe seines Zeitalters. Das Problematische, Unfertige des damaligen Pariser Musikbetriebes erschien ihm fremd und zwecklos. Um so mehr, als er aus eigenem Antrieb, nicht allein über Wunsch des Vaters, jede Gelegenheit vermied, sich einer der kampfgespannten Parteien anzuschließen. Auf keiner Seite fand er daher Leute, die für seine Künstlerschaft eintraten. Selbst Grimm zog sich immer weiter von ihm zurück, je weniger er sich als brauchbares Werkzeug seines Fanatismus entpuppte. Irgendwie hatte der scharf blickende Literat in Mozarts äußerem Gehaben – sehr früh! – einen Zug entdeckt, der ihm gar nicht behagte und ihn bedauern ließ, daß der Vater diesesmal nicht mitgekommen war. Grimm spricht das Wort ‹Libertinage› in einem Brief an Leopold, den dieser sofort, Wort für Wort, an Frau und Sohn nach Paris zurückmeldet, sehr vorsichtig aus.[125] Eine sorgsam zusammengestellte Gönnerliste Leopolds erwies sich als trügerische Hoffnung. «Die Leute machen halt Komplimenten und dann ist's aus. Bestellen mich auf den und den Tag. Da spiel ich, dann heißt's: Oh, c'est un prodige, c'est inconcevable, c'est étonnant! Und hiemit adieu! Wer nicht hier ist, der glaubt nicht, wie fatal, daß es ist.» (An den Vater, 1. Mai 1778.)

Müde und «ennuiert» waren die Mozarts am 23. März 1778 in der Weltstadt angekommen. Die Mannheimer Erinnerungen zehrten in Wolfgangs Herzen. Das erste Quartier bei einem «Herrn Mayer» war armselig und ungesund, die Kost dürftig, schlecht und teuer. Während Wolfgang seinem mühseligen Berufe nachgeht, sitzt die Mutter allein in ihrem Zimmer, «wie in arest, welches noch darzue so dunckel ist, das man den ganzen Tag die Sohn nicht sehen kann und nicht einmahl weis, was es vor ein wetter ist. Mit hartter miehe kan ich bey einen einfahlenten liechten etwas weniges stricken. Der eingang und die stiegen ist so öng, das es ohnmöglich wehre, ein Clavier hinauf zu bringen. Der Wolfgang mues also außer haus bey Monsieur le Gros Componieren, weill dorth ein Clavier ist. Ich sehe ihme also den ganzen tag nicht und werde das reden Völlig vergessen.» Nach einigen Wochen hatten sie endlich ein besseres Unterkommen in der Rue du Gros-Chenet, im Hause «Zu den vier Haymonskindern», gefunden, «ganz Reinlich, nicht gar weith von pulvar [Boulevard] und in gesunder luft, die haus leuth recht guth und redlich, nicht intresiert, welches in Paris seltsam ist».

Zunächst versuchte Wolfgang mit Hilfe deutscher Landsleute und seiner Mannheimer Musikerkollegen weiterzukommen. Raaff empfiehlt ihn dem pfälzischen Gesandten, Karl Heinrich, Reichsgrafen von Sickingen, einem «passionierten Liebhaber und wahren Kenner der Musik». Die Mannheimer Instrumentalisten stellen eine nützliche Verbindung mit dem Direktor der «Concerts spirituels», Jean Le Gros (1739–1793), her. Auch Grimm ist anfangs nicht untätig. Mit seinem Empfehlungsschreiben wandert Wolfgang zur Duchesse de Chabot. Stundenlang wartet er in einem eiskalten Zimmer, um endlich auf einem «miserabeln, elenden Pianoforte mehr für Sesseln und Mauern» zu spielen. Denn die etlichen höflichen Kavaliere sitzen mit Madame um einen großen Tisch und zeichnen eifrig, daß sie den armen Musiker kaum bemerken, der voll Wut mit kältesteifen Fingern – nur Mr. Grimm zuliebe – seine «Fischerischen Variationen» herunterklopft. Durch Grimm findet er später Verbindung mit dem ehemaligen französischen Gesandten in England, dem Herzog von Guines. Dieser beherrschte die Flöte mit respektabler Virtuosität. Seine Tochter war eine bekannte Harfenspielerin. Mozart sollte dem Mädchen auch das Komponieren beibringen. Das ging freilich schlechter, als er anfangs gedacht hatte. Mademoiselle blieb «von Herzen dumm und von Herzen faul», und die erhofften «Ideen» wollten sich trotz eifrigem Bemühen ihres geduldigen Lehrers nicht einstellen. So nahm dieser traurige Unterricht – «wo alle Mühe umsonst war» – bald wieder ein Ende. Das empörende Honorarangebot des Herzogs von drei Livres d'or für die ganze Arbeit hat Mozart würdig zurückgewiesen. Ein schönes Stück prächtiger Gesellschaftsmusik, das abwechslungsreiche, klanglich eigentümliche *Konzert für Flöte und Harfe* (K. 299) für den Gebrauch jenes zweifelhaften Gönners und seiner Tochter läßt ihre Namen freundlicher im Gedächtnisse der Nachwelt weiterleben. Auf Wunsch von Le Gros schreibt Mozart vier Chöre zu einem Miserere von Holzbauer. Nur zwei davon gelangten zur Aufführung. Die ganze Arbeit ist wie andere Werke der Pariser Zeit verschollen. Bald erhält Wolfgang von jener Seite einen zweiten Auftrag und vollendet «in größter Eile» eine *konzertante Symphonie für vier Blasinstrumente mit Orchester* (K. 297 b)[126], die seine Mannheimer

Freunde schon in dem nächsten «Concert spirituel» spielen sollten. Allein durch eine ungeklärte Intrige verschwand das prächtige, groß angelegte Werk, das heute zum eisernen Bestand gewandter Bläservereinigungen gehört, aus dem Programm. Eine für Le Gros komponierte *Symphonie in D-Dur* (K. 297), unter dem Namen «Pariser Symphonie» bekannt, sollte Mozart endlich den lange ersehnten, fast einzigen Erfolg als Komponist bringen. Sie ist ersichtlich für den Modegeschmack des französischen Publikums zugeschnitten, kurz und glänzend, mit wirkungsvollen Mannheimer Effekten ausgestattet und wird nur vorübergehend, im Finale, dunkleren Stimmungen zugänglich. «Am Fronleichnamstage wurde sie mit allem Applauso aufgeführt. Bei der Probe war es mir sehr bange, denn ich habe mein Lebtag nichts Schlechteres gehört. Sie können sich nicht vorstellen, wie sie die Sinfonie zweimal nacheinander heruntergehudelt und heruntergekratzt haben. Ich mußte also mit bangem Herzen und mit unzufriedenem Gemüt ins Bett gehen. Den andern Tag hatte ich mich entschlossen, gar nicht ins Conzert zu gehen. Es wurde aber Abends gut Wetter, und ich entschloß mich endlich. Und ecce! Die Sinfonie fing an. Gleich mitten im Allegro war eine Passage, die ich wohl wußte, daß sie gefallen müßte. Alle Zuhörer wurden davon hingerissen, und war ein großes Applaudissement. Das Andante gefiel auch, besonders aber das letzte Allegro. Weil ich hörte, daß hier alle letzten Allegros, wie die ersten, mit allen Instrumenten zugleich und meistens unisono anfangen, so fing ich mit den zwei Violinen allein piano nur acht Takt an – darauf kam gleich ein Forte, mithin machten die Zuhörer, wie ich es erwartete, beim Piano sch! Dann kam gleich das Forte. Sie das Forte hören und die Hände klatschen war eins. Ich ging also gleich vor Freuden nach der Sinfonie ins Palais Royal, nahm ein gutes Gefrornes, bat den Rosenkranz, den ich versprochen hatte, und ging nach Haus.» (3. Juli 1778.) Eine *zweite Symphonie in B-Dur*[127] erlebte am 8. September ihre Uraufführung. Sie machte Mozart wiederum «sehr viel Ehre». Ein weiterer Auftrag von Le Gros für die Fastenzeit des nächsten Jahres kam nicht mehr zur Ausführung.

Von anderen Instrumentalwerken vollendete Mozart die Serie der schon in Mannheim begonnenen *Sonaten für Violine und Klavier.*[128] Zu den fünf Stücken traten noch die hochbedeutende, edle *Violinsonate in e-moll* (K. 304) mit ihrer wehmütig resignierenden Grundstimmung, übervoll von dem eigentümlich romantischen, an Schubert gemahnenden Herzenston. Dazu ein freundliches Gegenstück, die *D-Dur-Sonate* (K. 306).

Neben diesen Werken steht eine nicht minder prächtige Reihe von *Klaviersonaten* (K. 310, 330, 331, 332 und 333). Durch ihre organische Spannkraft allein offenbaren sie das Geniemaß, womit Mozart alle renommierten Contemporains der französischen Metropole überholte, deren große eingeborene Musik damals mit Couperin und Rameau schon erloschen war. Die volkstümlichste dieser Reihe ist die *A-Dur-Sonate* (K. 331) mit dem innigen Variationsthema des ersten Satzes[129], dem frischen Menuett und dem französischen Rondofinale, einem pikanten «Alla turca», dessen modisch orientalisches Kolorit, ein Gegenstück zu den Chinoiserien des Rokoko in Gärten, Bauten und Porzellanen wie zu den beliebten Türkenstücken in Komödie und Oper, sich schon in der Moll-Episode des A-Dur-Violinkonzertes (K. 219) (dritter Satz) und in anderen Finalsätzen Wolfgangs angemeldet hatte. Die *a-moll-Sonate* (K. 310) ist eines der Wunderwerke früher schöpferischer Vollendung des Meisters, ein Quell reichster Mannigfaltigkeit aus der konsequenten, vielgestaltigen Entwicklung *eines* Urgedankens innerhalb der *Gesamtheit* der Sonate. Ihre harmonische Gestaltung ist stellenweise außerordentlich kühn. Die düstere Dämonie der pessimistischen Grundstimmung durchbricht den versonnenen Gesang des «Andante cantabile» mit elementarer Gewalt. Es ist eine bestechende Eigenheit des Mozartschen Schöpferwillens, bei den seiner Seele nahestehenden Werken in Sonatenform den Angelpunkt der treibenden Gemütsbewegung in die ruhigen Mittelsätze zu verlegen. Dort erreicht die Gefühlsspannung des jeweiligen musikalischen Problems in den weitgeschwungenen Kantilenen bei strenger formeller Zusammenfassung ihre höchste Intensität. In den Durchführungsteilen dieser Sätze aber werden starke Kontrastwirkungen angestrebt. Diese Arbeitsweise wird selbst im «Andante» der bescheidenen Spielern zugedachten *C-Dur-Sonate* (K. 330) noch wirksam. Hier offenbart der wehmütige Gesang des Minore-Teiles den tieferen Gehalt der absinkenden Linie des Hauptgedankens erst in seiner ganzen Bedeutung. Die *F-Dur-Sonate* (K. 332) ist ein kühnes Beispiel breiter, thematischer Anlage, leidenschaftlicher Vertiefung eines erregten Gefühls bei müheloser Beherrschung der klaviertechnischen Aufgabe. Das Rondo der intimen, feingeistigen *B-Dur-Sonate* (K. 333) weist durch seine formelle Gestaltung fast in eine andere Epoche. Vielleicht ist dieses nicht mit Sicherheit datierbare Werk erst während des nächsten Salzburger Aufenthaltes entstanden.

Vier brillante Klaviervariationen über französische Chansons (K. 264, 265, 353 und 354) sind ersichtlich dem leichten Geschmack der Pariser Salons aufgeopfert. Während die Sonaten den Urkeim eines musikalischen Einfalls entwickeln und im Rahmen der streng geschlossenen Form zu unzähligen Gestaltungen verwandeln, entrollen die Variationen in loser Aneinanderreihung eine Fülle vorwiegend technischer Probleme für den geschickten Virtuosen aus dem eingänglichen Vorwurf einer fremden, meist volkstümlichen Melodie. Seltener ist Mozart von der glänzenden figurativen Variation in die Tiefen der Charaktervariationen hinabgestiegen. Sie lag außerhalb der Mozartschen Ziele, die in der wunderbaren

Innenorganisation des thematischen Vorwurfes einer Sonate restlos ihre vielgestaltige, im höchsten Sinne «variierte» Lösung erlebten. Allerdings erleben wir Augenblicke geheimnisvollen Besinnens auch in jeder der Variationsreihen.

Es ist bedauernswert, daß Mozart in Paris keinen günstigen Boden fand, sich auf dem Gebiete des musikalischen Dramas mit gleichem Gelingen zu versuchen, wie dies bei den Klaviersonaten der Fall gewesen war. Er, dessen ganze Sehnsucht dem Theater entgegenfieberte, hatte anfangs seine Hoffnungen auf eine Gelegenheit gesetzt, für das Pariser Publikum eine Oper zu schreiben. Die dominierende Stellung eines Theatralkomponisten vermochte er hier nicht zu erlangen. Der Maître de ballet an der Akademie, Jean Georges Noverre, der durch Marie Antoinette wieder aus Wien nach Paris gekommen war, kannte Mozart von früheren Jahren her. Er lud ihn häufig zu sich, bewirtete ihn freundlich und machte ihm allerhand Hoffnungen. Mozart geriet in leidenschaftliche Erregung: «Wenn ich mir öfters vorstelle, daß es richtig ist mit meiner Opera, so empfinde ich ein ganzes Feuer in meinem Leibe und Zittern in Händen und Füßen vor Begierde, den Franzosen immer mehr den Teutschen kennen, schätzen und fürchten zu lernen. – Ich kann nicht anders, ich muß eine große Opera oder gar keine schreiben. – Wenn nur die verfluchte französische Sprache nicht so hundsföttisch zur Musique wäre! Das ist was Elendes! Die teutsche ist noch göttlich dagegen. Und dann erst die Sänger und Sängerinnen! Man sollte sie gar nicht so nennen, denn sie singen nicht, sondern sie schreien, heulen – und zwar aus vollem Halse, aus der Nase und Gurgel. – Die Franzosen sind und bleiben halt Eseln. Sie können nichts. – Warum gibt man denn keinem Franzosen eine große Opera? Warum müssen es denn Fremde sein? – Nun, ich bin bereit! Ich fange keine Händel an. Fordert man mich aber heraus, so werde ich mich zu defendieren wissen. Wenn es aber ohne Duell abläuft, so ist es mir lieber. Denn ich raufe nicht gern mit Zwergen.» (Aus den Briefen vom 9. und 31. Juli 1778.)

Dieses edle Selbstgefühl sollte unserem Meister freilich ebensowenig nützen wie seine heiße Arbeitswilligkeit. Zwei Opernpläne, ein Zweiakter «Alexandre et Roxane» und eine dreiaktige Transkription nach Metastasios «Demofoonte», zerrannen nach langen Verhandlungen. Der winzige Erfolg aller Bemühungen bei Noverre blieb das kleine *Ballett «Les petits riens»* (K. 299 b), ein «Freundstück» für jenen, dreizehn anmutige Tänze und eine gutgefügte Ouvertüre, die Mozart einem Grundstock von sechs «alten, miserablen französischen Arien» fremder Herkunft bereitwillig angliederte. Das Ballett ging am 11. Juni 1778 als Anhängsel der Oper «Le finte gemelle» von Piccini zum ersten Male in Szene. Auf dem Theaterzettel stand Mozarts Name nicht verzeichnet.

Lange Zeit blieb das freundliche Werk in der Bibliothek der Pariser Großen Oper verschollen. Von der Choreographie Noverres haben sich nur dürftige Angaben[130] herübergerettet. So erscheint das Werk mitunter in recht freier tänzerischer Ausdeutung auf unseren Bühnen. Skizzen zu einem Ballett-Intermezzo lassen es wahrscheinlich erscheinen, daß Mozart sich noch mit einem zweiten Ballett für Noverre ernstlich beschäftigte.

Durch Noverre war ihm Gelegenheit geboten, sich den Bezirken des Gluckschen Musikdramas zu nähern. Daß er den günstigen Augenblick nicht nützte, kann in seiner inneren Einstellung gelegen sein. Die Nachwelt mag dies bedauern. Der intuitive Wegweiser des Genius hat ihn trotzdem auf den richtigen Weg ureigener Entwicklung geleitet. Es ist nicht unsere Sache, die Kunstanschauungen zweier großer Meister mit vergänglichen Werturteilen gegeneinander auszuspielen. Daß sie beide den Weg über die Zeiten hinweg fanden, ist ihr Freibrief und unser dankschuldiges Glück. Es liegt nicht in unserer Macht, in die geheimen Beweggründe ihres gestaltenden Geistes zu dringen. Doch leben wir heute, wie unsere Vorfahren, von der belebenden Wärme der funkensprühenden Rivalität ihrer Grundsätze. Es ist das Feuer, das unser Musikdrama immer wieder vor trauriger Stagnation zu bewahren imstande ist: der ewig reizvolle Kampf des denkerischen und des musikalischen Elementes um die Vorherrschaft in der Oper.

Als Mozart in Paris weilte, war Gluck gerade abwesend. Von seinen Werken kannte Mozart einiges schon aus früherer Zeit. Die «Armida», «Orpheus», die «aulidische Iphigenie» und die «Alceste» standen auf dem Repertoire der Pariser Bühne. Reiche Gelegenheit für unseren Meister, in den Geist dieser Werke einzudringen. Doch blieben nur die großartigen Chöre dieser Opern für Mozarts spätere Arbeiten richtunggebend. Andere Spuren tauchen in den Rezitativen der *dramatischen Szene «Popoli di Tessaglia»* (K. 316), die er nach dem Texte von Calzabigis «Alceste» für Aloysia Weber schrieb,[131] wie in Einzelheiten des «Idomeneo» flüchtig, aber bedeutsam auf. Dem gedanklichen Programm des Gluckschen Reformwerkes aber konnte Mozart kaum mehr Verständnis entgegenbringen als den geistreichen Spekulationen der Pariser Doktrinäre. Seinem intuitiven Musikergeist mit dem freien Instinkt für dramatische Anschaulichkeit und Bewegung, mit der shakespearehaften Leidenschaft für lebendige Charakter*entwicklung* mußte das Riesengebäude der stahlharten Vernunft eines Gluck, die individuellen, aber *unveränderlichen* Typen seiner Helden und Probleme immer fremder und fremder gegenüberstehen, je weiter er aus den Regionen der italienischen Seria und Buffa zu den Menschenschicksalen seiner späteren Meisteropern emporstieg.

Aber Glucks Gegner, dem liebenswürdigen Piccini, trat er deswegen nicht näher. «Er ist ganz höflich mit mir und ich mit ihm, wenn wir so ohngefähr zusammenkommen. Übrigens mache ich keine Bekanntschaften, weder mit ihm, noch mit anderen Komponisten. Ich verstehe meine Sache und sie auch – und das ist genug.» (9. Juli 1778.) Piccinis «Roland» war am 27. Jänner 1778 mit ungeheurem Erfolge zur Uraufführung gelangt. Es war freilich ein Pyrrhussieg. Denn mit dieser Oper hatte auch Piccini seine Annäherung an den Geist des Gluckschen Reformwerkes vollzogen. Die endgültige Wendung der großen Kontroverse zu Glucks Gunsten durch die Erstaufführung der «Iphigenie in Tauris» am 18. Mai 1779, die selbst Gegner vom Schlage Grimms einigermaßen bekehrte, hat Mozart nicht mehr in Paris erlebt.

Was er sonst auf der Pariser Bühne zu sehen bekam, interessierte ihn wenig. Die Italiener spielten Werke von Pergolesi, Anfossi, Piccini und Paisiello. «Man hat itzt eine miserable opera buffa hier», meint Mozart dazu. Über die Werke der «Franzosen» auf dem Gebiete der Opéra comique, die ihm auch in gedruckten Partituren zugänglich waren, schweigt er sich aus, obwohl Nachklänge ihrer Schreibweise in seinem Gedächtnis lebendig blieben. Mit dem Tonsetzer François Gossec tritt er in persönliche Beziehungen: «Mein sehr guter Freund und ein sehr trockener Mann.» Für andere Musiker bekundet er wieder eine recht energische Abneigung. Der berühmte Klarinettist Joseph Beer wäre ein «liederlicher Socius», die Söhne des großen Meisters Johann Stamitz «elende Notenschmierer und Spieler, Säufer und Hurer». Die unbehagliche Umgebung in der großen Stadt, wo ein «unbeschreiblicher Dreck» auf den Straßen lag und man die «Ehre hatte, für nichts und wieder nichts im Tage gleich 4 bis 5 Livres zu verfahren», bedrückte ihn. Er fand keine Gelegenheit zu einträglicher Künstlerarbeit. Das armselige Geld zerrann ihm zwischen den Fingern. Ohne Unterlaß flogen seine Gedanken nach Mannheim, wo er seine geliebte Luise zurückgelassen hatte.

Ein italienischer Brief an die «Carissima amica» ist erfüllt von der keuschen Innigkeit seines Gemütes: «Meine Seele ist voll Unruhe. Ich will erst ruhig sein, bis ich die tröstliche Gewißheit habe, daß Ihnen die verdiente Gerechtigkeit zuteil geworden ist. Ganz selig aber werde ich erst an dem Tage sein, an dem ich die höchste Freude erlebe, Sie wiederzusehen und von ganzem Herzen zu umarmen. Aber das ist wohl auch alles, was ich ersehnen und wünschen darf. Und nur in dieser Sehnsucht, in dieser Zukunftshoffnung liegt mein einziger Trost und meine Ruhe!»

Heimweh nach vertrauten Lauten beginnt an seinem Herzen zu zehren. Je heftiger er den Druck der Pariser Mauern fühlt, um so widerlicher werden ihm Menschen, Anschauungen und Sitten: «Wenn hier ein Ort wäre, wo die Leute Ohren hätten, Herz zum Empfinden und nur ein wenig etwas von der Musik verstünden und Gusto hätten, so würde ich von Herzen zu allen diesen Sachen lachen. Aber so bin ich unter lauter Vieher und Bestien, was die Musik anbelangt. Wie kann es aber anders sein? Sie sind ja in allen ihren Handlungen, Leidenschaften und Passionen auch nicht anders. Nun bin ich hier. Ich muß aushalten und das Ihnen zulieb. Ich danke Gott, dem Allmächtigen, wenn ich mit gesundem Gusto davon komme. Ich bitte alle Tage Gott, daß er mir die Gnade gibt, daß ich hier standhaft aushalten kann, daß ich mir und der ganzen teutschen Nation Ehre mache und daß er zuläßt, daß ich mein Glück mache, brav Geld mache, damit ich imstande bin, Ihnen dadurch aus Ihren dermalen betrübten Umständen zu helfen. – Das Blatt muß sich ja doch einmal wenden. In der süßen Hoffnung will ich mein Leben, welches hier meinem Genie, Lust, Wissenschaft und Freude ganz entgegen ist, in Gottes Namen fortführen. – Was mich aber am meisten aufrichtet und guten Muts erhält, ist der Gedanke, daß ich ein ehrlicher Teutscher bin und daß ich, wenn ich schon allezeit nicht reden darf, doch wenigstens denken darf, was ich will.» (An den Vater, Mai und Juli 1778.)

Wir suchen den gewohnten fröhlichen Kindeston in den Briefen dieser Zeit vergebens. Mozarts nie versagender Humor hat eine grimmige Färbung angenommen. In dem ungesunden Quartier bei Herrn Mayer hatte sich die Mutter bald nach der Ankunft verdorben. Die große Einsamkeit lastete schwer auf dem Gemüte der nun fast achtundfünfzigjährigen Frau, die fröhliche Geselligkeit so liebte. Sie litt mit ihrem Sohne, wenn er müde nach Hause kam und ihr sein Herz ausschüttete. Nach der Übersiedlung in das neue Heim, die sie freudig begrüßt hatte, brach die Krankheit empfindlicher aus. «Ich bin der zeit her bey 3 wochen mit zahn wehe, Kopf, hals und ohren schmerzen geblagt gewesen. Jetzt gott lob ist es wider besser. Ich komme zwahr nicht vill aus, allein die zimmer sind gleich wohl kalt, wann schon ein feur brind. Man mues es erst wider gewehnen.» (1. Mai 1778.) Ihre temperamentvolle Art gewinnt wieder die Oberhand. Sie freut sich über die kleinbürgerlichen Nachrichten aus ihrer Salzburger Bekanntschaft, sie berichtet selbst eifrig das Neueste in die Heimat. Von der großen Mode, «daß man weder ohren geheng, noch umm den Hals was tragt, auch keine gestainlete nadl in Haar», «daß alle frauen Zimmer mit stöcken gehen – auf der gassen, versteht sich, nicht in wagen – weill es hier so schlipfreich ist», ja selbst ein weniges aus den Ereignissen der großen Politik: «Daß der König von Preußen aliancen sucht, das glaube ich. Allein es wird hart sein können, denn Rußland kan wegen des türkken nicht leicht, die schweden können unmöchlich nicht und bey dänemarck ist es wiederum nichts, denn ihre ganze macht ist etwan 30 000 mann und da wehre das ganze land lehr. Und meinest Du, sie scheuhen frankreich nicht, welches bestendig beschäfftiget ist, bey allen Podenzen dem König von Preussen eine nasen zu trähen. Darum Packt er nicht an. Hier ist die ganze statt guett Kaisserlich, ausgenommen die luhteraner, denn der Kaiser hat sich in seinem aufenthalt hier sehr beliebt gemacht.» (29. Mai 1778.) – «Der Herr Raaff komt fast alle dag zu uns, er heißet mich Frau Mutter und hat uns gar lieb. So oft er zu uns kommt, singt er mir alzeit was, ich bin völlig verliebt in sein singen. Er ist ein rechter ehren Mann.» (12. Juni 1778.) Auch der Musiker Heina und seine Gattin nahmen sich der einsamen Frau nach Möglichkeit an. Sie schien fast ihre alte Fröhlichkeit wiederzugewinnen.

Allein am 11. Juni regten sich die Anzeichen der Krankheit von neuem. Marianne Mozart mußte zur Ader lassen. Ihr letzter Brief an den Gatten fiel kürzer aus, denn sie fühlte Schmerzen im Arme und in den Augen. Von dieser Zeit an verschlimmerte sich ihr Befinden zusehends. Plötzlich trat «innerliche Erhitzung» auf. Wahrscheinlich ein typhöses Fieber. Am 19. Juni wurde sie bettlägerig. Mit Mühe überredete Wolfgang die Mutter, einen alten deutschen Arzt zu konsultieren. Es nützte nicht mehr viel. Am 23. stellten sich Gehörstörungen ein. Den Sohn überkam dumpfe Hilflosigkeit. Er ging herum, «als wenn er keinen Kopf hätte». Drei Tage später meinte der Doktor, sie würde kaum mehr die Nacht überleben. Verzweifelt läuft Wolfgang über die Barriere der Stadt hinaus, um Heina zu finden. Auf dem Rückweg eilt er zu Grimm, der seinen Hausarzt zu senden verspricht. Eine trügerische Besserung schiebt die Stunde der Auflösung noch für kurze Frist hinaus. Am 3. Juli endlich, um 2 Uhr nachts, schreibt Wolfgang in gottergebenem Schmerze die erschütternde Gewißheit dem treuen Freunde seines Hauses, Abbé Bullinger, nach Salzburg: «Allerbester Freund! Für Sie ganz allein! – Trauern Sie mit mir, mein Freund! – Dies war der traurigste Tag in meinem Leben. – Ich muß es Ihnen doch sagen, meine Mutter, meine liebe Mutter ist nicht mehr! – Gott hat sie zu sich berufen. Er wollte sie haben, das sah ich klar. – Mithin habe ich mich in den Willen Gottes ergeben. – Stellen Sie sich nur alle meine Unruhe, Ängsten und Sorgen vor, die ich diese 14 Tage ausgestanden habe! – Sie starb, ohne daß sie etwas von sich wußte. – Löschte aus wie ein Licht. – Sie hat drei Tage vorher gebeichtet, ist kommuniziert worden und hat die heilige Ölung bekommen. – Die letzten drei Tage aber phantasierte sie beständig und heute aber, um 5 Uhr 21 Minuten griff sie in Zügen, verlor allsogleich dabei alle Empfindung und alle Sinne. Ich drückte ihr die Hand, redete sie an, sie sah mich aber nicht, hörte mich nicht und empfand nichts. So lag sie, bis sie verschied, um 10 Uhr 21 Minuten abends. Es war niemand dabei als ich, ein guter Freund, Herr Heina, und die Wächterin. Ich bitte Sie unterdessen um nichts als um das Freundstück, daß Sie meinen armen Vater ganz sachte zu dieser traurigen Nachricht bereiten. Ich habe ihm mit der nämlichen Post geschrieben, aber nur, daß sie schwer krank ist. – Ich bitte Sie also, bester Freund, erhalten Sie mir meinen Vater, sprechen Sie ihm Mut zu, daß er es sich nicht gar zu schwer und hart nimmt, wenn er das Ärgste erst hören wird. Meine Schwester empfehle ich Ihnen auch von ganzem Herzen.» – Am nächsten Tage begrub man die sterblichen Überreste der stillen Frau auf dem Friedhof St. Eustache. Ihre armselige Habe, «Kleider, Wäsche und Kleinodien» wanderte, sorgsam verpackt, noch vor Wolfgangs Abreise nach Salzburg zurück.

Mozart blieb allein und verlassen in der großen Stadt, die ihm fremd, kalt und lieblos erschien. Doch findet er bald mit herzhafter Entschlossenheit den Übergang ins tägliche Leben. Er spürte wieder eine Aufgabe, die ihn wenigstens für die nächste Zeit erfüllte. Es war die Fürsorge für seinen Vater in der Ferne. Unvermutet fühlte er sich dem alten Manne wieder nahe wie in den Tagen der Kindheit. Mit sanfter Gewalt meldet sich von neuem eine still besorgte Zärtlichkeit in allen beruhigenden Worten, die er nach Hause sendet, ein Verständnis für die Wünsche, die aus Salzburg kamen. Nichts ist so charakteristisch für das männlich Unsentimentale, seltsam Fatalistische seiner Denkungsart als der kurze Satz eines Briefes an den Vater, den er eben vorher in der rührendsten und kindlichsten Weise über der Mutter Hinscheiden zu trösten versuchte: «Schreiten wir zu andern Sachen; es hat alles seine Zeit.»

Mozart schrieb diese Zeilen am 9. Juli, schon im Hause Grimms und seiner Freundin, der geistvollen Madame d'Epinay, in einem «hübschen Zimmerl» der Rue d'Antin mit «einer sehr angenehmen Aussicht». Bald fühlte er sich von der Liebenswürdigkeit seines alten Protektors bedrückt. Er spürte, daß er mit diesem niemals harmonieren könnte. Jetzt war er dazu genötigt, mit dem selbstbewußten Manne, der ihn wie ein unreifes Kind behandelte, unter einem Dache zu leben und seine dankschuldige Abhängigkeit noch durch eine Anleihe von 15 Louisdor zu vergrößern, die ihm Grimm «bröckelweise, beim Leben und Tod seiner seligen Mutter», vorstreckte.

Ein Lichtblick in dieser trüben Zeit war der Besuch seines väterlich verehrten Freundes Christian Bach. Dieser war im August aus London herübergekommen, um die Scrittura einer französischen Oper für Paris zu übernehmen. Mit ihm verbrachte Wolfgang frohe Tage der Erinnerung.

Die Nachricht von der endgültigen Verlegung der Mannheimer Hofhaltung nach München erfüllte ihn mit neuer Unruhe. Er witterte Intrigen gegen seine geliebte Freundin. Den Mitgliedern der pfälzischen Hofmusik blieb es freigestellt, dem Kurfürsten zu folgen oder in Mannheim zu bleiben. Für Fridolin Weber schien bei seinen «zerrütteten Umständen» vorläufig nur die zweite Möglichkeit offen. Eine Berufung seiner Tochter nach München war noch ungewiß. In einem Briefe an ihn sehen wir Wolfgang bemüht, dem bedrängten Manne mit Ratschlägen zur Seite zu stehen. Leopold Mozart war über solche Hilfsbereitschaft des Sohnes keineswegs erbaut. Allein er beginnt wenigstens äußerlich einzulenken. Er mochte eingesehen haben, daß Aloysia für den Augenblick aus dem Leben Wolfgangs nicht zu streichen war: «Was die Mlle. Weber anbetrifft, so darfst Du gar nicht glauben, als hätte ich etwas gegen diese Bekanntschaft. Alle jungen Leute müssen am Narrenseil laufen. Du kannst, wie itzt, Deinen Briefwechsel fortsetzen, ich werde Dich gar nicht darum fragen, noch weniger etwas zu lesen verlangen.» (3. September 1778.)

Mit außerordentlicher Zähigkeit setzt er neue Hebel an, seinen Sohn aus der angeblichen hilflosen Lage zu retten. In taktvoller Weise zieht er die unverbesserliche Leidenschaft Wolfgangs für Aloysia in den Kreis seiner Pläne. Die Aussicht, eine Kapellmeisterstelle am Münchner Hofe zu erhalten, stand für Wolfgang nicht ungünstig. Es glückte dem Vater, ein Empfehlungsschreiben von Padre Martini zu erhalten. Graf Sickingen förderte die Angelegenheit. Von den Mitgliedern der ehemaligen Mannheimer Kapelle durfte man annehmen, daß sie Mozart wohlgesinnt seien. Ein zweites Eisen hielt Leopold noch im Feuer: Salzburg. Durch Adlgassers Tod war die erste Hoforganistenstelle frei geworden. Anfang August hatte auch der alte Kapellmeister Lolli das Zeitliche gesegnet. Man stand vor einer notwendigen Neuordnung der Kapelle. Leopold hatte schon längst bei Hofe mit äußerster Vorsicht sondiert. Er schickte den Domherrn Grafen Starhemberg ins Vordertreffen und sucht durch die Gräfin von Wallis, eine Schwester des Erzbischofs, seinem Landesherrn noch wirksamer beizukommen. Alles wird peinlich vermieden, was man «für Willfährigkeit und Ansuchen» aufnehmen könnte. Der bewährte Bullinger muß bei Wolfgang vermitteln. Wolfgang ist nicht ganz abgeneigt: «Sie wissen, wie mir Salzburg verhaßt ist! Nicht allein wegen der Ungerechtigkeiten, die mein lieber Vater und ich alldort ausgestanden, welches schon genug wäre, um so einen Ort ganz aus den Gedanken zu vertilgen. Aber lassen wir nun alles gut sein, – es soll sich alles so schicken, daß wir gut leben können.» (7. August 1778.)

Je mehr aber die Entscheidung näherrückte, um so stärker gewannen die Hemmungen in Wolfgang wieder die Oberhand. Er sträubt sich vor der Rückkehr in die kleine Stadt ohne Oper, vor den desolaten Verhältnissen in der Hofmusik, vor einer subalternen Verwendung im Orchester. Er mißtraut dem Erzbischof. Aber das Schreiben des Vaters vom 31. August rückt unerbittlich mit Tatsachen hervor: «Ich verzweifelte fast durchzudringen, weil nach dem Schritt, den wir getan, von dem Hochmut des Fürsten wenig zu hoffen und ihm Deine schnelle Abdankung zu sehr aufs Herz gefallen war. Allein durch mein tapferes Aushalten habe ich nicht nur allein durchgedrungen, der Erzbischof hat nicht nur alles akkordiert, für mich und Dich – Du hast 500 Gulden –, sondern er hat sich noch entschuldigt, daß er Dich jetzt unmöglich zum Kapellmeister machen könnte. Du solltest aber, wenn ich außerstande wäre, in meine Stelle unterdessen einrücken. Noch mehr! Dem dritten Organisten hat er 5 Gulden Addition gegeben, damit er die meisten Dienste verrichten muß und Du wirst als Konzertmeister wie vorher dekretiert werden. – Der Erzbischof hat sich erkläret, daß er, wenn Du eine Opera schreiben willst, Dich, wo es immer ist, hinreisen lasse. Du kannst leichter in München eine Opera schreiben zu bekommen, als in Dienst kommen. Nach des Kurfürsten Tode ist dort alles dienstlos und da entsteht ein neuer Krieg. – Nun will ich aber nicht, daß Du eher von Paris abreisest, bis ich nicht das Dekret unterschrieben habe.» – Den feinsten diplomatischen Schachzug aber hatte sich Leopold für den Schluß aufgespart: «Die Mlle. Weber sticht den Fürsten und alle erstaunlich. Sie werden sie absolut hören wollen. Da sollen sie bei uns wohnen. Mir scheint, ihr Vater hat keinen Kopf. Ich werde die Sache besser einleiten, wenn sie mir folgen wollen. Du mußt hier recht das Wort reden, denn zum Kastraten will der Erzbischof auch eine andere Sängerin, um eine Opera aufzuführen.»

Solchen Argumenten vermochte Wolfgang nicht länger zu widerstehen. Die Hoffnung, seine Luise in der Heimat wiederzufinden, vielleicht gar als Primadonna einer neuen, besseren Oper, so glückliche Aussichten besiegten selbst die Abneigung gegen die Enge der Vaterstadt. Gehorsam entschloß er sich zur Abreise. Um so lieber, als das Verhältnis mit seinem Gastgeber Grimm mittlerweile unleidlich geworden war. Die gutgemeinten Vermittlungsversuche der Madame d'Epinay verliefen immer erfolgloser. Grimm hatte wahrscheinlich längst schon die Lust verloren, Mozart in Paris weiterzuhelfen. Sicher hatte es ihn in seiner Eitelkeit verbittert, daß es ihm nicht gelungen war, den jungen Künstler nach seinen Grundsätzen zu modeln. Mozarts in geheimnisvollen Geniebezirken beheimatetes, jedem konstruktiven Rationalismus abholdes Wesen war dem geistreichen Snobismus jenes eifrigen Nachläufers der Enzyklopädisten im Innersten zuwider. Es schien geradezu blamabel, daß sich sein Schützling in der Stadt, wo so viele mittelmäßige, ja erbärmliche Musiker außerordentliches Glück gemacht hatten, nicht einmal über Wasser halten konnte. Daß Grimm an Mozarts Eignung zweifelte, eine Oper für den Geschmack des Pariser Publikums zu schreiben, verletzte Wolfgang in seiner künstlerischen Ehre. «Er hat wollen, ich soll immer zum Piccini laufen. Er ist von der welschen Partei, ist falsch, imstande, Kindern zu helfen, aber nicht erwachsenen Leuten» (11. September 1778). Es ärgerte den empfindlichen Künstler, daß der «neubachne Baron» ihm jede kleine Gefälligkeit «unter die Nase rupfte», ihm bei jeder Gelegenheit den Mangel an Umtunlichkeit und praktischer Lebensart vorwarf.

Nun, da Grimm sah, daß die Entscheidung so gut wie gefallen war, gab er jede weitere Bemühung auf und drängte seinen Gast, vielmehr den

Gast von Madame d'Epinay, etwas unsanft zur Abreise. Er erbot sich sogar, die Reise bis Straßburg zu bezahlen. Wolfgang zauderte. Nur einige Tage bedürfe er noch, um seine Sonaten, die beim Notenstecher lagen, eigenhändig zu korrigieren. Er sei bereit, in dieser Zeit bei dem Grafen von Sickingen zu logieren. Aber Grimm schwor ihm ewige Feindschaft, wenn er solches versuchen wolle. So setzte sich Mozart endlich seufzend am 26. September in die schwerfällige Diligence. Er hat die Weltstadt an der Seine nicht mehr wiedergesehen. In ihren Mauern ließ er das Grab der Mutter und ein banges Erinnern an trübe Tage, die ihn völlig zum Manne gereift hatten, mit gepreßtem Herzen zurück.

Es ist bezeichnend, daß die bedrückte Zeitspanne dieses Pariser Aufenthaltes seine bedeutendsten schöpferischen Leistungen auf dem intimen Gebiete der Klavier- und Violinsonaten zeitigte, so feurig es ihn anfangs zum Theater gedrängt hatte. Tiefere Einflüsse der zeitgenössischen französischen Musikkultur können in jenen erlesenen Stücken nicht nachgewiesen werden. Zu weit schon hatte sich Mozarts Entwicklung aus der Gebundenheit an äußere Eindrücke befreit. Daß er in den Symphonien für die Concerts spirituels zu Konzessionen an das Publikum bereit war, daß gefällige Melodien der Opéra comique in den Variationen, Tänzen und noch später in seiner Erinnerung nachklangen, ändert nichts an dieser grundsätzlichen Erkenntnis.

24. HEIMFAHRT UND ENTTÄUSCHUNG

«Apropos: Was will denn dies sagen, lustige Träume? – Über das Träumen halte ich mich nicht auf, denn da ist kein Sterblicher auf dem ganzen Erdboden, der nicht einmal träumet! – Allein lustige Träume! – Ruhige Träume, erquickende süße Träume! Das ist es – Träume, die, wenn sie wirklich wären, mein mehr trauriges als lustiges Leben leidenschaftlich machen würden.» (Mozart an den Vater aus München, 31. Dezember 1778)

Die Weiterfahrt im schweren Gesellschaftswagen vollzog sich mit quälender Langsamkeit. Mozart hatte gerechnet, in fünf Tagen in Straßburg zu sein. Nun hörte er zu seinem Schrecken, daß die elende Kutsche, die er der Sparsamkeit von Monsieur Grimm zu verdanken meinte, nicht weniger als zwölf Tage zu dieser Strecke brauchen werde. Kurz entschlossen verließ Wolfgang das unwirtliche Gefährt nach acht Tagen in Nancy, um mit einer besseren Gelegenheit Straßburg zu erreichen. Hier erfuhr er mit gemischten Gefühlen, daß Aloysia und ihr Vater am Münchner Hoftheater unter günstigen Bedingungen Anstellung gefunden hatten. Es beglückte ihn, daß man seiner «lieben Weberin» endlich Gerechtigkeit widerfahren ließ. Zugleich aber schwand seine Hoffnung, sie in Salzburgische Dienste zu bringen, und damit die eigene Freude an der Rückkehr in die Heimat. Wieder erscheint ihm eine Münchner Kapellmeistertätigkeit lockender als das «ewige Brot» in Salzburg. «Liebster Vater! Ich versichere Sie, daß, wenn es mir nicht um das Vergnügen wäre, Sie bald zu umarmen, ich gewiß nicht nach Salzburg käme. Denn – diesen löblichen und wahren, schönen Trieb ausgenommen – tue ich wahrhaftig die größte Narrheit von der Welt» (Straßburg, 15. Oktober 1778). Daß sein «armes Mädel» alle Tage in die Kapuzinerkirche gegangen war, da sie über einen Monat keine Nachricht von ihm erhalten hatte und ihn für tot hielt, rührte sein weiches Herz über die Maßen. Er sah darin den neuerlichen Beweis einer wahrhaft herzlichen Zuneigung und spann sich in die schönsten Hoffnungen ein. Der Aufenthalt in dem «pauvren» Straßburg zog sich bedenklich in die Länge. Mozart spielte in der Neukirche und Thomaskirche die berühmten Silbermannschen Orgeln, lernt die gleichnamigen Inhaber dieser weltbekannten Firma und den hochbejahrten Mannheimer Symphoniker Franz Xaver Richter (1709–1789) kennen. «Etlichen guten Freunden, Liebhabern und Kennern zu gefallen» entschloß er sich, zwei Konzerte am 17. und 31. Oktober zu geben. Diese Versuche brachten jedoch so gut wie gar nichts ein, so daß er neuerdings Geld für die Weiterreise entlehnen mußte. Am 3. November brach er auf. Die Fahrt führte ihn allerdings nicht, wie der Vater gehofft hatte, auf dem kürzesten Wege in die Heimat. Zu seiner Bestürzung muß Leopold erfahren, daß Wolfgang drei Tage später unvermutet in seinem lieben Mannheim gelandet war und bei Frau Cannabich Logis genommen hatte, wo alles «vor Freude ganz außer sich kam», als man ihn wiedersah.

Es war ein durchaus romantischer Zug, der Mozart wieder an die Stätte glücklicher Erinnerungen führte, obwohl Luise und die alten Musikerfreunde schon längst in München weilten. Sofort stärkte ihn das Bild der trauten Umwelt mit neuer Lebenskraft und verführte ihn zu neuen Plänen, die seinen Vater fast von Sinnen kommen ließen. «Ich weiß nicht», meint Wolfgang mit Naivität, «ich werde doch noch hier angestellt werden! Hier, nicht in München! Denn der Kurfürst wird, glaube ich, gerne wieder seine Residenz in Mannheim machen, indem er die Grobheiten von den Herren Bayern unmöglich lange wird aushalten können!» (12. November 1778.) Das Gerücht von einem kleinen Münchner Theaterskandal in Gegenwart Karl Theodors hatte genügt, das Herz unseres jungen Meisters wieder mit den frohesten Hoffnungen zu erfüllen. Dazu bot ein neues Unternehmen in Mannheim selbst die Aussicht auf ein anregendes Betätigungsfeld für seine Kunst. Am 1. September 1778 hatte der Kurfürst über den Vorschlag des Freiherrn Heribert von Dalberg die Gründung eines Mannheimer Nationaltheaters angeordnet, um gegen die provinzielle Verödung seiner ehemaligen Residenzstadt wenigstens *ein* wirksames Gegengewicht zu schaffen. Dies wurde jene berühmte Bühne, wo Schiller später als Theaterdichter und Iffland als Schauspieler wirken sollten. Als Mozart eintraf, hatte die neue Truppe des Lessingschülers Abel Seyler gerade die Spielzeit eröffnet. «Hamlet», Goldonis «Verstellte Kranke» und Diderots «Hausvater» standen auf dem Repertoire. Daneben aber auch die berühmten Melodramen von Georg Benda (1722–1795), die Mozarts Begeisterung erregten. «Diese Art Drama zu schreiben, habe ich mir immer gewunschen. Mich hat noch niemals etwas so surpreniert! Denn ich bildete mir immer ein, so was würde keinen Effekt machen. Sie wissen wohl, daß da nicht gesungen, sondern deklamiert wird und die Musik wie ein obligiertes Rezitativ ist. Bisweilen wird auch unter der Musik gesprochen, welches alsdann die herrlichste Wirkung tut. Was ich gesehen, war ‹Medea› von Benda. Er hat noch eine gemacht, ‹Ariadne auf Naxos›, beide wahrhaft vortrefflich. Ich liebe diese Werke so, daß ich sie bei mir führe.[132] – Man sollte die meisten Rezitative auf solche Art in der Opera traktieren und nur bisweilen, wenn die Wörter gut in der Musik auszudrücken sind, das Rezitativ singen» (12. November 1778). Es ist selbstverständlich, daß Mozart zu dem Anerbieten Dalbergs, solch ein Werk zu schreiben und über diese Zeit in Mannheim zu bleiben, ohne jedes Bedenken sein Einverständnis zu erklären bereit war. Es war dies ein Duodrama «Semiramis» von seinem alten Gönner Otto von Gemmingen, dem bekannten Übersetzer Diderots, Rousseaus und Shakespeares.

Daneben trat er mit Dalberg wegen Vertonung eines musikalischen Dramas «Cora» in Verbindung und begann ein Doppelkonzert für Klavier und Violine[133] für eine neugegründete «Académie des amateurs» zu schreiben, die der Geiger Fränzl leitete. Schon packt ihn wieder die aufregende Schaffensenergie und mit ihr der Widerwille vor der Rückkehr in die Salzburger «Sklaverei». Der Erzbischof könne ihn gar nicht genug bezahlen. Welch schöner Gedanke, dem Vater eine Visite zu machen! Aber für immer zurück an diesen Bettelhof? Der Erzbischof möge nur nicht den Herren spielen. Sonst könne ihm leicht eine Nase gedreht werden. «Ich weiß gewiß», schließt dieses treuherzige Schreiben an den Vater, «daß Sie auch Teil an meiner Freude nehmen werden!»

Dies tat der Vater nun gewiß nicht. «Beim Empfang dieses wirst Du abreisen!», lautete die geharnischte Antwort. «Du sollst weder in Mannheim, noch an keinem Ort in der Welt itzt angestellt werden! Ich will das Wort angestellt nicht hören! Wenn der Kurfürst heute stirbt, so können ein Bataillon Tonkünstler in München und Mannheim in die weite Welt wandern und Brot suchen. – Die Hauptsache ist, daß du itzt nach Salzburg kommst. Ich will nichts von den vielleicht zu verdienenden 40 Louisdor wissen. Deine ganze Absicht gehet dahin, mich zu Grunde zu richten, nur um Deine in der Luft stehenden Pläne auszuführen. Ich will absolut wegen Deiner nicht in Schande und Schulden stecken und noch weniger Deine arme Schwester im Elend hinterlassen!» (19. November 1778). – Ein zweiter Brief warf noch einmal den alten Köder hin. – Man sieht den erschreckten Mann vor einer neuen Unüberlegtheit des Sohnes zittern, zu allen Konzessionen bereit, nur um endlich Gewißheit der Rückkehr zu haben: «Zwei Sachen sind, die Dir den Kopf voll machen und Dich an aller vernünftigen Überlegung hindern. Die erste und Hauptursache ist die Liebe zu Mlle. Weber. Der ich ganz und gar nicht entgegen bin. Ich war's damals nicht, als ihr Vater arm war. Warum sollte ich's nun itzt sein, da *sie* Dein Glück und nicht Du ihr Glück machen kannst? – Sonderheitlich wird die Antretung der hiesigen Dienste, obgleich es itzt die zweite Ursache ist, die einzige sichere Gelegenheit sein, wiederum nach Italien zu kommen, welches mir mehr im Kopf steckt, als alles das übrige. – Ich hoffe, Du wirst alsogleich abreisen, sonst schreib ich an Madame Cannabich. – Ich will, wenn Gott will, noch ein paar Jahre leben, meine Schulden bezahlen und dann magst Du, wenn Du Lust hast, mit dem Kopf an die Mauer laufen. – Doch nein! Du hast ein zu gutes Herz! Du hast keine Bosheit! Du bist nur flüchtig! Es wird schon kommen!» (23. November 1778.)

Was blieb Wolfgang übrig? Er packte die Entwürfe seines Duodramas[134] und des Konzerts in den Reisekoffer, nahm betrübten Abschied von den Mannheimer Freunden und fuhr am 9. Dezember mit «der schönsten Gelegenheit von der Welt», im Wagen des Reichsprälaten von Kaisersheim, vorerst in dessen winzige Residenz. «Was mir hier am lächerlichsten vorkommt, ist das grausame Militär. Möchte doch wissen, zu was? Nachts höre ich allzeit schreien: Wer da? – Gebe aber allzeit fleißig Antwort: Schmecks!» (18. Dezember 1778.) – Die Aussicht, mit seinem freundlichen Gastgeber bis München weiterzureisen, hielt ihn noch einige Tage in dem heiteren Kloster zurück. Am Weihnachtstage traf man gemeinsam in der bayerischen Hauptstadt ein. Mozart, bereit, bei den Webers Quartier zu nehmen, betrat das Haus voll innigster Hoffnungsfreude, die schöne Arie, «Popoli di Tessaglia» (K. 316) als Liebesgabe, vielleicht als Brautgeschenk in Händen.

Aber Aloysia, die beim Abschiede in Mannheim bitterlich geweint hatte, schien ihn nicht mehr zu kennen. Sie, die schnell Arrivierte, die noch vor wenigen Monaten als lächerlich armes Musikantenmädel die liebevollen Unterweisungen ihres künstlerischen Erweckers in sich gesogen hatte, maß nun mit den hoheitsvollen Mundwinkeln der Primadonna die unansehnliche Gestalt des stellenlosen, kleinen Kapellmeisters. Sie mokierte sich über die schwarzen Trauerknöpfe seines roten Musikantenfracks. Der arme Meister war wie aus den Wolken gefallen. Vielleicht klangen des Vaters kluge Worte von dem Stolz der Schmeichler, die in Glücksumständen ihre alten Elendsfreunde nicht mehr kennen, zum ersten Male als bittere Selbsterfahrung in seiner Seele. Nur vor Aloysia durfte er nichts merken lassen, wie tief sie ihn verwundet hatte. Sein empfindliches Ehrgefühl fand ihr gegenüber den grotesken Mozartschen Ausdruck derber Befreiung aus qualvoller Verlegenheit des Herzens. Er setzte sich ans Klavier und sang laut[135]: «Leck mich das Mensch am Arsch, das mich nicht will!» Allein aber brach er völlig zusammen. Er flüchtete in die Behausung eines alten Bekannten, des Flötisten Becke, den er ganz ins Vertrauen zog und fast kleinmütig machte, so sehr schüttelten die Tränen den zarten Körper des Jünglings. Vier Tage später erst vermag er einen kurzen Brief an den Vater zu richten: «Es war mir bis dato unmöglich, Ihnen zu schreiben. Ich spare mir alles, wenn ich das Glück und Vergnügen haben werde, Sie wieder mündlich zu sprechen, denn heute kann ich nichts als weinen – ich habe gar ein zu empfindsames Herz. – Ich habe von Natur aus eine schlechte Schrift, doch habe ich mein Lebtag niemals schlechter geschrieben als diesmal, denn ich kann nicht. – Ich hoffe, Sie werden mir bald schreiben und mich trösten.»

Der Vater verstand diese Worte und die Vermittlungsbriefe Beckes anfangs nicht recht: «Wenn Deine Tränen, Deine Betrübnis und Herzensangst keinen anderen Grund hat, als daß Du an meiner Liebe und Zärtlichkeit gegen Dich zweifelst, so kannst Du ruhig schlafen und noch ruhiger hieher reisen. Es scheint aus unseres Freundes Briefe, als wäre dies der

Hauptstoff Deiner Traurigkeit. Oh, ich wünsche, daß es kein anderer ist! Dann hast Du nicht Ursache, weder einen nicht zärtlichen Empfang, noch unvergnügte Tage bei mir und Deiner Schwester zu befürchten!» (31. Dezember 1778).

Leopolds Argwohn, sein Sohn werde im letzten Augenblick versuchen, in München anzukommen, hatte nun seine Gründe verloren. Nur wenige Tage hielten Wolfgang noch dort. Eine geplante Messe für den Kurfürsten blieb ungeschrieben. Dagegen konnte er der Kurfürstin die gestochenen Dedikationsexemplare seiner sechs Violinsonaten (K. 301 bis 306), die er endlich aus Paris erhalten hatte, in persönlicher Audienz verehren. Er hörte im Theater die «traurige Alceste» von Schweitzer; er freute sich, daß sein Augsburger Bäsle auf seine Bitte wirklich nach München gekommen war. Sein Einladungsbrief aus Kaisersheim enthielt eine geheimnisvolle Anspielung über eine große Rolle, so er ihr zugedacht hätte. Nun mußte sie freilich eine andere Rolle spielen und den lieben Jungen trösten, so gut sie es mit ihrem, selbst ein wenig wunden Herzen zu tun vermochte. Aber sie war fröhlich und tatkräftig. Vielleicht hoffte sie immer noch ein wenig. So sagte sie auch gerne zu, als Wolfgang, in der merkwürdigen Furcht, allein nach Salzburg zu reisen, sie um ihre Begleitung bat. Mitte Jänner 1779 trafen die beiden mit dem Wagen des Kaufmanns Gschwandner in der Heimat ein.

Dort harrte alles, auf einen freundlichen Empfang vorbereitet. Leopolds Wille war durchgesetzt. Nun trachtete er, dem Sohn das Vaterhaus so wohlig als möglich zu machen. Schwester Nannerl führte die Wirtschaft mit mütterlichen Händen. Das Arbeitszimmer Wolfgangs lockte blitzblank, nach allen seinen Wünschen sauber gerichtet. Die resche Thresel präsentierte eine Unzahl Kapaunen im Hühnerstall, und die Bölzelschützen hatten ihre Herbstunterhaltung bis zu seiner Wiederkehr verschoben. Die bescheidenen Freuden der Salzburger Faschingsbälle und Komödien breiteten eben eine lärmende Behaglichkeit über die Eintönigkeit der stillen Stadt. Aber Wolfgang kam als ein Fremder. Enttäuscht von Leben und Liebe, noch wund von der Feuertaufe des Leides, die allein dem Künstler die letzte Weihe der Reife zu geben vermag. Seine Träume flogen hinaus über die engen Grenzen des Landes. Sein Herz blieb widerspenstig. Er fühlte sich einsam, feindlich den Gewalten gegenüber, die ihn zu bändigen versuchten. Sein Tiefstes blieb verschlossen und rüstete zum großen Kampf um die Freiheit des Menschen und Künstlers.

MOZART

Ausschnitt nach dem Familienbildnis von
J. N. de Croce 1780/81. Mozartmuseum Salzburg

25. ZURÜCK IM SALZBURGER HOFDIENST

«Glauben Sie mir sicher, daß ich nicht den Müßiggang liebe, sondern die Arbeit. – In Salzburg, ja das ist wahr, da hat es mich Mühe gekostet und ich konnte mich fast nicht dazu entschließen. Warum? – Weil mein Gemüt nicht vergnügt war.» (Wolfgang an den Vater, 26. Mai 1781)

Mozart saß nun wieder in Salzburg und genoß das «ewige Brot» des fürsterzbischöflichen Hoforganisten und Konzertmeisters. Die ersten Wochen der Angewöhnung hatte sein Bäsle tapfer bei ihm ausgehalten. Alte Bekannte mühten sich um sein Wohlergehen. Aber die Luft am Hofe wehte kühl und fremd. Hieronymus Colloredo hatte sein altes Mißtrauen nicht verloren. Er versuchte den jungen Ausreißer kürzer zu halten. In den Augen der Salzburger Spießer lag das Odium eines reumütigen Desperados über dem Heimgekehrten. Allzu brüsk für jene Leute und mit aufreizend zuversichtlichen Mienen war Wolfgang in die Ferne gezogen. Die Pedanten und Nörgler feixten befriedigt, als sie ihn, scheinbar geschlagen, müde und resigniert wiederkommen sahen. «Wenn man seine jungen Jahre so in einem Bettelort in Untätigkeit verschlänzt, ist es traurig genug und auch Verlust», meinte Wolfgang. Sobald er sich aber zur kompositorischen Arbeit setzte, vergaß er alles andere. Freude schöpferischer Gestaltung riß ihn mit. Die Umwelt versank vor der Gewalt des inneren Zwanges. Zahl und Bedeutung seiner Werke aus jener Zeit scheinen seine Worte Lüge zu strafen. Freundliche Serenadenstimmung der früheren Jahre lebt vorübergehend wieder auf. Reifer, gefestigter, verinnerlichter als damals. Die großangelegte *D-Dur-Serenade* (K. 320) verschönte ein unbekanntes festliches Ereignis. Zwischen die Ecksätze von ausgesprochenem Symphoniecharakter ist nach altem Brauch eine anmutige, fein ziselierte «Concertante» in zwei Sätzen eingebettet. Ein Bläsersextett, je zwei Flöten, Oboen und Fagotte, führt den virtuosen Reigen. Der lebendige Schlußsatz ist ein Stück voll männlicher Kraft. Neben dieser Serenade steht als bedeutendes Gegenstück das *D-Dur-Divertimento* (K. 334) für Streichquartett und zwei Hörner, durch sein graziöses Menuett vielleicht das bekannteste Werk der Gattung. Die dunklen d-moll-Variationen des Andante führen aus dem Rahmen geselliger Unterhaltungsmusik weit hinaus. Virtuose Behandlung der ersten Violine weist auf solistische Besetzung, rückt das Werk in das Gebiet des eigentlichen Streichquartetts. Ein eigenartiges, lebensfrisches Stück ist das *Konzert für zwei Klaviere in Es-Dur* (K. 365), reifer, gelöster, technisch anspruchsvoller als sein älteres Gegenstück für drei Spieler (K. 242), zuerst wohl für den persönlichen Gebrauch des Komponisten und seiner Schwester bestimmt.

Das einfache, diskrete Begleitorchester gelangt in der innigen Versunkenheit des langsamen Satzes mit schlichten Mitteln zu subtilen klanglichen Wirkungen. In der *konzertanten Symphonie für Violine und Viola* (K. 364) wird das Problem des virtuosen Duetts noch breiter, vertiefter ausgesponnen. Das geniale Stück – seiner Form nach ein echtes Konzert – ergreift durch eigenartige Züge. Die Instrumentation in der sanften Färbung, die für Mozarts spätere Kompositionen in der Es-Dur-Tonart charakteristisch ist, erscheint liebevoll und seltsam behandelt. Tiefliegende Oboen im zweiten Satze und durchwegs geteilte Bratschen haben ihren Anteil daran. *Ein Tripelkonzert für Violine, Viola und Violoncell* (K. 320 e) blieb unvollendet. Ragen in der *konzertanten Symphonie* die beiden ersten Sätze durch Ernst und Leidenschaft des Ausdruckes hervor, so ist ihr Finale freundlicher, unbeschwerter gehalten, dafür ein Meisterstück musikalischer Architektur. Mit drei Werken hat sich Mozart in diesem Zeitabschnitt wieder der reinen Orchestersymphonik zugewendet. Es sind dies die frischen dreisätzigen *Symphonien in G-, B- und C-Dur* (K. 318, 319 und 338), impetuose Werke voll männlicher Kraft der Thematik und voll süßer Kantabilität auf der entscheidenden Entwicklungsstufe zur reifen symphonischen Gestaltung der späteren Zeit. Die G-Dur-Symphonie (K. 318) bleibt ihrem Bau, ihrem Wesen nach eine echte *Ouvertüre*, eine «Sinfonia teatrale» im Sinne der herkömmlichen Nomenklatur: ohne Unterbrechung, ohne Wiederholungszeichen fließt das Werk in einem Zug vom Anfang zum Ende. Der langsame, gesangliche Mittelsatz steht zwischen Durchführung und (verkürzter) Reprise desselben Hauptsatzes. (Wir erinnern uns bei dieser Gelegenheit an die Ouvertüre zu Mozarts «Nozze di Figaro»: sie sollte ursprünglich einen ruhigen Mittelsatz enthalten; der Meister hat ihn aber eliminiert, um der symphonischen Einleitung zu der bewegten Handlung [«La folle journée»] noch mehr Schwung zu geben). Ouvertürenhaft in unserer Symphonie ist schon der energischfestliche Anfang mit den charakteristischen Schleifergruppen, die Knappheit der Formgebung, effektvolle Crescendi und der helle Klang der Instrumente (8 Holzbläser, 4 [!] Hörner und 2 ‹Clarini›). Wir wissen nur nicht, welchem besondern Zweck die höchst lebendige «Sinfonia» wirklich zugedacht war.

Ein Werk von großer Wirkungskraft, locker in ihrer Haltung, tiefgründig, wo man es nicht vermuten möchte, ist die *B-Dur-Symphonie* (K. 319, 9. Juli 1779), mit fröhlicher Sicherheit in der Vollendung ihrer Zeit, im jungen Glanz der Persönlichkeit ihres Meisters stehend, so daß wir uns keineswegs – wie das in der Literatur geschehen ist – um beziehungsvolle Ausblicke zur Romantik, zu Schubert oder zu Beethovens «Achter» bemühen müssen. Als überraschender Durchführungsgedanke erscheint, ganz leise intoniert, im ersten Satz das berühmte Mozart'sche Quartensymbol (b-c-es-d) wie in seiner ersten und letzten Symphonie (K. 16 u. 551). Die Neigung zu sanftem Bewegtsein (Andante ‹moderato›) ist auch der lieblichen Idylle des zweiten Satzes zu eigen. Das Menuett ist (vermutlich erst in Wien 1782) nachkomponiert, charakteristisch durch die kraftvolle Betonung des Auftakts, ein symphonisch idealisierter «G'schtrampfter», bodenständig auch dort, wo er, wie im Trio, in landlerisch salzburgisches Walzen übergeht. Der Oktavschritt abwärts des Menuett-Incipits ist mit dem Eingangsmotiv des ersten Satzes und, deutlicher noch, mit dem Eingangsmotiv des Finales identisch, ein kraftvoller Akzent, der die ungemein fröhliche Geschäftigkeit dieses Satzes auslöst: ein lustiger, in seiner Knappheit unvergleichlich pointierter Gedanke nach dem andern, bis zuletzt noch eine übermütige Musikantengruppe (Oboen und Fagotte) ihr kurzes Marschsätzlein als Kehraus in das Volksfest hineinbläst.

Auch zur *C-Dur-Symphonie* (K. 338, 29. August 1780), der letzten, ursprünglich dreisätzigen dieser Salzburger Gruppe, hat Mozart, vermutlich für eine Wiener Akademie, dort noch ein *Menuett* nachkomponiert. Es mag dies das hübsche *C-Dur-Menuett* (K. 409) mit konzertierenden Bläsern im Trio sein, obwohl hier zwei Flöten herangezogen werden, die in den übrigen Symphoniesätzen nicht beschäftigt sind. Der Charakter der Symphonie ist glänzend, festlich, pompös. Hier erfülle sich, wie *A. Einstein* meint, «in Mozartschem Geist, was seine Pariser Symphonie unter französischer Maske prophezeit hatte. Hier ist Mozart ganz er selber: Buffonerie und tiefster Ernst, das Irisieren der ‹neutralen› Tonart von Dur zu Moll, von C zu H oder As; die Heiterkeit, Kraft und Leidenschaft.» In diesem Sinne heiterer Kraft und festlicher Stimmung kann das *Finale,* ein Abkömmling der alten barocken Gigen-Finali, als eine glückliche Ergänzung des breiten, ouvertürenhaften *ersten Satzes* mit seiner akkordischen Thematik und seinen, an die letzte C-Dur-Symphonie (K. 551), an die Idomeneo- oder Titus-Ouvertüre erinnernden Schleiferfiguren angesehen werden. In glücklichem Kontrast dazu steht das sangliche, fast serenadenhafte *‹Andante di molto›*, ein nur von den Streichern getragener, ruhig melodiöser Satz. Im *Trio* des späten Menuetts wieder mag man eine schon weit fortgeschrittene, klassische Letztform dieses alten, ehedem vorwiegend den Solisten zugedachten Alternativsatzes erblicken, wobei wir uns freilich gestehen müssen, daß der ganze Menuettsatz in seiner überaus preziösen, höfischen Haltung – ein aristokratisches Wiener Stück! – sich nicht mehr völlig stilverwandt in der älteren Salzburger oder Münchner Atmosphäre der übrigen drei Sätze ausnimmt.[136]

Die stattliche Anzahl geistlicher Werke aus diesem Zeitabschnitt beweist, daß es Mozart mit seinen Berufspflichten als Kirchenmusiker genau zu nehmen hatte. Er war, als er eben von der langen Pariser Reise in der

Heimat eintraf, am 17. Jänner 1779, mit 450 Gulden Jahresgehalt wieder in den erzbischöflichen Dienst als Salzburger Hoforganist mit der Bedingnis aufgenommen worden, daß er außerdem auch «den Hof und die Kirche nach Möglichkeit mit neuen von Ihme verfertigten Kompositionen bedienne». Unter den Arbeiten, die er im Sinne dieses Auftrags beizustellen hatte, stehen *zwei Messen festlicher Haltung* an erster Stelle, nach ihrer Datierung ersichtlich für die liturgischen Osterfeiern im Salzburger Dom, Anfang April 1779 und Ende März 1780, bestimmt: die beiden *C-Dur-Messen K. 317 und K. 337.* Die erste davon ist unter dem Beinamen *«die Krönungsmesse»* Mozarts volkstümlichstes Kirchenwerk geworden: Knappe äußere Form, den Wünschen des Erzbischofs gemäß, sinnfällige Eingänglichkeit der Gedanken, leichtfaßliche Kontrastierung des Pompösen mit dem Reflektiven und Lyrischen haben, wie die fast durchweg homophone Behandlung der Chorstimmen und die schlichte Schönheit des Melodischen im Part der Soli, ihren Anteil daran. Nirgends hat die klassische Naivität des süddeutschen Kirchenstils seine formell und ausdrucksmäßig der weltlichen Musikübung so nahestehende und doch – im letzten! – wieder so entrückte Symphonik klareren Ausdruck gefunden, als vielleicht in dieser Messe. Im *Kyrie* mit der «maestosen» Pathetik seines Eingangs bleibt der ouvertürenhafte Charakter unverkennbar; er erfüllt sich in der Sonatengestalt des *Gloria,* in der vielfältig monumentalen Aufsteigerung des *Credo* mit der jubelnden Bestätigung seiner Eingangsworte am Schluß, im rondeaumäßigen Aufbau des *Benedictus,* diesem kostbarsten Stück für das Soloquartett, zuletzt in der «Andante sostenuto-Einleitung» des *Agnus,* wo, leidverwandt, eine der edelsten Melodien aus dem «Figaro» zum erstenmal aufleuchtet, ehe das Kyrie nach altem Kirchenbrauch über dem ‹Dona nobis-Text› eine freie Reprise erlebt.

Die Bezeichnung ‹Krönungsmesse› stammt nicht von Mozart. Sie taucht zuerst in den Aufführungsverzeichnissen der Wiener k. k. Hofkapelle im Jänner 1823, aber als Zusatz zu der C-Dur-Messe K. 337 auf, was uns vermuten läßt, daß diese, oder die Messe K. 317, die sich, wenigstens in Stimmenkopien, schon zu Mozarts Lebzeiten im Archiv der Wiener Hofkapelle befanden, bei Huldigungs- oder Krönungsfeierlichkeiten für Leopold II. (1790/91 in Wien, Frankfurt, Preßburg oder Prag) oder, nach dessen Hinscheiden, bei ähnlichen Feiern (1792) für Franz II. durch die Wiener Hofkapelle zur Aufführung gekommen sind. (Für die Messe K. 317 läßt sich die Bezeichnung ‹Krönungsmesse› erst im Jahre 1873 aus den Aufführungsverzeichnissen der Kapelle nachweisen.) Die «Salzburger Tradition», die das Werk K. 317 für die, ins Jahr 1751 zurückgehende, alljährlich wiederholte Feier der Krönung des gnadenreichen Marienbildes in der Wallfahrtskirche zu Maria Plain in Anspruch nimmt, scheint auf einem Zeitungsartikel des Mozarteums-Archivars *Johann Evangelist Engl* vom 30. März 1907 zu fußen, auf «unhaltbaren», dokumentarisch keineswegs gestützten Annahmen, die seither «dennoch eine ganze Literaturkette von einem halben Jahrhundert über die ‹Maria-Plainer Krönungsmesse, K. 317› heraufbeschworen» *(K. Pfannhauser)*. Zwei Tatsachen machen jene Tradition leider unglaubwürdig: die zeitliche Distanz zwischen der Vollendung der Arbeit (23. März) und dem ‹Krönungsfest› (27. Juni), ein der Mozart'schen Komponierpraxis wesensfremdes Faktum, und die starke Besetzung des Orchesters, die eine Aufführung auf dem kleinen Chorraum der Plainer Kirche nur mühsam gestattet hätte. So bleibt lediglich die Wahrscheinlichkeit, daß eine der kleinen *Messen in F-Dur* (K. 192) oder in *D-Dur* (K. 194) dem Datum nach, wie auch besetzungsmäßig (4 Singstimmen, 2 Violinen, Baß und Orgel) für die Plainer Feierlichkeit in Betracht kommen könnte. Über diese Vermutung sind wir jedoch bis heute nicht hinausgekommen. Es fehlt uns jede lokale dokumentarische Kenntnis, für welches der Plainer Krönungsfeste überhaupt Mozart seine Komposition (oder Kompositionen) geschaffen hat und welche diese waren. Und so mag es immerhin seine künstlerische, wenn auch nicht historische Berechtigung haben, wenn die Salzburger alljährlich die festfreudige Messe K. 317 trotz allen Platzschwierigkeiten – als ein helles Symbol der noch nicht identifizierten wahren ‹Krönungsmesse› – auf dem Maria Plainer Kirchenchor zur Aufführung bringen.

Die *zweite C-Dur-Messe* (K. 337) – gleichen Umfangs wie die Missa K. 317 – scheint durch das Wort ‹solemnis› auf dem Titel einen Hinweis verschiedener Bestimmung und Stilhaltung jener gegenüber zu geben. Doch ist auch ihr dasselbe Bestreben zu symphonischer Abrundung eigentümlich, das sie unzweifelhaft vom eigentlich ‹solennen› Typus der ‹Missa longa› und deren Tendenz zur abschnittweisen Aufgliederung der einzelnen sechs Hauptteile im Sinne der älteren Kantaten-Messe unterscheidet. Durch jene Konzentration bewahrt sie den Typus der echten ‹Brevis›. Interessante Stimmungskontraste innerhalb dieser Geschlossenheit wirken überraschend und lebhaft, wenn ihr auch das unmittelbar Ansprechende ihrer Vorgängerin nur stellenweise zu eigen ist. Eine mildere Grundstimmung wird im zweiteiligen *Kyrie* spürbar. Lebhafte Tempovorschriften im *Gloria* (Allegro molto) und im *Credo* (Allegro vivace) charakterisieren den Drang dieser Sätze nach mitreißender Intensität bei aller Kürze – dem liturgischen Zeremoniell, vor allem, gegenüber. Das *Sanctus* hält die etwas konventionelle Geste des freundlich galanten Kirchenstils der Zeit fest. Ihm aber folgt ein *moll-Benedictus* von strenger kontrapunktischer Haltung, erregend und beklemmend, als Begrüßungsgesang des Gottgesandten vor der heiligen Kommunion, «der auffallendste und revolutionärste Satz in Mozarts ganzer Messenkomposition» *(A. Einstein)*, herb und voll leidenschaftlicher Melancholie, doch mit herrlich positivem Aufschwung im ‹Osanna›. Das *Agnus* (in Es-Dur!) mit solistischer Mitwirkung von Sopran, Oboe und Fagott läßt noch einmal das «Porgi amor» aus dem «Figaro» vorausahnen, wenn auch nicht mit gleicher Ausführlichkeit wie in der Messe K. 317. Seltsam, aber sehr persönlich verklingt das *«Dona nobis pacem»* leise und verhalten, durchaus nicht im Einklang mit der rauschenden Feststimmung in den ersten Teilen der Messe. Ich stelle mir die Messe als Palmsonntags-Messe für den 19. März 1780 vor, was nach der allgemein gehaltenen Datierung des Autographs «nel Marzo 1780 in Salisburgo» durchaus möglich wäre. Als Mozart zur Komposition des ‹Benedictus› fortschreitet, erlebt er visionär das Geschehen jenes Tages, den Einzug Jesu auf dem Füllen der Eselin nach Jerusalem. Da ist wohl das Palmzweige schwingende, ‹Osanna› rufende Volk – aber über den Königstraum der ihm nachlaufenden Welt hinweg verbindet ein mystisches Ahnen den Genius unseres gewiß unglücklichen jungen Meisters mit dem Wissen des Heilands inmitten des Jubels von seinem Leiden und Ende. Das kann vielleicht die auffallende Peripetie des ganzen Werkes nach dem ‹Sanctus› erklären.[137]

Auf der Höhe dieser Arbeiten stehen auch die beiden *Vespern* (K. 321 und 339, diese mit dem herrlichen *«Laudate Dominum»* für Sopransolo und Chor) und ein *«Regina coeli»* (K. 276). In den Vespern entwickelt der vierte Psalm, «Laudate Pueri», eine reiche, lebendig gemeisterte Polyphonie unter eindrucksvoller Angleichung der kontrapunktischen Forderung an den Geist des liturgischen Textes. Von geringerer Bedeutung erscheinen daneben *zwei deutsche Kirchenlieder* für Singstimme und teilweise bezifferten Baß (K. 343) und eine neue Serie von *Kirchensonaten für Orgel und Orchester* (K. 328, 329 und 336).[138] Die Kirchenlieder stellen vielleicht Entwürfe im Zuge der kirchenmusikalischen Reformbewegung mit ihrer Hinneigung zum deutschen Gemeindegesang dar, die Michael Haydn späterhin konsequent weiterentwickelte. Die Kirchensonaten bewegen sich ihrer thematischen Haltung und Beweglichkeit nach – wie ihre Schwesterwerke aus den vorangegangenen Jahren – in der Sphäre der gleichzeitigen Symphonien und Divertimenti. Mit diesen Werken hat Mozart seine Berufstätigkeit als Kirchenkomponist des Salzburger Hofes abgeschlossen. Spätere Arbeiten, das Münchner Kyrie (K. 341), das Fragment der c-moll-Messe (K. 427), das «Ave verum» (K. 618) und das Requiem (K. 626) stehen außerhalb dieses Kreises.

Von Wichtigkeit für seine künftige Entwicklung sind gleichzeitige Salzburger Versuche Wolfgangs auf dramatischem Gebiete geworden. Als er von der Pariser Reise zurückgekehrt war, spielte die Truppe des österreichischen Impresarios Böhm im neuen städtischen Theater. Das Haus lag wenige Schritte der Mozartschen Wohnung gegenüber auf dem Hannibalplatz. Mit Begeisterung verfolgte die theaternärrische Familie alle Geschehnisse auf der kleinen Bühne. Die Leistungen der Böhmschen Gesellschaft, einer ehemaligen Pantomimen- und Stegreifgruppe, waren tüchtig, etwas provinziell, für ihre Zeit aber modern und vielseitig. Neben «Minna von Barnhelm» und dem «Romeo» spielte der Direktor Singspiele und Possen. Er hatte für Ballette sogar einen Schüler Noverres verpflichtet. Böhm, der zugleich als «guter Violinspieler und trefflicher Directeur des Orchesters» gerühmt wurde, stand mit den Mozarts bald in vertrautem Verkehr. Er hat Wolfgang später in Frankfurt gute Dienste erwiesen. Lebhafter noch gestalteten sich die Beziehungen der Familie zu seinem Nachfolger, Emanuel Schikaneder, der am 17. September 1780 seine Antrittsvorstellung gab. Mozarts genossen umgehend die Segnungen des freien Eintritts zu allen Vorstellungen und Plätzen. Dafür rückte Schikaneder bald als Mitglied der Bölzelschützen in diesen exklusiven Kreis der Salzburger Bürgerei ein. Schikaneder war ein gewandter Theaterpraktiker, tüchtig als verwandlungsfähiger Schauspieler und Regisseur, mit feiner Witterung für alle Instinkte des Publikums begabt, hellhörig, daher abwechselnd in der Kost, die er seinen Zuschauern vorsetzte. Die Geschäfte gingen gut. Seiner Leidenschaft für die Ausstattungs- und Maschinenkomödie versuchte er schon damals in dem beschränkten Rahmen des Salzburger Theaters nachzugeben. Sein Spielplan war das launige Abbild einer lebhaften Provinzbühne des 18. Jahrhunderts. Da stand Calderons «Richter von Zalamea» neben Gozzis «Schlaflosen Nächten» – Mozart hat für dieses Stück eine Arie beigesteuert[139] – Metastasios Oper «Hypsiphile», als Komödie bearbeitet, neben dem Ballett «Das Narrenhaus in St. Marx», eine Operette von Philidor neben «Macbeth» und «Hamlet», Singspiele, Possen und Tragödien in buntem Durcheinander. Schikaneders Mitglieder mußten, soweit es möglich war, als Schauspieler *und* Sänger zur Verfügung stehen. Für die gesanglichen Anforderungen einer italienischen Oper fehlte es in solchen Ensembles natürlich an entsprechenden Kräften. Die Hinneigung dieser kleinen Truppen zum neuen deutschen Singspiel und ihre scharfe Antagonie gegen die welsche Konkurrenz war nur die natürliche Folge jener Beschränkung. Mozart hatte die Münchner, Pariser und Mannheimer Eindrücke hinter sich. Was ihm nun armselig und kleinbürgerlich in der äußeren Aufmachung erscheinen mochte, das ersetzte die volkstümliche Regiekunst Böhms und Schikaneders, die Gemütlichkeit ihres persönlichen Umgangs und die Bühnenbegabung mancher Akteure. Sehr bald fühlte sein dramatischer Schaffenstrieb wieder das Verlangen, sich den neuen Freunden, selbst in den vorgesteckten Grenzen des provinziellen Unternehmens, dienstbar zu machen.

In dieser Stimmung suchte Mozart die alte *Musik zu Geblers Drama,*

«Thamos, König in Ägypten» (K. 345), zwei Chöre, die er schon 1773 komponiert hatte, wieder hervor, überholte den ersten Chor, den zweiten komponierte er neu und fügte noch einen dritten hinzu. Neu waren auch vier Zwischenaktmusiken, musikalisch-symphonische Bindeglieder zwischen den einzelnen Akten im bescheidenen, formgebundenen Stil der «ausdrückenden» Musik des 18. Jahrhunderts, ein Melodram zu Beginn des vierten Aktes und ein erregter Schlußsatz, «des Verräters Pheron Verzweiflung, Gotteslästerung und Tod». Die feierlichen Chorszenen erheben sich stellenweise zu bedeutender Höhe: Nachklänge des Gluckschen Pathos und der Pariser Tragédie lyrique, edle Vorahnungen der «Zauberflöte». Die Handlung des Dramas bleibt bühnentechnisch in der Gebundenheit der durch Lessing überwundenen Richtung französischer Klassiker stecken. Es darf daher nicht wundernehmen, daß Mozart die Arbeit an dieser seiner einzigen Schauspielmusik wieder umsonst getan hatte. «König Thamos» blieb in den Archiven liegen. In den Wiener Jahren hat Mozart dem ersten und dritten Chor lateinische geistliche Texte unterlegen lassen. Böhm verwendete späterhin als Frankfurter Principal die ganze Musik für das Schauspiel «Lanassa».[140]

Nicht anders gestaltete sich das Schicksal eines *deutschen Singspiels*, besser eines Singspiel-Fragments in zwei Akten, dem erst der Offenbacher Verleger *Joh. Ant. André* bei der Erstveröffentlichung, lange nach Mozarts Tod (1838), den Namen der Heldin, *‹Zaide›*, als Titel beigelegt hatte (K. 344). Der Text stammt von dem Salzburger Hoftrompeter und Freunde der Mozarts, *Johann Andreas Schachtner* (1731–1795). Er wurde in der uns durch André überkommenen Fassung von *Carl Gollmick* in Frankfurt überarbeitet. André, der musikalisch begabt und ausgebildet war, hat damals noch eine Ouvertüre und das fehlende Finale dazukomponiert. Schachtners Buch geht indes auf ein *musikalisches Singspiel*, «genannt: *Das Serail*, oder Die unvermutete Zusammenkunft in der Sclaverey zwischen Vater, Tochter und Sohn» («Botzen, gedruckt bey Karl Joseph Weiß, Stadt- und Mercantil-Buchdrucker, 1779») zurück. Das Libretto dazu hat ein uns kaum bekannter *Fr. Jos. Sebastiani* geschrieben. «Die Musik ist vom Herrn Joseph v. Friebert, Kapellmeister Sr. Eminenz des Cardinal und Fürst-Bischofen zu Passau.» Die Arbeit Schachtners hat sich jedoch immer selbständiger ausgewachsen. Sie war mit Mozarts Musik für die in Salzburg gastierende Truppe *Johann Böhms*, in weiterer Sicht wohl auch für Wien bestimmt. Ob noch ein dritter Akt vorgesehen war, bleibt ungewiß, da der ursprüngliche Dialog verloren gegangen ist. Jedenfalls fehlt eine freundliche Lösung des Stücks, wahrscheinlich ein abschließendes Finale mit Chor.

Die Handlung ist dem empfindsamen Schatz der türkisch aufgezogenen «Großmuts-Stücke» zugehörig, wie sie nach dem «Traité de la tolérance»

Voltaires (1763) in Mode kamen: Gomatz, ein Christensklave Sultan Solimans, hat die Liebe des Serailmädchens Zaide gewonnen. Unterstützt von dem Favoriten des Sultans, Allazim, wagen die Liebenden zu fliehen, werden aber ergriffen und vor den wutschnaubenden Tyrannen gebracht. Hier bricht das Stück ab. Die Partitur enthält zwei schöne Melodramen nach Bendas Vorbild anstelle eines begleiteten Rezitativs. In Solimans zwei Arien ist das Rüstzeug der neapolitanischen Seria wieder aufgegriffen. Andere Gesänge halten den volkstümlichen Liedcharakter des deutschen Singspiels oder den graziösen Ton der französischen Opéra comique fest, eine Vielgestaltigkeit der stilistischen Elemente, die für den Typus des Wiener Singspiels bezeichnend ist. Daß Mozart bei der Vertonung des steifleinenen Textes, in der Beschränkung der theatralischen Umwelt, ohne die Vorstufe der Bühneneindrücke Wiens nicht annähernd zur Leistung der «Entführung» gelangen konnte, ist selbstverständlich. Doch sind gelungene Ansätze und reizvolle Einzelheiten, namentlich in der musikalischen Beseelung der beiden Hauptfiguren, überall anzutreffen. Die Ensemblesätze, vor allem das blühende Quartett des zweiten Akts, erscheinen auf dem Wege zu den späteren Werken durch die Kunst Mozarts, jeder seiner Figuren innerhalb der streng geschlossenen musikalischen Formung Seele und Sprache zu verleihen, schon deutlich gehoben. Die Nebenfigur eines «Osmin», nur dem Namen nach ein Vorläufer des prächtigen Kerls aus der «Entführung», ist Episode geblieben. Alle Anforderungen an die Sänger sind der gemischten Truppe zuliebe bescheiden gehalten, den Fähigkeiten einzelner sichtlich angeglichen. Überraschend hoch in der mittleren Linie liegt allerdings die Partie der Zaide selbst. Ein Fortschritt in der instrumentalen Behandlung gegenüber der «Finta giardiniera», namentlich in der Wärme des orchestralen Ausdrucks, ist unverkennbar. Wie sich zarte Fäden vom «König Thamos» zur «Zauberflöte» hinüberspinnen, so sind Beziehungen der «Zaide» zur «Entführung» ganz offensichtlich. Alle Versuche neuerer Zeit[141], diese «ernste Operette» dem Bühnenspielplan wiederzugewinnen, haben sich bisher leider nicht als allzu langlebig erwiesen. Auch Mozart hat seinem Vater den Gedanken einer Wiener Aufführung bald ausgeredet. «Wegen dem Schachtner seiner Operette ist es nichts», meldet er ihm von dort am 18. April 1781.

So ist auch die Zaide ungenützter Torso geblieben. Wer die Versprechungen dieses dramatischen Versuchs mit ihrer Erfüllung im Meisterwerk der «Entführung» vergleicht, wird erst die Bedeutung der Wiener Umwelt auf die Schaffensintensität Mozarts und den Drang seines Dämons, der Salzburger Enge zu entfliehen, richtig verstehen können. Wie gerne mag Wolfgang daher die noch nicht vollendete Arbeit an der «Zaide» beiseitegelegt haben, als im Herbst 1780 der ehrenvolle Auftrag vom Münchner Hofe eintraf, für den bevorstehenden Karneval die Festoper zu schreiben. Kurfürst Karl Theodor hatte sich des jungen Künstlers doch in freundlicher Weise erinnert. Mit neu beflügelter Schaffenskraft machte sich Mozart im Oktober 1780 sofort an die Vertonung des eben fertiggestellten Librettos. Schon einen Monat später konnte er eine erstaunliche Zahl skizzierter und fertiger Stücke der Oper nach München mitnehmen. Der Erzbischof ließ seinen freiheitsbedürftigen Hofmusiker gewiß nur widerstrebend ziehen. Allein es blieb ihm mit Rücksicht auf sein altes Versprechen und die Wünsche des nachbarlichen Hofes ein anderer Ausweg kaum übrig. So fügte sich der gestrenge Herr nachträglich ins Unvermeidliche, während Mozart wieder einmal den Salzburger Staub beglückt von den Füßen schütteln konnte.

26. IDOMENEO

«Ich war ganz surpreniert! – Noch hat mir keine Musick den Effect gemacht. – Das ist eine manifique Musick!» – «Man sollte nicht meinen, daß in einem so kleinen Kopfe so was Großes stecke.» (Kurfürst Karl Theodor zur Musik von Mozarts «Idomeneo»)

Als Handlungsgrundlage der neuen Karnevalsoper hatte man zu München den alten Idomeneostoff gewählt. Er war schon 1703 als Sprechdrama von *Prosper Jolyot de Crébillon,* dann 1712, als ‹tragédie lyrique› *Antoine Danchets,* vertont von *André Campra,* zuletzt (1764) wieder als gesprochene Tragödie von *Antoine Marin Lemierre* über die Pariser Bühnen gegangen[142]: Auf der Rückfahrt nach der Zerstörung Trojas gelobte der Kreterkönig Idomeneus in höchster Seenot dem Poseidon als Sühneopfer den ersten Menschen, der ihm bei der glücklichen Landung in der Heimat entgegenträte. Dies ist zum Unglück sein eigener Sohn Idamantes. Idomeneus versucht dem Kindesmord durch Verzicht auf den Thron zu entrinnen, wird aber von Nemesis mit Wahnsinn geschlagen und tötet Idamantes in furchtbarer Umnachtung mit dem Opferbeil. Die Heldin des Dramas, Ilia, Geliebte des Idamantes, aber auch von dessen schuldlos schuldigem Vater geliebt, fällt durch eigene Hand.

Für die Neugestaltung des Buches war der Salzburger Hofkaplan, Abbate Giambattista Varesco, gewonnen worden, ein «Halbwelscher», nicht ungeschickt als Literat und Versemacher metastasianischer Tradition, aber ohne den leidenschaftlichen Instinkt eines echten Dramatikers. Mit flinken Händen schnitt er den Stoff der düsteren fünfaktigen Tragödie auf den traditionellen Dreiakter der italienischen Seria zusammen. Anmutig flossen die Kurzstrophen der Arientexte zwischen langatmigen Ergüssen der Secco-Dialoge aus seiner gebildeten Feder. Hin und wieder erhebt ein pathetisches Akkompagnato die Redseligkeit der Helden zu gesteigertem Ausdruck. Die Stimmungsbilder und Vergleiche aus der dramatischen Rüstkammer der Seria erscheinen mit gewohnter Vollständigkeit. Natürlich fiel der tragische Ausgang des Vorbildes dem Versöhnungsschlusse des italienischen Modeideals zum Opfer. Ein Orakelspruch Neptuns als «Deus ex machina» verzeiht dem König, der eben das Opfermesser zum Streich erhoben hat. Idomeneo verzichtet in dankbarer Freude. Idamantes, mit Ilia vereinigt, wird auf den Thron erhoben. Alles löst sich in Jubel und Wohlgefallen.

Die gefährliche Leidenschaft Idomeneos zu Ilia hat Varesco vorsichtig gestrichen. Dafür tritt eine Rivalin der sanften Trojanerin um die Neigung des Idamantes, Agamemnons leidenschaftliche Tochter Elektra, als Gegenspielerin in den Vordergrund der Liebesintrige. Daneben versucht

Varesco die Errungenschaften der modernen italienischen Regenerationspartei seinem Libretto einzugliedern. So wuchsen die Chöre nach französischem Vorbilde zu schöner Breite, entstanden szenische Übergänge mit dankbaren Aufgaben für das Orchester, Raum für Massenbewegung, Gebärde und Ballett.

Diese wohlgemeinten Konzessionen genügen nicht, das Libretto in den Ideenkreis der zeitgemäßen Reformopern einzustellen. Dem Dichter wenigstens ist es kaum beigefallen, mit dem «Idomeneo» einen Versuch solcher Art ins Leben zu rufen. Das Buch blieb in Seele und Sprache der metastasianischen Mentalität ziemlich treu. Es zeigt Herkunft und Geist gerade da am deutlichsten, wo neuer Aufputz die Verschiedenheiten zweier Stile noch mehr hervortreten läßt. Das Entwachsen der Musik Mozarts aus diesem Buch in die Lebendigkeit seiner Zeit und seiner Persönlichkeit hinein gehört zu den großartigen Tatsachen der gemeinsamen Arbeit.

Nach alter Sitte war Mozart mit den fertigen Vorarbeiten in den ersten Novembertagen des Jahres 1780 nach München gekommen, das Werk in lebendiger Wechselwirkung mit Sängern und Bühnenvorständen zu Ende zu bringen. Im zweiten Stock des «Sonnenecks» in der Burggasse bezog er ein weitläufiges, angenehmes Zimmer. «Glücklich und vergnügt war meine Ankunft! Zwei ganze Posten fuhr ich, die Hände auf das Polster gestützt und den Hintern in Lüften haltend. Doch genug davon, das ist nun schon vorbei! Aber zur Regel wird es mir sein, lieber zu Fuß zu gehen als in einem Postwagen zu fahren!» Sofort setzte er sich mit den maßgebenden Persönlichkeiten ins Einvernehmen. Der Kurfürst zeigt sich erfreut, ihn bei sich zu sehen. Die Weberischen hatten zu Leopold Mozarts Beruhigung München wieder verlassen. Im Herbst 1779 war die Familie nach Wien übersiedelt. Aloysia hatte durch Vermittlung des Gesandten Graf Hardeck eine Berufung an das neugegründete Wiener Nationalsingspiel als Nachfolgerin der nicht lange vorher verstorbenen Gattin des Hofschauspielers Lange erhalten. Bald darauf wurde sie Langes zweite Frau. Ihren Vater, Fridolin Weber, hatte man, der Künstlerin zuliebe, als Kassebeamten beim gleichen Theater angestellt. Doch schon am 23. Oktober 1779 brachte ihn ein «Stickfluß» ums Leben. Die Mutter und die drei unverheirateten Töchter waren in die Kaiserstadt mitgezogen. Die Gefahr eines seelischen Rückfalls in München bestand für Wolfgang nicht mehr.

Mit außerordentlichem Schaffenseifer stürzte er sich in die Arbeit. Schon am 13. November meldet er von einer Regiesitzung bei dem Intendanten Grafen Seeau. Der war «vor den Mannheimern wie Wachs zusammengeschmolzen», zeigte sich nun, liebenswürdiger als früher, zu allen Konzessionen bereit. Wenn er einmal nicht wollte, verstand Mozart seinen Willen mit der nötigen Grobheit durchzusetzen. Bei Seeau saß er mit seinem alten Freunde, dem Orchesterdirektor Cannabich, mit dem Leiter des Dekorationswesens Lorenzo Quaglio und dem Ballettmeister Le Grand beim Speisen und konnte dabei, recht unbefangen, «das Nötige wegen der Opera» besprechen. Es ist wunderbar, aus der Korrespondenz zwischen Vater und Sohn zu erkennen, wie Mozart nunmehr als vollbewußter Künstler, Musiker, Regisseur, ja selbst mit den Kleinigkeiten des Ausstattungswesens vertraut, seine Ziele ins Auge faßt und alle schwebenden Fragen mit klarem Blick einer den gegebenen Verhältnissen entsprechenden Lösung zuzutreiben vermag.

Vorbesprechungen und Proben machten Änderungen in Varescos Textvorlage notwendig. Hier übernahm Vater Mozart mit diplomatischem Geschick das schwierige Amt, den widerspenstigen Librettisten in Salzburg zu bändigen. Gelegentlich stellt sich Leopold selbst mit Ratschlägen ein. An vielen Stellen erschienen die Rezitative zu lang. Die breite Fassung des Orakels erregt Wolfgangs Bedenken. Das «a parte»-Reden in den Arien, manche unlogische Szenenfolge, sinnlose Auftritte und Abgänge der handelnden Personen verstoßen gegen sein natürliches Empfinden. Die Schiffbruchszene des ersten Aktes gestaltet sich erst nach zahlreichen Verbesserungen befriedigend. Einmal wünscht Mozart die Unterlage zu einer «ganz natürlich fortfließenden Aria», wo er, nicht so sehr an die Worte gebunden, ganz leicht fortschreiben könne. «Wir haben uns verabredet, hier eine Aria Andantino mit vier konzertierenden Blasinstrumenten anzubringen.» Die Freiheit des Tonsetzers erscheint hier durch die dramatische Situation, ein Seelenbekenntnis der Ilia, gerechtfertigt. In den meisten Fällen gelang es Vater Leopold, das Gewünschte durchzusetzen. Einiges erledigt Mozart schließlich auf eigene Faust, ohne Varesco um Einwilligung zu bitten.

Nicht so einfach gestaltete sich die Auseinandersetzung mit den Wünschen und Meinungen der Darsteller. Das Personal vermochte nicht in allen Punkten Mozarts Absichten zu entsprechen. Die Sängerinnen kannte Mozart schon aus den Mannheimer Tagen. Für die Ilia war Dorothea Wendling, für Elektra ihre Schwägerin, Lisl Wendling, ausersehen. Beide zeigten sich mit ihren Arien ungemein zufrieden.

Weit schlimmer war es um die Vertreter der männlichen Hauptrollen bestellt. Der Idomeneo, Mozarts Freund Raaff, war schon vierundsechzig Jahre alt, ein hochverdienter Künstler, doch gesanglich fast eine Ruine, «eine Statue» auf dem Theater, «der beste und ehrlichste Mann von der Welt, aber auf den alten Schlendrian versessen, daß man Blut dabei schwitzen möchte. Er liebt die geschnittenen Nudeln zu sehr» – Mozart meint die Koloraturen – «und sieht nicht auf die Expression.» Immer wieder verlangte Raaff mit der empfindlichen Würde des ergrauten Tenors neue Änderungen von dem jungen Tonsetzer, eine «hübsche Aria» statt eines «unnötigen» Quartetts, bemängelte die peinliche Häufung des «unverdaulichen» I-Vokals am Schlusse einer Arie und wollte schließlich eine ganz neue Gesangsszene nach Metastasio eingelegt. Wolfgang versuchte, solange als möglich, mit Engelsgeduld entgegenzukommen. Doch bei dem Prachtstück des dritten Aktes, dem schönen Es-Dur-Quartett (Nr. 21), bleibt er unerbittlich. Mit energischen Worten verficht er das eiserne Vorrecht des Komponisten in der Ensemblekunst der Oper: «Raaff meint, es wird nicht Effekt machen. Ich sagte nur: ‹Liebster Freund, wenn ich nur eine Note wüßte, die in diesem Quartetto zu ändern wäre, so würde ich es sogleich tun, allein ich bin noch mit keiner Sache in dieser Oper so zufrieden gewesen. Ich habe mir bei Ihren zwei Arien alle Mühe gegeben, Sie recht zu bedienen, werde es auch bei der dritten tun. Aber was Terzetten und Quartetten anbelangt, da muß man dem Kompositeur seinen freien Willen lassen.›» Mit dem Sänger des Idamante, seinem «molto amato Castrato dal Prato», hatte er aus anderen Gründen die liebe Not. Der war noch nie auf einem Theater gewesen, hatte «um keinen Kreuzer Methode» – «mitten in einer Aria ist öfters schon sein Odem hin» –, und er mußte seine «Rolle wie ein Kind» eingedrillt erhalten. «Der Bub kann doch gar nichts», ruft Mozart endlich verzweifelt aus. «Seine Stimme wäre nicht so übel, wenn er sie nicht in den Hals und in die Gurgel nehmete. Übrigens hat er gar keine Intonation, keine Empfindung, sondern singt wie etwa der beste unter den Buben, die sich hören lassen, um in dem Kapellhause aufgenommen zu werden.»

Mit größter Freude erfüllten Mozart die Sympathien und die prächtige Verfassung des Orchesters. Dort glänzten seine alten Mannheimer Freunde an den ersten Pulten. Sie hatten ihn mit Begeisterung empfangen. Ihre Musizierfreudigkeit spornte seinen Schaffensimpuls zu der gewaltigen orchestralen Hochleistung an, die sein «Idomeneo» auch im Vergleich zu den späteren Meisterwerken bedeutet: Das Orchester wird zum beseelten Träger der dramatischen Bewegung.[143] Über weite Strecken hinweg, wenn die Sänger schweigen, führt es allein die Handlung. Überall blüht und leuchtet es aus der sorgfältig, freizügig, ja überschwenglich gefügten Partitur. Mit besonderer Liebe sind die Holzbläser behandelt. Die milden Klarinetten runden diese Gruppe zu warmsinnlichem Klang. In Ilias zweiter Arie führen Flöte, Oboe, Fagott und Horn den konzertanten Reigen. Männlich und ritterlich in den Passagen, voll süßer Sprechgewalt in der Kantilene, tritt der Chor der Violinen in Erscheinung. Manchmal, in den Arien der Elektra, dominiert der dunkle Klang der Bratschen. Im Blech treten Posaunen und ein zweites Hörnerpaar zu dem gewohnten Bestande. Für besondere Effekte, für «come da lontano»-Stellen, hat Mozart Sordinen für Hörner und Trompeten vorgeschrieben.

Am 1. Dezember kann Mozart befriedigt den Erfolg der Korrekturprobe des ersten Akts feststellen. Alles war «voll Freude und Erstaunen». Während die Proben der ersten zwei Akte mit dem fleißigen Orchester, manchmal in Gegenwart des charmanten Kurfürsten, rüstig fortschritten, war Mozart mit der Komposition des dritten Aktes und noch mit einem zur Oper gehörigen Ballett beschäftigt, damit die ganze Musik wenigstens bei «einem Meister» bliebe. «Kopf und Hände sind mir von dem dritten Akte voll, daß es kein Wunder wäre, wenn ich selbst zu einem dritten Akt würde», schreibt er am 3. Jänner 1781. «Der allein kostet mehr Mühe als eine ganze Opera. Denn es ist fast keine Szene darin, die nicht äußerst interessant wäre.»

Am 18. Jänner darf er endlich in den Jubelruf ausbrechen: «Laus Deo! Nun hab' ich es überstanden! Die Probe mit dem dritten Akt ist vortrefflich ausgefallen. Man hat gefunden, daß er die zwei ersten Akte noch um viel übertrifft. Nur ist die Poesie darin gar zu lang und folglich die Musik auch.» Rasch strich Mozart noch zwei Arien und kürzte den Orakelspruch, dessen Redseligkeit ihm schon lange ein Dorn im Auge gewesen.

In so gedrängter Arbeit war unter gesteigerter Probentätigkeit der Tag der Aufführung nahegerückt. Eine Verschiebung um acht Tage hatte Mozart nur begrüßt: «So kann man noch öfter und mit mehr Bedachtsamkeit probieren.» Der Tod der Kaiserin Maria Theresia am 19. November 1780 hatte eine Sperrung der Münchner Karnevalsoper glücklicherweise nicht zur Folge gehabt. In der letzten Woche rückten noch einige Salzburger Freunde an, Wolfgangs Erfolg persönlich mitzuerleben. Zuletzt auch der Vater selbst mit dem Nannerl, da zu seiner Freude der Erzbischof nach Wien abgereist war, also kein Veto einlegen konnte. In Wolfgangs kleiner Wohnung lebte man wieder einmal lustig «wie Zigeuner und Soldaten zusammen». Die Hauptprobe fand am 27. Jänner 1781, Mozarts Geburtstag, statt, zwei Tage später die Aufführung. Wir dürfen annehmen, daß die Oper allen «Kennern» – der Hofgesellschaft und den Musikern, darüber hinaus aber nicht mehr vielen – gewaltig imponiert hat. Es wäre die schönste Musik, berichtet der Flötist Becke nach Salzburg, – alles *neu und fremd*. Das einzige erhaltene Presse-Zeugnis ist eine trockene Notiz in den «Münchener Staats-, gelehrten und vermischten Nachrichten»: «Am 29ten abgewichenen Monats ist in dem hiesigen Opernhause die Oper Idomeneo zum erstenmal aufgeführt worden. Verfassung, Musik und Übersetzung[144] – sind Geburten von Salzburg. Die Verzierungen, worunter sich die Aussicht in den Seehafen und Neptuns Tempel vorzüglich ausnehmen, waren Meisterstücke unseres berühmten Theaterarchitekts, Hrn. Hofkammerraths Lorenz Quaglio.»

Daß auch sonst – von den Briefen Mozarts, des Vaters und dem kurzen Bericht des Flötisten Becke abgesehen – keine schriftliche Erinnerung an die Münchner Uraufführung des ‹Idomeneo› oder ihre Wiederholung auf uns gekommen ist, bleibt charakteristisch. München war damals gewiß keine Theaterstadt wie etwa Wien, wo der kulturbeflissene Teil der Einwohnerschaft leidenschaftlich an den Leistungen «seiner» Hofbühne Anteil nahm. Der weitere Kreis um das höfische und hofnahe Theater war zu München nicht so groß und aufnahmefähig, uns eine auswertbare Reaktion auf jenes, objektiv gewiß außerordentliche Ereignis zu hinterlassen. Die männlichen Hauptdarsteller, der ergraute Raaff wie der unroutinierte dal Prato, «ohne Intonation, ohne Empfindung», trugen gewiß nicht zu einem Erfolg bei, so ‹prächtig›, das Orchester auch in Verfassung gewesen sein mochte. Von dessen ‹Aktion› ging – und das ahnten damals wohl nur wenige! –, von der ‹modernen› Beseeltheit seines Spiels das Entscheidende der schöpferischen Leistung des ‹Idomeneo› in die Zukunft hinüber. Gewiß hat es damals kein anderes Opernwerk gegeben, das mit gleicher Wucht und Ausdruckskraft, die Zeiten überwindend, zwischen diesen zu stehen scheint, als eben der ‹Idomeneo›. Aber was verstand der Durchschnitt der Zeitgenossen schon davon, die Regelbewußten vor allen, außer, daß ihnen «alles neu und fremd» vorkam: die Musik natürlich – und vielleicht auch die Aktion, soweit diese unmittelbar durch das Brio der Musik bestimmt wurde.

Die äußere Hülle des Dramas, soweit sie auf Varescos Libretto oder auf den Stil der Inszenierung zurückging, trägt – trotz allen Versuchen, sich da und dort ‹reformistisch› zu geben – doch alle Anzeichen des alten Barocktheaters an sich, das vor allem die Pracht und das «Ergetzende» eines Gesamtkunstwerks als Schaugepränge anstrebte, in dem sich, prinzipiell ohne Vorrang der Tonkunst, «Poesie, Musik, Tanzkunst, Mahlerey und Baukunst zur Darstellung der Opera» vereinigten *(Joh. G. Sulzer)*. Noch lebte *Metastasio* (gest. 1782). Noch immer galt, geschmacksbildend, die konservative Modellhaftigkeit dieses ihres ‹Legislatore perfetto› einer kaum übersehbaren Schar seiner Nachläufer als ästhetische Forderung für das Genre. Immer noch blendete – selbst in jenen brennenden Jahren der Aufklärung, des Rationalismus! – das blühend un-Sinnige die nach Illusionen durstenden Gemüter entscheidender als das trocken Sinnvolle und die damit verbundenen Forderungen nach einer abstrakt affichierten Menschlichkeit. Dasselbe galt damals, aufgelockerter, auch für die ‹Buffa› und – seien wir aufrichtig! – es gilt noch heute für Operette und Musical; selbst für die Oper – wenn wir zu strengerem Urteil bereit sind. Zu strengerem Urteil, wie wir es, über Wissenschaft und Kritik, dem 18. Jahrhundert gegenüber immer locker zur Hand haben. Würden wir heute, unserer Gegenwart gegenüber, so streng sein, wie der treffliche *Joh.*

Abraham Peter Schulz, von dem aus jener Zeit offenbar der Artikel «Oper, Opera» in *Sulzers* «Allgemeiner Theorie der Schönen Künste» stammt? Was für Varescos Libretto Bezug haben könnte, sei hier nur in kurzen Schlagsätzen aufgezeichnet: die «unnatürlichen, erzwungenen oder gar abentheuerlichen Dinge», die «Anfoderungen der Sänger», ihre «kindische Begierde, schwere, künstliche Sachen zu machen», die «Manichfaltigkeit der daraus entstehenden Ungereimtheiten», das «ewige Einerley gewisser Materien», wenn etwa, wie eben im ‹Idomeneo›, «zwey Sängerinnen nothwendig Hauptrollen haben müssen, die Natur der Handlung mag es zulassen oder nicht». «Wenn sich der Dichter nicht anders zu helfen weiß, so verwickelt er sie in Liebeshändel, wenn sie auch dem Inhalt des Stüks noch so sehr zuwider wären», die «Mißgeburten von Passagen, Läufen und Cadenzen, die oft in affektvollen Arien alle Empfindung so plötzlich auslöschen, als wenn man Wasser auf glüende Kohlen gösse.»

Gerade in den letzten Jahren ist unser Publikum wesentlich weitsichtiger, toleranter geworden. Und so ist es gekommen, daß der ‹Idomeneo›, der nach dem Mißerfolg einiger kräftig einschneidender ‹Bearbeitungen›[145] schon als verloren für das Theater gegolten hatte, seit der Salzburger Festaufführung 1956 in einer dem Urbild (mit Einbeziehung der ‹Wiener Fassung› Mozarts) völlig angenäherten Fassung – ohne jeden Zusatz! – den Weg über zahlreiche Bühnen gegangen ist und immer noch weitergeht. Gewiß ist der ‹Idomeneo› das großartigste, reichste Opernwerk des *Musikers*, nicht des *Dramatikers* Mozart geworden. Oder sagen wir es etwas ‹neuzeitlicher›: noch bedeutet der ‹Idomeneo› nicht die Erfüllung des *‹Mozart'schen Musiktheaters›* im Vergleich zu den späteren Meisterwerken der Wiener Zeit, was an der Gattung, nicht an der Musik liegt. Gerade darum steht er als ein einzigartiges Stück im Oeuvre Mozarts mit faszinierender Jugendfrische in unserer Zeit. *Alfred Heuß* hat einmal[146] festgestellt, daß im ‹Idomeneo› ein Überschuß an Gedanken und thematischem Material vorhanden sei, ein «Überdruck im Reinmusikalischen», der im dramatischen Geschehen seine letzte Rechtfertigung nicht finde. In den späteren, bereits mit der ‹Entführung› beginnenden Meisterwerken gäbe es hingegen nicht mehr ein einziges, noch so kurzes Motiv, das im dramatischen Sinne nicht voll und ganz zu verantworten wäre. Das «höhere Dasein» solcher Gedanken erfülle sich erst in späteren Werken, im «Figaro», im «Don Giovanni», in der «Zauberflöte». Aber diese Opern, namentlich die beiden letztgenannten, seien – nach Heuß' Untersuchung – in geradezu überraschender Fülle mit motivischem Grundmaterial aus dem ‹Idomeneo› gespeist. Selbst die ‹weltlich-religiöse› Feierlichkeit des Sarastro-Tones als musikalischer Ausdruck des Humanitätsideals erscheint hier – noch ohne jede Bindung an freimaurerische Gedanken – schon in aller Deutlichkeit vorgebildet; freilich nur halb unbewußt ausgespielt, um bald wieder hinter typischer Musik zu verschwinden.

Vergleiche mit Glucks Reformopern haben vielfach zu falscher Einstellung und Wertung geführt. Zusammenhänge lassen sich – namentlich innerhalb der großen Chorszenen – naturgemäß nachweisen. Doch liegt der ‹Idomeneo›, als Gesamtwerk betrachtet, in ganz anderer Wegrichtung. Man könnte ihn, rein entwicklungsgeschichtlich gesehen, der fortschrittlichen Seria auf der Linie gleichzeitiger Opern Giuseppe Sartis oder Christian Bachs, einer um 1780 allerdings schon verblühenden Gattung, zuordnen. Doch geht der individuelle, durch triebhafte Fülle der Gedanken und Gegensätze ausgezeichnete Stil des «Idomeneo» freilich über den Normaltypus jener Muster weit hinaus. Wie das lebhafte, naturalistische Wesen Mozarts, das «chiaro e scuro», die immerwährende Fortentwicklung des Charakterbildes im Wechsel der Stimmungen dem starren, unabänderlichen Klassizismus der Gluckschen Individualitäten geradezu entgegengesetzt ist, so hat die stilistische Mannigfaltigkeit und der Reichtum an Kontrasten im «Idomeneo» mit der konventionellen Wohlgeordnetheit der landläufigen Seriamusik nur mehr Äußerlichkeiten gemeinsam. Die Tonsprache des «Idomeneo» ist vielmehr dem Typus seiner – giocosen (!) – Meisterwerke stark angenähert. Je klarer Mozart seine wahre dramatische Sendung erkannte, desto stärker dürfte ihm jener Zwiespalt im «Idomeneo» bewußt geworden sein. Hätte er sonst zeitlebens so fest an diesem unvergleichlichen Werk gehangen, dem er die Kraft seiner Jugend, brennenden Künstlerehrgeiz und mühsame Sorgfalt gewidmet hatte?

Alle seine Bemühungen, das Werk zu seinen Lebzeiten an einer würdigen Bühne unterzubringen, sind fehlgegangen. Als er im Herbst 1781 schon in Wien seßhaft geworden und mit der Komposition der ‹Entführung› beschäftigt war, erhoffte er die Aufführung seines ‹Idomeneo›, von dem «vortrefflichen Poeten», *Joh. Bapt. von Alxinger* neu ins Deutsche übersetzt, an der Wiener Hofbühne. (Die dem Münchner Textbuch beigegebene Verdeutschung seines Salzburger Freundes *Schachtner* war ihm für den Wiener Goût offenbar ungenügend erschienen.) «Die Rolle des Idomeneo hätte ich ganz geändert – und für den Fischer im Baß geschrieben[147] – und andere mehrere Veränderungen vorgenommen und sie mehr auf französische Art eingerichtet. – Die Bernasconi, Adamberger und Fischer hätten mit größtem Vergnügen gesungen. Da sie aber nun zwei Opern zu studieren haben – und so mühsame Opern!» – es handelte sich um die *Gluckische* ‹Iphigenie› und ‹Alceste›, die beide zu Ehren des in Wien erwarteten Großfürsten Paul von Rußland zur Aufführung vorbereitet wurden – «so muß ich sie entschuldigen. – Und eine dritte Opera wäre ohnehin zu viel.» (An den Vater, 12. September 1781)

Damit hat Mozart resigniert einen großen Plan begraben müssen. Eine kurze Andeutung in seinem Briefe zeigt ihn uns jedoch auf einem Wege, der ihm – im damals fortschrittlichen Klima Wiens – als willkommener Pfad aus der verblassenden italienischen Seria zu neuen Idealen einer dramatisch konziseren Musiktragödie nach «französischer Art» vorzuschweben schien. Zu Idealen wie sie – mit anderer Bedeutsamkeit – auch *Gluck* als Richtweiser seiner Reformopern leiteten, nur lebhafter noch, mit natürlicher Stimmenanordnung in der Rollenverteilung (der ‹Heldenvater› Idomeneo für den ausgezeichneten Bassisten Fischer, den ersten Osmin der ‹Entführung›, den ‹Liebhaber› Idamantes für den Tenor Adamberger, der den ersten Belmonte sang), mit gründlicher Kürzung der Secco-Rezitative, Ausarbeitung der Accompagnati, Beseitigung aller nebensächlichen Sekundarier-Arien usw. –

Eine zweite, künstlerisch minder ergiebige Gelegenheit für seinen ‹Idomeneo› ergab sich, als die Wiener Noblesse das Stück im März 1787 als Privatvorstellung im Palais des Fürsten Karl Auersperg aufzuführen gedachte. Hier galt es vor allem, die Oper der beschränkten Leistungsfähigkeit der vorhandenen Kräfte anzupassen. Mozart strich einen Teil der Seccorecitative, schrieb die Partie des Idamantes für den Tenor eines Barons Pulini um, was gewisse Änderungen in den Ensembles bedingte, er eliminierte die Koloraturen und die Schlußkadenz aus der großen Idomeneo-Arie («Fuor del mar»), eine glückliche, zeitgerechte Änderung, kürzte die Partien der Elektra und des Arbaces gründlich, änderte auch ein Duett Ilias mit Idamantes (K. 489) und komponierte zuletzt noch ein neues Rondo für den Tenor mit obligater Solovioline, die ein Graf Hatzfeld spielte (K. 490). Nach dem Wiener Theaterkalender hat die Aufführung tatsächlich stattgefunden. Mehr erfahren wir leider nicht. –

Neben den Chören gehört das große Quartett (Nr. 21), das Mozart nicht ohne tiefe Rührung hören konnte, zu den unvergeßlichen Stücken der Oper. Die beiden Frauengestalten, Ilias sanfter Paminentypus und die Leidenschaft ihrer Gegenspielerin Elektra, erscheinen wärmer durchfühlt als die zwei männlichen Hauptfiguren, obwohl Mozart die kühn kolorierte Szene des Idomeneo «Fuor del mar» (Nr. 12) für die «prächtigste» Arie erklärte. Ilias liebliches «Zefirettenstück» (Nr. 19) und ihre von den Solobläsern umspielte Arie «Se il padre perdei» (Nr. 11) sind volkstümlicher geworden. Die einsätzige Ouvertüre ist ein großartiges, pathetisches Stück; sehr persönlich und knapp gefaßt. Ihr tragisch feierlicher Grundton bildet einen würdigen Auftakt zur Handlung. In dieser Ouvertüre hört man, bald nach dem üblichen festlichen Eingang, den Dämon der Handlung, das Meer, mit mächtiger Brandung an die kretensische Küste rauschen und gegen Schluß des Stückes zu wunderbarer Stille absinken. Die Orchesterrezitative sind auf Kosten des Seccos breit ausgesponnen und mit höchster Sorgfalt durchgebildet. Aus ihrem freigestalteten Fluß laufen Fäden über die Sprecherszene der «Zauberflöte» zu einem ganz neuen Theater des kommenden Jahrhunderts hinüber. Eine der Oper angegliederte *Ballettmusik* (K. 367) besteht aus fünf zum Teil weitgespannten Abschnitten von großer Vielfalt und Beweglichkeit.

Die freundliche Aufnahme des «Idomeneo» bestärkte Mozart neuerdings in seinem Bestreben, dem Salzburger Hofdienst zu entkommen. Sein Urlaub war längst abgelaufen. Er rührte sich mit Zustimmung des Vaters nicht, da er den Erzbischof in Wien wußte, und genoß die freie Karnevalszeit im Kreise der alten Freunde mit vollen Zügen. «Ich dachte mir, wo kömmst Du hin? Nach Salzburg! Mithin mußt Du dich letzen!»

Dabei rastete er keineswegs mit der musikalischen Arbeit. In der Hoffnung auf eine Münchner Anstellung suchte er dem Kurfürsten auch als Kirchenkomponist in die Augen zu fallen. Er ließ sich zu diesem Zwecke die Sparten mehrerer älterer Messen nachschicken. Im Zusammenhange mit solchen Plänen ist offenbar auch das schöne *Münchner Kyrie in d-Moll* (K. 341) entstanden. Schon die reiche, von dem Salzburger Kirchenbrauch gänzlich abweichende Instrumentation stellt es in die unmittelbare Nähe des «Idomeneo». Der ernste, feierliche Ton, die sanfte, dunkle Klangfarbe und die aus dem zwingenden Flusse *einer* künstlerischen Empfindung geborene Freiheit der thematischen Behandlung räumen dem Werke einen Sonderplatz im kirchenmusikalischen Schaffen des Meisters unfern dem «Requiem» ein.

Für die hilfsbereiten Mannheimer Freunde war Mozart mit wertvollen Gegengaben zur Hand. So ist die große siebensätzige *B-Dur-Serenade für dreizehn Bläser* (K. 361)[148] mit dem schwärmerischen, ganz in Wohllaut und Kantilenenseligkeit getauchten Adagio, vielleicht der Krone aller Mozartschen Bläsersätze, allem Anscheine nach den tüchtigen Künstlern des Münchner Orchesters zu Dank geschrieben. Für den Oboisten Friedrich Ramm entstand das leichtbeschwingte, dreisätzige *F-Dur-Quartett für Oboe, Violine, Viola und Cello* (K. 370), ein vollkommeneres Seitenstück zu den Mannheimer Flötenquartetten. Von *zwei* anmutig volkstümlichen *Liedern mit Mandolinenbegleitung* (K. 349 und 351) mutet das zweite *«Komm, liebe Zither»* wie ein fröhlicher Vorklang zu Don Giovannis Ständchen an[149]. In die Idomeneozeit dürfen auch die *drei* schönen *Lieder mit Klavierbegleitung zu Gedichten von J. T. Hermes* (K. 390–392)[150] gesetzt werden. Deutlichere Beziehungen zu der Oper verraten *zwei Soloszenen für Sopran und Orchester* nach metastasianischen Texten (K. 368 und 369). Die erste *«Ma che vi fece»*, vermutlich für Elisabeth Wendling geschrieben, ein Stück von hoher dramatischer Intensität, edel und groß, verlangt große Höhe und gewandte Koloraturtechnik. Die zweite Arie *«Misera, dove son»*, mit geringeren

Ansprüchen an die Sängerin, war der Gräfin Baumgarten, einer Favoritin des Kurfürsten, zugedacht. Sie bleibt trotzdem ein packendes Werk, voll von echter Leidenschaft und innigem Erleben.[151]

Immer mehr hatte sich Mozart in dieser glücklichen Zeit der Anerkennung und der Freiheit in den Gedanken eingesponnen, die gastliche Kurfürstenstadt nie mehr verlassen zu müssen. Unentwegt meinte er, hier noch eine Lebensstellung zu finden. Selbst der Vater schien jetzt damit einverstanden. Der Gedanke an den Brotdienst erfüllte Wolfgang mit Schauder. «Sie wissen, mein liebster Vater», schreibt er am 16. Dezember 1780, «daß ich nur Ihnen zuliebe in Salzburg bin. Denn, bei Gott, wenn es auf mich ankäme, so würde ich, bevor ich diesmal abgereist bin, an dem letzten Dekret den Hintern geputzt haben. Denn mir wird, bei meiner Ehre, nicht Salzburg, sondern der Fürst, die stolze Noblesse alle Tage unerträglicher. Ich würde also mit Vergnügen erwarten, daß er mir schreiben ließe, er brauche mich nicht mehr, würde auch bei der großen Protektion, die ich dermalen hier habe, für gegenwärtige und zukünftige Umstände gesichert sein. Doch, Ihnen zulieb alles in der Welt. – Und leichter würde es mir noch ankommen, wenn man doch nur bisweilen auf eine kurze Zeit weg könnte, um Odem zu holen. Sie wissen, wie schwer daß es gehalten hat, diesmal wegzukommen. Ohne große Ursache ist gar kein Gedanke nicht. Es ist zum Weinen, wenn man daran denkt, drum weg damit!»

Fast schien es, als hätte der Erzbischof den jungen Künstler vergessen. Da plötzlich, mitten unter den Freuden angenehmer Geselligkeit, ereilte den völlig Überraschten ein Befehl des Landesherrn, sofort beim Wiener Hoflager einzutreffen. Traurig packte Mozart seine Habseligkeiten zusammen und reiste ab. Am 16. März 1781 finden wir ihn bereits in der kaiserlichen Residenz an der Donau.

27. BEFREIUNG

«Das Herz adelt den Menschen! Und wenn ich schon kein Graf bin, so habe ich vielleicht mehr Ehre im Leib als mancher Graf. Und Hausknecht oder Graf, sobald er mich beschimpft, so ist er ein Hundsfott. – Mein handgreiflicher Discours bleibt dem hungrigen Esel nicht aus und sollte es in zwanzig Jahren sein!» (Mozart über den Grafen Arco, Juni 1781)

Erzbischof Hieronymus Colloredo hatte die Wiener Reise nach dem Tode Maria Theresias als politischen Höflichkeitsakt gegen Kaiser Joseph II. unternommen. Mit einem Teil seines Gefolges war er im «Deutschen Haus» in der Singerstraße abgestiegen. Dem Brauch reisender Großer entsprechend, hatte er einige seiner Musiker mitgenommen. Dieser Sitte war nun auch Mozarts Urlaub zum Opfer gefallen. Diesmal hatte Wolfgang die schöne Stadt, das stete Ziel seiner Sehnsucht, nur mit gemischten Gefühlen betreten.

«Ich hab ein charmantes Zimmer im nämlichen Hause, wo der Erzbischof logiert. Brunetti und Ceccarelli logieren in einem andern Hause. Che distinzione! – Um zwölf Uhr zu Mittag, leider für mich ein bißchen zu frühe, gehen wir schon zu Tische. Da speisen die zwei Herren Leib- und Seel-Kammerdiener, Herr Kontrolleur, Herr Zetti, der Zuckerbäcker, zwei Herrn Köche, Ceccarelli, Brunetti und meine Wenigkeit. NB. Die zwei Herrn Leib-Kammerdiener sitzen oben an, ich habe doch wenigstens die Ehre, vor den Köchen zu sitzen. Nu – ich denke halt, ich bin in Salzburg. – Bei Tische werden einfältige grobe Späße gemacht. Mit mir macht keiner Späße, weil ich kein Wort rede. Und wenn ich reden muß, so ist es allzeit mit der größten Seriosität. So wie ich abgespeist habe, gehe ich meines Weges. Abends haben wir keine Tafel, sondern jeder bekommt drei Dukaten. Da kann einer weit springen! Der Herr Erzbischof hat die Güte und gloriert sich mit seinen Leuten, raubt ihnen ihre Verdienste und zahlt sie nicht davor. – Gestern um vier Uhr haben wir schon Musik gehabt, da waren ganz gewiß zwanzig Personen von der größten Noblesse da. – Ceccarelli hat schon beim Grafen Palffy, des Erzbischofs Schwager, singen müssen. Heute müssen wir zum russischen Gesandten, Fürst Gallizin. – Itzt will ich nur abwarten, ob ich nichts bekomme. Bekomme ich nichts, so gehe ich zum Erzbischof und sage es ihm gerade: Wenn er nicht will, daß ich was verdienen soll, so soll er mich bezahlen, daß ich nicht von meinem Gelde leben muß.» (17. März 1781.)

In der Fremde war Mozart verwöhnt und bewundert worden. Kurfürst Karl Theodor hatte den jungen Meister freundlich und urban behandelt. Nun saß dieser unter grobschlächtigen Kammerdienern und Köchen an der Bedientenafel. Der Erzbischof hielt ihn kurz und strenge. Er gestattete trotz karger Besoldung keine Betätigung außerhalb des Hofdienstes. Man hielt seine bezahlten Musikanten wie seine Livrée. Nicht für die Bedienung anderer. Joseph Haydn durfte vertragsmäßig für niemanden als den Fürsten Esterházy komponieren, solange er dessen Kapellmeister war. Ängstlich hielten die Aristokraten den Notenbesitz ihrer Hauskapellen verwahrt.

Um Mozart lockte das freizügige Leben in dem «für sein Metier besten Ort von der Welt». Die Sehnsucht, sich hier unabhängig zu machen, und die Auflehnung gegen seinen Zwingherrn wuchsen von Tag zu Tag in seiner Seele. Er spürte das Unheil kommen. Nicht minder sein Vater, der mit ängstlicher Sorge zu bremsen versuchte. Aber der Sohn bot dem drohenden Konflikt die Stirne. Fast scheint es, als hätte er die Gelegenheit gesucht, die Spannung auf die Spitze zu treiben. Er tat seinen Dienst mit Unwillen, ja mit offener Gereiztheit. Er vermied es, sich pflichtgemäß in der «Antecamera» sehen zu lassen. Gegen das ausdrückliche Verbot knüpfte er nach allen Richtungen musikalische Beziehungen an. Wo es nur ging, erneute er die alten Bekanntschaften und sonnte sich an der liebenswürdigen Art der Wiener, die dem gerne gläubigen Maestro mit dem unverbindlichen Charme dieser Stadt das Blaue vom Himmel versprachen. Seine ganze Sehnsucht ist, mit «schöner Manier» zum Kaiser zu kommen: «Ich möchte ihm mit Lust meine Opera durchpeitschen und dann brav Fugen spielen, denn das ist seine Sache.»

Einer dringenden vom Adel unterstützten Bitte des Kapellmeisters Starzer um Erlaubnis zur Mitwirkung Mozarts bei einer Wohltätigkeitsakademie des Pensionsinstitutes für Witwen und Waisen der Wiener Tonkünstler im Kärntnertortheater hatte der Erzbischof erst nach langem Zögern und anfänglicher Weigerung nachgegeben. Auf dem Programm stand eine Symphonie[152] und ein Klavierkonzert Mozarts. «40 Violin haben gespielt, die Blasinstrumente alle doppelt, 10 Bratschen, 10 Kontrabässe, 8 Violoncelli und 6 Fagotti.» Die Akademie (3. April 1781) brachte dem Komponisten und Virtuosen einen rauschenden Erfolg.

Die liebenswürdige Aufnahme seiner Leistungen war nur dazu angetan, Mozarts Pläne noch härter zu schmieden: «Gestern kann ich wohl sagen, daß ich mit dem Wiener Publikum recht zufrieden war. Ich mußte wieder neuerdings anfangen, weil des Applaudierens kein Ende war. Was mich am meisten gefreuet und verwundert hat, war das erstaunliche Silentium und mitten im Spiele das Bravoschreien. Für Wien, wo so viele gute Klavierspieler sind, ist das gewiß Ehre genug. – Was glauben Sie, wenn ich nun, da mich das Publikum einmal kennt, eine Akademie für mich gäbe, was ich da nicht machen würde? – Allein unser Erzlümmel erlaubt es nicht, will nicht, daß seine Leute Profit haben sollen, sondern Schaden.»

Der Erzbischof aber merkte die geheimen Absichten seines Konzertmeisters. Erfahrung machte ihn nachdenklich und hart. So versuchte er die alte Methode und spannte den Widerspenstigen um so fester an den Fronwagen. Am 8. April gibt Colloredo selbst eine Akademie bei seinem Vater, dem Fürsten Rudolph Joseph Colloredo. Drei neue Stücke von Wolfgang kommen zur Aufführung. Ein *Konzertrondo für Violine und Orchester* (K. 373), das Brunetti spielte, ein *Gesangsrondo mit Rezitativ «A questo seno»* (K. 374) für Ceccarelli, zuletzt eine *Sonate für Klavier und Violine*[153], die Mozart noch in der Nacht vorher komponieren mußte. Um rechtzeitig fertig zu werden, schrieb er nur die Akkompagnementstimme für Brunetti auf und behielt seine Partie im Kopf.

Dem Erzbischof fiel es nicht ein, für solche Leistungen mit einer Belohnung herauszurücken. «Was mich aber halb desparat machte», schreibt Mozart drei Tage später, «ist, daß ich an dem nämlichen Abend, als wir die Scheißmusik da hatten, zur Gräfin Thun[154] invitiert war und also nicht hinkommen konnte. Und wer war dort? Der Kaiser! – Der Tenorist Adamberger und die Sängerin Weigl waren dort und hat jedes fünfzig Dukaten bekommen! Und welche Gelegenheit! Ich kann ja doch dem Kaiser nicht sagen lassen, wenn er mich hören will, so soll er bald machen, denn in so viel Tagen reise ich ab.»

Innerlich hatte sich Mozart wohl schon längst mit dem Gedanken vertraut gemacht, die Stadt nicht mehr zu verlassen. Vergeblich suchte er die Gesinnung des Vaters mit allerhand Plänen zu ändern. Am 11. April schreibt er: «Oh, ich hoffe nächsten Posttag zu lesen, ob ich noch ferneres in Salzburg meine jungen Jahre und mein Talent vergraben solle oder ob ich mein Glück machen darf. Oder warten soll, bis es zu spät ist. – Wenn der Bonno stirbt, so ist Salieri Kapellmeister. Dann anstatt Salieri wird Starzer einüben, anstatt Starzer weiß man noch keinen.» Er würde zu Wien in jedem Falle an tausend Taler pro Jahr verdienen können, wenn er Konzerte gäbe, Scholaren aufnähme und Zeit fände, seine Beziehungen auszunützen. Mit steigender Angst fühlt Leopold, wie die Führung seinen Händen entgleitet. Je näher der Tag der Abreise heranrückt, um so heftiger beharrt Wolfgang bei seinem Willen.

Die erzbischöflichen Musiker werden nicht mehr in Wien benötigt. Man legt ihnen nahe, an die Heimreise zu denken. Mozart ignoriert vorerst die unzweideutigen, halb befohlenen Winke. Am 9. Mai – endlich – kommt die unerträgliche Spannung zum Ausbruch:

«Ich bin noch ganz von der Galle! Und Sie als mein bester, liebster Vater sind es gewiß mit mir. Man hat so lange meine Geduld geprüft. Endlich hat sie aber doch gescheitert. – Ich bin nicht mehr so unglücklich, in Salzburgischen Diensten zu sein. – Heute war der glückliche Tag für mich. Hören Sie!

Schon zweimal hat mir der – ich weiß gar nicht, wie ich ihn nennen soll – die größten Sottisen und Impertinenzen ins Gesicht gesagt. Er nannte mich einen Buben, einen liederlichen Kerl, sagte mir, ich sollte weitergehen, und ich – litt alles. Empfand, daß nicht allein meine Ehre, sondern auch die Ihrige dadurch angegriffen wurde. Allein, Sie wollten es so haben. Ich schwieg.

Nun hören Sie! Vor acht Tagen kam unverhofft der Laufer herauf und sagte mir, ich müßte den Augenblick ausziehen. Den andern allen bestimmte man den Tag, nur mir nicht. Ich machte also alles geschwind in den Koffer zusammen und die alte Madame Weber war so gütig, mir ihr Haus zu offerieren. Da habe ich mein hübsches Zimmer, bin bei dienstfertigen Leuten, die mir in allem, was man oft geschwind braucht und, wenn man allein ist, nicht haben kann, an die Hand gehen. Auf Mittwoch setzte ich meine Reise mit der Ordinaire fest. Ich konnte aber meine Gelder, die ich noch zu bekommen habe, in der Zeit nicht zusammenbringen. Mithin schob ich meine Reise bis Samstag auf.»

Mozart kam ins «Deutsche Haus». Die Bedienten drängten ihm ein Paket des Erzbischofs für die Fahrt auf. Mozart lehnte ab. Er könne vor Samstag nicht abreisen. Der Leibkammerdiener Schlaucka sah das Unheil kommen. Er riet, wenigstens die Ausrede zu nehmen, daß die Ordinaire schon besetzt war. Dies sei der einzige Grund, womit der Fürst noch zu beruhigen sei. Und schon stand Mozart vor seinem obersten Herrn.

«Wann geht Er, Bursch?», schrie der Erzbischof.

«Ich habe wollen heute nacht gehen, allein der Platz war schon verstellt.»

Nun ging's wie Feuer in einem Atem fort:

«Er ist der liederlichste Bursch, den ich kenne! – Kein Mensch bedient mich so schlecht wie Er! – Ich rate Ihm, heute noch wegzugehen, sonst schreibe ich nach Hause, daß die Besoldung eingezogen wird! – Fünfhundert Gulden Besoldung hat Er, – Er . . .»

Und die gröbsten Schimpfworte fliegen durch die Luft: «Lump, Lausbube, Fex» und noch anderes. Mozart hört erst gelassen zu. Er kommt ohnehin nicht zu Wort. Bis sein Geblüt in Wallung gerät.

«Sind also Euer Hochfürstlichen Gnaden nicht zufrieden mit mir?», wirft er resolut dazwischen.

Der Ton dieser Frage bringt den Zürnenden noch mehr in Harnisch: «Was, will Er mir drohen? Oh, Er Fex! Dort ist die Tür – schau Er! – Ich will mit einem solchen elenden Buben nichts mehr zu tun haben!»

«Und ich mit Ihnen auch nichts mehr!» Wie ein Pfeil ist das erlösende Wort den zusammengepreßten Lippen des Bedrängten entfahren.

Der Erzbischof tobt: «Also geh er!»

Hell lodernd vor Zorn stürzt der beleidigte Künstler davon. Demütigung und Freiheitstaumel toben in seiner Seele. Er fleht den Vater um Billigung seines Schrittes: «Sagen Sie mir also, bester Vater, ob ich das nicht eher zu spät als zu früh gesagt habe? – Nun hören Sie! Meine Ehre ist mir über alles und ich weiß, daß es Ihnen auch so ist! Sorgen Sie sich gar nichts um mich! Ich bin meiner Sache hier so gewiß, daß ich ohne mindeste Ursache quittiert hätte. – Ich war zweimal Hundsfott. Das dritte Mal konnte ich es halt doch nicht mehr sein! – Schreiben Sie mir keinen Brief mehr ins Deutsche Haus! – Ich will nichts mehr von Salzburg wissen! – Ich hasse den Erzbischof bis zur Raserei! – Schreiben Sie nur: auf dem Peter im ‹Auge-Gottes› im zweiten Stock! Geben Sie mir Ihr Vergnügen bald zu erkennen, denn nur dieses fehlt mir noch zu meinem jetzigen Glück!»

Nun packte ihn nach so viel Aufregung auch die physische Reaktion: «Was mir dieser herrliche Mann Gottes erzählte, machte eine so treffliche Wirkung auf meinen Körper, daß ich abends in der Opera mitten im ersten Akte nach Hause gehen mußte, um mich zu legen. Denn ich war ganz erhitzt, zitterte am ganzen Leibe und taumelte wie ein Besoffener auf der Gasse.»

Am nächsten Tage übergab er dem Oberküchenmeister Graf Arco sein formelles Entlassungsgesuch und stellte das schon erhaltene Reisegeld zur Verfügung. Beides wurde nicht angenommen. Die Zeit lief weiter, ausgefüllt mit ergebnisloser Korrespondenz zwischen Vater und Sohn und den fruchtlosen Versuchen Wolfgangs, durch Wiederholung seines Entlassungsgesuches einen tatsächlichen Erfolg zu erzielen. Der Vater verstand den jugendstarken Befreiungsimpuls seines Sohnes nicht mehr. Seine für Paris erprobte Taktik der Strenge und Bitterkeit schlug nun völlig fehl. Wolfgang antwortete mit Würde, Ergebenheit, aber unerbittlich. Die väterliche Zumutung, das Entlassungsgesuch doch noch ungeschehen zu machen, lehnt er rundweg ab.

«Ich muß Ihnen gestehen, daß ich aus keinem einzigen Zuge Ihres Briefes meinen Vater erkenne! – Wohl einen Vater, aber nicht den besten, liebevollsten, den für seine eigene und die Ehre seines Kindes besorgten Vater, mit einem Worte, nicht – meinen Vater. Doch das war alles nur ein Traum. Sie sind nun erwacht und haben gar keine Antwort von mir nötig, um mehr als überzeugt zu sein, daß ich – nun mehr als jemals – von meinem Entschlusse gar nicht abstehen kann. Ganz Wien weiß, daß ich vom Erzbischof weg bin. Weiß warum, weiß, daß es wegen gekränkter Ehre geschah. Und ich sollte wieder öffentlich das Gegenteil beweisen? – Soll ich mich zum Hundsfott und den Erzbischof zu einem braven Fürsten machen? – Ihnen zu Gefallen, mein bester Vater, wollte ich mein Glück, meine Gesundheit und mein Leben aufopfern. Aber meine Ehre, die ist mir – und die muß Ihnen über alles sein. Liebster Vater, begehren Sie von mir, was Sie wollen, nur das nicht! Nur der Gedanke macht mich schon vor Wut zittern.» (19. Mai.)

In Wien versucht Graf Arco friedlich einzulenken. Eine Unterredung verlief völlig ergebnislos. «Unter anderem sagte er mir auch, ob ich denn nicht glaube, daß er auch öfters üble Worte einschlucken müßte. Ich schupfte die Achseln und sagte: ‹Sie werden Ihre Ursachen haben, warum Sie es leiden und ich habe meine Ursachen, warum ich es nicht leide!›»

Inzwischen war der Juni herangekommen. Die Abreise des Erzbischofs stand unmittelbar bevor. Mozart entwarf ein letztes eindringliches «Memorial». Will es persönlich dem Landesfürsten überreichen. Im Antichambre vertritt ihm Graf Arco den Weg. Ein heftiger Wortwechsel folgte. Der Graf verliert die Contenance. Er heißt den jungen Künstler nach hochfürstlichem Beispiel einen Flegel und Burschen. Dann wirft er ihn mit einem Fußtritt zur Tür hinaus.

Was blieb dem armen mißhandelten Meister anderes übrig, als sich loszureißen und davonzulaufen? Sollte er in den fürstlichen Zimmern den Respekt verlieren, wenn ihn schon «der Arco verloren hatte»? Vom Erzbischof war eine Satisfaktion nicht zu erlangen. So wendet sich das Rachegefühl des in seiner Ehre tief Gekränkten gegen den brutalen Handlanger der absolutistischen Gewalt. Mozart schwor, dem Grafen «wieder ingleichen einen Tritt in Arsch zu geben. Und sollte es auf öffentlicher Gasse geschehen.»

Leopold wußte, daß die Schlacht für ihn verloren war. Das letzte, was er noch erreichen konnte, blieb ein mühseliges Zugeständnis des Sohnes, seinen Drohbrief an den Grafen doch nicht abzusenden. Wolfgang hatte sich endgültig von Salzburg losgesagt. Nicht allein von seinem erzbischöflichen Zwingherren. Von seinem Vater nicht minder. Unüberbrückbare Klüfte zwischen den Generationen! Wunderbare Wesensgleichheit der Kulturerscheinungen! Schiller, kaum dreiundzwanzigjährig, wirft seinem Herzog den Fehdehandschuh hin. 1781 erschienen die «Räuber».

VIERTES BUCH

DER MEISTER

28. ALS FREIER KÜNSTLER IN WIEN

«Ein Reich, das ich regiere, muß nach meinen Grundsätzen beherrschet, Vorurteil, Fanatismus, Parteilichkeit und Sklaverei des Geistes unterdrückt und jeder meiner Untertanen in den Genuß seiner angeborenen Freiheiten eingesetzt werden.» (Joseph II. an den Salzburger Erzbischof, Februar 1781)

Mit mütterlichen Armen umfängt die Stadt an der Donau den sturmbewegten Künstler als Heimat seiner Meisterjahre. Mozart lebte nun die Freiheit, für die er seit seiner Mannheimer Reise gekämpft hatte. Mann geworden, stand er allein in der harten Schule des Lebens. Während er sich in der armseligen Nüchternheit seines Junggesellenzimmers einzurichten sucht, atmet sein Geist die schöpferischen Impulse der Landschaft Haydns, Beethovens, Schuberts und Bruckners.

In den ersten Maitagen 1781 hatte Mozart bei den Weberischen «auf dem Peter im Auge-Gottes im zweiten Stock» Unterkunft gefunden. Nach dem Tode ihres Mannes vermietete die alte Weber ihre überständigen Zimmer. Der junge Künstler kam ihr im Augenblick durchaus gelegen. Aloysia war an den Schauspieler Lange verheiratet. Aber drei unverheiratete Töchter waren noch an den Mann zu bringen. So mühte man sich doppelt um den bescheidenen Musiker. Kleine Frauendienste täuschten dem Genügsamen eine Art von Häuslichkeit vor und übertäubten alle Mängel der Wirtschaft. Im Klange des landfremden Dialektes der Weberischen gedachte Wolfgang der Mannheimer Tage. Ganz leise fand er in Aloysias jüngerer Schwester Konstanze den geliebten Typus seines großen Erlebnisses wieder.

Die älteste Tochter, Josepha, besaß eine brauchbare Stimme. Nicht viel mehr. Sie hat später die erste «Königin der Nacht» gesungen. Ihre trockene Art ließ Mozart völlig kalt. Die jüngste, Sophie, war damals noch ein Kind. Wenn Mozart mit den Mädchen plaudernd in der Küche saß, seine gewohnten Späße trieb oder die Familie in den Prater begleitete, knüpfte die Mutter mit Raffinement die zarten Beziehungen fester. Freilich ohne daß der Ahnungslose es merkte.

Die liberale Art der Wiener Gesellschaft erleichterte ihm den Eintritt in alle Kreise. Er fand freundliche Aufnahme in den Palästen des Staatskanzlers Grafen Cobenzl, der Fürsten Kaunitz und Galitzyn, der Grafen Zichy und Rosenberg und anderer Mitglieder der Hocharistokratie wie in den Häusern des Kommerz- und Beamtenadels und der wohlhabenden Bürgerfamilien. Der umgängliche Ton dieser Kreise schien zwanglos alle Standesunterschiede zu verwischen, die Mozart in der letzten Salzburger Zeit bedrückt hatten. Im Bannkreis der kaiserlichen Residenz verstand man zu leben und leben zu lassen.

Mit dem Regierungsantritt Josephs II. als Beherrscher seiner Erblande schien eine neue Zeit gekommen. Die Reformpläne des Kaisers im Fahrwasser der Grundsätze eines aufgeklärten Absolutismus gaben dem Lande den Segen eines ungewohnten intellektuellen Höhenfluges. Die Wiener wußten Josephs Überzeugung von den «angeborenen Freiheiten der Untertanen» auf ihre kommode Art zu nützen und genossen mit heiterem Sarkasmus die Freiheit des Geistes und der Rede. Man kritisierte offen, wie früher im geheimen, und lebte trotz aller Sparsamkeitserlasse der Regierung wie ehedem, nach dem behaglichen «Standard» des Österreichertums, der immer etwas besser sein darf als die jeweiligen wirtschaftlichen Verhältnisse des einzelnen.

Das gesellschaftliche Bild der Kaiserstadt durfte sich wohl sehen lassen. Weit entfernt vom staatsverderbenden Luxus privilegierter Kreise in der französischen Metropole, war die zwanglose, durch Charme gemilderte Lässigkeit der Sitten und das vielgerügte Bedürfnis der Wiener nach behaglichem Wohlleben seit jeher auf den Ausgleich der verschiedenen Gesellschaftsschichten angelegt. Die Josephinische Politik kam dieser bodenständigen Tendenz nur entgegen. So ergab sich ein gewisses Gleichmaß der Lebensführung, eine allgemeine Teilnahme der Bevölkerung an den beliebten Vergnügungen des Theaters, der Musik, der Schaustellungen und Lustbarkeiten. Die Eröffnung des kaiserlichen Augartens für das breite Volk war nur das Zeichen allerhöchster Übereinstimmung mit angestammten Gepflogenheiten.

«Die Wiener sind wohl Leute, die gerne abschießen», schreibt Mozart am 2. Juni 1781, «aber nur am Theater. – Und mein Fach ist zu beliebt hier, als daß ich mich nicht soutenieren sollte. – Hier ist doch gewiß das Klavierland!» – Musik und Theater, das waren die stärksten Magneten, die sein empfängliches Herz in Bann hielten.

Mit der triebhaften Regelmäßigkeit, die so vielen großen Arbeitern zu eigen ist, spannte sich Mozart in die beglückende Fron seines freien Willens: «Um 6 Uhr früh bin ich schon allzeit frisiert, um 7 Uhr ganz angekleidet. Dann schreib ich bis 9 Uhr. Von 9 bis 1 Uhr habe ich meine Lektionen. Dann esse ich, wenn ich nicht zu Gaste bin, wo man dann um 2 Uhr und auch 3 Uhr speist. Vor 5 Uhr abends oder 6 Uhr kann ich nichts arbeiten und öfters bin ich durch eine Akademie daran verhindert. Wo nicht, so schreibe ich bis 9 Uhr. Da ich mich wegen den vorfallenden Akademien und auch wegen der Unsicherheit, ob ich nicht bald da, bald dorthin gerufen werde, auf das Abendschreiben nicht verlassen kann, so pflege ich, besonders wenn ich früher nach Hause komme, noch vor dem Schlafengehen etwas zu schreiben; da verschreibe ich mich öfters bis 1 Uhr. Und dann wieder um 6 Uhr auf!» (13. Februar 1782.)

Da Mozart über feste Einnahmen noch nicht verfügte, mußte er vorerst bedacht sein, Scholaren zu bekommen. Er unterrichtete nicht gerne. Nur talentvolle Schüler regten ihn an. Seine schöpferische Phantasie verdarb ihm die Freude an der Beharrlichkeit trockener Schulmeisterei. Am liebsten spielte er darum seinen Schülern vor und freute sich an den Kompositionen, die er für sie entwerfen konnte. Wenn ihn persönliche Beziehungen mit den Schülern verknüpften, war er glücklich. Das Geschäftliche der Angelegenheit blieb ihm unsympathisch. Doch ist er von einem durchaus standesgemäßen Honorarsatze von sechs Dukaten für zwölf Lektionen nur in Ausnahmefällen abgegangen. Dies ist wohl ein Grund gewesen, warum Mozart mit Schülern nie überlaufen war und in Zeiten der Not recht jammervoll nach solchen Ausschau halten mußte. Mit richtigen Berufsschülern, die er in späteren Jahren gefunden hatte, pflegte er freundschaftlich und väterlich zu verkehren. Sein bester Klavierschüler, Johann Nepomuk Hummel (1778–1837), lebte als Knabe zeitweilig in seinem Haushalt. Seinen Famulus Franz Xaver Süßmayr (1766–1803) zog er, wie die alten Kunstmeister ihre Lehrlinge, gelegentlich sogar zur Mitarbeit an dringenden Arbeiten heran.

Als Mozart seine Unterrichtstätigkeit in Wien begann, wollten sich vorerst nur wenige Schüler einstellen. Der Adel und die wohlhabenden Patrizier saßen sommerüber auf ihren Landgütern. Nur langsam fand sich eine kleine Garde zusammen, die Gräfinnen Rumbeck, geborene Cobenzl, Palffy und Zichy, die Buchhändlersgattin Therese von Trattner, eine Lieblingsschülerin Mozarts, und das «dicke» Fräulein Aurnhammer, die «serieusement» eine unglückliche Zuneigung für den Meister gefaßt hatte. Aber das häßliche Mädchen, das «zum Entzücken spielte», vermochte trotz aller Avancen und der Bemühungen ihrer Familie das kritische Herz ihres Lehrers nicht zu entzünden. Offenbar hielt die aufkeimende Neigung für Konstanze Weber sein Urteil bereits in Banden.

Die beglückende Stimmung und der fröhliche Ton der Wiener Umwelt übertrugen sich auf die kraftbewußten Werke, die Mozart nun schuf: Bei dem Verleger Artaria erschien im November 1781 eine Reihe von sechs *Violinsonaten* auf Subskription. Zwei davon (K. 296 und 378) hatte Mozart in Mannheim und Salzburg fertiggestellt, die übrigen (K. 376, 377, 379 und 380) erst jetzt vollendet.[155] Die Ankündigung dieser Arbeiten in Cramers «Magazin der Musik» erfaßte mit dem Hinweis auf die Gleichstellung der ausführenden Instrumente, auf die Verschmelzung des virtuosen und gedanklichen Inhalts dieser echt kammermusikalischen Zwiesprache von Violine und Klavier damals schon den Kern der Sache: «Diese Sonaten sind die einzigen in ihrer Art, reich an neuen Gedanken und Spuren des großen musikalischen Genies des Verfassers, sehr brillant und dem Instrument angemessen. Dabei ist das Akkompagnement der Violine mit der Klavierpartie so künstlich verbunden, daß beide Instrumente in beständiger Aufmerksamkeit erhalten werden, so daß diese Sonaten einen ebenso fertigen Violin- als Klavierspieler erfordern.» *Zwei Variationswerke für Klavier und Violine über französische Chansons* (K. 359 und 360), *Klaviervariationen über Themen von Grétry und Paisiello* (K. 352 und 398), die breit angelegte, festlich gestimmte *D-Dur-Sonate für zwei Klaviere* (K. 448)[156] und ein *Konzertrondo für Klavier und Orchester* (K. 382)[157] stammen, gleichgestimmt, aus derselben Schaffensepoche. Auch die Serenadenliteratur hat Mozart damals mit zwei hochbedeutenden Werken, den *Serenaden in Es-Dur und c-moll* (K. 375 und 388) *für zwei Oboen, zwei Klarinetten, zwei Hörner und zwei Fagotte,* bereichert. Beide führen bereits weit aus dem ursprünglichen Unterhaltungsrahmen dieser Gattung in das persönliche Gebiet intimer Kammermusik. Die c-Moll-Serenade gehört in ihrer kraftvollen, heroischen Grundstimmung zu den dunklen, leidenschaftlichen Werken des Meisters. Selbst der mild verklärte Mittelsatz trägt noch den Zug wehmütiger Besinnlichkeit. Das «Menuetto in canone» ist ein höchst kunstvolles, in seiner reinen Schönheit ergreifendes Stück, das Finale ein flüssiger Variationensatz, vielgestaltig im Wechsel der gegensätzlichen Stimmungen. Eine spätere Bearbeitung der *c-moll-Serenade für Streichquintett* (K. 406), die Mozart aus finanziellen Gründen vorgenommen haben könnte, zeigt in ihrer wesentlich schwächeren Wirkung, wie geheimnisvoll die Kraft der Erfindung unseres Meisters aus der Klangvorstellung entscheidende Impulse empfing. Die unbegreifliche Schönheit des kanonischen Menuett-Trios kommt doch nur in der herben Klarheit der Oboenfarbe und der Fagotte zu tieferer Sinnhaftigkeit.[158]

Von den damals in Wien so beliebten Nachtmusiken intimerer Art gibt uns Mozart selbst in einem Brief an den Vater (3. November 1781) ein anschauliches Bild: «Um 12 Uhr fuhr ich in die Leopoldstadt zur Baronne Waldstätten, allwo ich meinen Namenstag zugebracht habe. Auf die Nacht um 11 Uhr bekam ich eine Nachtmusik von 2 Klarinetten, 2 Horn und 2 Fagott. Und zwar von meiner eigenen Komposition. Diese Musik hatte ich auf den Theresiatag (15. Oktober) für die Schwägerin des Herrn von Hickel gemacht, allwo sie auch wirklich das erstemal ist produziert worden. – Die sechs Herrn, die solche exequieren, sind arme Schlucker, die aber ganz hübsch zusammen blasen, besonders der erste Klarinettist und die zwei Waldhornisten. Die Hauptursache aber, warum ich sie gemacht, war, um den Herrn von Strack, welcher täglich dahin kömmt, etwas von mir hören zu lassen. Und deswegen habe ich sie auch ein wenig vernünftig geschrieben, sie hat auch allen Beifall erhalten. Man hat sie in der Theresiennacht an dreierlei Örter gemacht. Denn wie sie wo damit fertig waren, so hat man sie wieder wo anders hingeführt und bezahlt. Die Herrn also haben sich die Haustüre öffnen lassen und nachdem sie sich mitten im Hof rangiert, mich, da ich mich eben entkleiden wollte, mit dem ersten Es-Akkord auf die angenehmste Art von der Welt überrascht.» –

In unmittelbarer Nachbarschaft der «Entführung» entstand die prächtige *«Haffner-Symphonie» in D-Dur* (K. 385). Mozart schrieb sie für eine Festlichkeit im Hause des verewigten Salzburger Bürgermeisters Sigmund Haffner, dessen Tochter Elisabeth der junge Meister sechs Jahre früher mit der «Haffner-Serenade» (K. 250) beschenkt hatte. Vielleicht galt es, diesmal die Nobilitierung des Sohnes (29. Juli 1782) zu feiern. Auch diese Symphonie war ursprünglich als Serenade gedacht. Einen einleitenden Marsch (K. 408/2) und ein zweites Menuett hat Mozart später für eine Wiener Akademie weggestrichen und die viersätzige Symphonieform dadurch endgültig hergestellt. Ungeachtet seines festlichen Gelegenheitscharakters ist das Stück an genialen Einzelheiten überreich. Die thematische Arbeit aller Sätze erscheint bis in die feinsten Fäden des musikalischen Gewebes organisch durchgebildet. Mit diesem Werk hat Mozart von der Serenadenkomposition Abschied genommen, gleichzeitig aber die Reihe seiner Wiener Symphonien glanzvoll eröffnet.[159]

Eine schlichte *Sopranarie mit Orchester «Nehmt meinen Dank, ihr holden Gönner!»* (K. 383) ist für eine Benefizvorstellung Aloysia Langes geschrieben. Mit diesem freundlichen, subtil instrumentierten Gesangstück hat Mozart wieder eine künstlerische Annäherung an die Frau gefunden, die sein hoffnungsreichstes Liebesglück grausam zerstört hatte. Das Bestechende ihrer musikalischen Leistungen hatte bittere Rückstände in seiner Seele überwunden. Seinem Herzen war sie vielleicht auch jetzt noch nicht gleichgültig geworden.

Niemals versäumte Mozart eine Gelegenheit, das Theater zu besuchen. In dem innigen Kontakt, den er mit der Bühne festhielt, bildete er die Naturanlage seines dramatischen Genies zur Meisterschaft. Je tatkräftiger er in der kommenden Zeit an der textlichen Gestaltung seiner Opernbücher mitarbeitete, um so besser verstand er, die gewonnene Erfahrung schöpferisch zu nützen. Wir sehen ihn sogar an den Hochleistungen der Wiener Sprechbühne Anteil nehmen: «Ich wollte Dir wünschen, hier ein Trauerspiel zu sehen!», schreibt er am 4. Juli 1781 der Schwester. «Überhaupt kenne ich kein Theater, wo man alle Arten Schauspiele vortrefflich aufführt. Aber hier ist es jede Rolle. Die mindeste, schlechteste Rolle ist gut und doppelt besetzt.»

Das Wiener Burgtheater erlebte damals seine erste Blütezeit. 1776 hatte Joseph II. das Institut, neugeordnet, als Hof- und Nationaltheater ins Leben gerufen. Zur Zeit, als Mozart nach Wien kam, war der vornehme «Akteur» Schröder mit seiner Frau an diese Bühne verpflichtet worden. Neben ihm wirkten die beiden Stephanies, die Schauspieler I. H. W.

Müller, Lange, Bergopzoomer, Weidmann und andere als die Spitzen eines untadeligen Ensembles. Aus der eleganten französischen Spielweise, verbunden mit Errungenschaften der Lessingschen Schule, und aus dem österreichischen Einschlag eines feingetönten Realismus erwuchs schon damals jener berühmte Lokalstil, der für mehr als ein Jahrhundert der deutschen Schauspielkunst voranleuchten sollte. Wenn es den Bemühungen des Kaisers auch nicht gelang, einen bedeutsamen österreichischen Zweig der neuerwachten deutschen Literatur ins Leben zu rufen, so schuf er ihr mit seinem Theater wenigstens ein erlesenes Heim, durch die Freiheit der Presse die entsprechende produktive Kritik und ein vorbildliches, durch temperamentvolle Anteilnahme am Werke wahrhaft mittätiges Publikum.

Es ist kein Wunder, daß Mozart sofort nach seiner Ankunft alle Hebel in Bewegung setzte, ein brauchbares Opernbuch zu erhalten. Die beste Gelegenheit für aussichtsreiche Betätigung bot damals das deutsche Singspiel, das Joseph II. als «Nationalsingspiel» seinem Burgtheater angegliedert hatte und mit allem Nachdruck förderte.

Das Wiener Singspiel hatte sich in ungefähr gleichzeitiger Entwicklung mit anderen Orten unter Wahrung seines bodenständigen Charakters herangebildet. Zu den Stegreifkomödien des begabten Parodisten und Komödianten Joseph Felix von Kurz (1715–1786), der sich als Nachfolger Joseph Stranitzkys (1670–1727) und Gottfried Prehausers (1702 bis 1769) um die Mitte des 18. Jahrhunderts in der Hanswursttype des «Bernardon» einer begeisterten Zustimmung des Wiener Publikums erfreute, hatte wahrscheinlich der junge Haydn eine Reihe von Gesangsstücken geschrieben.[160] Die große Anzahl solcher musikalischer Einlagen in jene textlich meist extemporierten Possen, einfache Couplets, anspruchsvollere Arietten oder gutgearbeitete Ensembles, ja selbst unter Beifügung von Rezitativen, brachten die Gattung den späteren Singspielen schon nahe. Die «regelmäßige» musikalische Bühne behalf sich dagegen, wie andernorts, noch mit deutschen Übersetzungen italienischer Buffastücke.

Bei der Eröffnungsvorstellung des Josephinischen Nationalsingspiels am 18. Februar 1778 feierte auch die bodenständige Dichtung mit Weidmanns «Bergknappen» in der Vertonung von Ignaz Umlauf (1746–1796)[161] ihren Einzug. Solche Originalwerke hielten sich mit Ausnahme der norddeutschen Singspiele Johann Adam Hillers (1728–1804), die in Wien niemals festen Fuß zu fassen vermochten, auch in den nächsten Jahren neben Übersetzungen welscher Buffas und französischer Comiques auf dem Spielplan. Bis das Interesse des Kaisers sich wieder der italienischen Oper zuwandte und einem langsamen Niedergang der verheißungsvollen Gründung nicht mehr den nötigen Widerstand entgegenzusetzen geneigt war.

In den ersten Jahren jedoch stand das Unternehmen «an Vollständigkeit und Schönheit keinem italienischen Hoftheater» nach. Das Orchester unter Umlaufs Direktion zählte 37 Mann. Für den Chor standen 30 Sänger zur Verfügung, die man aus verschiedenen Kirchenchören zusammengesucht und für die Bühne abgerichtet hatte. Die Solisten sollten nach dem Wunsche des Kaisers, der dadurch die Kompositionsrichtung unmittelbar bestimmte, «lauter wahre musikalische Virtuosen und keine Liedersänger» sein. Tatsächlich vereinigten sich hervorragende Künstler in seinem Ensemble: Die Tenoristen Ruprecht und Adamberger, ausgezeichnete Darsteller und Gesangstechniker italienischer Schulung, der Bassist Fischer, ein Phänomen an Stimme und Spielbegabung, Catarina Cavalieri, Schülerin Salieris, die Tochter eines Währinger Schullehrers Cavaliř, also tschechischer, nicht italienischer Herkunft, unvorteilhaft von Gestalt, auf einem Auge blind, aber eine Sängerin von blendenden Qualitäten, Mozarts künftige Schwägerin, Aloysia Weber-Lange, und Theresia Teyber, eine frische Partnerin im Soubrettenfache.

Durch seine *«Zaide»* hatte Mozart die Aufmerksamkeit des Inspizienten Gottlieb Stephanie d. J. erregt. Bald erklärte sich Stephanie bereit, ein brauchbares Stück für ihn zu schreiben. Im Juli 1781 meldet ein Brief nach Salzburg, daß der Intendant, Graf Rosenberg, den Schauspieler Schröder angewiesen habe, nach einem Buche Umschau zu halten. Schon am 1. August kann Mozart die Nachricht an den Vater senden: «Nun hat mir vorgestern Stephanie ein Buch zu schreiben gegeben. – Das Buch ist ganz gut. Das Sujet ist türkisch und heißt: Belmont und Constanze oder die Verführung aus dem Serail. Die Sinfonie, den Chor im ersten Akt und den Schlußchor werde ich mit türkischer Musik machen. Mlle. Cavalieri, Mlle. Teyber, Mr. Fischer, Mr. Adamberger, Mr. Dauer und Mr. Walter werden dabei singen. Mich freuet es so, das Buch zu schreiben, daß schon die erste Aria von der Cavalieri und die vom Adamberger und das Terzett, welches den ersten Akt schließt, fertig sind. Die Zeit ist kurz, das ist wahr, denn im halben September soll es schon aufgeführt werden. Allein die Umstände, die zu der Zeit, da es aufgeführt wird, dabei verknüpft sind, und überhaupt alle anderen Absichten erheitern meinen Geist dergestalten, daß ich mit der größten Begierde zu meinem Schreibtisch eile und mit größter Freude dabei sitzen bleibe.»

«Der Großfürst von Rußland wird hierherkommen und da bat mich Stephanie, ich sollte, wenn es möglich wäre, in dieser kurzen Zeit die Opera schreiben. Denn der Kaiser und Graf Rosenberg werden itzt bald kommen und da wird gleich gefragt werden, ob nichts Neues in Bereitschaft sei. Da wird er dann mit Vergnügen sagen können, daß der Umlauf mit seiner Opera fertig werden wird und daß ich extra eine dafür schreibe. Und er wird mir gewiß einen Verdienst daraus machen, daß ich sie aus dieser Ursache in dieser kurzen Zeit zu schreiben übernommen habe.»

Schon hatte rastloser Schaffenseifer den Meister überkommen. Der Vater drängte heftig, daß er die Wohnung bei den Weberischen aufgebe. Wolfgang aber ließ sich, der «vielen Kommoditäten» wegen, noch Zeit damit. Die ungezwungene Bohèmewirtschaft im «Auge Gottes» mochte ihm für die gedrängte Arbeit besonders taugen: «Wann ich recht notwendig zu schreiben hatte, so wartete man mit dem Essen, und ich konnte unangezogen fortschreiben und dann nur zur anderen Türe zum Essen hineingehen. – Sie wissen, daß ich mich gemeiniglich hungrig schreibe.»

Die Übersiedlung schob sich bis Ende August hinaus, während die Komposition im Rausche glücklicher Inspirationen mit Windeseile ihren Fortgang nahm. Am 22. August ist der erste Akt der Oper fertiggestellt. Die Sänger sind mit ihren Arien «ungemein zufrieden». Eine Nachricht, daß der russische Großfürst erst im November eintreffen soll, wird freudig begrüßt: «Also kann ich meine Opera mit mehr Überlegung schreiben!»

Zu Beginn des September hat Mozart ein neues Zimmer «auf dem Graben Nr. 1175 im 3. Stock» (heute Nr. 8), doch nur wenige Schritte von dem alten Logis, bezogen. Er konnte die Nähe der Weberschen Familie nicht mehr meiden. In dem Maße, als seine Arbeit an der «Entführung» weitergeschritten war, hatten sich die Fäden, die ihn für sein kurzes Leben mit der zweitjüngsten Tochter dieser sonderbaren Familie, der damals erst neunzehnjährigen Konstanze, verbinden sollten, unentwirrbar geknüpft.

29. KONSTANZE

«Guten Morgen, liebes Weibchen. Ich wünsche, daß Du gut geschlafen habest, daß Dich nichts gestört habe, daß Du nicht zu jäh aufstehest, daß Du Dich nicht erkältest, nicht bückst, nicht streckst, Dich mit Deinen Dienstboten nicht zürnst, im nächsten Zimmer nicht über die Schwelle fällst. Spar häuslichen Verdruß, bis ich zurückkomme. Daß nur Dir nichts geschieht!» (Zettel Mozarts an seine Frau, wie er solche frühmorgens der noch Schlafenden auf das Bett legte, wenn er ausging.)

Leopold Mozart hatte das Unheil geahnt, als sein Sohn in der kritischen Zeit des Konfliktes mit dem Erzbischof im «Auge Gottes» Zuflucht genommen hatte. Er trachtete, die Folgen des unüberlegten Schrittes durch den Befehl eines schleunigen Wohnungswechsels wiedergutzumachen. Wolfgang zögerte. Wahrscheinlich war es bereits zu spät.

Allerhand Gerüchte dürften nach Salzburg gedrungen sein. Aber noch am 25. Juli 1781 erklärte Wolfgang: «Wenn ich mein Lebtag nicht aufs Heiraten gedacht habe, so ist es gewiß itzt! Denn – ich wünsche mir zwar nichts weniger als eine reiche Frau – wenn ich itzt wirklich durch eine Heirat mein Glück machen könnte, so könnte ich unmöglich aufwarten, weil ich ganz andere Dinge im Kopf habe. Gott hat mir mein Talent nicht gegeben, damit ich es an eine Frau henke und damit mein junges Leben in Untätigkeit dahin lebe. Ich fange erst an zu leben und soll mir es selbst verbittern? Ich habe gewiß nichts über den Ehestand, aber für mich wäre er dermalen ein Übel. – Ich will auch nicht sagen, daß ich im Hause mit der mir schon verheirateten Mademoiselle trotzig sei und nichts rede. Aber verliebt auch nicht. Ich narriere und mache Spaß mit ihr – sonst weiter nichts. Wenn ich die alle heiraten müßte, mit denen ich gespaßt habe, so müßte ich leicht zweihundert Frauen haben.»

Wieweit Wolfgang mit solchen Versicherungen die Wahrheit sprach, läßt sich kaum feststellen. Tatsache bleibt, daß er mehrere Wohnungsangebote der Familien Mesmer und Aurnhammer ablehnte und ungeachtet der «Mäuler» weiterhin im Bannkreis der Weberischen verblieb. Mittlerweile kam der Opernauftrag. Es ist möglich, daß die alte Weber nun erst, in der Hoffnung auf eine halbwegs aussichtsreiche Partie, die verliebten Späße in einer Weise begünstigte, daß Mozart immer tiefer ins Garn geriet. Für die minder begabte Konstanze mochte ihr der bescheidene Musikant als Gatte gerade recht sein. Sie kannte die empfänglichen Stellen seiner Seele. Vor ihm behandelte sie das Mädchen schlechter als die anderen Töchter. Dies rührte sein gutes Herz über die Maßen. Als er zuletzt, «um fernere Verdrießlichkeiten zu vermeiden», das «commode» Heim der Weberischen verließ, band ihn Sehnsucht und Mitleid schon fester, als wenn er mit der Geliebten unter einem Dach geblieben wäre.

Mozart sah die Freundin mit einem gewissen Einschlag romantischer Philistrosität. Nicht mit der Leidenschaft des Künstlers, der vor ihrer ungleich bedeutenderen Schwester unter den Frühlingsschauern seiner Liebe gezittert hatte. Für Aloysia hatte Mozart eine Reihe herrlicher Arien geschaffen. Aber die Kompositionen für seine «cara consorte» sind größtenteils Fragmente geblieben.[162] Nicht mit einem Worte melden sich die schwungvollen Träume des Schwärmers, wenn der Sohn es wagt, dem Vater sein Geständnis mitzuteilen:

«Mein Bestreben ist unterdessen wenig Gewisses hier zu haben, dann läßt es sich mit der Hilfe des Unsichern ganz gut hier leben, und dann – zu heiraten! – Sie erschrecken vor diesem Gedanken? Ich bitte Sie aber, liebster, bester Vater, hören Sie mich an! Ich habe Ihnen mein Anliegen entdecken müssen, nun erlauben Sie auch, daß ich Ihnen meine Ursachen und zwar sehr gegründete Ursachen entdecke.

Die Natur spricht in mir so laut wie in jedem anderen. Und vielleicht lauter als in manchem großen starken Lümmel. Ich kann ohnmöglich so leben wie die meisten dermaligen jungen Leute. Erstens habe ich zu viel Religion, zweitens zu viel Liebe des Nächsten und zu ehrliche Gesinnungen, als daß ich ein unschuldiges Mädchen anführen könnte und drittens zu viel Liebe zu meiner Gesundheit, als daß ich mich mit Huren herumbalgen könnte. Daher kann ich auch schwören, daß ich noch mit keiner Frauensperson auf diese Art etwas zu tun gehabt habe.

Ich, der von Jugend auf niemalen gewohnt war, auf meine Sachen, was Wäsche, Kleidung und dergleichen anbelangt, acht zu haben, kann mir nichts Nötigers denken als eine Frau. Ich bin ganz überzeugt, daß ich mit einer Frau (mit dem nämlichen Einkommen, das ich allein habe) besser auskommen werde als so. Ein lediger Mensch lebt in meinen Augen nur halb. Ich hab halt solche Augen, ich kann nicht dafür. Ich habe es genug überlegt und bedacht – ich muß doch immer so denken.

Nun aber, wer ist der Gegenstand meiner Liebe? Erschrecken Sie auch da nicht, ich bitte Sie. – Doch nicht die Weberische? – Ja, eine Weberische! Aber nicht Josepha, nicht Sophie, sondern Constanza, die mittelste. Ich habe in keiner Familie solche Ungleichheit der Gemüter angetroffen wie in dieser. – Die älteste ist eine faule, grobe falsche Person, die es dick hinter den Ohren hat. Die Langin ist eine falsche, schlecht denkende Person und eine Coquette. Die jüngste ist noch zu jung, um etwas sein zu können. Ist nichts als ein gutes, aber zu leichtsinniges Geschöpf. Gott möge sie vor Verführung bewahren! Die mittelste aber, nämlich meine gute, liebe Constanze, ist die Marterin darunter und eben deswegen vielleicht die gutherzigste, geschickteste und mit einem Worte die beste darunter. Die nimmt sich um alles im Hause an – und kann doch nichts recht tun.

Sie ist nicht häßlich, aber auch nichts weniger als schön. Ihre ganze

Schönheit besteht in zwei kleinen schwarzen Augen und in einem schönen Wachstum. Sie hat keinen Witz, aber gesunden Menschenverstand genug, um ihre Pflichten als eine Frau und Mutter erfüllen zu können. Sie ist nicht zum Aufwand geneigt, das ist grundfalsch. Im Gegenteil ist sie gewohnt, schlecht gekleidet zu sein, denn das wenige, was die Mutter ihren Kindern hat tun können, hat sie den zwei anderen getan, ihr aber niemalen. – Das ist wahr, daß sie gern nett und reinlich, aber nicht propre gekleidet wäre. Und das meiste, was ein Frauenzimmer braucht, kann sie sich selbst machen. Und sie frisiert sich auch alle Tage selbst, versteht die Hauswirtschaft, hat das beste Herz von der Welt. Ich liebe sie und sie liebt mich von Herzen. Sagen Sie mir, ob ich mir eine bessere Frau wünschen könnte? – Das muß ich Ihnen noch sagen, daß damals als ich quittierte, die Liebe noch nicht war, sondern erst durch ihre zärtliche Sorge und Bedienung, als ich im Hause wohnte, geboren wurde. – Ich wünschte also nichts mehr, als daß ich nur etwas weniges Sicheres bekomme (wozu ich auch Gottlob wirklich Hoffnung habe), so werde ich nicht nachlassen, Sie zu bitten, daß ich diese Arme erretten – und mich zugleich mit ihr – und, ich darf auch sagen, uns alle glücklich machen darf. – Sie sind es ja doch auch, wenn ich es bin?» (15. Dez. 1781.)

Vater Mozart versuchte mit allen Mitteln der Überredung, den Sohn noch jetzt von dem verhängnisvollen Schritt abzubringen. Zu den Lebensgrundsätzen des reinlichen und bildungsstolzen Mannes stand die leichtsinnige, triebhafte, ungeistige Art der Weberischen in denkbar schärfstem Gegensatz. Willig schenkte Leopold daher den Ohrenbläsereien des Münchner Hofmusikers Peter Winter Gehör, der in seiner rüden Art Konstanze als «Luder» bezeichnete und Wolfgang geraten hatte, sich lieber eine Maitresse zu halten, statt sich mit der Heirat zu belasten. Aus Wolfgangs nervösen Antworten auf die leider verschollenen Briefe des Vaters[136] ist zu entnehmen, daß Leopold noch viel Belastendes gegen die alte Weber, ihre Neigung zum Trunk, Geldgier, Zanksucht, Unordnung und schlechte Gesinnung vorgebracht hatte. Doch Wolfgangs Starrsinn war auch diesmal nicht zu brechen. Bald sollte der Vater zu seinem Schrecken erfahren, daß für den Arglosen ein Zurück kaum mehr möglich war.

Frau Weber war keineswegs die Natur, von ihren einmal gefaßten Plänen ohne weiteres abzustehen. Sie witterte die gefährliche Gegnerschaft Leopolds. Mit bewundernswerter Schlauheit führte sie noch wirksamere Hilfskräfte ins Treffen. Am 22. Dezember erfährt der Vater von dem Einschreiten des Vormundes der Weberschen Töchter, Johann Thorwart[164]:

«Er kam, ich redete mit ihm. Das Resultat, weil ich mich nicht so deutlich explizierte, als er gewollt, daß er der Mutter sagte, mir allen Umgang mit ihrer Tochter zu verwehren, bis ich es schriftlich mit ihm ausgemacht habe. – Was blieb mir also für ein Mittel übrig? Eine schriftliche Legitimation zu geben oder das Mädchen zu lassen. Wer aufrichtig und solid liebt, kann der seine Geliebte verlassen? Kann die Mutter, kann die Geliebte selbst nicht die abscheulichste Auslegung darüber machen? Das war mein Fall. Ich verfaßte die Schrift also, daß ich mich verpflichte, in Zeit von drei Jahren die Mlle. Constance Weber zu ehelichen. Wofern sich die Ohnmöglichkeit bei mir ereignen sollte, daß ich meine Gedanken ändern sollte, so sollte sie alle Jahre 300 Gulden von mir zu beziehen haben. Ich konnte ja nichts Leichters in der Welt schreiben.»

Dieser Thorwart handelte offensichtlich in wohlüberlegtem Einvernehmen mit der Mutter. Seine problematische Erscheinung paßte vortrefflich zu dem Charakter des Weberschen Hauses. Als Sohn eines Bierleutgebs hatte er es vom Bedienten zum Logenmeister des Burgtheaters, später als Garderobeinspektor und Rechnungsrevisor des neugeschaffenen k. k. Nationaltheaters zum Adlatus des Intendanten Grafen Rosenberg gebracht und damit eine leitende Stellung errungen, die tatsächlich der eines Vizedirektors glich. Irgendwie kam er nebenbei auch zu bürgerlichem Wohlstand. 1793 vermochte er seine Erhebung in den Adelsstand durch Kaiser Franz II. durchzusetzen. Er galt als verbissener Feind der Italienerherrschaft im Theater und verstand es, Mozarts späterem Librettisten, dem kaiserlichen Theatraldichter Lorenzo da Ponte, empfindlich zuzusetzen. Nach oben liebedienernd, nach unten voll Anmaßung und Kälte, kam er hoch. Seine Geistesgaben waren keineswegs alltägliche. Ein gewisser Rückstand platter Gedanken und Gefühle kennzeichnet ihn jedoch deutlich als Arrivé aus den Niederungen der Gesellschaft. Durch das Obersthofmarschallamt, den Gerichtsstand für Hofbedienstete, war ihm nach dem Tode Fridolin Webers die Vormundschaft über dessen minderjährige Töchter übertragen worden. In dieser Eigenschaft und als Theaterbonze, mit dessen Wohlmeinung jeder Opernkomponist zu rechnen hatte, trat er nun zwischen die Liebenden. Für eine Verbreitung der Affäre in der Öffentlichkeit hatte er vorgesorgt. So erreichte er schnell und sicher, was er wollte: Mozart unterzeichnete bedingungslos das drückende Eheversprechen.

Es verschlug nichts mehr, daß Konstanze bald nachher das Schriftstück in einer vielleicht gutmütigen Aufwallung wieder zerriß. Mozarts angeborene Ehrenhaftigkeit fühlte sich dadurch nur fester gebunden.

Konstanzens Charakter ist nicht leicht zu fassen. Er schwankt begreiflicherweise im Urteile der Nachwelt. Zeitgenössische Wertungen von Brauchbarkeit sind uns kaum erhalten.

Als echte Weberische war sie in erster Linie ihrer triebhaft ungeistigen Veranlagung untertan und von den Eindrücken des Augenblicks abhängig. Sie wußte nicht abzuschätzen, was gut und was schlecht war. Immer empfing sie Richtung von den Einflüssen ihrer Umgebung. Darum konnte sie als Mozarts Frau niemals Ordnung in die mangelhafte Hauswirtschaft bringen. Ohne Linie, planlos in den Tag hineinlebend, wurde sie im Bannkreis ihres sorglosen Mannes noch sorgloser. Sie blieb unbekümmert um die tieferen Notwendigkeiten des Lebens. Trotzdem ist sie in der pedantischen Hand ihres zweiten Mannes Nissen eine recht brave Hausfrau und Mutter geworden. Man darf nicht vergessen, daß sie, als Mozart nach neunjähriger Ehe starb, noch nicht dreißig Jahre alt war.

Was ihr abging, war die Sehnsucht nach einer höheren geistigen Ebene. Sie hat wohl erst lange nach Mozarts Tod erfahren, mit wem sie verheiratet gewesen war. Und selbst dann erschaute sie nicht eine Spur des edleren Wesens von Mozarts Künstlerschaft. Sie liebte ihn in ihrer Art, als sein williges Spielzeug. Hin und wieder verfolgte sie ihn tüchtig mit der Eifersucht des erotischen Weibchens. Von seinen Seitensprüngen wußte sie und war bereit, alle «Stubenmädeleien» nachzusehen, solange sie ihrer körperlichen Reizmittel sicher war, die ihn von unverbindlichen Abenteuern immer wieder zu ihr zurückführten. Dagegen konnten sie ernstere Beziehungen ihres Mannes mit Frauen, deren geistige und künstlerische Überlegenheit sie spürte, maßlos in Harnisch bringen.

Die Phantastik seines Wesens hat sie nie begriffen. Sie scherzte und tanzte mit ihm aus Hinneigung zu den billigen Späßen des Alltagslebens, aus dem unbedenklichen Anpassungsvermögen ihres Wesens. Dabei dürfte ihr das große Kind doch wunderlich, beinahe läppisch erschienen sein. Denn im Tiefsten fehlte ihr jede Spur eines göttlichen Humors als Handhabe, in die Geheimnisse seiner Frohnatur auch nur oberflächlich einzudringen.

Die trockenen Dokumente ihrer Hand, Briefe und Tagebuchaufzeichnungen[165] aus späteren Jahren, verraten Nüchternheit und Beengtheit des Geistes. Nicht einen Hauch persönlicher Ursprünglichkeit, die den Schriftstücken einfacher Menschen oft einen Schimmer wirklicher Anmut zu verleihen imstande ist. Dabei verraten die Blätter aus ihren alten Tagen wieder eine gewisse Vertrautheit mit geschäftlichen Dingen, die auf Nissens Einfluß zurückgeht. Aber auch Hilfsbereitschaft und Gutmütigkeit, vielleicht die letzte Erinnerungsspur an Mozarts Seelengüte. Niederschläge musikalischer Eindrücke fehlen dagegen gänzlich – ein Zeichen, daß Konstanze, von mittelmäßigen gesanglichen Anlagen, bescheidenen pianistischen Kenntnissen und einer dazugehörigen musikantischen Kinderschulung abgesehen, ein tieferes Verhältnis zur Tonkunst nie besessen hat. Diese Erkenntnis wird durch die Tatsache nicht berührt, daß sie unter Mozarts Einfluß an ernster Musik durchaus Gefallen fand, bei musikalischen Hausveranstaltungen gerne teilnahm, zeitweilig sogar öffentlich als

Sängerin auftreten konnte. Die rein physische Begabung für das Tonliche scheint als Erbteil ihrer Familie brauchbar gewesen zu sein. Es wird berichtet, daß sie gut vom Blatt sang und dem Gatten bei Leseproben seiner Kompositionen oft zur Verfügung gestanden sei. Für die Laufbahn Aloysias fehlte ihr neben den besonderen stimmlichen Mitteln die zielsichere Beharrlichkeit und jeder Ehrgeiz. Es war wohl ihre traumhafte, mit Temperament reizvoll vermischte Indolenz als häufiges Merkmal stark sinnlicher Frauen, die Mozart seltsam anzog und ihm den Schimmer lieblicher Ergebenheit und freundlicher Hausmütterlichkeit vortäuschen konnte.

Tatsächlich entsprang dieser Anlage ein durch keinerlei Grundsätze gestörtes Anpassungsvermögen an die freizügige Lebensführung ihres Gatten. Mozart hatte um die Freiheit seiner Person und seiner Künstlerschaft einen langen Kampf siegreich bestanden. Daß er in Konstanze die Frau fand, die jenes seelische Grundbedürfnis am wenigsten störte, erschien ihm wertvoller als das himmlische Verständnis eines Wesens, das ihn als Hausmuse angeregt und dabei doch – wie Vater Leopold – am Gängelband geführt hätte. Konstanze hat sich als Spielkamerad, als munteres Objekt seiner menschlichen Bedürfnisse in jeder Beziehung bewährt. Niemals hat sie den schöpferischen Flug seines Wesens belastet.

Die Tatsache von Mozarts unerschütterlicher Anhänglichkeit rechtfertigt alle Schwächen Konstanzens. Im menschlichen Teil des Lebens war sie eine nette Weggenossin. Sie sah ihrem Gatten manches nach, wenn er mit schalkhafter Reumütigkeit beichtete, «denn er war zu gut». Wenn lustige Freunde, buntgemischt, ins Haus kamen, half sie als umtunliche Gastgeberin, die kein Spiel verdarb. Sie «drahte» fröhlich mit und ließ das Geld mit nicht minder leichtem Sinn aus den Händen wie ihr Mann. Seinen Stimmungen und Bedürfnissen wußte sie sich glücklich unterzuordnen. Oft erzählte sie dem Ermüdeten drollige Märchen, wenn er die Niederschrift von Kompositionen besorgte, die er im Kopf trug. Oder sie schnitt ihm bei Tische das Fleisch vor. Gerne nahm sie an seinen Spaziergängen und Ausflügen teil und ließ seine kindlichen Neckereien willig über sich ergehen. Wenn Not ins Haus kam, hat sie in ihrer Weise nicht viel Wesens daraus gemacht. So glich sie durch eine fröhliche Duldsamkeit ihre Unfähigkeit, wirtschaftliche Krisen zu verhindern, halbwegs wieder aus.

Mozart liebte seine Gattin mit ganzer Hingabe, mit der rücksichtsvollen Zartheit seines Herzens, wenn er es auch wahrscheinlich vermieden hat, sie ins Innerste seiner Seele blicken zu lassen. Er teilte mit ihr Sorgen und Plagen des kleinen Alltags und bemühte sich redlich, ihren flackernden Charakter in den Richtkreis seiner reinlichen Lebensgrundsätze zu bannen. Dafür umgab er sie mit seiner ganzen Heiterkeit und Güte. Er war ohne Unterlaß besorgt, ihre Stimmung durch keinerlei Ereignisse trüben zu lassen. Wenn sie kränkelte, was nur zu oft der Fall war, oder wenn sie in den Wochen lag, wurde er nicht müde, sie mit geradezu mütterlicher Fürsorge zu betreuen.

«So war es einmal», berichtete ihre Schwester, Sophie Haibl, «als sie schwer krank lag. Ich saß an ihrem Bette. Mozart auch. Er komponierte an ihrer Seite. Ich beobachtete ihren, nach so langer Zeit eingetretenen Schlummer. Stille hielten wir alle wie in einem Grabe, um sie nicht zu stören. Plötzlich trat ein rauher Dienstbote ein. Mozart erschrak aus Furcht, seine Frau möchte gestört werden, wollte winken, still zu sein, und rückte den Sessel rückwärts hinter sich weg, indem er gerade das Federmesser offen in der Hand hielt. Dieses spießte sich zwischen den Sessel und seinen Schenkel, so daß es ihm bis an das Heft in das dicke Fleisch ging. Er, der sonst wehleidig war, machte keine Bewegung, verbiß seinen Schmerz und winkte mir, ihm hinauszufolgen. Die Mutter verband ihn und stellte ihn durch Johannisöl wieder her. Obgleich er vor Schmerzen etwas krumm ging, machte er es doch so, daß seine Frau nichts erfuhr.»

So zärtliche Aufopferung hinderte Mozart freilich nicht, in künstlerischer, nicht selten auch in menschlicher Beziehung eigene Wege zu gehen. Dabei bewachte er seine Frau, deren Haltlosigkeit er kannte, mit eifersüchtiger Sorgfalt. Doch ist nicht nachzuweisen, daß Konstanze ihrem Manne in Ansehung der ehelichen Treue Gleiches mit Gleichem vergolten hat. Zu ernsten Ermahnungen hat sie allerdings oft Anlaß gegeben.

Schon als Bräutigam muß Mozart seinem Mädchen mit Bitterkeit vorwerfen, daß sie sich im Hause der Baronin Waldstätten bei einem Gesellschaftsspiel von einem «Chapeau» die «Waden messen» ließ. Und noch sieben Jahre später ermahnte er die Gattin aus Dresden, auf seine und ihre Ehre im Betragen Rücksicht zu nehmen. Im August 1789 muß er ihr in ähnlicher Sache eine recht erregte Epistel nach Baden bei Wien senden, wo sie allein zur Kur weilte.

Solch kleine Mißhelligkeiten waren indes nicht imstande, den unbefangenen Gang des ehelichen Verhältnisses in Unordnung zu bringen. Wir wissen von keiner dauernden Trübung der gegenseitigen Beziehungen. Mozart trug sein leichtgefügtes Ehejoch mit der stillen Heiterkeit und Ritterlichkeit seines Herzens. Es wäre ein Unrecht, wollte man seine Ehe als unglücklich bezeichnen.

Nun, da die alte Weber den arglosen Künstler in sicheren Banden wußte, änderte sie mit einem Male ihr Benehmen gegen ihren künftigen Schwiegersohn. Die freundliche Tünche hausmütterlicher Fürsorge fiel von dieser Frau mit den harten Zügen plötzlich ab. Sie begann Mozart mit Zänkereien zu quälen, wie sie es vorher auch mit Aloysias Bräutigam, Joseph Lange, versucht hatte. Die Mißhelligkeiten im «Auge Gottes» wurden von Tag zu Tag unleidlicher. Konstanze stand zwischen den Parteien; mit ihrem Herzen wohl schon bei dem Bräutigam, aber der Mutter in seiner Abwesenheit auf Gnade und Ungnade ausgeliefert.

In dieser Not erbarmte sich eine Gönnerin Mozarts, die Baronin Waldstätten, des gequälten Mädchens und nahm sie im Juli 1782, sehr gegen den Widerstand der alten Weber, zu sich. Konstanze hatte schon zu Ende des Jahres 1781 einen Monat lang als Pflegerin während einer Krankheit bei ihr geweilt. Die Baronin, eine freizügige, daseinslustige Frau, lebte von ihrem Mann getrennt und erfreute sich nicht gerade des besten Rufes. Als passionierte Klavierspielerin war sie Mozart ehrlich zugetan und erwies ihm solche Gefälligkeiten mit Freuden. Um so lieber, als Frauen ihres Schlages an derlei Protektion immer eine gewisse pikante Befriedigung empfinden. Mozart folgte der Entwicklung der Angelegenheit mit zwiespältigen Gefühlen. Der Baronin von Herzen dankbar, konnte er sich der Erkenntnis des zweifelhaften Schutzes von Konstanzens Integrität in solch lockerer Umgebung nicht verschließen. Wiederum trieb nun die zielbewußte Faust der alten Weber die Sache zur Entscheidung. Sie mobilisierte neuerdings den Vormund und drohte, ihre Tochter «absolument mit der Polizei abholen zu lassen». Es war um die Zeit, da die «Entführung» im Burgtheater zum ersten Male in Szene gegangen war. «Ich bitte Euer Gnaden um dero wohlmeinenden Rat und – uns armen Geschöpfen an die Hand zu gehen», fleht Mozart in seiner Bedrängnis die Baronin an. «Darf denn hier die Polizeiwache gleich in jedes Haus? – Vielleicht ist es auch nur ein Locknetz, um sie nach Hause zu bringen. – Wenn das aber geschehen könnte, so wüßte ich kein besser Mittel, als die Konstanze morgen frühe, wenn's sein kann, heute noch zu heiraten. Denn dieser Schande möchte ich meine Geliebte nicht aussetzen. Und meiner Frau kann das nicht geschehen. – Die Konstanze weiß noch von nichts. – War Herr von Thorwart bei Ew. Gnaden? – Ist es nötig, daß wir zwei heute nach Tisch zu ihm gehen?»

Nun wendet er sich mit rührenden Worten an den Vater um die Zustimmung zu dem entscheidenden Schritte: «Ich muß Sie bitten, um alles in der Welt bitten: Geben Sie mir Ihre Einwilligung, daß ich meine liebe Konstanze heiraten kann! Glauben Sie nicht, daß es um des Heiraten wegen allein ist! Wegen diesem wollte ich noch gerne warten. Allein ich sehe, daß es meiner Ehre, der Ehre meines Mädchens und meiner Gesundheit und Gemütszustandes wegen unumgänglich notwendig ist. Mein Herz ist unruhig, mein Kopf verwirrt. Wie kann man da was Gescheites denken und arbeiten? – Wo kommt das her? – Die meisten Leute glauben, wir sind schon verheiratet, die Mutter wird darüber aufgebracht und das arme Mädchen wird samt meiner zu Tode gequält. Diesem kann so leicht abgeholfen werden. Glauben Sie mir, daß man in dem teuren Wien so leicht leben kann als irgendwo, es kommt nur auf Wirtschaft und Ordnung an. Die ist bei einem jungen, besonders verliebten Menschen nie. Wer eine Frau bekommt, wie ich eine bekomme, der kann gewiß glücklich sein. Wir werden ganz still und ruhig leben und doch vergnügt sein. Und sorgen Sie sich nicht! Denn sollte ich, Gott bewahre, heute krank sein, so wollte ich wetten, daß mir die ersten der Noblesse einen großen Schutz geben würden. Das kann ich mit Zuversicht sagen. Ich weiß, was der Fürst Kaunitz zum Kaiser und Erzherzog Maximilian von mir gesprochen hat. – Ich erwarte mit Sehnsucht Ihre Einwilligung, mein bester Vater. Ich erwarte sie gewiß, meine Ehre und mein Ruhm liegt daran!» (27. Juli 1782.)

Der Vater jedoch war nicht umzustimmen. Auch Nannerl, durch kleine Geschenke und einen unbeholfenen Brief Konstanzens versöhnlicher denkend, vermochte nichts daran zu ändern. Nicht einmal der große Erfolg der «Entführung» vermochte dem Erzürnten ein freundliches Wort abzulocken. Die ihm verehrte Partitur der Oper legte er unbeachtet beiseite. Wolfgang wartet vergeblich auf Entscheidung. Auch ein zweiter Brief bleibt wirkungslos. Im letzten Augenblick versucht die Baronin Waldstätten bei dem unerbittlichen Vater zu vermitteln. Inzwischen schreitet der Sohn, wie schon einmal, zur Selbsthilfe. Die glänzende Aufnahme der «Entführung» durch das Wiener Publikum verhieß eine glückhafte Zukunft und zerstreute die letzten Bedenken.

Am 3. August 1782 unterfertigte Mozart den Ehevertrag auf Gütergemeinschaft. Die Beschaffung des zum Konsense nötigen Heiratsgutes von 1500 Gulden und den Aufwand der Hochzeitsfeierlichkeiten hatte die Baronin Waldstätten übernommen. Am 4. August fand die Trauung in der Stephanskirche statt. Erst einen Tag später langte die Einwilligung des Vaters mit einem Glückwunschschreiben Nannerls ein.

«Als wir zusammen verbunden wurden, fing sowohl meine Frau als ich an zu weinen. Davon wurden alle, sogar der Priester, gerührt und alle weinten, da sie Zeuge unserer gerührten Herzen waren. – Unser ganzes Hochzeitsfestin bestund aus einem Souper, welches uns die Frau Baronin von Waldstätten gab, welches in der Tat mehr fürstlich als baronisch war. Nun freuet sich meine liebe Konstanze noch hundertmal mehr, nach Salzburg zu reisen! Und ich wette, – ich wette, Sie werden sich meines Glückes erfreuen, wenn Sie sie werden kennen gelernt haben!» (An den Vater, 7. August 1782.)

Das neuvermählte Paar bezog eine bescheidene Wohnung im zweiten Stocke des Hauses «Zum roten Säbel» auf der «Hohen Brücke» Nr. 387 (heute Wipplingerstraße Nr. 25). In diesem Hause hatte Mozart schon als zwölfjähriger Junge mit seinen Eltern gewohnt. Aber schon im Dezember desselben Jahres übersiedelte man einige Schritte weiter in den dritten Stock des kleinen Herbertsteinschen Hauses, «Hohe Brücke» Nr. 412

(heute Wipplingerstraße Nr. 17), zu dem Baron von Wetzlar[166]. Das gespannte Verhältnis zu Konstanzens Mutter sollte erst durch die Geburt des ersten Sohnes, Raymund (17. Juni 1783), ein Ende finden. Als Konstanze in den Wehen lag, ließ Mozart die alte Frau Weber holen, und sie stand ihr bei der Geburt bei. «Meine Schwiegermutter bringt nun alles das Üble, was sie ihrer Tochter ledigerweise zugefügt hat, nun wieder mit allem Guten herein.»

Von diesem Augenblicke an besserten sich die Beziehungen zusehends. Als Frau Weber nach der Verheiratung ihrer Tochter Josepha mit der jüngsten, Sophie, allein geblieben, eine kleine Wohnung in der Wiedner Vorstadt bezogen hatte, kam Mozart selten zu Besuch, ohne ein kleines Geschenk, ein Päckchen Kaffee oder Zucker mitzubringen. In seiner letzten Krankheit erwies sie dem Sterbenden noch allerhand sorgsame Freundlichkeiten. Am 22. August 1793 ist diese merkwürdige und dämonische Erscheinung in Mozarts Leben, 66 Jahre alt, im Freihause auf der Wieden «am Lungenbrand» gestorben.

Nicht so gut löste sich die Spannung Mozarts und seiner Gattin zu Vater Leopold und der Schwester. Ein Besuch der Jungvermählten in Salzburg mußte durch mancherlei Umstände immer wieder aufgeschoben werden. Endlich konnte das Paar Ende Juli 1783 seine Zusage erfüllen, nachdem zuletzt auch Wolfgangs Befürchtungen vor einem Racheakt des Erzbischofs aus dem Wege geräumt waren. Die Aufnahme im Vaterhause war nicht unfreundlich, aber kühler, als man voraussetzen konnte. Konstanze verstand weder das Herz des Schwiegervaters noch das Zutrauen ihrer Schwägerin zu gewinnen. Auch Wolfgang fand nicht mehr die alte Vertraulichkeit. Es enttäuschte ihn schwer, daß man seine Frau nicht einmal mit einigen seiner Jugendgeschenke erfreuen wollte.

Als Nannerl im August 1784 zu ihrem Eheherrn, Johann von Berchtold zu Sonnenburg, nach St. Gilgen übersiedelt war, blieb der Vater in dem einsam gewordenen Hause auf dem Hannibalplatz allein zurück. Nur die Dienstmagd Thresel war ihm aus glücklicheren Zeiten verblieben. Im Februar 1785 erwidert er mit seinem Schüler Heinrich Marchand den Besuch des Sohnes in Wien, wo er bis Ende April verblieb. Damals stand Wolfgang im Zeichen allgemeiner Beliebtheit und steigender Erfolge. Es ist kein Wunder, daß dem Vater jetzt sogar der Haushalt «im höchsten Grade ökonomisch» vorkam. Ja selbst bei Frau Weber fühlt er sich behaglich und rühmt die gute Küche. Er genießt in den musikalischen Kreisen Wiens mit Stolz das Ansehen seines Sohnes. Sein kleiner Enkel Karl, Wolfgangs zweiter Sohn, erfreut sich der großväterlichen Huld. Fast hatte es damals den Anschein, als wollte der alte Starrkopf die unfreundlichen Ereignisse der Vergangenheit vergessen. Allein bald nach der Rückkehr in die Salzachstadt legte er die wohlmeinende Gesinnung wieder beiseite. Besonders seit er Nannerls Erstgeborenen, den kleinen Leopold, im Juni 1785 in sein Haus aufgenommen hatte.

Dieses Kind erfüllte ihn so sehr, daß er dem Ansinnen Wolfgangs, die Kinder anläßlich einer geplanten Reise nach England in Salzburg unterzubringen, nur schroffe Ablehnung entgegensetzte. Zum zweiten Male versuchte der Greis in traumhafter Erinnerung an die fröhliche Kindheit seines «Wolferl», der ihm fremd und unbegreiflich geworden war, die noch schlummernden Sinne seines Enkels zur Musik zu wecken. Mit Rührung verfolgte er, wie das kleine Wesen gleich dem geschicktesten Klavierspieler die Händchen «mit der proportioniertesten Ausspannung und Biegung der Finger» auf die Tasten legt oder fröhlich aufhorcht, wenn Großvater mit dem Schlüssel an metallene Leuchter klopft. Allein Leopold ist kein Wunderkind, kein schöpferischer Geist, nur ein braver Landwehroffizier und Zollbeamter geworden. Nicht ein Hauch künstlerischer Begabung ruhte in seiner Seele. Doch hat das Schicksal dem beharrlichen Lehrmeister jede Enttäuschung freundlich erspart. Als das Kind sein zweites Lebensjahr vollendete, hatte das müde Herz des alten Mannes schon seinen letzten Schlag getan.

30. DIE ENTFÜHRUNG AUS DEM SERAIL

> «Ein gewisser Mensch namens Mozart in Wien hat sich erdreistet, mein Drama ‹Belmont und Constanze› zu einem Operntext zu mißbrauchen. Ich protestiere hiermit feierlichst gegen diesen Eingriff in meine Rechte und behalte mir weiteres vor. Christoph Friedrich Bretzner, Verfasser des Räuschchen.» (Leipziger Zeitung, 1782)

Ein zartes, uraltem Lichtmythos entstammendes Liebesmärchen zweier Blütenseelen, die Sage von Flos und Blancflos[167], Blume und Weißblume, hat ein niederrheinischer Dichter um 1170 aus dem Französischen übersetzt und schlicht erzählt. Sie ist seither nicht aus der Literatur der europäischen Kulturwelt verschwunden. Franzosen, Spanier, Italiener und Deutsche haben sich mit dem reizvollen Stoff beschäftigt. Wir finden ihn in dem Roman «Filicolo» von Boccaccio wieder. Um die Mitte des 19. Jahrhunderts hat ihn Coussemaker zu Dünkirchen als flämisches Volkslied mit einer wundervollen altertümlichen Melodie aufgezeichnet.

Flos, der Sohn eines morgenländischen Königs, ist der Jugendgespiele von Blancflos, der Tochter einer gefangenen Gräfin der Auvergne. Schon in der Wiege lieben die beiden Kinder einander. Als der Prinz heranwächst, mißbilligt der König die leidenschaftliche Zuneigung seines Sohnes zu dem Mädchen und schickt ihn in die Fremde. Blancflos wird durch Kaufleute an den Sultan von Babylon verkauft. Flos kommt auf der Suche nach der Geliebten glücklich dahin. Er besticht den Pförtner des Harems und gelangt in einem Korbe, unter Blumen verborgen, in das Gemach der Blancflos. Das Mädchen ist unaussprechlich entzückt, als der rosenfarben gekleidete Jüngling der blühenden Umhüllung entsteigt, und hält ihn mit Hilfe einer treuen Freundin verborgen. Einmal aber findet sie der Sultan in den Armen ihres Geliebten eingeschlafen. In höchstem Zorne befiehlt er ihre Verbrennung. Flos und Blancflos besitzen einen Zauberring, der die Kraft willkürlicher Entfernung besitzt. Allein sie wollen gemeinsam sterben, da keiner von beiden den Ring allein benützen möchte. So werfen sie das Kleinod weg. Der Sultan, durch einen Ritter von der rührenden Aufopferung des Liebespaares unterrichtet, gibt edelmütig die Gefangenen frei und läßt sie in das Vaterland des Flos zurückkehren. Glücklich vereint sterben beide, hundert Jahre alt, an demselben Tage. Der Sage nach sind sie die Eltern der Gemahlin Pippins, mithin die Großeltern Karls des Großen gewesen.

Vielleicht hat der Leipziger Kaufmann Christoph Fr. Bretzner (1748 bis 1807), der einen umfassenden Spürsinn in der Auswahl seiner beliebten Stoffe besaß, auch jenes Märchen im morgenländischen Gewande gekannt. Das Buch seines Singspiels «Belmont und Constanze» beweist eine geschickte Anpassung an den Modegeschmack der Zeit.

Es gehört in das damals beliebte Gebiet der Türkenstücke[168]. Seit Beginn der kriegerischen Verwicklungen mit dem Abendland hat jenes Erobererervolk nicht mehr aufgehört, in der europäischen Literatur eine wichtige Rolle zu spielen, wie seinerzeit die Araber in den Heldengeschichten des Mittelalters. Das heimliche Grauen vor den Muselmanen und ihren so mordlustigen wie prunkliebenden Sultanen hat Dichtern, Lesern und Zuhörern eine nicht minder angenehme Freude bereitet als die farbige Exotik des Milieus. Wir finden den Türken um die Mitte des 15. Jahrhunderts in einem Nürnberger Fastnachtsspiel, in den Haupt- und Staatsaktionen des 17. Jahrhunderts, 1689 in der venezianischen Oper, seit Scarlattis «Tamerlano» auch der neapolitanischen Seria und Buffa wie der französischen und englischen Bühne wohlvertraut, als groteske Figur in Stegreifspielen, Pantomimen und komischen Opern gerne verwendet.

In der Aufklärungszeit wandelt sich die barbarische Charakterzeichnung des Türken gerne zu einem edlen, großmütigen Idealbilde. Seit Rousseau und den kulturpolitischen «Lettres persanes» Montesquieus (1721) war es Mode geworden, Mißstände im eigenen Lande im Spiegel einer angeblich vollkommeneren Lebensart märchenhaft ferner Länder vergleichend zu erkennen. Die heitere Gestalt des Mimus, die als oft geprellter Kadi, hanswurstiger Diener des Sultans oder Haremswächter die komische Türkenoper beherrscht, tritt als wirksamer Gegenspieler jener humanen Figur schon in Bostels Hamburger Oper «Cara Mustapha» aus der Zeit der zweiten Wiener Türkenbelagerung (1683) auf. Sie kehrt in Jomellis «Schiava liberata» (1768), dem wahrscheinlich unmittelbaren Vorbild der «Entführung», wieder und belebt die inhaltsverwandte Operette «The Sultan or a Peep into the Seraglio» des Engländers Bickerstaffe (1769). Als «Osmin» erhält die beliebte Charge in Mozarts lebensprühender Gestaltung ihre klassische Prägung.

Neben den letztgenannten Stücken könnten noch Glucks «Rencontre imprévue» («Die Pilgrime von Mekka», 1764), Joseph Haydns Giocosa «L'Incontro improviso» (1775) und Christian Gottlob Neefes «Adelheid von Veltheim» (1780) bei der «Entführung» Pate gestanden sein. Sehr deckt sich in mancher Beziehung die Handlung aller dieser Werke. In Neefes[169] Singspiel fehlt auch der Haremswächter Mehmet nicht, ein farbloser Kollege unseres Osmin. Auf gemeinsame Züge in Mozarts unvollendeter Operette «Zaide» und in seinem späteren Meisterwerk wurde bereits hingewiesen.

Schon Bretzner hat mit geschickter Hand sein Buch von störenden Nebenhandlungen und Episoden älterer Vorlagen befreit. Das Spiel führt die einfache, nur zum Gemüte sprechende Fabel unter Verzicht auf jede kräftige Bühnenaktion sicher ans Ziel:

Der spanische Edelmann Belmonte findet seine von Seeräubern gefangene Braut, Constanze, mit dem Kammermädchen Blonde und seinem Diener Pedrillo im Serail des türkischen Bassas Selim, der sich vergeblich um Constanzes Gunst bewirbt. Es gelingt Belmonte nach Überlistung des auf Blondchen eifersüchtigen Aufsehers Osmin, die Geliebte zwar glücklich aus dem Hause des Bassa zu bringen, allein die Flüchtigen werden eingeholt und wieder vor Selim gebracht.

Bis hierher folgt die Neubearbeitung Mozart-Stephanies dem Zuge der Handlung in Bretzners Vorlage. Nun aber vollzieht sich unter dem Einflusse des Humanitätsideals, das gerade in Wien durch Joseph II. besondere Förderung fand, die entscheidende Wendung. Bei Bretzner erkennt Selim in Belmonte den eigenen Sohn. Der Knoten löst sich willig und mühelos. Bei Mozart aber wird Belmonte als Sohn eines unerbittlichen Feindes entdeckt, der ehedem den Bassa aus der Heimat vertrieben und zum Renegaten gemacht hatte. Trotzdem verzeiht Selim edelmütig dem Paare und entläßt es mit allen guten Wünschen in die Heimat.

Die Nähe von Lessings Sultan Saladin und Goethes König Thoas ist hier unverkennbar. Auch Metastasio hat seine großmütigen königlichen Heldenväter mit ähnlichen Zügen verzeihender Größe ausgestattet.

Was Mozart vor allem kümmerte, war die musikdramatische Brauchbarkeit des Stoffes, der «Plan», nicht der literarische Wert des Buches. Dessen Schwächen erkannte er mit scharfem Blick und versuchte manchmal, sie zu tilgen, ohne ihnen jedoch die Bedeutung einer Hauptsache einzuräumen. Im Gegensatz zu Gluck blieb er der Verfechter unbedingter Vorherrschaft des *musikalischen* Antriebs auf der Gesangsbühne. Freilich unter wesentlichen Voraussetzungen:

«*Bei einer Opera muß schlechterdings die Poesie der Musik gehorsame Tochter sein.* – Warum gefallen denn die welschen komischen Opern überall? Mit all dem Elend, was das Buch anbelangt? Weil da ganz die Musik herrscht und man darüber alles vergißt. – Um so mehr muß ja eine Opera gefallen, wo der Plan des Stückes gut ausgearbeitet, die Wörter aber nur bloß für die Musik geschrieben sind und nicht hier und dort einem elenden Reime zu gefallen, die doch, bei Gott, zum Wert einer theatralischen Vorstellung, es mag sein, was es wolle, gar nichts beitragen, wohl aber eher Schaden bringen, Worte setzen oder ganze Strophen, die des Komponisten seine ganze Idee verderben. Verse sind wohl für die Musik das Unentbehrlichste. Aber Reime des Reimes wegen das Schädlichste. – Die Herren, die so pedantisch zu Werke gehen, werden immer mitsamt der Musik zugrunde gehen. – Da ist es am besten, wenn ein guter Komponist, der das Theater versteht und selbst etwas anzugeben imstande ist, und ein gescheiter Poet als ein wahrer Phönix zusammenkommen. Dann darf einem vor dem Beifalle der Unwissenden auch nicht bange sein. – Die Poeten kommen mir fast vor wie die Trompeter mit ihren Handwerkspossen. Wenn wir Komponisten immer so getreu unsern Regeln, die damals, als man noch nichts Besseres wußte, ganz gut waren, folgen wollten, so würden wir ebenso untaugliche Musik, als sie untaugliche Bücheln verfertigen.»

Diese bedeutungsvollen Worte schrieb Mozart seinem Vater mitten in der Arbeit an der «Entführung». Sie geben den Schlüssel seiner höchst persönlichen, durchaus bewußten Einstellung zu den Grundproblemen der Oper. Die Unbrauchbarkeit der marktgängigen Librettisten – sie hängen wie die Trompeter an gedankenlos erlernten Handwerkspossen einer stumpfen Tradition – erfordert die beherrschende Mitarbeit des Tonkünstlers am Aufbau des Opernwerkes. Aber eines wirklichen Meisters, «der das Theater versteht und selbst etwas anzugeben imstande ist». Wenn sich unter solchen Voraussetzungen Poet und Komponist in wahrem Verständnis die Hände reichten, wären die glücklichsten Vorbedingungen des Opernschaffens gegeben. In dieser Beziehung steht Mozarts Forderung dem Wagnerschen Ideal einer Vereinigung beider schöpferischen Pole in der Person des «Dichterkomponisten» gar nicht ferne.

Weder Bretzner noch Stephanie waren allerdings die «gescheiten Poeten» Mozarts. Aber Stephanie besaß die gute Eigenschaft, sich von Mozart, der einmal an der «in dem Stücke selbst sich befindlichen Idee» Feuer gefangen hatte, gründlich beraten zu lassen. Dieser Willfährigkeit seines dichterischen Handlangers sah Mozart gerne die literarischen Mängel des Buches und das Elend der Verse nach. Gleich zu Beginn der Arbeit ist er mit Feuereifer an der Ausgestaltung und Verbesserung des «Büchels» beteiligt:

«Die Oper hat mit einem Monolog angefangen, und da bat ich Herrn Stephanie, eine kleine Ariette daraus zu machen und daß, anstatt daß nach dem Liedchen des Osmin die zwei zusammen schwätzen, ein Duo daraus würde. Da wir die Rolle des Osmin Herrn Fischer zugedacht, welcher gewiß eine vortreffliche Baßstimme hat, so muß man so einen Mann nutzen. – Dieser Osmin hat aber im Originalbüchel das einzige Liedchen zu singen und sonst nichts außer dem Terzett und Finale. Dieser hat also im ersten Akt eine Aria bekommen und wird auch im zweiten noch eine haben. Die Aria hab' ich dem Herrn Stephanie ganz gegeben und die Hauptsache der Musik davon war schon fertig, ehe Stephanie ein Wort davon wußte.»

Die «Ariette» Belmontes zu Beginn der Oper (Nr. 1) entwächst unmittelbar der Ouvertüre. Ihr Thema ist der c-moll-Gedanke aus deren Mittelsatz, aber in die warme Zuversicht des gleichnamigen Dur gewandelt. Zum klingenden Leben seelenvoller Musik geweckt, wird die knappe Szene in Verbindung mit dem märchenhaften Treiben des Vorspiels zur vollkommenen Exposition der poetischen Grundlinie des Singspiels und seiner männlichen Hauptfigur. Belmonte ist der würdige Vertreter des deutschen Liebhaberideals der Wertherzeit. Feurig, empfindsam, hochherzig und wagemutig, ein verkleideter Prinz beinahe, aus der romantischen Perspektive des bürgerlichen Nationaltheaters gesehen. Nach langer Irrfahrt steht er vor dem heiß ersehnten Ziele. In den schlichten Takten des einfachen Liedes enthüllt sich sein Wesen. Es ist die Liebe, eine reine, edle, innige Liebe, die Liebe, deren endgültiger Sieg über ihre Zerrbilder den ethischen Grundgehalt des einfachen Spieles ausmacht.

Mit zwingender Konsequenz ergab sich für den Dramatiker die Notwendigkeit einer starken Gegenfigur. Die Anregung entsprang bezeichnenderweise der künstlerischen Leistung eines *Darstellers.* Die vielgeübte Praxis Mozarts, der Gesangskunst eines Sängers die Rolle auf den Leib zu schreiben, hat nun eine wunderbare Vertiefung erfahren. Aus dem lebendigen Gesamteindruck eines famosen Bühnenkünstlers wird der Impuls zu dem prachtvollen Kerl Osmin gewonnen. Dieser wahre Torwächter an der Schwelle echten Menschentums im Musikdrama stellt die großartige Läuterung einer phantastischen Hanswursttype des alten Mimus zum unsterblichen Protagonisten aller Poltergeister der heiteren Oper dar.

Die Arie, die Osmins Wesen bis in die letzten Falten seiner Seele enthüllt (I. Akt, Nr. 3), der gewaltige Anhieb einer neuen, realistischen Opernkunst, ist «in der Hauptsache der Musik» schon fertig, ehe noch ein Wort des Textes da war.

Die nachträgliche Poesie Stephanies fand Mozart «dem Charakter des dummen, groben und boshaften Osmin ganz angemessen». Die Musik durchläuft alle Register der vitalen Gefühlsäußerung einer grotesk tierhaften Seele: blödes Selbstbewußtsein, Prahlerei, gallige Bosheit und den primitiven Sadismus zügelloser Triebmenschen. Um die Wirkung zu steigern, hat Mozart dem regelrechten Schlusse noch eine wilde Stretta angehängt. «Der Zorn des Osmin wird dadurch in das Komische gebracht, weil die türkische Musik ‹große Trommel, Becken und Triangel› dabei angebracht ist. – Das ‹Drum beim Barte des Propheten etc.› ist zwar im nämlichen Tempo, aber mit geschwinden Noten. Und da sein Zorn immer wächst, so muß – da man glaubt, die Aria sei schon zu Ende – das Allegro assai in einem andern Zeitmaß und in einem andern Ton eben den besten Effekt machen. Denn ein Mensch, der sich in einem so heftigen Zorn befindet, überschreitet alle Ordnung, Maß und Ziel. Er kennt sich nicht. So muß sich auch die Musik nicht mehr kennen. Weil aber die Leidenschaften, heftig oder nicht, niemals bis zum Ekel ausgedrückt sein müssen und die Musik auch in der schaudervollsten Lage das Ohr niemals beleidigen, sondern doch dabei vergnügen muß, folglich allzeit Musik bleiben muß, so habe ich keinen fremden Ton, sondern einen befreundten dazu, aber nicht den nächsten, d-Minor, sondern den weitern, a-Minor, gewählt.» Mozarts nach heutigen Begriffen überaus diskrete Formel zur musikalischen Darstellung erregter Leidenschaft geht nach den ästhetischen Grundsätzen des 18. Jahrhunderts sehr weit. Jedenfalls ließ die starke Realistik der Arie alle ähnlichen Versuche der zeitgenössischen Opernproduktion weit hinter sich.

Schon in dem Auftrittsliedchen des Osmin (Nr. 2) blitzte die wilde Dämonie des bärenhaften Urwesens durch die schlichte Mollweise eines scheinbar harmlosen, landläufigen Volksliedes. Ein wirksamerer Kontrast zu Belmontes innigem Sehnsuchtsgesange als dieses von schwüler Sinnlichkeit ganz erfüllte Liebesliedchen, das Osmin einem Mädchen abgelauscht haben könnte, ist kaum denkbar.

Aus solchen Grundbildern wird Osmins Charakter mit genialer Folgerichtigkeit weiterentwickelt. Hin und wieder blinzelt gallige Philisterschwere, ja ein geheimer Drang zu gemütlicher Seßhaftigkeit durch die wütenden Gebärden des Leichtgereizten. Im Duett mit Blondchen (II. Akt, Nr. 9) versucht er seine Tatzen an den scharfkralligen Katzenpfötchen der resoluten Zofe. Seine tolpatschige Nachgiebigkeit, seine kläglichen Versuche zu imponieren und die schließliche Niederlage vor dem gewandten Weibchen – ein uraltes Motiv des Mimus – vermögen fast Sympathien für den Rohling zu erwecken. Daß er immer wieder unterliegt, will das ungeschriebene Gesetz der volkstümlichen Komödie. Der furchtsame Pedrillo überlistet ihn mit Hilfe des Weines. Das orgiastische «Saufduett per gli Signori Viennesi» (II. Akt, Nr. 14) öffnet wieder in prächtiger Steigerung alle Schleusen seiner derbsinnlichen Handgreiflichkeit. Auch in dem Schlußterzett des ersten Aktes (Nr. 7) vermag der «grobe Flegel und Erzfeind von allen Fremden» trotz wütenden Lärmens nicht zu verhindern, daß Belmonte mit Pedrillos Hilfe als angeblicher Baumeister im Hause des Bassa Aufnahme findet. Plumpe Rachgier lauert sprungbereit. Sie entlädt sich zu einem wahrhaft triumphalen Glückstaumel, als Osmin die vier Ausreißer nach dem vereitelten Entführungsversuch wieder in Händen hat. Die große Arie des dritten Aktes (Nr. 19) zeigt nochmals die Summe seines unvergleichlichen Charakterbildes in neuem Licht. Maßlose Befriedigung über seinen Erfolg öffnet seiner Phantasie neue Ventile. Imponierende Naturgewalt, wilde Dämonie, Philistrosität und groteske Lächerlichkeit stehen in diesem Erguß unmittelbar nebeneinander. Das freundliche Bild eines erquickenden Strangulierens der ertappten Opfer drängt sich immer wieder in den wollüstigen Gedankengang des Triumphierenden. Mit genialem Kunstgriff hat Mozart die Rondoform gewählt. – In den Zwischensätzen wechselt behagliche Zufriedenheit des aufgestörten Spießbürgers, der wieder seine

Ruhe hat, mit plumper Siegeswildheit, träger Selbstbespiegelung und lauernder Bereitschaft vor neuen Ereignissen.

Osmins Abgang im Schlußensemble der Oper (Nr. 21) stellt ihn nochmals als den ganzen Kerl hin, der er ist. Sein Prinzip ist unterlegen, einmal allerdings nur. In dem lächerlichsten Augenblicke seines Bühnendaseins wird Osmin zum drohenden Symbol des ewigen Widerstandes alles Triebhaften gegen Moral und herkömmlich gebändigte Sitte. Sein Herr hat gegen alles Erwarten edelmütig verziehen. Reine Liebe hat diesmal den Sieg davongetragen. Die anderen singen im gewohnten Rundgesang des Vaudeville ihre ergebene Dankesstrophe. Nur Osmin hält nicht mit. Ein prächtiger Einfall Mozarts läßt ihn anfangs zwar in die Weise der anderen miteinstimmen. Schnell aber reißt ihn eine stärkere Urnatur aus dem sentimentalen Geleise. Die wilde Stretta seiner ersten Arie sprudelt nun hemmungslos über das typische Schlußtableau allgemeiner Rührung: «Erst geköpft, dann gehangen!» Er ist der Alte geblieben. Aus dieser Unverbesserlichkeit leuchtet eine höhere Ironie von Nestroyscher Schärfe. Es ist der lächelnde Ewigkeitsblick des großen Realisten Mozart über Konvention und Moral, ja selbst über den Leitgedanken seines hohen Liedes von der reinen Liebe hinweg in die Abgründe der menschlichen Seele.

Das ruhige Feuer Belmontes mit der beseelten Linienführung und Klangfarbe seiner Arien ist überall, sozusagen auch räumlich, in geschicktes Widerspiel zu den wilden Ergüssen des Triebmenschen Osmin gestellt. Der ersten Arie Osmins folgt Belmontes große Arie (I. Akt, Nr. 4), seiner letzten das verklärte Duett Belmontes und Constanzes (III. Akt, Nr. 20), dem ausgelassenen «Saufduett» aber die zweite Arie Belmontes (II. Akt, Nr. 15), ein herzlicher Lobgesang auf die Seligkeiten der Liebe.

«Nun die Aria von Belmont in A-Dur [Nr. 4], ‹O, wie ängstlich, o, wie feurig›, wissen Sie, wie es ausgedrückt ist. Auch ist das klopfende, liebevolle Herz schon angezeigt – mit 2 Violinen in Oktaven. Dies ist die Favorit-Aria von allen, die sie gehört haben, auch von mir, und ist ganz für die Stimme des Adamberger geschrieben. Man sieht das Zittern, Wanken, man sieht, wie sich die schwellende Brust hebt, welches durch ein Crescendo exprimiert ist, man hört das Lispeln und Seufzen, welches durch die ersten Violinen mit Sordinen und einer Flaute mit in unisono ausgedrückt ist.»

An der feinen psychologischen Durchbildung dieses Gesangsstückes gemessen, sinkt die Bedeutung der Tonmalerei, die Mozart offensichtlich seinem Vater, dem Handwerksmeister der «Schlittenfahrt» und der «Bauernhochzeit» zuliebe so gustiös schildert, zur Nebensache herab. Altes Operngut, äußerliches Beiwerk wird zur unaufdringlichen Herzenssprache gewandelt. Die Arie wird ein Stückchen von Mozarts eigener

Seele, der um seine Konstanze bangte, das innige Bekenntnis eines schwärmerisch Verliebten anstelle der konventionellen Rhetorik metastasianischer Opernhelden.

Belmontes letzte Arie (III. Akt, Nr. 17) hält sich durch reichere Anwendung der Koloratur mehr in der glänzenden Nähe der italienischen Oper, ohne den schlichten, romantischen Grundcharakter der Figur aus den Augen zu verlieren.

Weit stärker haben Anklänge der italienischen Seria die Mädchengestalt Constanzes in ein anderes Licht gerückt und der Geschlossenheit ihrer Erscheinung beinahe Abbruch getan. Schon ihre erste Arie (I. Akt, Nr. 6) bedeutet eine leise Störung des künstlerischen Gleichgewichts. Der langsame Teil des Stückes verkündet mit seiner innigen Kantilene die echte Partnerin Belmontes, eine Seelenverwandte Paminens und der schlichten Duldergestalt von Schillers Luise. Aber schon der Allegroteil mit seinen altgewohnten Rouladen und Trillern neapolitanischer Provenienz entrückt ihr gemütvolles Bild in die kühleren Bezirke der Seriaheroinen.

«Die Aria von der Constanze habe ich ein wenig der geläufigen Gurgel der Mlle. Cavalieri aufgeopfert», gesteht Mozart freimütig. Doch war es nicht bloß die geläufige Gurgel der anspruchsvollen Koloratursängerin, der er die Geschlossenheit seines Werkes aufopferte, sondern die eigentümliche, vorwiegend mit italienischen Elementen durchsetzte Mischform des Wiener Singspiels überhaupt. Joseph II. liebte es eben, in seinem Nationaltheater nicht singende Schauspieler, sondern Gesangsvirtuosen zu hören. Die organische Verschmelzung so heterogener Elemente vermochte Mozart in der «Entführung» nicht restlos zu bezwingen. Ob die Forderung nach dieser Verschmelzung jedoch gerechtfertigt, ob sie nicht bloß das Produkt philologisch nachdenklicher Pedanterie unseres Zeitalters ist, klein und verblassend vor der unmittelbaren Lebenskraft des Kunstwerks – die Beantwortung dieser Fragen möge dahingestellt bleiben. Deutlicher noch bringt eine vergleichende Gegenüberstellung der beiden anderen Arien Constanzes jenen vermeintlichen Zwiespalt zum Ausdruck. Gerne fällt auch heute eines der vollkommensten Stücke des Singspiels, die innige g-moll-Arie (II. Akt, Nr. 10)[170], den geläufigen Gurgeln unserer Koloraturprinzessinnen zum Opfer. Diese toben sich lieber in den Bravouren der nachkomponierten «Martern-Arie» (II. Akt, Nr. 11) aus und entwickeln, in völliger Verkennung der Tatsachen, während des langen Vorspieles der vier konzertierenden Instrumente – Flöte, Oboe, Violine und Cello – eine schauspielerische Agilität, die sonst nicht immer zu den Vorzügen ihres Fachs gehört.

Die heiteren Gegenspieler des ernsten Liebespaares, Pedrillo und Blondchen, haben ihre Grundform aus der Commedia dell'arte mitbekommen. Der kühlen Verstandesironie der Buffa entwachsen, sind sie unter Mozarts Händen zu warmblütigen Menschen geworden. Wie Pedrillo alle gemeinen Eigenschaften der burlesken Dienerchargen abgestreift hat und ein lieber, anhänglicher Kerl geworden ist, so ist das muntere Blondchen, dem frivolen Dunstkreis ihrer italienischen und französischen Kolleginnen vom Zofenfach entronnen, das anmutige Ahnfräulein der naiven Mädchenrollen unserer deutschen Oper geworden. Gewandt, listig und streitbar, hat sie doch ein gutes Herz auf dem rechten Fleck. Ihre etwas derbe Schalkhaftigkeit stammt aus echtem Gemüt.

Blondchens beide Arien (II. Akt, Nr. 8 und Nr. 12) sind trotz bedeutender Ansprüche an die Kehlfertigkeit der Sängerin voll Natürlichkeit. Wie bezaubernd ist Mozart hier, angesichts der fröhlichen Anspruchslosigkeit der kleinen Mlle. Teyber, die Synthese zwischen Virtuosität und natürlicher Charakterisierungskunst geglückt!

Auch Pedrillo hat zwei Solostücke mitbekommen, eine Arie (II. Akt, Nr. 13, «Frisch zum Kampfe»), die einen prahlerischen Heldenmut humorvoll zur Sprache bringt, gleichzeitig aber die verhüllte Ängstlichkeit des Burschen mit lustigem Augenzwinkern quittiert, und eine erlesene, in märchenhaft fremdländische Farben getauchte Romanze (III. Akt, Nr. 18).

In dem großen Quartett am Schlusse des zweiten Akts (Nr. 16) werden beide Liebespaare mit der gereiften Ensembletechnik Mozarts einander gegenübergestellt. Mozart hat die Veranlassung zu der anmutigen Szene selbst gegeben. Sie bot eine Fülle dankbarer Motive zu vollendeter Lösung. Das umfangreiche Ensemble vertritt den Platz eines Finales, dessen äußere Formung es wenigstens erhalten hat. Doch ist sein Sinn nicht auf dramatische Steigerungen, vielmehr auf Darstellung schlichter seelischer Vorgänge gerichtet. Solche auf die szenischen Überraschungswirkungen der Buffa Verzicht leistende Verinnerlichung der Handlung erscheint dem lyrischen Charakter unseres Singspiels durchaus angemessen. Diesem Stücke zuliebe hat Mozart das starkbelebte, «charmante Quintett oder vielmehr Finale», das in Bretzners Vorlage am Beginn des dritten Aktes stand und den Entführungsversuch eingebettet enthielt, späterhin fallen gelassen. Die «große Veränderung» durch eine «ganz neue Intrigue» kam nicht zustande, und so ist die eigentliche Entführungsszene ohne musikalische Grundierung geblieben.[171]

In einem dem Sprechstück nahestehenden Singspiel kann diese Tatsache, wie die Zuteilung einer Prosarolle an die wichtige Figur des Bassa Selim, kaum als Mangel empfunden werden. Mozart dachte sie ursprünglich als Gesangspartie. Wahrscheinlich vermochte aber der dafür in Aussicht genommene Sänger, Walther, seinen Wünschen nicht zu genügen. Vielleicht scheute Mozart in Erinnerung an die Soliman-Arien seiner «Zaide» das heroische Pathos solcher Tyrannenarien, wie es für diese Gestalt unter Störung des szenischen Gleichgewichts fast unvermeidlich geworden wäre. Wenn nicht eine vollständige Vertonung der Rolle das Übel von Grund auf beseitigt hätte. Aber eine durchgreifende Neuarbeit konnte Mozart seinem vielbeschäftigten «Arrangeur» Stephanie offenbar nicht mehr zutrauen. So hat die Verklärung des Humanitätsideals in *Tönen* erst durch Sarastro ihre Erfüllung gefunden. Eine musikalische Folie um den Bassa ist durch den Janitscharenchor bei seinem Auftritt (I. Akt, Nr. 5) mit Verwendung des türkischen Schlagzeugs im Orchester – «für einen Janitscharenchor alles, was man verlangen kann, kurz und lustig und ganz für die Wiener geschrieben» – durch den stimmungsverwandten Schlußchor der Oper (Nr. 21), nicht zum geringsten aber durch Osmin wirkungsvoll gegeben. Statt des Sekundariers Walther hat sich ein guter Schauspieler des Burgtheaters, Dominik Jautz, seines «Selim» bei der Wiener Uraufführung angenommen und die Gestalt durch seine Persönlichkeit auf jene Ebene gehoben, die ihr als Verkünder der ethischen Tendenz des Werkes unbedingt gebührt.[172]

Von der *Ouvertüre* sagt schon *Richard Wagner*[173], daß es unmöglich sei, sie zu vernehmen, ohne sofort mit größter Bestimmtheit auf den Charakter des nachfolgenden Dramas zu schließen. Hier ist eine poetische Verbindungsbrücke zur Szene hergestellt, die alle vorhergehenden Versuche der Singspielbühne weit hinter sich läßt. Auf den realen Zug der Handlung einzugehen, wie es sich die Oper des 19. Jahrhunderts gerne zur Aufgabe stellte, ist nicht Sache dieses flügelleichten Vorspiels. Solche Tendenzen liegen der Linie Mozarts ferne. Wohl aber ist schon mit den ersten Tönen, nicht allein durch das exotische Kolorit des Orchesters, ein zauberhaftes Stimmungsrelais geschaffen, ein geheimnisvoller Schleier fremder Märchengeschäftigkeit, nur im Mittelsatz von menschlicher Klage unterbrochen. Es ist Belmontes Weise, noch in das schmerzliche Molldunkel unerfüllter Sehnsucht gehüllt, Symbol der gemütvollen Idee des Spieles von treuer Liebe heimatlicher Art inmitten der schillernden Welt des Morgenlandes.

Wenn der Vorhang im Theater zu Anfang noch geschlossen ist, umfängt sein Anblick den Zuschauer mit dem Zauber aller Geheimnisse, die er verhüllt. Dies ist der Sinn der Mozartschen Ouvertüre: Ursprung des sprühenden Wirbels, ehe der tolle Tag Figaros anhebt, der geisterhaften Schicksalsklänge im «Don Giovanni», der feierlichen Posaunenrufe in der «Zauberflöte». Zur Anwendung von ungewohnten symphonischen Formen liegt kein Anlaß vor. Die Ouvertüre zur «Entführung» wahrt in möglichster Knappheit das Gepräge des Sonatensatzes mit der Dreiteiligkeit der italienischen Sinfonia. «Die ist ganz kurz, wechselt immer mit forte und piano ab, wobei beim forte allzeit die türkische Musik einfällt, moduliert so durch die Töne fort, und ich glaube, man wird dabei nicht schlafen können, und sollte man eine ganze Nacht durch nichts geschlafen haben.»

Für die Wiener Uraufführung stand Mozart ein begabtes, feinhöriges Orchester zur Verfügung. Wir fühlen den Niederschlag in dem klaren, durchsichtigen Partiturbild der Oper. Von den Ausführenden wird viel technische Gewandtheit und gemütvolle Leichtigkeit verlangt. Die Anforderungen an die Spieler sind andere geworden als in der «Zaide». Doch läßt sich der neue Orchesterklang auch nicht mit der heroisch-pathetischen Farbe des «Idomeneo» in Vergleich ziehen. Wenn hier stilgemäß der Ton der höfischen Barockoper in der prunkvollen Aufmachung des instrumentalen Teiles fühlbar bleibt, so ist in der «Entführung» alles von der frischen Menschlichkeit des jungen deutschen Singspiels erfüllt. Anstelle des rhetorischen Zuges der Seria ist die innige Einfühlung in Schicksal und Gebärde der handelnden Personen getreten. Unausgesprochenes der Szene wird beredt in der melodischen Linie der Instrumente. Das Orchester ist gleichberechtigter Mitträger der dramatischen Idee geworden. «Zu schön für unsere Ohren und gewaltig viel Noten, lieber Mozart!», meinte Kaiser Joseph, solcher Fülle ungewohnt und in der instrumentalen Dürftigkeit der gangbaren Singspiele befangen. Aber Mozart soll um eine schlagfertige Antwort nicht verlegen gewesen sein: «Gerade so viel, Eure Majestät, als nötig ist!»

Das exotische Kolorit ist durch Anwendung von großer Trommel, Becken, Triangel und kleiner Flöte stellenweise diskret angedeutet. Die gewohnte «Alla-turca»-Thematik wird indes nur im Janitscharenchor (Nr. 5) zur musikalischen Charakteristik herangezogen. Doch ist der zeitlos märchenhafte Ton in der Ouvertüre und späterhin öfters, wie in Osmins erstem Liedchen oder in der dunkelfarbigen Romanze Pedrillos, auf das glücklichste festgehalten. Überall ist der Orchesterklang durch eine stupende Einfühlung in Wesen und Technik jedes einzelnen Instruments edel und erdenleicht geworden. In Constanzes g-moll-Arie (Nr. 10) geben die Bassetthörner mit ihrem samtweichen Alt dem Bläsersatz eine neue, milde Tönung.

Allerhand widrige Umstände schoben den Tag der Aufführung noch weiter hinaus, als Mozart gehofft hatte. Ein Kabinettsbefehl des Kaisers schuf endlich Ordnung. Anfang Juni fand die erste Hauptprobe statt, am 16. Juli 1782 ging die Oper am k. k. Burgtheater zum ersten Male in Szene. Die untadelige Akustik und die Intimität des Raumes hatten Anteil am lebhaften Publikumserfolg des Tages. Der diskrete Darstellungsstil des Burgtheaters hat wohl auf eine gut abgewogene Aktion der Sänger eingewirkt. Daß auch gezischt wurde, gereichte dem Werk zur Ehre. Es ist der beste Beweis für das Neue und Unerhörte seiner Wirkung.

«Die Entführung ist voll Schönheiten», läßt sich ein Berichterstatter in Cramers Magazin vernehmen. «Sie übertraf die Erwartung des Publikums und des Verfassers Geschmack. Und neue Ideen, die hinreißend

KONSTANZE MOZART

Ölbild von J. Lange 1782
Hunterian Museum, Glasgow

waren, erhielten den lautesten und allgemeinsten Beifall. – Ich bin überzeugt, daß Mozarts Werk auf keiner Bühne Deutschlands so vollkommen gefühlt und dargestellt werden wird, als es auf der hiesigen Nationalbühne geschehen ist.»

Eine stattliche Zahl von 15 Wiederholungen folgte noch im Laufe desselben Jahres. Eine davon auf Begehren Glucks, der Mozart viele Komplimente machte und ihn zu Tische lud, eine Festaufführung in Gegenwart des russischen Großfürstenpaares, wo es der Meister für gut befand, «wieder an das Klavier zu gehen und zu dirigieren, teils um das ein wenig in Schlummer gesunkene Orchester wieder aufzuwecken», teils um sich den anwesenden Herrschaften «als Vater seines Kindes» zu zeigen. Bis zur Auflösung der deutschen Oper hielt sich die «Entführung» dauernd im Repertoire des Burgtheaters. Am 23. September 1801 erscheint sie wieder auf dem Spielplan.

«Dem Mozart Wolfgang für Componierung der Musik 426 Gulden 40 Kreuzer», meldet eine alte Wiener Hoftheaterrechnung. Viel mehr hat Mozart wohl nicht an dem unsterblichen Werke verdient. Der Ertrag des Klavierauszugs ging ihm durch den Spürsinn zweier Verleger in Augsburg und Mainz größtenteils verloren. Ein Rechtsmittel gegen solchen Raub des geistigen Eigentums gab es bei dem Stande der damaligen Gesetzgebung nicht.

Doch war der Erfolg der «Entführung» der erste in Mozarts Leben, der von Wien aus mächtig in die Breite wuchs. Schon 1783 kam das Werk in Prag zur Aufführung. «Alles war hingerissen», berichtet Niemetschek als Augenzeuge, «alles staunte über die neuen Harmonien, über die originellen, bisher unerhörten Sätze der Blasinstrumente. – Von nun an war die Vorliebe der Böhmen für seine Werke entschieden.» Im gleichen Jahr folgten Mannheim, Frankfurt a. M., Bonn und Leipzig, nicht viel später München, Kassel, Breslau, Berlin, Stuttgart und andere Theater von Bedeutung. Aber auch die bescheidenen Bühnen wagten sich bald an das zugkräftige Werk. Wir erfahren von einer frühen Aufführung in der kleinen Provinzschmiere des Kurortes Baden bei Wien[174], wo Mozart im Orchester unerkannt die Bratsche gespielt habe, aber wütend über die elende Kratzerei seines Pultkollegen unter Flüchen wieder davongelaufen sein soll. Leopold Mozarts Briefe haben Näheres über eine gelungene Erstaufführung in Salzburg (1784) hinterlassen.

Die «Entführung» ist ein Liebling des deutschen Volkes geblieben. Aus dem zarten Reis des jungen deutschen Singspiels hat sich ein lebenskräftiger Stamm entwickelt. Wohltätige Ströme aus der welschen Buffa und der französischen Comique haben sein Wachstum belebt. Der Genius des Meisters hat die wesensfremden Elemente fast restlos geeint, zu neuer Blüte gezogen. Als edelste Frucht der Bestrebungen um das deutsche Singspiel wies die «Entführung» die Wege zur großen deutschen Oper des 19. Jahrhunderts. Ohne sie wären der «Fidelio», der «Freischütz» kaum denkbar. Schon Goethe hat die ihr innewohnende, zukunftsweisende Kraft ganz richtig erkannt, als er 1787 schrieb: «Alles unser Bemühen, uns im Einfachen und Beschränkten abzuschließen, ging verloren, als Mozart auftrat. Die ‹Entführung aus dem Serail› schlug alles nieder.»

Mit diesem Werke hat Mozart die Reihe seiner dramatischen Meisterwerke glanzvoll eröffnet. «Ich getraue mir den Glauben auszusprechen», sagte Carl Maria von Weber, «daß in der Entführung Mozarts Kunsterfahrung ihre Reife erlangt hatte und dann nur die Welterfahrung weiterschuf. Opern wie Figaro und Don Juan war die Welt berechtigt, mehrere von ihm zu erwarten. Eine Entführung konnte er mit dem besten Willen nicht wieder schreiben. In ihr glaube ich das zu erblicken, was jedem Menschen seine frohen Jünglingsjahre sind, deren Blütezeit er nie so wieder erringen kann, und wo beim Vertilgen der Mängel auch unwiederbringliche Reize fliehen.»

31. BERÜHRUNG MIT HAYDN
DIE «SECHS STREICHQUARTETTE», WERKE IM «ALTEN STIL», SONATEN, FANTASIEN UND RONDOS FÜR KLAVIER, DIE C-MOLL-MESSE, DIE «LINZER SYMPHONIE»

«Meine Tröster sind dann vor allem Händel und die Bache, und mit ihnen auch die wenigen Meister unserer Tage, welche die Bahn jener Muster des Wahren und Großen mit festem Fuße wandeln und das Ziel entweder zu erreichen versprechen oder es schon erreicht haben.» (Gottfried van Swieten, Dezember 1798)

Der große Erfolg der «Entführung» hatte Mozart dem erhofften Ziele einer sicheren Anstellung nicht nähergebracht. Nach wie vor lebte er als freier Künstler, auf die schwankenden Erträgnisse der Unterrichtsstunden und allfälliger Konzerte angewiesen. Doch gestalteten sich seine wirtschaftlichen Verhältnisse in diesem Jahre nicht so ungünstig wie späterhin, gegen Ende seines Lebens.

Oft war er am Hofe Josephs II. zu sehen, ohne daß die Beziehungen zu dem Monarchen, der ihn als Klavierspieler hoch einschätzte und für ein «talent décidé» erklärte, vorläufig zu einer festen Bindung[175] führten. Sein alter Protektor von Salzburg her, Erzherzog Maximilian, des Kaisers jüngster Bruder, damals Koadjutor des Kölner Kurfürsten, vermochte daran ebensowenig zu ändern wie die Wohlmeinung des kaiserlichen Kammerdieners Strack, der als Cellist bei der täglichen Hausmusik Josephs auch in musikalischer Beziehung ein gewichtiges Wort zu reden hatte. Es gelang Mozart nicht einmal, den Musiklehrerposten bei der Prinzessin Elisabeth von Württemberg, der Braut des Erzherzogs Franz, zu erhalten, da *Antonio Salieri*[176] auf Wunsch des Kaisers die Stelle antreten sollte.

In dieser Angelegenheit kreuzten sich zum ersten Male die Wege zweier Künstler, über deren Rivalität eine romantische Nachwelt die sonderbarsten Legenden gesponnen hat. Der unerbittliche Erzfeind unseres Meisters, den haltlose Gerüchte sogar zum Mörder Mozarts stempeln wollten, ist Salieri nie gewesen. Daß er seine Stellung als Persona gratissima am Hofe Josephs II. mit allen Mitteln zu behaupten suchte, darf ihm menschlich nicht übelgenommen werden. Dabei mochte er als hochbegabter Musiker die Überlegenheit Mozarts peinlicher als andere gefühlt und jenes Wohlwollen unserem Meister gegenüber nicht aufgebracht haben, das ihn sonst auszeichnete. Seine hilfsbereite Gesinnung gegen Beethoven und den jungen Schubert bewiesen späterhin nur die Stichhaltigkeit des guten Rufes, den er als Mensch bei seinen Anhängern genoß. Mozart besaß von

Jugend her eine vom Vater eingeimpfte Abneigung gegen alle «Welschen». Auch in Wien merkte er den starken Einfluß der italienischen Partei bei Hofe. Sie erschien ihm bald als der gefährlichste Widersacher in seinem traurigen Lebenskampfe. Seine scharfen Urteile über harmlosere Gegner wie Righini oder Clementi, mit dem er im Dezember 1781 in Gegenwart des Kaisers einen berühmten Wettkampf[177] auf dem Klavier ausfocht, lassen an Deutlichkeit nichts zu wünschen übrig.

Bei Salieri lag die Sache noch anders. Mozart war sich der künstlerischen Bedeutung wie der einflußreichen Stellung dieses Mannes klar bewußt. Wenn Salieri daher mit kritischen Bedenken über Mozarts Schaffen nicht zurückhielt, traf er unseren Meister tiefer und schmerzlicher. Klatschereien und Ohrenbläsereien vergifteten die Luft zwischen den beiden Männern. Ihre künstlerischen Wege gingen weit auseinander und erschwerten jedes gegenseitige Verständnis. Im Singspiel vermochte Salieris «Rauchfangkehrer» der «Entführung» nicht die Waage zu halten. Dagegen gelang es dem Italiener, durch tätige Förderung Glucks auf dem Gebiete des heroischen Musikdramas eine Stellung zu erringen, die Mozart zeitlebens versagt blieb.

Ein väterliches Erbteil ließ Mozart hinter jedem Mißerfolg die Kabalen leidenschaftlicher Gegner vermuten. Im Falle Salieri steigerte sich jene Einbildung zur krankhaften Idiosynkrasie, je heißer er um Anerkennung und tägliches Brot zu ringen hatte. So kam es, daß er bis zu seinem Ende den Schatten des Italieners wie einen bösen Dämon hinter sich zu spüren meinte. Dies verbitterte ihm Leben und Sterben. Aber auch Salieri hat den seelischen Druck von Mozarts Antagonie selbst nach dessen Tod nicht abzuschütteln vermocht.

Das wundervolle Gegenspiel zu diesem düsteren Punkte in Mozarts Leben ist sein rührendes Freundschaftsverhältnis zu dem um vierundzwanzig Jahre älteren Meister *Joseph Haydn*. Wir wissen von dem gewaltigen Einfluß Haydns auf Mozarts Entwicklungsgang. Nun bot sich Mozart in der Vollkraft seines Schaffens das hohe Glück, mit dem teuren Vorbild die herzlichste menschliche Verbindung zu gewinnen. Haydn kam von seinem Dienstort Esterház häufig nach Wien. Wann er dabei mit Mozart in nähere persönliche Fühlung getreten ist, läßt sich nicht mehr feststellen. Als Leopold Mozart im Frühjahr 1785 in Wien weilte, traf er Haydn bereits als Duzfreund im vertrauten Verkehr mit seinem Sohne. Überschwengliche Worte der Anerkennung von seiten des großen Mannes für seinen Wolfgang hallten in Leopolds Vaterherzen wider: «Ich sage Ihnen vor Gott, als ein ehrlicher Mann, Ihr Sohn ist der größte Komponist, den ich von Person und dem Namen nach kenne. Er hat Geschmack und überdies die größte Kompositionswissenschaft.»

Wo immer Haydn auf den Freund zu sprechen kam, hat er Mozarts

Lob verkündet: «Könnte ich jedem Musikfreunde, besonders aber den Großen, die unnachahmlichen Arbeiten Mozarts, so tief und mit einem solchen musikalischen Verstande, mit einer so großen Empfindung in die Seele prägen, als ich sie begreife und empfinde, so würden die Nationen wetteifern, ein solches Kleinod in ihren Ringmauern zu besitzen. – Verzeihen Sie, wenn ich aus dem Geleise komme: Ich habe den Mann zu lieb!», schreibt er 1778 nach Prag. Ja, er stand nicht an, im Gespräche Mozarts Genie über das seine zu setzen.

Mit derselben innigen Bewunderung hing Mozart an Haydn. Wenn er ihn, wie seinen Vater, «Papa» nannte, so mischte sich kindliche Verehrung in die künstlerische Kameradschaft zweier ebenbürtiger Weggenossen.

Es ist wunderbar, zu verfolgen, wie Joseph Haydn später in den gemütstiefen Bann des Meisters geriet, der ehedem, in idealem Sinne, sein größter Schüler gewesen. Daß man kein Werk von Mozart hören könne, ohne etwas daraus zu lernen, hat Haydn auch nach dessen Tode stets mit Rührung versichert.

Zwei Parallelwerke der beiden großen Künstler leuchten als Siegel ihres Freundschaftsbündnisses in die Nachwelt. 1781 war Joseph Haydn mit seinen «Russischen Streichquartetten» nach längerer Pause wieder als Quartettkomponist vor die Öffentlichkeit getreten und hat mit diesen Arbeiten der Gattung nach langer, zielbewußter Aufwärtsentwicklung eine neue, zukunftsweisende Prägung gegeben. Am 31. Dezember 1782 vollendet Mozart unter dem starken Eindruck dieser Kompositionen sein *G-Dur-Quartett* (K. 387) als erstes einer neuen Serie von sechs Streichquartetten (K. 387, 421, 428, 458, 464 und 465). Diese, in den Jahren 1782–1785 entstanden, gelangen Anfang September 1785 mit einer innigen Widmung[178] an den «teuren Freund Haydn». In den genannten Quartetten Haydns und Mozarts erscheint jener individuelle Typus des Streichquartetts fertig vorgebildet, der über Beethoven bis heute maßgebend blieb und sein höchstes Ziel in der persönlichen und selbständigen Führung der einzelnen Stimmen bei Wahrung der großen verbindenden, thematischen Einheit findet. Daß Mozart in diesen Arbeiten, trotz der Intensität des Haydnschen Vorbildes, seine eigene Note findet, ist selbstverständlich. Sie enthalten unermeßlich viel des Neuen, höchst Persönlichen, sie sind überreich an fesselnden Zügen jener tiefen, eigentümlichen Problematik des Meisters, die in ihrer ganzen Bedeutung auch heute nicht annähernd faßbar erscheint. Um so mehr mußten die Zeitgenossen von der Seltsamkeit mancher Züge berührt worden sein. Eine Zahl absprechender Urteile über die sechs Quartette hat sich wenigstens erhalten: «Schade, daß Mozart sich in seinem künstlerischen und wirklich schönen Satz, nur ein neuer Schöpfer zu werden, zu hoch versteigt», lautet ein solches in der Wiener Zeitung vom Jänner 1787. «Wobei freilich Empfindung und Herz wenig gewinnen. Seine neuen Quartetten sind doch wohl zu stark gewürzt. Und welcher Gaumen kann das lange aushalten?» – Barbaren ohne alles Gehör ließen es sich einfallen, Musik zu komponieren, meinte der Italiener Sarti. Selbst Dittersdorf fand sich durch die «Überfülle herrlichster Gedanken» etwas ungemütlich aus dem Geleise gebracht.

Der reife, beherrschte Grundcharakter des neuen Stils ist schon dem *ersten Quartett* der Serie (G-Dur, K. 387) vom Dezember 1782 völlig eigen. Ganz zu lebendiger Thematik gelöst, schenkt eine virtuose Kunst der motivischen Arbeit jeder einzelnen Stimme ihre individuelle Bedeutsamkeit innerhalb einer bis ins letzte sublimierten Organik des symphonischen Aufbaues. Adel der Erfindung, reine Klangschönheit sind die besonderen Merkmale des Werkes. Seine seelische Anlage ist, bis auf die echt Mozartschen Augenblicke sanfter Schwermut, von heiterer Beschwingtheit getragen. Der Schlußsatz bringt mit den Fugatothemen des Haupt- und Seitengedankens die großartige symphonisch-polyphone Finaledurchbildung, die in der letzten C-Dur-Symphonie (K. 551) gleichgestimmt wiederkehrt. Die echt Mozartsche Kontrastierung des kontrapunktischen Geschehens durch schwebende homophone Episoden liegt schon im Quartett mustergültig vor. Der langsame Satz findet den Weg in geheimnisvolle Tiefen.

Das *d-moll-Quartett* (K. 421, Juni 1783) ist im Gegensatz zu dem vorhergehenden, bis auf das glücklich kontrastierende Trio des Menuetts, fast durchweg von düsteren Stimmungen erfüllt. Es führt zuweilen in Regionen einer todesbangen Romantik, wie sie Franz Schubert zu eigen. Der einmal angeschlagene dunkle Ton, selbst in den Dur-Klängen des Andante fühlbar, erscheint im Variationensatze des Finales zu besonderer Erregung gesteigert und in der ergreifenden Gestaltung der letzten Variation zu tragischem Abschluß geführt. Das *Es-Dur-Quartett* (K. 428, Juni oder Juli 1783) mit der schönen Tristan-Vorahnung im langsamen Satz schrieb der Meister während der Arbeit an der großen c-moll-Messe (K. 427). Es ist ein Stück voll warmer, unbeschwerter Heiterkeit. Sein Finale stammt aus der Gefühlswelt der übermütigen Schlußsätze Haydns. Im *B-Dur-Quartett* (K. 458, 9. November 1784) kontrastiert die seelenvolle Versunkenheit des langsamen Satzes eigentümlich mit der unbeschwerten Fröhlichkeit der Ecksätze. Der Grundzug des *A-Dur-Quartetts* (K. 464, Jänner 1785) ist ein schwärmerisches Hingegebensein an die reine, lautere Musizierfreude. Sein seltsam verhaltenes Finalrondo hat Beethoven einmal eigenhändig in Partitur abgeschrieben.

Das *C-Dur-Quartett* (K. 465, 14. Jänner 1785) ist das einzige der Reihe mit langsamer Einleitung. Diese berühmte Einleitung mit ihren seltsamen harmonischen Kühnheiten hat dem Werke den etwas spießbürgerlichen Namen «Dissonanzenquartett» eingetragen. Selbst noch im 19. Jahrhundert haben Männer von künstlerischer Einsicht, wie Fétis und Ulibischeff, nicht geruht, die fraglichen Stellen verbessern zu wollen. Obwohl gerade diese Härten, wie die ganze Einleitung, die stark problematische Grundstimmung des gesamten Werkes bereits im Keime offenbaren.

Am 19. August 1786 hat Mozart noch ein siebentes, den «Haydn-Quartetten» verwandtes Werk, das *D-Dur-Quartett* (K. 499), beendet, einen letzten Ausläufer jener Arbeiten, obwohl es der Reihe nicht eingegliedert wurde, ein wunderbar merkwürdiges Stück zwischen heiterer Beschwingtheit und tiefer Seelentrübnis. Abert hat auf die «echt romantische, an Schubert gemahnende Entwicklung» in der Exposition des ersten Satzes aufmerksam gemacht.

Daß in diesen Werken eine neue Art der kontrapunktischen Verarbeitung ihre besondere Rolle spielt, wurde schon hervorgehoben. Neben den Wundern der Haydnschen Kunst ist jenen noch ein zweites künstlerisches Erlebnis Pate gestanden. Doch erscheint es in den Quartetten mit Mozarts persönlicher Schreibweise bereits innig verschmolzen, während es sich im Jahre 1782 noch unmittelbar und unvermischt seinem Genius zur Lösung geboten hatte.

Dieses Erlebnis war die intensive Beschäftigung Mozarts mit den Werken Händels, Johann Sebastian Bachs und seiner Söhne Philipp Emanuel und Friedemann Bach. Sehr im Gegensatz zu Mozarts Jugendzeit, wo die Eingänglichkeit des neuen homophonen Stils alle anderen Erwägungen verdrängte und den «stile osservato» Padre Martinis nur aus traditionellen Gründen gelten ließ, wirkten nunmehr die ernsten Arbeiten jener norddeutschen Meister auf den gereiften Künstler so mächtig, daß es nicht von der Hand zu weisen ist, von diesem Augenblicke an eine erneute Wandlung in der Schaffenslinie Mozarts anzunehmen. Eine Zeitlang scheint es, als wären diese Eindrücke stark genug, ihn völlig aus der Bahn zu drängen. Wir sehen ihn mit Kompositionen, Entwürfen und Studien beschäftigt, die nach Form und Inhalt dem Bannkreis der älteren deutschen Instrumentalpolyphonie entnommen sind. Wenn sich die Wirkung jener Wandlung zunächst nur auf bestimmten Gebieten seiner universellen Kunstübung aussprach, so zog die Macht des Eindrucks bald weite Kreise über Mozarts Gesamtschaffen. Großartig bleibt, daß gerade die strenge Kunst der deutschen Vergangenheit seinem Genius endlich die letzten Mittel zur schrankenlosen Herrschaft über die Materie an die Hand gegeben und sein Schaffen zur höchsten Freiheit geistgeborener Gestaltung gelöst hat.

Die eigentliche Veranlassung zur erneuten Bekanntschaft mit den Werken der alten Meister gaben Mozart die «sonntäglichen musikalischen Übungen» im Hause des Barons Gottfried van Swieten. Dieser einflußreiche Herr, Sohn eines berühmten Leibarztes Maria Theresias, war kaiserlicher Gesandter in Brüssel, Paris, Warschau, zuletzt in Berlin gewesen, hatte dort mit der Kunst Händels und Bachs engere Fühlung genommen und eine dilettantisch exklusive Begeisterung für diese Meister nach Wien mitgebracht. Hier bekleidete er seit 1781 die Stelle eines Vorsitzenden der Studienhofkommission. Seine angesehene Stellung und die selbstbewußten Kunsturteile imponierten den guten Wienern mehr als nötig. Bald durfte er in der Gesellschaft unangefochten die Rolle des «Arbiter musicae» spielen. Mit Respekt hing das Publikum an seinen Blicken, Meinungen und Theoremen, wenn er in den Konzerten oder anderswo seine Weisheiten zum besten gab. Ja selbst angesehene Musiker, wie Mozart und Haydn, später auch Beethoven, erschienen gern in seinem Haus in der Renngasse und nahmen seine Belehrungen mit in Kauf, obwohl er keineswegs die charmante Großzügigkeit der Wiener Grandseigneurs besaß.

Offenbar reizte Mozart der «an Zahl freilich sehr kleine Schatz guter Musik» van Swietens, so daß er «alle Sonntage um 12 Uhr» gerne in das Haus ging, wo «nichts gespielt wurde als Händel und Bach». Dafür durfte er die Werke jener Meister mit nach Hause nehmen, wo er sich eine «Kollektion von den Bachschen Fugen – sowohl Sebastian als Emanuel und Friedemann Bach» anlegte.

Eine erhebliche Zahl kontrapunktischer Studien und Bearbeitungen Bachscher Fugen[179] geben Kunde, wie eifrig Mozart sich mit den Problemen des deutschen gebundenen Stils auseinandersetzte. Sogar Konstanze zeigte sich von dieser neuen Leidenschaft ergriffen. «Sie will nichts als Fugen hören, besonders aber in diesem Fach nichts als Händel und Bach. Weil sie mich nun öfters aus dem Kopfe Fugen spielen gehört hat, so fragte sie mich, ob ich noch keine aufgeschrieben hätte. Und als ich ihr nein sagte, so zankte sie mich recht sehr, daß ich eben das Künstlichste und Schönste in der Musik nicht schreiben wollte, und gab mit Bitten nicht nach, bis ich ihr eine Fuge aufsetzte.» So ward die *dreistimmige*, durch ein Präludium erweiterte *Fuge* (C-Dur, K. 394), die Mozart sogleich, im April 1782, mit allerhand nützlichen Winken an die Schwester sandte.

Die bedeutende *Fuge für zwei Klaviere in c-moll* (K. 426, Dezember 1783) hat Mozart 1788 für Streichquartett bearbeitet und mit einer Einleitung versehen. Eine vierstimmige *Fuge in g-moll* (K. 401) blieb unvollendet, ebenso eine *Sonate* für *Klavier und Violine in a-moll* (K. 402), die nichts anderes darstellt als eine Fuge mit vorangehender, sehr edler Einleitung in der gleichnamigen Durtonart. Wie die meisten dieser Fugen ist auch eine schöne *Klaviersuite im alten Stil* (K. 399, Ouverture, Allemande, Courante und Sarabande) nicht abgeschlossen worden.

Die große Zahl von Bruchstücken beweist, daß Mozart selbst bei den ausgeführten Werken solcher Art über das Versuchsstadium nicht hinausgekommen ist. Dem flüchtigen Blick könnten manche dieser Arbeiten als gelungene Kopien Bachs und Händels erscheinen. Bei näherem Zusehen gibt sich die persönliche Note Mozarts in einer minder herben Linienführung und Harmonik kund. Vor allem aber in der unleugbaren Befangenheit des Meisters auf heimatfremdem Boden. Das hohe Bild seiner *eigenen* kontrapunktischen Technik, wie es uns im Finale des G-Dur-Quartetts (K. 387) oder der großen C-Dur-Symphonie (K. 551) entgegentritt, konnte erst durch Angleichung der alten Werte an seinen Personalstil errungen werden. Ohne eine solche erscheinen jene Versuche, sich bedingungslos in die Synthese der Großmeister einer vergangenen Epoche einzufühlen, von schulmäßiger Gebundenheit leicht beengt.

Gerade diese Mängel offenbaren einen rührenden Zug unseres Meisters. Wir sehen ihn als reifen Mann, vom tiefen Ernst solcher Musik ergriffen, neuen Problemen und wesensfremden Ausdrucksformen mit heißem Bemühen nähertreten, die ein sicheres Instinkturteil der unfertigen Jugendjahre unbeachtet gelassen hatte.

Zu vollbürtigen Schöpfungen steigerte sich alsbald die Verbindung Mozarts mit den Werken Philipp Emanuel Bachs (1714 bis 1788). Sein Klavierspiel beginnt einer ganz neuen Art des Ausdrucks Platz zu machen, als sich der Meister anschickte, seine «Fantasien» und «Rondos» nach dem Beispiel Emanuel Bachs zu entwerfen.

Die Klavierfantasien entstanden in einer Zeitspanne von annähernd drei Jahren, die erste im Frühsommer 1782, die letzte im Mai 1785. Ein gemeinsames Band musikalischer Dialektik, jenem Vorbilde verwandt, verbindet sie alle: weitgeschwungene Akkordbrechungen, die Neigung zu herber, kühner Chromatik und reicher Modulation, zum Kadenzieren im freien, improvisatorischen Stil mit seinen spannungsreichen Zäsuren und ariosen Ansätzen, und eine Fülle neuer technischer Probleme für den Spieler.

Die *C-Dur-Fantasie* (K. 394) leitet die schon erwähnte C-Dur-Fuge als ein echtes Präludium ein. Sie scheint sich in der kaum gewohnten Gestaltungsart erst zurechtzufinden. Es ist, als übe der Künstler ein tastendes Spiel noch gebundener Kräfte, deren vielfältigen Spannungen am Ende der einheitliche Linienverlauf der Fuge als Kontrast entwächst. Die *«d-moll-Fantasie»* (K. 397) mit ihrer breiten, beherrschenden Kantilene inmitten der charakteristischen Stimmungswelt Bachscher Rhapsodik ist dagegen weit «Mozartscher» ausgefallen. Bezeichnenderweise bringt hier ein freundliches Dur-Allegretto statt der kontrapunktischen Krönung die Aufhellung der stark zerrissenen Grundstimmung. Die sog. *«Kleine c-moll-Fantasie»* (K. 396)[180] ist in Wahrheit ein schönes Fragment geblieben. Sie beginnt kühn und großartig, durch eine c-moll-Fantasie *Philipp*

Emanuel Bachs – dem 18. Probestück aus dem Beispielband seines «Versuches über die wahre Art Clavier zu spielen» – sichtlich angeregt. Doch stammt weder das Mittelstück, noch die nach der Durparallele gewendete Reprise, womit das Stück in allen Ausgaben als geschlossener Satz erscheint, von Mozart. Kein anderes Klavierwerk Mozarts hat jedoch in vollkommener Bindung norddeutscher Formelemente mit der glutvollen Melodik seines Wesens energischer die Brücken in das Gebiet der reifen Schöpfungen Beethovens, ja in die moderne Klaviermusik überhaupt, geschlagen als die *«Große c-moll-Fantasie»* (K. 475, Mai 1785)[181], die Mozart an die Spitze der ihr stimmungsverwandten *c-moll-Sonate* (K. 457, Oktober 1784) gestellt hat. Wir finden hier den tragischen Ton, die Leidenschaft, die ahnungsschweren Gefühlsemotionen der früheren Werke zu einer individuellen Intensität ohnegleichen gesteigert. Wunderbare Erscheinungen, wie die kurze, traumhafte D-Dur-Liedweise nach der Wucht einer jähen dramatischen Steigerung, haben in der e-moll-Durchführungsepisode der «Eroica» ihre seelenverwandte Fortsetzung gefunden.

Die anschließende, dreisätzige *c-moll-Sonate* (K. 457) wahrt wie die Fantasie einen düsteren und leidvollen Seelenton durch alle Sätze. Mit ihr hat die Sonatenkunst Mozarts, die vordem in der Pariser a-moll-Sonate (K. 310) ihren Höhepunkt erreicht hatte, wieder fruchtbares Neuland betreten. Ganz abgesehen von der Tiefe, Eindringlichkeit und Geschlossenheit ihres musikalischen Gehalts, von der Fülle neuer klaviertechnischer Probleme, stellt ihr letzter Satz in seiner kunstvollen Verbindung des Rondos mit der Sonatenform einen Typus dar, der für die Mozartschen Finalsätze bezeichnend bleibt und, gemeinsam mit Haydn, das spätere Rondo Beethovens in seinen formellen Grundzügen festlegte.

Diese neue, das Vorbild Philipp Emanuel Bachs weiterbildende *Rondoform* hat das fröhliche Episodenspiel des alten französischen Rondeaus zu bedeutungsvoller innerer Verknüpftheit gesteigert. Sie ist der letzte Triumph des modernen Sonatengeistes über den Gesamtkomplex der alten zyklischen Form. Gesetze einer höheren psychologischen Einheit bestimmen nun Aufbau und Entwicklung solcher Schlußsätze, wandeln die bunten Kontrastgedanken des alten Reigenspiels zu wohlgesetzten Seitenthemen in Exposition und Reprise. Nur die Durchführung ordnet sich noch dem formellen Bau der älteren Rondos unter: Statt der sonatenmäßigen motivischen Arbeit ist hier eine rondomäßige Wiederaufnahme des Hauptgedankens mit Nebenepisode an ihre Stelle getreten. Das *erste* der «selbständigen» *Rondos in D-Dur* (K. 485, Jänner 1786) nimmt seinen Ausgangspunkt von der modulatorisch reichen Gestaltungsweise Ph. E. Bachs. Es hält äußerlich die Sonatenform gewahrt und steht in seiner hellen Tönung der leichteren Klavierkunst nicht fern. Das *kleine F-Dur-Rondo* (K. 494, Juni 1786) bindet sich strenger an die Tonalität, zumindest in der konzertmäßig variierten Abwandlung seines Hauptgedankens. Die echte Mozartsche Tendenz nach Vereinheitlichung der treibenden Grundidee erscheint vollends im *a-moll-Rondo* (K. 511, März 1787) zu höchster Intensität gesteigert. Durch übersichtliche Klarheit der Gestaltung wird dem Hörer kaum das ungewöhnliche Maß der hier angewandten harmonischen und kontrapunktischen Technik bewußt. In dem Maße, als sich Mozart darin auf dem Weg über das F-Dur-Rondo von der Arbeitsweise des D-Dur-Rondos und von seinem Vorbild, Ph. E. Bach, entfernte, hat seine ureigene Künstlerschaft von der neuen Form Besitz ergriffen und das edle Gefäß durch eine Fülle persönlicher Werte, namentlich durch tiefgründige Veränderungen der Hauptgedanken mit reicherem Inhalt versehen.

Begreiflicherweise sind diese Arbeiten, wie die c-moll-Sonate, fast immer Träger leidenschaftlicher oder ahnungsvoller Seelenstimmungen geworden. Düstere Bekenntnisse, mitten in die glänzende Reihe lächelnder Brotarbeiten gestellt. Die verinnerlichte Variationskunst der Rondos mag zu dem leichteren virtuosen Spiel der eigentlichen Variationswerke in anregenden Vergleich gebracht, werden. Eindringlicher und stärker wirkten jene, weiterbildend, als wertvoller Baustein der großen Charaktervariationen späterer Epochen in die Zukunft.

Das umfangreichste Werk, das Mozarts Studien im gebundenen Stil der alten Meister deutlich widerspiegelt, ist das gewaltige *Fragment der c-moll-Messe* (K. 427). Der Meister hatte die Komposition des Werkes gelobt, als er vor der Heirat in tiefer Herzensnot um den Besitz Konstanzens kämpfte. Als er mit seiner jungen Frau nach Salzburg zu Besuch kam, brachte er ein umfangreiches Bruchstück dieser Arbeit mit. Kyrie, Gloria, Sanctus und Benedictus waren fertig geworden, das Credo blieb unvollendet, das Agnus Dei war noch nicht angefangen. Ein sonderliches Schicksal waltete über den Werken, die mit Konstanze in Verbindung standen.

Nach Angaben Konstanzes in Nissens Biographie wäre die Messe – zwei Monate früher als in Wirklichkeit – am 23. August 1783 im Kapellhause probiert und am 25. in der St.-Peters-Kirche produziert worden, «wobei seine Frau die Solo's sang».[182] Zwei Jahre später ließ Mozart dem Kyrie und Gloria der Messe einen italienischen Kantatentext unbekannter Herkunft – vielleicht von der Hand da Pontes – unterlegen und ergänzte die neue Fassung durch zwei Arien und eine Kadenz der drei Solostimmen im Schlußchor. So entstand das Oratorium *«Davidde penitente»* (K. 469), das am 13. und 15. März 1785 bei einem Konzert im Burgtheater seine erste Wiedergabe erlebte. In dieser Form erfreute sich das Werk noch um die Mitte des 19. Jahrhunderts einiger Beliebtheit.[183]

Niemals hatte Mozart früheren kirchlichen Arbeiten eine Anlage von so imponierender Fülle und Großzügigkeit verliehen als eben der c-moll-Messe. Solcher Ausspannung entspricht ein reicher Aufwand der Darstellungsmittel, der oft fünfstimmige, einmal sogar achtstimmige Chorsatz, vollbesetztes Orchester (ohne Klarinetten) mit Posaunen. Der Geist Sebastian Bachs und das Pathos Händels leben in den gewaltigen Chorsätzen. Gleich die archaisierende Chromatik des prachtvollen «Kyrie» zu Beginn der Messe trägt erkennbar ihre Züge. Nicht minder die weitgespannten Fugen: «Cum sancto spiritu» und «Osanna in excelsis», das fünfstimmige «Gratias», vollends aber der herrliche achtstimmige Doppelchor «Qui tollis». Doch verharren auch Ensemblesätze der Solisten, wie das «Domine», das «Quoniam» und das ernste «Benedictus» in der strengeren Haltung jener großartigen Chorgebilde. Die stark kolorierten Partien der beiden Solosoprane «Christe eleison», «Laudamus te» und die liebliche Hirtenszene des «Incarnatus» sind letzte schöne Erinnerungen an den gemischten Stil der österreichischen Spätbarockmesse.

Tatsächlich hat der Meister den vollkommenen Ausgleich in der großen Kirchenform erst im «Requiem» angestrebt. Wenn hier der Solosopran im ersten Satz statt der gewohnten Arie sein «Te decet hymnus» in schlichtem Choralton verklärt anstimmt, ist der entscheidende Schritt in eine neue Welt getan.

Einige Jahre später ist Mozart der Welt Händelscher Chorwerke noch in anderer Art nähergetreten. Auf Veranlassung van Swietens bearbeitete er die Oratorien *«Acis und Galathea»* (K. 566, November 1788), *«Messias»* (K. 572, März 1789), *«Alexanderfest»* (K. 592, Juli 1790) und die *«Ode auf den St.-Cäcilien-Tag»* (K. 592, Juli 1790) für Aufführungen unter der Patronanz hochadeliger Geldgeber in deren Palästen oder im großen Saale der Hofbibliothek, die unter van Swietens Leitung stand. Johann Adam Hillers beispielgebende Wiederbelebungsversuche des «Messias» mit einem Aufwand von über 500 Mitwirkenden in der Berliner Domkirche (1784 und 1785) scheinen auch die kleine Wiener Händelgemeinde angespornt zu haben.

Mozart wie Hiller gingen bei ihrer Bearbeitung von dem durchaus zeitgemäßen Grundsatz aus, die Werke des Altmeisters ihrem Publikum in der Farbe des nunmehr gewohnten Orchesterklanges näherzubringen. An die Stelle der alten Kontinuoinstrumente, der Orgeln und Klaviere, trat in erster Linie das neue Bläserensemble. Mitunter werden auch die mittleren Saiteninstrumente zur Füllung des Satzes herangezogen. Dabei gelangt Mozart in der Ausführung des Generalbasses durch selbständige, motivische Behandlung der Begleitstimmen stellenweise zu einer völligen Gleichstellung des auskomponierten Akkordfundaments mit den ursprünglichen melodischen Linien. Nach der heutigen Einstellung muß dieses Verfahren ebenso wie die sattere Klangfarbe des Mozartorchesters stilistische Bedenken erregen. Doch bieten die Spuren der Hand unseres Meisters reizvolle Betrachtungsmomente. Die strengere Auffassung unseres Zeitalters hat Mozarts Händel-Bearbeitungen der gegenwärtigen Aufführungspraxis wiederum entrückt, damit aber auch alle ähnlichen «modernisierenden» Versuche des 19. Jahrhunderts allmählich der Vergessenheit anheimgegeben.[184]

Über einen Teil der Kompositionen des Jahres 1783 wird in anderem Zusammenhang zu sprechen sein. In die Zeit des Salzburger Besuchs (Sommer 1783) fallen *zwei Duos für Violine und Bratsche in G-Dur und B-Dur* (K. 423 und 424). Beide Stücke hat Mozart für Michael Haydn geschrieben, der diesen Auftrag des Erzbischofs wegen Kränklichkeit nicht ausführen konnte. Als Haydns Arbeit hat Hieronymus diese zwei bedeutenden Kleinwerke in Empfang genommen. Stilistisch stehen sie den sechs Streichquartetten nahe, geben aber der brillanten Spielfreudigkeit der Violine etwas mehr Raum als diese. Mit Michael Haydns Namen verknüpft bleibt auch ein einleitendes *Adagio* (K. 444) zu einer seiner Symphonien. Merkwürdigerweise hat das *ganze,* sonst trockene und steife Werk lange als Mozarts Komposition gegolten, obwohl schon die unmittelbare Nachbarschaft der Introduktion zu dem schulmeisterlichen Allegro des ersten Satzes mit einem rührenden diatonischen Beharrungsvermögen auffällig den weiten Weg bezeichnet, den Mozart über sein altes Salzburger Vorbild hinaus gegangen war.

In die Zeit der Rückkehr von dem Salzburger Besuch fällt die Entstehung der sogenannten *«Linzer Symphonie» in C-Dur* (K. 425)[185]. Auf der Heimreise war Mozart mit seiner Frau am 30. Oktober 1783 in der oberösterreichischen Hauptstadt eingetroffen und hatte dort bei einem alten Gönner, dem *Grafen Joh. Jos. Anton Thun,* freundliche Aufnahme gefunden. «Ich kann nicht genug sagen, wie sehr man uns in diesem Hause mit Höflichkeiten überschüttet. – Den 4. November werde ich hier im Theater Akademie geben. Und weil ich keine einzige Symphonie bei mir habe, so schreibe ich über Hals und Kopf an einer neuen, welche bis dahin fertig sein muß.»

Einen Tag vor der Akademie wurde das Werk vollendet und dem gastfreundlichen Grafen dediziert. Ein Bericht über die Linzer Uraufführung hat sich nicht erhalten. Wie die Streichquartette, läßt auch diese Symphonie in Anlage und Thematik, am deutlichsten in der langsamen Einleitung des ersten Satzes, die Nähe Joseph Haydns erkennen, ohne den persönlichen Geist ihres Schöpfers zu verleugnen. Die äußere Anlage des Werkes ist, wie die Instrumentation, auf festlichen Glanz gestimmt, dabei aber reich an Gegensätzen zwischen rauschender Fröhlichkeit und schwärmerischer Kantabilität. Zu den schönsten Partien gehören die Durchführungsteile der Ecksätze und des langsamen Satzes, wo ein Nebengedanke in genialer Auswertung zu Bedeutung gelangt. Dieses Werk blieb von den vier berühmten Arbeiten der späteren Wiener Zeit, die Mozarts symphonisches Lebenswerk großartig abschlossen, das letzte. Diesen an Kraft seelischer Vertiefung vielleicht nicht ganz ebenbürtig, ist es doch voll verhaltener Augenblicke einer seltsamen Schwermut hinter der glänzenden Gebärde.

Jene dunklen Wolken, die plötzlich die sonnige Landschaft seiner Musik ahnungsvoll überschatten, waren schon früheren Werken Mozarts zu eigen. Aber, was damals noch dem Unbewußten seiner Seele entsprungen schien, das formte sich deutlicher zu Persönlichem, Erlebtem, je älter, reifer der Meister wurde. Am Ende seines Lebens spricht es in rührender Verklärung die Sprache seines letzten, ureigenen Stils.

Die heitere Geselligkeit der oberösterreichischen Landeshauptstadt vermochte für Augenblicke manchen düstern Gedanken zu verdrängen, der Mozarts Seele seit der Rückkehr aus der Vaterstadt in seinen Bann gezwungen hatte. Der Salzburger Besuch hatte eine Aussöhnung des Vaters mit Konstanze nicht gebracht. Auch mit Nannerl war es zu keiner ehrlichen Freundschaft gekommen. Im Gegenteil, Wolfgang hatte kummervoll empfinden müssen, wie weit er selbst von der treuen Vertrauten seiner Jugendjahre abgerückt war. Dabei bedrückte noch ein zweites Leid die jungen Eheleute.

Am 18. Juni 1783 hatte Mozart seinem Vater die fröhliche Nachricht übermitteln können: «Ich gratuliere, Sie sind Großpapa! – Gestern früh um halb 7 Uhr ist mein liebes Weib glücklich mit einem großen, starken und kugelrunden Buben entbunden worden.» Der Knabe, nach dem Paten, Baron Wetzlar, Raymund, nach dem Großvater aber Leopold getauft, gedieh anfangs prächtig und gab zu Bedenken offenbar keinen Anlaß, als die Mozarts Ende Juli ihre, zuletzt wegen der Schwangerschaft Konstanzens verschobene Reise nach Salzburg antraten. Der Säugling wanderte zu unbekannten Leuten außerhalb der Stadt, vielleicht zu Verwandten der Amme, die Mozart widerstrebend aufgenommen hatte, in Pflege. Aber bald nach der Ankunft der Eltern in Salzburg ist das zarte, hilflose Wesen, neun Wochen alt, am 19. August ohne Aufsehen wieder aus der Welt gegangen. Die traurige Kunde erreichte die Mozarts erst später, als der kleine Raymund schon in der Erde des winzigen, heute längst unter dem Großstadtpflaster verschwundenen Friedhofes um die St.-Ulrichs-Kirche am oberen Neustift ruhte. Noch in einem Brief vom 10. Dezember 1783 klagt der erste Vaterschmerz in der kindlichen, unpathetischen Art unseres Meisters um das «arme, dicke, fette und liebe Buberl».

Wenige Wochen später fühlt sich Konstanze wieder guter Hoffnung. Das Leben ging seinen unsentimentalen Gang weiter. Juli 1784 schreibt

Mozart der Schwester von dem neuen «zukünftigen Majoratsherrn», der seiner Frau «gar keinen Fried' läßt». Am 21. September kam dieser «am Graben Nr. 591» glücklich zur Welt. Großvater Leopold fand das Kind bei seinem Wiener Besuche dem Sohne ganz ähnlich und ungemein «freundlich». Der Kleine hat denn auch als «Majoratsherr» die Eltern überlebt, ohne freilich Stammhalter der Familie zu werden. Am 31. Oktober 1858 ist Karl Thomas Mozart, vierundsiebzigjährig, unvermählt, als k. k. Staatsbuchhaltungsoffizial im damals österreichischen Mailand gestorben.

32. ERFOLG
KLAVIERKONZERTE, ARIEN, KAMMERMUSIK

«Hier haben Sie die Liste von allen meinen Subskribenten. Ich habe allein um 30 mehr als Richter und Fischer zusammen. Die erste Akademie am 17ten dieses ist glücklich abgelaufen. Der Saal war gesteckt voll und das neue Konzert so ich gespielt, hat außerordentlich gefallen. Und wo man hinkommt, hört man diese Akademie loben. – Morgen hätte meine erste Akademie im Theater sein sollen. Fürst Louis Lichtenstein gibt aber bei sich Opera, entführt mir nicht allein den Kern der Noblesse, sondern debauchiert mir auch die besten Leute aus dem Orchestre. – Ich hab' sie also durch ein gedrucktes Avertissement auf den 1ten April verschieben lassen. – Nun muß ich schließen, weil ich zum Graf Zichy zur Akademie muß. – Bis die Fasten vorbei ist, müssen Sie schon mit mir Geduld haben.» (Mozart an den Vater, 20. März 1784)

Die Rückkehr nach Wien (Mitte November 1783) gab Mozarts schöpferischer Kraft neuen Aufschwung. Unvermutet wird er der Modekünstler eines gerne entflammten, temperamentvollen Publikums. Man beginnt sich um ihn zu kümmern, ihm nachzulaufen, ihn zu feiern, ihn zu verwöhnen. Freilich nicht den Meister, der sich bei van Swieten in die Tiefe der Bachschen Kontrapunktik versenkt hatte und schon seit den ersten «Haydnquartetten» in gefährliche Tiefen hinabgestiegen war. Verführerischer lockte jetzt die virtuose Kunst des kleinen, eleganten Mannes mit den schönen Händen, die so mühelos über die Klaviatur dahineilten, wie sein Geist die herrlichsten Aufgaben für die schlanken Finger in unerschöpflicher Fülle zu ersinnen schien. Wie sich Mozart einst in der Serenadenzeit zum jugendlichen Cavaliere servente des Salzburger Adels aufgeschwungen hatte, so öffneten sich ihm nun die Häuser der mondänen Wiener Aristokratie. Die Patrizier drängten sich in seine Akademien. Ja selbst der Kaiser hält öffentlich mit Elogen nicht zurück.

Schon im Frühling und Sommer 1782 hatte er bei den neu eingeführten Abonnementskonzerten des tüchtigen jungen Regensburger Impresarios, Philipp Jakob Martin, im Restaurationsgebäude des Augartens bedeutsam mitgewirkt. 1783 wagte er dann den Versuch, in der Fastenzeit als Konzertgeber auf eigenes Risiko vor das Wiener Publikum zu treten. Bei einer Akademie Aloysia Langes, wo er ein Klavierkonzert spielte, wurde er als freundliche Vorbedeutung für seinen eigenen Abend «auf eine so schöne Art von dem hiesigen Publikum empfangen», daß er «ein wahres Vergnügen darüber empfinden mußte. Gluck hatte die Loge neben der Langischen, worin auch meine Frau war. Er konnte die Sinfonie und die Aria [K. 294] nicht genug loben und lud uns auf künftigen Sonntag alle vier zum Speisen ein.» Am 23. März 1783 rechtfertigte Mozarts selbständige Theaterakademie in dem stürmischen Beifall der Zuhörer und durch eine stattliche Einnahme alle Erwartungen. «Das Theater hätte ohnmöglich völler sein können und alle Logen waren besetzt», berichtete er dem Vater. «Das liebste aber war mir, daß Seine Majestät, der Kaiser, auch zugegen war. Und wie vergnügt er war und was für lauten Beifall er mir gegeben! – Es ist schon bei ihm gewöhnlich, daß er das Geld, bevor er ins Theater kommt, zur Cassa schickt, sonst hätte ich mir mit allem Recht mehr versprechen dürfen, denn seine Zufriedenheit war ohne Grenzen. Er hat 25 Dukaten geschickt. Die Stücke waren folgende: 1. Die neue Haffner-Sinfonie [K. 385], 2. sang Madame Lange die Aria auf vier Instrumenten aus meiner Münchner Oper [«Idomeneo» Nr. 11], 3. spielte ich das dritte von meinen Subskriptionskonzerten C-Dur [K. 415], 4. sang Adamberger die Szene für die Baumgarten [«Misera, dove son!» K. 369], 5. die kleine Concertant-Symphonie von meiner letzten Finalmusik [K. 320], 6. spielte ich das beliebte Konzert ex D, wozu ich das Variation-Rondeau geschickt habe [K. 175 mit dem Rondo K. 382], 7. sang Mlle. Teyber die Szene aus meiner letzten Mailand-Opera ‹Parto, m'affretto› [«Lucio Silla» Nr. 16], 8. spielte ich alleine eine kleine Fuge (weil der Kaiser da war) und variierte eine Arie aus einer Opera, genannt ‹Die Philosophen› [von Paisiello, Variationen K. 398], mußte nochmal spielen, variierte die Aria ‹Unser dummer Pöbel meint› aus dem ‹Pilgrim von Mekka› [von Gluck, Variationen K. 455], 9. sang die Lange das neue Rondeau von mir [«Mia speranza adorata», K. 416], 10. das letzte Stück von der ersten Symphonie.»

Die Vortragsfolge, im gewöhnlichen Umfang der damaligen Akademien, ist für unsere Begriffe recht ausgiebig geraten. Die Auswahl der Stücke greift sogar auf Jugendarbeiten zurück, wir finden Orchester, Klavier und Gesang abwechselnd vertreten. Und es verschlägt nichts, daß der Tenor Adamberger die ihm offenbar «gut liegende» Sopranszene für die Baumgarten, ‹Misera, dove son›, sicherlich mit allgemeinem Beifall, interpretiert. Von den Besuchern kam jedenfalls jeder auf seine Rechnung.

Durch den glücklichen Ausgang dieser Akademie ermutigt, ging Mozart daran, während der Fastenzeit des folgenden Jahres den Versuch in vergrößertem Ausmaße zu wiederholen. Er veranstaltete zwei Theaterakademien und drei Abonnementskonzerte im Theatersaal. Dazu kam noch sein Auftreten in drei Samstagabenden des Klaviermeisters Richter und zahlreiche Mitwirkungen in den Häusern des Adels. In der Zeit vom 26. Februar bis 3. April 1786 erschien Mozart zweiundzwanzigmal vor seinen Zuhörern. Für seine eigenen Konzerte hatte er spielend 174 Subskribenten aus den vornehmsten Kreisen der Stadt zusammenbekommen. «Nun können Sie sich leicht vorstellen, daß ich notwendig neue Sachen spielen muß, und da muß man also schreiben. Der ganze Vormittag ist den Scholaren gewidmet und abends habe ich fast alle Tage zu spielen.» (An den Vater, 20. März 1784.)

Die wenigen erhaltenen Briefe Mozarts aus dem Jahre 1784 – von der gehobenen Stimmung des Meisters erfüllt – vermitteln ein lebendiges Bild der musikalischen Kultur Wiens. Noch tintenfeucht lagen die Stimmen neuer Werke bereits auf den Pulten der Musiker in Akademien und Privathäusern. Rege Anteilnahme, rückhaltlose Begeisterung der Amateure über Wohlgelungenes schuf an der leichtbeschwingten Arbeit des Komponisten mit. Verständige Kritik der Zuhörer erhöhte die Qualität der Leistungen. Selbst die großen Veranstaltungen verloren niemals den edlen Charakter wahrer Hausmusik. Über allem schwebte ein feiner Duft der subtilen, fröhlichen Wiener Gesellschaft.

In so warmherziger Atmosphäre schuf Mozart, der Tondichter, dem Virtuosen Mozart die vierzehn schönen *Klavierkonzerte* dieser Jahre. Vielgestaltig in Agogik und Ausdruck wie in den Ansprüchen an den Spieler, bilden sie die Versuche der früheren Jahre inhaltlich weiter, ohne ihren alten, im dreisätzigen Rahmen festgestellten Formenbau zu verlassen. Das Klavierkonzert beginnt jetzt im Schaffen des Meisters die beherrschende Stellung einzunehmen. Seine Bestimmung, als vornehmster Zweig der Gesellschaftsmusik in die Breite zu wirken, ist niemals aus dem Auge gelassen. Doch erscheint jeder Zug durch Tiefe und Adel der Erfindung veredelt, mit müheloser Meisterschaft ins Zeitlose gewandelt. Die Hand des Schöpfers der «Haydn-Quartette» und der c-moll-Sonate verrät sich freilich oft in freundlicher Nachbarschaft. Manchmal, etwa im d-moll- oder im c-moll-Konzert (K. 466 und 491), spricht der dunkle Dämon des Künstlers unbekümmert um das Unterhaltungsbedürfnis der Zuhörer seine ureigene Sprache. So groß die Zahl dieser Konzerte ist, so mannigfaltig und einfallsreich ist die Verschiedenheit der Lösung ihres konstruktiven Problems aus der symphonischen Dialogik des Solisten mit dem begleitenden Orchester im erweiterten Rahmen des sonatenmäßigen Aufbaues. Der kunstvolle Organismus der ersten Sätze mit seiner reichen Verteilungsmöglichkeit des thematischen Materials auf die beiden Träger der musikalischen Idee – Tutti und Solo – bot dem Meister ein unbegrenztes Arbeitsfeld für die Entfaltung seiner formbildenden Kraft. Was das Mozartsche Klavierkonzert vor den älteren Vorbildern sonderlich auszeichnet, ist die moderne psychologische und klangliche Lösung des Konzertbegriffs, eines behenden, zu einer unerschöpflichen Fülle von Ereignissen gesteigerten Widerspiels der beiden Individualitäten: des Orchesterkörpers und des allen dynamischen Regungen fähigen Hammerklavieres. Die individuelle Lebendigkeit der neuen Quartettkunst wiederholt sich nun auf anderem Gebiet mit anderen Ausdruckswerten. Trotz der virtuosen Vorzugsstellung des Solisten wahrt auch das begleitende

Orchester seine selbständige Stellung. Sein Part bot dem genialen Instrumentator, der durch die Wiener und Mannheimer Schule gegangen war und die «Entführung» geschrieben hatte, dankbare Aufgaben. Mozart schrieb die Konzerte größtenteils für den eigenen Gebrauch. Was er aus dem Schatze seiner persönlichen Technik dem Klavier schenkte, die meisterhaft auskomponierten Figurationen mit ihren interessanten Zwischennoten, das feine Passagenwerk, die klanglich reizvolle Ausnützung des Lagenwechsels, die süße Sanglichkeit der rechten Hand über dem subtil gelockerten Kanevas der Begleitung, diese Fürsorge für sein Lieblingsinstrument ließ er auch dem Orchester nicht entgehen. Wir fühlen die Leidenschaft des Schöpfers, diese Gruppe mit jenem in ebenbürtigen Wettstreit der Idee und des Klanges zu führen. Schon die breit angelegten Anfangstutti, die den thematischen Gehalt des Satzes in großen Zügen exponieren, bestechen durch ihre schwungvolle, durchaus symphoniegemäße Anlage. In den orchestralen Zwischenepisoden glänzen die Holzbläser durch kühne und reiche Gestaltung ihres Satzes. Nicht einmal die Opern oder die Symphonien vermögen die späteren Konzerte in diesem Punkte zu übertreffen. Zahlreiche freizügige Erweiterungen im Klavierpart, zum Teil improvisatorischen Charakters, Variationen, Überleitungskadenzen und Passagen – Niederschläge einer ungeschriebenen, nunmehr in die große Synthese eingegliederten, praktischen Übung – haben das alte Gesellschaftskonzert mit neuem Gehalt voll ungeahnter Entwicklungsfähigkeiten erfüllt.

Wie in den Sonaten und in der Kammermusik, sind auch die Mittelsätze der Klavierkonzerte, trotz ihrer meist einfachen Reprisenform – oder vielleicht gerade darum – zu Trägern des innigsten Gefühlsausdrucks geworden. Diese andächtigen, verträumten Stücke berücken durch Kantabilität, Klangseligkeit und romantische Schwärmerei. In den Finalsätzen bleibt der Charakter der Gesellschaftsmusik am deutlichsten gewahrt. Meist in der leichtgeschürzten, episodistischen Form des französischen oder italienischen Rondeaus sind diese Stücke von einer genialen Musizierlust in nie ermattender Bewegung gehalten: das geistvolle Spiel prachtvoll gebändigter Kräfte.

Die ersten *Klavierkonzerte* der Wiener Zeit in *F-, A- und C-Dur* (K. 413, 414 und 415) waren schon zwischen Juli und Dezember 1782 entstanden. Im nächsten Jahre gab Mozart diese Arbeiten, «welche man sowohl bei großem Orchester mit blasenden Instrumenten als auch nur a quattro, nämlich mit zwei Violinen, einer Viola und Violoncell aufführen kann», gegen einen Subskriptionspreis von vier Dukaten heraus. Die Möglichkeit, diese Konzerte nach Mozarts *eigener* Vorschrift nur mit einfach besetztem Streichquartett zu spielen, ist in Musikerkreisen noch viel zu wenig bekannt. Sonst würden diese prachtvollen, ohne viel Aufwand aufzuführenden Stücke – durch die kleine Besetzung an das alte Wiener «Divertimento-Konzert» erinnernd – weit öfter in Konzert- und Hausmusik erscheinen. Über ihre besondere Art schreibt Mozart an den Vater: «Die Konzerte sind eben das Mittelding, zwischen zu schwer und zu leicht, sind sehr brillant, angenehm in die Ohren, natürlich ohne in das Leere zu fallen. Hie und da können auch Kenner Satisfaktion erhalten, doch so, daß Nichtkenner damit zufrieden sein müssen, ohne zu wissen warum.» Dies ist die schönste Charakteristik von Wolfgangs Auffassung des «Popularen», die er mit der nötigen, echt Mozartschen Einschränkung seinem auf dieses Schlagwort eingeschworenen Vater gegenüber vertritt. Die künstlerischen Erfahrungen der kommenden Jahre sollten auch diesen Standpunkt nach der Tiefe hin korrigieren.

Die nächste Reihe von vier Konzerten entstand in den ersten Monaten des Jahres 1784, das *Es-Dur-Konzert* (K. 449, Februar) und das *Konzert in G-Dur* (K. 453, April) für Mozarts Schülerin Babette Ployer. Das heitere *B-Dur-Konzert* (K. 450) mit dem sprühenden «Jagdfinale» wurde am 15. März, das *D-Dur-Konzert* (K. 451) eine Woche später vollendet. «Ich bin nicht imstande, unter diesen beiden Konzerten eine Wahl zu treffen», schreibt Mozart am 26. Mai 1784. «Ich halte sie beide für Konzerte, welche schwitzen machen. Doch hat in der Schwierigkeit das exB den Vorzug vor dem exD. – Übrigens bin ich sehr begierig, welches unter den drei Konzerten B, D und C Ihnen und meiner Schwester am besten gefällt. Das exEs gehört gar nicht dazu. Das ist ein Konzert von ganz besonderer Art und mehr für ein kleines als ein großes Orchester geschrieben.»

Ein zweites *Konzert in B-Dur* (K. 456, 30. September 1784) berührt vorübergehend dunklere Bezirke als sein älteres Schwesterwerk in der gleichen Tonart, mit dem es im Mittelsatz noch die Variationsform gemein hat. Angeblich ist es das Konzert, das Mozart für eine Pariser Kunstreise der blinden Klavierspielerin, Sängerin und Komponistin Maria Theresia Paradis (1759–1824) geschrieben hatte.[186] Er spielte es selbst in einer Theaterakademie der Sängerin Laschi am 12. Februar 1785, als Vater Leopold in Wien weilte. Dieser hatte das Vergnügen, «alle Abwechslung der Instrumente» in diesem «herrlichen Konzerte» so vortrefflich zu hören, daß seine Augen sich mit Tränen füllten. Voll Stolz berichtete er der Tochter, wie stürmisch man dem gefeierten Sohne damals zuklatschte, wie selbst der Kaiser mit dem Hut in der Hand ein Kompliment aus der Loge hinabwinkte und «Bravo Mozart!» schrie, als Wolfgang das Podium verließ.

Das *F-Dur-Konzert* (K. 459, Dezember 1784) hat Mozart wahrscheinlich zusammen mit dem späteren D-Dur-Konzert (K. 537), das gemeiniglich allein als «Krönungskonzert» bezeichnet wird, zu Frankfurt während

MOZART

Unvollendetes Ölbild von J. Lange 1782
Mozartmuseum Salzburg

der Krönungsfeierlichkeiten für Leopold II. (Oktober 1790) gespielt. Das ihm zeitlich folgende *d-moll-Konzert* (K. 466, Februar 1785) zählt zu den heute gewiß am meisten gespielten Schöpfungen Mozarts auf dem Gebiet der großen Klavierliteratur. Wie das wundervolle *c-moll-Konzert* (K. 491, März 1786) bevorzugt es in den Ecksätzen dunkle, leidenschaftlich erregte Affekte. Kaum daß die sanfte Stimmung der lieblichen Mittelsätze dagegen einen freundlichen Ausgleich zu schaffen imstande ist.

Die behagliche Sphäre der Wiener Virtuosenabende ist mit diesem höchst subjektiven Werke freilich längst verlassen. In ihnen «kündet sich das neue Weltgefühl an, das zur Sprengung des Serenadenstils geführt hat und aus den dramatischen Meisterwerken sowie aus den großen Symphonien hervorquillt» (R. Haas). Das Finalrondo des d-moll-Konzertes löst sich – vielleicht als genial lächelnde Konzession Mozarts an sein Stammpublikum – am Schlusse in freundlicheres Dur, ohne die grundsätzliche Trübung des Affekts ganz aufzugeben. Beethoven hat zu diesem Konzerte Kadenzen geschrieben.

Neben dem *d-moll-Konzert* gehören die *Konzerte in Es-Dur* (K. 482, Dezember 1785) und *A-Dur* (K. 488, März 1786) – dieses mit dem himmlischen fis-moll-Adagio und dem rasanten Schlußsatz – mit Recht zu den volkstümlichen Werken der höheren Klavierliteratur. Beide Konzerte verwenden im Holzbläserensemble die Klarinetten anstelle der Oboen. Die Gesamttönung ist dadurch – wie in der Es-Dur-Symphonie (K. 543) – anstelle des herben «Barockklangs» der Oboen eine andere, mildere, neuzeitliche geworden. Das *c-moll-Konzert* (Oboen *und* Klarinetten im reichen Begleitorchester!) und die *Konzerte in Es-Dur* (K. 482) und *A-Dur* (K. 488) sind für drei Akademien der Fastenzeit 1786 geschrieben, das hochbedeutende, schwungvolle *C-Dur-Konzert* (K. 467, März 1785) für das dritte Subskriptionskonzert des Vorjahrs, das Vater Leopold noch in Wien erlebte. «Dein Bruder», berichtet er nach Hause, «hat in seiner Akademie 559 Gulden gemacht, welches wir nicht vermuteten, weil er eine Subskription zu sechs Konzerten auf der Mehlgrube hat, die aus mehr als 150 Personen besteht. Jede zahlt ein Souverain für die sechs Konzerte. Überdies hat er so oft im Theater bei anderen Akademien aus Gefälligkeit gespielt. – Wenn nur einmal die Akademien vorbei sind! Es ist unmöglich, die Schererei und Unruhe alle zu beschreiben. Deines Bruders Fortepiano-Flügel ist wenigstens zwölfmal, seitdem ich hier bin, aus dem Hause ins Theater oder in ein anderes Haus getragen worden.» – Es war die glückliche Zeit unmittelbar vor dem «Figaro», wo der Meister noch in guten Verhältnissen lebte, wo selbst der gestrenge Vater überzeugt war, daß sein Sohn, wenn er keine Schulden zu bezahlen hätte, wenigstens 2000 Gulden in die Bank auf sichere Zinsen legen könnte.

Diese frohen Monate bedeuteten vielleicht den Höhepunkt von Mozarts äußerer Künstlerlaufbahn in seinen Wiener Tagen. Bis zum Jahre 1787 können wir seine Akademien verfolgen, dann wird es um den gefeierten Virtuosen plötzlich recht still. Wir dürfen aus bestimmten Anzeichen mit Wahrscheinlichkeit schließen, daß es Mozart in späteren Jahren nicht mehr gelungen ist, eigene Akademien zu veranstalten. Seine Wiener Tätigkeit als ausübender Künstler blieb von dieser Zeit ab auf gelegentliche Mitwirkung bei fremden Konzerten, in vornehmen Privatzirkeln wie auf Sonntagvormittag-Musiken beschränkt, die in seiner Wohnung für Freunde und Gönner gegen bescheidene Bezahlung stattfanden. Schon im Sommer 1786, als sich Mozarts Verhältnisse bereits in bitterer Weise verschlechtert hatten, mußte er die traurige Enttäuschung eingestehen, daß sich nach vierzehntägigem Bemühen, die Subskriptionsakademien wiederaufzunehmen, nur eine *einzige* Person, van Swieten, in seine Werbeliste eingetragen hatte.

Aus dem Mißlingen solcher Versuche wird es erklärlich, daß wir aus den späteren Jahren des Meisters nur mehr drei Klavierkonzerte besitzen, das glänzend prächtige *C-Dur-Konzert* (K. 503, Dezember 1786), das schon erwähnte *«Krönungskonzert in D-Dur»* (K. 537, Februar 1788) und das klangschöne, ernste *B-Dur-Konzert* (K. 595, 5. Jänner 1791) aus Mozarts letztem Lebensjahr. Wie dieses Werk seine Reihe in Mozarts Schaffen beschloß, so hat er selbst bei seiner Uraufführung in der Akademie des Klarinettisten Beer zum letztenmal das Konzertpodium betreten.

Zu einer Anzahl dieser Konzerte haben sich *Kadenzen* von Mozarts Hand[187] erhalten. Wenn diese auch vorwiegend für den Gebrauch seiner Musikfreunde und Schüler entstanden, da er selbst an ihrer Stelle meist frei improvisierte, so bieten sie doch – in gemäßigter Form – ein Bild dieser genialen Phantasien, die, ganz im Gegensatz zum heutigen Durchschnittsbrauche, ein kurzes schöpferisches Spiel mit dem thematischen Materiale, nicht aber die Brillanz stilfremder virtuoser Effekte in den Brennpunkt ihrer Aufgabe stellen.

In anderer Art als die Kadenzen geben *vier Variationswerke für das Klavier* (K. 455, 460, 500 und 501)[188], in zeitlicher Nähe der Konzerte entstanden, durch Großzügigkeit ihres Aufbaus und der Technik einen ungefähren Begriff, wie Mozart diese Kunst in freier Improvisation meisterte.

Den Klavierkonzerten der Wiener Zeit stellen sich noch *vier Hornkonzerte* (K. 412, 417, 447 und 495)[189] an die Seite, alle, wie auch das effektvolle konzertante *Quintett für Waldhorn und Streicher in Es-Dur* (K. 407), einem alten Salzburger Bekannten Mozarts, Ignaz Leutgeb, zuliebe geschrieben. Dieser Leutgeb, ein tüchtiger Bläser, sonst ein recht ungebildeter Patron, hatte sich seinerzeit mit Leopold Mozarts finanzieller

Beihilfe in einer Wiener Vorstadt «ein kleines·Schneckenhäusel mit einer Käsereigerechtigkeit auf Kredit gekauft». Als Wolfgang nach Wien kam, traf er den originellen Kumpan noch immer in ungeordneten Verhältnissen. Die launigen Partituren der Hornkonzerte haben sich als Zeugnis für die Hilfsbereitschaft des jungen Meisters und seine unverwüstliche Laune erhalten: «Wolfgang Amadé Mozart hat sich über den Leitgeb, Esel, Ochs und Narr erbarmet zu Wien den 27. May 1783» prangt auf der Titelseite des zweiten Konzertes. Das letzte ist abwechselnd mit schwarzer, roter, blauer und grüner Tinte geschrieben. Das Rondo des D-Dur-Konzertes (K. 412) schildert zwischen den Notenzeichen die Leiden des gequälten Hornisten bei den einzelnen Bravourstellen in der ergötzlichsten Weise: «Adagio a lei Signor Asino – Animo – presto – Corraggio – oh che stonatura – oimè – oh seccatura di coglioni! – respira un poco – avanti, avanti – oh porco infame – e vieni a seccarmi per la quarta – oh maledetto – anche bravura? – bravo – ah! trillo di pecore – finisci? – grazie al ciel! basta, basta!» – Und Leutgeb ließ noch andere Späße des übermütigen Komponisten willig über sich ergehen, nur um seine Konzerte zu bekommen. Er kroch als braver Hanswurst auf allen vieren im Zimmer umher und sammelte mühselig die toll durcheinandergeworfenen Stimmen der Konzerte und Symphonien. Oder er mußte hinter dem Ofen knien, solange Mozart an jenen Paradestücken arbeitete.

Natürlich erreichen diese flott hingeworfenen Stücke nicht die Bedeutung der Klavierkonzerte. Sie sind knapp gefaßt, durch virtuose Partien und breite melodische Linien abwechslungsreich gehalten und dem Wesen des Instrumentes prächtig angeglichen. Regelmäßig ist das Finale ein Rondo in der Art der beliebten Jagdstücke («Caccia») im $^6/_8$-Takt. Neben den schwierigen, wenig dankbaren Konzerten Joseph Haydns, neben Beethovens Hornsonate zählen alle vier Konzerte noch heute zu den Standardwerken des klassischen Zeitalters im Repertoire unserer Hornisten.

Im Zusammenhang mit der reichen Schaffenstätigkeit Mozarts für das Wiener Musikleben floß in jenen Jahren ein glänzender Schatz *italienischer Arien*[190] aus seiner Feder. Diese Arbeiten waren als Paradestücke in Konzerten oder Einlagen in fremde Opern gedacht. Mozart bewies seinen Sängerfreunden dabei eine beispiellose Freigebigkeit. Reich bedacht erscheint seine Schwägerin Aloysia Lange. Für ihre Stimme und den Reiz ihrer Künstlerschaft hatte er die alte Schwäche bewahrt. Der rührende Ton der alten Alcandroszene aus der Mannheimer Frühlingszeit zittert in diesen Werken nach. Am innigsten vielleicht in der unendlichen Melodie des Adagios einer Arie *«Vorrei spiegarvi, oh Dio!»* (K. 418, Juni 1783) zu Anfossis «Curioso indiscreto». Wie eine duftige Sommerwolke hebt sich eine wehmütige zärtliche Kantilene des Soprans im Widerklang mit der keuschen Oboe über duftigen Pizzicati der Streicher zu immer reineren Höhen. Klang und Linie sind in diesem herrlichen Stücke zu einer Vollkommenheit ohnegleichen ausgesponnen. Die zweite in diese Oper eingelegte Bravourarie *«No, no, che non sei capace»* (K. 419) ist ein kühnes Virtuosenstück. Hochbedeutend die Szene *«Mia speranza adorata»* (K. 416). Aloysia sang sie im Jänner 1783 in einer großen Akademie auf der Mehlgrube.

Die *Tenorarie «Per pietà, non ricercate»* (K. 420) war als Einlage in Anfossis Oper für Adamberger, Mozarts ersten Belmonte, bestimmt. Allein das wirkungsvolle Stück wurde, wie Mozart vermutete, durch einen «Pfiff Salieris», vor der Aufführung beiseite gelegt. Doch im Dezember 1783 singt Adamberger in einem Konzert der Pensionsgesellschaft bereits eine neue Komposition, die ernste, jeder Virtuosität abholde, wundervoll instrumentierte *Arie «Misero! o sogno»* mit der schönen «Verdi-Kantilene» des Andante sostenuto und der großartig gesteigerten Schlußstretta (K. 431). Ein düster bewegtes Gegenstück ist die Szene *«Così dunque tradisci»* (K. 432), vermutlich für den stimmgewaltigen Bassisten Fischer geschrieben, ein wildes, unheimliches, hochdramatisches Werk, durch seinen unaufhörlich pochenden Triolenrhythmus, durch zerrissene, gleich Wolkenfetzen dahinjagende Figuren der Bläser der nachtdunklen Stimmung von Schuberts «Erlkönig» verwandt und von einer glutvollen Leidenschaft erfüllt, die über das Fassungsvermögen des 18. Jahrhunderts weit hinausführte. Die in Sopranarien beliebten weiten Intervallsprünge erscheinen hier durch die Wucht der schweren Baßstimme zu furchtbarer Eindringlichkeit gesteigert. Wer die visionäre Gewalt des Dramatikers Mozart recht erfassen will, darf an allen diesen «Szenen», die an Umfang und Intensität alles in jener Zeit für die eigentliche Musikbühne Geschaffene weit übertreffen, namentlich an der dramatischen Anschaulichkeit der einleitenden großartigen «Accompagnati» nicht vorbeisehen. In solchen Szenen erfüllte sich ihm, wenn auch nur in eingeschränktem Sinne – die ewig ungestillte Sehnsucht nach der «Opera seria» erhabenen Stils. Sie lassen uns ahnen, was Mozart geschaffen hätte, würde ihm einmal nur eine Aufführungsgelegenheit, vor allem ein Buch, jener Sehnsucht würdig, zur Verfügung gestanden sein.

Neben so reicher Lese für die großen Konzerte nehmen die Arbeiten intimeren Charakters in jenen Jahren zahlenmäßig nur einen bescheidenen Raum ein. In seiner Theaterakademie vom 1. April 1784 brachte Mozart, von «außerordentlichem Beifalle» bedankt, das kurz vorher vollendete *Es-Dur-Quintett* (K. 452)[191] vor das Wiener Publikum: «Ich selbst halte es für das beste, was ich noch in meinem Leben geschrieben habe. Es besteht aus 1 Oboe, 1 Clarinetto, 1 Corno, 1 Fagotto und das Pianoforte.

Ich wollte wünschen, Sie hätten es hören können – und wie schön es ausgeführt wurde!» Später führte Mozart das Werk im Ployerschen Hause dem berühmten Paisiello vor. Offenbar legte er besonderen Wert darauf, daß der gefeierte Mann gerade mit dieser Arbeit bekannt wurde. Bis zum heutigen Tage ist das von süßem Wohlklange gesättigte Quintett das edelste Beispiel moderner Kammerkunst für Bläser geblieben. Schon Beethoven hat es sichtlich als Muster seines Quintetts op. 16 vor Augen gehabt, doch nicht übertroffen.

Zwei andere Standardwerke der Klavierkammermusik, die beiden *Quartette für Pianoforte, Violine, Viola und Violoncello in g-moll und Es-Dur* (K. 478 und 493) stammen aus den Sommermonaten der beiden nächstfolgenden Jahre, 1785 und 1786. Jenes in seinem ersten Satze ein echtes Mollstück, von der schmerzlichen Leidenschaft der beiden Symphonien dieser Tonart erfüllt, das Andante in glücklichem Gegensatz zu ruhigerer Stimmung abklingend, vollends das Schlußrondo heiter, fröhlich, manchmal leicht und unbeschwert, als hätte es Joseph Haydn geschrieben. Das Es-Dur-Quartett atmet schon von Anfang an die Lust einer durchaus bejahenden Stimmung und steigert sich im Larghetto des zweiten Satzes zur holdselig versonnenen Schwärmerei eines gemütvollen Herzens. Auch hier entläßt das Finalrondo den Hörer angeregt, mit flügelleichter Seele. *Die B-Dur-Sonate für Klavier und Violine* (K. 454, 21. April 1784) hat Mozart für die Mantuaner Geigerin Regina Strinasacchi geschrieben. Am Abend vor der Theaterakademie war die vollständige Niederschrift noch nicht vollendet. Die Künstlerin konnte lediglich die Violinstimme erhalten. Bei dem Konzert begleitete Mozart ohne Probe aus der Kompositionsskizze, die mit Ausnahme des Geigensatzes nur wenige Andeutungen enthielt. Seiner Bestimmung entsprechend steht dieses Werk durch Aufbau und virtuose Ansprüche den Konzerten nahe, was auch die schöne Largo-Einleitung des ersten Satzes zu bestätigen scheint.[192] Die *Es-Dur-Violinsonate* (K. 481, Dezember 1785) mit der warmen Adagiomelodie des zweiten Satzes trägt intimeren Charakter. In der Durchführung des ersten Satzes erscheint ein Lieblingsmotiv Mozarts, aus der katholischen Liturgie stammend, das zum ersten Male in Mozarts *erster Symphonie* (K. 16, 2. Satz), dann in der *F-Dur-Messe* (K. 192), in der *B-Dur-Symphonie* (K. 319, 1. Satz, Durchführung) und auch sonst öfters auftaucht, um zuletzt in der Schlußfuge der großen C-Dur-Symphonie (K. 551) seine Krönung zu erleben.

Wir wissen nicht mit Bestimmtheit anzugeben, warum Mozarts Beliebtheit als Komponist und Virtuose in den letzten Jahren seines Lebens mit so trauriger Auffälligkeit geschwunden ist. Sicherlich hat der Ausfall der nicht unbeträchtlichen Einnahmen aus dieser Tätigkeit zu seinem wirtschaftlichen Elend wesentlich beigetragen. Die Ursachen mögen zum Teil in der veränderten Linie seiner späteren Werke gelegen sein. Die unbedingte Anpassungsgabe seiner Jugendjahre besaß Mozart nicht mehr. Mit der Unbeugsamkeit des echten Künstlers folgte er bedingungslos dem Dämon seines Inneren, je älter er wurde. Freilich verstand die Technik seines Handgelenks aus dem unerschöpflichen Strom seiner musikalischen Einfälle selbst dann noch Meisterwerke zu formen, wenn ihn bitterste Not durch Brotarbeiten aus dem Zuge seines persönlichen Schaffens riß. Aber viele der guten Wiener wurden schwer enttäuscht, als Mozart nicht der glänzende Modekünstler blieb, der sich zu Anfang dem verwöhnten Publikum der Kaiserstadt vorgestellt hatte. Dort hängt man an seinen Lieblingen oft mit ungebührlicher Leidenschaft. Man sieht ihnen Grillen und Seitensprünge nach, wenn nur die lächelnde Geste verbindlicher Bereitwilligkeit nicht verloren geht. Mozart war kein Diplomat. Er besaß weder die Vorsicht noch die Beharrlichkeit seines Vaters. Er hatte nur Leopolds scharfes Mundwerk geerbt, das die konzilianten Wiener im unrichtigen Augenblicke verletzte. Ringsum lauerten die kleinen Neider. Instinktiv fühlten sie die Klaue des Löwen in seinem Werk. Was sie nicht hinderte, mit kluger Maulwurfstaktik sein Ansehen in der Meinung der Gesellschaft zu unterwühlen. Der eigenwillige Zug mancher seiner Arbeiten hatte Mozart den Durchschnittlichen ohnehin schon suspekt gemacht.

Ein reisender Musikfreund berichtet 1788 in Cramers «Magazin für Musik»: «Kozeluchs Arbeiten erhalten sich und finden allenthalben Eingang, dahingegen Mozarts Werke durchgehends nicht so ganz gefallen. Wahr ist es auch, daß er einen entschiedenen Hang für das Schwere und Ungewöhnliche hat.» «Mozart war ein großes Genie», stellt das «Musikalische Wochenblatt» fest, «allein – er hatte eigentlich wenig höhere Kultur und wenig oder vielleicht gar keinen wissenschaftlichen Geschmack.» Und der Stuttgarter Hofmusikus Joh. Bapt. Schaul, die «sinnreiche Kunst jenes musikalischen Dädalus» bestaunend, «der so große, undurchdringliche Labyrinthe zu bauen gewußt habe» und doch die Ariadne mit dem rettenden Faden nicht finden könne, kommt schließlich zu dem merkwürdigen Vergleich: «Welch ein Unterschied ist zwischen einem Mozart und einem Boccherini! Jener führt uns zwischen schroffen Felsen in einen stacheligen, nur sparsam mit Blumen bestreuten Wald; dieser hingegen in lachende Gegenden mit blumigen Auen, klaren rieselnden Bächen, dichten Hainen bedeckt.»

Gelegentlich spürte auch Mozart den Drang, den Wienern als Rezensent durch eine «kleine musikalische Kritik mit Exemplen» eins aufs Leder zu flicken. Aber zu tief in die Welt seiner Töne verstrickt, vergaß er diesen Plan bald. Vielleicht zog ihn die theatralische Leidenschaft vom Konzertieren ab, als die Opernaufträge späterhin seine Zeit in Anspruch nahmen. Vielleicht machte ihn der eigentümliche Zug stiller Selbstversenkung, der in seinem Leben wie in seinen Werken immer stärker hervortritt, je dunkler die Vorboten des Todes, Krankheiten, Elend und Sorgen sein Leben umschatten, für die große Öffentlichkeit ungeeignet. Immer mehr nimmt die Geschlossenheit vertrauter Zirkel oder das fröhliche Zigeunertreiben des Theatervolkes den vielgereisten Weltmann in Anspruch und löst seine trüben Gedanken in freundschaftlicher Geselligkeit, idealem Schwärmen oder in ungebundener Ausgelassenheit.

Dem sensationslüsternen Publikum aber bot der kleine unansehnliche Künstler zu wenig Anhaltspunkte, zu wenig Absonderlichkeiten der Person oder des Lebenswandels, um seinen Namen dauernd im Munde zu führen. So vergaß die Mitwelt ihren großen Meister mit so unpathetischer Schmerzlosigkeit, daß er am Ende seiner Tage vielleicht selbst kaum ahnte, wie unberühmt er geworden war.

33. LIEDER UND GELEGENHEITSWERKE

«Niemand wird in Mozart den Mann von Talenten und den erfahrenen, reichhaltigen und angenehmen Komponisten verkennen. Noch habe ich ihn aber von keinem gründlichen Kenner der Kunst für einen korrekten, viel weniger vollendeten Künstler halten sehen, noch weniger wird ihn der geschmackvolle Kritiker für einen in Beziehung auf Poesie richtigen und feinen Komponisten halten.» (Zeitgenössischer Anonymus im «Musikalischen Wochenblatt»)

Im Frühling 1785 wendet sich Mozart mit einigen Werken wieder einer Kompositionsgattung zu, die in seinem Schaffen zwar keinen bedeutenden, doch einen immerhin abwechselnden Entwicklungsgang genommen hat: *dem deutschen Lied.* Seine ersten Arbeiten auf diesem Gebiete, namentlich die Gesänge des Schäferspieles «Bastien und Bastienne» (K. 50), standen unter dem Einfluß der Tanzlieder des Sperontes und der schlichten Vorbilder norddeutscher Meister. Auch die drei Lieder nach Texten aus dem Roman «Sophiens Reise» von J. T. Hermes (K. 390, 391 und 392) aus späterer Zeit folgten, wenigstens formell, den stilistischen Grundsätzen der Berliner Schule, nachdem wir den jungen Meister in den zwei Mannheimer Arien für Lisl Wendling (K. 307 und 308) die Bahnen französischen Geschmackes wandeln sahen. Aber schon in den einfacheren Liedsätzen der «Entführung», vollends in Liedern des Jahres 1785 mit ihrer freieren melodischen Linie und dem lebendigen Klaviersatz werden die Spuren des bodenständigen Wiener Kunstliedes sichtbar, wie es sich seit dem Aufblühen des nationalen Singspiels rasch und in Anlehnung an dieses entwickelt hatte.

Fehlte dem Josephinischen Österreich der große Aufschwung Deutschlands auf literarischem Gebiete und damit seinen Liederkomponisten die starke lyrische Anregung, so wirkten dafür der melodienfreudige Geschmack des Volkes und die hohe Stufe der Wiener Instrumentalmusik belebend und fördernd auf die Liedproduktion[193] ein und schufen einen scharfumrissenen, von der norddeutschen und schwäbischen Liederschule durchaus verschiedenen Eigenstil. Wie die von der italienischen Oper und der französischen Comique beeinflußte Struktur des Wiener Singspiels sich von der Einfachheit des Berliner Ideals wesentlich unterschied, macht sich auch im Wiener Liedtypus eine reichere Gestaltung geltend. Schon die «Teutschen Comediearien» für die Stegreifspiele des Kurz-Bernardon griffen um die Mitte des Jahrhunderts durch ihr anspruchsvolles, gesangliches und instrumentales Gepräge weiter in das Gebiet der Oper, als es für musikalische Einlagen in volkstümliche Possen zu vermuten wäre.

Das künstlerische Mittelmaß der Wiener Liederkomponisten vom Schlage eines Steffan, J. Holzer, L. Kozeluch und Carl Frieberth vermochte allmählich eine neue, typische Formung durchzubilden. Selbst Joseph Haydn hatte zu der Gattung anmutige Beiträge gestellt. Daß er seine Texte von einem gebildeten Freunde auswählen ließ, ist bezeichnend für die unliterarische Einstellung der Wiener Musiker. Aber die Grundlagen zu einem glücklichen Weiterbau waren wenigstens geschaffen.

Den ersten großen Schritt dazu hat Mozart mit seinem «*Veilchen*» (K. 476, 8. Juni 1785)[194] getan. Eine im Klopstockstil gehaltene «*Ode auf Calpe*» des Wiener Jesuitendichters Michael Denis (K. 386 a) ist, einige Jahre früher, bezeichnenderweise nicht vollendet worden. «Die Ode ist erhaben, schön, alles was Sie wollen – allein zu übertrieben schwülstig für meine feinen Ohren.» Um wieviel lebendiger mußte ihn jetzt die kleine Poesie Goethes in ihrer idealen Vereinigung hoher künstlerischer Anmut und volkstümlicher Schlichtheit berührt haben. Er ist wahrscheinlich nur durch einen Zufall auf das reizende Gedicht gestoßen.

Von drei um weniges älteren Liedern nach Texten des beliebten Christian Felix Weiße, «*Der Zauberer*», «*Die Zufriedenheit*» und «*Die betrogene Welt*» (K. 472, 473 und 474, 7. Mai 1785) zeigen das erste und letzte in seinem lebendig erfühlten, dramatischen und doch liedmäßigen Zuschnitt den Meister bereits auf dem Wege. In dem frei durchkomponierten «Veilchen» aber ist die Lösung einer großen Idee, die unbewußt in dem älteren Wiener Liede schlummerte, zum erstenmal gelungen. Freilich kaum im Sinne Zelters oder Goethes, sich «im Einfachen und Beschränkten abzuschließen». Denn nun war zur Tat geworden, was Goethe zeitlebens vom Liede ferngehalten wissen wollte: «Der Musiker hat sich nicht begnügt, die Poesie einfach in Tönen nachzuzeichnen und dadurch zu verdeutlichen, sondern sie aus seiner musikalischen Phantasie heraus neu geschaffen und dadurch das Herrscherrecht des Dichters im Liede gebrochen» (Abert).

Alle Freiheit der Ausdrucksmittel, wie sie sich dem Blicke des *Dramatikers* selbst in Gestalt der kleinen eingestreuten Rezitative boten, um ein Bild der schäferischen Szene erstehen zu lassen, hat der *Lyriker* Mozart wieder zur Einheit eines echten Liedes gerundet. Das Faszinierende an diesem Liede besteht darum wohl darin, daß hier die *lyrischen* und die *dramatischen Elemente* – und diese völlig unaufdringlich! – gleichsam eine «Unio mystica» miteinander eingegangen sind. Auch in diesem Sinne des «bewegt Anschaulichen» mag das «herzige Veilchen» als Bote eines neuen Frühlings an der Schwelle der großen Liedkunst des 19. Jahrhunderts gelten. Leider ist es das einzige Kunstwerk geblieben, das die Schaffenskraft Goethes und Mozarts vereinte.

Mit späteren Liedern, mit den bedeutenden Arbeiten «*Als Luise die Briefe ihres ungetreuen Liebhabers verbrannte*» (K. 520, Mai 1787), in der «*Abendempfindung*» (K. 523, Juni 1787), selbst im leichten Kanzonettenton des lieblich erotischen Rokokostückchens *«An Chloe»* (K. 524, Juni 1787) hat Mozart die erreichte Stilhöhe im Liede festgehalten. Unverkennbar bleibt stets die Tendenz, das lyrische Erleben auch belebt – wie eine kleine Bühnenhandlung – dem Hörer an«schau»lich zu machen. Und dieses Kriterium unterscheidet das Mozartsche Lied in den genannten Beispielen (die sozusagen eine Sonderform darstellen) sehr wesentlich von dem schlichten Strophentypus, wie er sich als Leitform des klassizistischen Liedes der Jahrhundertwende zu entwickelte.

Andere Lieder unseres Meisters aus der Zeit des «Don Giovanni» verlassen den herkömmlichen Boden des Wiener Kunstliedes kaum: die witzig gezeichnete *«Alte»* (K. 517, Mai 1787) nach einem Gedichte Hagedorns, die *«Verschweigung»* (K. 518, Mai 1787), eine reizende Bergerette, das innige *«Lied der Trennung»* (K. 519, Mai 1787) und die anmutige Vertonung von Höltys *«Traumbild»* (K. 530, 6. November 1787). Von drei Liedern aus Mozarts letztem Lebensjahre ist das frühlingshelle Kinderliedchen *«Komm, lieber Mai»* (K. 596, Jänner 1791) im schönsten Sinne des Wortes volkstümlich geworden[195]. In seinem Grundeinfall tönt ein altes schwäbisches Volkslied nach. Der Vater hat es vielleicht an der Wiege des Knaben auf der Geige gespielt.

Den Liedern steht eine Anzahl kurzer *Gesangsterzette* (Kanzonetten)[196] zu Texten Metastasios in dreiteiliger Liedform nahe. Sie stellen in ihrer Geschlossenheit und Eigenart ein kleines Sondergebiet im vielseitigen Schaffen des Meisters dar. Ihre Entstehung ist an den heiter zwanglosen Verkehr Mozarts im Hause des berühmten Botanikers Freiherrn von Jacquin gebunden, einer der wenigen Stätten des geistigen Wien, die ihm mit freundschaftlicher Wärme ein gastliches Heim bereiteten. Caroline Pichler, von Jugend auf mit den Jacquins befreundet, schildert in ihren Denkwürdigkeiten (1844) den geselligen Verkehr in diesem Kreise: «Die Familie war schon vor 60 bis 70 Jahren ein helleuchtendes Augenmerk für die wissenschaftliche Welt. Wenn die Gelehrten den berühmten Vater und den ihm nachstrebenden Sohn, Joseph Franz von Jacquin, aufsuchten, so sammelte sich die jüngere Welt um den jüngeren Sohn Gottfried, den ein lebhaft gebildeter Geist, ein ausgezeichnetes Talent für Musik, mit einer angenehmen Stimme verbunden, zum Mittelpunkt des heiteren Kreises machte, und um seine Schwester Franziska. Da wurden an den Mittwochabenden, die in diesem Hause der Geselligkeit gewidmet waren, in den Zimmern des Vaters gelehrte Gespräche geführt. Wir jüngeren Leute plauderten, scherzten, machten Musik, spielten kleine Spiele und unterhielten uns vortrefflich.»

Als Mozart im Frühjahre 1787 in die damalige Vorstadt Landstraße übersiedelte, wo der Botanische Garten von Maria Theresia angelegt worden war, hat sich sein Verkehr im Jacquinschen Hause noch lebhafter gestaltet. Für den feurigen Gottfried, dem er herzlich zugetan war, komponierte er die *Baßarie «Mentre ti lascio»* (K. 513) mit nicht geringen Ansprüchen an Umfang und Geläufigkeit der Singstimme. Von der Prager Reise sendet ihm Mozart sein *«Traumbild»* (K. 530) als Angebinde. Für Franziska, seine Klavierschülerin, schreibt er das herrliche *«Kegelstatt-Trio»* (K. 498)[197]. Als eigenartiges Denkmal der Musikpflege in dem frohen Kreise aber haben sich jene dreistimmigen italienischen Kanzonetten (K. 346, 436, 437, 438, 439 und 549) erhalten. Das anspruchslose Gepräge dieser Nachtständchen («Notturni») ist reich an unvergleichlichen Zügen genialer Schaffensleichtigkeit, berückend durch originelle Einfälle im kleinsten Rahmen, durch die kluge Pointierung des Wortes und voll verträumter Kantabilität inmitten heiterer Laune. Eine einfache, doch gewählte Begleitung dreier Blasinstrumente, Bassetthörner und Klarinetten, vermählt sich glücklich mit dem Timbre der Singstimmen.

Einem *Terzett für Sopran, Tenor und Baß «Grazie agl'inganni tuoi»* (K. 532) in der Art dieser Kanzonetten liegt eine Melodie des Sängers Michael O'Kelly, vielleicht italienischen Ursprungs, zugrunde. Mozart war diesem Künstler, seinem ersten Basilio in «Figaros Hochzeit», mit Freundlichkeit zugetan. Im Zusammenhang mit dem kleinen Stück berichtet Kelly in seinen Erinnerungen (London 1826): «Ich hatte eine kleine Melodie zu Metastasios ‹Grazie agl'inganni tuoi› komponiert, die überall gefiel, wo ich sie nur sang. Sie war ganz schlicht, hatte aber das Glück, Mozart zu gefallen. Er nahm sie, verwendete sie zu Variationen, die wunderschön waren, und hatte außerdem die Güte, sie zu spielen, wo er nur konnte. Ermutigt durch so schmeichelhafte Anerkennung, versuchte ich mich in einigen kleinen Liedchen, die ich ihm zeigte. Er lobte sie so liebenswürdig, daß ich den Entschluß faßte, mich kontrapunktischen Studien zu widmen. Ich bat ihn, mir einen Lehrer zu empfehlen. ‹Mein lieber Junge›, sagte er da, ‹wenn Sie mich schon um einen Rat bitten, muß ich Ihnen antworten. Hätten Sie schon in Neapel die Kompositionswissenschaft studiert, als Sie noch keine anderen Ziele verfolgten, würden Sie vielleicht gut damit getan haben. Nun aber ist die Bühne Ihr Lebenszweck und braucht Ihre ganze Kraft. Es wäre also unklug, mit einem trockenen Studium neu zu beginnen. Glauben Sie mir, halbes Können ist eine gefährliche Sache. Die Fehler in Ihren Kompositionen werden Ihnen nötigenfalls hundert Musiker verbessern können. Darum stören Sie Ihre natürliche Anlage nicht. *Melodie ist das Wesen der Musik.* Ein guter Melodiker ist einem edlen Rennpferd gleich zu achten, die Kontrapunktiker aber den Arbeitsgäulen. Beherzigen Sie also meinen wohlgemeinten Rat und lassen Sie die Hände davon!›»

Die erwähnten Variationen sind nicht erhalten. Wahrscheinlich sind sie niemals niedergeschrieben worden. Ein unvollendeter Partiturentwurf in der Wiener Nationalbibliothek sieht ein Bläserakkompagnement für das ursprünglich als «a-capella-Stück» notierte Terzett mit dazugehörigem Ritornell vor. In der Stimmung zieht eine leise Vorahnung zur reizenden Gesangsserenade in «Così fan tutte» (II. Akt Nr. 21) ihre Fäden.[198]

Das übermütige *«Bandl-Terzett»* (K. 441) führt uns wieder in den heiteren Jacquinschen Kreis zurück. Konstanze suchte für eine Ausfahrt mit Gottfried Jacquin vergeblich nach einem neuen Band, das ihr Mozart geschenkt hatte: «Liebes Mandl, wo ist's Bandl?», rief sie ihrem Manne zu und spornte die beiden durch solch ungewollte Reime ergötzten Kavaliere zu fröhlicher Nachschau an. Jacquin hatte Glück und fand das bunte Ding. Aber nun wollte er es nicht hergeben und hielt es, hochgewachsen, wie er war, triumphierend in die Luft, so daß sich das kleine Mozartsche Ehepaar vergeblich bemühte, es zu haschen. Mozarts Hund, Puzzipaukerl, fuhr zuletzt noch kläffend dazwischen. Nun lieferte Jacquin endlich das Band aus und meinte, diese Szene wäre für ein komisches Terzett recht passend. Solches ließ sich Mozart nicht zweimal sagen. Er entwarf in loser Anlehnung an die bewegte Szene selbst einen Text im Wiener Dialekt und schickte das fertige Opus dem Freunde als Angedenken. Den Singstimmen, Sopran, Tenor und Baß, sind darin die Namen «Konstanze, Mozart und Jacquin» vorangestellt. Mit Frohlaune und dramatischer Lebendigkeit wiedergegeben, hat die anschauliche Improvisation ihre Wirkung niemals verfehlt. Zu einem vierstimmigen Gegenstück *«Caro mio, Druck und Schluck»* (K. 571 a), einer fröhlichen, etwas derben ehelichen Szene zwischen Mozart, Konstanze und zwei Freunden, hat Mozart die für ihn so bezeichnenden Reimtollheiten aus wienerischen Familienzärtlichkeiten und italienischen Opernphrasen gleichfalls selbst zusammengestoppelt. Das Stück ist leider Fragment geblieben. Die Reprise und die – wohl vorgesehene – instrumentale Begleitung fehlen.[199]

Solchen musikalischen Augenblickseinfällen steht eine Gruppe kleinster Arbeiten Mozarts nahe, köstliche Kinder einer flüchtigen Laune, meist im Freundeskreis entstanden: seine *Kanons.*

Auch die größten Meister der Tonkunst haben, von drückender Arbeit ausruhend, kleine Kunstwerke dieser Art geformt. Das abwechselnde Spiel der kongruenten Linien eignet sich dabei ausgezeichnet, epigrammatische Texte mit drastischer Schärfe in die rechte Beleuchtung zu setzen. Joseph und Michael Haydn, Padre Martini und Beethoven verschmähten es nicht, heitere Kanons zu schreiben. Die Gesamtausgabe der Werke Mozarts enthält zweiundzwanzig Stücke aller Art[200]. Noch mehr sind unter seinem Namen überliefert. Viele davon müssen als unecht ausgeschieden werden. Unter den authentischen Arbeiten finden sich Beispiele ernsten und heiteren Charakters, zwei-, drei-, vier- und sechsstimmige, ja sogar ein zwölfstimmiges Opus (K. 348 für drei vierstimmige Chöre!).

Ernsten Inhaltes, zu den schönsten Stücken ihrer Art zählend, ragen zwei hervor, der vierstimmige Kanon «*Nascoso è il mio sol*» (K. 557) und der dreistimmige «*Caro bell'idol mio*» (K. 562) mit ausgesprochen liedmäßiger Führung der Melodie. Die berühmte Serie der im urwüchsigen Wiener Dialekt geschriebenen «*Vierstimmigen*» (K. 558–561) zeigt uns den Meister voll ausgelassener Ungebundenheit in dem übermütigen Kreise seiner «Freunderln»: «Praterausflug», der «eselhafte Peierl», der «Herr von Freistädtler», der «terrische Hausmeister», ein zügellos in allen Sprachen durcheinanderwirbelndes «Gute Nacht» der feuchtfröhlich heimkehrenden Runde, summendes, geistreiches Durcheinander voll kindlicher Freiheit und Schwänkeseligkeit, die tollen Späße der alten Commedia dell'arte in die Wiener Heurigenluft transponiert. Jener Peierl, ein Tenorist aus München, hatte Eigenheiten in der Wortsprache, die Mozart in freundlichem Umgang mit ihm und anderen Genossen oft belachte. An einem Abende solch fröhlichen Beisammenseins kam Mozart der Einfall, ein paar lateinische Worte «Difficile lectu mihi Mars», bei deren Absingen Peierls Aussprache in komischem Lichte hervortreten mußte, zu einem Kanon zu verarbeiten. Und in der Erwartung, daß dieser die Absicht nicht merken und in die Falle gehen werde, schrieb er gleich auf die Rückseite desselben Blattes den Spottkanon «Oh, du eselhafter Peierl». Der Scherz gelang, und kaum waren jene zweideutigen Worte aus Peierls Munde in der erwarteten Weise zu allgemeinem Behagen gehört worden, so drehte Mozart das Blatt um und ließ die Gesellschaft nun den kanonischen Triumph- und Spottgesang anstimmen: «Oh, du eselhafter Peierl!»

Der Anfang dieses Kanons aber lautet:

«Oh, du eselhafter Peierl,
Oh, du peierlischer Esel,
Du bist so faul,
Als wie ein Gaul,
Der weder Kopf noch Haxen hat.
Mit dir ist gar nichts anzufangen,
Ich seh dich noch am Galgen hangen.
Oh, lieber Freund, ich bitte dich . . .»

Die weiteren Worte landesüblicher Prägung mag ein verständiges Gemüt lachend zu erraten. Zum Schluß erfleht der Kanon noch mit den Worten «Nepomuk Peierl, verzeihe mir» die Versöhnung des schwergekränkten Tenors.

Von einem leider nicht erhaltenen Doppelkanon erzählt Rochlitz[201], ehemaliger Thomasschüler, angeblich als Augenzeuge: «Mozart speiste den Abend, ehe er von Leipzig nach Berlin reiste (April 1789), beim

Thomaskantor Doles, in dessen Haus er gern und viel verkehrt hatte, und war sehr heiter. Die Wirte, welche der Abschied traurig machte, baten ihn um eine Zeile zum Andenken. Er machte sich lustig über ihr ‹Pimpeln› und wollte lieber schlafen als schreiben. Endlich ließ er sich doch ein Stück Notenpapier geben, riß es in zwei Hälften und schrieb – nicht länger als höchstens fünf bis sechs Minuten. Dann gab er dem Vater die eine, dem Sohne die andere Hälfte ... Auf dem einen Blättchen stand ein dreistimmiger Kanon in langen Noten, ohne Worte. Als man ihn sang, klang er herrlich, sehr wehmütig. Auf dem zweiten Blättchen war ebenfalls ein dreistimmiger Kanon, aber in Achteln, sehr drollig. Als man nun bemerkte, daß beide zusammen gesungen werden könnten, schrieb Mozart erst den Text unter den einen: ‹Lebet wohl, wir seh'n uns wieder!›, unter den andern: ‹Heult noch gar wie alte Weiber!› So wurden sie nochmals gesungen. Es ist nicht zu sagen, welch eine lächerliche und doch tief, fast ergrimmt einschneidende, also vielleicht erhaben-komische Wirkung dies auf uns alle machte. Und, irre ich mich nicht, auf ihn selbst. Denn mit etwas wilder Miene rief er plötzlich: ‹Adieu, Kinder!›, und war fort.»

Ein instrumentales Gegenstück zu diesen reinen Vokalstücken bildet das kurze *«Kanonische Adagio für zwei Bassetthörner und Fagott»* (K. 410). In symphonischen Werken, namentlich in den Menuetts, hat Mozart gerne kanonische Episoden untergebracht. Das prachtvolle Menuett der c-moll-Bläserserenade (K. 388) mit dem zauberhaften Trio «al rovescio» ist in dieser Form ganz streng durchgeführt.

In gewissem Sinne bieten uns die derben Kanons Mozarts ein musikalisches Gegenstück zur Ausgelassenheit der Bäslebriefe. Man urteile nicht voreilig über den anakreontischen Verkehr eines Unsterblichen in der Runde jener «Freunderln», die seinen papagenohaften Trieben mit fröhlicher Bereitwilligkeit entgegenkamen. Hier allein, unter den Leutgebs, den Peierls, unter Schikaneders leichtsinnigen Genossen, diesen Urbildern des lockeren Vogelfängers, konnte sich jene naturhafte Regung seines armseligen Erdendaseins herzhaft austoben. Hier fand Mozart, das ewige Kind, die sorglose Unbedenklichkeit der Jugend immer wieder. Hier fühlte er sich geborgen im leidvollen Kampfe ums Dasein, unter Musikern, Künstlern und Mitläufern, die ihn ehrlich schätzten, gelegentlich auch seine grenzenlose Gutmütigkeit weidlich ausnützten.

Von bedeutenden Meistern ist Mozart in seinen Mannesjahren nur Joseph Haydn menschlich nahegekommen. Zu Gluck, dem intellektuellen Musiker des damaligen Wiener Kunstlebens, ist er, von Höflichkeitsbesuchen abgesehen, niemals in ein näheres persönliches Verhältnis getreten. Deutlich hat sich Mozart niemals darüber ausgesprochen. Daß Salieri sich der besonderen Förderung Glucks erfreute, begründet Mozarts vorsichtige Reserve noch tiefer. Giovanni Paisiello (1761 bis 1816), der

1784, nach achtjährigem Wirken am Petersburger Hofe, vorübergehend in Wien weilte, war einer unter den wenigen italienischen Maestri, die ein tieferes Interesse in Mozart zu erwecken vermochten. Denn die kraftvolle, gesund-volkstümliche Tonsprache dieses gewandten Buffonisten brachte im Meister des «Figaro» noch andere Saiten zum Mitklingen als die Musik des «rechtschaffenen, braven Sarti», vollends aber die Tagesleistungen eines Martin oder Righini. Daß er ihre Partituren genau kannte, genügte ihm. Jeder wärmeren Annäherung setzte schon das traditionelle Mißtrauen des deutschen Alpenländlers gegen ultramontane Individualitäten schwer übersteigliche Grenzen.

34. AUF DER SUCHE NACH DER NEUEN OPER

> «Nun hat die italienische opera buffa allhier wieder angefangen und gefällt sehr. Der Buffo ist besonders gut und heißt Benucci. Ich habe leicht hundert – ja wohl mehr Bücheln durchgesehen, allein ich habe fast kein einziges gefunden, mit welchem ich zufrieden sein könnte. Wenigstens müßte da und dort vieles verändert werden. Und wenn sich schon ein Dichter mit diesem abgeben will, so wird er vielleicht leichter ein ganz neues machen. Und neu ist halt doch immer besser. Wir haben hier einen gewissen Abbate da Ponte als Poeten. Dieser hat nunmehro mit der Korrektur im Theater rasend zu tun – muß per obligo ein ganz neues Büchel für den Salieri machen. Das wird vor zwei Monaten nicht fertig. Dann hat er mir ein neues zu machen versprochen. Wer weiß nun, ob er dann auch sein Wort halten kann – oder will! – Sie wissen wohl, die Herren Italiener sind ins Gesicht sehr artig! – Genug, wir kennen sie! – Ist er mit Salieri verstanden, so bekomme ich mein Lebtag keins. – Und ich möchte gar zu gern mich auch in einer welschen Opera zeigen!» (Mozart an den Vater, 7. Mai 1783)

Die Ungunst der Verhältnisse hatte es mit sich gebracht, daß Mozart den Erfolg seiner «Entführung» auf der Wiener deutschen Nationalbühne nicht gleich mit einem zweiten, ebenbürtigen Werke befestigen konnte. Ein brauchbares Buch, wie jenes, fand sich nicht so schnell. Kritischer, überlegener als früher, stand er jetzt den Angeboten der Librettisten gegenüber, weit entfernt, seine damals vielbegehrte Arbeitskraft an unsichere Entwürfe zu verschwenden. Überdies hatten sich die Verhältnisse im Wiener deutschen Singspiele schon gegen Ende des Jahres 1782 immer unerquicklicher gestaltet. Minderwertige Arbeiten verschwanden nach wenigen Aufführungen und vergrämten das Publikum. Innere Zwistigkeiten erschütterten die Arbeitskraft des Personals und verleideten dem Kaiser die ganze Institution, so daß Joseph, dem leichten Spiel der italienischen Oper wohlgeneigt, den Vorschlägen Salieris und aller Freunde der Buffa ein williges Ohr lieh. «Hier ist die deutsche Oper abgedankt», schrieb Ludwig Schröder schon im Oktober 1782 an Dalberg.

Ein Brief Mozarts vom 21. Dezember 1782 – gerade als die «Entführung» zum vierzehnten Mal über die Bretter ging – zeigt deutlich, welche Richtung der Wind von oben her bereits eingeschlagen hatte: «Graf Rosenberg, der Intendant, hat mich selbst angeredet, ich möchte doch eine welsche Oper schreiben. Ich habe schon Kommission gegeben, um von Italien die neuesten Operabuffa-Bücheln zur Wahl zu bekommen, habe aber noch nichts erhalten. – Auf Ostern kommen welsche Sänger und Sängerinnen hieher.

Letzthin ist eine neue Opera oder vielmehr eine Komödie mit Arietten von Umlauf aufgeführt worden, betitelt ‹Welche ist die beste Nation?›, ein elendes Stück, welches ich hätte schreiben sollen, aber nicht angenommen habe, mit dem Zusatze, daß, wer es schreibt, ohne es ganz abändern zu lassen, Gefahr läuft, ausgepfiffen zu werden. Und wäre es nicht Umlauf gewesen, so wäre es gewiß ausgepfiffen worden. So ist es aber nur ausgezischt worden. Es war aber kein Wunder, denn auch mit der schönsten Musique würde man es nicht aushalten können. So ist aber zum Überfluß die Musique auch dabei so schlecht, daß ich nicht weiß, ob der Poet oder der Komponist den Preis des Elends davontragen wird.»

«Es ist, als wenn sie, da die teutsche Oper ohnedies nach Ostern stirbt, sie noch vor der Zeit umbringen wollten», klagt Mozart wenige Wochen später. Denn der «exsekrablen Opera von Umlauf» war ein zweites «Elend», Gaßmanns «alte Oper», «Die unruhige Nacht» («La notte critica») gefolgt.

Trotzdem gab Mozart den Gedanken an die deutsche Oper damals noch nicht auf, so fleißig er nach «welschen Opernbücheln» Ausschau hielt. Ja, er legte sich sogar auf eigene Faust, ohne Bestellung, einen neuen deutschen Opernplan zurecht:

«Ich glaube nicht, daß sich die welsche Oper lange soutenieren wird. Und ich – halte es auch mit der teutschen. Jede Nation hat ihre Oper, warum wollen wir Teutsche sie nicht haben? – Ist die teutsche Sprache nicht so gut singbar wie die französische und englische? Nicht singbarer als die russische? – Nun, ich schreibe eine neue teutsche Opera für mich: Ich habe die Komödie von Goldoni ‹Il servitore di due padroni› dazu gewählt. Und der erste Akt ist schon ganz übersetzt. Der Übersetzer ist Baron Binder. Es ist aber alles noch ein Geheimnis, bis alles fertig ist.» (An den Vater, 3. Februar 1783). Dieser Plan ist nicht verwirklicht worden. Vielleicht gehört der flüchtig skizzierte *Eingang einer Ouvertüre* «per un'opera buffa» (K. Anh. 109 a) mit dem Anfangsmotiv der «Kleinen Nachtmusik» (K. 525), vielleicht auch der *Entwurf einer Tenorarie* (K. 435) «Müßt' ich auch durch tausend Drachen» und das unter dem Namen «Warnung» weitbekannte Lied *«Männer suchen stets zu naschen»* (K. 433) – im Original für Baß! – in den Arbeitskreis dieser «teutschen Opera».

Die «welsche» Oper erfreute sich – entgegen Mozarts Vermutung – durch ausgezeichnete Aufführungen sehr bald der wachsenden Teilnahme des Wiener Publikums, so daß selbst das beliebte deutsche Schauspiel oft vor leeren Häusern spielen mußte. Am 4. März 1783 wurde die deutsche Oper aufgelöst. Eine Reihe brauchbarer Kräfte des Ensembles, die Damen Cavalieri, Lange und Teyber, die Sänger Adamberger, Ruprecht und andere wurden in die italienische Truppe übernommen, die unter der persönlichen Teilnahme des Kaisers mit Salieris Hilfe sorgfältig zusammengestellt worden war. Am 22. April 1783 eröffnete Salieris «Scuola dei gelosi» die neue welsche Ära. Sartis «Fra due litiganti» erhielt einen Monat später den lautesten Beifall; im August folgte Paisiellos «Barbiere di Seviglia». Neben heiteren Werken Anfossis, Bianchis, Cimarosas, Guglielmis, Gazzanigas und jener Meister, rückte gelegentlich auch eine ernste Oper, so Glucks «Tauridische Iphigenie», in den Spielplan dieser Jahre.

Mozart mußte diese Triumphe mit heißen Wangen miterleben. Seit der Aufforderung des Grafen Rosenberg hatte er an «hundert Opernbücheln» gelesen und voll ärgerlicher Enttäuschung wieder fortgeworfen. So stand der Meister, im Konzertsaal gefeiert, dort abseits, wo er seine Kraft am liebsten versuchen wollte: auf dem Theater. Nur durch Hinterpförtchen gelangte er mit kleinen Gefälligkeitsarbeiten für die Sänger an die Stätte seiner Sehnsucht. Als Einlagen in Anfossis «Curioso indiscreto» komponierte er einige Arien (K. 418, 419 und 420)[202], für Bianchis «Villanella rapita» ein Quartett und ein Terzett (K. 479 und 480).

In der Faschingszeit des Jahres 1783 hatte Mozart als Maskenscherz ein kleines *Tanzspiel* (K. 446) im Stile der Commedia dell'arte geschrieben. Leider hat sich von diesem anmutigen Stück nur die erste Violinstimme, und selbst diese nicht vollständig, erhalten. Aber die wenigen Zeilen genügen, um den Verlust dieser spielerischen, in Mozarts Schaffen ganz einzig dastehenden Arbeit ermessen zu können. «Wir haben am Faschingsmontag unsere Compagnie Masquerade auf der Redoute aufgeführt. Sie bestund in einer Pantomime, welche eben die halbe Stunde, da ausgesetzt wird, ausfüllte. Meine Schwägerin war die Columbine, ich der Harlequin, mein Schwager der Pierrot, ein alter Tanzmeister (Merk) der Pantalon, ein Maler (Grassi) der Dottore. Die Erfindung der Pantomime und die Musik dazu war beides von mir. Der Tanzmeister Merk hatte die Güte, uns abzurichten, und, ich sage es Ihnen, wir spielten recht artig.» (An den Vater, 12. März 1783.)

Der Besuch in Salzburg (Spätsommer 1783) brachte Mozart wieder mit dem Librettisten des «Idomeneo», Varesco, zusammen. Dieser bot dem in Textnöten bedrängten Meister einen sonderbaren Buffastoff: Der Liebhaber, in einer künstlichen Gans verborgen, gelangt nach mancherlei Fährlichkeiten in den Turm seiner grausam bewachten Geliebten. Mozart warf sich mit Eifer auf die ausgefallene Idee dieser *«Oca del Cairo»* (K. 422), entwarf eine Anzahl musikalischer Nummern und führte, wie seinerzeit beim «Idomeneo», mit dem Vater eine angeregte dramaturgische Korrespondenz mit «gründlichen Ausstellungen» über die «Poesie, der man zu sehr die Eile ansehe». Doch bald scheint ihn die Arbeit nicht mehr gefesselt zu haben. Der schriftliche Gedankenaustausch bricht ab, und die Entwürfe der «Ganshistorie», darunter ein prächtiges Finale, blieben für immer liegen. Dem zweiten Versuch zur Vertonung eines von einem «wälschen Poeten», vielleicht von da Ponte, zur Verfügung gestellten Librettos *«Lo sposo deluso»* (K. 430) ging es nicht besser. Über die vollständige Ouvertüre und die mit ihr verbundene Introduktion, ein ausgeführtes Terzett und zwei skizzierte Arien ist die Arbeit nicht hinausgediehen[203]. Der Entwurf zu einem heiteren *Männerterzett «Del gran regno dell'Amazoni»* (K. 434) zeigt Mozart noch mit einem dritten «Büchel», wohl Petrosellinis «Regno delle Amazoni», beschäftigt.

Im Frühjahr 1785 hatte der Mannheimer Professor Anton Klein, Textdichter des «Günther von Schwarzburg», eine vaterländische Operndichtung «Rudolf von Habsburg» an Mozart mit der Bitte um Vertonung gesendet. Die traurige Lage des deutschen Singspiels in Wien erlaubte diesem nicht, sich mit dem Plan zu beschäftigen. Vielleicht taugte ihm auch die «Poesie» so wenig wie einst der «Günther». Die Worte seines Antwortschreibens sind jedoch mehr als höfliche Ablehnung. Die Erinnerung an Mannheim mochte ihn wieder berührt haben: «Alles, was ich dermalen über das Libretto sagen kann, ist, daß – ich es noch nicht aus den Händen geben möchte. – Im Falle es mir Lust machen sollte, es in Musik zu setzen, so wünschte ich doch vorher zu wissen, ob es eigentlich an einem Orte zur Aufführung bestimmt sei. Denn so ein Werk verdiente sowohl von seiten der Poesie als Musik nicht umsonst gemacht zu sein. – Nachrichten, die zukünftige deutsche Singbühne betreffend, kann ich Ihnen dermalen keine geben, da es dermalen noch, das Bauen in dem dazu bestimmten Kärntnertortheater ausgenommen, sehr stille hergehet. Sie soll mit anfangs Oktober eröffnet werden. Ich meinesteils verspreche ihr nicht viel Glück. Nach den bereits gemachten Anstalten sucht man in der Tat mehr die bereits vielleicht nur auf einige Zeit gefallene teutsche Oper gänzlich zu stürzen, als ihr wieder emporzuhelfen und sie zu erhalten. – Meine Schwägerin Lange nur allein darf zum teutschen Singspiele. Die Cavalieri, Adamberger, die Teyber, lauter Teutsche, worauf Teutschland stolz sein darf, müssen beim welschen Theater bleiben, müssen gegen ihre eigenen Landsleute kämpfen! – Die teutschen Sänger und Sängerinnen dermalen sind leicht zu zählen! Und sollte es auch wirklich so gute als die benannten, ja auch noch bessere geben, daran ich doch sehr zweifle, so scheint mir die hiesige Theaterdirektion zu ökonomisch und zu wenig patriotisch zu denken, um mit schwerem Geld fremde kommen zu lassen, die sie hier im Orte besser, wenigstens gleichgut und umsonst hat. Denn die welsche Truppe braucht ihrer nicht, was die Anzahl betrifft. Sie kann für sich allein spielen. – Die Idee dermalen ist, sich bei der teutschen Oper mit Acteurs und Actricen zu behelfen, die nur zur Not singen. Zum größten Unglück sind die Directeurs des Theaters sowohl als des Orchesters beibehalten worden, welche sowohl durch die Unwissenheit als Untätigkeit das meiste dazu beigetragen haben, ihr eigenes Werk fallen zu machen. Wäre nur ein einziger Patriot mit am Brette, es sollte ein anderes Gesicht bekommen! Doch da würde das so schön aufkeimende Nationaltheater zur Blüte gedeihen, und das wäre ja ein ewiger Schandfleck für Teutschland, wenn wir Teutsche einmal mit Ernst anfiengen, teutsch zu denken, teutsch zu handeln, teutsch zu reden und gar teutsch – zu singen!!! – Nehmen Sie nur nicht übel, wenn ich in meinem Eifer vielleicht zu weit gegangen bin! Gänzlich überzeugt, mit einem teutschen Manne zu reden, ließ ich meiner Zunge freien Lauf, welches dermalen leider so selten geschehen darf, daß man sich nach einer solchen Herzensergießung kecklich einen Rausch trinken dörfte, ohne Gefahr zu laufen, seine Gesundheit zu verderben.»

Im Herbst 1785 schien sich die Lage für das Wiener deutsche Singspiel wieder günstiger zu gestalten. Damals hatte der Hof das im Jahre 1708 von der Stadt Wien gegründete «Stadtkomedihaus» nächst dem Kärntnertore, gemeiniglich das Kärntnertortheater genannt, in seine Verwaltung übernommen, neu hergerichtet und mit einer italienischen Oper eröffnet. Das Nationalsingspiel, in der Zwischenzeit nur durch gelegentliche Benefizvorstellungen der Sänger bei kläglichem Dasein erhalten, sollte dort neben den Italienern eine gesicherte Stätte dauernder Pflege finden. Aber die freudigen Erwartungen der wenigen «Patrioten» gingen nicht in Erfüllung. Flüchtige Auswahl des darstellenden Personals, mehr noch der Mangel an zugkräftigen Stücken trugen daran neben allgemeinen kulturellen Ursachen die Schuld. Außer schwächlichen Originalwerken von Teyber, Ruprecht, Umlauf, Schuster und anderen kamen zwar auch Dittersdorf und Johann Schenk zu Wort. Aber den größten Teil des Spielplans füllten matte Übersetzungen französischer und italienischer Operetten. Den Komponisten der «Entführung» hatte man anscheinend völlig vergessen.

Leise resignierend begrub unser Meister damals die alten Pläne von der großen deutschen Oper. Als Joseph II. an die Gründung des «teutschen Nationalsingspiels» geschritten war, hatte sich eine jugendliche Hoffnung aus den Mannheimer Tagen auch in der Brust seines Musikers wieder entzündet. Aber jener Versuch des genialen, eigenwilligen Habsburgers scheiterte, wie die meisten seiner politischen und wirtschaftlichen Reformen, aus tieferen Zusammenhängen: Seit sich das Geschlecht der Habsburger im Zeitalter der Renaissance den deutschen Kaiserthron endgültig gesichert hatte, waren die Ehrgeizigen und Begabten der vielsprachigen Erblande ohne Unterlaß in der kaiserlichen Residenzstadt Wien zusammengeströmt – Künstler, Gelehrte, Soldaten, Desperados und Abenteurer, Deutsche, Italiener, Slawen, Ungarn, Spanier, Franzosen und Wallonen. Ein Teil Italiens gehörte zum habsburgischen Hausbesitz. Die ultramontane Gesinnung des Fürstenhauses begünstigte römisches Wesen. Was gut päpstlich war, schien den Habsburgern brauchbares Material, treffliche Stütze ihrer eingeerbten Hauspolitik.

Ferdinand III. (1637–1657) beruft aus Mantua, der Heimat seiner Gemahlin, eine italienische Operntruppe. Monteverdis «Ritorno d'Ulisse», Cavallis «Egisto» gelangen in Wien zur Aufführung. 1653 erregt die Wiener Oper am Regensburger Reichstag größtes Aufsehen. 1666 läßt Leopold I. für Marc Antonio Cestis Festoper «Il pomo d'oro» ein ungeheures hölzernes Opernhaus von Burnacini erbauen. Weithin leuchtend währt von nun ab bis zum Tode Karls VI. die erste, prunkvollste Glanzzeit der italienischen Oper am Wiener Hof. Nach Cesti wirken dort die «Venezianer» Draghi (1653–1700), Ziani (1653–1715), Antonio Caldara (1670–1736) und Francesco Conti (1682–1732). Ein phantasievoller Theaterarchitekt, Francesco Galli-Bibbiena, baut 1708 ein großes Opernhaus am Josephsplatz. Seine kühnen Dekorationsentwürfe sind Zeugen des künstlerischen Geistes der Barockoper. Karl VI. beruft Apostolo Zeno, den «Corneille der Oper», als Hofpoeten und Historiographen. Sein Amtsnachfolger wird 1729 Pietro Metastasio (1698–1782) durch ein halbes Jahrhundert.

Auf so starken Grundfesten ruhte die romanische Theaterkultur der alten Kaiserstadt. Keinesfalls Zufallserscheinung einer vergänglichen Fürstenlaune, sondern verankert im Wesen eines Volkes, das ihr schon nach Abstammung und Entwicklung nahestand. Darum haben die Italiener ihre bevorzugte Stellung auf der Opernbühne hier niemals – weder in der zweiten Hälfte des 18. Jahrhunderts, noch auch späterhin – dauernd verloren.

In jenen für das deutsche Nationalsingspiel kritischen Jahren begann sich dagegen die bodenständige Kunst *außerhalb* der Hofburg lebendiger zu regen. Joseph II. hatte wohl die Bedeutung der Wiener Vorstadttheater mit ihren frischen, volkstümlichen Darbietungen für seine an den Hoftheatern mißglückte nationale Idee widerstrebend geahnt. Denn er bemühte sich in jener Zeit, den eifrigen «Teutschen Prinzipal» Schikaneder[204] nach Wien zu bekommen, und verlieh ihm 1786 ein Privilegium zur Erbauung eines neuen, sonderlich der Pflege der deutschen Oper gewidmeten Theaters. Allein Schikaneder konnte in der Kaiserstadt vorerst keinen festen Fuß fassen. Erst zu Anfang des Jahres 1789 kehrte er wieder zurück und übernahm die Leitung des kleinen Vorstadttheaters im Freihaus auf der Wieden. Sofort setzte ein heftiger Konkurrenzkampf mit Marinellis am 20. Oktober 1781 gegründeten Theater in der Leopoldstadt ein.

Schikaneder konnte den Plan eines deutschen Opernhauses erst zehn Jahre nach Mozarts Tod verwirklichen, als er 1801 unweit seiner bisherigen Wirkungsstätte das «Theater an der Wien» erbaute. Aus seinen ingrimmigen Anstrengungen, den Leopoldstädter Widersacher aus dem Felde zu schlagen, erfüllte sich wenigstens Mozarts Sehnsucht nach seiner deutschen Oper am Ende seines Lebens. Nicht für das exklusive Theater des Kaisers, nur für die Volksbühne seines alten Salzburger Freundes durfte er endlich die erträumte deutsche Oper, seine «Zauberflöte», schreiben.

Das Nationalsingspiel aber fristete noch eine Zeitlang ein trauriges Dasein weiter. 1787 kamen nur mehr vier Originalwerke auf den Spielplan. 1788 löste sich die deutsche Truppe auf. Ein neuer Versuch der Wiederbelebung erfolgte erst 1794 unter der Leitung Müllers und des Mozartschülers Süßmayr.

Der einzige deutsche theatralische Auftrag, den Mozart noch von seiten des Hofes erhielt, blieb eine kleine Zufallsarbeit, die *Musik zu dem Einakter «Der Schauspieldirektor»* (K. 486). Mozart vollendete die wenigen musikalischen Nummern, Ouvertüre und vier Singstücke, am 3. Februar 1786. Die erste Aufführung dieses «Gelegenheitsstückes», wie es im ersten gedruckten Textbuche (Wien 1786) genannt wird, fand vier Tage später bei einem «Lustfeste» in der Orangerie des Schönbrunner Schlosses bei Wien zu Ehren des Herzogs Albert von Sachsen-Teschen und seiner Gattin, der Erzherzogin Maria Christine, einer Schwester des Kaisers als «k. k. Generalgouverneure der k. k. Niederlande» auf Befehl des Kaisers statt.

In amüsanter und repräsentativer Weise sollten die hervorragendsten Mitglieder des kaiserlichen Schauspiels, der italienischen und der deutschen Oper dabei vorgeführt werden. Dem «Schauspieldirektor» ließ man daher noch eine italienische Opernparodie «Prima la musica e poi le parole», Text von Casti, Musik von Salieri, vorangehen.[205] Dem Gang der Handlung entsprechend zerfällt der «Schauspieldirektor» – Mozart nennt ihn eine «Comoedie mit Musik» – in einen rein schauspielerischen und einen musikalischen Teil im italienisierenden Charakter des Wiener deutschen Singspiels. Das Buch, vom Mitarbeiter an der «Entführung», Stephanie d. J., schildert mit breitspuriger Bürgerlichkeit, nicht ohne Witz und zeitgerechte Anspielungen, die Nöte eines Schauspieldirektors bei Anwerbung neuer Aktricen und Sängerinnen. Dieser mehr novellistischen als bühnengerechten Idee zufolge kann eine wirksame Handlung mit dramatischen Verwicklungen und Steigerungen nicht recht zur Entfaltung kommen. Die Aneinanderreihung der einzelnen Szenen vollzieht sich flächenhaft und anekdotisch. Manchmal wird eine schärfere Charakterbeleuchtung einzelner Figuren angestrebt. In der Theatersprache unserer Zeit wäre die Bezeichnung «Revue mit Musik» ein nicht unpassender Untertitel für das leichtgeschürzte Werk.

In späterer Zeit hat es an zahlreichen Versuchen, das Stück durch textliche Verbesserungen und musikalische Ergänzungen in den Spielplänen zu halten, nicht gefehlt. Im Todesjahr Mozarts (1791) finden wir Goethe mit der Inszenierung eines ähnlichen Stoffes, «Theatralische Abenteuer», beschäftigt. Er bearbeitet Cimarosas «Impresario in angoscie» für die Weimarer Bühne. Sechs Jahre später werden sämtliche Musiknummern aus dem «Schauspieldirektor» dieser Bearbeitung einverleibt und das Ganze ebendort zur Aufführung gebracht. 1845 wagte Louis Schneider seine lange Zeit beliebte szenische Umformung. Diese Verballhornung bringt, wie Richard Genées Bearbeitung «Der Kapellmeister» (Berlin 1896), Mozart selbst als sentimental verzeichnete Figur auf die Bühne. Ein begabter Dramaturg, der die Originalfassung zu neuem Leben erwecken wollte, hat sich bis jetzt nicht gefunden. Der alte Dialog gewährt trotz seiner langatmigen, stellenweise platten Fassung, die sich – mit Geschick – wirkungskräftig auffrischen ließe, heitere und lebenswahre Einblicke in das Bühnenleben jener Zeit.

Mozarts einsätzige Ouvertüre ist im Vergleich zu dem beschränkten Umfang des ganzen Spieles breit angelegt, ein frisches Stück voll launiger Einfälle. Die zwei Paradearien der Sängerinnen (Nr. 1 und Nr. 2) aus dem Bravourschatz der Seria unterscheiden sich feinsinnig in Anlage und Erfindung. Die erste, in gefühlvollem Larghetto anhebend, von leichter Sentimentalität verschleiert, die zweite flüssiger im Stil der getragenen Gavotte französischer Provenienz. Dagegen steht das reizende Terzett (Nr. 3) mit der individuellen, echt Mozartschen Belebung der einzelnen Figuren durchaus im Bann des gewohnten Buffaensembles. Die beiden Sängerinnen sind über ihre künstlerischen Vorzüge miteinander in Streit geraten und übertrumpfen einander in blendendem Stil mit schwindelnd hohen Gesangspassagen, während der Tenor ohnmächtige Beschwichtigungsversuche unternimmt. Der Schlußgesang (Nr. 4) hält, wie in der «Entführung», den Charakter des Vaudevilles fest.

Als Mozart die Bestellung des «Schauspieldirektors» übernommen hatte und nebenbei mit Arbeiten für seine Akademien überhäuft war, verschwendete sich die innigste Hingabe seiner Schöpferkraft längst schon an einen neuen italienischen Opernstoff: Im Herbst 1785 hatte sein theatralischer Verbündeter, *Lorenzo da Ponte*, auf Grund einer glücklichen Eingebung Mozarts ein Libretto nach dem sensationellen Lustspiel des Beaumarchais «Le mariage de Figaro ou la folle journée» erfolgverheißend in Angriff genommen.

Vorläufig hielt man sich noch im Verborgenen. Mozart hatte da Ponte im Hause des Barons Wetzlar kennengelernt. Dort wurde wohl der Plan in allen Einzelheiten durchgesprochen. Wahrscheinlich versprach Wetzlar, seine Pariser und Londoner Beziehungen zu verwerten, falls das Werk in

Wien nicht anzubringen wäre. Denn die Aussichten dafür standen vorerst nicht günstig. Joseph II. hatte die Prosaaufführung des Lustspiels, dieses «Sturmvogels der Revolution», am Wiener Nationaltheater nicht gestattet.

Am 27. April 1784 war die denkwürdige Uraufführung des kühnen Stückes nach anfänglich heftigem Widerstand des Königs zu Paris in Szene gegangen. Das Jahr seines Erscheinens in Buchform (1785) zeitigte allein zwölf deutsche Übersetzungen. Sehr bald erschien es, mehr oder weniger zugeschnitten und verwässert, auf den deutschen Bühnen. Die gefährliche Triebkraft seines sprühenden Esprits gärte in den Gemütern. In den Kreisen der Gebildeten wanderte das französische Original von Hand zu Hand. Auch in Wien kannte man das Buch zu genau, als daß eine zensurierte Aufführung selbst in der freiheitlichen Luft des Josephinischen Hofes billigenswert erschienen wäre. Noch aufpeitschender und gefährlicher hätten dann alle politischen Bosheiten und geistreichen Wortspiele in der feinpointierten Sprache der kultivierten Schauspieler gewirkt. Keine der Retuschen wäre den Kennern verborgen geblieben. Offenkundige Absicht hätte nur unliebsames Aufsehen erregt.

Damit rechnete der kluge da Ponte. Vor dem «Figaro», zur *Oper* gewandelt, würden solche Bedenken verstummen. Er wartete – so berichten seine «Denkwürdigkeiten» – nur auf den besten Augenblick, sein geschicktes Manuskript dem Kaiser persönlich vorzulegen. Joseph empfing ihn reserviert:

– «‹Sie wissen, daß Mozart trotz aller guten Leistungen als Instrumentalmusiker bisher noch nichts für die Singstimmen geschrieben hat. Mit Ausnahme einer Oper. Und an der war nicht so viel dran.›

‹Auch ich würde ohne die Gnade des Kaisers nur *ein* Drama für Wien geschrieben haben.›

‹Mag sein. Aber ich habe nun einmal den «Figaro» meinen deutschen Schauspielern verboten.›

‹Davon weiß ich. Allein ich habe bei der Umformung dieser Komödie in eine Oper ganze Szenen weggelassen, andere gekürzt, immer bestrebt, alles verschwinden zu machen, was Anstand und guten Geschmack verletzen könnte. Kurz, ich schmeichle mir, ein Werk daraus gebildet zu haben, nicht unwürdig eines Theaters, das unter dem allerhöchsten Schutze Seiner Majestät zu stehen die Ehre hat. – Was aber die Musik anlangt: meinem bescheidenen Urteile scheint sie ein Meisterwerk zu sein.›

‹Gut denn! – Ich vertraue Ihrem Geschmack und Ihrer Umsicht. Sorgen Sie, daß die Partitur in Abschrift kommt!› –»

Bald erhielt Mozart den Befehl, mit der Partitur in der Hofburg vorzusprechen. Was er dem Kaiser vorspielte, gefiel. Ein augenblicklicher Mangel an neuen Opern war dem entscheidenden Entschlusse günstig. Joseph befahl die Einstudierung des Werkes.

Wie weit damals schon die Komposition fortgeschritten war, läßt sich nicht feststellen. Nach da Ponte folgte Mozart Zug um Zug der eiligen Arbeit am Libretto. In sechs Wochen wäre alles fertig gewesen. Mozarts thematisches Verzeichnis hatte den 29. April 1786 als Datum der Vollendung der Oper (K. 492) eingetragen. Seiner Gewohnheit gemäß hat der damals, also im letzten Augenblick vor der Uraufführung, nur die Ouvertüre niedergeschrieben. Die Gesangsnummern mußten längst schon studiert sein. Von Mozart selbst besitzen wir über die Arbeitszeit keine aufklärende Nachricht, nur einige Zeilen Vater Leopolds – schon vom November 1785 (!) – an seine Tochter: Wolfgang lasse wegen der Kürze seines Briefes um Verzeihung bitten, weil er über Hals und Kopf die Opera fertigmachen müsse. «Ein sehr mühsames Stück, und die Übersetzung aus dem Französischen hat sicher zu einer Opera frei müssen abgeändert werden, wenn's für eine Opera Wirkung tun soll. Gott gebe, daß es in der Aktion gut ausfällt! An der Musik zweifle ich nicht. – Das wird ihn eben vieles Laufen und Disputieren kosten, bis er das Buch so eingerichtet bekommt, wie er's zu seiner Absicht zu haben wünschet.» –

Ein merkwürdiges Geschick hatte Mozart und da Ponte zusammengeführt. In beiden atmeten urkräftige Bühneninstinkte, beide waren von der großen Theaterleidenschaft besessen. Mozart, das unvergleichliche dramatische Genie mit dem heißen Menschenherzen, da Ponte, der kritische, kühle, witzige, spekulative Geist, Verstandesmensch, kein Schöpfer aus eigener Kraft, aber mit erlesenen Sinnen bewehrt, Brauchbares aus fremden Einfällen zu verwerten, Ungeeignetes auszuscheiden.

Da Ponte ist eine der typischen, begabten, unbedenklichen Abenteurergestalten des 18. Jahrhunderts. Ursprünglich hieß er Emanuele Conegliano. Er wurde am 10. März 1749 zu Ceneda, einem kleinen, zu Venetien gehörigen Provinzstädtchen geboren. Einer armen jüdischen Familie entstammend, fand er in dem Bischof seines Heimatortes, Lorenzo da Ponte, der ihn taufte und ihm seinen Namen gab, den ersten, wohlwollenden Förderer. 1773 empfing er als Zögling eines Priesterseminars die niederen geistlichen Weihen. Er beliebte sich daher später stets den Titel eines Abbate beizulegen. Eine Zeitlang versuchte er sein Glück als Lehrer für Rhetorik und Musik am Seminar zu Triest. Doch hielt er nirgends lange aus. Trieb sich abenteuernd, verliebt und stänkernd in Venedig und Umgebung herum. Bis ihn ein behördlicher Ausweisungsbefehl wegen eines politisch-satirischen Gedichtes über die Alpen jagte. 1780 finden wir ihn in Dresden. 1781 schon in Wien, wo er mit Hilfe Salieris bald die Gunst Josephs II. zu erringen verstand und die Stelle eines kaiserlichen Theaterdichters erhielt. Solange Joseph lebte, erfreute sich der gewandte Literat allerhöchsten Wohlwollens, obwohl seine ränkevolle Zunge und seine überhebliche Aufgeblasenheit oft zu erregten Szenen mit Künstlern und Hofbeamten Anlaß gegeben hatte. Niemand konnte ihn recht leiden. Als darum Josephs Bruder, Leopold II., 1790 die Regierung antrat, bekam er sehr bald den Laufpaß. Nun zigeunerte er weiter durch die Welt, verkrachte einmal gründlich als Theaterunternehmer in London, landete endlich in Amerika, wo er als Schnapsfabrikant und Sprachlehrer sein Brot erwarb und am 17. August 1838 hochbetagt starb.

Seine drei Bände «Denkwürdigkeiten» erschienen 1823 in New York, ein trotz vieler Längen fesselndes Memoirenwerk, ein krauses Durcheinander von Liebesabenteuern, Intrigen, Theaterklatsch, Ruhmredereien und Anekdoten, unverläßlich, aber geistvoll und amüsant, immer bestrebt, den Schreiber ins rechte Licht zu setzen. In regem Wechselspiele erscheinen Grandseigneurs neben Künstlern, Spekulanten, Komtessen, Sängerinnen und Kokotten auf der Bildfläche. Aus wertlosem Erlebniskram leuchtet plötzlich eine bemerkenswerte kunstgeschichtliche oder kulturelle Arabeske, ein kurioses Bild aus menschlichen Abgründen oder ein kecker vertraulicher Coup d'œil in fürstliche Gemächer, von der gewundenen Hintertreppe der Lieferanten aus gesehen. Für Mozart ist in diesem langatmigen Buch nur ein bescheidenes Plätzchen übriggeblieben. Mehr Liebe ist einer dunklen Episode aus Casanovas Leben eingeräumt, der dem Autor scheinbar ein wahrhaft kollegiales Vertrauen entgegenbrachte.[206]

Die literarische Laufbahn da Pontes in Wien begann mit einem Libretto für Salieri «Il ricco d'un giorno». Die Oper fiel durch. Salieri schwur, sich eher die Hand abhacken zu lassen, als nochmals einen Vers da Pontes in Musik zu setzen. Nun versuchte es der Abgeblitzte mit dem italienisierten Spanier Vicente Martin y Soler (1754 bis 1806) und bearbeitete für ihn, diesmal mit Erfolg, die Oper «Il burbero di buon core» nach einer Komödie von Goldoni. Den Vogel hat Martin allerdings erst mit seiner «Cosa rara» abgeschossen, die, heute vergessen, ihren Ruhm nur durch ein launiges Zitat im «Don Giovanni» herübergerettet hat. Mit Texten für Gazzaniga und Righini war da Ponte wiederum unglücklich. Diese Mißerfolge bewogen ihn wahrscheinlich, seine Verbindung mit Mozart festzuhalten.

Wenn auch die Idee, den «Figaro» als Libretto zu wählen, von Mozart stammte, so hat der im Lebenskampfe klügere und raffiniertere da Ponte sein Verdienst an der Überwindung zahlreicher Kabalen, die einer Wiener Aufführung des Werkes im Gange standen. Mozart allein wäre der Umtriebe seiner Gegner kaum Herr geworden.

Auch in künstlerischer Beziehung darf eine objektive Nachwelt dem geschickten Textdichter seinen gebührenden Anteil nicht aberkennen. Wie weit die dramaturgisch vorbereitende Arbeit Mozarts am Libretto[207] reicht, läßt sich keineswegs mit Sicherheit feststellen. Doch dürfte er mit seiner reichen Erfahrung ein noch gewichtigeres Wort mitgesprochen haben als seinerzeit beim «Idomeneo» oder bei der «Entführung».

Im Vergleich zur dürftigen Beschränkung eines Varesco oder Stephanie war der theatralische Elan eines da Ponte aus ganz anderem Holze geschnitzt. Besonders, da er ein bewährtes Meisterwerk, wie das Lustspiel des Beaumarchais, als Vorlage, den dramatischen Genius eines Mozart aber als Mithelfer zu finden das Glück hatte. Beide, Mozart und da Ponte, hat das Aufrührerische des Werkes seelenverwandt berührt. Beide freilich aus ganz anderen Ursachen, die in der Grundverschiedenheit ihres Wesens und Charakters lagen.

In Mozart, dem naiven Künstler, loderte ein heiliger Zorn als zeitgerechte Konsequenz seines menschlich-künstlerischen Werdeganges. In den Zügen, in den Leidenschaften der Figuren des Beaumarchais fand er so viel des Selbsterlebten, daß es ihn heftiger antreiben mußte, seine vielenttäuschte Seele in diese blutwarmen Erscheinungen zu versenken, ihre ursprüngliche Lebendigkeit in dem Feuer seiner Musik noch glühender auflodern zu lassen. Der dunkle Seelenton, die bittere Ironie dieses Selbstbekenntnisses bedrückte die Zeitgenossen. Noch Stendhal hätte eine gewichtslose Musik, einen Cimarosa oder Fioravanti als Komponisten des «Figaro» vorgezogen. Mozart hat die geniale Konstruktion des Liebesproblems ganz mit der Wärme seines Gemüts erfüllt. Triebhafte Menschensehnsucht ist in dem leichten Spiel der Erotik zur blühenden Fülle inniger Musik geworden. Ihr göttlicher Odem verbindet zu höherer Einheit, was da Ponte scharfsinnig bloßgelegt hatte.

Dieser hatte mit satirischem Behagen in der gedrängten Fassung des Librettos viele Situationen und Pointen des Lustspiels noch zugespitzt, geistvolle Schärfen noch blanker geschliffen. Das Destruktive des gesellschaftlichen Problems reizte den heimlichen Gärstoff seines Blutes. Den kundigen Schürzenjäger vergnügten die heißen Impulse der Handlung. Die Leidenschaft des Intrigenspiels schien diesem vortrefflichen Basilio recht aus der Seele geformt.

Sein Buch ist mit Ironie geladen. Ironie war dem ausklingenden Jahrhundert eingeboren, ein kräftiges Antitoxin gegen die modische Empfindsamkeit. Mozart, dem echten Österreicher, bedeutete sie noch mehr: ein Lebensbedürfnis seiner Kunst, eine der Richtlinien seiner szenisch-musikalischen Gestaltungskraft. Darum milderte er nichts, nicht im «Figaro», nicht im «Don Giovanni». Mit kräftigen Händen griff er in die Fülle des Lebens, unterstrich die Situationen, wies mit der Gewalt seiner Musik den Darstellern die Geste, warf den Zündstoff der Töne in die Spannung der Leidenschaften. Ohne Zweifel haben viele Zeitgenossen, die das überzeitlich Geniale des Werkes nicht begriffen, den ‹Figaro› als einen heftigen Angriff gegen die sakrosankte Struktur der damaligen Wiener Gesellschaft empfunden. Man begann Mozart, wenn schon nicht als einen Aufrührer, so doch als einen kleinen Frondeur in diesen Kreisen anzusehen.

Und wahrscheinlich hat man damals schon in jenen bevorzugten Schichten des Adels und des Wiener Bürgertums begonnen, von dem leidenschaftlichen jungen Künstler abzurücken, der so gerne und allzu deutlich seine Meinung heraussagte. Vielleicht also war dies der Beginn der furchtbaren Vereinsamung, die Mozarts letzte Lebensjahre umschattete. –

35. FIGARO

«Un grand Seigneur espagnol, amoureux d'une jeune fille qu'il veut séduire et les efforts que cette fiancée, celui qu'elle doit épouser et la femme du Seigneur réunissent pour faire échouer dans son dessein un maître absolu que son rang, sa fortune et sa prodigalité rendent tout puissant pour l'accomplir. Voilà tout, rien de plus.»
(Beaumarchais über den Inhalt seines «Figaro»)

Zwei Grundkräfte bewegen die Handlung des Figarodramas: Liebe und Recht. Hemmungslose Triebhaftigkeit der Natur und kultivierte Gebundenheit einer verfeinerten gesellschaftlichen Epoche sind kunstvoll in diesem lebhaften Spiel verwoben. Schon bei Beaumarchais entwickelte sich echtes Menschentum vor dem Vorhang der Weltgeschichte aus konventionellen Typen des zeitgenössischen Theaters. Damit erklärt sich der Welterfolg des französischen Lustspiels, dieses aus leichterem, gallischem Esprit gewebten Seitenstücks zur feurigsten Anklage des deutschen Sturmes und Dranges, zu «Kabale und Liebe». Beide Werke sind im selben Jahre entstanden. Wir können die unmittelbare Wirkung der zwei Dramen auf das Publikum des Ancien régime heute kaum mehr ermessen. Die rein menschliche Kraft beider ist die gleiche geblieben.

Die Komödie des Beaumarchais ist das zweite Stück einer Art Trilogie, deren erster Teil, «Le Barbier de Séville», seine Uraufführung schon 1775 erlebte und bald die erste Vertonung durch Paisiello finden sollte. Rossinis «Barbier» (1816) hat sich darüber hinaus unverwelklichen Lorbeer gesichert. Das dritte, ernste Stück, der Serie, «La Mère coupable» (1792), ist ohne Dauerwirkung geblieben.

Mozart hat den «Barbier» in Paisiellos Vertonung 1783 am Burgtheater kennengelernt. Der durchschlagende Erfolg der Oper lenkte seine Aufmerksamkeit auf die theaterkundige Hand des französischen Lustspieldichters. Die Handlung des «Barbier» ist schlichter, operngerechter als das kunstvolle szenische Geflecht der Figarohandlung mit ihrem starken politisch-satirischen Einschlag. Diese aber bietet mit raffinierter Technik eine Fülle heiterer Verwirrungen, durch die Vitalität aller Figuren auch modernes Theater in unserem Sinne.

Auch der Grundgedanke der Figarokomödie erscheint zunächst höchst einfach: Graf Almaviva – schon der Wortsinn dieses Namens ist Charakter –, der reiche Standesherr und leidenschaftliche Verführer aller schönen Mädchen seiner Umgebung, setzt alle Kraft ein, die reizende Zofe seiner Gemahlin, Susanna, noch vor ihrer Hochzeit mit seinem Kammerdiener Figaro zu erobern. Auf das brutale Ius primae noctis, das ihm nach altem Herrenbrauch zustand, hat der Graf für seine Person mit der großmütigen Geste des humanen Grandseigneurs verzichtet. So steht er seinem Rivalen Figaro als Mensch dem Menschen gegenüber. Zwei individualisierte Kräfte der Zeit: der männliche, elegante Aristokrat alten Schlages und sein überlegener Gegenspieler, der listige, gewandte, allen Situationen gewachsene Vertreter des emporsteigenden dritten Standes. Bis zum Ende des Stückes weiß der Zuhörer nicht, wer von beiden den Sieg davontragen wird.

Diese Spannung bleibt auf kunstreiche Art im ganzen Stück wirksam. Mit großem Geschick werden alle übrigen Figuren in die Handlung hineingetrieben, die Atemlosigkeit einer unaufhörlichen Steigerung noch zu erhöhen. Jeder Mitspielende hat sein eigenes, scharf umrissenes Profil erhalten. Jeder läuft eigenen, heimlichen Zielen nach. Einer stört das listige Ränkespiel des anderen.

Den männlichen Hauptakteuren sind zwei Frauentypen als Gegenspielerinnen zugesellt, beide mit aller weiblichen List um den geliebten Mann bemüht, die feinen Fäden des Liebesspieles mit gewandten Händen meisternd. Die Gräfin als die erfahrene Dame von Welt, Susanne, bei allem Liebreiz die würdige Standespartnerin ihres Figaro. Zwischen den vieren dahintollend der süße Unruhestifter, Page Cherubin, dieses treffliche Musterbild des heißen, halbreifen Aristokratenjungen, noch nicht Mann, nicht Knabe mehr, darum gerade voll Anziehungskraft, ein schlanker, impulsiver Poltergeist in der Komödie.

Um so anmutige Angelpunkte gruppiert sich eine regsame Gruppe köstlicher Chargen: Das aufdringliche Paar der Gealterten, in dem schillernden Taumel von Jugend zu neuen Torheiten mitgerissen: Dottore Bartolo, polternd, aufgeblasen, beschränkt. Marzelline, der längst fanierte Blaustrumpf, immer noch liebesbedürftig, doch von der Intrigantenpassion verblühter Weiber besessen. Im Hintergrund das süßlächelnde, geschmeidige Mistvieh Basilio, des Grafen ergebener Faiseur, Musterexemplar aller käuflichen Bosheit und Gesinnungslumperei, der Gärtner Antonio, ein würdiger Prominenter unzähliger betrunkener Bühnenheloten, sein Töchterchen, die zierliche Barbarina – Beaumarchais nennt sie Fanchette –, Cherubinos weibliches Spiegelbild in bescheidenem Gewande, ein Kind noch, doch halb bewußt schon, mit dem reizenden Raffinement des erfahrenen Weibchens begabt. In ihrer ferneren Entwicklung eine frivolere Susanne, wie Cherubin ein prächtiger Almaviva zu werden verspricht. Lediglich der blöde, stotternde Ortsrichter, Don Curzio, ist, ein notwendiger Buffobehelf der Oper, ohne Eigenleben geblieben.

Ohne Unterlaß ist der Gang des Dramas durch ein selbstverständliches Bezogensein jeder dieser Figuren zu den anderen und aller zu dem Herzschlage derselben treibenden Gewalt, dem «Imbroglio» des Stückes, in Schwung erhalten. Die Mühelosigkeit dieser verbindenden Kraft hat darum dem «Figaro» eine lebensfrische Einheitlichkeit verliehen, die selbst in den anderen Meisteropern Mozarts kaum einmal mit gleicher Deutlichkeit, Beständigkeit und Energie fühlbar wird.

Wenn da Ponte den geistvollen Vorwurf französischer Laune der politisch-epigrammatischen Sphäre entzog und den Bahnen der italienischen Buffa annäherte, so hob Mozart das Libretto auf die nicht zeit-, nicht völkergebundene Ebene seines Genies zu menschheitsumfassender Bedeutung.

Die fünf Akte von Beaumarchais' Lustspiel hat da Ponte auf vier zusammengezogen. Das beliebte, zweiteilige Gerüst der Buffa ist deutlich zu spüren: nur der zweite und der vierte Akt besitzen ein durchkomponiertes Finale. Die beiden ersten Akte entsprechen der französischen Vorlage ziemlich genau. Im dritten Akt hat der Bearbeiter die Gerichtsszene bis auf das knappe, abschließende Urteil des Richters gestrichen und den dritten und vierten Aufzug des Originals dadurch zusammengefaßt. Die kleine Wunde nach dieser dramaturgischen Operation, wo das leichte Handgelenk da Ponte im Stich ließ, hat sich niemals ganz geschlossen. Im vierten Akt der Oper sind die beiden letzten Szenen des gleichen Akts aus dem Schauspiel untergebracht. Im übrigen verläuft jener fast konform mit dessen fünftem. Die große politische Anklage Figaros gegen die Gesellschaft, eine der Ecksäulen der französischen Komödie, mußte in da Pontes Gartenszene wenigstens pro forma fallen. An ihrer Stelle steht die köstliche Philippika Figaros gegen die Weiber (IV. Akt, Nr. 26).

Kürzungen und Zusammenschlüsse ergaben sich aus den Forderungen der Buffa nach Knappheit und Eingänglichkeit. Dafür boten die Arien dem *Musiker* willkommene Gelegenheiten. Auch die Nebenpersonen sind, namentlich im letzten Akt, mit Sologesängen bedacht. Allerdings zieht die im Sinne der alten Buffa etwas karikierte Behandlung dieser Stücke einen feinnervigen Strich zwischen diesen und dem blühenden Seelenton in den Arien der Hauptdarsteller.

Diese Unterscheidungslinie zeigt uns Wege, die Mozart aus der Sphäre Sartis, Piccinis, Paisiellos und ihrer Mitstreiter geführt haben. Anklänge an ihre Einfälle beweisen, daß er mit scharfen Augen in die reizvollen Gebilde jener Maestri geblickt hatte. Aber sein Genie wandelt Übernommenes sofort zu anderem Erleben, zu reicherem Dasein.[208]

Jene Verinnerlichung der Charaktere im Spiegel des Mozartschen Melos offenbart sich am deutlichsten in der Figur der *Gräfin*. Bei Beaumarchais nicht viel mehr als der charmante, bei aller tugendsamen Reserve doch etwas leichtfertige Typus der großen Dame des Ancien régime, erscheint sie hier schon im Vorspiel zu ihrer, vom warmen Klarinettenklang durchsättigten *Kavatine* (Nr. 10, «Porgi amor») zu Beginn des zweiten Akts, die ihre liebliche Gestalt in die Handlung einführt, vom Schimmer edler Menschlichkeit umflossen: eine schöne, reife Frau, die still duldend um ihr

Weibesglück bangt, fast schon an der Schwelle milder Resignationsbereitschaft, gleichwohl voll Sehnsucht nach dem geliebten Manne, der sie hintergeht. Kaum jemals dürfte eine genialere Exposition gelungen sein als in diesem kurzen Monolog. Wir wissen die sanfte Märtyrerin in Rosenketten in der Lauterkeit ihres Wesens geborgen, was immer der Lauf des Stückes noch bringen mag. Für den Hörer bleibt sie in Zukunft über jeden groben Verdacht erhaben. Trotz dem harmlos gefährlichen Liebesspiel mit dem Pagen, trotz den gewagten Intrigen, die sie durch die Schuld des Gatten um ihrer Liebe willen anzuzetteln bereit ist.

Ihre große *Arie* (III. Akt, Nr. 19), psychologisch wie musikalisch untrennbar mit dem herrlichen Accompagnato des Eingangs verbunden, befestigt ihren Charakter nochmals an einem wichtigen Drehpunkt der Handlung. Auch dieses Stück ist eine Verbindung heterogener Empfindungen, vollendeter Ausdruck der Regung ihrer leidenden Seele in dem schlichten Gewande der herkömmlichen zweiteiligen Arienform. Vor der Ungewißheit einer nahen Lösung steigt aus dem zitternden Bangen des Rezitativs in dem holden Andantino das alte, edle Fünftonmotiv aus dem Agnus der Krönungsmesse (K. 317) auf. Wehmütige Erinnerung an glücklichere Zeiten der Jugend führt zu schmerzerfüllter Auflehnung gegen die Gegenwart, im Allegro dann zu neuer Bereitwilligkeit, für den Geliebten noch einmal alles, selbst die eigene frauliche Würde zu wagen.

Der Graf, die führende Gestalt im Stück und in den Ensemblesätzen, kommt als Solist nur mit *einer Arie* (III. Akt, Nr. 17) zu Wort. Hier allerdings in einem gewaltigen Monologe, der ihm, dem formgewandten, korrekten Grandseigneur, mit einem Male sein unbändiges Herz aufreißt. Soweit die Behauptung zu Recht bestehen mag, daß Almaviva der ernsthaft komische Held der Oper sei, der anstelle des Spaßmachers die Zeche zu bezahlen habe, wandelt dieser Ausbruch seiner im Innersten aufgewühlten, nach Rache dürstenden Mannesseele, der hinreißende Erguß betrogener Leidenschaft und Würde, sein Bild nachwirkend ins Tragische, eine Wendung von Shakespearescher Größe.

Nicht umsonst ist dieser männliche, bis ins Dämonische gesteigerte Aufschrei der süßen Klage der Gräfin räumlich sehr nahe gebracht: Zwei Gegenpole desselben Urtriebes! Erst jene Arie rückt den Grafen in den Brennpunkt allgemeiner Teilnahme. Glut echter Leidenschaft rechtfertigt ihn und seine Wege, macht ihn, den betrogenen Betrüger, der Hingabe seines Weibes erst würdig.

Auch *Susanne und Figaro* erscheinen dem alten Boden ihres Herkommens, der Commedia dell'arte wie der Buffa schon weit entrückt. Wohl bringt die Handlung noch allerlei aus deren Requisitenkram: Colombine ohrfeigt ihren Arlecchino, lose Briefchen richten mit Goldonischer Technik die sonderbarsten Verwirrungen an. Allenthalben schimmert noch die

Stegreifkomödie durch. Aber im unwahrscheinlichsten Augenblick dieser alten Gewohnheiten, über die Verkleidungsscherze des letzten Aktes hinweg, hebt plötzlich die nachtdunkle *Gartenarie Susannens* (Nr. 27) ihre Schwingen wie ein holder Naturlaut aus der schlummernden Landschaft. So echt in dem knappen Gewand seiner musikalischen Fassung, daß selbst Susanne – fest entschlossen, ihren Liebsten durch listigen Doppelsinn der Worte zu ködern – diesen Vorsatz bald vergißt und ihr Herz im Gesange verströmen läßt. Dieses geniale «Vergessen» Susannens – Mozarts! – ist eine der bedeutendsten Leistungen unseres Meisters, wohl auch der gesamten Bühnenliteratur geblieben.[209]

Der kühne Kunstgriff enthüllt uns endgültig das tiefere Wesen des reizenden Mädchens. Gleichzeitig bereichert er die Handlung mit neuen Spannungen. Figaro, als Lauscher hinter dem Busch versteckt und von eifersüchtiger Torheit befangen, vermag die Zusammenhänge nicht zu erfassen. Aber dem Zuhörer verwirrt sich Susannes anständiges Charakterbild nicht für einen Augenblick. Aus Liebe zu Figaro, aus Anhänglichkeit an ihre Herrin, aus der heiteren Solidarität mit ihrer Geschlechtsgenossin treibt sie das gefährliche Spiel wie jene. Ihrem Temperament fehlt die Melancholie und das leidvolle Pathos der Gräfin. Wenn sie – als ungleich aktiveres Persönchen – die Führerrolle übernimmt, entwächst sie, die taktvollste Kammerzofe, auch menschlich niemals den Bezirken ihres Standes. Neben ihrer Gartenarie steht als männliches Gegenstück *Figaros Monolog von der Weibertreue* (IV. Akt, Nr. 26). Wie der Graf im vorhergehenden Akt, hält sich nun Figaro für hintergangen. Seine Wut, sein Rachegefühl sprechen in der gleichen Situation eine ganz andere Sprache. An die Stelle jenes triebhaften Temperamentsausbruchs des Herrenmenschen Almaviva ist eine starke Dosis von gramvollem Pessimismus, empörtes Räsonnement kluger Subalternität getreten.

Dieser Figaro ist keine gefällige Type der Buffa mehr. Trotz Vermeidung jeder politischen Anspielung kommt er dem revolutionären Urbilde des Beaumarchais recht nahe. Er ist der gleiche, wenn sein geheimer Groll sich in der kurzen *Kavatine* (I. Akt, Nr. 3, «Se vuol ballare signor contino») bedenklich Luft macht oder wenn er in der berühmten *Schlußarie des ersten Aufzugs* (Nr. 9, «Non più andrai»)[210] dem Pagen – dem jungen Offizier, versteht sich! – eifersüchtig und boshaft aus sicherer Geborgenheit die Qualen des Soldatenlebens suggestiv vor Augen führt. Daß auch er nicht immer der kühl Überlegene bleibt, sondern ein Herz in der Brust trägt, das in Augenblicken menschlicher Hilflosigkeit arm und ängstlich zu schlagen weiß, ist Mozarts Erbteil. Dann zittert auch des Meisters *Herz* im Pulsschlag seiner Geschöpfe. Allein der *Geist* des Künstlers schwebt lächelnd *über* der Situation.

Selbst in Cherubino, dem verschwärmten, schlanken Jungen, der mit fragenden Augen allen wissenden Frauen entgegenzittert und die Erregung seiner Wachträume in schmachtende Verse zu kleiden versteht, der gleichwohl handfester zugreift, wo seine Jungherrennatur sich kecker versuchen darf, steckt ein Wesensstück des frühreifen, nie ganz erwachsenen Kindes Mozart. Vielleicht klangen eigene Erinnerungen in dem stilleren Manne, als sich die Züge der ephebenhaften Gestalt in seinem Geiste formten. Saß er nicht als Jüngling verhätschelt in den goldenen Zimmern großer Damen, um bald darauf in lauschigen Bürgerswinkeln seiner Heimatstadt mit umgänglicheren Mädchen seines Standes zu karessieren? Bis er allein in der großen Welt deren Bitterkeiten erfuhr und gleich Figaro vor seinem Brotherrn die Fäuste in der Tasche ballen mußte. Vielleicht liehen solche Erinnerungen ihre Kraft, als der Meister in den Gesängen des Pagen das Hohelied naturgewaltiger Jugendliebe sang, die atemlose, von sehnsüchtiger Dämonie gejagte *Arie* (I. Akt, Nr. 6, «Non sò più cosa son») und die gleichsam bewußter erlebte, bewußter dargestellte *Ariette* (II. Akt, Nr. 11, «Voi, che sapete»).

Mit diesen Stücken erschöpft sich das lyrisch-statische Arienmaterial der Hauptdarsteller.[211] Die reizende *Arie Susannens* zum Verkleidungsspiele des Pagen (II. Akt, Nr. 12) aber leitet die Handlung vielgestaltig wie ein Ensemble weiter. Nur daß der musikalische Part der Gräfin und Cherubinos diesmal im Orchester liegt und von jenen nur eine subtile schauspielerische Ausdeutung verlangt.

Mit Ausnahme des kindlichen *Liedchens Barbarinas* zu Beginn des vierten Aktes (Cavatina Nr. 23) fallen die restlichen Arien der Nebendarsteller meist dem Rotstift des Regisseurs zum Opfer. Es kann nicht geleugnet werden, daß die Handlung durch diese zwei Nummern, *Marzellinens professorale Altweiberklage* von friedlichen Tieren und bösen Männern (Nr. 24) und *Basilios Arie von der Eselshaut* (Nr. 25), an ihrem empfindlichsten Punkte in die Länge gezogen wird. Trotz köstlichen Einzelzügen im Partiturbild erscheinen beide Stücke gehemmt, in der Fülle der anderen mit geringerer Begeisterung erledigt.

Wenn die Sologesänge das Wesen der agierenden Personen in intimen Spannungsmomenten ihres Seelenlebens preisgeben, so stellen die *Ensemblesätze* – ganz abgesehen von der Buntheit und Beweglichkeit, die sie dem Gange der Handlung vermitteln – die Figuren mitten in das Leben des Dramas mit seinen Spiegelungen, Wechselbeziehungen und Verwicklungen hinein. In solchen Augenblicken vermag die Kunst des Dramatikers seine Geschöpfe nicht allein als Gesellschaftsmenschen, im äußeren Umgang mit ihren Partnern, Freunden und Widersachern zu bannen, sondern auch ihre geheimen Gefühle dem Zuhörer zu enthüllen. Wenn die Rede des Sängers schweigt, spricht die Musik eine nicht minder deutliche Sprache. Der Vielfalt der Individualitäten und Stimmungen entspricht das bunte Gewebe einer leichtgeschürzten Mehrstimmigkeit der symphonischen Synthese: Vielgestaltiges in gemeinsamer Form, in gleicher Objektivität der äußeren Erscheinung. In diesem Sinne hat Mozart durch die Ensemblesätze seines «Figaro» zu dem kunstvollsten Problem der Oper erstmalig die entscheidende Meisterleistung vollbracht.

Die «fast neue Art des Schauspiels», für deren Leitgedanken – *Lebendigkeit der szenischen Erscheinungen, der Darsteller und der Gestaltenschilderung* – da Ponte und Mozart in der Vorrede zum «Figaro» mit stolzer Bescheidenheit durch ihr Werk zu bürgen versprechen, was wäre sie anderes als Erfüllung einer neuen, bis dahin unerhörten Ensemblekunst? Die Vorliebe des Wiener Publikums für das lebhafte, sorgfältig abgewogene Zusammenspiel im Sprech- und Gesangstheater, die Beliebtheit mehrstimmiger Szenen im Wiener Singspiel und in der Buffa hatte Plan und Arbeit für den «Figaro» günstig beeinflußt. Freilich überstieg Zahl, Umfang und Reichtum der Ensemblestücke in dieser Oper das Maß des Gewohnten noch um Beträchtliches. Das große Finale des zweiten Akts gehört, schon nach seiner Ausdehnung allein gemessen, zu den gewaltigsten geschlossenen Nummern der gesamten Opernliteratur.

Der innere Reichtum all dieser Stücke ist gleich unerschöpflich und wunderbar wie die Plastik ihrer lebhaften musikalischen Zeichnung, wie die Mannigfaltigkeit ihrer formellen Struktur bei Aufrechterhaltung einer überlegenen Ökonomie der Mittel. Über die Farbenbuntheit des immer durchsichtigen Orchesters heben sich die schlanken Linien der Singstimmen, bald charakteristisch voneinander abgehoben, bald in seelischer Gemeinschaft chorisch zusammengefaßt, alle Möglichkeiten sängerischen Ausdrucks vom leichten Konversationston bis zur hohen dramatischen Erregung oder zur süßen, ariosen Gefühlssteigerung erschöpfend. Niemals verliert der Charakter jeder einzelnen Figur seine Sonderheit im Durcheinander des Zusammenspiels. Jede Individualität erscheint durch die mitreißende Konkurrenz des anderen starken Lebens ringsum zu noch heißerer Aktivität ihres Wesens gesteigert.

Gleich den Arien nehmen auch die *Ensemblesätze* im Gefüge der Oper eine verschiedenartige Stellung ein. Zum Teil dienen sie, wie die Mehrzahl jener, der lyrischen Vertiefung eines szenischen Haltepunkts. Ihre Grundstimmung ist dann einheitlicher, ihre musikalische Architektonik schlichter, ihr Charakter den Sologesängen nahestehend. Manchmal, wie in dem charmanten, rokokohaften *Briefduett* (III. Akt, Nr. 20), genügt die einfache zweiteilige Liedform. Auch bewegte Stücke, wie die ergötzliche *Streitszene Susannens mit Marzelline* (I. Akt, Nr. 5) mit ihren vorlauten Bläserakzenten mögen noch hierher gezählt werden, vor allem aber das behagliche *Duettino* Susanne-Figaro (I. Akt, Nr. 1), das an Stelle einer reicher gegliederten Introduktion das unsterbliche Liebespaar dem Spiele als gemütvolles Motto voranstellt.

Aber das schon unmittelbar folgende *Duett* der beiden (Nr. 2) bringt den ersten Anstoß des erregenden Moments. Der Graf hat – als noch unsichtbarer Gegenspieler – in das Idyll der Liebenden eingegriffen. Figaros Eifersucht ist erwacht. Susannens raffinierter Instinkt versteht inmitten graziöser Buffaplauderei die Spannung bedenklich zu erhöhen. Im Orchester kündigt sich mit Diskretion allerhand Drohendes an. So nimmt die Exposition durch temperamentvolle Kontrastierung ihren Fortgang und steigert die Charakterschilderung bis zur galligen Spitzigkeit von *Figaros Kavatine* (Nr. 3), die mit den derberen Allüren des kleinen Bourgeois dem hochgräflichen Herren so gerne zum Tanze aufspielen möchte. Die *Szene des Grafen und Susannens* (III. Akt, Nr. 16) verströmt in der Leidenschaft seiner kraftvollen Mannheit. Gleichwohl bleibt Susanne die Beherrschende. Daß sie aber mit Almaviva keinen seelenlosen Scherz treibt, sondern ihr Doppelspiel erst nach Überwindung dunkler Triebe ihres Herzens zu Ende führen kann, ist einer jener Züge, die nur der Geist hoher Musik der galanten Situation des Librettos zu verleihen wußte.

Auch für Cherubino bebt eine leise Regung ihres Mädchenherzens. Aber der anmutigen Koketterie ist ein Tropfen einer lieblichen, beinahe mütterlichen Liebeskameradschaft beigemischt. Die kleine Szene, die auch dieses Verhältnis allein und unmittelbar vor das Auge des Zuschauers brächte, ist nicht vergessen. Es ist das winzige, in atemloser Hast dahinjagende *Duettino*, bevor der Page den halsbrecherischen Sprung in den Garten wagt (II. Akt, Nr. 14). In Susanne bebt da wirklich die Angst um den jungen, hübschen Kerl, ein aufrichtiges Mitgefühl mit seinem tragikomischen Schicksal. Dazu ein bißchen romantische Bewunderung für seine jungenhafte Kühnheit, so daß sie die pathetische Umarmung des Knaben zu der entzückenden Arabeske im Orchester gerne über sich ergehen läßt. Wenn sie zu Beginn des Aktes von Mädchen sprach, die seiner Anmut gegenüber nicht unempfänglich bleiben könnten, so plauderte sie doch nur aus der eigenen Erfahrung. Wir begreifen Cherubinos Annäherungsversuche im nächtlichen Dunkel und finden es nicht lächerlich, daß der Graf den Pagen seiner besonderen Eifersucht würdigt.

Das *Terzett des ersten Aktes* (Almaviva – Susanna – Basilio, Nr. 7, «Cosa sento!») gehört zum dramatisch bewegten Ensembletypus. Die Charaktere und Affekte der handelnden Personen erscheinen mit Schärfe voneinander abgehoben: des Grafen leidenschaftliche Herrennatur, Basilios süßlich schmutzige Zwischenträgerei, Susannens entzückende Eskapaden zwischen echten und gespielten Gefühlen. Die Darstellungskraft des Orchesters im Rahmen folgerichtiger symphonischer Entwicklung wird zum Triumph der künstlerischen Freiheit über den edlen Zwang des formgebundenen Stils. Nicht die leiseste Gefühlsregung auf der Bühne, keine Geste, keine der blitzschnellen szenischen Wandlungen entgeht der fröhlichen Teilnahme einer kecken, realistischen Musik. Unsagbar mozartisch empfunden ist der geniale Augenblick, wo der Graf unter dem intriganten Grinsen von Basilios Melodie den Mantel mit der Gebärde des temperamentvollen Erzählers unwillkürlich vom Stuhle hebt und den Pagen nun wirklich darunter findet. Die Diskretion in der künstlerischen Behandlung dieser heiklen Situation, das Absinken der musikalischen Bewegung zur fassungslosen Stille des Erstaunens ward ein theatralischer Wurf von unvergänglicher Wirkung.

Auch das *Terzett des zweiten Akts* (Susanne – Gräfin – Graf, Nr. 13) bringt einen Höhepunkt dramatischer Spannung. Eine immer steigende innere Erregung ist hier an Stelle äußeren Geschehens getreten. Der Zwiespalt der Stimmungen ist musikalisch aufs glücklichste festgehalten.

Das heitere *Sextett* (III. Akt, Nr. 18) entwickelt sich aus der Erkennungsszene zwischen Figaro und seinen neugefundenen Eltern, Bartolo und Marzelline. Die Lösung gefährlicher Verwicklungen geschieht an dieser Stelle mit echt buffamäßiger Unbedenklichkeit. Wir erleben ein Maskenspiel bewährter Herkunft als beruhigendes Intermezzo nach dem leidenschaftlichen Erlebnis von Almavivas Rachearie (Nr. 17). Aus Kellys Erinnerungen erfahren wir, daß Mozart dieses Sextett besonders liebte. Schon erscheint der stotternde Don Curzio, diese derbe Karikatur eines dummen, käuflichen Gerichtsbeamten, ergebenheitsgeschwellt hinter dem Grafen und singt gedankenlos die erregten «a-parte»-Koloraturen seines Brotherrn in der höheren Oktave mit – ein feiner Zug musikalischer Illustrationstechnik –, Susanne stürzt auf die Bühne mit dem Lösegeld für Figaro. Kein Mensch erfährt, woher der Schalk das viele Geld so schnell aufgetrieben hat, Figaro bekommt die traditionelle Ohrfeige, und das alte Liebespaar beschließt eine sofortige Heirat in der strahlenden Versöhnungsstimmung der Volkskomödie.

Fast erschiene auch der geprellte Graf neben seinem stotternden Satelliten, ja selbst der voreilige Jubel der jungen und alten Brautleute ein wenig zu lächerlich für den menschlichen Ernst unseres Spieles, hätte Mozart nicht auch diese Szene stellenweise mit der Innigkeit seines Gemütes erfüllt. So echt und großzügig, daß in solchen Augenblicken, wo das buffoneske Geplauder zur stillen Seligkeit des bürgerlichen Idylls herabsinkt, sogar die vertrockneten Intrigantenseelen, Marzelline und Bartolo, mit einemmal in freundlicherem Licht erscheinen, als hätte das neue Elternglück eine lang verdrängte Milde ihrer Herzen plötzlich wieder aufgetaut.

Alle Kraft seiner dramatischen Impetuosität aber hat Mozart für das große *Finale des zweiten Akts* (Nr. 15) zusammengefaßt. Über die weite Strecke der neunhundertsiebenunddreißig Takte seiner Partitur baute er einen so herrlichen symphonischen Bogen, daß das ruhmvolle Werk bis heute unbestritten als der leuchtende Höhepunkt seiner Gattung gepriesen wird.

Es bleibt da Pontes Verdienst, zu diesem Riesenbau das trefflichste Gerüst gefertigt zu haben. In seinen Memoiren spricht er einmal über sein Buch «Il ricco d'un giorno» für Salieri. Dort findet sich eine ausgezeichnete dramatische Skizze über Wesen und Aufbau eines Buffafinales. Für jene Grundsätze, die er in dem erwähnten theatralischen Erstlingswerk noch nicht zu bewältigen vermochte, hat er dann im «Figaro» das klassische Beispiel geschaffen.

«Das Finale», meint da Ponte, «muß sich aufs innigste der übrigen Oper anschließen. In dieser stellt es eine Art selbständiger Komödie vor, verlangt eine neue Entwicklung und muß besonderes Interesse erregen. Hier soll sich das Talent des Musikers wie die Kunst der Darsteller vor allem bewähren. Dem Rezitativ gebührt kein Platz in dem Finale. Da wird nur gesungen; doch soll jede Gesangsart darin vertreten sein, das Adagio, das Allegro, das Andante, das Amabile, das Armonioso, das Strepitoso, das Arcistrepitoso und das Fortissimo, womit das Finale fast immer schließt. Man nennt diesen Schluß in der Fachsprache Chiusa oder Stretta. Offenbar darum, weil hier die ganze Kraft des Dramas eingeschlossen ist. Im Finale müssen ferner nach alter Theatersitte alle Sänger auf die Bühne kommen, mag ihre Zahl auch noch so groß sein. Dann müssen sie einzeln, zu zweit, zu dritt, zu sechst, ja selbst sechzig Mann hoch, Arien, Duette, Terzette, Sextette, Sessantette singen. Sollte dies auch der Natur des Dramas zuwiderlaufen, so muß der Dichter dennoch Mittel und Wege finden, es zu ermöglichen. Sei es selbst auf Kosten der gesunden Vernunft und aller Regeln des Aristoteles.»

Im «Figaro» hat da Ponte Vernunft und Regel in gesunden Einklang zu bringen verstanden. Aus dem Zwang der Konvention wußte er einen musterhaften Aufbau zu gewinnen und die immer heftiger verstrickte Handlung in einer einzigen großen Steigerung zum Aktschluß zu führen, ohne die Spannung des Hörers für den weiteren Verlauf der Oper zu zerstören.

Szenisch wie musikalisch zerfällt diese «Komödie in der Komödie» in acht deutliche Abschnitte. Jeder dieser Teile ist ein geschlossenes Situationsbild für sich, wirksam aufgebaut, mit seinen besonderen Verwicklungen, Affekten und Gruppen. Die jeweils folgende Szene bringt nicht allein eine Vermehrung der handelnden Personen nach der alten Vorschrift, sondern zugleich eine gelungene Erhöhung der Spannung durch Einbau einer neuen, noch wirksameren Intrige. An keiner Stelle gerät der rasch dahinjagende Lauf des Dramas ins Stocken. Die stete Beschleunigung des Tempos führt zuletzt ein geradezu tumultuöses Anschwellen der Emotion auf der Bühne und im Orchester herbei. Der wirksame Aktschluß wird allein durch das Fallen des Vorhanges im Kulminationspunkte der Steigerung[212] erzielt. Jeder Versuch einer Lösung findet dadurch seine brutale Unterbrechung. Die erregten Poltergeister des Lustspiels müssen ihre Tätigkeit nun wieder sachte von vorne beginnen. Darum steht, gleichsam als natürliche Reaktion auf die tobende Kraftanstrengung des Finales, zu Beginn des dritten Aktes nur eine schlichte Secco-Szene als Einleitung.

Welche Fülle lebendiger Momente in diesem von Lebenskraft überschäumenden Finale! Des Grafen drohendes «Mora, mora!», hart an der Grenze des schweren Dramas, die klassische Generalpause völligen Erstaunens, bevor Susanne beim Rhythmus des schelmisch fassungslosen Menuettgedankens mit durchtriebener Miene aus dem Kabinett tritt, Figaros diplomatische Kniffe in der Briefepisode, der himmlische Wohlklang des kurzen C-Dur-Quartetts («Deh Signor, nol contrastate»), die burleske, musikalisch so diskrete Verlegenheitskomödie, wenn der betrunkene Gärtner Cherubinos verlorenes Patent ins Spiel geworfen hat, die höhnische Fanfare beim Erscheinen Marzellinens, Bartolos und Basilios als Bundesgenossen Almavivas, die plappernde Geschäftigkeit dieser lästigen Eindringlinge, endlich die prachtvolle Gegenüberstellung der Parteien beim «Più moto» der Schlußgruppe vor dem Wirbel des abschließenden «Prestissimo».

Dem *Finale des dritten Akts* (Nr. 22) fehlt die gesteigerte Gliederung im Sinne der Charakteristik da Pontes. Es stellt somit einen anderen, schlichteren Typus des Schlußensembles dar. Zur Einleitung erklingt der Marsch des heranziehenden Hofgesindes aus der Ferne. Almaviva muß gute Miene zum bösen Spiel machen. Der Hochzeitszug tritt ein. Während der Graf den Bräuten, Susannen und Marzellinen, den Brautkranz überreicht, singen zwei Mädchen sein Lob als «Beschützer» der Unschuld, ein sehr anmutiges liedförmiges Duettino («Amanti costanti»). Der Chor fällt am Schluß fröhlich ein. Diesem Gesang folgt ein kurzer Tanz, die freie Bearbeitung einer andalusischen Fandangomelodie, das einzige Stück nationalspanischer Herkunft[213] in der Musik des «Figaro». Bezeichnenderweise ist nun eine wichtige Episode der Intrige, Susannens heimliches Spiel mit dem Grafen, während sie ihm das Briefchen zusteckt, und Figaros neuerwachende Eifersucht, diesem Ballette eingebaut. Die Sänger erledigen das Gespräch in fein pointiertem Parlando zu den reizvollen Linien der Tanzmelodie im Orchester. Die Weiterführung des Stückes geschieht wiederum nicht im gebundenen Gesang, sondern durch das seigneurale Akkompagnato des Grafen mit der großmütigen Aufforderung an alle, das Fest zu genießen. Die Wiederholung des Chorrefrains gewährt dann einen brauchbaren Aktschluß.

Das *letzte Finale* (IV. Akt, Nr. 28) folgt in seiner lebhaften Geschäftigkeit wieder den Spuren des großen Finales im zweiten Akt. Diesmal aber ist Lösung, nicht Verwirrung das Ziel. Dies bedingt Tempo und Aufbau. Freundliches Weben der Nacht begünstigt die heimliche Hast des Geschehens. Aus dem Dunkel lösen sich die Gruppen, treiben ihr loses Spiel im trügerischen Glanz des Mondlichtes, huschen kichernd zurück in den tieferen Schatten der Büsche. Dieser altgewohnte Paradeplatz listiger Buffakunst, den Mozart schon in seiner «Finta giardiniera» gegeben fand, begünstigt den schnellen Ablauf der unterschiedlichsten Ereignisse in *einem* szenischen Rahmen. Für die tollen Verwechslungen des Maskenscherzes ist er daher wie kein anderer geschaffen. Das verwirrende Spiel der Figuren, die mit erregter Wichtigkeit am eigenen Narrenseil laufen, wo sie andere zu narren vermeinen, erscheint von der leicht beschwingten Musik zu noch luftigerer Heimlichkeit emporgehoben. Nicht anders hat Shakespeares «Sommernachtstraum» die triebhafte Tollheit verliebten Irregehens im geisterhaften Zauber schlafatmender Natur von aller Schwere gelöst.

Es offenbart eine überaus subtile schöpferische Intuition, daß die fortdauernde Steigerung der Erregung in diesem landschafts- und stimmungsbetonten Akt zeitweilig durch lyrische Augenblicke (Figaros Es-Dur-Larghetto «Tutto è tranquillo», das kurze B-Dur-Andante des mit Susanna Wiederversöhnten «Pace, pace, mio dolce») wirksam unterbrochen ist. Bis endlich nach neuerlichem Anschwellen der Bewegung das ruhiginnige «Contessa perdono» des Grafen alle Schlacken der Burleske abstreift und aus der seligen Verhaltenheit des «Sotto voce» von neuem ansteigend, den verklärten Hymnus tiefen Menschenglücks im Wohlklange des vollen Ensembles zur berauschenden Schlußharmonie emporführt. Erst unmittelbar vor dem Fallen des Vorhangs bricht wieder der laute Komödientaumel los. Wie ein letztes Lächeln des Meisters über sein Maskenspiel, das im Schlagen seines Herzens zum Menschheitsdrama geworden.

In solch differenziertem Spiel der Individualitäten bleibt für die Unbeweglichkeit des *Chors* kein rechter Platz. Er bleibt Staffage, ein willkommener Farbfleck ohne schärfere Konturen im Bühnenbild.

Zwischen den einzelnen geschlossenen Gesangsnummern wird der Faden der Handlung durch leichte, fein pointierte *Secco-Rezitative* weitergesponnen. Das Cembalo genügt als Stütze dieses vortrefflichen Konversationsmittels der alten Oper. Mozart handhabt das Parlando mit glücklicher Einfühlung in Sprache, Charakter und Affekt. Die Eigenheiten seines Personalstils prägen auch diesen luftigen Rezitativen ihre künstlerische Note auf. Einmal erscheint sogar ein entzückendes vierstimmiges Sätzchen dieser Art («E schiatti il signor conte») als spritzige Schlußarabeske nach der bürgerlich wohlgetanen Rührung des Sextettes (Nr. 18). Die *Ouvertüre,* ein Aufsprühen göttlicher Frohlaune, bleibt – wie ihre

Schwester aus der «Entführung» – «Vorhang» des Spieles, wirbelnder Auftakt einer tollen, überströmenden Feststimmung. Nur sachliche Beschwertheit möge es unternehmen, diesem Wunderbau flügelleichter Inspiration ein «Programm» zu unterlegen. Trotzdem mag die Meinung, Mozart habe sich durch den Untertitel der französischen Komödie des Beaumarchais, «La folle journée», zur Komposition anregen lassen, recht behalten. Der Vorzug jenes Titels ist eben der, daß er dem Leser eine Fülle *unbestimmter*, sprühender Dinge vermittelt und fröhliche Erwartung weckt, ohne einen greifbar faßlichen Hinweis zu enthalten. Diese Erwägung mag auch für die Ouvertüre Geltung haben.

Die Form des Stückes ist der zweiteilige Sonatensatz: Exposition und Reprise ohne Durchführung, dafür aber mit umfangreicher Koda. Aus dem Autograph der Partitur läßt sich die Absicht Mozarts ersehen, unmittelbar vor der Rückführung einen langsamen Mittelsatz in der gleichnamigen Molltonart (d-moll) einzubauen, wie dies in der Ouvertüre zur «Entführung» tatsächlich geschehen ist. Doch hat der Meister das Blatt mit jenem schon fertiggestellten «Andante con moto» wieder herausgerissen, ein Beweis, wie sehr die Impetuosität der Bewegung die Synthese des Tonstückes bestimmte.

Das *Orchester* ist mit der Wesensschilderung der handelnden Personen so innig wie mit dem szenischen Geschehen verknüpft. Zwischen der schöpferischen Forderung nach Intensität dramatischen Miterlebens und der technischen Notwendigkeit schwebender Leichtigkeit und Unterordnung des Begleitapparates unter die Singstimmen ist ein harmonischer Ausgleich völlig gelungen. Frei gewachsene Linien der instrumentalen Mittelstimmen beleben die Anmut der Tonsprache, heben die Wärme des Ausdrucks. Der strahlende Klang des «Idomeneo», die herbe Frische der «Entführung» ist nun einer neuen, satteren, doch milden Tönung der Farben gewichen. Auch die burlesken Stellen verletzen niemals den Adel der Darstellung. Aus der Lebendigkeit und Durchsichtigkeit des Streichersatzes spricht der Meister der «Haydn»-Quartette. Den Bläsern, den warmblütigen Klarinetten vor allem, wird eine bedeutende Rolle zugemessen. Nur Trompeten und Pauken sind mit sparsamer Delikatesse verwendet. Zahlreiche Tonmalereien, koloristische Effekte und Orchesterscherze sind stets ebenso geistreich wie diskret behandelt. Der Leitgedanke menschlicher Veredlung alles Komödiantenhaften hat auch die Feder des Instrumentators geführt. Sehr schön meint Richard Wagner: «Mozart hauchte seinen Instrumenten den sehnsuchtsvollen Atem der menschlichen Stimme ein, der sein Genius mit weit vorwaltender Liebe sich zuneigt. Den unversiegbaren Strom reicher Harmonie leitete er in das Herz der Melodie, gleichsam in rastloser Sorge, ihr, der nur von Instrumenten vorgetragenen, ersatzweise die Gefühlstiefe und Inbrunst zu geben, wie sie der natürlichen menschlichen Stimme als unerschöpflicher Quell des Ausdruckes im Innersten des Herzens zugrunde liegt.» In dieser kantablen Beseelung der instrumentalen Linie liegt das Geheimnis des Mozartschen Orchesterklanges verborgen.[214]

Zur ersten Aufführung am Wiener Burgtheater (1. Mai 1786) stand Mozart ein ausgezeichnetes Darstellermaterial zur Verfügung. Diskretion und Lebendigkeit im feinpointierten Zusammenspiel verliehen der Wiener Bühnenkunst ihre besondere Note.

In der Titelrolle glänzte der Baßbuffo Benucci, ein gleich vortrefflicher Sänger wie Darsteller, mit einer schönen, vollen Stimme begnadet. Auch die Partie des Grafen war einem Buffo anvertraut, Stefano Mandini, der wie Benucci als idealer Sänger galt. Signora Laschi, als Gräfin, vermochte die Sympathien des Wiener Publikums nicht in vollem Maße zu erringen. Dagegen vereinigte die damals fünfundzwanzigjährige Darstellerin der Susanna, Nancy Storace, Tochter eines in England lebenden italienischen Kontrabaßspielers und einer englischen Mutter, «alle Gaben der Natur, der Bildung und Geschicklichkeit in sich, die man für die italienisch-komische Oper nur wünschen mochte». Der samtdunkle Glanz einer blühenden Mezzosopranstimme verlieh ihrer nordischen Blondheit besondere Anmut. Wir erleben den Eindruck ihrer charmanten Erscheinung auf Mozarts Schöpferkraft noch heute in der einzigmaligen Individualität seiner Susanna wieder.

Der ausgezeichnete, vielseitig gebildete Tenor O'Kelly sang den Basilio und Don Curzio, Bussani, Regisseur, Szenen- und Garderobeninspektor den Bartolo und Antonio mit «ausgebender Baßstimme». Seine Gattin den Pagen. Sie besaß eine schöne, tiefe Stimme, wohl geeignet für die Knabenhaftigkeit Cherubinos, und sie verstand das Publikum mehr durch schlanken Wuchs und drolliges Spiel als durch gereifte Gesangskunst zu bezaubern. Signora Mandini gab die Marzelline, ein bescheidenes Fräulein Gottlieb, später die erste Pamina der «Zauberflöte», das Bärbchen.

Mozart hatte eine Fülle von Widerwärtigkeiten zu erdulden, ehe seine Oper über die Bretter ging. Kelly berichtet von einer ausgedehnten Komponisten- und Sängerintrige, die das unsterbliche Werk beinahe zu Fall gebracht hätte: «Jeder von den Operisten nahm an diesen Zwistigkeiten Anteil. Endlich wurde der Streit durch den Befehl des Kaisers, Mozarts Oper sogleich zu probieren, geschlichtet. – Alle ersten Darsteller hatten das Glück, durch den Komponisten persönlich unterwiesen zu werden, der seine Auffassung und seine Begeisterung auf sie übertrug. Nie werde ich sein schmales, lebensprühendes Antlitz vergessen, wie es im Feuer des Genies erglühend leuchtete. Es zu beschreiben, ist so wenig möglich, als man Sonnenstrahlen malen kann. – Ich erinnere mich, wie Mozart im roten Rock und Tressenhut bei der ersten Generalprobe auf der

Bühne stand und das Tempo angab. Benucci sang Figaros Arie ‹Non più andrai!› mit der größten Lebendigkeit und mit aller Kraft seiner Stimme. Ich stand dicht neben Mozart, der sotto voce wiederholt rief: ‹Bravo, bravo, Benucci›! Als die schöne Stelle kam, ‹Cherubino, alla vittoria, alla gloria militar!›, die Benucci mit Stentorstimme sang, war die Wirkung auf alle, die Sänger oben und die Musiker unten, eine wahrhaft hinreißende. Ganz außer sich vor Entzücken rief alles: ‹Bravo, bravo Maestro! Viva! Viva grande Mozart!› Im Orchester war des Klatschens kein Ende, und die Geiger trommelten mit den Bogen auf die Notenpulte. Der kleine Mann sprach in wiederholten Verbeugungen seinen Dank für den enthusiastischen Beifall aus, der ihm in so außerordentlicher Weise ausgedrückt wurde.»

Am 1. Mai 1786 ging die Oper unter allen Anzeichen eines großen Erfolges zum erstenmal in Szene. Das gedrängt volle Haus verlangte die meisten Nummern zur Wiederholung, so daß man fast die doppelte Zeit spielte. Trotzdem war am Schlusse des Applaudierens kein Ende, und man rief stürmisch nach dem Meister. «Nie hat jemand einen glänzenderen Triumph gefeiert», schreibt Kelly, «als Mozart mit seinem Figaro.»

Auch während der nächsten Vorstellungen hielt der herzliche Beifall an. Nach der achten Aufführung verbot der Kaiser das Da-capo-Rufen, um seine Sänger nicht unnütz ermüden zu lassen. Aber nach der neunten Aufführung am 18. Dezember 1786 verschwand auch «Figaros Hochzeit» vorläufig wieder vom Spielplan[215], nachdem Martins «Cosa rara» einen noch sensationelleren Erfolg davongetragen hatte. Die populären Schlager dieses gefälligen Werkes kamen der mittleren Geschmacksrichtung des Wiener Publikums faßlicher entgegen als Mozarts Charakterkomödie, die in die Tiefe führte. Als Kaiser Joseph sich zu Dittersdorf äußerte, Mozart besitze den Fehler, die Sänger durch sein volles Akkompagnement zu betäuben, sprach er durchaus aus dem Gesichtskreis der maßgebenden Theaterhabitués. Er mochte auch den vielen Wichtigmachern aus der Seele gesprochen haben, die nur um der Akteure willen ins Theater liefen und die Unterordnung des Begleitapparates unter deren ehrgeizige Kehlen nach der Gewohnheit der Neapolitaner als Ideal auf ihre Fahne geschrieben hatten. Noch Hanslick rügte am Ausgang des 19. Jahrhunderts den Mangel an «munteren, beschwingten Dreivierteltakten», womit er zu beweisen meinte, daß der «Figaro» noch mehr «das Ideal einer vollkommen schönen Musik als einer komischen Oper» sei.

Dennoch dürfte kein Bühnenwerk Mozarts eine höhere Aufführungsziffer zu verzeichnen haben als der «Figaro». In Ehrfurcht vor der Gewalt der Musik müssen wir errötend hinzufügen: *Trotz* der schauderhaften Übertragungen der geistreichen und munteren Verse da Pontes in unser geliebtes Deutsch, die wir, das Volk der Übersetzer, seit beinahe hundertfünfzig Jahren geduldig über uns ergehen lassen! Die Sonne Herders, Goethes, Rückerts oder Schlegels hat der deutschen Oper leider nie geleuchtet! Schmerzlicher noch ist die Erkenntnis, wieviel vom Geiste Mozarts in dessen unnachahmlicher Ausdeutung und Beseelung der Worte, der Affekte, der Situationen durch einen völlig andersgearteten deutschen Text, oft nur um einer elenden Reimerei willen, unwiderbringlich verlorengeht: Der große Dramatiker Mozart, der in dem «Plane» eines Stückes das Wesentliche erblickte, war alles eher als ein Literat. Was ihm da Pontes Libretto lieferte, erschien ihm brauchbar im besten Sinne des Wortes. Wir wissen, wie sehr er sich über sinnloses Wortgeklingel in der «Entführung» entrüstete und daß er oft selbst textliche Verbesserungen anbrachte. Aber seinen «Figaro», seinen «Don Giovanni» schuf er aus dem Geist der *italienischen* Sprache. Seine Musik schmiegte sich den guten italienischen Versen aufs innigste an und erfüllte sie mit dem mächtigen Hauche seines Genius. Untrennbar mit den Worten des Originals ruhte die erlösende Tonformel in Mozarts Geist. Mit ihr der ganze psychologische Komplex der dramatischen Situation. Da dieser Schöpfungsakt nun einmal getan war, wie hätte der Meister, in neue Musik vertieft, die sein ganzes Wesen in Anspruch nahm, das lebendige Interesse für die sekundäre Frage einer Übersetzung noch finden sollen?[216] Beim «Figaro» hätte selbst der äußere Anlaß gefehlt. Ihn hörte Mozart nur auf der Wiener und Prager Bühne in italienischer Sprache. Das weite deutsche Theater aber vermochte das unsterbliche Werk erst nach dem Tode seines Schöpfers zu erobern.[217]

Als zu Beginn des 19. Jahrhunderts die italienischen Truppen von deutschen Sängergesellschaften verdrängt wurden, bürgerten sich die traurigen Übersetzungen[218] von Chr. A. Vulpius, Goethes Schwager (1790), und Adolph von Knigge, dem vielgenannten Verfasser des Buches «Über den Umgang mit Menschen» (1791), allenthalben so widerspruchslos ein, daß an dieser peinlichen Standfestigkeit bis heute jeder Versuch einer gründlichen Reform scheitern mußte. Die flache Biedermeierei dieser Texte schien dem Gedankenkreis des Vormärz trefflich angepaßt. An der Süßlichkeit, die als «echt mozartisch» im Herzen des empfindsamen Philisters weiterlebt, haben Knigge-Vulpius ihren redlichen Anteil. Zahlreiche Bearbeitungsversuche des 19. Jahrhunderts brachten keine Besserung. Der Ungeist blieb derselbe. Die Verballhornung des sprachlichen und musikalischen Sinnes wetteiferte mit der Geschmacklosigkeit der Kostüme und einer gezierten Affektiertheit der Darstellung. Für Gustav Mahlers beispielhafte Wiener Neuinszenierungen der Mozartschen Bühnenwerke im ersten Jahrzehnt unseres Jahrhunderts hat Max Kalbeck (1906) den deutschen Text zum «Figaro» beigestellt, eine literarisch gute, allzu freie, nicht immer sangliche Übertragung. Somit hat auch diese Bearbeitung an der

Schwelle der modernen Mozartbewegung Wünsche offen gelassen, die nicht einmal Siegfried Anheißers sorgfältige Übersetzung (1930) erfüllen konnte. Der Grund für dieses prinzipielle Versagen liegt eben tiefer. Man vermute ihn nicht so sehr in der Qualität der neueren deutschen Nachdichtung. Ist er nicht vielmehr in der schon vom Schöpfungsakt an untrennbaren, unverletzlichen Einheit der Sprachmelodie mit ihrer sinnvollen Beseelung durch das Mozartsche Melos zu suchen? Daher erscheint mir bei Kunstwerken von solcher Erlesenheit nur *ein* Weg zu einer Wiedergabe mit höheren Ansprüchen gangbar: Man singe in der Originalsprache. Aber man gestalte die Handlung unmittelbar aus dem lebendigen Geist der sie mit letztem Sinn beglückenden Musik.

Mit seinem «Figaro», diesem «vielleicht blumigsten und spritzigsten Wein, den das musikalische 18. Jahrhundert gekeltert» (Moser), hat Mozart die heitere Spieloper auf einen Höhepunkt gehoben, der die Vollendung dieser von den Neapolitanern durch ein Jahrhundert fortgebildeten Kunstgattung bedeutet.

36. DIE VIER LETZTEN SYMPHONIEN

«Das ungeheuerste Genie erhob ihn über alle Meister aller Künste und aller Jahrhunderte.» (Richard Wagner über Mozart)
«Du kristallklarer und doch ewig unergründlicher Meister!»
(Adolf Sandberger)

Es bleibt eine erschütternde Tatsache, daß Mozart trotz der gewaltigen Leistung seines «Figaro» den merkwürdigen Verfall seiner Beliebtheit als schöpferischer Musiker beim Wiener Publikum nicht zu hemmen vermochte. Nicht einmal die reife Vollendung seines Klavierspiels konnte das Interesse der breiteren Öffentlichkeit wenigstens in dem Maße wach erhalten, daß er damit die bescheidenen Bedürfnisse seines Lebens anständig bestritten hätte. Man ist gerne bereit, den Wienern daraus einen Vorwurf zu machen. Gewiß trug auch leichtfertige Modesucht und Ausländeranbetung in der Donaustadt ihr Teil dazu bei. Allein die wesentlichen Gründe lagen tiefer: Ein stark subjektiver, weltabgewandter Zug, die immer lebhaftere Kraft des Urerlebnisses im Künstler, die «gesteigerte Rolle der Harmonik und freien Kontrapunktik» in seinen Werken (Abert) hatten in Mozart allmählich einen stillen, unausgesprochenen Zwiespalt zu seiner Mitwelt entstehen lassen.

Der Meister hatte sein Zeitalter überwachsen. Nur daß seinen Schöpfungen äußerlich jede umstürzlerische Gebärde, jede exzentrische Auflehnung gegen die herrschenden Formen fehlte. Niemals ist er als wilder Revolutionär wie Beethoven oder Wagner bestaunt worden. Denn kaum ein anderer schuf so glücklich, so bildhaft und verklärend aus dem Geiste seiner Kultur und seiner Zeit. Nur Überfülle, nicht Zerstörendes pflegten seine Zeitgenossen an ihm zu tadeln.

«Mozarts Satz», meinte der hervorragende Theaterkritiker Alois Wilhelm Schreiber[219] in den Frankfurter «Dramaturgischen Blättern», «fast immer schwer und künstlich, scheint über die Fassungskraft gewöhnlicher Dilettanten sich hinwegzuschwingen, so majestätisch, so launicht er in einzelnen Stellen, so voll starker Harmonie er im ganzen auch ist. Seine Musik ist mehr für den Kenner, der ihre Feinheiten zu entwickeln versteht, als für den Dilettanten, der sich bloß von seinem natürlichen Gefühle leiten läßt, bloß nach dem ersten, unmittelbaren Eindruck entscheidet.» Allein jene «Stimme des eigenen Innern» in der stillen Reife des Mannes von dreißig Jahren sprach in ganz anderer Art als einst der erregte «Romantisme» des siebzehnjährigen Jünglings. Sie sprach gegenwartsnah, doch wieder ahnungsvoll, aus der Seele eines künftigen Zeitalters, das sich erst erfüllen durfte, als der Meister längst die Augen geschlossen hatte.

Unter den bedeutenden Werken der inhaltsreichen Schaffenszeit nach

Vollendung des «Figaro» entstanden als ebenbürtige Meisterwerke neben den «Haydn»-Quartetten, zugleich als hohe Verkünder der starken Ausdruckswandlung im Schaffen Mozarts, zwei *Streichquintette* (für zwei Violinen, zwei Bratschen und Cello) in *C-Dur und g-moll* (K. 515 und 516, April und Mai 1787), würdige Vorläufer der stimmungsverwandten Symphonien des folgenden Jahres. Wie die g-moll-Symphonie (K. 550) führt das g-moll-Quintett in düstere Bezirke seines Seelenlebens. Leidenschaftliche Erregung drängt in dem innigen Gesange des Adagio leidbeschwert an die Oberfläche und zerfliegt erst vor der Daseinsfreude des Schlußrondos. Auch das C-Dur-Quintett ist, ungeachtet seiner helleren Grundstimmung, mit Spannungen und Gegensätzen geladen, die, voll persönlicher Erfülltheit, im Verein mit echt romantischen Episoden, das Werk der Unterhaltungskunst seiner Zeit schon weit entrücken.[220] Dasselbe gilt von dem hochbedeutenden sechssätzigen *Es-Dur-Divertimento für Violine, Viola und Violoncello* (K. 563, September 1788). Mozart hat das Werk für den Freund und Helfer in traurigen Notlagen, Michael Puchberg, geschrieben. Nur der Sechssätzigkeit und seiner zarten, leichtflüssigen Ausdrucksform wegen scheint es noch den alten typischen Namen zu führen. Seinem Inhalt nach ist es ein echtes Trio im Sinne moderner Kammermusik, schwierig für die Ausführenden, dafür von überraschendem Reichtum des Erlebens und der Klangfarben, trotz der notwendigen Beschränkung auf die Dreistimmigkeit des Satzes.

Als Hausmusik in kleinerem Kreise gedacht, schlichter in Anlage und Inhalt, zeigen sich *fünf dreisätzige Trios für Klavier, Violine und Violoncello in G-Dur, B-Dur, E-Dur, C-Dur und G-Dur* (K. 496, 502, 542, 548 und 564); in seinem eigenhändigen Verzeichnis nennt Mozart diese Werke *«Terzette»*, spricht jedoch in den Briefen von *«Trios»*. Hervorragend in dieser Reihe, reizvoll, stellenweise außerordentlich kühn, das *E-Dur-Trio* (K. 542). Zu großer Volkstümlichkeit hat es das *Es-Dur-Trio für Klavier, Klarinette und Bratsche* (K. 498, August 1786), das sogenannte «Kegelstatt-Trio», gebracht. Als Angebinde für den Jacquinschen Kreis bestimmt, soll Mozart nach einer unverbürgten Legende dieses zauberhaft getönte Stück voll lächelnder Schwermut und süßer Kantabilität mitten unter der geräuschvollen Ausgelassenheit einer Kegelpartie geschrieben haben.[221]

Trotz der glänzend virtuosen Gebärde ihrer Ecksätze steht die große *A-Dur-Sonate für Violine und Klavier* (K. 526, August 1787) – von vielen für die bedeutendste Violinsonate des Meisters angesehen – um der Hingegebenheit des Musizierens im langsamen Mittelsatz willen auf der vollen Höhe des neuen Stils. Die *F-Dur-Violinsonate* (K. 547, Juni 1788)[222], Mozarts letzte Violinsonate, weist dagegen, schon ihrer Widmung «für Anfänger» entsprechend, eine weit schlichtere formelle und inhaltliche Gestaltung auf. Doch zeigen die abschließenden Andante-Variationen die reife Beherrschung dieser Kunstgattung im knapperen Rahmen.

Gleichfalls «für Anfänger» ist die *Kleine C-Dur-Klaviersonate* (K. 545, Juni 1788) geschrieben, das vielgeliebte, vielgepeinigte Paradestück unserer klavierspielenden Jugend. Vielleicht diente auch die ungleich reichere *B-Dur-Sonate für Klavier* (K. 570, Februar 1789) mit dem schönen Hornthema des Mittelsatzes pädagogischen Zwecken. Aus dieser Reihe treten zwei wertvolle Klavierwerke (K. 533 und 540) bedeutsam hervor. Das erste zweisätzig, reich an scharf umrissenen polyphonen Konturen, kühnem harmonischem Leben und herben Gefühlsspannungen, von Mozart später mit dem Klavierrondo (K. 494) zu einer Sonate zusammengefaßt. Das zweite, ein kurzes, inhaltsreiches Adagio, einer Fantasie durch subjektive Intensität des Ausdrucks, nicht etwa in der äußeren Form, nahestehend.[223]

Zwischen so erlesenen Stücken entstehen, als wahre Kleinodien der *vierhändigen Klavierliteratur, zwei Sonaten in F-Dur und C-Dur* (K. 497 und 521), neben einem reizenden Versuch des Knaben (K. 19 d), den frühen *Sonaten in D-Dur* (K. 381, 1772) und *B-Dur* (K. 358, 1774), den *Variationen* (K. 501) und der *unvollendeten G-Dur-Sonate* (K. 357) die maßgebenden Arbeiten des Meisters auf diesem Gebiete. Unter ihnen muß die reich erfüllte F-Dur-Sonate mit ihrem großzügigen Aufbau und phantastischen Wechsel der Stimmungen den bedeutendsten Klavierschöpfungen Mozarts an die Seite gestellt werden. In der Entwicklung der vierhändigen Klaviermusik spannen diese Werke eine schöngeschwungene Brücke aus der galanten Empfindsamkeit Christian Bachs in die romantische Welt Franz Schuberts hinüber.

In zwei kleinen, untereinander grundverschiedenen Meisterwerken kommt noch einmal der alte Divertimentogeist zu Wort. Die berühmte *«Kleine Nachtmusik»* (K. 525, August 1787) mag nach Anlage und Durchführung als ein später Nachhall der anmutigen Kompositionen dieser Gattung aus der Salzburger Jünglingszeit des Meisters gelten. Ihre Entstehung verdankt sie wohl einer unbekannten festlichen Gelegenheit. Die überlegene Anordnung und Auswertung des thematischen Gehalts im kleinsten Umfange, die schlanke Vornehmheit der Linien offenbaren die reife Meisterschaft der Wiener Zeit. Laut eigenhändiger Angabe in Mozarts thematischem Verzeichnisse stand hinter dem Einleitungssatz noch ein zweites Menuett samt Trio. Dieses ist leider aus dem Autograph verschwunden.

Der *«Musikalische Spaß»* für zwei Violinen, Viola, Baß und zwei Hörner (K. 522, Juni 1787), seiner äußeren Form nach ein viersätziges Divertimento, wird zur heiteren, mit Meisterhand hingeworfenen Satire, dem geistvollsten, noch heute mit fröhlicher Unmittelbarkeit wirkenden Beispiel einer damals beliebten Gattung. Das Werk bezweckt viel mehr als eine Verspottung bäuerlichen Musikantentums. Durch die Fülle seiner originellen parodistischen Wendungen wird es zur köstlichen Verhöhnung der zünftigen zeitgenössischen Kompositionskunst, wie sie in der Blickweite des Genies ihr Unwesen trieb. Mit wunderbarer Plastik offenbart der scharfe Sarkasmus des Meisters, der heiteren Anschauung seiner Briefe nicht unähnlich, alle Schwächen und Plattheiten jener braven musikalischen Flickschuster. Von diesem Standpunkte aus gesehen bringt das Stück dem Kundigen mit jedem Takte eine fröhliche Erkenntnis, dem unbefangenen Zuhörer aber humorvolle Augenblicke, wie sie in der musikalischen Literatur nur selten zu finden sind.

In der sieghaft aufsteigenden Entwicklungslinie der Wiener Instrumentalmusik setzte Mozart dem Höhenflug seines *dramatischen* Schaffens im «Figaro» und «Don Giovanni» ein grandioses Gegenstück auf *instrumentalem* Gebiete an die Seite, die *vier letzten Symphonien* (K. 504, 543, 550 und 551).

Das alte Formgerüst der Haydnschen Symphonie bleibt auch in diesen Werken bestehen. Allein, der musikalische Fluß zeigt sich ganz von der Mozartschen Intensität eines leidenschaftlichen Seelenlebens durchdrungen. Die logische Synthese der Klaviersonaten, das gesteigerte Erleben in den Fantasien, die moderne Kontrapunktik der Streichquartette, der volle, runde Klang des Figaro-Orchesters, die feine Differenzierung des begleitenden Instrumentalkörpers in den Klavierkonzerten, alle diese Errungenschaften erscheinen in den vier Symphonien glanzvoll zusammengefaßt, als habe der Meister alle Weisheit, alle Erfahrung dieser Epoche noch einmal in jene einzigen Werke gedrängt, seine symphonische Kraft in ihrer vollen Größe und Tiefe zu offenbaren.

Mozart vollendete die D-Dur-Symphonie (K. 504) am 6. Dezember 1786 kurz vor Antritt der Reise nach Prag, wo sie im folgenden Monat mit außerordentlichem Beifall aufgeführt wurde. Die anderen drei Symphonien waren für die Wiener Subskriptionskonzerte im Sommer 1788 bestimmt. Aller Wahrscheinlichkeit nach sind diese Konzerte nie zustande gekommen.

Seit der «Linzer Symphonie» (C-Dur, K. 425, November 1783) waren drei Jahre vergangen, als Mozart sich neuerdings dieser höchsten Gattung der Instrumentalmusik zuwandte. Trotz dem Anklange an die Zauberflöten-Ouvertüre im Hauptthema des ersten Satzes ist die D-Dur-Symphonie völlig der Figaro-Stimmung entsprungen. Die Grundtonart beider Werke, die bei Mozart unleugbar einen Einfluß auf die thematische Gestaltung ausübt, ist dieselbe. Der Hauptgedanke des Finales spielt an das kleine Duettino des zweiten Aktes (Cherubin-Susanne, Nr. 14) vernehmlich an. So brachte auch das Finalthema der Haffner-Symphonie (K. 385) Osmins Arie aus der «Entführung» in symphonischer Umformung.

Ersichtlich kündet die D-Dur-Symphonie vom Ehrgeiz ihres Schöpfers, ein glanzvolles Beispiel der Wiener Symphoniekunst zu bieten. Wir fühlen die Blutsbrüderschaft mit Joseph Haydn schon aus dem feierlichen Pathos der weitgespannten langsamen Einleitung. Die Neapolitaner Schleifer in den Anfangstakten verraten – wie die Idomeneo- und Titus-Ouvertüre – in bewußter Rückschau den festlichen Prunk der alten italienischen Theatersinfonia. Aber sofort spricht aus dem schnellen Absinken zu inniger Kantabilität, aus der hoheitsvollen Leidenschaft der unmittelbar folgenden Steigerung, aus ihrem milden Ausklingen zur geheimnisvollen Ruhe neuen Werdens vor dem bewegten Hauptteile die unverkennbare Kunst unseres Meisters auf der Höhe seines Schaffens. Dieses mystische Gebändigtsein noch schlummernder Kräfte als Vorbote neuer, machtvoller Entfaltung findet sich seither in tiefsten Augenblicken deutscher Symphonik wieder: in der langsamen Einleitung zu Beethovens Siebenter, vor Beginn der Durchführung in seiner Eroica und in Bruckners Romantischer Symphonie. Nach so bedeutungsvoller Vorbereitung tritt erst der prachtvolle Aufschwung des Allegrogedankens aus leiser Synkopenunruhe zur fanfarenjubelnden Schlußklausel in schärferer Plastik hervor. Die organische Geschlossenheit symphonischer Entwicklung aus motivischen Teilen des Hauptthemas, die erfrischende Antriebskraft eines flüssigen, thematischen Kontrapunkts bleibt unnachahmlich und persönlich wie die Diskretion der zarten elegischen Rückführung nach der heftigen polyphonen Auseinandersetzung des Durchführungsteiles: ein stilles, ahnungsschweres Hinabsinken in die Tiefe. Wie zu Anbeginn regt das wiederkehrende Hauptthema, gleichsam erwachend, die Flügel zum krönenden Höhenflug der Reprise. Das Fehlen einer ausgebildeten Koda mag in der ökonomischen Knappheit der ganzen Symphonie, als Ausgleich zur bedeutungsvollen Breite der Introduktion begründet sein. Der Ouvertürencharakter des ganzen Werkes, die alte italienische Dreiteiligkeit, wird durch das Fehlen des Menuetts noch stärker betont. Dafür ist Raum für die selige Sanglichkeit des Andante gewonnen. Die Grundstimmung dieses Satzes ist eine stillfreudige, doch breitet auch hier der Verlauf seiner Entwicklung dunkle Schatten über das freundliche Bild. Selbst das Finale, der heiterste Satz des Werkes, vermag sich trotz seiner flüchtigen Beschwingtheit nicht ganz von erregten Trübungen freizumachen.

Als Mozart nach der D-Dur-Symphonie sich neuerdings symphonischem Schaffen zuwandte, waren wieder anderthalb Jahre verflossen. Anfang Mai 1788 hatte die *Wiener* Aufführung des «Don Giovanni» stattgefunden, ein Mißerfolg im Vergleich zur Aufnahme des Werkes bei den Pragern. Am 17. Juni bezog der Meister eine ländliche Vorstadtwohnung in der Währinger Straße Nr. 135, im Hause «zu den drei Sternen», bedrückt von wirtschaftlichen Sorgen, doch in der freundlichen Umgebung des Ortes mit neuer Gewalt zur Arbeit angeregt. In der Zeit dieses denkwürdigen Zwiespalts entstand, zwischen angstvollen Bettelbriefen an den gutmütigen Puchberg und glückseligem Hingegebensein an die sommerliche Stille ringsum, fast in *einem* stürmischen Zuge das wunderbare *Triptychon seiner letzten drei Symphonien.*[224]

Am 26. Juni 1788 war die wienerisch-romantische *Es-Dur-Symphonie* (K. 543) vollendet, am 25. Juli die dunkle *Symphonie in g-moll* (K. 550), am 10. August der befreiende Aufschwung der großen *C-Dur-Symphonie* (K. 551). Diese drei Werke, als Einheit betrachtet, entsprechen durchaus dem Stimmungsverlauf der reifen Mozartschen Sonate mit der kraftvollen Energie ihres ersten Teils, der höchsten Gefühlsspannung im Mittelsatz und aller sieghaften Lebensbejahung im Finale. Fassen wir die g-moll-Symphonie als den idealen Mittelpunkt dieser Trilogie auf, so werden wir verstehen, daß ihr Schlußsatz, der Gewohnheit des Meisters entgegen, keine Befreiung, sondern nur noch eine Steigerung der schmerzlichen Erregung bringt. Die erwartete Lösung führt dagegen erst der Komplex der C-Dur-Symphonie mit dem krönenden Gipfelbau des Finales herbei.

Nur die *Es-Dur-Symphonie*, als einleitendes Werk der Trilogie, hat ein breit angelegtes, feierliches Adagio dem ersten Satze vorangestellt. Wie in der D-Dur-Symphonie sinkt die an bedeutenden Augenblicken reiche Introduktion vor Eintritt des Allegroteils zu geheimnisvoller Stille herab. In akkordischen Gegenmotiven der Flöte, in dem schönen, über die verminderte Sept geschwungenen melodischen Bogen der drei Schlußtakte des Adagios, in charakteristischen Skalengängen der Streicher, die in Beethovens zweiter Symphonie wiederkehren, erscheint der zweiteilige Hauptgedanke des Allegro vorbereitet. Dieser steigt – eine logische Folge der fallenden Bewegung im vorhergehenden Abschnitt – aus ruhiger Verhaltenheit in der versonnenen, auf Streicher und Bläser wie zu seligem Atemholen verteilten Kantilene empor. Zum ersten Male hebt nun die Klarinette – in dieser von sinnfreudiger Wärme gesättigten Symphonie die Stelle der herberen Oboen vertretend – ihre freundliche Stimme neben verträumtem Hörnerklang solistisch aus dem Ensemble. Erst das Tutti führt als zweite Episode der Hauptgruppe mit scharfen rhythmischen Akzenten zu rauschenden Streicherpassagen die gewohnte kraftvolle Festesstimmung der Wiener Symphonie herbei. Aber schon das Seitenthema lenkt bald wieder zur Versunkenheit einer nur Mozartschen Gefühlswelt zurück. Der knappe Durchführungsteil treibt die Gegensätzlichkeit der nun enger aneinandergetürmten Themengruppen zu machtvoller Steigerung. Eine Generalpause zerreißt diese schroff auf ihrem Höhepunkte. Drei Takte einer Rückführung von lapidarer Konzentration bringen die kaum veränderte Reprise mit ihrer kurzen, in einer knappen Fanfare der Blechbläser aufleuchtenden Koda.

Der volkstümliche Hauptgedanke des Andantes, ein idealisiertes Marschthema, hätte beinahe Divertimentocharakter, würde eine wunderbare Fortspinnung und die leidenschaftliche Erregung des Mittelteiles nicht alsbald ins gefühlstiefste Erlebnis der ganzen Symphonie führen. Aber ein seliger Ausklang bringt schon die Katharsis des Werkes – in ihrem Zuge das weinfröhlich aufstampfende Tanzmenuett mit dem unsterblichen Klarinettenidyll des Trios und seine beschwingte Lösung im Wirbeltanz des Finales.

Im Zyklus der drei Symphonien ist die «Es-Dur», die «klarinettenglänzende, süße Schwester Don Giovannis» (Moser), vielleicht die erdenfreudigste, die «C-Dur», die himmlischste, die «g-moll» aber die menschlichste, unbeugsamste.

Tragischer Pessimismus verströmt in allen Sätzen dieser Symphonie (K. 550), vollends bis zum letzten Atemzug im lodernden Brande des Finales. Selbst aus der Wehmut des Andante leuchtet dieselbe Flamme, nur zu dunklerem Zwielicht, zu milderem Leid gedämpft. Um wiederum von neuem in dem trotzigen Intermezzo hochzuschlagen, das sich noch «Menuett» nennt, einem der «streitbarsten Sätze, die auf Grund jener alten, zierlichen Tanzform jemals gebildet wurden» (Kretzschmar). Dies möge nicht zu Mißverständnissen führen! Diese «Streitbarkeit» will lieber mit dem ritterlichen Florett als mit dem bäuerlichen Dreschflegel – wie leider üblich – ausgetragen werden. Die Tempo- (und «Affekt»-)vorschrift lautet «Allegretto»! Ins Trio mit dem feinen, leisen Hörnerhall seiner Schlußklausel klingt eine ländliche Volksweise hinein, ein traumverlorener Klang aus nachbarlichen Vorstadtgärten in die wilde Versunkenheit eines Einsamen. Eine ganze Welt liegt zwischen dieser fast geisterhaften Episode und der sinnenfreudigen Daseinslust im Menuett der Es-Dur-Symphonie.

Wie diese beginnt auch das Allegro der g-moll-Symphonie mit einem Thema kantablen Charakters. Wunderbares Ebenmaß der Gefühlsbewegung! Rastloses Ansteigen und Absinken der melodischen Linie, Steigerung der Emotion zum schrillen Aufschrei, zum trotzigen Dur des vollen Orchesters, Lösung in der stilleren Resignation des Seitengedankens. Hatte das «singende Allegro» Christian Bachs, das Mozart seit den Londoner Frühwerken treu geleitete, im Hauptgedanken der Es-Dur-Symphonie seine innigste Verklärung erlebt, so verlieh ihm die Klage der g-moll-Symphonie die Feuertaufe des Leides. Weit zurück, in freundlichen Zonen galanter Empfindsamkeit lag die Heimat jener bewegten

Kantabilität. Nun aber erschloß ihr der Meister, über das Alterswerk Joseph Haydns hinweg, die Tore einer leuchtenden Zukunft, an deren Schwelle Beethoven und Schubert als Künder einer anderen Zeit, doch verwandten Geistes voll, das göttliche Erbe antraten.

Wie ein Triumphgesang kraftbewußter Herrlichkeit hebt sich die *C-Dur-Symphonie* (K. 551) als strahlender Ausklang über alles Erdenleid zu lichten Höhen. Beglückung des Seins im kühn spielenden Bezwingen der Materie zu edler Geistesform ist ihr Sinn. Daher die reiche Thematik der Ecksätze, die kunstvolle Anlage ihrer Durchführungsteile, vor allem die Fülle staunenswerter, zu wunderbarer Einheit mit dem Ganzen verschmolzener kontrapunktischer Erscheinungen. Anderer Art noch als in der g-moll-Symphonie, wo trotzig gegeneinandergetriebene Linearität über kühnen, harmonischen Rückungen zum beredten Träger leidenschaftlicher Gefühlsspannung emporwuchs.

Der alte Handwerksgeist, dessen Überwindung sie zu bedeuten scheint, hat in der C-Dur-Symphonie einen glanzvollen Triumph erlebt. Lange schon war es her, daß die Anregung Michael Haydns zu kontrapunktischer Arbeitsweise in den Salzburger Symphonien des sechzehnjährigen Mozart die ersten bedeutungsvollen Funken schlug. Jenem biederen Meister sprang der Jubel seiner reinlichen Gloria- und Credofugen gerne in die sachlichen Partituren seiner Instrumentalwerke. Die organische Verschmelzung zur neuen Einheit hat nicht er, nicht sein anderer Nachahmer, der geschickte Dittersdorf, in seiner C-Dur-Symphonie (1787) zu erreichen vermocht. Auch Joseph Haydns höchst gelungenes kontrapunktisches Finale einer D-Dur-Symphonie (G A 70) ist 1779 noch ohne Nachwirkung geblieben. Mozart hat den Weg zur Lösung dieser Probleme erst durch die intensive Beschäftigung mit den alten Großmeistern der Polyphonie gefunden. Schon in seinen «Haydn-Quartetten» erschien jede Last des Manuellen zu sieghafter Freiheit der Gestaltung gewandelt. Als der Meister an der C-Dur-Symphonie arbeitete, lagen die Oratorienwerke Händels, deren Neugestaltung ihn vom Herbst 1788 bis zum Sommer des nächsten Jahres beschäftigte, in seinem Schreibpult. In seiner Seele aber wirkte der lebendige, kantable Geist der Wiener Symphonik.

Gleich der Hauptgedanke des ersten Satzes zeigt den charakteristischen *Dualismus der Mozartschen Sonatenthemen* in Reinkultur. Ein kraftvoller Zweitakter (männliches Prinzip) mit den festlichen neapolitanischen Schleiferfiguren, die zweitaktige weiche Gesangsgruppe (weibliches Prinzip), Wendung zur Dominante, Wiederholung beider Gruppen unter Rückkehr zur Tonika und eine, diesmal außerordentlich breite, scharf rhythmisierte Schlußklausel mit abwärts rollenden Schleifern der Streicher und den hellen Fanfaren der italienischen Sinfonia. Solche Exposition des Hauptgedankens trägt den Sinn der Sonate schon im Keime eingeschlossen: Dreiteiligkeit ihres formellen Aufbaues, das psychologische Prinzip thematischen Kontrastierens in der männlich-weiblichen Zweizelligkeit des Ureinfalles, die Grundlage ihrer harmonischen Architektonik als künstlerischer Ausdruck der einfachen Grundkadenz (I-V-I) und den gelösten Ausklang in einer objektivierenden Koda.

Der Organismus alles Lebendigen enthält die Bedingungen des fertigen Individuums schon in der Zelle vorgebildet. Jene gewaltige unzertrennliche Wechselbeziehung zwischen Makrokosmos und Mikrokosmos im Universum erscheint auch hier, im Kunstwerke, nach den gleichen Urgesetzen geschaffen: Fortzeugendes Leben, Verwandtes aus Verwandtem, Fortentwicklung aus Kampf und Vermählung der Gegensätze zu höherer, vollkommener Einheit, hier wie dort Antrieb und letztes Ziel!

Die Wiederholung der Exposition nach der Fermate bringt das charakteristische Gegenthema in der Flöte und Oboe (vgl. Figaro-Ouvertüre und D-Dur-Symphonie K. 504!). Die Schlußklausel erfüllt jetzt gleichzeitig die Aufgabe der Modulationspartie. Auch der nun folgende erste Seitengedanke zeigt zweiteilige Anlage mit kurzer Schlußwendung. Der zweite, volkstümliche Seitengedanke führt schnell zum Abschluß des Expositionsteiles. Er spielt im ersten Teil der Durchführung die entscheidende Rolle. Bald tritt auch das ganze Hauptthema auf der Unterdominante nach einer spannenden «falschen Reprise» in die Durchführung ein. Jetzt erst kommen die neapolitanischen Schleiferfiguren über kühnen harmonischen Rückungen zu Wort. Die eigentliche Rückführung mit ihrer, echt Mozartisch, *fallenden* Tendenz geschieht wieder mit Hilfe der Schlußwendung des zweiten Seitengedankens. Eine etwas erweiterte Reprise bringt fesselnde harmonische Ausweichungen. Dann beschließt die sehr knappe Koda nach kurzer Rückerinnerung an die abwärtsrollenden Schleifer der ersten Schlußklausel mit gewohnter Fanfare den ersten Satz.

Symbolisch mag dieser mit seinen Anklängen an bewährtes Überlieferungsgut festlicher Symphonik, mit den Haydnschen volkstümlichen Wendungen seines dritten Themas wie Rückblick und Rundschau des Meisters in seiner Umwelt erscheinen. Auch der zweite Satz, ein Sonatensatz, hebt mit einem Wandermotiv des klassischen Zeitalters[225] an. Die Gesangsgruppe beginnt. Der Forteschlag im zweiten Takt vertritt das männliche Prinzip im zweizelligen Grundeinfall. Die Schlußklausel ist prachtvoll zur Melodie ausgesponnen und durch einen schönen Trugschluß noch erweitert. Der verkürzte Nachsatz führt in fallender Bewegung zu dem leidenschaftlich erregten zweiten Thema in der nach Moll umgefärbten Dominanttonart. Warmer Dur-Klang des breit aussingenden dritten Gedankens schließt den Expositionsteil. In der hochbedeutenden Durchführung herrscht das dunkle Pathos des zweiten Gedankens. Nur die Rückführung ist dem dritten Thema entnommen. Die Reprise ist stark verändert. Auf dem strahlenden C-Dur-Höhepunkt meldet sich die vertraute Fanfarenstimmung des ersten Satzes. Das zweite Thema ist jetzt auf zwei Takte und einen Überleitungstakt verkürzt, das dritte wieder breit ausgesponnen. Die herrliche Koda, von Mozart im letzten Augenblicke eingefügt, trägt den Charakter einer neuerlichen Reprise.

Das zweiteilige Menuett besteht aus genialen Kombinationen eines knappen thematischen Materials. Nicht allein die Auswertung des Anfangsmotivs im Mittelsatz des Trios, auch das pochende Gegenmotiv in den Blechbläsern und Streichern dürfen als Vorklänge des Finales angesehen werden.

Dieses hat Sonatenform. Das Anfangsmotiv seines wieder ausgesprochen dualistischen Hauptthemas ist ein alter Lieblingsgedanke Mozarts. Das kantable Seitenthema wird sofort mit Bruchstücken aus der ersten Themengruppe kontrapunktiert, die eine gesangliche Weiterentwicklung bald in luftigen Passagen zerflattern lassen und das Thema in den kühnen Kampf der Engführungen hineintreiben. Bis der Sturm abwärtsrollender Achtel nach mächtiger Steigerung aus der polyphonen Wirrnis zur leuchtenden Homophonie des Nachsatzes führt, eine Gegensatzwirkung von prachtvoller Plastik. Der leise verklingende Schluß des Expositionsteils hat noch eine kantable Gegenstimme erhalten, die man als freie Umkehrung des gesanglichen Seitengedankens deuten mag. Jene Variante beherrscht die knappe Durchführung fast ausschließlich. Ungemein fesselnd ist deren Beginn: der Anfangsgedanke über verhalten pochenden Orgelpunkten webt in geheimnisvoller Ruhe. Nur das Passagenmotiv hält die Erregung wach; erst wie ein letzter Nachhall aus der Exposition, dann aber aufflatternd wie eine entrollte Fahne. Sein punktierter Rhythmus wird mit einem Schlag zum kampffrohen Fanfarenstoß der Blechbläser, der nun das Spiel der polyphonen Kräfte zu immer neuen Entladungen hetzt. Der ermattende Herzschlag derselben Fanfare führt über chromatisch absteigenden Bässen die gedrängte leise Rückführung herbei. Mit lapidarer Selbstverständlichkeit läuft die Passage in das Anfangsthema der Reprise zurück. Diese erscheint formell etwas verkürzt, inhaltlich aber durch neue harmonische und kontrapunktische Erlebnisse gegenüber der Exposition noch gesteigert. Wie eine zweite Durchführung hebt die berühmte Koda mit dem Anfangsgedanken in geheimnisvoller Ruhe an. Dann aber folgt das gewaltige Fugato, das der Symphonie zu dem mißverständlichen Namen «mit der Schlußfuge» verholfen hat, und türmt das polyphone Material des Satzes nochmals gegeneinander. Bis der homophone Nachsatz der Exposition alle Spannungen löst und den Satz in strahlendem Fanfarenglanz zu Ende führt.

Neben solchen instrumentalen Gipfelleistungen der großen dramatischen und symphonischen Epoche um den «Figaro» und «Don Giovanni» hat Mozart noch eine Reihe kleinerer Vokalwerke als Angebinde für befreundete Künstler geschaffen. Das volkstümliche Thema der heiteren, als Einlage in Anfossis «Gelosie fortunate» komponierten *Ariette «Un bacio di mano»* (K. 541, Mai 1788) für den Bassisten Albertarelli findet sich als zweiter Seitengedanke im ersten Satz der großen C-Dur-Symphonie. Zu seinem persönlichen Gebrauch als Mitwirkender im Konzert seiner Susanne, der anmutigen Nancy Storace, schrieb Mozart die *Gesangsszene «Non temer amato bene»* (K. 505, Dezember 1786, Text aus «Idomeneo»), ein *Rondo mit obligatem Klavier,* einzigartig in der Verschmelzung der Singstimme mit dem konzertierenden Instrument, das, dialogisierend, lebhaften Anteil an den wechselnden Affekten nimmt. Den Text der *kraftvollen Baßarie «Non so d'onde viene»* (K. 512, März 1787) hatte der Jüngling einst in ganz anderem Sinne zu Mannheim für seine «liebe Weberin» mit sehnsuchtsvollen Tönen umkleidet (K. 294). Derselben widmete er jetzt die schwierige *Bravourarie «Ah se in ciel»* (K. 538, März 1788), Madame Duschek in Prag aber die prachtvolle *Szene «Bella mia fiamma»* (K. 528, November 1787).[226]

Welcher Erntesegen herrlicher Kunstwerke in dieser inhaltsreichen Schaffensfrist, als der gereifte Meister allmählich die lockenden Forderungen der Welt vergaß und tiefer in der eigenen Seele zum Urgeheimnis seiner schöpferischen Kraft hinabsteigt! Er, der Vielseitigste von allen, der große Umformer zeitgerechten Rohstoffes zur ewigen Gestalt, der wehmütig lächelnde Künstler göttlicher Offenbarung im Einfachsten, Selbstverständlichen, schenkte nun der Menschheit auf allen Gebieten seiner Kunst, als Dramatiker, Lyriker, in jeder Gattung der Instrumentalmusik – nur der liturgische Komponist schwieg in diesen Tagen – eine Fülle höchster Meisterleistungen, deren jede der musikalischen Weiterentwicklung bestimmend die Wege wies: Seinen Symphonien verlieh er die Monumentalität und den Atem innersten Erlebens, seinem Orchester, seiner Kammermusik die neue, in Klangschönheit gelöste Beredsamkeit individueller Gefühlstiefe, durch seine Klaviersonaten und Phantasien, durch die moderne Differenzierung seiner Klavierkonzerte hob er das universelle Instrument auf Grundlage einer lebendigen Technik zur Höhe seiner gegenwärtigen, selbständigen Bedeutsamkeit. Er ebnete den Boden künftigen Generationen und blieb gleichwohl niemals veraltend hinter ihnen zurück, so oft man ihn auch überwunden wähnte. Immer wieder flog sein Genius als Lichtträger voran, wenn Überlebtes vor neuer, noch unverbrauchter Kraft leise verdämmernd ins Grab sank.

37. DIE REISE NACH PRAG

«Sie glücklicher Mann! Ach könnte ich mit Ihnen reisen, wie froh wäre ich! Sehen Sie, da muß ich jetzt noch eine Stunde geben, damit ich mir etwas verdiene.» (Mozart zu dem Komponisten Adalbert Gyrowetz, als dieser 1786 nach Italien fuhr)

Alle Hoffnungen Mozarts, Rang, Ansehen und Einkommen zu erzwingen, entschwanden, trauriger von Tag zu Tag, vor dem stillen, mühsamen Alltagsleben eines armseligen Musikantenberufes. Spärliche Gunstbezeigungen der kaiserlichen Majestät nützten soviel wie nichts. Eine feste, einträgliche Anstellung bei Hof war nicht durchzusetzen. Es war Familientalent der Habsburger seit jeher, durch charmante Worte zu bezaubern und mit süßen Unbestimmtheiten hinzuhalten. Was vermochte der berngläubige Künstler dagegen auszurichten. Selbst sein Ansehen als Virtuose verflachte allmählich. Seine Einnahmen aus Subskriptionskonzerten[227], Mitwirkungen und Hauskonzerten wurden immer unregelmäßiger. Freundliche Bohèmewirtschaft im eigenen Haushalt trug nicht dazu bei, die kleinen wirtschaftlichen Erfolge ökonomisch auszuwerten. Konstanze kränkelte oft. Gläubiger und Hauswirte drängten auf Bezahlung. Schulden häuften sich. So mußte Mozart, eifriger als je, die ungestüm drängende Schöpferkraft dem verhaßten Broterwerb als Klavierlehrer zum Opfer bringen.

Aus dem Gefühle tiefer Unbefriedigung erwachte, wie einst zu Salzburg, wieder heißere Sehnsucht nach der Ferne in seiner Seele. Der Gedanke, Wien ganz oder auf längere Zeit zu verlassen, nahm lebhafte Formen an. Von Zeit zu Zeit hatte er englische und französische Sprachstudien betrieben. Damals lockte der Ruf Englands alle Musiker, wie heute Amerika als goldenes Land der Künstler gilt. Mozarts Schüler, Thomas Attwood, Freund Kelly, die Geschwister Storace[228] erweckten ihm die schönsten Hoffnungen, so daß er im Herbst 1786 allen Ernstes daran dachte, alte Pläne, die ihn schon zur Zeit seiner Hochzeit beschäftigt hatten, zur Tat werden zu lassen und über den Kanal zu reisen, vielleicht auch in Frankreich wieder Beziehungen anzuknüpfen.

Am 16. Oktober dieses Jahres kam Konstanze mit dem dritten Kinde nieder, einem Knaben, der in der Taufe den Namen Johann Thomas Leopold nach seinem Großvater erhielt. Damals wohnte die Familie – seit Michaelis 1784 – im ersten Stock des Camesinaschen Hauses in der Großen Schulerstraße Nr. 846 (heute Schulerstraße 8 und Domgasse 5).[229]

Anfang November hatte Mozart von seinen Reiseabsichten nach Salzburg geschrieben und die Bitte daran geknüpft, der Großvater möge einstweilen die beiden Enkelkinder, Carl und Leopold, mit den Dienstboten gegen Entschädigung bei sich aufnehmen. Aber die verbissene Abneigung Leopolds gegen Konstanze und die ganze schleuderhafte Ehe diktierte dem Unversöhnlichen eine Zurückweisung, die an schroffer, vergrämter Härte nichts zu wünschen übrigließ: «Habe heute einen Brief Deines Bruders beantworten müssen, der mir viel Schreibens gekostet hat. Daß ich einen sehr nachdrücklichen Brief schreiben mußte, kannst Du Dir leicht vorstellen, da er mir keinen geringeren Vortrag macht, als seine zwei Kinder in meine Versorgung zu nehmen, da er im halben Fasching eine Reise durch Teutschland nach Engelland machen möchte. Ich habe aber tüchtig geschrieben und versprochen, die Continuation meines Briefes ihm mit nächster Post zu schicken. Der gute, ehrliche Silhouettenmacher, Hr. Müller, hatte Deinem Bruder den Leopoldl (Mariannes Kind) gelobt. Folglich hat er erfahren, daß Dein Kind bei mir ist, welches ich ihm niemals geschrieben hatte. Also kam ihm oder vielleicht seiner Frau der gute Einfall. Das wäre freilich nicht übel. Sie könnten ruhig reisen, könnten sterben, könnten in Engelland bleiben – da könnte ich ihnen mit den Kindern nachlaufen oder der Bezahlung, die er mir für Menscher und Kinder anträgt. Basta! Meine Entschuldigung ist kräftig und lehrreich, wenn er es benützen will.» (Leopold an Marianne, 17. November 1786.)

So energische Absage zwang Mozart, die Verwirklichung des Unternehmens einstweilen zu verschieben, ohne daß er den Plan selbst aufgab. Gerüchte von einer Englandreise des Künstlers erhielten sich hartnäckig und waren auch nach Salzburg gedrungen. Mozart versuchte nun, die Sache von der praktischen Seite aufzuzäumen. Vielleicht hoffte er, den Vater dadurch zur Nachgiebigkeit zu bewegen. Attwood sollte ihm vorerst in London festen Boden bereiten. Zumindest einen festen Opernvertrag oder eine verläßliche Konzertsubskription zustande bringen. Anfang 1787 besuchten die englischen Freunde Vater Mozart auf der Fahrt in die Heimat. Sie wurden gut aufgenommen, vermochten aber die starrsinnigen Bedenken des alten Mannes nicht zu zerstreuen. Die Reise sollte nie Wirklichkeit werden.

Mittlerweile war Mozarts kleiner Leopoldl, kaum einen Monat alt, am 15. November an der «Stickfrais» gestorben. Man begrub ihn zwei Tage später am St.-Marxer Friedhof, der auch seines Vaters letzte Ruhestätte werden sollte. Wie ihn, hat man wohl auch die kleine Leiche des Knaben in einem armseligen Kinderschachtgräblein beigesetzt. «In betreff Deines Bruders hab' erfahren, daß sein letzter Bub Leopoldl gestorben», schreibt der Großvater lange Zeit später, am 2. März 1787, unter vielen anderen Nachrichten, kurz und trocken, an Marianne.

Wenige Wochen nach jenem traurigen Ereignis erhielt Mozart die ehrenvolle Einladung «des Orchesters und einer Gesellschaft großer Kenner und Liebhaber», dem glänzenden Erfolg seines «Figaro» in Prag persönlich beizuwohnen. Mozart nahm begeistert an und traf nach dreitägiger Reise am 11. Jänner 1787 zu beinahe vierwöchigem Aufenthalt in der böhmischen Hauptstadt ein.[230]

Die beglückende Aufforderung hatte der Meister in erster Linie wohl der Betriebsamkeit des Musikerehepaares Franz und Josepha Duschek zu danken. Beide hatte er schon im Spätsommer 1777 in Salzburg kennengelernt, als sie dorthin zu Verwandten auf Besuch gekommen waren. Man fand auch menschlich die besten Beziehungen zueinander. Besonders Josepha Duschek, eine degagierte, lebenslustige, auffallende Frau, drei Jahre älter als Mozart, unsentimental, immer zu fröhlichen Possen aufgelegt und gerne bereit, ihre Mitmenschen mit Laune durchzuziehen, war eine dem Naturell unseres Meisters wahlverwandte Erscheinung, als Künstlerin ungemein anregend, eine gute Kameradin, vielleicht auch mehr, ohne daß es ihrer reifen Besinnlichkeit einfiel, daraus ein Wesen zu machen. Ihr Gatte, schon 1736 geboren, ein Schüler Wagenseils, galt als hervorragender Klavierspieler und nahm im Musikleben Prags eine erste Stellung ein. Schon 1777, nach ihrem Salzburger Besuch, war eine Einladung Josephas, nach Prag zu kommen, an Mozart erfolgt. Freilich sollte noch ein ganzes Jahrzehnt vergehen, ehe Wolfgang ihr freundliches Anerbieten einlösen konnte. Inzwischen hatte es Frau Duschek zu Ruhm und Ansehen gebracht. Von ihrer Heimatstadt aus ging sie auf Gastreisen und sang mit großem Erfolg in Dresden, Warschau, Leipzig, Wien und anderwärts. In Prag nannte man sie schon 1782 lokalpatriotisch die «böhmische Gabrieli». Man lobte ihre mächtige Stimme von großem Umfang, großer Festigkeit, Biegsamkeit und Geläufigkeit, die sich mit gründlichen musikalischen Kenntnissen und richtigem Gefühl vereinigte. Schiller, der sie 1788 in Weimar hörte, fand in ihrem Wesen gerade das abstoßend, was Mozart gefiel: «Dreistigkeit, um nicht zu sagen Frechheit, und in ihrem Äußern viel Mokantes».

Durch eine reiche Erbschaft, wie man annehmen kann, in die angenehmsten Verhältnisse versetzt, kaufte Josepha Duschek 1784 ein hübsches, grünumlaubtes Landhaus in nächster Nähe Prags, den sogenannten Kolbischen Hof, später Villa Bertramka genannt, deren gastfreie Pforten ein Mittelpunkt froher Künstlergeselligkeit und Mozarts Arbeitsstätte am «Don Giovanni» werden sollte. Auch über den Tod hinaus hat das liebenswürdige Ehepaar dem Meister die Treue bewahrt und sich seines Sohnes Carl, der von 1792 bis 1797 im Hause des Prager Gymnasialprofessors und Mozartbiographen Franz Niemetschek studierte, freundschaftlich angenommen.

Die Böhmen durften mit Recht auf die reiche musikalische Tradition ihres Landes stolz sein. Rege Wechselbeziehungen zweier Nationalitäten innerhalb derselben staatlichen Einheit schufen den glücklichen Boden für einen neuen Aufschwung der Tonkunst im 18. Jahrhundert nach Kriegswirren und Religionskämpfen einer dunkleren Vergangenheit. Deutsche Kultur verband sich mit den bodenständigen Anlagen kerngesunder Musikalität zu den schönsten Ergebnissen. Fast alle böhmischen Meister, die damals zum Ruhme des Landes als «Vaterland der deutschen Tonkunst» ehrenvoll beitrugen, Bohuslav Czernohorsky (1684–1742), das Haupt einer bedeutenden Schule, die Gluck und Tartini in ihren Reihen zählte, Johann Zelenka (1679 bis 1745), der in seiner Kunst das nationale Element bewußter zum Ausdruck brachte, die Brüder Benda, Franz Tuma (1704–1774), Johann B. Wanhal (1739–1813), Johann Anton Kozeluch (1738–1814) und andere – ja auch die wichtigsten «Mannheimer» – stammten aus tschechischem oder deutschböhmischem Blut und verdankten ihre Laufbahn deutscher Bildung. Damals wie heute galten die Böhmen als vortreffliche, überall begehrte Orchestermusiker. Das Beispiel der zahllosen größeren und kleineren Privatkapellen des Adels, ein reger, ordentlicher Musikunterricht in den Klöstern, ja selbst in den Dorfschulen weckten eine wohlfundierte Musizierfreude in allen Winkeln des Landes. Selbst in den unbelehrten Schichten der Landbevölkerung blühte die erfrischende Kunst einer bodenstarken Volksmusik.[231]

In dem uralten Kulturzentrum der Landeshauptstadt an beiden Ufern der Moldau standen die schönen Paläste des kunstliebenden Adels wie kleine Residenzen. Ausgezeichnete Leistungen waren in den Kirchen zu hören. Ein wohlhabendes, gebildetes Bürgertum stellte das verständige Publikum zu allen musikalischen Ereignissen. Die Aufführung der Krönungsoper «Constanza e fortezza» von Johann Joseph Fux zu Prag (1723) mit der Bühnenausstattung von Galli-Bibbiena bildete einen Höhepunkt barocker Theaterkunst. Seit 1764 besaß Prag eine ständige italienische Oper unter Bustelli. Daneben spielte eine deutsche Singspielbühne im alten Nationaltheater.

Dort hatte der glänzende Erfolg der «Entführung» durch die deutsche Schau- und Singspielgesellschaft des Impresarios Wahr Mozarts Namen schon 1782 in Prag bekannt gemacht. Duscheks hatten im Frühjahr 1786 zu Wien die Vollendung des «Figaro» miterlebt und den Mozartverehrern ihrer Heimatstadt begeisternde Kunde mitgebracht, so daß eine Aufführung des Werkes leicht durchzusetzen war. In der Zwischenzeit hatten sich die Theaterverhältnisse vorteilhaft verändert. Durch die Munifizenz des Grafen Anton Nostiz war auf dem Obstmarkt ein neues, großes Nationaltheater entstanden, dessen Führung nach Kündigung Wahrs 1783 an Bustellis Nachfolger, Pasquale Bondini, verpachtet wurde. Bondini hatte mit seinem Ensemble seit zwei Jahren im Gräflich Thunschen Theater auf der Kleinseite gespielt und durch ausgezeichnete Leistungen

MOZART

Holzrelief von L. Posch 1789
Mozartmuseum Salzburg

anläßlich eines Kaiserbesuchs die Wahrsche Gesellschaft in den Schatten gestellt. Die Bondinische Operntruppe ließ sich damals abwechselnd im Winter zu Prag, im Sommer zu Leipzig hören. Spiritus rector dieser lebhaften und erlesenen Theatergesellschaft war der Regisseur und Mitdirektor Domenico Guardasoni, der später, nach Bondinis Tod, die alleinige Führung der Truppe übernahm. Ihm verdankte sie ihre Aktivität und eine kaum versagende Beliebtheit beim Publikum, obwohl sie an Zahl so klein war, daß ein Sänger oft zwei Partien in einer Vorstellung zu übernehmen hatte. Aber gerade diese Beschränkung lehrte Guardasoni, die Verwendungsmöglichkeit seiner Leute in hohem Maße zu steigern und als Regisseur, dem die Kritik nachrühmte, daß er «Spiel und Gesang vollkommen verstehe», auf seiner Bühne eine lebhaft abgetönte, natürlich bewegte Ensemblekunst zu schaffen.

Obwohl in finanziellen Schwierigkeiten oder vielleicht gerade darum, brachte Bondinis glücklicher Theaterinstinkt den «Figaro» schon im Dezember 1786 heraus. «Die Oper», berichtet Niemetschek, «wurde gleich bei der ersten Vorstellung mit einem Beifalle aufgenommen, der nur mit demjenigen, welchen die ‹Zauberflöte› nachher erhielt, verglichen werden kann. Es ist die strengste Wahrheit, wenn ich sage, daß sie fast ohne Unterbrechung diesen ganzen Winter gespielt ward und daß sie den traurigen Umständen des Unternehmers vollkommen aufgeholfen hatte. Der Enthusiasmus, den sie beim Publikum erregte, war hier ohne Beispiel. Man konnte sich nicht genug daran satt hören. Sie wurde bald in einen guten Klavierauszug gebracht, in blasende Partien, ins Quintett für Kammermusik, in teutsche Tänze verwandelt, kurz, Figaros Gesänge widerhallten auf den Gassen, in Gärten, ja selbst der Harfenist bei der Bierbank mußte sein ‹Non più andrai› tönen lassen, wenn er gehört werden wollte.»

Am Morgen des 8. Jänner 1787 bestieg Mozart mit Gattin Konstanze den Reisewagen nach Prag. In ihrer Gesellschaft befand sich der Geiger *Franz Hofer,* der im kommenden Jahr Konstanzes älteste Schwester Josepha heiraten sollte, und wahrscheinlich auch eine kleine Violinvirtuosin, die dreizehnjährige *Marianne Crux* aus Mannheim. Als die Mozarts in Prag eintrafen, wurden sie sofort in den begeisterten Wirbel mit hineingerissen. Aus unbekannten Gründen hatte das Ehepaar bei Duscheks kein Unterkommen gefunden. Dafür gewährte ihnen Graf Thun, ein alter Bekannter aus Wien, in seinem Hause die annehmlichste Gastfreundschaft.

Schon am 14. Jänner 1787 meldet ein ausführliches Schreiben an Gottfried von Jacquin Mozarts freudig erregte Stimmung: «Gleich bei unserer Ankunft (Donnerstag, den 11ten, um 12 Uhr zu Mittag) hatten wir über Hals und Kopf zu tun, um bis 1 Uhr zur Tafel fertigzuwerden. Nach Tisch regalierte uns der alte Herr Graf Thun mit einer Musik, welche von seinen eigenen Leuten aufgeführt wurde und gegen anderthalb Stunden dauerte. Diese wahre Unterhaltung kann ich täglich genießen. Um 6 Uhr fuhr ich mit dem Grafen Canal auf den sogenannten Breitfeldischen Ball, wo sich der Kern der Prager Schönheiten zu versammeln pflegt. Ich sah mit ganzem Vergnügen zu, wie alle diese Leute auf die Musik meines Figaro, in lauter Contretänze und Teutsche verwandelt, so innig und vergnügt herumsprangen. Denn hier wird von nichts gesprochen, als von Figaro, nichts gespielt, geblasen, gesungen und gepfiffen als – Figaro, keine Oper besucht als – Figaro. Und ewig Figaro! Gewiß große Ehre für mich! – Da ich spät vom Ball nach Hause gekommen und ohnehin von der Reise müde und schläfrig war, so ist nichts natürlicher auf der Welt, als daß ich sehr lange werde geschlafen haben. Folglich war der andere ganze Morgen wieder sine linea. Nach Tisch darf die hochgräfliche Musik nie vergessen werden, und da ich eben an diesem Tage ein ganz gutes Pianoforte in mein Zimmer bekommen habe, so können Sie sich leicht vorstellen, daß ich den Abend nicht so unbenützt und ungespielt werde gelassen haben. Es gibt sich ja von selbst, daß wir ein kleines Quattuor in caritatis camera unter uns werden gemacht haben und auf diese Art der ganze Abend abermal sine linea wird verlorengegangen sein. Und gerade so war es. Wir verschliefen uns sehr artig, doch waren wir imstande, schon um 11 Uhr uns beim Pater Unger einzufinden und die k. k. Bibliothek und das allgemeine geistliche Seminarium in hohen niedern Augenschein zu nehmen. Nachdem wir uns die Augen fast aus dem Kopfe geschauet, glaubten wir in unserem Innersten eine kleine Magenarie zu hören. Wir fanden es also für gut, zum Grafen Canal zur Tafel zu fahren. Der Abend überraschte uns geschwinder, als Sie vielleicht glauben. Genug, es war Zeit zur Opera. Wir hörten also ‹Le gare generose› (von Paisiello). Was die Aufführung dieser Oper betrifft, so kann ich nichts Entscheidendes sagen, weil ich viel geschwätzt habe. Basta! Dieser Abend war wieder al solito verschleudert. Mittwoch werde ich den Figaro sehen und hören, wenn ich nicht bis dahin taub und blind werde. Vielleicht werde ich es erst nach der Opera.»

Diese denkwürdige Aufführung fand am 17. Jänner statt. Als Mozart im Hause auftauchte, wurde er vom Publikum sofort erkannt und jubelnd begrüßt. Am 20. Jänner wiederholte man die Oper unter seiner persönlichen Leitung. Dazwischen gab er die berühmte Akademie, die der Höhepunkt der Prager Festtage werden sollte. Man spielte unter anderem die D-Dur-Symphonie (K. 504). «Zum Schlusse phantasierte Mozart auf dem Pianoforte eine gute halbe Stunde und steigerte dadurch den Enthusiasmus aufs höchste, so daß er gezwungen war, sich nochmals an das Klavier zu setzen. Der Strom dieser neuen Phantasie wirkte noch gewaltiger und hatte zur Folge, daß er von den entbrannten Zuhörern zum dritten

Male bestürmt wurde. Mozart erschien, und innige Zufriedenheit strahlte aus seinem Antlitz. Er begann mit gesteigerter Begeisterung, leistete, was noch nie gehört worden war, als auf einmal aus der herrschenden Todesstille eine laute Stimme im Parterre ‹Aus Figaro!› rief, worauf Mozart in das Motiv der Lieblingsarie ‹Non più andrai› einleitete und ein Dutzend der interessantesten und künstlichsten Variationen aus dem Stegreif hören ließ und somit unter dem rauschendsten Jubel diese merkwürdige Produktion endigte, die für ihn gewiß die genußreichste war.» So der Bericht eines Zeitgenossen, des späteren Theaterdirektors Stiepanek. Und Niemetschek ergänzt: «Nie sah man noch das Theater so voll Menschen, nie ein stärkeres einstimmiges Entzücken, als sein göttliches Spiel erweckte. Wir wußten in der Tat nicht, was wir mehr bewundern sollten, ob die außerordentliche Komposition oder das außerordentliche Spiel. Beides zusammen bewirkte einen Totaleindruck auf unsere Seelen, welcher einer süßen Bezauberung glich.» Ein hoher Reinertrag von annähernd 1000 Gulden stand mit dem künstlerischen Erfolg dieser Akademie in angenehmem Einklang.

«Überall, wohin er kam und wo er sich nur blicken ließ, begegneten ihm die für ihn entbrannten Prager mit Hochachtung und Liebe.» Das entzückende Thema, das Mozart dem Harfenisten Joseph Häusler, einem Naturspieler, der als wohlbekannte Type von Gasthaus zu Gasthaus zog, zum Variieren gab, hat sich erhalten. Die gesellschaftlichen Ereignisse des fröhlichen Prager Faschings ließen dem Meister zu kompositorischen Arbeiten keine Zeit. Wir hören von Kontertänzen, die er in einer Stunde vor dem Diner für einen Gesellschaftsball beim Grafen Johann Pachta geschrieben haben soll. *Sechs* frische *Deutsche Tänze* (K. 509, 6. Februar 1787)[232] sind der einzige unanfechtbare Ertrag der heiteren Tage in der böhmischen Hauptstadt. Von größter Bedeutung aber wurde der Vertrag mit Direktor Bondini, für die nächste Spielzeit gegen das übliche Honorar von 100 Dukaten eine neue Oper zu liefern. Mit dieser Abmachung in der Tasche trat Mozart Mitte Februar in gehobener Stimmung die Heimreise an.

Sein liebes Wien, dem er gleich im ersten Briefe aus Prag ein paar sehnsüchtige Gedanken gewidmet hatte, empfing ihn frostig und teilnahmslos, wie er es verlassen hatte. Der Prager Provinzialerfolg erregte in der Kaiserstadt kaum mehr als freundlich mitleidiges Kopfnicken. Hier lief man schon neuen Lieblingen nach. Wie Martins «Cosa rara» auf die italienischen Bühne führend blieb, ja sogar in deutscher Bearbeitung ins Vorstadttheater hinauswanderte, herrschte der begabte Karl Dittersdorf (1739–1799) nach dem Sensationserfolg seines volkstümlichen «Doktor und Apotheker» (Juli 1786) unumschränkt auf der deutschen Singspielbühne. Sofort hatte er zwei weitere Aufträge für das Nationaltheater erhalten: Im Oktober 1786 ging «Der Betrug durch Aberglauben», im April 1787 «Die Liebe im Narrenhause» mit stürmischem Beifall in Szene. Als der Gefeierte noch im selben Jahre die Stadt verließ, trauerte ihm der größte Teil des Wiener Publikums wie einem Halbgotte nach. Er war der besonderen Gunst des Kaisers sicher und hatte fürstliche Geschenke von ihm empfangen. Mozart, nach ruhmvollen Aufgaben dürstend, fühlte sich bei solchen Geschehnissen schwer zurückgesetzt. Düstere Schatten traten in diesen Tagen gedrängter, mahnender in sein Dasein. Zu Beginn des Jahres 1787 begann Vater Leopold heftiger zu kränkeln. Er hatte als gebildeter Hypochonder immer fleißig an sich herumgedoktert und seine Umgebung stets mit wohlgemeinten medizinischen Ratschlägen bedacht. Aber jetzt spürte er deutlicher, daß seine kräftige Konstitution unaufhaltsam den Jahren erlag: «Überhaupt hat der Schluß des 67ten und Eingang des 68ten Jahres meines Alters einen großen Umsatz und Veränderung in meinem alten Körper hervorgebracht», schreibt er im Februar an Marianne. «Ganz natürlich! – Alte Menschen werden nicht mehr jung! – Man muß flicken, solange man flicken kann.»

Als Wolfgang aus Prag zurückkehrte, scheint er von dem zunehmenden Verfall im Befinden seines Vaters erfahren zu haben. Dazu kam aus Bonn die Kunde vom plötzlichen Hinscheiden eines «liebsten, besten Freundes», des jungen Grafen Hatzfeld. Beide Nachrichten erschütterten ihn tief. In seinem letzten Briefe an den Vater fand er jene herrlichen Trostworte über den Tod als «Schlüssel zu unserer wahren Glückseligkeit», Worte, die in einer höheren Sphäre alles Trennende überwanden, was noch verbitternd zwischen beiden Männern gelegen sein mochte. «Sollten Sie wider alles Vermuten nicht besser sein», fügte er am Schlusse ängstlich hinzu, «so bitte ich Sie, mir es nicht zu verhehlen, damit ich so geschwind, als es menschenmöglich ist, in Ihren Armen sein kann. Ich beschwöre Sie bei allem, was uns heilig ist!» Aber der Vater schlief am 28. Mai still hinüber, ohne den Sohn noch einmal gesehen zu haben. «Sie können sich meine Lage vorstellen!», schreibt Wolfgang seinem Freunde Jacquin.

In diesen Tagen tiefer Niedergeschlagenheit keimten in seinem Geiste die ersten Entwürfe zur neuen Oper. Glückliche Erinnerungen an die Prager Tage, Hoffnungen auf künftige Erfolge, die Gewalt neuen schöpferischen Antriebes hielten den Meister aufrecht und lenkten seine Gedanken wieder auf die rastlose Bahn tätigen Lebens.

Damals – im Frühjahr 1787 – war der sechzehnjährige Beethoven[233] mit Hilfe des Grafen Waldstein und anderer Gönner aus seiner Heimatstadt Bonn zu kurzem Aufenthalt nach Wien gekommen. «Dieses junge Genie verdiente Unterstützung, daß er reisen könnte. Er würde gewiß ein zweiter Mozart werden, wenn er so fortschritte, wie er angefangen.» Mit solchen Worten hatte schon einige Jahre vorher ein Bonner Bericht dem jungen Künstler prophetisch ein Ziel gewiesen. Es mag darum sein, daß Beethoven in allererster Linie um Mozarts willen die Reise unternommen hat. Zahlreiche Legenden haben sich um diesen Besuch gesponnen. Doch fehlen einwandfreie Zeugnisse. Mozart soll das Spiel des Jünglings anfänglich kühl belobt haben, da er es für eingelernt hielt, dann aber, als er ein Thema zur freien Phantasie aufgegeben hatte und Beethoven dieses ernst, originell und genial abwandelte, die Äußerung getan haben: «Dieser Jüngling wird noch viel in der Welt von sich reden machen.» Immerhin bleibt es Tatsache, daß sich nähere Beziehungen zwischen beiden nicht einstellen wollten. Persönliche Gründe waren dabei kaum maßgebend. Mozart hatte damals gerade Kunde von der schweren Erkrankung seines Vaters erhalten. Die ersten Ideen zum «Don Giovanni» beschäftigten seine gestaltende Phantasie. Doch ist es möglich, daß Beethoven einige theoretische Unterrichtsstunden bei Mozart genommen hat. Allein, nach einem Aufenthalt von knapp vierzehn Tagen, am 20. April, kehrte er nach Bonn zurück, während Mozart sich in die Arbeit an seiner neuen Oper versenkte.

Nach dem Erfolge des «Figaro» war es selbstverständlich, daß Mozart da Ponte wieder herangezogen hatte. Zu Mozarts Entzücken schlug dieser den «Don Giovanni» als textliche Grundlage vor und machte sich sofort ans Werk, obwohl er gleichzeitig für Salieri den «Tarare» nach Beaumarchais zu bearbeiten und für Martin ein Originallibretto, den «Baum der Diana», herzustellen hatte.

»Als ich meine drei Stoffe gefunden hatte», berichten da Pontes Denkwürdigkeiten, «stellte ich mich dem Kaiser vor und sprach davon, sie nebeneinander auszuführen. ‹Sie werden scheitern›, rief der Kaiser. ‹Vielleicht›, meinte ich, ‹aber ich will den Versuch wagen. Ich werde für Mozart schreiben, zuvor jedoch einige Seiten in Dantes ‚Inferno' lesen, um die richtige Stimmung zu finden.› Gegen Mitternacht setzte ich mich an meinen Arbeitstisch. Eine Flasche vortrefflichen Tokaiers rechts, mein Schreibzeug links, vor mir eine Dose voll Sevillaner Tabak. Um jene Zeit wohnte ein junges, bildhübsches Mädchen von sechzehn Jahren mit ihrer Mutter in meinem Hause. Sie kam stets in mein Zimmer, sobald ich mit der Klingel schellte, etwas zu verlangen. Ich mißbrauchte etwas die Klingel, zumal, wenn ich meine Wärme schwinden und ein Erkalten fühlte. Dieses reizende Mädchen brachte mir bald etwas Biskuit, bald eine Tasse Schokolade, bald nur ihr stets heiteres Antlitz, das wie geschaffen war, den ermüdeten Geist zu beleben und die poetische Begeisterung neu zu erwecken. Zuweilen saß sie unbeweglich, ohne den Mund zu öffnen, den Blick starr auf meine Arbeit geheftet, sanft atmend, anmutig lächelnd, zuzeiten selbst zu Tränen geneigt, wohl über den Ausgang meines Werkes, in das sie vertieft schien. – In zwei Monaten waren ‹Don Giovanni› und der ‹Baum der Diana› ganz, der ‹Tarare› zu zwei Dritteln vollendet.»

Es ist anzunehmen, daß Mozart, seiner Gewohnheit gemäß, schon während dieser Zeit tätigen Anteil an der Gestaltung des Librettos genommen und bereits mit der kompositorischen Arbeit begonnen hatte. Gegenüber der allgemeinen Ansicht, der Hauptteil der Oper sei erst in Prag vollendet worden, ist aus dem Autograph nachzuweisen, daß ein wesentliches Stück der Vertonung schon zu Wien fertiggestellt worden war.

Im September finden wir Mozart noch in Wien. Am dritten dieses Monats trägt er erschüttert die Nachricht vom Tode seines lieben Jugendfreundes, des Primararztes Dr. Siegmund von Barisani[234], unter dessen Verse in sein Stammbuch ein. Aus einem Brief an seinen Schwager von Sonnenburg vom 29. September wissen wir, daß er erst am Montag, den 1. Oktober 1787, «in aller Frühe» mit Konstanze nach Prag abreiste. Am 3. Oktober dürfte er demnach in Prag angekommen sein. Später folgte auch da Ponte, mußte jedoch vor der ersten Aufführung wieder nach Wien zurück. Als vertragsmäßiges Quartier hatte Bondini seinem Komponisten eine Wohnung im Hause «Zu den drei Löwen» am Kohlmarkt eingeräumt. Da Ponte wurde gegenüber, im Hinterhause des Gasthofes «Zum Platteis», untergebracht, so daß sich die Künstler bequem aus dem Fenster miteinander unterhalten konnten. Sooft es indes nur anging, zog Mozart den ländlichen Aufenthalt bei Duscheks jener dumpfigen Stadtwohnung vor. Ja, er pflegte noch spät in der Nacht in die Bertramka zurückzuwandern, mitunter nicht, ohne vorher den Kaffeesieder im Sachsenhause nächst der alten Karlsbrücke aus tiefem Schlafe geweckt zu haben, der dem späten Gast einen starken Trank zu ermunterndem Heimweg brauen mußte. Denn Mozart liebte, die Abendstunden in fröhlicher Runde im Weinkeller des Tempelgäßchens zuzubringen.

Die idyllische Umgebung des Landsitzes mit seiner anregenden Geselligkeit schuf dem Meister, wie immer, die glücklichste Arbeitsstimmung. Hier vollendete er, was ihm von Wien noch übriggeblieben war. Oder er änderte, was der Fortgang der Proben praktisch gebot. Noch heute zeigt man den von ihm bewohnten, freundlichen Raum und einen steinernen Gartentisch, wo er unter dem lauten Treiben der kegelspielenden Gesellschaft an seiner Partitur gearbeitet haben soll.

In die Leitung der Vorbereitungen für den «Don Giovanni» teilten sich der Regisseur Guardasoni, Mozart und da Ponte. Mozart fand das Prager theatralische Personal «nicht so geschickt wie das zu Wien». Es mochte wohl die Eigenart des neuen Werkes der sonst brauchbaren Truppe ungeahnte Schwierigkeiten bereitet haben. Dazu kamen andere mißliche Zufälle und Gewohnheiten. «Eine Sängerin, die krank geworden, verursachte noch eine neue Verzögerung. Da die Truppe klein ist, so muß der Impressario immer in Sorgen leben und seine Leute so viel als möglich schonen, damit er nicht durch eine unvermutete Unpäßlichkeit in die unter allen kritischen allerkritischste Lage versetzt wird, gar kein Spektakel geben zu können! Deswegen geht hier alles in die lange Bank, weil die Rezitierenden aus Faulheit an Operntagen nicht studieren wollen und der Entrepreneur aus Forcht und Angst sie nicht dazu anhalten will.» (Mozart an Jacquin, 21. Oktober 1787.)

Aus solchen, wohl auch aus sachlichen Gründen scheiterte die Absicht Bondinis, die Oper als Hochzeitscarmen für das jungvermählt durchreisende Fürstenpaar, den Prinzen Anton von Sachsen und die Erzherzogin Maria Theresia, eine Schwester Josephs II., schon am 14. Oktober herauszubringen. An ihrer Stelle dirigierte Mozart seinen «Figaro» unter dem gewohnten lauten Beifall. Die Premiere mußte um zwei weitere Wochen hinausgeschoben werden. Gewiß hat die Frist dem schließlichen Erfolge nur genützt. Sie hat Mozart Gelegenheit gegeben, mit der ihm eigenen Energie und Bühnengeschicklichkeit der Uraufführung den Stempel seiner Persönlichkeit noch eindrucksvoller aufzuprägen.

Mozart bevorzugte, wie wir wissen, eine natürliche, realistische Darstellungsweise. Er liebte das lockere Parlando, die gleichsam improvisierte Lebendigkeit von Gesang und Szene, er liebte das warme Espressivo in den ariosen Partien und starken Ausdruck bei allen Affekten. Die Micelli als Elvira soll er so lange geplagt haben, bis sie, schon unwillig, den richtigen Ton für die heftige Akzentuierung ihrer dramatischen Partie gefunden hatte. Lange vermochte die Bondini trotz allen Wiederholungen den berühmten Schrei Zerlinens im ersten Finale nicht mit der richtigen Naturtreue hervorzubringen. Da schlich sich Mozart heimlich aus dem Orchester auf die Bühne und ergriff die Sängerin unversehens so schnell und so zügellos, daß sie heftig aufschrie. «So ist's recht! So muß man schreien!», lobte er sie nun lachend. Dieser kräftige Realismus, die leidenschaftlichere Agogik der ganzen Oper gegenüber dem «Figaro» wird der im gesellschaftlichen Konversationston besser geübten Truppe Bondinis schwergefallen sein. Mozart scheint solch ungewohnte Hemmnisse durch lebendige Spielanweisungen auf glückliche Art überwunden zu haben.

Manche wichtigen Ergänzungen, die Tafelmusik im zweiten Finale mit Leporellos aktuellen Einwürfen, vielleicht das bedeutungsvolle Posaunenrezitativ in der Friedhofszene oder nur Veränderungen in seiner Instrumentation dürften erst während der Hauptproben entstanden sein. Die Ouvertüre wurde, der Tradition nach, in der Nacht vor der Generalprobe vollendet. Man hat um die Entstehung dieses Werkes im Drange der letzten kurzen Zeitspanne viel phantastische Wunderdinge gesponnen. Wie immer soll Mozart mit der Niederschrift der Ouvertüre bis zum letzten Augenblick gewartet haben. Die Synthese des Stückes hatte sich längst schon fertig in seinem Kopfe geformt. «Seiner Freunde ängstliche Besorgnis schien ihn zu unterhalten. Je verlegener sie wurden, desto leichtsinniger gebärdete sich Mozart. Endlich, am vorletzten Tage vor der Aufführung, sagte er abends zu seiner Frau, er wolle in der Nacht die Ouvertüre schreiben. Sie möge ihm Punsch machen und bei ihm bleiben, ihn munter zu erhalten. Sie tat's, erzählte ihm Märchen von Aladins Lampe, vom Aschenputtel und anderes, das ihn Tränen lachen machte. Der Punsch aber machte ihn schläfrig, daß er einnickte, wenn sie pausierte, und nur arbeitete, wenn sie erzählte. Da aber diese Anstrengung, die Schläfrigkeit und das öftere Nicken und Zusammenfahren ihm die Arbeit gar zu schwer machten, ermahnte ihn seine Frau, auf dem Kanapee zu schlafen, und versprach, ihn nach einer Stunde zu wecken. Er schlief aber so fest, daß sie es nicht übers Herz brachte und ihn erst nach zwei Stunden weckte. Dies war um 5 Uhr. Um 7 Uhr war der Kopist bestellt, um 7 Uhr war die Ouvertüre fertig.» (Nissen nach Konstanzes Darstellung.) Die alte Erzählung, das Werk sei erst am Morgen vor der Aufführung fertig geworden, so daß es von dem gewandten Orchester aus den noch feuchten, also unkorrigierten Stimmen vom Blatt gespielt werden mußte, gehört ins Reich der vielen Mozartfabeln.

«Den 28. Oktober ging meine Opera in szena, und zwar mit dem lautesten Beifalle», schreibt der Meister glückstrahlend an Jacquin. «Ich wollte meinen Freunden wünschen, daß sie nur einen einzigen Abend hier wären, um Anteil an meinem Vergnügen zu nehmen. – Vielleicht wird sie doch in Wien aufgeführt? – Ich wünsche es. – Man wendet hier alles mögliche an, um mich zu bereden, ein paar Monate noch hier zu bleiben und noch eine Oper zu schreiben. Ich kann aber diesen Antrag, so schmeichelhaft er immer ist, nicht annehmen.»

Glänzend ist das Referat der Prager Oberpostamtszeitung: «Kenner und Tonkünstler sagen, daß zu Prag ihresgleichen noch nicht aufgeführt worden. Herr Mozart dirigierte selbst, und als er ins Orchester trat, wurde ihm dreimaliger Jubel gegeben. Die Oper ist übrigens äußerst schwer zu exequieren, und jeder bewundert demungeachtet die gute Vorstellung nach so kurzer Studierzeit. Alles, Theater und Orchester, bot seine Kräfte auf, Mozarten zum Danke mit guter Exequierung zu belohnen. Die außerordentliche Menge Zuschauer bürgt für den allgemeinen Beifall.» Und der gewiegte Theaterfachmann Guardasoni schreibt begeistert seinem schon abwesenden Landsmann da Ponte nach Wien: «Evviva da Ponte, evviva Mozart. Alle Impresarii, alle Künstler müssen sie in den Himmel heben! Denn solange solche Männer leben, wird man vom Theaterelend nichts mehr wissen!»

In heiterer Stimmung genoß Mozart nach diesen Erfolgen noch einige Wochen in seinem geliebten Prag. «Der Meister bekam bei jeder Gelegenheit große und unzweideutige Beweise der Hochachtung und Bewunderung. Man liebte und bewunderte seine Werke, wie konnte man gegen die Person ihres großen Schöpfers gleichgültig bleiben? – Mit Vergnügen gedenken seine Prager Freunde der schönen Stunden, die sie in seiner Gesellschaft verlebt. Sie können sein gutes, argloses Herz nie genug rühmen.» (Niemetschek.) Am 3. November schrieb er seiner lieben Gastfreundin Josepha Duschek, von ihr angeblich in das Gartenhäuschen der Bertramka listig eingesperrt, die schöne *Szene «Bella mia fiamma»* (K. 528). Auch zwei *Lieder* (K. 529 und 530)[235] sind noch in diesen Tagen entstanden. Um die Mitte des November dürfte Mozart wieder in Wien eingetroffen sein.

38. DON GIOVANNI

«Ich hatte immer ein gewisses Vertrauen zur Oper, daß aus ihr wie aus den Chören des alten Bacchusfestes das Trauerspiel in einer edleren Gestalt sich loswickeln sollte. In der Oper erläßt man wirklich jene servile Naturnachahmung, und obgleich nur unter dem Namen von Indulgenz, könnte sich auf diesem Wege das Ideale auf das Theater stehlen. Die Oper stimmt durch die Macht der Musik und durch eine freiere harmonische Reizung der Sinnlichkeit das Gemüt zu einer schönern Empfängnis; hier ist wirklich auch im Pathos ein freieres Spiel, weil die Musik es begleitet und das Wunderbare, welches hier einmal geduldet wird, müßte notwendig gegen den Stoff gleichgültiger machen.» (Schiller an Goethe, Jena, 29. Dezember 1797)

«Ihre Hoffnung, die Sie von der Oper hatten, würden Sie neulich im ‹Don Juan› auf einem hohen Grad erfüllt gesehen haben; dafür steht aber auch dieses Stück ganz isoliert, und durch Mozarts Tod ist alle Hoffnung auf etwas Ähnliches vereitelt.» (Goethe an Schiller, Weimar, 30. Dezember 1797)

Die Ahnenreihe Don Juans ist eine lange und erlauchte[236]. Sein Urbegriff, die unerschöpfliche, dämonisch bezaubernde, satanisch betrügliche Naturgewalt des Männlich-Sinnlichen wurzelt – wie sein antisoziales Übermenschentum – im Mythos. Sören Kierkegaard begreift ihn als die sinnliche Genialität, die Inkarnation des Fleisches oder die Beseelung des Fleisches, als den Ausdruck für das Dämonische, sofern es als Sinnliches bestimmt wird, wie Faust der Ausdruck für das Dämonische ist, sofern er als das Geistige auftritt. Er ist ein Zerstörer, unfruchtbar, saturnisch, von der Natur im voraus zu einem wahnwitzigen Schicksal ewig gleichen Erlebens, ewigen Unbefriedigtseins verdammt, gleichwohl von ihr mit allen Gaben des Siegers, mit Schönheit, Kraft, Verwegenheit und List, mit dem unwiderstehlichen Charme des Lächelns und der Gebärde verschwenderisch ausgestattet. Sein hemmungsloser Vernichtungstrieb hetzt ihn ohne Ende an die Wurzel des Lebens, an das Weib. Seine glücklose Erotik, wenn sie überhaupt eine solche genannt werden darf, will den Untergang, das Opfer. Er haßt die Frauen und verachtet sie, so bedingungslos seine Leidenschaft um des Eroberns willen an die Gattung gebunden ist. Er haßt die Welt, die Gesellschaftsordnung, die göttlichen Gesetze, die er unbezwingbar über sich fühlt und darum zu leugnen versucht. Noch trotziger aber haßt er den Tod als seinen Meister in der Zerstörung alles Lebendigen.

Einzelzüge seines dämonischen Begriffes, die vielgestaltig seit Urzeiten die Menschheit in Religion, Sage und Dichtung in Atem hielten, haben sich erstmalig im Spanien des beginnenden 17. Jahrhunderts zum unsterblichen Typus der Weltliteratur verdichtet. Es war die Zeit des großen spanischen Theaters, die Zeit Lopes, Alarcóns, Moretos und Calderons, die Zeit, da auch Cervantes in seinem «Don Quixote» mächtiger in die Tiefen menschlichen Sehnens gedrungen war. Hundert Jahre vorher hatte Christoph Columbus die Neue Welt erschlossen. Kühne Konquistadoren von der Gewalttätigkeit eines Cortez oder Pizarro hatten sich ihren ungeheuren Reichtum in verwegenem Draufgängertum unterworfen. Das Blut dieser Eroberer schlug auch in den Adern der Nachfahren. Herrschsucht, Goldgier, die Lust an Abenteuern, an rücksichtslosem Ausleben der Persönlichkeit glühte aufwieglerisch im Volke, leidenschaftlicher noch in den Herzen der stahlharten jüngeren Edelleute, deren jeder einzelne, hochfahrend und leutselig, grausam und bezaubernd, Freigeist und Zelot, Frauenverführer und Tugendwächter, Kavalier und Schurke in einem, ein Abbild Don Juans mit seinen Licht- und Schattenseiten gewesen sein konnte. Dieser lebenstollen, triebhaften Kaste erscheint jede gesellschaftliche Ordnung, Gesetz und Sitte, Jungfräulichkeit und Ehe als lächerliche Beschränkung ihrer Hemmungslosigkeit. Degen blitzen im Mondlicht, nächtliche Straßen widerhallen vom Serenadenklang. Aber geheimnisvoller, unerbittlicher als je, herrscht die dunkle Gewalt der Kirche. Übt erbarmungslose Vergeltung, wenn Auflehnung, Schrankenlosigkeit oder Freigeisterei nicht rechtzeitig zu Kreuz kriechen.

Aus solchen Komponenten und aus zahlreichen verwandten Motiven der zeitgenössischen Literatur schuf der Mönch Gabriel Tellez, genannt Tirso de Molina, um 1630 das erste Don-Juan-Drama, «El Burlador de Sevilla y el convidado de piedra» («Der Verführer von Sevilla oder der steinerne Gast».) Erst zweihundert Jahre später versuchte man, ein bestimmtes persönliches Urbild dieses weltbewegenden Stoffes aufzufinden. Aber weder der vielgenannte Don Juan Tenorio, der als würdiger Genosse Pedros des Grausamen von Kastilien die Tochter des Komturs Ulloa entehrt, ihn selbst im Zweikampf erschlagen haben soll, noch der bußfertige Don Juan de Mañara, der nach einer furchtbaren Vision seines eigenen Begräbnisses reumütig in den Schoß der Kirche zurückkehrte, sind historisch einwandfrei nachzuweisen. Eine sagenhafte Tradition scheint sich erst nach Tirsos Stück im Volke gebildet zu haben, als die Don Juan-Gestalt durch die Kunst allmählich zu einem Idealbild der spanischen Rasse geworden war.

Der «Burlador», noch weit von der bezaubernden Faszination des Mozartschen Don Giovanni entfernt, ist ein naiv listiger, derb sinnlicher Epikuräer, tapfer, ohne höheren Charme des Geistes, sündig aus jugendlicher Unbekümmertheit, nicht aus Dämonie, kein Gottesleugner, nur lau gegen die Ermahnungen des Himmels, die Frist zur Reue vergessend und daher strafwürdig. Aber die Grundzüge von Gestalt und Handlung treten schon bei Tirso deutlich zutage. Auch eine heitere Gegenfigur, der ängstliche

Grazioso Catilinón, ist als Vorläufer Leporellos dem Helden in der traditionellen Dienerrolle beigesellt.

Die Durchschlagskraft des Stückes war in Spanien zunächst merkwürdig gering. Um so stärker begann der «Burlador» schon um die Mitte des 17. Jahrhunderts auf die italienische und französische Bühne einzuwirken. 1658 bringen italienische Stegreifschauspieler den «Don Juan» nach Paris. Der Erfolg ist ungeheuer. Bald nachher schreiben Dorimon und Villiers die ersten französischen Don Juan-Komödien. Sieben Jahre später wird im Theâtre du Palais Royal die fünfaktige Komödie «Don Juan ou le Festin de Pierre» von Molière zum ersten Mal aufgeführt. Stand der religiöse Grundton des prunkvollen alten «Burlador» noch deutlich unter dem Einfluß der christlichen Haupt- und Staatsaktion des hohen spanischen Theaters, so glich er sich in Italien, dem klassischen Lande der Commedia dell'arte, deren feststehenden Typen an und ward, unter Beiseitestellung des religiösen Elements, zur heiteren Maschinen- und Spektakelkomödie. Molière wandelte ihn 1665 als erster zum psychologischen Charakterstück.

Eine weitere französische Bearbeitung von Rosimond (1669) suchte wiederum Beziehungen zur leichteren Bauweise des Stegreifspiels anzuknüpfen. In dessen unverbindlichem theaterlustigen Geist fand die Don Juan-Komödie schon in der ersten Hälfte des 18. Jahrhunderts weite Verbreitung.

Auch in Deutschland eroberten sich die burlesken Fassungen des Stoffes leichter die allgemeine Beliebtheit als die selten auftauchenden Bearbeitungen nach Molière oder Thomas Corneille (1677) an den ernsten Bühnen. In Wien spielten Gottfried Prehauser (1716), etwas später Kurz-Bernardon in Don Juan-Stücken. Ein Don Juan-Lustspiel nach Tirso und Molière stand von 1783 bis 1821 (!) auf dem Spielplan des Leopoldstädter Theaters. Aus dem Ende des 18. Jahrhunderts ist ein Salzburger Don Juan der Laufener Schifferspiele erhalten. Die zahlreichen süddeutschen Puppenspiele des 19. Jahrhunderts gehen zum Teil schon auf die da-Pontesche Handlung zurück.

Jedenfalls hat sich das Don Juan-Thema nach Molière bedeutender psychologischer Vertiefung im 18. Jahrhundert wieder stark vergröbert und erst am Ende dieser Epoche durch das Genie Mozarts erneut vergeistigt. Von diesem Augenblick an wurde der Stoff zum unsterblichen, weltbewegenden Problem. Zeiten und Länder wandelten ihn nach ihren geistigen Strömungen.

1736 versuchte Goldoni eine italienische Neufassung in der klugen, spritzigen Art seiner Gesellschaftskomödien, ohne die Oberfläche des Unterhaltlichen zu verlassen. Ungefähr zwanzig Jahre früher hatte die Fabel in Le Telliers Vaudeville «Le Festin de Pierre» zu Paris ihre erste musikalische Umrahmung erhalten. 1734 wird eine «Pravità castigata» in Brünn gespielt, womit das Stück auf der italienischen Opernbühne seinen Einzug hält. 1761 kommt Glucks Don Juan-Ballett in Wien zur Aufführung. Die nächsten zwei Jahrzehnte bringen eine wahre Hochflut italienischer Don Giovanni-Opern: Righini, Calegari, Albertini, Tritto, Fabrizi und Francesco Gardi vertonen den Stoff in verschiedenen Fassungen. Den größten Erfolg trug ein Einakter, «Il convitato di pietra», von Giuseppe Bertati mit der Musik von Giovanni Gazzaniga davon. Von Venedig, wo die Erstaufführung im Jänner 1787 stattgefunden hatte, war das Stück rasch über viele italienische Bühnen gewandert. In der Wiener Theaterkanzlei lernte es da Ponte kennen. So wurde es wahrscheinlich der Anlaß, daß sich dieser und Mozart zur Bearbeitung des Don Giovanni-Themas für Prag entschlossen.

Wie beim «Figaro» bewährt sich da Ponte jetzt am «Don Giovanni» erneut als geschickter Bearbeiter überlieferten Gutes. Bertatis Buch, das vorwiegend auf Tirso und Molière zurückgeht, hat da Ponte im wesentlichen unverändert gelassen. Allerdings weisen einzelne Motive seines Librettos darauf hin, daß er mit der älteren Tradition vertrauter war, als man annehmen möchte. Der Untertitel «il dissoluto» stammt von Goldoni. Sichtlich zeigt auch dessen *«Lügner»* («Il Bugiardo») verwandte Züge in Charakteren und Motiven. Irgendwo sind alle Gestalten, alle Situationen schon einmal dagewesen. Da Ponte hat sie nur in zweckbewußter Auswahl bühnenwirksam zusammengefaßt und geordnet.

Vor allem mußte Bertatis einaktige Vorlage aus der Rahmenhandlung eines einleitenden Capriccios herausgenommen und auf den üblichen Umfang von zwei Aufzügen ausgebreitet werden. Die männlichen Hauptfiguren, Don Giovanni und der Komtur, waren im Grundriß vorgezeichnet. Leporello entstand aus der Kombination zweier Dienerrollen, Pasquariello und Lanterna. Bei allen diesen Gestalten ist eine starke Anlehnung an Bertati unverkennbar. Eine verfeinernde Erweiterung ist dem Nachdichter nur im Helden selbst gelungen. Dagegen hat die konventionelle Liebhaberrolle Don Ottavios trotz äußerlicher Zusätze keinen frischeren Zug in der verbreiterten Handlung gewonnen. Glücklicher als er treten die weiblichen Charaktere aus dem Ensemble. Obwohl wir über den Umfang von Mozarts Mitarbeit an dem Buche nicht besser unterrichtet sind als beim «Figaro», so werden allenthalben Züge offenbar, die auf seine geniale Initiative zu weisen scheinen. Daß er – und nicht da Ponte – in steigender Begeisterung für den Stoff dem Drama von der Buffa weg die Richtung zu immer ernsterem, tieferem Erleben verliehen habe, dürfte kaum anzuzweifeln sein. Wie sich die bei Bertati auf alle Personen verteilten komischen Züge bei Mozart in Leporello vereinigen, so verströmte sich die Menschlichkeit in der Handlung sichtbarer in den drei Frauen, während Don Giovanni und der Komtur allmählich den Charakter von Einzelwesen verlieren und zur dämonischen Personifikation höherer Mächte aufsteigen.

Elviras Züge finden wir in der Herzogin Isabella des «Burlador» schon angedeutet. Aber erst Molière hat ihr Namen und Art gegeben. Mozart führte sie noch leidenschaftlicher, liebestragischer durch Schmach und Erniedrigung. Sie, nicht Donna Anna, ist die hochdramatische Figur des Stückes. Ihr demütig heroisches Schicksal kämpft sie allein durch. Eine Donna Ximena Bertatis, ähnlich heimatlos wie Elvira, hat da Ponte ausgeschieden. Dafür rückte er die edle Mädchengestalt Donna Annas, die bei Bertati bald matt und wesenlos aus der Handlung verschwindet, als sittliche Gegenfigur Don Giovannis in den Vordergrund. Masetto und Zerline werden bewußter dem Stegreiftypus dieser Chargen entrückt und in das wesentliche Geschehen einbezogen. Aus einer plumpen Bäuerin Bertatis ist Zerline ein schalkhaft graziöses, triebhaft sinnliches Geschöpf geworden. Masetto hat einen trotzigen, leidensvollen Zug erhalten.

Keine andere Figur der gesamten Mozartschen Dramatik ist mit gleicher Wirkungskraft in den Mittelpunkt des Geschehens gerückt als *Don Giovanni* selbst. Seine zentrale Erscheinung erzwingt Einheitlichkeit im Flusse der Handlung auch dort, wo sich – wie in der Anknüpfung des zweiten Aktes an den ersten – das szenische Gefüge bedenklich ins Episodenhafte lockert. Alle Leidenschaften der anderen haben ihren Antrieb in ihm. Alles Geschehen erscheint allein auf ihn bezogen. Er lebt in allen, allgegenwärtig, mehr eine Macht als ein Einzelwesen, doch wieder unsagbar individuell in der prachtvollen Realistik und Frische seines lebendigen Daseins. Auch wenn er nicht auf der Szene steht, wie in Leporellos Registerarie (Nr. 4), wirkt er, ein Zerrbild seiner selbst, in der unbewußten Parodie seines Dieners. Auf der Stufenleiter Mozartscher Bühnenfiguren ist er wohl nicht die höchste, aber die kühnste, leidenschaftlichste, grausamste. Seine Leidenschaft ist triebhaft, unreflektorisch, die Leidenschaft der sinnlichen Liebe als Urkraft im Menschen, jenseits von Gut und Böse, daher nicht mit ethischen Urteilen zu messen. Seine Tragik ist die Naturgewalt seiner Begierde und ihr kraftvolles Vollgefühl subjektiven Rechtes an der Frau im Kampfe gegen eine sittliche Weltordnung, die als dramatische Gerechtigkeit seinen Untergang am Ende herbeiführen muß. Seine Macht, die sinnliche Macht über alles Lebendige, zerbricht an der unsinnlichen Macht des Überirdischen, des Geistes. In dieser Tatsache wie in der banalen Selbstgerechtigkeit der «Gesellschaft» im Schlußsextett liegt die abgrundtiefe Ironie des Dramas. Aber auch sein ewiger Humor, die höchste Weisheit dieses lachend unheimlichen Spieles von Leben und Vernichtung. Denn Don Giovanni wirkt als geheime Mannessehnsucht unsterblich in derselben Gesellschaft weiter, die ihn vernichten will. Wie er mit seinem Widerpart Leporello gleichsam den Doppelsinn höheren und niederen leidenschaftlichen Lebens verkörpert, so verschmilzt auch in der Handlung – «dramma giocoso», nicht mehr «opera buffa» nannte sie schon das erste Prager Textbuch – Tragisches und Komisches, Tod und Leben von Anfang an zu shakespearehafter Einheit.

Schon in den ersten Sätzen der Introduktion «ich will selbst den Herren spielen» lädt sich *Leporello* die heitere Bürde der Oper auf die Schultern. Er will, was er nicht kann. Er lehnt sich gegen seinen Meister auf, bleibt aber gleichwohl aus innerem Triebe schattenhaft an ihn gefesselt, von denselben geheimen Gewalten geleitet wie jener. Diesem Zwiespalt entspringt die menschliche Lächerlichkeit seiner Erscheinung. Was dem Helden entrückt bleiben mußte, eine Fülle kleinlich billiger Niedertracht, entlädt sich wie in einem wohlfeilen Spiegelbild in dessen Kontrastfigur. An Don Giovanni selbst und seinem gewaltigen Schicksal mußte jeder lächerliche Rest getilgt werden. Um so wuchtiger kommt das Komische in Leporello, dem Alltäglichen, ewig Gleichen, zur Geltung, der ein anderer und doch wieder nur die banalere Erscheinungsform seines Herrn ist. In Leporello steckt daher noch weit mehr als der traditionelle, lustige Begleiter seines Herrn. Als sein frivol parodierendes Widerspiel hat er etwas von der dämonischen Grausamkeit Don Giovannis mitbekommen, aber ins Bürgerliche, begrenzt Egoistische übersetzt. Er steht mit seiner drastischen Banalität bedeutsam in hochpathetischen oder unheimlichen Szenen, ein shakespearehafter Hanswurst, unsentimental, feige und gefräßig. Als lebendige dramatische Groteske des unverwüstlichen, niederträchtig moralisierenden Alltags beweist er – im bürgerlich banalen Sinn – sogar die stärkere Daseinskraft als das dunkle, dem Untergang geweihte Übermenschentum des Helden. Bertatis sinnliche Phantasie hatte bei Don Giovannis Ende mit allen Schrecken der Hölle gepoltert. Aber da Ponte, der kluge Verstandesironiker, führte, gewiß nicht im Widerspruch mit Mozart, durch eine konventionelle Arabeske seinen Leporello und die überlebenden Bürger schnell wieder in die Nüchternheit ihrer Alltagsgewohnheit zurück. Mit Leporello triumphiert in diesem Augenblick jene tragische Ironie des ganzen Stücks, die sich in seiner Erscheinung persönlicher, faßlicher aussprach.

Schon der Wurf des Stoffes führte Mozarts Musik aus der Figaro-Sphäre in eine verwandte, doch ganz verschiedene, viel dunklere, leidenschaftlichere, ja furchtbare Welt. «Wie kann man sagen», meinte Goethe tadelnd zu Eckermann, «Mozart habe seinen Don Juan komponiert! Komposition – als ob es ein Stück Kuchen oder Biskuit wäre, das man aus Eiern, Mehl und Zucker zusammenrührt! *Eine* geistige Schöpfung ist es, das Einzelne wie das Ganze aus *einem* Geiste und Guß und von dem Hauche *eines* Lebens durchdrungen, wobei der Produzierende keineswegs versuchte und stückelte und nach Willkür verfuhr, sondern wobei der dämonische Geist seines Genies ihn in der Gewalt hatte, so daß er ausführen mußte, was jener gebot.»

Das «Dämonische», das Schicksalsgewaltige war es, das Mozarts schöpferische Energie mit einer Wildheit ohnegleichen aufriß und seine Musik in der Bezwingung des einzigartigen, mit dramatischer Fülle geladenen Stoffes vom Boden der Buffa und Giocosa über das lächelnde Menschenseelenspiel seines «Figaro» zur Tragödie überirdischer Gewalten emporhob. Niemals ist seine Musik düsterer, herber, realistischer, rücksichtsloser gewesen als in den wilden, fieberhaften Augenblicken dieses Dramas, niemals lief sie schneller, schneidender von Gegensatz zu Gegensatz, von süßer Kantilene zu herzbeklemmendem Grauen, von der Erhabenheit jenseitiger Offenbarung zur ungeschminkten Kleinkrämerei des täglichen Lebens. Ihrer unerschöpflichen Wandlungsfähigkeit erschließen sich, gleich vollkommen, gleich harmonisch in das wunderbare Maß des Ganzen gestellt, alle Urlaute menschlichen Trieblebens, innige Gemütstiefe, heimliches Liebesgirren, Grausamkeit, Spott und derbe Daseinsfreude neben den erschütternden Klängen aus einer anderen Welt.

Wie der «Faust», von dem Goethe wünschte, er wäre von Mozart vertont worden, läßt sich auch das Musikdrama «Don Giovanni» trotz allen Bemühungen nicht in eine herkömmliche Formel pressen. Der Titel bei Mozart lautet «Dramma giocoso in due atti». «Don Giovanni» ist so wenig eine Buffa wie eine tragische Oper. Auch sein musikalischer Organismus überwuchs die gewohnten Formen um ein beträchtliches. Drama und Musik fügten sich durch intuitives Erschauen aus übernommenen Ansätzen, ja selbst aus melodischen Anregungen Gazzanigas, Sartis, Paisiellos und anderer Zeitgenossen zu neuer, zeitloser, unnachahmlich Mozartscher Vollkommenheit. Den Suchenden vor tausend Probleme stellend, bleibt «Don Giovanni» daher, wie jedes große Kunstwerk, doch unproblematisch, dem Naiven verständlich, jedem in seinem Geiste zugänglich.

Die Zeitgenossen erregten sich freilich an der Kühnheit der Formen, an der Leidenschaft und Härte der Affektensprache, dem «übertriebenen, ausschweifenden Kontrastieren». Solcher Intensität des Ausdrucks entspricht die in heißem, szenischem Miterleben geborene Wucht der musikalischen Dynamik und Agogik mit der Heftigkeit ihrer Kontraste, Spannungen, Crescendi und Orchestermalereien, die glühende Leuchtkraft der Instrumentation, die außerordentliche Lebendigkeit der Ensemblesätze, deren Geschlossenheit sich mit höchster Freiheit der inneren Bewegung einer stets individuellen Differenzierung in der Charakterschilderung der einzelnen Figuren verbindet (Quartett Nr. 9, Terzett Nr. 16, Sextett Nr. 20). Selbst die Secco-Rezitative nehmen durch ihre Harmonisierung, durch Eindringlichkeit des dramatischen Ausdrucks, durch Schärfe und Lebhaftigkeit ihrer Gesangslinie an der Buntheit des szenischen Geschehens energischen Anteil.

Ohne konkrete Beziehungen zur Handlung führt uns die zweiteilige *Ouvertüre* – mit der «französischen» Folge des schnellen Satzes nach der langsamen Einleitung – unmittelbar in den elementaren Schicksalskonflikt der Tragödie. Es ist die starre, unerbittliche Erhabenheit des Jenseits in eherner Verneinung der wilden, dämonisch pulsierenden Triebe des ungebändigten Lebens. Wie die Impression des «Tollen Tags» die Figaro-Ouvertüre zu einem ungebrochen dahinwirbelnden Taumel lachender Weltfröhlichkeit, formell daher einteilig gestaltete, so führte das dualistische, überweltliche Prinzip des Don Giovanni-Dramas seinen Schöpfer intuitiv zur zweiteilig-gegensätzlichen Ouvertürenform. Mit der überlieferten französischen Theatersinfonie hat Mozarts gewaltiges Tonstück freilich nur mehr das äußerliche Gerüst gemein. Sein leise abklingender Schluß leitet unmittelbar in die Szene über[237], überläßt dieser also die Lösung des Problems.

Das dualistische, kontrastierende Wesen der ganzen Oper setzt sich in der grandiosen Exposition (Nr. 1) sofort unverlierbar fest: Leporellos mürrischer Monolog – Alltag und verbissene Komik – unheimliche Erregung beim Erscheinen Donna Annas mit dem unerkannten Verführer, das phantastische Nachtbild der tödlichen Zweikampfszene, Donna Annas Accompagnato an der Leiche des Vaters, ihr Racheschwur im Duett mit Ottavio (Nr. 2) – hohe Tragik der Szene. So wechseln die Bilder: Der verlassenen Elvira leidenschaftliches Bekenntnis, aufgewühlt von Haß und Liebe, trivialisiert in buffonesken Randbemerkungen Giovannis und Leporellos (Arie Nr. 3), die frivole Grausamkeit der Registerarie (Nr. 4), ländlicher Brautzug Masettos und Zerlinchens (Nr. 5), hilflos hartnäckige Auflehnung des bäuerlichen Bräutigams gegen die herrische Gebärde des Kavaliers, sein prachtvoll lebenswahres «Ho capito, Signor, sì» (Arie Nr. 6), das charmant sinnliche Duettino «Là ci darem la mano» (Nr. 7), Giovanni, ganz Grandseigneur, blendender Phantast voll naturhafter Wärme vor der entzückenden Triebhaftigkeit des Bauernmädchens, Elviras archaisierte, herbstrenge Arie (Nr. 8), das pastorale Idyll mit hochdramatischer Geste zerreißend und zur Hochspannung des sprühenden Quartetts (Nr. 9) führend. Großartige Steigerung der Ensemblekunst, verwirrende Glut der Bilder, tiefe menschliche Wandlung einer banalen Buffasituation. Wie im Aufleuchten eines Blitzes erkennt Donna Anna den Mörder ihres Vaters. Zum erstenmal nach der Ouvertüre ertönen wieder Trompeten im Orchester, schneiden grell in die Dissonanzen ihres Rezitativs, ehe die gewitterdunkle Arie (Nr. 10) in verzweifelnder Rachesucht dahinstürmt. Aber schon reißt uns das wirbelnde Presto des «Champagnerliedes» (Nr. 12) in die sinnentolle Atmosphäre Don Giovannis zurück; dann umfängt uns wieder das Idyll: Zerlinens raffiniert reizendes «Batti, batti, bel Masetto» (Arie Nr. 13), naive Weibchenberückung einer kleinen bäuerlichen Schwerenöterin.

Das erste Finale (Nr. 14) löst sich aus der einheitlichen Steigerung nach der da Ponteschen Regel (Figaro, II. Akt!) – sogar unter Wechsel der Szene – zur berauschenden Vielfalt des Bühnengeschehens. Masetto, argwöhnisch in der Laube versteckt, von Don Giovanni aufgestöbert, ferne Klänge des Ballfestes, die unheimliche Gespanntheit des berühmten «Maskenterzetts», Leporellos gewandte Einladung an die Vermummten, der großartige Zusammenklang dreier Tanzorchester im lichterglitzernden Prunksaal, Zerlinens Hilferufe, Demaskierung der rachedürstenden Gegner, Verwirrung, Waffenlärm und Gewittergrollen, die wilde Schlußsteigerung des mächtigen Ensembles «Trema, trema, o scelerato!»

Auch der zweite Akt beginnt buffonesk mit einem kurzen Duett zwischen Herr und Diener (Nr. 15). Verkleidungsspiel, Mandolinenserenata (Nr. 17). Die heitere Episode herrscht vor, reiht bunte Bilder aneinander, wo die Straffheit der Handlung zu versagen beginnt. Musik fügt das Lockere ineinander. Sie füllt die groteske Situation vor Elviras Balkon (Terzett Nr. 16) mit den echten Herzenstönen einer liebenden Frauenseele, mit der Schwüle einer verführerischen Sommernacht. Wo das Libretto eine derbe Neapolitaner Buffonerie erwarten ließe, webt Mozart die Fäden der Melodie zu einem Wunder seelenkundiger Ensemblekunst. Boshaftes Behagen des Kavaliers in der Maske des Dieners, geistreiches Spiel mit Bauernknütteln. Masetto erhält seinen Denkzettel (Arie Nr. 18). Süße Beschwichtigung des Verprügelten in Zerlinens herzklopfendem Trostliedchen (Nr. 19), großartige Ballung hochdramatischer Pathetik, tragischen Ernstes, trivialer Lächerlichkeit in dem weitgespannten Sextett (Nr. 20). Leporellos witzige Arie (Nr. 21) und Don Ottavios adelige, durchaus nicht feminine Kantilene «Il mio tesoro» (Nr. 22) schließen den episodischen Komplex lyrisch ab.

Die Handlung kehrt aus da Pontes Improvisationen wieder zu alten Vorbildern zurück. Kirchhofszene. Don Giovannis und Leporellos zynisches Männergerede über den Gräbern. In die Secco-Geschwätzigkeit fallen die Posaunenklänge des Standbildes wie Eiseshauch. Überirdisches tritt jäh in die heitere Sinnenwelt. Von höchster Eindruckskraft das grotesk schauerliche Duett «O statua gentilissima» (Nr. 24) mit Don Giovannis Einladung an den Komtur.

Noch ein lyrischer Ruhepunkt, eine Szene Donna Annas mit Ottavio (Nr. 25); als vorbereitender Gegensatz dramaturgisch am Platze. Festliche Trompeten leiten das prächtig geschlossene zweite Finale (Nr. 26) ein. Don Giovanni an der Tafel[238], volkstümliche Weisen seiner Hauskapelle, letzte glühende Bewußtheit des Daseins. Elviras leidenschaftliche Hinopferung ihrer selbst in überschwenglicher Liebe. Ihre fruchtlosen Warnungen überwächst riesengroß die wilde Absage Don Giovannis an die Einzelne im überschäumenden Preisliede der Gattung: «Vivan le femmine!», dieses prachtvoll männliche Auflehnen dämonischer Lebenskraft an der Schwelle des Todes. Aber schon durchreißt Elviras Aufschrei das Bild. Der steinerne Gast dröhnt in den Saal. Alles Menschliche versinkt. Geisterchöre ertönen, Flammen schlagen aus der Erde. Unbeugsamkeit des Helden noch im Untergang. – Doch auch die kleinen Menschen wollen ihr Recht. Mozart lächelt über sie. Darum schloß er die irdischen unter seinen Geschöpfen noch einmal im giocosen Schlußsextett zusammen, jedes nach seiner Eigenart, und führte sie mit freundlicher, fast wehmütiger Heiterkeit wieder in den selbstzufriedenen Glanz ihres Alltags zurück.

Das Personal der Bondinischen Truppe zu Prag war klein an Zahl. Mozart mußte in der Anlage seiner Oper auf diesen Umstand Bedacht nehmen. Dafür boten ihm die frischen Individualitäten einiger Darsteller wertvolle Anregungen. Dem ersten Leporello, Ponciani, rühmte man schöne Mittel, geistvolle Charakterdarstellung, Unerschöpflichkeit in komischen Rollen und unverkünsteltes Spiel nach. Catarina Micelli (Elvira) und der Tenor Baglioni (Ottavio) waren brauchbare Sänger. Die anmutige Catarina Bondini (Zerlina) verstand, das Prager Publikum stets zu lautem Entzücken mitzureißen. Teresa Saporiti, jugendschlank und lieblich, verfügte weder über die ausgiebige Stimme noch über das an Donna Anna seit der Schröder-Devrient beliebte hochdramatische Kaliber. Aber sie besaß die mädchenhaft unberührte Innigkeit der Erscheinung, die Mozart für seine holde Gestalt vorschwebte; und sie verstand meisterhaft zu singen.[239]

Mozarts erster Don Giovanni war der hochbegabte blutjunge Luigi Bassi, derselbe, dessen frische Leistung als Almaviva den Meister schon beim letzten Prager Aufenthalt eingenommen hatte. Bassis Stimme, ein heller, tenoraler Bariton, hatte Wohllaut, Fülle und Geschmeidigkeit. Dazu war er ein famoser Schauspieler im tragischen wie im komischen Fach, agil, von bezwingender Laune und mit einem feinen, parodistischen Talent begabt.

Mit dem ihm eigenen untrüglichen Gefühl hatte Mozart der frischen, individuellen Gesamtleistung des jungen Sängers neue Form, neuen unsterblichen Inhalt gegeben, als er, mitgerissen von der Figaro-Begeisterung des Prager Publikums, da Pontes tüchtiges Don Giovanni-Buch zu dem Kunstwerk leidenschaftlicher Seelenschilderung umgestaltete.

Eine unverbürgte Anekdote erzählt, Bassi habe, unzufrieden damit, daß seiner neuen Rolle eine große Arie fehle, Mozart veranlaßt, den Anfang des Duettes mit Zerline «Là ci darem la mano» fünfmal zu ändern. Damit erst wäre das berühmte Stück zu seiner nie versagenden Eindringlichkeit gekommen. Selbst wenn Bassi dieses kleine Verdienst schöpferischer Unsterblichkeit für sich in Anspruch genommen hätte, er wußte gewiß nicht, daß er ein anderes Anrecht darauf schon besaß, ehe Mozart mit der halbvollendeten Partitur in Prag eingetroffen war. Denn schon lebte der Charme seiner hellen Stimme in den Notenblättern, die Mozart im Reisewagen hütete. Die seigneurale Gebärde seiner Darstellungsgabe aber, die leicht und mitreißend aus tiefer Tragik zu hellem Lachen fand, war eingefangen und zu ewigem Leben gestaltet in der Figur Don Giovannis. Der Witz des wandlungsfähigen Sängers, der so fröhlich die Unarten seiner Kollegen zu kopieren verstand, ward unsterbliche Situation: Don Giovanni wirft Leporellos Mantel um und betrügt lachend mit der gröberen Stimme und Geste seines Dieners.

Tiefster Sinn des Theaters: Ernst und Scherz ist in dem nämlichen Atemzug einer lebendigen Seele, diese unlernbare Gottesgabe echter Schauspielerkunst, ersehntes Ziel aller dramatischen Dichtung, hier einmalig gemeinsame Begnadung zweier Künstler. Anregendes Modell, unbewußt, in dem bezaubernden Instinktspiel des jungen Italieners, zu höchster Leistung geformt in Mozarts Dramma giocoso. Vielleicht war Bassi außerhalb seiner Kunst nicht mehr als ein «bildschöner, aber erzdummer Kerl», wie ihn ein Zeitgenosse nennt. Aber sein natürliches Komödiantengefühl griff dem Wesen der Rolle, die seinem Urtalent auf den Leib geschnitten war, an die Wurzel. Die kritische Unbeschwertheit des italienischen Buffastils hatte ihn erzogen. Sie trug ihn schwebend über die Abgründe des Stoffes. Er spielte den Giovanni jung, bartlos, unverbraucht, unnachdenklich, ganz ein «knabenhafter Dämon». Seine kleine Schauspielerdämonie ward im Erschauen des Genius zur ewigen Personifikation einer großartigen Naturgewalt.

Wesensverwandte dämonische Gewalten glühten gefaßter, schöpferischer in Mozarts Seele. Ein Größeres drängte, ihnen verschwistert, aus der Tiefe. Es war die bange, herbe Todesahnung, die sich schicksalhaft im Werke formte und den alten Stoff aus Staatsaktion, Stegreifspiel, Buffa und Maschinenkomödie zu den Sternen der Menschheitstragödie emportrug.

MOZART Silberstiftzeichnung von Dora Stock 1789
Musikbibliothek Peters, Leipzig

39. DIE REISE NACH BERLIN. KAMMERMUSIKWERKE 1789/90

«Ich bin doch sehr unglücklich! – Immer zwischen Angst und Hoffnung!» (Mozart an Michael Puchberg, 17. Juli 1789)

Am 15. November 1787 war Gluck zu Wien gestorben. Jetzt endlich fand sich der Kaiser bestimmt, Mozart am 7. Dezember zum k. k. Kammermusikus mit einem Jahresgehalt von achthundert Gulden zu ernennen. Gluck hatte zweitausend Gulden jährliches Salär vom Hofe bezogen. Allerdings galt der Meister des «Orfeo», der «Alceste» und der «Iphigenien» in Wien als Künstler von Weltruf, während der viel jüngere Mozart damals im besten Falle als aufsteigender Stern betrachtet wurde, der um die allgemeine Wertschätzung noch bitter zu ringen hatte. «Es ist keiner in der Kammer, der so viel hat», kann Mozart der Schwester mitteilen. Ein Anrecht auf ehrenvolle Aufträge oder würdige Beschäftigung war mit dem neuen Titel keineswegs verbunden. Das grämte Mozart vor allem und erpreßte ihm bittere Worte auf einem Steuerbekenntnis: «Zuviel für das, was ich leiste, zu wenig für das, was ich leisten könnte!» Denn seine amtliche Tätigkeit bestand im wesentlichen nur darin, zur Karnevalszeit über Bestellung der k. k. Hoftheaterdirektion allerlei Tanzmusik für die von allen Ständen besuchten Maskenbälle in den k. k. Redoutensälen zu schreiben. Mozart hat sich dieser für seinen Ehrgeiz wenig lohnenden Aufgabe mit großer Pflichttreue unterzogen und in den folgenden Jahren eine große Zahl von *Kontertänzen, Menuetten, Teutschen und Ländlern*[240] beigestellt, Meisterwerke musikalischer Kleinkunst, vielgestaltig in der einfachen Form, erfüllt von blühenden Einfällen, geistreich und klangschön in der Behandlung des Orchesters.

Die erhoffte Wiener Aufführung des «Don Giovanni» über Anordnung Josephs II. ging erst am 7. Mai 1788 in Szene. Der Kaiser weilte damals nicht in Wien. Francesco Albertarelli sang die Titelrolle, Aloysia Lange die Donna Anna, Catarina Cavalieri, die erste Constanze der «Entführung», die Elvira und der erste Figaro, Francesco Benucci, den Leporello. Mozart hatte an der Oper eine Reihe von Veränderungen vorgenommen und neue Gesangsnummern, nicht völlig zum Vorteil des Werkes, eingefügt[241]. Das Schlußsextett und Ottavios Arie «Il mio tesoro» blieben weg. Der Tenor erhielt dafür die schöne, leider nirgends richtig einzupassende Arie *«Dalla sua pace»* (Nr. 11), die «geläufige Gurgel» der Cavalieri eine zweite, weitgespannte *Gesangsszene «Mi tradi quell'alma ingrata»* (Nr. 23). Dem derben Unterhaltungsgeschmack der Wiener versuchte der Meister mit einem burlesk chargierten *Buffoduett Zerlinens und Leporellos «Per queste tue manine»* entgegenzukommen.

Die erhoffte Wirkung wollte sich nicht einstellen. Der Erfolg der Oper blieb flau. Da Ponte unternahm es, das Werk zu forcieren. Er erreichte bis Ende des Jahres noch vierzehn Wiederholungen. Der letzten, am 15. Dezember, wohnte vielleicht der Kaiser bei. Er war wenige Tage vorher nach Wien zurückgekehrt. Da Ponte überliefert sein Urteil über die Oper. Wahrscheinlich gibt es die Durchschnittsmeinung des Publikums wieder: «Das Werk ist göttlich, wohl noch schöner als ‹Figaro›, aber kein Bissen für meine Wiener.» «Laßt ihnen nur Zeit, ihn zu kauen!», habe Mozart erwidert, als er davon hörte. Aber diese Zeit erlebte er selbst nicht mehr. Die Oper kam vor seinem Tode nicht wieder auf den Spielplan. Ende 1792 brachte sie Schikaneder in einer traurigen deutschen Bearbeitung an sein Wiedner Theater. Erst 1798 hat sie den Weg an die kaiserliche Hofbühne zurückgefunden.

Auch die übrigen Bühnen erschlossen sich nur langsam dem unsterblichen Werke. 1788 brachte es Guardasoni nach Leipzig, im nächsten Jahr folgten Mannheim, Bonn, Hamburg und das Mainz-Frankfurter Nationaltheater in beiden Städten. Fast überall ein blendender Anfangserfolg, ohne vorerst nachhaltig zu wirken. «Wieder eine Oper, die unserem Publikum die Köpfe schwindeln machte», meinte der Frankfurter Kritiker Schreiber. «Viel Prunk und Lärm für den großen Haufen. Fader Stoff, Abgeschmacktheiten für den gebildeten Teil! Auch die Musik, zwar groß und harmonisch, aber mehr schwer und kunstvoll als gefällig. Nicht populär genug, um allgemeine Sensation zu erregen. Ungeachtet das Ganze eine Mönchsposse ist, muß ich gestehen, daß die Szene auf dem Kirchhofe mich mit Grausen ergriff. Mozart scheint die Sprache der Geister von Shakespeare abgelernt zu haben.» 1790 folgte Berlin mit Schröders deutscher Bearbeitung: Begeisterte Zustimmung des Publikums, fünf Wiederholungen in zehn Tagen. Aber eine intellektuelle Kritik hatte, ungeachtet einzelner, rückhaltlos Anerkennender, die Feder scharf geschliffen: «Mozart wollte etwas Außerordentliches, unnachahmlich Großes schreiben. Das Außerordentliche ist da, aber nicht das unnachahmlich Große. Grille, Laune, Stolz, aber nicht das Herz waren Don Juans Schöpfer. – Niemand wird in Mozart den Mann von Talenten und den erfahrenen, reichhaltigen und angenehmen Komponisten verkennen. Noch habe ich ihn aber von keinem gründlichen Kenner der Kunst für einen korrekten, viel weniger vollendeten Künstler halten sehen, noch weniger wird ihn der geschmackvolle Kritiker für einen in Beziehung auf Poesie richtigen und feinen Komponisten halten.» Und schon melden sich die ersten philiströsen Bedenken gegen den Text. «Melodien, die ein Engel erdacht zu haben scheint, werden hier von himmlischen Harmonien begleitet. – Oh, daß du deines Geistes Stärke nicht so verschwendet hättest! Daß dein Gefühl vertrauter mit deiner Phantasie gewesen wäre und diese dir nicht so unsaubere Stufen zur Größe gezeigt hätte!» – Das wirkliche Heimatrecht auf der deutschen Opernbühne hat auch «Don Giovanni» erst nach dem durchschlagenden Erfolg der «Zauberflöte» gefunden.[242]

Neben kleineren Brotarbeiten für den Unterricht brachte das Jahr 1788 vor allem die herrliche Ernte der drei letzten Symphonien. Das äußere Leben Mozarts aber gestaltete sich zusehends trüber und armseliger. Die Prager Einnahmen und das kleine Ehrenhonorar von zweihundertfünfundzwanzig Gulden, das er für die Wiener Aufführung des «Don Giovanni» erhalten hatte, waren blitzschnell, wohl durch Abstattung älterer Schuldenrückstände, verbraucht. Ende 1787 war die Familie für wenige Monate in ein anderes, weit weniger repräsentatives Quartier, Unter den Tuchlauben Nr. 281, übersiedelt. Schon im nächsten Juni bezog man wieder eine neue, ländliche Wohnung in der Währinger Straße, im Haus «Zu den goldenen drei Sternen». Der unruhige Geist Konstanzes, vielleicht auch die begreifliche Unpünktlichkeit ihres immer von Geldnöten gepeinigten Gatten in der Einhaltung der vorgeschriebenen Zinstermine, scheint seinen redlichen Anteil an der ewigen Übersiedlungsmisere der Mozarts gehabt zu haben. Ein Hausherr auf der Landstraße war so «indiskret» gewesen, den Meister durch unnachsichtliche Forderungen in ärgste Verlegenheit zu bringen.[243]

Drei Tage nach Vollendung der Es-Dur-Symphonie, am 29. Juni 1788, war Mozarts viertes Kind, ein Töchterchen, Theresia, dem Konstanze wenige Wochen nach der Rückkehr aus Prag, am 27. Dezember 1787, das Leben geschenkt hatte, gerade ein halbes Jahr alt, wieder gestorben. Nur die amtlichen Protokolle, keine Zeile sonst, haben uns von dem kurzen Erdendasein dieses Mädchens Kunde gegeben. Bis vor kurzem wußte man von dem Kinde nicht einmal den Namen.

In diese Zeit fallen die ersten, jammervollen Bettelbriefe Mozarts an den Kaufmann Michael Puchberg, der in seiner bedächtigen kommerziellen Art, aber mit warmem Herzen dem Freunde, sooft es anging, zur Hand war. Diese Briefe begleiten uns bis in das letzte Lebensjahr des Meisters, erschütternde Dokumente aus dem armseligen Menschendasein eines Unsterblichen, schamhaft gestammelte, von brennender Not erpreßte Bekenntnisse hilflosen Elendes. Mozarts rührender Takt hat es offenbar vermieden, im persönlichen Umgang von seinen bedauernswerten Verhältnissen zu sprechen. Lieber vertraute er seine Bedrängnis in einsamen Nachtstunden, wenn Konstanze schon längst schlief, dem Papiere an, das als Zeuge verschämter Künstlerarmut der Nachwelt erhalten bleiben sollte. Puchberg hat die zahlreichen Briefe als ordentlicher Handelsmann sorgfältig aufbewahrt und die jeweils übersendeten Geldsummen als Randnotiz darauf vermerkt. An Hand dieser einzigartigen Korrespondenz können wir deutlich verfolgen, wie sich Mozarts wirtschaftliche

Verhältnisse zusehends verschlechterten, wie sie endlich geradezu verzweiflungsvolle Gestalt annahmen:

«Liebster Bruder! Ihre wahre Freundschaft und Bruderliebe macht mich so kühn, Sie um eine große Gefälligkeit zu bitten.» So beginnt der erste Brief vom Anfang des Juni 1788. «Ich bin Ihnen noch 8 Dukaten schuldig. Überdies, daß ich dermalen außer Stand bin, sie Ihnen zurück zu bezahlen, so geht mein Vertrauen gegen Sie so weit, daß ich Sie zu bitten wage, mir bis künftige Woche, wo meine Akademien im Kasino anfangen, mit 100 Gulden auszuhelfen.» Die Hoffnung auf diese Akademien schlug fehl[244]. Die Zeichnungsliste der Subskribenten hatte wahrscheinlich ein derart flaues Resultat ergeben, daß Mozart genötigt war, «seinem wahren Freunde» wenige Tage später «ohne Ziererei sein Herz ganz aufzudekken»: «Wenn Sie die Liebe und Freundschaft für mich haben wollten, mich auf ein oder zwei Jahre mit ein- oder zweitausend Gulden gegen gebührende Interessen zu unterstützen, so würden Sie mir auf Acker und Pflug helfen! – Sie werden es gewiß selbst sicher und wahr finden, daß es übel, ja unmöglich zu leben sei, wenn man von Einnahme zu Einnahme warten muß! – Wenn man nicht einen gewissen, wenigstens den nötigen Vorrat hat, so ist es nicht möglich, in Ordnung zu kommen. – Mit nichts macht man nichts. Wenn Sie mir diese Freundschaft tun, so kann ich I^{mo} die nötigen Ausgaben zur gehörigen Zeit, folglich leichter entrichten, wo ich itzt die Bezahlung verschieben und dann eben zur unbequemen Zeit meine ganze Einnahme oft auf einmal hinausgeben muß. II^{do} kann ich mit sorgloserem Gemüt und freierem Herzen arbeiten, folglich mehr verdienen. Wegen Sicherheit glaube ich nicht, daß Sie einigen Zweifel haben werden! – Sie wissen ungefähr, wie ich stehe – und kennen meine Denkungsart! – Wegen der Subskription dürfen Sie keine Sorge haben. Ich setze nun die Zeit um einige Monate mehr hinaus. – Nun habe ich Ihnen mein Herz ganz sehen lassen und sehe mit Sehnsucht einer Antwort, aber wirklich – einer angenehmen Antwort entgegen. – Ich kenne Sie einmal als den Mann, der so wie ich, wenn er kann, seinen Freund, aber wahren Freund, seinen Bruder, aber echten Bruder, gewiß unterstützt. – Wenn Sie vielleicht sobald nicht eine solche Summe entbehren können, so bitte ich Sie, mir wenigstens bis morgen ein paar hundert Gulden zu lehnen. – Nehmen Sie meinen Brief als das wahre Zeichen meines ganzen Vertrauens gegen Sie und bleiben Sie ewig mein Freund und Bruder, wie ich es sein werde bis ins Grab.»

Puchberg vermag mit zweihundert Gulden auszuhelfen, ohne Mozart dadurch aus dringender Verlegenheit zu befreien. «Ich habe immer gedacht, mich bei Ihnen wegen Ihrer mir bewiesenen Freundschaft mündlich bedanken zu können. Nun hätte ich aber nicht einmal das Herz, vor Ihnen zu erscheinen, da ich gezwungen bin, Ihnen frei zu gestehen, daß ich Ihnen das mir Geliehene unmöglich so bald zurückzahlen kann und Sie ersuchen muß, mit mir Geduld zu haben. – Meine Lage ist so, daß ich unumgänglich benötigt bin, Geld aufzunehmen. – Aber, Gott, wem soll ich mich vertrauen? – Wenn Sie mir nur wenigstens die Freundschaft tun wollen, mir durch einen anderen Weg Geld zu verschaffen! – Wenn Sie mir in dieser meiner Lage nicht helfen, so verliere ich meine Ehre und Kredit, das einzige, welches ich zu erhalten wünsche! – Wenn mein Wunsch in Erfüllung geht, so kann ich frei Odem schöpfen! – Kommen Sie doch zu mir und besuchen Sie mich! – Kämen mir nicht so oft so schwarze Gedanken, die ich mit Gewalt ausschlagen muß, so würde mir die Arbeit noch besser vonstatten gehen. – Ich will Sie nicht länger mit meinem Gewäsch aufhalten, sondern schweigen und hoffen» (27. Juni 1788). Und wenige Tage später – Mozarts Töchterchen war inzwischen gestorben und der arme Meister hatte, wer weiß, welche Canossagänge unternehmen müssen: «Meine Sachen habe mit Mühe und Sorge so weit gebracht, daß es mir darauf ankömmt, mir auf diese zwei Versatzzettel etwas Geld vorzustrecken. – Ich bitte Sie bei unserer Freundschaft um diese Gefälligkeit, aber es müßte augenblicklich geschehen. – Verzeihen Sie meine Zudringlichkeit, aber Sie kennen meine Lage! – Ach! Hätten Sie doch das getan, um was ich Sie bat! – Tun Sie es noch – so ginge alles nach Wunsch!»

Die großen Symphonien des Sommers 1788 brachten Mozart keinerlei Einnahmen. Auch die *Bearbeitungen von Händels «Acis und Galathea»* (November 1788) und des *«Messias»* (März 1789) für den sparsamen van Swieten haben dem zerrütteten Haushalt des armen Künstlers keine nennenswerte Erleichterung verschafft. So mußte Mozart neben Puchberg noch den Justizkanzlisten Franz Hofdemel[245], dessen Gattin Magdalena seine Schülerin war, um ein Darlehen von 100 Gulden bitten, als ein glücklicher Zufall im April 1789 durch eine günstige Fahrtgelegenheit nach Norddeutschland wieder trügerische Hoffnungen weckte.

Mit Vergnügen hatte Mozart damals den Antrag eines Freundes und Schülers, des jungen Fürsten Carl Lichnowsky, angenommen, ihn nach Berlin im Reisewagen zu begleiten. Lichnowsky besaß Güter in Schlesien und bekleidete eine Stellung in der preußischen Armee. Am Hofe des musikliebenden Königs Friedrich Wilhelm II. wohlangesehen, schien der Fürst genügend Einfluß zu besitzen, seinen Lehrer dort mit Nachdruck empfehlen zu können. Daß Mozart mit solcher Hilfe sogar eine gut bezahlte Stelle erlangen könnte, hat man wahrscheinlich dabei mit erwogen.

Voll froher Gedanken und Erwartungen trat der Meister am 8. April 1789 die Fahrt an. «Habe keine Sorgen meinetwegen, denn auf dieser Reise weiß ich nichts von Ungemach, von Verdrießlichkeit, nichts außer Deiner Abwesenheit», schreibt er eilig und zärtlich schon am ersten Tage aus Budweis an seine Frau, «unterdessen der Fürst im Pferdehandel begriffen war.» Konstanze, die ewig Vergnügungslustige, hatte diesmal, wohl sehr gegen ihre Wünsche, zu Hause bleiben müssen.

In Prag traf Mozart von den alten Freunden nur Franz Duschek. Josepha Duschek war nach Dresden abgereist. Mit Guardasoni, der seit 1788 dem Nationaltheater als alleiniger Direktor vorstand, wurde ein Kontrakt auf Beistellung einer neuen Oper für den «künftigen Herbst» gegen ein Honorar von zweihundert Dukaten und fünfzig Dukaten Reisegeld «fast richtig» gemacht. Allein Guardasoni wurde noch im selben Jahre nach Warschau berufen und kehrte erst 1791 wieder nach Prag zurück, so daß der vorteilhafte Vertrag nie zur Ausführung kam.

Am Abend des 12. April fuhren die Reisenden in Dresden ein[246], wo sie im «Hôtel de Pologne» logierten. Sofort suchte Mozart die Familie des künstlerisch einflußreichen Kriegsratssekretärs Joh. Leopold Neumann auf, «herzliche Leute», wo seine heitere Kameradin Josepha Duschek hauste. «Alles war voller Freude. – Die große Gesellschaft bestand aus lauter häßlichen Frauenzimmern. Aber hier ersetzten sie den Mangel der Schönheit durch Artigkeit.» Diese neuen Freunde beeilten sich, den «berühmten Tonsetzer von Wien» in die musikalische Welt Dresdens einzuführen. Schon am Morgen des nächsten Tages finden wir alle in der Hofkirche, wo der bekannte Komponist, Hofkapellmeister Johann Gottlieb Naumann (1741 bis 1801), eine seiner Messen dirigierte. Bei dieser Gelegenheit vermittelte Neumann die Bekanntschaft mit dem kurfürstlichen «Directeur des plaisirs», Herrn von König, der gleich in der liebenswürdigsten Form anfrägt, ob Mozart sich bei Hofe hören lassen wolle. Schon beim Mittagessen erreicht den Künstler die offizielle Einladung des Kurfürsten Friedrich August. «Was ganz Außerordentliches», wie Mozart meinte. Denn der «traurige Churfürst» blieb fremden Musikern nur in seltenen Fällen zugänglich. Mozart spielte «in Ihr. Durchlaucht der Churfürstin Zimmer» sein «neues Konzert in D» (K. 537) und empfing als angenehmes Zeichen fürstlicher Huld eine wertvolle Dose mit 100 Dukaten. Mit Mozart zugleich konzertierte der Flötist Johann Friedrich Prinz und ein neunjähriger Wunderknabe, der Sohn des fürstlich Esterházyschen Hofmusikers Anton Kraft, auf dem Violoncello. Ein Opernauftrag blieb freilich aus.

Wo sich Mozart «in herrschaftlichen und Privathäusern» hören ließ, erhielt er nach einem zeitgenössischen Zeitungsbericht «grenzenlosesten Beifall.» Mit dem angesehenen Erfurter Organisten Johann Wilhelm Häßler (1747–1822) kam er zu erfolgreichem Wettspiel auf dem Klavier und der Orgel zusammen. Häßler, dessen «unaussprechlich gefühlvolles Spiel» die Dresdner rühmten, scheint ein prachtvoller Meister des preziösen Clavichords gewesen zu sein. Auf dem Fortepiano schätzte Mozart seine

Leistungen nicht höher als die seiner Schülerin Josephine Aurnhammer. Selbst die Orgelkünste des Erfurters fanden nicht viel Gnade vor seinen kritischen Augen. Noch viel weniger vermochte eine Aufführung von Cimarosas Buffa «Le trame deluse» in der Oper seinen Beifall zu erringen. Mit Freude begrüßte er Signora Manserversi, für die er einmal die Sandrina in der «Finta giardiniera» geschrieben hatte, als alte Bekannte im Theaterpersonal.

In dem kultivierten Hause des Oberappellationsrates Christian Gottfried Körner, dem Freunde Schillers, entstand die feine Silberstiftzeichnung von Dora Stock, einer unverheirateten Schwester der Hausfrau. Es wurde das letzte Bild, dem Mozart gesessen ist. Nicht ohne Ergriffenheit sehen wir in den seltsam ätherischen, doch rührend ungeschmeichelten Zügen die Spuren aufkeimenden Leidens schon deutlich eingegraben. Es ist eines der ganz wenigen Porträts unseres Meisters, denen wir wirklich glauben dürfen.

In Leipzig, wo die Reisenden über Meißen, Hubertusburg und Wurzen am 20. April eintrafen, umwehte der Geist des alten Johann Sebastian Bach unseren Meister persönlicher und eindringlicher, nicht ohne neue starke Nachwirkung auf sein künftiges Schaffen. Der greise Thomaskantor Johann Friedrich Doles (1715–1797) betreute hier in rückschauendem Sinne, wenn auch nicht unbeeinflußt von der Beschwingtheit neumodischen Musizierens, das ehrwürdige Erbe seines großen Lehrers. Man trat einander in wechselseitigem Austausch der Kunst freundschaftlich näher. Mozart spielte vor vielen Zuhörern auf der Orgel der Thomaskirche. Er führte unter anderem den Choral «Jesu meine Zuversicht» aufs herrlichste aus dem Stegreif durch. Doles, hingerissen von der wunderbaren Leistung, meinte seinen Meister wieder auferstanden. Er dankte seinem Gast durch Widmung einer eigenen Kantate, während die Thomaner ihm zu Ehren Sebastian Bachs Motette «Singet dem Herrn ein neues Lied» vortrugen. «Das ist doch einmal etwas, woraus sich lernen läßt», soll Mozart freudig ausgerufen haben. Dann versenkte er sich mit Hingabe in das stille Studium Bachscher Chorwerke.

Durch «vieles Bitten seiner Freunde» bewogen, kam Mozart von Berlin aus mit dem früher heimreisenden Fürsten nochmals nach Leipzig, wo er am 12. Mai eine Akademie gab, «von Seiten der Ehre und des Beifalls glänzend genug, desto mägerer aber die Einnahme betreffend». Frau Duschek war mit Neumanns eigens aus Dresden gekommen und sang. Dem Hoforganisten an der Schloßkapelle, Engel, schrieb er damals eine *kleine Gigue für Klavier* (K. 574) ins Stammbuch, die in ihrer knappen Fassung von nur 38 Takten, in jedem Zug die Meisterhand ihres Schöpfers offenbarend, die Leipziger Eindrücke altklassischer polyphoner Kunst deutlich widerzuspiegeln scheint.

Am 25. April 1789 dürfte Mozart mit Lichnowsky in Potsdam eingetroffen sein, wo der Hof residierte. Friedrich Wilhelm II., Schüler Jean Pierre Duports (1741–1818) und selbst ein gewandter Cellist, hatte, wie immer man über seine menschlichen Schwächen und Herrschereigenschaften denken mag, eine freigiebige Hinneigung zur Tonkunst, die er mit Geschmack zu verbinden wußte. Er war in dieser Beziehung weniger engherzig als sein großer Oheim. Seine Regierung brachte einen frischen Zug in das Berliner Musikleben. Neben der italienischen und französischen Oper fand im Rahmen der deutschen Nationalbühne auch das Singspiel verständige Förderung. Dazu belebten die von Johann Friedrich Reichardt (1752–1814) nach französischem Vorbild ins Leben gerufenen «Concerts spirituels» das Bild allgemeinen künstlerischen Aufschwunges durch angenehme Vielseitigkeit des Gebotenen. Den Begabten und Aufstrebenden bot sich ein weites Feld schöpferischer Betätigung. Daneben mag die Leutseligkeit des Monarchen gegenüber einheimischen und fremden Künstlern in Mozart aufrichtige Hoffnungen erweckt haben. Er rechnete dabei freilich nicht mit leidenschaftlichen Widerständen einer eingesessenen Clique, die weder mit Lichnowskys Hilfe noch durch seine eigene künstlerische Bedeutung aus dem Wege zu räumen waren. Reichardts Urteile über Mozart lauten nicht eben günstig. Aber dieser einflußreiche Berliner Großaugur weilte damals bei Goethe in Weimar. Um so mehr dürfte sich jedoch Duport angestrengt haben, den neuen Eindringling bei Hofe nicht hochkommen zu lassen. Um sich dem einflußreichen Mann zu verbinden, hat Mozart bald nach seiner Ankunft *neun Klaviervariationen über ein «Menuett von Duport»* (K. 573) zu Papier gebracht, eine gefällige, technisch gewandte Arbeit. Bald aber scheint eine heftige Gegensätzlichkeit zwischen beiden Männern unvermeidlich geworden zu sein. Der kernige Ausspruch Mozarts über Duport, den «welschen Fratz», der jahrelang in deutschen Landen deutsches Brot fräße, folglich auch, so gut oder schlecht ihm das französische Maul dazu gewachsen wäre, deutsch reden oder radebrechen müsse, mag gefallen sein oder nicht. Mozart war ja stets bereit, hinter Fehlschlägen die Wühlarbeit «welscher Buben» zu vermuten. Hier vielleicht mit Recht. Aber neben Duport mußten noch andere Umstände hindernd im Wege gestanden sein.

So wenige einwandfreie Aufzeichnungen über Mozarts Berliner Aufenthalt erhalten sind, so viele mehr oder minder ausgeschmückte Erzählungen haben sich im Lauf der Jahre an jene Zeitspanne geknüpft. Am 19. Mai ist Mozart nach seinem Leipziger Abstecher wieder in Berlin eingetroffen, wo er bei dem musikbegeisterten Wirt Moser am Gendarmenmarkt Quartier nahm. Am selben Abend wurde «auf lautes Begehren» im Nationaltheater, damals im alten französischen Komödienhaus auf dem Gendarmenmarkt, die «Entführung» gegeben. Es war die einzige

Oper Mozarts, die man damals in Berlin kannte. Ludwig Tieck erinnert sich, im leeren, halbdunklen Saal vor Theaterbeginn ein unansehnliches, mattäugiges, doch überaus bewegliches Männchen in grauem Reiserock eifrig zwischen den Notenpulten herumstöbernd gesehen zu haben, der mit ihm freundliche Worte wechselte. Während der Vorstellung habe der Unbekannte nach einem Bericht von Rochlitz nahe am Orchester die Aufmerksamkeit der Umgebung durch allerlei halblaute Bemerkungen wachgerufen, bis eine falsche Note der zweiten Geiger ihm endlich einen lauten Fluch entlockte. Jetzt erst erkannte man den Meister und rief ihn nach Aktschluß auf die Bühne. Die Darstellerin des Blondchens, Henriette Baranius, ein leichtentzündliches liebliches Persönchen, ganz nach Mozartschem Geschmack, soll ihn damals so gründlich ins Garn gelockt haben, daß die Freunde Mühe gehabt hätten, ihn wieder loszubekommen. Von dieser, echt Rochlitzschen Operngeschichte melden Mozarts Briefe kein Wort, keine Andeutung. Einige Tage später besucht er dann ein Konzert seines Schülers, des elfjährigen Hummel im Corsicaschen Saal. Erst am 26. Mai konnte Mozart vor der Königin Friederike von Preußen spielen. Der König soll ihn freundlich aufgenommen, ihm endlich auch ein Geschenk von 100 Friedrichsdor überreicht haben.

Für seinen persönlichen Gebrauch bestellte der König sechs Streichquartette und ebenso viele leichte Klaviersonaten für seine älteste Tochter, die Prinzessin Friederike. Einen Opernauftrag hat Mozart nicht erhalten. Noch viel weniger einen Antrag, als Kapellmeister in preußische Hofdienste zu treten. Daher bleibt es eine rührselige Legende, daß Mozart solch aussichtsreiches Angebot mit einem sentimentalen Seitenblick auf seinen «guten Kaiser», den er nicht verlassen wolle, dankend abgelehnt habe. Sicher hat der bedrängte Künstler die gutbezahlte Stellung unter seinen Wunschträumen bei sich getragen, als er wieder einmal gläubig auszog, Ruhm und Geld zu erwerben. Was er zurückbrachte, war wenig: der Rest der Fürstenalmosen aus Dresden und Berlin. Davon hatte sich noch Lichnowsky, «weil sein Beutel abnahm», kurz vor der Abreise 100 Gulden entlehnt. Die Meldungen an Konstanze, soweit nicht Briefe verlorengingen, sind verhältnismäßig dürftig, manchmal auch recht kleinlaut. In seinem letzten Berliner Briefe zog der Meister, wehmütig lächelnd, den Schlußstrich: «Mein liebstes Weibchen, Du mußt Dich bei meiner Rückkunft schon mehr auf mich freuen als auf das Gelde!» (25. Mai 1789). Und er versucht, die Gattin in seiner urwüchsigen Art mit der lockenden Schilderung künftiger Ehefreuden in dem «lieben, schönen Nest» über alle materiellen Enttäuschungen hinwegzutrösten. Am 4. Juni war Mozart über Dresden und Prag wieder bei der Wiener Mautstation eingetroffen.

Nach Wien zurückgekehrt, litt der bedrängte Künstler schwerer als je unter der Ungunst der wirtschaftlichen Verhältnisse. Die Subskriptionskonzerte mißglückten an der Teilnahmslosigkeit des Publikums, am Widerstand der Kreise, die ihn einst mit größter Freundlichkeit aufgenommen hatten. Unaufhörlich stiegen die Schulden, so daß bald alle Hoffnungen einer befreienden Regelung zu schwinden schienen. Dazu erkrankte Konstanze an einem Fußleiden. Der zärtlich besorgte Gatte säumte nicht, sie, ungeachtet seiner prekären Lage, zur Kur nach Baden bei Wien zu schicken. Konstanze erholte sich dort merkwürdig rasch. Alsbald suchte sie die Konzerte und Unterhaltungen im Kursaal auf und ließ sich mit der ganzen Unbedenklichkeit ihres Weberschen Zigeunerblutes in grobschlächtige Flirtereien mit «sonst artigen und besonders für Frauenzimmer hochachtungsvollen» Mannsbildern ein, die zu Mozarts Erschrecken nicht zurückhielten, über sie die «abscheulichsten und gröbsten Sottisen» zu schreiben. Obwohl die geplante Neueinstellung des «Figaro» im Spielplan der Wiener Hofbühne[247] Mozarts persönliche Anwesenheit bei den Vorproben erheischte, trieb ihn eine begreifliche Unruhe über das zunehmende Gerede der Leute noch um die Mitte des August nach Baden hinaus. Eine Aussprache mit der Gattin wird die peinliche Lage für den Augenblick geklärt haben. Doch klingt die Erregung und Unsicherheit in seinem nächsten Wiener Brief noch deutlich nach.

In Wien waren wieder die angstvollen Briefe in Puchbergs Haus geeilt: «Gott! Ich bin in einer Lage, die ich meinem ärgsten Feinde nicht wünsche. Und wenn Sie, bester Freund und Bruder, mich verlassen, so bin ich unglücklicher- und unschuldigerweise samt meiner armen kranken Frau und Kind verloren. Schon letztens, als ich bei Ihnen war, wollte ich mein Herz ausleeren – allein ich hatte das Herz nicht! – Und hätte es noch nicht – wenn ich nicht wüßte, daß Sie mich kennen, meine Umstände wissen und von meiner Unschuld, meine unglückselige, höchst traurige Lage betreffend, gänzlich überzeugt sind. O Gott! Anstatt Danksagungen komme ich mit neuen Bitten! – Wenn Sie mein Herz ganz kennen, so müssen Sie meinen Schmerz hierüber ganz fühlen. – Mein Schicksal ist leider, aber nur in Wien, mir so widrig, daß ich nichts verdienen kann, wenn ich auch will. – Wäre mir diese Krankheit nicht gekommen, so wäre ich nicht gezwungen, gegen meinen einzigen Freund so unverschämt zu sein. – Verzeihen Sie mir um Gottes willen, verzeihen Sie mir nur!»

Puchberg, augenblicklich nicht in der Lage, den gewünschten Betrag von 500 Gulden vorzustrecken, zögerte einige Zeit mit der Antwort. Ein neuer Brief Mozarts drängt dem Freunde wenigstens 150 Gulden ab. «Ich muß Sie beschwören, mich nur in diesem Augenblicke mit was immer Sie nur entbehren können, zu unterstützen. Zweifeln können Sie an meiner Rechtschaffenheit gewiß nicht. – Können und wollen Sie mich ganz trösten, so werde ich Ihnen als meinem Erretter noch jenseits des Grabes danken, denn Sie verhelfen mir dadurch zu meinem ferneren Glück in der Folge – wo nicht – in Gottes Namen, so bitte und beschwöre ich Sie um eine augenblickliche Unterstützung nach Ihrem Belieben, aber auch um Rat und Trost!» (17. Juni 1789). Unterdessen hatte Mozart mit der Arbeit an den vom preußischen König bestellten Instrumentalwerken begonnen. Von den sechs leichteren Klaviersonaten für die Prinzessin Friederike ist nur eine einzige fertiggestellt worden, die pianistisch reich bedachte, thematisch schön gerundete *D-Dur-Sonate* (K. 576, Juli 1789) mit ihrer lebhaften Vorliebe zu freien, kontrapunktischen Bildungen. Sie ist Mozarts letzte Klaviersonate geworden. Drei Streichquartette für *Friedrich Wilhelm II.* (K. 575, 589 und 590) – auch diese die letzten Werke Mozarts dieser Gattung – berücksichtigen, ihrer Bestimmung für den fürstlichen Liebhaber des Violoncells gemäß, dieses Instrument mit Auszeichnung. Sein Part ist mit vielen solistischen Stellen, meist in hoher Tonlage, ausgestattet. Der Zweck dieser Quartette als gesellschaftliche Unterhaltungsmusik höchster Ordnung unterscheidet ihren Charakter und Aufbau von den vorhergehenden «Haydn»-Quartetten, wo sich Mozarts Individualität in anderer, persönlicherer Art entfalten konnte.

Man kann den Sondercharakter der «Preußischen Streichquartette» gleichsam als Typus eines besonderen Abschnitts im Lebenswerk Mozarts betrachten, der ungefähr nach der Berliner Reise allen Arbeiten des Meisters ein neues Gepräge gab und die milde Verklärung seines letzten Stils im Zauberflötenjahr beziehungsvoll vorbereitete. Die hohe Ebene der vorhergehenden Werke aus der Zeit der großen Symphonien bleibt festgehalten. An Stelle leidenschaftlich subjektiver Durchbildung des Stoffes ist jetzt die blitzende Klarheit einer überaus kultivierten Darstellung in den Vordergrund getreten, eine wunderbare Verfeinerung des kantablen und harmonischen Ausdrucks. Die melodischen Bögen des «singenden Allegro» haben eine Spannweite und Schwebeleichtigkeit ohnegleichen erreicht. Leichtfließende, meist motivische Individualisierung der begleitenden Nebenstimmen lockert die kunstvolle kontrapunktische Arbeit zur überlegenen Freiheit psychologischen Fortspinnens, der gegenüber die strengere Arbeit im Finale der C-Dur-Symphonie fast wie ein glücklich überwundenes Entwicklungsstadium erscheinen könnte. Fesselnde Besonderheiten der akkordlichen und modulatorischen Technik, wie das Ausharmonisieren der Vorhaltswendungen, weisen auf das künstlerische Neuland, das Mozart in diesen Tagen zu erschließen im Begriffe war.[248]

Das *D-Dur-Streichquartett* (K. 575) war schon im Juni 1789 vollendet. Die Anlage der ersten zwei Sätze geht sogar in eine weit frühere Zeit zurück. Das Grundthema ist ein schönes Beispiel aussingender Allegromelodien. Durch seine Beziehung zum Seitengedanken wird eine edle Einheit der Synthese erreicht. In dem kurzen Andante strömt das melodische Musizieren der einzelnen Instrumente in stetem Wechselspiel ohne

Ende dahin. Der Schlußsatz rundet durch innere Beziehungen seines Hauptthemas zu den Gedanken des ersten und zweiten Satzes das ganze Werk zu höherer Einheit. Das *Streichquartett in B-Dur* (K. 589, Mai 1790) hält, namentlich im ersten Satz, noch unbeschwertere Stimmungen fest als seine beiden Schwesterquartette. Im Larghetto tritt die erste Violine im Wechselgesang mit dem Violoncello solistisch in den Vordergrund. Das Trio des Menuetts überrascht durch ungewöhnliche Ausdehnung und merkwürdige Züge. Das Schlußrondo ist polyphoner gearbeitet und reich an kühnen Episoden. Anlage und Durchführung des *F-Dur-Quartetts* (K. 590, Juni 1790) ist den beiden anderen sehr ähnlich. Auch hier entwächst das Seitenthema dem Hauptgedanken, den Satz dadurch zu geschlossener Einheit fügend. Der übermütige Schlußsatz wird zum wirbelnden «Perpetuum mobile». Das Hauptthema durchläuft ihn, bald führend, bald als begleitende Stimme. Seitenthema und Schlußgruppe im üblichen Sinne fehlen. Doch ist eine Kontrastierung durch einzelne Episoden, namentlich in einer schwärmerischen Mollmelodie der ersten Geige, aufs glücklichste erreicht.

Als Gegenstücke zu den Quartetten seien an dieser Stelle die beiden *Streichquintette in D-Dur und Es-Dur* (K. 593 und 614) genannt, obwohl das zweite erst später, im April 1791, entstanden ist – vollkommene Beispiele ihrer, vielleicht der Besetzung wegen, in der Kammermusik wie im Konzert zu wenig gespielten und gewürdigten Gattung in Mozarts Instrumentalwerk; kristallklare Kammermusik, Kompositionen von erlesener, jeder Zeitlichkeit entnommener Reife, von bezwingender Anmut ihrer Bewegtheit und Gefühlstiefe. Über einen äußeren Anlaß ihrer Entstehung sind wir nicht unterrichtet[249]. Das *Larghetto* als Einleitung des Eingangssatzes im D-Dur-Quintett wird, ein höchst seltener Fall in Mozarts Schaffenspraxis, kurz vor Ausklang des Allegro-Teils noch einmal wiederholt. Das könnte auf eine besondere Gelegenheit, vielleicht freimaurerischer Art, hinweisen, fände diese Wiederholung nicht auch in der Synthese des Satzes selbst ihre Rechtfertigung. Der Einbruch dunkler Gedanken in die friedliche Versonnenheit des *Adagio* läßt an ähnliche tiefgründige Episoden in Mozarts späten Symphonien denken; wie denn überhaupt unsere Quintette zu diesen, gleichsam als deren idealisierende Fortspinnung in einer seltsamen, innerlichen, nicht äußerlich aufscheinenden Verwandtschaft stehen. Das *Menuett,* ländlich anhebend, aber in reizvollen kanonischen Bildungen weiterklingend, mit kapriziösem *Trio,* ist wie das *Finalrondo* ein Wurf «von höchster Reife», dieses im besondern mit seinem «spielerischen Thema, den Fugati, in denen ‹Gelehrsamkeit› zum Witz und zur Anmut wird, ohne an Ernsthaftigkeit etwas einzubüßen» (A. Einstein).

Freundlicher, empfänglicher noch das *Es-Dur-Quintett* (K. 614), doch nicht weniger vollkommen in der schlichten Fröhlichkeit seines *Eingangs-*

satzes mit den charakteristischen ostinaten Pralltrillern im Hauptgedanken, in der lächelnden Geruhsamkeit des *Andante*, eines Variationssatzes nach Art eines französischen Rondeaus, in der volkstümlichen Gemütlichkeit seines recht wienerischen *Menuetts* mit Dudelsacktrio und dem überaus «haydnisch» anlautenden *Finale*, das sich zu guter Letzt doch wieder als ein sehr echter ‹Mozart› herausstellt. Eine volkstümlich waldselige Stimmung scheint zur Dominante des Quintetts geworden zu sein, würde nicht plötzlich aufrauschende Kontrapunktik an die Aufgaben höherer Kammermusik gemahnen. Das Hornmotiv am Eingang des Stückes stellt, wie aus der Romantik der Tonart erfunden, den klanglichen Grundcharakter nachwirkend fest.

Entscheidend bestimmten solche klanglichen Rücksichten die weit einfachere thematische Durchbildung des herrlichen *Klarinettenquintetts* (K. 581, September 1789). Mozart schrieb dieses von süßem Wohllaut übervolle Werk für den trefflichen Virtuosen *Anton Stadler*. Stadler verstand das Schuldenmachen nicht minder geläufig als das Klarinettenblasen. Selbst im Nachlaß des bettelarmen Mozart prunkte er mit einer beträchtlichen unbezahlten Summe, die er der beispiellosen Güte des Freundes auf recht zweideutige Weise herausgelockt zu haben scheint. Das genial erfühlte Wesen des warmsinnlichen Blasinstrumentes mit seiner ausdrucksvollen Kantilenenbegabung und der beweglichen, sprungleichten Technik bleibt in diesem Quintette beherrschender Blickpunkt der Erfindung und des Satzes. Doch ist die Mitarbeit der vier Streicher freizügig, persönlich und bedeutungsvoll geworden. Die führende Klarinette schaltet weit eher als «prima inter pares» denn als verwöhnte Solistin. Ihr langer, blühender Atem weckt in dem ganzen Stück – in dem gepriesenen Larghetto vor allem – einen Melodienfrühling ohnegleichen. Fröhlichen Serenadenton volkstümlicher Prägung schlagen das Menuett und die Variationen des Finales an. Überall ist die gewohnte kontrapunktische Schreibweise, dem Sinne des Werkes entsprechend, einer frischen melodischen Fortspinnung gewichen.

Vermutlich hat Mozart in jenen Tagen noch eine Reihe kleinerer *Kompositionen für Bläserensemble*[250] als Brotarbeiten, vielleicht auch zu freimaurerischen Gelegenheiten geschrieben, die in seinem thematischen Verzeichnisse nicht aufscheinen, jedoch in alten Drucken der Verleger Breitkopf und Simrock unter Transkriptionen aus seinen Opern erhalten blieben. Daneben hat er noch eine Anzahl von Gesangsstücken aus Gefälligkeit für befreundete Sänger entworfen: *Drei Arien für Dlle. Louise Villeneuve*, die Dorabella aus *«Così fan tutte»* (K. 578, 582 und 583, August – Oktober 1789), eine *deutsche Arie «Schon lacht der holde Frühling»* (K. 580, September 1789) für seine Schwägerin Josepha Hofer, die spätere Königin der Nacht, und das hochbedeutende *Buffostück «Rivol-*

gete a lui lo sguardo» (K. 584, Dez. 1789), ursprünglich für Benuccis Guglielmo in «Cosi fan tutte» bestimmt, doch später durch ein minder gewichtiges Rondo «Non siate ritrosi» (K. 588, Nr. 15) ersetzt.[251]

Rein zahlenmäßig betrachtet, bleibt der Ertrag der Jahre 1789 und 1790 im Vergleich zur reichen Ernte des vorhergehenden und nachfolgenden Zeitabschnittes auffallend zurück. Wir fühlen, wie sich in dieser stilleren Epoche eine neue Wandlung bedeutungsvoll vorbereitet. Keineswegs darf die steigende Interesselosigkeit des Publikums für seine älteren Arbeiten als Anlaß zur scheinbaren Umkehr Mozarts in andere Bahnen gewertet werden. Er hat den beliebten Gesellschaftston, der einen entfernten Vergleich zur Stilwandlung des Jahres 1774 gestatten könnte, nicht gefunden, auch nicht angestrebt. Seine künstlerische Reife verfolgte vielmehr unbeugsam den Weg nach vorwärts, der milden Vollkommenheit der «Zauberflöte» entgegen. Weniger denn je ist jetzt ein trüber Niederschlag äußerer Bedrängnisse im Höhenflug seiner Arbeiten zu spüren, weniger noch hemmende Merkmale resignierten Zurückweichens vor der unverständigen Welt des Augenblicks. Tiefstes formte sich nur in edler Vergeistigung zur lächelnden Unbeschwertheit des Ausdrucks.

Aus dieser gewichtslos bedeutsamen Beseelung ist damals ein Opernwerk entstanden, das, alle Züge seiner Entstehungszeit eindringlicher zusammenfassend, unter allen Bühnenarbeiten Mozarts am gefährlichsten dem Mißverständnis späterer Generationen ausgesetzt war. Später, als die leidenschaftlich pathetische Darstellung innerer Bewegtheit zu den vornehmsten Zielen künstlerischer Betätigung erkoren worden war, hat selbst das kluge Urteil Richard Wagners über die duftige Blüte der «Così fan tutte» hinweggesehen, als hätte nicht der Genius selbst die frohe Grazie dieses Baues gefügt: «Oh, wie ist mir Mozart innig lieb und hoch verehrungswürdig, daß es ihm nicht möglich war, zum Titus eine Musik wie die des Don Juan, zu Così fan tutte eine wie die des Figaro zu erfinden; wie schmählich hätte dies die Musik entehren müssen. – Ein frivol aufgeweckter Operntextmacher reichte ihm seine Arien, Duette und Ensemblestücke zur Komposition dar, die er dann, je nach der Wärme, die sie ihm erwecken konnten, so in Musik setzte, daß sie immer den entsprechenden Ausdruck erhielten, dessen sie nach ihrem Inhalte irgend fähig waren.» – Erst in den letzten Jahrzehnten hat «Così fan tutte» aufgehört, ein Sorgenkind unter den lebenden Bühnenwerken Mozarts zu sein. Vielleicht war es die einzige Oper, der gegenüber immer wieder das Publikum durchfiel, ein Publikum, das Spiel um des Spieles willen und lächelnde Ironie nicht begreifen wollte, wenn es nicht gleichzeitig den Ernst der Moral vernunftvoll eingepaukt erhielt. Die allgemeine geistige Wandlung hat diesem feinsten dramatischen Wunder des Mozartschen Geistes gerade in der neuesten Zeit jubelnde Erfolge gebracht.

40. COSI FAN TUTTE

«... Avant 7h au nouvel Opera ‹Così fan tutte›, osia ‹La Scuola degli amanti›. La musique de Mozart est charmante, et le sujet assez amusant...» (Tagebuch des Grafen Zinzendorf, 26. Jänner 1790)

«Non son cattivo comico!» («Così fan tutte», I. Akt, VII. Szene.)

«Erbärmlich! Selbst von Mozarts Musik gefällt mir nur der zweite Aufzug.» (Schröder über eine Aufführung der «Così fan tutte» in Frankfurt a. M. am 1. Mai 1791)

Der aufmunternde Erfolg des «Figaro» bei seiner Wiederaufnahme im August 1789 scheint den Kaiser bewogen zu haben, mit einem neuen Opernauftrag an Mozart heranzutreten. Ein wirkliches Ereignis in der Wiener Gesellschaft, vielleicht in der Triestiner oder Venezianer Noblesse, soll den Anstoß zur heiteren Fabel des allerhöchst befohlenen Opernstoffes gegeben haben. Der Grundgedanke findet sich im Decamerone. Es wäre ein echt wienerischer Zug gewesen, wenn der Monarch tatsächlich Weisung an da Ponte erteilt hätte, die kleine Sensation der aristokratischen Salons nochmals maskiert, aber genießerischer aufgetakelt, über die Bretter laufen zu lassen. Der Kaiser fühlte sich damals schon krank. Er sah sich am Ende seiner Kraft. Man bemühte sich vielleicht, ihm eine aufheiternde Freude zu bereiten. Eile der Arbeit tat not. Die Entstehungsgeschichte der Oper liegt im Dunkel. Wir erfahren von einer «kleinen Opernprobe» in Mozarts neuer Wohnung auf dem Judenplatze Nr. 245 am Silvestertag 1789, zu der er Puchberg und Joseph Haydn geladen hatte, von angeblichen «Kabalen Salieris, die alle zu Wasser wurden». Darüber hinaus bleiben nur Vermutungen.

Die Einladung an Puchberg lief mit einem neuen Darlehensgesuch des bedrängten Meisters und stellte das zu erwartende Honorar von 200 Dukaten für die neue Oper als Sicherstellung in Aussicht. «Apotheken und Doktores» mußten vor allem bezahlt werden. Am 16. November war Konstanze wieder mit einem Mädchen niedergekommen. Das Kind war so schwach, daß es kaum eine Stunde am Leben blieb und notgetauft werden mußte. Konstanze kränkelte nach solchen Ereignissen länger als üblich. Die rührende Besorgnis des Gatten ließ ihr dann nichts abgehen. Um so empfindlicher litt in solchen Zeiten der ohnehin jammervolle Haushalt.

Am 21. Jänner 1790 fand die erste Hauptprobe, fünf Tage später die Uraufführung der *«Così fan tutte»* (K. 588) am Wiener Hofburgtheater statt. Wie es scheint, mit leidlichem Erfolg[252]. Der Tod Josephs II. am 20. Februar unterbrach den Bühnenbetrieb für längere Zeit. So erzielte die Oper bis zum Herbst 1790, ehe sie für lange Zeit wieder vom Wiener

Spielplan verschwand, nur die bescheidene Zahl von zehn Aufführungen. Zu Mozarts Lebzeiten haben sie nur mehr Guardasoni in Prag, Frankfurt, Mainz, Leipzig und die Dresdener Hofbühne (1791) herausgebracht. 1792 folgte Berlin, 1794 Augsburg, 1795 Breslau und München.

Die Besetzung der ersten Aufführung mochte Mozarts Ansprüchen nur zum Teil genügt haben. Vor allem der prächtige Figaro und Leporello, Francesco Benucci als Guglielmo und das lebhafte Temperament Signora Bussanis, des renommierten Cherubino von ehedem, als Despina. Ihr Gatte, der vielseitige Darsteller und Regisseur, sang den Alfonso, die Ferrarese, da Pontes Geliebte, die Fiordiligi. Sie hat Mozart nie sonderlich begeistert. Von den Leistungen Luise Villeneuves, Dorabellas und dem Ferrando Signor Calvesis erfahren wir nichts Besonderes. Der Villeneuve wurde «reitzvolles» Aussehen, ausdrucksvolles Spiel und kunstreicher Gesang nachgerühmt. Ihr Stimmportrait überliefern uns die schon erwähnten effektvollen Einlage-Arien (K. 578, 582 und 583).

Die Handlung der Oper entwickelt sich mit beachtenswerter Einfachheit. Sie weicht darin vom beliebten Buffabrauch ab, mit allerhand unmotivierten Zwischenaktionen den Knoten noch verwirrender zu schürzen. In solcher Ökonomie zeigt sich die geschickte Hand da Pontes. Nicht minder in der augenfälligen, dem stilisierten Maskenspiel vortrefflich zugeschnittenen Symmetrie des Aufbaus: Zwei Liebespaare, im Bewegungszentrum der kühle Drahtzieher Alfonso mit seiner flinken Gehilfin Despina. Eine dem Geist des 18. Jahrhunderts selbstverständliche Kaffeehauswette über die Treue der beiden Bräute gibt den Anstoß des Geschehens. Die Liebhaber erscheinen in veränderter Gestalt, ihre Mädchen zu prüfen. Natürlich kreuzen sich die Paare. Mit der planmäßigen Überredungskunst eines systematischen Lehrgangs vollzieht sich das bösartige «quod erat demonstrandum»: «La scuola degli amanti» nennt sich der Untertitel, nicht ohne Absicht. Alle Widerstände kurzatmiger Tugend, alle scheinbaren Fehlschläge sind nur Bausteine des lachenden Sophismas. Hinter der selbstsicheren Aktivität des unverbesserlichen Realisten Alfonso steht der scharfe Intellekt des Dichter-Konstrukteurs. Der Befehl des Kaisers hatte ihm die angenehme Freiheit genommen, alte Glut bewährter Stoffe aufs neue zu entzünden. Nun schuf sein geweckter, spekulativer Geist aus der novellistischen Zufälligkeit die luftige dramatische Arabeske seiner eigenen Mentalität.

Wie ein erfahrener Ballettmeister gruppiert Alfonso-da Ponte mit Despinas Hilfe seine vier Marionetten zu immer neuen, artigen Figuren. Das ganze Spiel gewinnt dadurch den Charakter des Tanzhaften, schwebend Pantomimischen. Lebendig im gewohnten Sinne wirken nur die beiden von der Erotik der Handlung unberührten Außenseiter, die mit verstandesmäßiger Nüchternheit das Geschehen zu meistern scheinen. Dafür stellt das weniger Persönliche, Typische der beiden Liebespaare, ihre Bestimmung, nur erheiternd, als Studienobjekte allgemein menschlicher Schwächen zu wirken, den gestaltenden Künstler vor die angenehme Aufgabe, solche an kein Vorurteil gebundenen Erscheinungen mit großer Freiheit durch alle möglichen, ja unwahrscheinlichen Phasen erregten Trieblebens hindurchzuführen. Ohne Verletzung tieferer Empfindungen des Zuhörers dürfen damit die Gefühlsspannungen zu höherer Intensität, zu größerer Gegensatzwirkung getrieben werden.

Weder da Ponte, noch Mozarts tiefer schürfende dramatische Intuition haben sich diesen Vorteil entgehen lassen. In dessen genialer musikalischer Auswertung liegt der heimliche Reiz der ganzen Oper. Zwischen der trockenen Sachlichkeit Alfonsos und seiner charmanten, gleichwohl eiskalten Konfidentin Despinetta breitet sich die schillernde Spielfläche verführerisch aus, ein betörender Wechsel pathetisch gemimter, lächerlicher und wieder ganz echt erlebter Empfindungen. So bleibt am Ende, wenn Fiordiligi und Dorabella, die frommen Engel, programmgemäß gefallen sind und die konventionelle Versöhnung der beiden Liebespaare wieder zur entspannten Glätte des Anfangs heimführt, doch ein nachdenklicher Rest bitterer Erfahrung in den luftigen Hüllen der vier Menschenpuppen zurück, als hätten sie unvermutet in der falschen und wahren Gefühlsemotion des Spieles eine unzerstörbare Seele gewonnen.

Aus der freudigen Beschwingtheit der Vertonung allein schon läßt sich das Gerücht widerlegen, Mozart sei mit Unlust an die Arbeit herangetreten. Fehler besaß das Buch gewiß. Aber die Erkenntnis seiner Vorzüge bot dem Genie eine solche Fülle neuer Anregungen, daß sie doch wieder zu einer Meisterleistung emporführten, die mit aller Berechtigung eine Sonderstellung im Schaffen Mozarts einnimmt. Wohl trägt «Così fan tutte» nach der menschlichen Atmosphäre des «Figaro» und «Don Giovanni» wieder äußere Merkmale einer für Mozart erledigten Gattung. Daß dieses Zurückgreifen zu überwundenen Ausdrucksformen aber keinen Rückschritt, nicht einmal einen Stillstand bedeutete, sondern der herkömmlichen musikalischen Komödie eine durchaus originelle, geistvoll durchwärmte Wendung verlieh, ist das Wunderbare, echt Mozartsche des eigenartigen Werkes. Sein echter, doch *einmaliger*, von der «Giocosa» ebenso wie von der «Semiseria» verschiedener *Buffatypus* hat als Gesamterscheinung weder im Schaffen Mozarts noch späterhin eine organische Fortsetzung gefunden.

Die *Symmetrie der textlichen Anlage* hat dem architektonischen Musikerinstinkt Mozarts besondern Anreiz geboten. Was der Typenkomödie an teilnehmender Individualisierung der Figuren abging, ersetzte sie durch reizvoll wechselnde szenische Gruppierung ihrer Akteure. Anregende Auswertung des Situationsspieles ist an Stelle einer dramatischen

Entwicklung aus den Charakteren der handelnden Personen getreten. Der Unveränderlichkeit ihres Wesens wird die Agilität szenischen Geschehens wirksam gegenübergestellt. Naturgemäß hat sich damit das *Ensemble* zum wichtigsten Agens einer lebhaften Bühnenbewegung emporgeschwungen.

In «Così fan tutte» nimmt es eine bevorzugte Stellung ein. Aber der Grundlage des Stückes entsprechend erscheint diesmal die Kraft der Individualisierung aller Charaktere nur selten zur Differenzierung des «Figaro» oder «Don Giovanni» gesteigert. Was den Ensemblesätzen in «Così fan tutte» dagegen ihren Reiz verleiht, ist die leichtschwebende, feingegliederte Kunst anschaulich musikalischer Pointierung, wie sie Mozarts Instrumentalwerken aus jener Zeit zu eigen ist.

Ein goldener Schimmer galanter Gesellschaftskunst überglänzt die kristallklare Anmut des feingefügten Tongewebes. Die weitgeschwungene, süße Kantabilität der ganzen Schaffensperiode erlebt nun im strömenden Wohllaut der lyrischen Episoden ihre lauterste Vollendung. War die Welt des «Figaro» von der revolutionären Glut des Stoffes, die Dämonie Don Giovannis von shakespearehafter Zeitlosigkeit erfüllt, hier feierte die herbstliche Buntheit des absterbenden *Rokoko* noch einmal – zum letztenmal in Mozarts Lebenswerk – lächelnden Abschied.

In heiterem Erinnern greift Mozart in die ergiebige Rüstkammer der Neapolitaner, parodiert die pathetischen Gebärden der Seria, läßt redselige Herzen im Orchester mitklopfen und erfreut sich an Tonmalereien und drastischen Naturschilderungen. Aber der Sinn dieser Scherze ist ein anderer geworden. Überlegene Einsicht spielt nun mit ihnen, ohne sie ganz ernst zu nehmen.

Dort, wo im Ungewissen, Vieldeutigen des zufälligen Typenspiels alles Vernunftgemäße zu versagen scheint, wo sich Wert und Unwert der Gefühle in der schwankenden Impulsivität der Figuren verwirrt haben, wo die Kontrolle über Zweck und Ethos des Handelns bereits in die Tiefe des Unbewußten zu versinken beginnt, fühlen wir uns, inmitten der schwebenden Symbolik des Geschehens, plötzlich vom nackten Realismus menschlicher Urtriebe seltsam ergriffen. Nur eine geniale Verhaltenheit des Ausdrucks, wie sie der Kunst Mozarts zu eigen, vermochte zu solcher Sublimierung dieses eminent dramatischen Problems vorzudringen. Damit erledigt sich der oberflächliche Vorwurf einer «Untreue Mozarts gegen sich selbst.» Noch viel mehr die alten müßigen Versuche, im Einzelfalle nach Echtheit oder Parodie zu forschen. Jener tiefere Sinn muß immer beiden oder keinem recht geben. Was die Satire der romanischen Buffa zu groben Gegensätzen zerriß, das schloß die verbindende Gewalt des Gemüts, selbst in dieser Komödie des Scheins, zu erfülltem Gleichklang zusammen und rückte ihr verborgenes Wesen dadurch weit aus der Unbekümmertheit italienischer Vorbilder.

Gedämpfte Noblesse wird damit zur Bedingung stilgetreuer Wiedergabe des Werkes. Das Bestreben nach maßvollem Ausgleich, nach Einschränkung aller überlauten Erregtheit kommt in der Partitur sinnfällig zur Geltung. Über den geläufigen Sinn des Notenbildes hinaus zügeln dynamische und agogische Vorschriften («sotto voce», «moderamente», «lietissimo» u. a.) jede Übersteigerung, fordern aber kunstvoll differenzierten Vortrag, diskretes Pointieren an Stelle grober Unterstreichung der Affekte, dämpfen alles Zuviel der Temperamentsausbrüche zu innerer Verhaltenheit. Die ornamentale Stilisierung der Komödie verlangt Leichtigkeit, ungeachtet aller Intensität der seelischen Bewegung.

Lockerer, buffonesker gebärdet sich das Spiel des ersten Akts. Frohe Bewegung der Gruppen, gelöste Musizierfreude treten in den Vordergrund. Schon die Exposition scheint in der Folge dreier Männerterzette (Nr. 1, 2, 3) neben launiger Entwicklung der Handlung mehr eine Gegenüberstellung der Temperamente, des impulsiven Draufgängertums der beiden Liebhaber und der überlegenen Trockenheit Alfonsos, als die Vorstellung scharfumrissener Charaktere zu bezwecken. In anmutiger Konsequenz bringt auch das kokette Auftrittsduett der beiden Mädchen (Nr. 4) nur ein charmantes Abbild ihrer verliebt tändelnden Gattung. Erst allmählich, im weitern Verlauf des Stücks, sondern sich die Individualitäten erkennbarer: die heiter gewissenlose Dorabella und Guglielmo, der lachende Routinier, die empfindsam eigenwillige Fiordiligi und ihr gefühlvoll sanguinisches Seitenstück, Ferrando. Feingeschliffene Ironie läßt aber diese natürliche Ordnung der Paare nur in der kurzlebigen Austauschkomödie der Handlung zu Recht kommen und lädt damit einer Fehlentscheidung des wirklichen Lebens, der Gesellschaft also, gleichsam die Mitschuld an gefährlichen Verwirrungen auf die Schultern.

Der Frondeur Alfonso wird zum symbolischen Vollstrecker dieses boshaften Kriteriums. Als mahnender Verneiner mischt er sich lieber ins Durcheinander und tritt allein nur selten in den Vordergrund. Seine Sologesänge (Nr. 5 und 30), seine Accompagnati sind kurz, aphoristisch wie sein ganzes Wesen. Mit der ersten Arie bereitet er den eigentlichen Maskenscherz vor, die zweite stellt dessen Gelingen selbstgefällig fest. Er sorgt dafür, daß eine leise parodistische Stimmung nie ganz verlorengeht, zumal in empfindsamen Augenblicken, wenn sich der Trennungsschmerz und alle guten Wünsche der Mädchen, ja selbst die Beklommenheit ihrer gerührten Liebhaber in den reizenden Ensemblesätzen der Abschiedsszene (I. Akt, Nr. 6–10) zu aufrichtiger Rührung entzünden. Er glänzt unermüdlich als zielbewußter Erfinder neuer Intrigen. Niemals überschreitet seine Betriebsamkeit die Grenzen kluger Mäßigung. Ein wohltätiger Einschlag echten Humors hält ihn vor Übertreibungen typischen Spaßmachertums glücklich bewahrt.

Humor ist auch Despinens wertvollste Eigenschaft. In ihren beiden Arien (Nr. 12 und 19) weiß sie verführerisch zu plaudern, in den Ensembles das Leitseil der Liebe beneidenswert sachlich zu regieren. Ihr volkstümliches Bild, beliebt von der Commedia dell'arte, von Pergolesis «Serva padrona» her, hat Mozart schon einmal als Serpetta in seiner «Finta giardiniera» abgewandelt. Daß ihr, wie Alfonso, als den Vertretern der alten Buffamentalität – selbst in der reifen Erfülltheit dieser Oper – Gemüt und Herzenswärme fehlen, hat seinen triftigen Grund. Zu um so stärkerer Eindringlichkeit erscheint so das Erwachen tieferer Empfindungen in den vier anderen Figuren gesteigert. Vorerst noch wesenloser als ihr Drahtzieher, erblühen sie im tönenden Odem ihres Schöpfers zu glücklichen Kündern einer neuen Wandlung alten übernommenen Bühnengutes.

Dieser Umschwung vollzieht sich nur allmählich, in vorsichtiger Steigerung, ehe er im letzten Duett des zweiten Aktes (Nr. 29) seinen Höhepunkt erreicht. Die ersten übertriebenen Verzweiflungsrufe der Mädchen nach dem tränenreichen Abschied ihrer Liebhaber (I. Akt, Arien Nr. 11 und 14) bedienen sich noch der üblichen hochpathetischen Gesten italienischer Seriatravestien. Schon jetzt ist eine gewisse Differenzierung der beiden Charaktere, das exaltierte Komödienspiel Dorabellas und der komische Ernst Fiordiligis, deren ein wenig elvirahafte Heroinennatur die geschraubte Feierlichkeit mehr von innen heraus erlebt, zu spüren. Auch das Sonderwesen der beiden Männer tritt bereits deutlicher hervor, wenn der unvermeidliche Schwerenöter Guglielmo in der neuen Verkleidung lächelnd um die Gunst der Verlassenen zu buhlen anhebt (Arie Nr. 15)[253]. Oder, wenn die Liebeskantilene des sentimentalen Schwärmers Ferrando (Arie Nr. 17) durch leise Plattheiten des Textes und der Situation einen leicht ironisierten Beiklang erhält.

Im bunten Gefühlswechsel der rührseligen Abschiedsszene des ersten Aktes (Quintette und Terzettino, Nr. 6, 9, 10) treten tiefere Regungen der Seele indes nur andeutungsweise zutage. Alfonsos trockene Kaustik verhindert glücklich einen verfrühten Umschlag der allgemeinen Stimmung. Denn mit dem feingruppierten Sextett beim Auftritt der verkleideten Liebhaber (Nr. 13) beginnt erst die eigentliche Komödienhandlung, um derentwillen das ganze Spiel erfunden scheint. Toll und farbig muß sich der galante Mummenschanz vorerst noch austoben, damit sich die Sinne der leichtlebigen Geschöpfe, Weiblein und Männlein, so gründlich verwirren, daß selbst ihnen vor dem Ernst ihrer triebhaften Hemmungslosigkeit am Ende bange werden muß. Mit welch feinem dramaturgischen Instinkt aber werden zwei Perlen der Oper, die beiden lyrisch-statischen Ensembles, das still-heitere ‹Abschiedsquintett› (Nr. 9, «Di scrivermi ogni giorno») mit den unterdrückten «da se»-Einwürfen Alfonsos

(«Io crepo, se non rido») und, fast unmittelbar anschließend, das herrlich-einzigartige E-Dur-Terzettino (Nr. 10, «Soave sia il vento») in die drängende Entwicklung des ersten Akts gestellt!

Der Schluß des ersten Aufzugs verläßt darum weder in dem übermütigen Lachterzett der Männer (Nr. 16) noch in dem flotten Finale (Nr. 18) die Zonen der Buffa. Bunter Wechsel der Gruppen und Drastik der Späße müssen die fehlende Steigerung durch neu auftretende Personen und Intrigen ersetzen. Das Mitleid der Mädchen um die vermeintlichen Selbstmörder aus Liebe hat sich schon leise in Zuneigung verwandelt. Aber die täppische Zudringlichkeit der beiden Rüpel bringt die Schwankenden im kritischen Augenblick zur Besinnung. So bleibt nur der leidenschaftliche Zornesausbruch der enttäuschten Damen, um mit dem gewohnten Schlußwirbel der Stretta wieder die nötige Unklarheit der Situation zur Weiterspinnung der Komödie zu schaffen.

Auch der zweite Akt steht vorläufig noch auf gleichem Boden. Sensationslüsterne Neugierde hat die Schwestern willfähriger gemacht; doch nur zu tändelndem Spiele, das ihre bräutlichen Pflichten nicht gefährden kann. So darf ihr heiteres Duett (Nr. 20) den lockeren Ton seines Gegenstücks im ersten Akt (Nr. 4) noch unbefangen festhalten. Das Intermezzo der schönen Bläserserenade mit Chor (Nr. 21) gibt den stimmungsvollen Auftakt zur Wendung des Geschehens. Die verkappten Anbeter haben mit jener Huldigung wieder die Szene betreten. In dem anschließenden witzigen Quartett (Nr. 22) regiert noch der echte Buffageist. Seine gewandten Prokuristen, Alfonso und Despina, erscheinen als die richtigen Freiwerber für die gut gespielte, ein wenig echte «Befangenheit» ihrer Klienten. Diese wagen nur in die Schlußfälle der platten Galanteriephrasen stotternd einzufallen. Die Damen verharren in stummer Zurückhaltung. Wenn die Liebespaare schließlich, von den Kupplern verlassen, Hand in Hand voll komischer Hilflosigkeit dastehen, gewinnt dieses Alleinsein urplötzlich tiefere Bedeutung. Denn gerade jetzt, wo der Aufbau des Buches gründlich versagt, beginnt das musikalische Beseelungswunder in Schönheit zu leuchten.

Die Absicht da Pontes, dem mißglückten stürmischen Liebeswerben unserer Helden im ersten Finale einen erfolgreichen Versuch von Herz zu Herz als logische Weiterentwicklung folgen zu lassen, ist geschickter gedacht als durchgeführt. An Stelle abwechselnder Ensemblekunst bringt der zweite Akt in seinem weiteren Verlauf eine etwas ermüdende Folge von Sologesängen. Aber gerade an diesem dramatisch schwächsten Punkt der Oper hat Mozart die Geschöpfe seines Librettisten unvermutet mit der ganzen Wärme seines Gemüts erfüllt. Je mehr diese merkwürdigen Wesen, von der Gewalt echten Gefühles hingerissen, ihre ursprüngliche Bestimmung zu vergessen scheinen, desto erkennbarer wird die Kluft, die

Mozarts Buffa von ihren Vorbildern trennt. Kritische Urteile der Nachwelt erblickten in solchem Durchbruch tiefsinniger Giocosaelemente in der echten Buffa die Gefährdung einer altbewährten musikdramatischen Form. Ohne zu bedenken, daß nur dadurch die Mozartsche Innenorganisation des Werkes und damit seine einzige, der gereiften Schaffensentwicklung wunderbar verknüpfte Bedeutung unangetastet bleiben konnte.

Die Angelpunkte jener psychologisch ungemein fesselnden Wendung bilden zwei Duette der vertauschten Liebespaare (Nr. 23 und 29) als Rahmen für fünf Sologesänge, die sich gleichsam als Reflex *desselben* Geschehens in der Seele der vier verschiedenen amoureusen Typen darstellen. Schon in dem ersten dieser Zwischengesänge (Nr. 23) erliegt die zugänglichere Dorabella der weltmännischen Gewandtheit Guglielmos. Für den impulsiven Ferrando ist der Weg beschwerlicher. Der temperamentvolle Erguß seiner Arie (Nr. 24) reißt ihn so völlig mit, daß er sich selbst und alle Unaufrichtigkeit vergißt und mit dem Schwung ehrlicher Entzündung das Herz Fiordiligis mächtiger zu rühren vermag als durch geschickte Schauspielerei. Wir merken den Einbruch sofort aus der Erregung ihrer einsamen Klage um den fernen Geliebten (Nr. 25). Doch scheinen die Passagen des nachfolgenden Allegros schon Beziehungen zur lockenden Gegenwart anzuknüpfen. Sehr lustig wirkt nun die saloppe Überlegenheit Guglielmos. Im stolzen Besitz einer verläßlichen Braut stürzt er den Freund mit der Meldung von Dorabellas Untreue nicht ohne Schadenfreude aus allen Himmeln. Der leichten Frivolität seiner galanten Sentenzen im Stile Alfonsos (Arie Nr. 26) ist ein sinnliches Liebesliedchen Dorabellas (Nr. 28) beziehungsvoll in die Nähe gerückt. Ganz anders erscheint Ferrandos ehrlicher Schmerz in dem kräftigen Akkompagnato zu der verklärten Kavatine (Nr. 27), dem beseelten Auftakte des herrlichen, sehr frei gestalteten Duetts (Nr. 29), das auch Fiordiligis Widerstand unter dem Flehen ihres Anbeters zur Überschwenglichkeit eines neuen, alles vergessenden Liebesglückes wandelt.

Das kurze Resumé des alten Zynikers Alfonso (Nr. 30) mit seiner boshaften, schon in der Ouvertüre angedeuteten Schlußmoral, «So sind sie alle», reißt uns mit glücklicher Kontrastwirkung wieder in die kühle Verstandeswelt der Buffa zurück. Gleichwohl verströmt noch einmal die Innigkeit vergessender Liebe im traumschönen Kanon des zweiten Finales (Nr. 31, Larghetto, As-Dur). Die selige Erfülltheit könnte an eine ähnliche Stelle im Schlußfinale des «Figaro» («Contessa perdono») gemahnen. Nur die Antithese des weltgewandten Guglielmo verhindert in diesem Augenblick den gänzlichen Umschwung der Stimmung ins Seriöse. Mit dem Eintritt Despinas als Notar fordert die Posse endgültig ihre Rechte und treibt zur schnellen Lösung des Knotens. Doch selbst das ausklingende Allegro molto, wie im «Figaro» aus der Verhaltenheit des «sotto voce» ansteigend, entläßt den Hörer an Stelle aufdringlichen Buffalärms mit versöhnender Nachdenklichkeit.

Die überwiegende Bedeutung der Ensemblesätze vor den Sologesängen macht sich bis in die *Rezitative* hinein bemerkbar. Denn manchmal erscheint jetzt sogar das Secco in mehrstimmiger Gestalt. Es hält fast durchwegs den flüchtigen, witzig pointierten Buffaton fest. Mitunter gewinnt es durch ausdrucksvolle Baßgänge noch an Lebendigkeit. Häufig eingebaute Accompagnati und innigere Verbindung mit den geschlossenen Gesangsnummern weisen über die Sprecherszene der «Zauberflöte» auf das nicht mehr so ferne Ideal der durchkomponierten Oper hin.

Die *Ouvertüre* bringt das musikalische Titelzitat in der langsamen Einleitung beinahe geheimnisvoll, als stünde auch die Möglichkeit einer ernsten Abwicklung des Themas zur Diskussion. Das folgende Presto fällt die Entscheidung. Es ist ein frei gestalteter Sonatensatz mit Verwendung des Hauptgedankens in der Seitengruppe, an Lebhaftigkeit der Figaro-Ouvertüre verwandt, ohne ihr an thematischer Einprägsamkeit gleichzukommen. Das Schattenhafte, Unwirkliche des Spiels ist auch im Farbenwechsel der stark modulierenden Durchführung angedeutet. In der Koda erscheint das Motto nochmals als diskrete Frage. Das volle Orchester gibt die unzweideutige Antwort. Kichernd quittiert das Hauptthema diese unveränderliche Tatsache, um sofort im rauschenden Crescendo zum festlichen Fortissimo der Schlußtakte anzusteigen.

Als hochwichtigem Element dramatischer Energie bleiben dem Orchester dankbare Aufgaben in der Oper vorbehalten. Nach der herben Tonsprache «Don Giovannis» feiert nun die Klangschönheit der Figaropartitur eine andere, gleichsam luftigere Vollendung. Italienische Gewohnheiten, die lockere Anpassungsfähigkeit des Satzes, Neigung zu tonmalerischen Effekten und aphoristischem Spiel mit kleinen Motiven, treten stärker in den Vordergrund. Den Neapolitanern gegenüber wirkt dagegen die moderne Beseelung der Bläser neu und sehr persönlich. Konzertierendes Hervortreten solistischer Instrumente wie in Fiordiligis zweiter Arie (Nr. 25) könnte Erinnerungen an den «Idomeneo» erwecken; doch ist die Mischung aller Farben weicher, süßer geworden. Die warme Sinnlichkeit der Klarinette wird zum ausdrucksvollen Dolmetsch der Liebenden, während die herbe Oboe mit Vorliebe den Sarkasmus Alfonsos begleitet. Die Freude an bewegter Untermalung der szenischen Architektur, damit rein formbildende Antriebskräfte, haben dem Partiturbild eine eigentümliche Note verliehen. Die schärfer gesonderte Gruppierung der Instrumente bringt Augenblicke von reizvoller Neuartigkeit. Man vergleiche dazu den echten Divertimentoton des Quartetts (Nr. 22) und der vorangehenden Bläserserenade zu dem entzückenden «Duetto con coro» (Nr. 21). Beide klingen wie Schluß- und Mittelsatz einer galanten Abendmusik.

Wenn der herzenswarme Ton des «Figaro» und das Übermenschentum Giovannis von Anfang an aus der Ornamentik des Herkömmlichen in die Welt des Lebens hineinstreben, so führt das leichtere Satyrspiel «Così fan tutte» als verschwebender Schluß dieses wunderbaren Triptychons der Liebe lächelnd wieder zur stilisierten, von Zeit und Raum gelösten Typenhandlung zurück.

Nicht umsonst ist «Così fan tutte» darum von allen drei Opern an den traditionellen, vom Dichter geforderten Szenenwechsel der Buffa am wenigsten gebunden. Bemerkenswerte Neuinszenierungen in jüngerer Zeit haben bewiesen, daß ohne Gefährdung des ursprünglichen Gehalts mit *einem* Schauplatz auszukommen ist. Wenn nur das unbeschwerte, fast geometrische Gleichmaß des Stückes nicht gestört wird.

Vom Beginn des 19. Jahrhunderts an bis zum Versuche Scheidemantels, der Musik die Handlung der Calderonschen «Dame Kobold» zu unterlegen, hat es an unglücklichen dramaturgischen Verbesserungsversuchen nicht gefehlt. Alle diese fruchtlosen Bemühungen übersahen, daß man dadurch die musikalische Blüte der anregenden Unmittelbarkeit des Textes und damit einem kulturellen Boden, dem sie lebendig entsprossen war, gewaltsam entzog und in eine zeit- und wesensfremde Umwelt stellte. Sie sind, schauspielerisch gewandte Sänger vorausgesetzt, vollkommen unnötig.

Da Ponte konnte diesmal allerdings weder einen Beaumarchais noch einen Bertati als erwünschten Vorspann benützen und mußte seine Szenenbilder und Einfälle dafür mit längst bewährten Buffaspäßen aufputzen. Aber diese wollen vom Zuschauer so erlebt werden, wie sie vom Geist des Stücks und der Zeit gemeint sind. Vernunft besaßen auch die Librettisten und Zuschauer des 18. Jahrhunderts. Ein feiner Bühneninstinkt gab ihnen die genußreiche Erkenntnis des unnachdenklichen, unproblematischen Theaters, des Komödiespielens in seiner absoluten Form. Wenn Ferrando und Guglielmo als bärtige Albanesen ihren Gesponsinnen gegenübertreten, so verkörpern sie daneben auch einen neuen Typus, dem als Gegensatz zu den eleganten Offizieren besondere Bedeutung in der Verführungskomödie zukommt. Daß aber die alten Liebhaber unter dieser Maske stecken, erhöht den Reiz der verfänglichen Situation. Despinas Verwandlungskünste werden sinnfälliger, doch unrealistischer Ausdruck ihrer beweglich intriganten Begabung.

Was da Ponte aus alten Arsenalen holte, ist Wandergut der Komödie bis zum heutigen Tage geblieben. Es ist in anderer Gestalt wieder in der Operette aufgetaucht. Hier wird der blühende Unsinn, zum Teil nichts anderes als eine Neustilisierung der alten, formelhaften Buffa- und Stegreifspäße, keineswegs als unzeitgemäß oder veraltet empfunden. Nur in der Oper hat das tragische Pathos des 19. Jahrhunderts der alten, unbefangenen Spielfreudigkeit gründlich an den Lebensnerv gegriffen. Versuche in neuer Zeit bemühten sich, den leichten Faden wieder anzuknüpfen. Aber die bewußte Betonung des artistischen Scherzostils führte zu anderen Endresultaten. Künstlern und Publikum fehlte mitschwingend jener Geist, der mit der Französischen Revolution ins Grab gesunken war. Wir wollen nicht vergessen, daß im Juli 1789, noch ehe «Così fan tutte» in Auftrag gegeben war, das Pariser Volk die Bastille gestürmt hatte.

41. DIE WANDLUNG DES JAHRES 1790. UNTER DER LAST DER SCHULDEN. REISE NACH FRANKFURT

«Oh, könnte die Beredsamkeit von allen den Tausenden, die dieser großen Stunde teilhaftig sind, auf meinen Lippen schweben!» (Schiller, «Don Carlos», 3. Akt, 10)

Mit dem Tode Josephs II. (20. Februar 1790) brach der überwiegende Teil seiner großzügigen, doch überhasteten Reformen zusammen. Sein Bruder und Nachfolger, Leopold II., an Geist ihm fast ebenbürtig, kühl und verstandesklug, humaner Anhänger der Aufklärung wie jener, voll Scheu vor unüberlegten Kraftproben und als ehemaliger Regent Toskanas wohlerfahren, versuchte mit sanfter, doch unbeugsamer Energie, mit jener starrköpfigen Liebenswürdigkeit der echten Habsburger, die Staatsmaschine wieder in die bewährten Bahnen Maria Theresias zurückzulenken.

Jenseits des Rheins brannte die Fackel der Französischen Revolution schon lichterloh. Leopold hatte die Anfänge der Bewegung vorerst noch mit sympathischem Interesse verfolgt. Solange ihr das Brutale, Zerstörende fehlte. Freilich hatte er nie daran gedacht, seine traditionellen Rechte oder die Einheit der Staatsgewalt irgendwie antasten zu lassen. Der angeborenen Loyalität seiner Österreicher war er sicher. «Libertins» vom Schlage Beethovens, die vorerst meist aus dem westlichen Auslande kamen, erregten noch auf lange hinaus nur das mitleidig lächelnde Erstaunen der saturierten Bürger. Individuelle Frondeure gegen gewisse Unzukömmlichkeiten in der gesellschaftlichen Struktur, wie es Mozart gewesen ist, pflegte man erst allmählich ernst zu nehmen, als das Drängende der kommenden Ordnung auch zu Wien unmittelbar zu spüren war. Doch spielte man gerne und aufgeweckt mit neuen Ideen. Das allgemeine Denken begann sich unmerklich umzustellen. Aber in der sicheren Gemütlichkeit des täglichen Lebens, als deren höchste Garantie man die Unverletzlichkeit einer verehrungswürdigen kaiserlichen Majestät ansah, quittierte man jede Gleichgewichtsstörung durch umwälzende Tatsachen mit seßhafter Feindseligkeit. Reaktion und Fortschritt reichten einander friedfertig die Hände. Nur wenigen wurde der ungestüme Flügelschlag eines neuen Zeitalters, der Abgestorbenes unaufhaltsam wie ein Frühlingssturm hinwegfegte, bewußter vernehmlich.

Auf dem Josephsplatz in Wien, gegenüber dem Denkmal des erlauchten Vertreters neuer Humanitätsideale, von der Barockfassade der alten kaiserlichen Hofburg umschlossen, erhebt sich ein edles, dem eiligen Flaneur kaum auffälliges Gebäude, das Palais Pallavicini. Sein Meister, der

Architekt Hohenberg, hat es im vorletzten Jahrzehnt des 18. Jahrhunderts wie das Symbol einer jüngeren Zeit in den Rahmen höfischer Vornehmheit verklungener Tage hineingestellt. Die ruhige Gliederung seiner schlichten Front, die Menschlichkeit des schönen Figurenportals, die gelöste Klarheit des Geistes in der erneuten Rückschau zu den strengen Formen der Antike haben gleichwohl etwas Landschaftsgebundenes, Bodenständiges. Aber aus allem spricht die verklärte, prophetische Sprache des Vorkämpferischen in der fortschreitenden Strömung der kulturellen Entwicklung.

Damals hatte Goethes helles Daseinsbewußtsein in Italien die Bestätigung seiner Wandlung aus den Wirren des Sturmes und Dranges erlebt. Seine «Iphigenie» schloß als edelste Frucht dieser Erkenntnis die Ideale der neuen Geistesrichtung, Überwindung zeitlicher, gesellschaftlicher und subjektiver Gebundenheit, das ernste Streben nach Allgemeingültigkeit, Menschlichkeit und harmonisch vollendetem Ausgleich im Kunstwerke, nachwirkend in sich. Schillers «Don Carlos» – nach den «hinreißenden theatralischen Paradoxen» seiner Jugenddramen – ist dazu nur der wundervolle Gleichklang geläuterter Klassizität bis zu Beethovens «heroischer Symphonie», der ewigen Inkarnation des Empire in Tönen, bis zur weltumspannenden Freudenhymne seiner «Neunten».

Auch Mozart hat in den letzten Jahren seines Lebens durch sein Werk unbewußt an dieser machtvollen Umstellung der geistigen Ideale teilgenommen. Wir brauchen nur den «Figaro» oder den «Don Giovanni» mit der späten «Zauberflöte» zu vergleichen, um in allen Stilmerkmalen dieser Schöpfungen ehrfürchtig zu erfühlen, wie umfassend eine ungeheure intuitive Kraft dem naiven Genius die vorwärtstreibenden Gewalten seines Zeitalters offenbarte. Wie der «Figaro», als Sturmvogel den Ereignissen vorausfliegend, die Abenddämmerung einer absinkenden Epoche in dem Feuer kommenden Lichtes heller aufleuchten ließ, so brachte die «Zauberflöte» schon den frühen Erntesegen einer neuen Zeit heim. Nur daß diese lieblichste Blüte Mozartscher Dramatik ihre Wurzeln innig in dem Heimatboden des sonderbaren vormärzlichen Österreich verankert hielt, das seinen Ausgang schon in jener zwiespältigen Leopoldinischen Zeit genommen hatte, wo sich Vorwärtsstrebendes und Rückschauendes eigentümlich als kostbarer Gärstoff mengten.

Vom Ende Jänner 1790, als «Così fan tutte» vollendet war, bis zum Dezember desselben Jahres finden wir in Mozarts thematischem Verzeichnisse nur wenige Arbeiten eingetragen. Neben den zwei letzten Quartetten für den preußischen König (K. 589 und 590) die Bearbeitung von Händels «Cäcilienode» (K. 592) und des «Alexanderfestes» (K. 591). Vielleicht entstanden dazwischen noch einige undatierte Kleinarbeiten. Wir wissen, daß Mozart damals kränkelte, daß ihn zudem eine größere Reise von der Arbeit abhielt. Aber die merkwürdige Frist äußerer Untätigkeit seines immer gehetzten Schöpferdaseins gewinnt erst im Spiegel jener wunderbaren innern Wandlung tiefere Bedeutung. Es ist, als wäre gerade in dieser Atempause voll geheimer Stille, während der kranke Leib immer haltloser verfiel, ein neues Licht in der Seele des Meisters erglüht, das in der «Zauberflöte», im «Ave verum» und in den Fragmenten des «Requiems» – als höchsten Ausdrucksgütern seines letzten Stils – Vollendung und Zukunftsahnung in einem bedeuten sollte.

Mozarts Alltagsleben schien sich in diesen Tagen immer mehr zu trauriger Hilflosigkeit zu verwirren. Mit banger Erwartung und stiller Bereitwilligkeit sah er der allgemeinen Umgruppierung der Dinge unter dem neuen Herrscher entgegen. Der Regierungsantritt Leopolds hatte vielen Künstlern, die sich der besonderen Gunst Josephs erfreut hatten, schmerzliche Überraschungen gebracht. Der Intendant Graf Rosenberg, da Ponte und die Sängerin Ferrarese erhielten ihre Entlassung. Der vorsichtige Salieri zog es angesichts der offenkundigen Ungnade des Kaisers vor, zugunsten seines Schülers Weigl von der Leitung der Oper freiwillig zurückzutreten. Für Mozart änderte sich nicht viel. Er blieb weiterhin im Dunkel. Früher hatte er sich niemals besonderer Gnaden erfreuen dürfen. So ließ man den Unverdächtigen ruhig in seinem karg bezahlten Ehrenamte. Anfangs glaubte der arme Meister, «mehr Hoffnung» aufbringen zu dürfen «als allzeit». Er meinte, «vor der Pforte seines Glückes» zu stehen. Er sah, wie sein gefährlichster Gegner Salieri von der Bühne verschwinden mußte. Bedachte nicht, daß der kluge Italiener, hinter den Kulissen versteckt, bloß auf ein neues Stichwort wartete.

Van Swieten unterstützte Mozarts Bestreben, die zweite Kapellmeisterstelle zu erlangen und der «königlichen Familie zum musikalischen Unterrichte allergnädigst anvertraut» zu werden. Eine Bittschrift an den Erzherzog Franz, den späteren Kaiser, sollte diesem Vorhaben besonderen Nachdruck verleihen. «Eifer nach Ruhm, Liebe zur Tätigkeit und Überzeugung meiner Kenntnisse heißen mich es wagen, besonders da der sehr geschickte Kapellmeister Salieri sich nie dem Kirchenstil gewidmet hat, ich aber von Jugend auf mir diesen Stil ganz zu eigen gemacht habe.»

Allein dieser diplomatisch gemeinte Versuch mißglückte. Noch im Mai trug sich Mozart mit frohen Erwartungen, da der Kaiser sein Gesuch nicht «wie die anderen, begünstigt oder verdammt, herabgeschickt, sondern zurückbehalten» habe. Aber dann wird es still. Wahrscheinlich fand die Bittschrift keine ausdrückliche Erledigung. Die Angelegenheit verlief im Sande.

Um diese Zeit hatte Mozart nur mehr zwei Schüler. «Suchen Sie es auszustreuen, daß ich Lektionen annehme», drängte er den immer hilfsbereiten Puchberg. Jeden Augenblick fliegt eine leidbeschwerte Bitte um kleine oder größere Summen in das Haus dieses treuen Freundes. Die drei neuen Quartette für den preußischen König (K. 575, 589 und 590) – «diese mühsame Arbeit!» – mußten dem Verleger Artaria «für ein Spottgeld» hergegeben werden, nur damit Geld ins Haus kam.

Die kränkelnde Konstanze weilte den Sommer über wieder in Baden zur Kur. «Aus Ökonomie» hält sich Mozart zumeist bei ihr auf. Nur «wenn es höchst notwendig ist», fährt er in die Hauptstadt zurück. Man hat ihn ja dort kaum nötig. Voll zärtlicher Rücksicht für seine Frau scheint er seinen eigenen leidenden Zustand bisweilen ganz zu vergessen.

Im April und Mai ist er durch hartnäckige Schmerzen im Kopf und in den Zähnen geplagt. Er fühlt seine Gesundheit aus dem Geleise gebracht. Im August geht es ihm wieder elend. «Ich muß mich von vielem Gehen erhitzt und dann unwissend erkältiget haben. Krank und voll Kummer und Sorge – eine solche Lage verhindert auch die Genesung um ein Merkliches!»

Bittere Kränkungen seines Künstlerstolzes griffen ihn gewiß nicht minder schwer an. Im September war König Ferdinand von Neapel nach Wien gekommen. Mozart erhielt nicht einmal die sehnsüchtig erhoffte Aufforderung, bei den Hofkonzerten in bescheidener Form mitzuwirken, während Haydn mit besonderen Ehren empfangen wurde, die «Caffetiera bizarra» des jungen Weigl als Festvorstellung in Szene ging und Salieris «Axur» durch den ersten Theaterbesuch des Kaisers an der Seite seines Gastes noch höhere Weihe empfing.

In solch qualvollem Zustande körperlicher und seelischer Erschütterungen, unerträglicher materieller Sorgen sank seine alte Arbeitsenergie, die sonst unfehlbare Stoßkraft seines ganzen Wesens, eine Zeitlang wie hilflos auf den Tiefpunkt. Alle Widerstandskraft schien allmählich einer völligen Haltlosigkeit in der Verstrickung des täglichen Lebens Raum zu geben.

Was entbehrlich war, wanderte nach und nach ins Leihhaus. Selbst die Versatzzettel verwandelten sich noch in Bargeld. Einem Kaufmann sollte das ganze Mobiliar gegen ein fünfprozentiges Darlehen von 1000 Gulden auf zwei Jahre verpfändet werden. Schließlich trieb dumpfe Verzweiflung den bedrängten Künstler zum Äußersten. Hinter Puchbergs Rücken versuchte er allerhand hilflose Transaktionen mit zweifelhaften Subjekten. Die Briefe enthalten darüber nur dunkle Andeutungen. Ein Unbekannter, vielleicht ein Kumpan des leichtsinnigen Stadler, wollte gegen einen Wechsel auf 2000 Gulden unter Mithaftung des Verlegers Hofmeister 1000 Gulden in bar, das übrige in Tuch beistellen. Ob dieses anfechtbare Wuchergeschäft zustandegekommen ist, wissen wir nicht. Später ist davon nicht mehr die Rede. Da boten sich plötzlich wieder lockende Ausblicke.

Für den Oktober 1790 stand die Kaiserkrönung Leopolds II. in Frankfurt bevor. Mozarts Hoffnung, unter den Kammermusikern des Wiener Hofes unterzukommen, die, mit Salieri und Umlauf an der Spitze, siebzehn Mann stark, in die festliche Krönungsstadt vorauseilten, war fehlgeschlagen. Doch beschloß er, die Reise in sicherer Erwartung künstlerischer Ehren und klingenden Lohnes auf eigene Kosten zu unternehmen. Er mußte sein letztes Silberzeug versetzen, um das Nötigste aufzubringen. Am 23. September bestieg er mit seinem Schwager, dem Geiger Hofer, den Reisewagen. Die Fahrt über Regensburg, Nürnberg, Würzburg und Aschaffenburg verlief annehmlich ohne Zwischenfälle. Am 28. mittags war man schon in Frankfurt eingetroffen[254].

«Nun bin ich fest entschlossen, meine Sache hier so gut als möglich zu machen, und freue mich dann herzlich wieder zu Dir! Welch herrliches Leben wollen wir führen!», beeilte sich Mozart, an Konstanze zu schreiben. Schon hatte ihn wieder die Erregung des phantastisch bewegten Treibens gepackt. «Ich will arbeiten – so arbeiten, damit ich durch unvermutete Zufälle nicht wieder in eine so fatale Lage komme.»

Die Stadt war überfüllt. Drei Theater, das Mainzer Nationaltheater, die kurtriersche Hofschauspielergesellschaft des Johann Böhm und eine französische Truppe spielten gleichzeitig, nur einige hundert Meter voneinander entfernt. Dazu gab es eine verwirrende Fülle anderer künstlerischer Darbietungen. Ein gesellschaftliches Ereignis jagte das andere. Zwischen die hohen Herren der fürstlichen Kreise, der Hofhaltungen und Gesandtschaften drängten sich gewandte Spekulanten und Nutznießer freigiebiger Konjunkturen. Für kurze Zeit war die altehrwürdige Mainstadt wieder zum «Brennpunkt des Luxus, der Pracht und des Aufwandes von ganz Europa» geworden.

Mozart war mit Hofer zuerst in einem Gasthof der Vorstadt Sachsenhausen abgestiegen. Bald fanden sie billigere Unterkunft im Hause, wo sein alter Freund aus der Salzburger Zeit, der Theaterdirektor Böhm, wohnte. «Ich lebe hier bis dato noch ganz retiré, gehe den ganzen Morgen nicht aus, sondern bleibe in meinem Loch von einer Stube und schreibe. Meine ganze Unterhaltung ist das Theater, wo ich dann Bekannte genug antreffe. Von Wien, München, Mannheim und sogar Salzburg. Franz Lang, der Waldhornist, und Gres, der Schatzmeister, ist hier, auch der alte Wendling mit seiner Dorothé. So lebte ich am liebsten fort. Aber ich fürchte, es nimmt schon ein Ende, fängt ein unruhiges Leben an. Man will mich nun schon überall haben. Und so ungelegen es mir ist, mich überall so begucken zu lassen, so sehe ich doch die Notwendigkeit davon ein und muß es halt in Gottes Namen geschehen lassen.» (An Konstanze, 3. Oktober 1790.)

Er verkehrte und musizierte in kunstsinnigen Frankfurter Familien.

Dort schätzte man ihn schon um seiner Opern willen, die schon damals neben den Modewerken eines Martin, Dittersdorf und Paisiello über die Bühnen gegangen waren: Das Mainzer Nationaltheater hatte sich vor Jahresfrist an die deutsche Uraufführung des «Don Giovanni» gewagt. Von früher her blieben dazu die «Entführung», der «Figaro», ja selbst das «Verstellte Gärtnermädchen» dem Spielplane dieser Bühne erhalten. Böhm wiederum hatte die «Finta giardiniera» als deutsches Singspiel noch vor den Mainzern herausgebracht. Daneben spielte auch er die «Entführung». Mit der Adaptierung der Mozartschen Musik zu «König Thamos» (K. 345) für das zugkräftige Schauspiel «Lanassa» des Berliner Schiller-Bearbeiters Plümicke, das sich bis ins 19. Jahrhundert hinein allgemeiner Beliebtheit erfreute, war er sogar besonders glücklich gewesen.

Um so verwunderlicher berührt es, daß Mozart trotz aller Bemühung nur geringe praktische Erfolge erzielen konnte. Es gelang ihm, vertrauensselig und geschäftsunklug, wie er nun einmal war, offenbar nicht, wertvolle Beziehungen mit einflußreichen Leuten anzuknüpfen. Bald gewinnt eine bedrückte Stimmung wieder die Oberhand: «Das Beste ist, zu fliehen, liebstes Weibchen! – Es ist alles Prahlerei, was man von den Reichsstädten macht. Berühmt, bewundert und beliebt bin ich hier gewiß. Übrigens sind die Leute aber hier noch mehr Pfennigfuchser als in Wien.»

Auch Böhm konnte nichts für ihn ausrichten. Für den 5. Oktober war die Aufführung des «Don Giovanni» durch die kurmainzische Schauspielergesellschaft geplant gewesen. Aber an seiner Stelle ging Dittersdorfs «Liebe im Narrenhaus» über die Bretter. Über eine Vorstellung des «Figaro», die sich für den 10. Oktober im Spielplane der Mainzer Bühne verzeichnet findet, erfahren wir nichts Näheres. Am Tag vorher, zur Feier der Krönung, hatte das festliche Schauspiel Ifflands «Friedrich von Österreich» durch Anwesenheit des ganzen Hofes die allgemeine Aufmerksamkeit wohl derart an sich gezogen, daß für Mozarts Oper nicht viel Interesse übrigbleiben konnte.

Am 13. Oktober erhielt der Meister vom Frankfurter Rat die Erlaubnis, «ohne Konsequenz auf andere Fälle» im städtischen Komödienhause ein Konzert geben zu dürfen. Schon zwei Tage später, um 11 Uhr vormittags, fand diese Akademie statt. «Von seiten der Ehre herrlich, aber in betreff des Geldes mager!» Zum Unglück hatte ein großes Déjeuner bei einem Fürsten und das Manöver der hessischen Truppen wieder viele Zahlungskräftige abgehalten.

Die überlange Vortragsfolge, die wahrscheinlich nur Mozartsche Kompositionen enthielt, konnte nicht ganz zu Ende geführt werden. Das sehr kleine Orchester spielte vorerst eine der älteren Symphonien. Mme. Margarete Schick, die Gattin des Mainzer Hofkapellmeisters, soll mit einer italienischen Szene, wahrscheinlich mit der Alcandro-Arie (K. 294),

Mozarts besonderes Entzücken erregt haben. Auch ein ehemaliger Kollege aus der Salzburger Hofkapelle, der Kastrat Ceccarelli, hatte sich als Mitwirkender eingestellt. Er wird dazu wohl sein altes Rondo von 1781 (K. 374) wieder hervorgeholt haben. Mozart selbst spielte zwei Konzerte, vermutlich das F-Dur- und D-Dur-Klavierkonzert (K. 459 und 537). Noch tiefere Eindrücke vermochte er mit der freien Phantasie seinen Zuhörern zu vermitteln.

Ein Ohrenzeuge, der kunstsinnige Graf von Bentheim-Steinfurt, rühmte dem ersten der Klavierkonzerte «une gentillesse et un agrément extraordinaire» nach. Eine Mitwirkung Hofers ist in Bentheims Tagebuch nicht vermerkt. Die Schlußsymphonie fiel weg. Das Publikum, durch drei Stunden angestrengten Hörens und lange Pausen ermüdet, dürfte schon zum Aufbruch gedrängt haben.

Am selben Abend ging zudem die Krönungsoper, Wranitzkys «Oberon, König der Elfen», in Szene. Der Andrang war so gewaltig wie der Erfolg. Besonders die Musik gefiel. Weniger das Libretto des Schauspielers Gieseke, das als Verballhornung von Wielands Dichtung angesehen wurde. Vielleicht hat Mozart dieser Aufführung beigewohnt. Wenn diese Vermutung den Tatsachen entspräche, wären anregende Schlüsse von der bald vergessenen Festoper Wranitzkys zur «Zauberflöte» nicht von der Hand zu weisen. Jedenfalls müßte sich die elementare Schlagkraft des romantischen Zaubermärchens damals zum ersten Male dem aufhorchenden Spürsinn seines dramatischen Genies mit aller Eindringlichkeit geoffenbart haben.

Eine zweite Akademie, die Mozart geplant hatte, kam nicht zustande. Das Publikum lief lieber zu den Orgelkonzerten seines alten Widerparts, des Abbé Vogler, in die Karmeliterkirche. Lauschte im feierlichen Halbdunkel des Raumes mit Entzücken den «malerischen Schilderungen» des geschickten Blenders, der nach Belieben das «Jüngste Gericht nach Rubens» in Töne bringen, «das Umstürzen der Mauern» oder ein «von ferne beiziehendes, sich immer mehr näherndes und mit Hageln, Regen, Wind und starken Schlägen abwechselndes Donnerwetter» so natürlich ausführen konnte, daß selbst die gespanntesten Erwartungen noch übertroffen wurden.

Verärgert und enttäuscht rüstete Mozart zur Rückreise. Schon am 17. Oktober schreibt er der Gattin reizende Zärtlichkeiten aus Mainz, sie über die Mißerfolge des Ausflugs hinwegzutäuschen: «Als ich die vorige Seite schrieb, fiel mir auch manche Träne aufs Papier. – Nun aber lustig! – Fange auf! – Es fliegen erstaunlich viel Busserl herum. – Was Teufel – Ich sehe auch eine Menge. Ha, Ha! – Ich habe auch drei erwischt. Die sind kostbar.» – Der Kurfürst Freiherr von Erthal, vor dem er hier spielte, spendete nur «magere 15 Carolin». Die alte Reiseunruhe, vielleicht die Angst vor der Rückkehr in die armseligen Wiener Verhältnisse oder romantische Jugenderinnerungen trieben ihn vom näheren Heimweg ab. Vorerst noch einmal nach Mannheim.

Hier wohnte er am 24. Oktober der Erstaufführung seines «Figaro» im «Deutschen Komödienhaus» bei und verlebte einige glückliche Tage mit den lieben alten Bekannten, soweit sie das Musikerschicksal nicht in alle Winde getrieben hatte.

Am 29. Oktober trifft er über Cannstatt, Ulm und Augsburg in München ein und nimmt bei seinem bewährten Freunde Albert, dem kunstsinnigen Wirt zum Schwarzen Adler, Quartier. Er spielt vor dem Kurfürsten Karl Theodor in einer Akademie zu Ehren des durchreisenden Königs von Neapel. – «Eine schöne Ehre für den Wiener Hof, daß mich der König in fremden Landen hören muß!» – Er freut sich herzlich, daß die alten Genossen aus glücklicheren Tagen, vor allen Cannabichs und der Oboist Ramm, ein so erstaunliches «Gereiß» um ihn aufführen, daß sein obligater Bericht nach Wien ganz kurz ausfallen muß. Die Heimfahrt in der ersten Novemberhälfte führte ihn wieder über Linz. Einem Besuche seiner Geburtsstadt scheint er auch diesmal vorsichtig ausgewichen zu sein.

Konstanze hatte inzwischen eine neue Wohnung im ersten Stock des Kleinkaisersteinschen Hauses in der Rauhensteingasse bezogen. «Schreib mir doch, wie Du mit dem Quartier zufrieden bist», erkundigte sich der vorsorgliche Gatte noch auf der Reise. Nun hielt er, abgespannt, arm wie früher und niedergeschlagen, in den vier Wänden Einkehr, die seine letzte Heimstätte werden sollten.

Hier vollendete Mozart noch vor Jahresende das *Streichquintett in D-Dur* (K. 593). Im April darauf folgte das letzte dieser Gattung, das *Streichquintett «für 2 Violin, 2 Viole e Violoncello» in Es-Dur* (K. 614). Viel Mühe machte ihm, vor jener Zeit noch, eine Auftragsarbeit, die bis heute nur in Orgel- oder Klavierfassung veröffentlichte Komposition «für ein Orgelwerk in einer Uhr», das bekannte *«f-moll Adagio und Allegro»* (K. 594). Er hatte das Werk schon Anfang Oktober 1790 unter den Händen, als er damals aus Frankfurt an Konstanze schrieb: «Ich habe mir so fest vorgenommen, gleich das Adagio für den Uhrmacher zu schreiben, dann meinem lieben Weibchen etwelche Dukaten in die Hände zu spielen; tat es auch – war aber, weil es eine mir sehr verhaßte Arbeit ist, so unglücklich, es nicht zu Ende bringen zu können. Ich schreibe alle Tage daran, muß aber immer aussetzen, weil es mich ennuyiert. Und gewiß, wenn es nicht einer so wichtigen Ursache willen geschähe, würde ich es sicher ganz bleiben lassen. So hoffe ich aber doch, es so nach und nach zu erzwingen; – ja, wenn es eine große Uhr wäre und das Ding wie eine Orgel lautete, da würde ich mich freuen. So aber besteht das Werk aus lauter kleinen Pfeifchen, welche hoch und mir zu kindisch lauten.» –

Dies ist wohl der beschwerlichste Schaffensbrief, den Mozart je geschrieben hat! – Vielleicht hat sich das Orgelwerk als vollkommener herausgestellt, als er ursprünglich vermutete. Denn die Komposition ist weit stattlicher, symphonisch wie tonalräumlich, ausgefallen, als jene Briefstelle vermuten ließe. Sie hat unter den Paradestücken unserer Organisten einen beachtlichen Rang errungen. Das ‹Orgelwerk›, für das die zweisätzige Arbeit ursprünglich bestimmt war, stand an einem ‹Mausoleum›, in der Himmelpfortgasse, dem Münzamt gegenüber. Ein seltsamer Mann, *Graf Joseph Deym,* unter dem bürgerlichen Namen *Müller,* hatte es dort, wie die ‹Wiener Zeitung› berichtet, «mit großem Aufwand in einer eigens dazu bereiteten Wohnung zu ebener Erde, dem unvergeßlichen, weltberühmten Feldmarschall Freyherrn von Laudon», der am 14. Juli 1790 verstorben war, zu Ehren eröffnet. In Wahrheit war es eine Filiale seines Raritätenkabinetts, seiner ‹Kunstsammlung›, wie es offiziell hieß, am Stock im Eisen-Platz, die Zurschaustellung von Merkwürdigkeiten aller Art, von Wachsfiguren im besondern, die Deym selbst zusammenbosselte. (Er war es auch, der nach dem Hinscheiden Mozarts dessen Gesichtsmaske für sein Kunstkabinett abgenommen hat.) In jenem ‹Mausoleum› aber, «von früh 8 Uhr bis Nachts 10 Uhr herrlich beleuchtet», lag die wächserne Nachbildung Laudons in einem gläsernen Sarg. Ihm zu Füßen saß eine kleine Türkin, die er als Pflegekind aus Belgrad mitgenommen hatte. «Die Plätze sind auf das beste eingerichtet, und zahlt eine Person auf dem ersten Platz 1 fl, auf dem zweyten aber 30 kr; mit Schlag jeder Stunde läßt sich eine Trauer Musique hören, und wird alle Woche eine andere seyn. Diese Woche ist die Composition von Hrn. Kapellmeister Mozart.» Später, als Deym sein ‹Mausoleum› zusammen mit der ursprünglichen ‹Kunstsammlung› unfern dem ehemaligen Rotenturmtore untergebracht hatte, konnte der Zuhörer nicht nur den Kaiser Joseph im Gespräch mit Laudon bewundern, sondern auch, ehe Mozarts Musik erklang, sich in den vorderen Zimmern an verschiedenen andern musikalischen Uhren ergötzen, «deren eine das piano-Forte, eine andere die Flaut-travers, eine dritte einen Canarienvogel bis zur Täuschung» nachahmten. Von der ganzen Herrlichkeit, die nicht lange nach Deyms Tod (1804) in alle Winde zerstob, hat sich nur diese unsere Komposition Mozarts erhalten; darüber hinaus noch ein schönes, elegisches *«Orgel-Stück für eine Uhr»* vom 3. März 1791, ein *Allegro und Andante,* wieder in f-moll (K. 608) und ein *«Andante für eine Walze in eine kleine Orgel»* von Ende Mai (F-Dur, K. 616), beide Stücke gleichfalls für das Deym-Müllersche Kunstkabinett. Von Arbeiten anderer Komponisten für diese Unternehmung hat sich keine Nachricht erhalten.

Zwei aussichtsreiche Angebote, die bald nach der Rückkehr von der Frankfurter Reise an Mozart herangetreten waren, sollten sich nicht verwirklichen. Von dem Direktor der Londoner italienischen Oper, O'Reilly, war eine schriftliche Einladung angelangt, gegen ein Honorar von dreihundert Pfund Sterling auf ein halbes Jahr nach England zu kommen und wenigstens zwei Opern für sein Theater fertigzustellen. Nebeneinnahmen aus Konzerten blieben dem Künstler ausdrücklich freigestellt. Im Dezember weilte der Bonner Geiger und Impresario, Johann Peter Salomon, in Wien. Er hatte Haydn durch einen glänzenden Vertrag für eine Konzertreise nach London gewonnen. Salomon war auch mit Mozart in Verbindung getreten und hatte ihm eine ähnliche Verbindung nach Haydns Rückkehr in Aussicht gestellt. Diesen glücklichen Augenblick sollte Mozart nicht mehr erleben. Als Haydn vor seiner Abreise zum letztenmal von ihm Abschied nahm, mußte er den Tiefbewegten, von Todesahnungen Durchschauerten wie ein Vater trösten. Der verlockenden Einladung O'Reillys standen die Wiener und Prager Opernaufträge des kommenden Jahres entgegen.

42. LA CLEMENZA DI TITO

«In der Oper Tittus da hat der italienische Mahler 5 neue Decorationen gemacht – wo ich bey der Erscheinung des Capitohls bis zu Tränen gerührt worden – so prächtig war das, und der Einzug des Tittus anzusehen.» (Aus den Briefen der Frau Rat Goethe, Herbst 1800)

Am 5. Jänner 1791 vollendete Mozart sein letztes Klavierkonzert, das eigenartige, klangdunkle *B-Dur-Konzert* (K. 595). Es bleibt im Gefüge den Konzerten der früheren Zeit verwandt. Doch ist die dialogische Verknüpfung des Solisten mit seinem Orchester stellenweise inniger, persönlicher geworden, die Erregung leise gedämpft, alles von der milden, seltsam verklärten Stimmung aller bedeutenden Arbeiten dieses Jahres durchflossen. Im Finale wandelt die schlichte Melodie eines wenige Tage später vollendeten Liedchens, «Komm, lieber Mai» (K. 596), die schwermütigen Träume des langsamen Satzes zu hellerem Leben.

Die nächsten Wochen, Monate sind mit Brotarbeiten ausgefüllt. Gegen vierzig Menuette, Kontertänze, Teutsche und Ländler müssen für die Karnevalsfreuden in den Redoutensälen, zwei Stücke für den Orgelautomaten im Müllerischen Kunstkabinett fertiggestellt werden. Die blinde Marianne Kirchgäßner erhält für das «empfindsame Medium» ihrer Virtuosität, die Glasharmonika, zwei schöne Angebinde, ein kleines Solostückchen (K. 356) und das liebliche *Adagio mit Rondo* (K. 617), von Flöte, Oboe, Viola und Violoncell begleitet. Nach dem Es-Dur-Quintett (K. 614) wird ein *Schlußchor zu Sartis «Gelosie villane»* (K. 615) «für Dilettanti» geschrieben. Der Text dieses verlorengegangenen Ensembles, «Viviamo felici in dolce contento», klingt wie Hohn auf die Armseligkeit des Alltagslebens, der Mozart unentrinnbar preisgegeben schien.

Seine alte Frohlaune schien auch jetzt noch nicht völlig gebrochen, obwohl die beharrliche Ungunst der äußeren Verhältnisse seinen Optimismus leise zu entsagungsvollem Verzicht zu dämpfen schien und seine körperlichen Kräfte fühlbarer versagten.

Im Frühjahr richtete Mozart ein Gesuch an den Wiener Stadtmagistrat mit der Bitte, an der Stephanskirche «dem schon älter gewordenen Herrn Kapellmeister Hofmann, für jetzt nur unentgeltlich, adjungieret» zu werden, da man überall seinen Namen einiger Rücksicht würdige und er durch seine «auch im Kirchenstil ausgebildeten Kenntnisse» vor anderen sich fähig halten dürfe. Der Magistrat ging auf dieses bescheidene Ansuchen ein. Mozart erhielt sogar die Stelle nach Hofmanns Tod definitiv in Aussicht gestellt. Allein der alte Domkapellmeister hat seinen designierten Nachfolger um fast zwei Jahre überlebt.

Anfang Juni mußte Konstanze wieder zur Kur nach Baden. Der kleine, noch nicht siebenjährige Carl begleitete die Mutter. Vorgerückte Schwangerschaft machte sie hilfsbedürftig. Mozart kommandierte seinen Schüler, den jungen Musiker Franz Xaver Süßmayr[255], zu besonderen Hofdiensten. Dieses gutmütige Faktotum scheint nun, Ehrenkavalier, «Tischnarr», Verbindungsoffizier und Notenkopist in einer Person, zwischen Wien und Baden brauchbare Dienste geleistet zu haben. Meist finden wir den vom Meister in seiner herzlich derben Art viel Geneckten jetzt in Konstanzes Gesellschaft. Immer wieder trägt Mozart seinem «liebsten, besten Herzens-Weibchen» auf, dem «Sauermayer», dem «lacci bacci», dem «dalketen Buben» Ohrfeigen, breite Schopfbeutler oder gute Nasenstüber zu verabreichen. «Laßt ihn nur um Gottes willen keinen Mangel leiden! – Gebt ihm lieber mehr Schläge als zu wenig!» – Auch der Badner Schullehrer und Regens chori, Joseph Stoll, ein Verehrer Mozarts, muß sich nützlich machen. Vor allem hat er Konstanzens Wohnung zu bestellen: «Nur zwei Zimmer oder ein Zimmer und ein Kabinettchen! Das Notwendigste ist aber, daß es zu ebener Erde sei!» Aus den zahlreichen Briefen des vorsorglichen Gatten an seine geliebte «Stanzi-Marini» mahnt unentwegt ängstliche Zärtlichkeit: «Nimm Dich im Bad in acht, daß Du nicht fallest, und bleibe nie allein! – Vergiß meine Ermahnungen wegen Morgen- und Abendluft, wegen zu langem Baden nicht! – Schlafe auch mehr, nicht so unordentlich! Sonst ist mir bange. – Ein bißchen bange ist mir schon! – A propos, ich rate Dir, nicht Morgen in das Amt zu gehen. Die Bauernkerls sind mir zu grob. Freilich hast Du einen groben Compagnon, aber die Bauern haben keinen Respekt für ihn. Perdent respectum, weil sie ihm's gleich ansehen, daß er ein Schaberl ist!»

Es ist etwas ganz Eigenes um die lebhafte Reihe dieser sommerlichen Briefe an Konstanze. Mitunter erreicht sie fast täglich eine Nachricht voll kameradschaftlicher Sorge und gemütvoller Vorsicht, alle Gehetztheit, Nervosität und Abspannung hinter liebenswürdiger Fröhlichkeit und «zuckersüßen Busserln» verborgen zu halten. Nur manchmal bricht verhaltene Bangigkeit durch: «Ich kann Dir meine Empfindung nicht erklären. Es ist eine gewisse Leere, die mir halt wehe tut, ein gewisses Sehnen, welches nie befriedigt wird, folglich nie aufhört, immer fortdauert, ja von Tag zu Tag wächst. Wenn ich denke, wie lustig und kindisch wir in Baden beisammen waren, und welch traurige, langweilige Stunden ich hier verlebe. Es freuet mich auch meine Arbeit nicht, weil, gewohnt bisweilen auszusetzen und mit Dir ein paar Worte zu sprechen, dieses Vergnügen nun leider eine Unmöglichkeit ist. Gehe ich ans Klavier und singe etwas aus der Oper, so muß ich gleich aufhören. Es macht mir viel zu viel Empfindung.»

Von der neuen Oper, die unter seinen Händen zu herrlicher Vollendung heranwuchs, erfahren wir nur in kurzen Andeutungen. Über dem bewegten Wiener Leben, so plastisch einzelne Bilder in den Briefen hervortreten, liegt ein sonderbarer Schleier. Neue Namen tauchen auf, neue Quälereien des sorgenvollen Alltags. Ein ungeklärtes Geldgeschäft hält Mozart wieder in andauernder Unruhe. Puchberg ist die Rückzahlung von zweitausend Gulden in Aussicht gestellt. Ein Unbekannter hat die Beschaffung einer größeren Summe versprochen. Konstanze steht vor der Entbindung. Sie kann Baden nicht verlassen, ehe ihre Schuld beglichen ist. Mozart jagt hinter dem Gelde her: «Ich muß N. N. gefangen halten. Darf ihn nicht echappieren lassen. Alle Tage um 7 Uhr früh bin ich schon bei ihm. – N. N. versprach mir, zu mir zu kommen, kam aber nicht. Ich warte bis 2 Uhr, dann werfe ich ein bißchen Essen hinein und suche ihn aller Orten auf. – Uns ist ein gar nicht angenehmes Leben. – Geduld! Es wird sich schon bessern!»

Mozarts Dienstmädchen, die Lorl, hat das «consilium abeundi» bekommen. Der kränkelnde Mann lebt allein in der ungeordneten Wohnung. Meistens leistet der Hausmeister der Bierwirtschaft «Zur silbernen Schlange», Joseph Deiner, gefällige Aushilfsdienste. Er besorgt Essen und «schwarzen Koffé», wenn der Meister nicht, wie gewöhnlich, bei Freunden speist; bei Puchberg, bei Schikaneder, mit Süßmayr in der «Ungarischen Krone» oder in Leutgebs «Schneckenhäusel», wo ihm ein angenehmes Gartenzimmer sogar gelegentlichen Unterschlupf für die Nacht bietet. Wenn er die Zeit seinen Geschäften abstehlen kann, fährt er zur Gattin aufs Land. Einmal wollen ihn Freunde «drei Wagen voll» mit hinausnehmen. Er bedauert nur, keine eigene Fahrgelegenheit zu haben. Dann wären, wie er meint, sein Klavier und der geliebte Kanarienvogel sicher noch mit aufzupacken gewesen.

Bei einem dieser Badener Aufenthalte, am 17. Juni, entstand als Gegendienst für den freundlichen Stoll die herrliche Motette *«Ave verum corpus»* (K. 618), die innigste Verklärung aller eucharistischen Gesänge, vom schmerzvollen Bilde des Gekreuzigten über die Schrecken des Todes zum ewigen Frieden, im engen, und doch unermeßlichen Raum seiner 46 Takte vielleicht das höchste Kunstwerk, das Mozart geschaffen hat, letzte, selige Geborgenheit des Verkündenden in Gott! Am 10. Juli leitete Mozart mit Stoll die Aufführung seiner B-Dur-Messe (K. 275) in der Badener Pfarrkirche. Am folgenden Tage kehrte er mit Frau und Kind nach Wien zurück. Am 26. Juli wurde sein jüngster Sohn Franz Xaver Wolfgang geboren. Der Knabe erbte einen schwachen Schimmer von des Vaters Begabung. Er wurde Musiker. Zeitlebens im Schatten des großen Namens, vermochte er sich nicht durchzuringen. Er starb arm, enttäuscht und leidend am 29. Juli 1844 zu Karlsbad.

Im Juli erhielt Mozart unter geheimnisvollen Umständen einen völlig unerwarteten Auftrag. Ein langer, hagerer Mann, gänzlich unbekannt, in grauem Rock, mit ernsten Mienen und sonderlichem Wesen stellte sich eines Tages bei dem Künstler ein und überbrachte einen Brief ohne Unterschrift. Der anonyme Schreiber hielt mit schmeichelhaften Anerkennungen nicht zurück und stellte am Schlusse die Frage, ob Mozart geneigt wäre, eine Totenmesse zu schreiben, und welchen Preis er dafür fordere. Mozart erklärte sich bereit, die Messe gegen ein Honorar von 50 Dukaten in Arbeit zu nehmen. An eine bestimmte Ablieferungsfrist könne er sich dagegen nicht binden. Nach einigen Tagen kehrte der unheimliche Bote wieder, überbrachte das verlangte Geld und ließ eine weitere Summe nach Erhalt des Werks erhoffen. Er werde sich gelegentlich nach dem Fortgang der Arbeit erkundigen. Der Meister möge bei der Ausführung seinen Geschmack frei walten lassen, doch solle er nichts unternehmen, den Namen des Bestellers zu erfahren. Das wäre vergebliche Mühe.

Dieses seltsame Ereignis erschütterte den kranken Künstler aufs heftigste. Alle trüben Todesahnungen, die seine erregte Phantasie in den letzten Monaten immer häufiger befallen hatten, verdichteten sich nun zu dem Gedanken, ein Bote aus der anderen Welt sei ihm mahnend erschienen und habe ihm die eigene Totenmesse zu schaffen anbefohlen. Erst nach Mozarts Heimgang hat das Geheimnis seine bürgerliche Aufklärung gefunden. Der wortkarge Sendling war ein Beauftragter des Grafen Franz von Walsegg zu Stuppach, sein Gutsnachbar, Musikfreund und Berater in Rechtssachen Anton Leitgeb, das Requiem eine Bestellung des Grafen zur alljährlichen Totenfeier seiner wenige Monate vorher in der Blüte ihrer Jahre verstorbenen Gattin Anna, einer geborenen von Flamberg, gewesen. Der Graf, ein leidenschaftlicher Liebhaber der Musik, hatte auf seinem Schlosse Stuppach bei Wiener Neustadt eine Hausmusik aus Familienmitgliedern, Gutsbeamten und der zahlreichen Dienerschaft eingerichtet. Er liebte es, als Komponist zu gelten, ließ seine Musiker daher nur aus anonymen Stimmen spielen und antwortete auf die Frage nach dem Autor gerne mit einem vielsagenden Lächeln, hochbeglückt, wenn Courtoisie oder Liebedienerei auf seinen Namen rieten. Den Bedarf an solchen «eigenen Werken» deckte er bei Verlegern und Tonsetzern gegen gute Bezahlung, hielt sich aber stets in mystisches Dunkel gehüllt. Mozarts Requiem hat er später eigenhändig abgeschrieben und mit der Überschrift «Composto del conte Walsegg» versehen. Am 14. Dezember 1793 leitete er selbst die erste Aufführung in der Zisterzienser-Stiftspfarrkirche zu Wiener Neustadt. Am 11. November 1827 ist dieser sonderbare Auftraggeber von unseres Meisters Totenmesse auf seinem Stammschloß gestorben.

Ehe sich Mozart der neuen Arbeit eingehender widmen konnte, erreichte ihn eine dringend gehaltene Einladung der böhmischen Stände, nach Prag zu kommen und für die bevorstehenden Feierlichkeiten bei der Krönung Leopolds II. zum König von Böhmen die Festoper zu schreiben. Als Honorar waren zweihundert Dukaten in Aussicht gestellt, das Libretto, Metastasios Huldigungsgedicht, die Opera seria «La Clemenza di Tito» in der Neubearbeitung des sächsischen Hofdichters Caterino Mazzolà aber bindend vorgeschrieben. Die Aufführung sollte am Krönungstag, dem 6. September, stattfinden.

Wir wissen, daß der Impresario Guardasoni, derselbe, dem wir die Uraufführung des «Don Giovanni» verdanken, ungefähr am 10. Juli 1791 das Prager Neutor zur Reise nach Wien passiert hat. Wenige Tage später mußte Mozart im Besitze jener, von Guardasoni überbrachten Einladung gewesen sein, wenn er davon nicht schon früher durch die Post oder durch Boten Kenntnis erhalten hatte. Damit erledigt sich die hartnäckige Legende von der überstürzten Fertigstellung und Einstudierung des «Titus» in achtzehn Tagen und alle daran geknüpften Vermutungen und Urteile. Mozart konnte noch einen guten Teil der Oper[256], die Ensembles vor allem, in Wien fertigstellen, ehe er, begleitet von Konstanze und Süßmayr, zur Fahrt nach der böhmischen Hauptstadt aufbrach. Wahrscheinlich fuhr auch der Klarinettist Stadler mit, dessen besondere Verwendung im Orchester vorgesehen war. Die Kinder mußten in Pflege gegeben werden. Als man schon in den Wagen stieg, war plötzlich der geheimnisvolle Bote wieder da und fragte, wie es um die Totenmesse stünde. Heftig erschrocken versprach Mozart, sofort nach seiner Rückkehr an die Arbeit zu gehen. Der Unbekannte schien mit der Zusage einverstanden.

Auf der Fahrt wurde eifrig an der Oper weitergeschaffen, flüchtige Skizzen aus dem Reisewagen in den Poststationen weiter ausgeführt. Süßmayr half mit. Wahrscheinlich sind die Secco-Rezitative seine Arbeit. Ein größerer Anteil Süßmayrs wird durch Mozarts Handschrift widerlegt. Es ist anzunehmen, daß man wieder in der gastlichen Bertramka, bei Duscheks, freundliche Aufnahme gefunden hat. Die Hast der Fertigstellung und der leidende Zustand des Künstlers machen es erklärlich, daß sich das heitere Leben von ehedem nicht mehr einstellen wollte. Die Freunde fanden Mozart blaß, seine Mienen traurig, obwohl er sich immer noch Mühe gab, alle mit fröhlichen Späßen aufzuheitern.

Am 2. September erlebte er die Freude, seinen «Don Giovanni» in Anwesenheit des kaiserlichen Hofes aufgeführt zu sehen. Am 6. September fand die Uraufführung des «Titus» statt. Guardasoni hatte die Vorstellung glanzvoll inszeniert. Die Krönungsurkunde berichtet: «Das Singspiel ward von dem Beifalle, den Verfasser, Kompositor und die Singstimmen, besonders die rühmlich bekannte Todi, aus vollem Grunde verdienten, aufgenommen, und es schien, daß Ihre Majestäten das Schauspielhaus mit Zufriedenheit verlassen haben.» – In Wahrheit war es trotz alledem ein halber Mißerfolg, eine Enttäuschung, die niemand schwerer empfand als Mozart selbst und seine Verehrer[257]. Die Kaiserin soll die Musik eine «porcheria tedesca» genannt haben.

Bei den mehrmaligen Wiederholungen in Prag nahm der Beifall des Publikums an Wärme zu. Das Bild des Werkes blieb im Urteil der Zeitgenossen und Nachfahren schwankend bis zum heutigen Tage. Viele noch von der leidenschaftlichen Lebendigkeit «Don Giovannis» erfüllte Zuhörer nahmen die unsinnliche Milde des «Titus» schon damals mit wenig Begeisterung zur Kenntnis. Ein Kritiker fand die Oper trocken und langweilig, eher die Arbeit eines Anfängers denn eines reiferen Meisters. Anderen wieder schien sie die vollkommenste unter Mozarts Opern zu sein, ein Muster von Einfachheit, stiller Erhabenheit, reifen Geschmackes und treffender Charakteristik, dem «Tasso» Goethes vergleichbar. Noch Stendhal wurde durch sie zu Tränen gerührt. Alle Versuche, sie dem Theater zu erhalten, blieben bis heute ohne Dauerwirkung.

Vitellia, Tochter des entthronten Kaisers Vitellius, will Titus, den sie unerwidert liebt, durch ihren Anbeter Sextus aus dem Wege räumen lassen. Um den Preis ihrer Gegenliebe ist Sextus zum Meuchelmord an seinem kaiserlichen Freunde bereit. Das Kapitol wird von den Verschwörern in Brand gesteckt. Sextus glaubt, den Kaiser ermordet zu haben. Titus ist heil geblieben und erfährt von dem verräterischen Anschlag seines Vertrauten. Aber er ist bereit, dem Missetäter zu verzeihen, wenn er ein freimütiges Geständnis ablege. Allein Sextus verrät die eigentliche Anstifterin nicht. Schon soll er zum Tode geführt werden, da überwindet sich Vitellia und gesteht alles. Großmütig erläßt der Kaiser dem Sextus und allen Mitverschworenen zum zweiten Male die verdiente Strafe. Ein freudiger Lobgesang auf die Güte des Monarchen beschließt die Oper. Als Nebenhandlung spielt eine amoureuse Geschichte zwischen Annius, dem Gefährten des Sextus, und dessen Schwester Servilia eine freundliche Rolle. Auch hier vollbringt Titus eine edelmütige Tat, indem er das Mädchen, das er sich zum Weibe bestimmt hatte, entsagungsvoll dem Manne ihrer Wahl zuführt.

Metastasio hat das Buch für eine Aufführung am Wiener Hof zur Namenstagsfeier Kaiser Karls VI. geschrieben. Damals (1734!) ging es zum erstenmal mit der Musik von Antonio Caldara über die Bühne. Keine Dichtung Metastasios ist in der Folgezeit so oft vertont worden als die «Clemenza». Unter den durch erfolgreiche Aufführungen leicht nachweisbaren Komponisten finden wir Hasse (Dresden 1738), Wagenseil (Wien 1746), Gluck (Neapel 1752), Jomelli (Stuttgart 1753) und Guglielmi (Turin 1785). Noch sechs Jahre nach Mozart wird das Libretto erneut von Nicolini für eine Livorneser Stagione (1797) in Anspruch genommen, womit aber die lange Reihe der Vertoner keineswegs zu Ende ist. Ohne Zweifel gehört das Buch der «Clemenza di Tito» zu den besten Leistungen des Dichters, der in Italien, heute wie damals, mit Recht unter den Klassikern der nationalen Literatur verehrt wird. In vollem Bewußtsein des Zeitgebundenen und mancher Schwächen muß einmal auch von den Vorzügen des Librettos gesprochen werden. Es ist, wie alle Dramen Metastasios, ein echtes Produkt seines Jahrhunderts, seltsam gemischt aus traditionell Barockem und modernen Gedanken im Sinne der rasch fortschreitenden aufklärerischen Bewegung, geworden in der klaren, für unser Gefühl nüchternen Atmosphäre des italienischen Rationalismus, nicht unberührt von der pathetisch-heroischen Geste des französischen Klassizismus (Racine!), doch beweglicher, gelöster, oft von süßer Empfindsamkeit durchbebt, gleichwohl dem Gefühl erst über den betrachtenden Verstand zugänglich, technisch ein Spitzenwerk im Sinne des traditionellen Operngeschmacks, mit reich ausgestatteter Handlung voll geistreicher Komplikationen und Entwirrungen, immer von heftigen Intrigen in Fluß gehalten, dabei von höchster Exaktheit im dramatischen Gefüge, oft von humanitären Ideen durchwärmt, die seine lange, bis ins 19. Jahrhundert andauernde Beliebtheit vor allem erklären.

Wenn dem Dichter – oft mit Recht! – der Vorwurf kühler Typenkonstruktion unveränderlicher Charaktere, der Unterordnung alles Persönlichen unter die schematisch ausgedachte Führung der Handlung gemacht wird, hier, im «Titus», ist ihm mit der Gestalt der Vitellia eine der leidenschaftlichsten Erscheinungen des Musikdramas gelungen – die wildeste dämonische Frau vielleicht, die je in Mozarts musikalischen Bereich getreten ist – und im Sextus eine interessante, problematische Figur, die gerade den Hörer von heute intensiver fesseln müßte. Es wäre ferner ein Fehler, die verzeihende Großmut des Titelhelden als unleidliche Schwäche zu empfinden. In der Gestalt des Kaisers verkörpern sich dieselben Ideale von Menschlichkeit, Güte («Clemenza»!) und Toleranz, die Mozart damals auch bei der Arbeit an der «Zauberflöte» so nahetraten. Auch in Titus lebt etwas von der echten Wärme Sarastros. Er fühlt das Unzulängliche seines eigenen Loses, seiner Umwelt, nur zu deutlich. Die monologische Szene, die ihn zum letzten Entschluß verzeihender Milde – aus Einsicht, nicht aus Schwäche – bewegt, wird von dem strengen Kritiker Voltaire mit Recht unter die bedeutendsten Bühnenaugenblicke seines Jahrhunderts eingereiht. Freilich waren die dramaturgischen Ideale jenes Zeitalters nicht die unsern. Doch berechtigt diese Tatsache uns keineswegs, sie mit unseren Maßstäben zu kritisieren. Es ist nicht leicht, den Eingang in jene, vom lauten Espressivo des persönlichen Erlebens noch abgewandte «poésie pure» des 18. Jahrhunderts, wie sie Ernst Howald nennt, zu finden, in jene lange verkannte, höchst subtile Opernkunst des Settecento, deren intensiv angestrebtes Ziel die vollendete Wiedergabe der seelischen Affekte nicht durch die Problematik der Charaktere und der Aktion, sondern durch das Medium einer technisch hochgetriebenen, überaus flexiblen, daher höchst wandelbaren Gesangskunst gewesen ist. Was dieser Kunstgattung gerne als Fehler angelastet wird, das Stereotype der Situationen und Phrasen, die kühle, transparente Atmosphäre abstrakt betrachtender Gedanklichkeit, das Überwiegen des Zerebralen vor dem Herzen, alle diese Mängel sind in Wahrheit höchst bewußte Ökonomie, lange vorgebildetes, in sicherem Kulturbewußtsein gepflegtes Raffinement des Handwerks gewesen. Mozart hat in seinen italienischen Jugendopern («Mitridate», «Ascanio», «Lucio Silla», «Rè Pastore») versucht, diesem Genre gerecht zu werden, ohne es erfüllen zu können. Im «Idomeneo» hatte er es bereits überwunden, während er noch daran glaubte. Trotzdem – und das muß mit besonderem Nachdruck gesagt werden – hat Mozart jene Grundidee dramatischer Gestaltung aus der unmittelbaren Lebendigkeit des Affekts in der unerschöpflichen Variabilität der menschlichen Stimme, also vom Gesanglichen her – allerdings unterstützt durch die Vitalität eines immer vollkommeneren Orchesters –, niemals aufgegeben. Niemals hat er eine «Reform» angestrebt, wie Gluck, der vorgab, der Tondichter müsse den Musiker vergessen, wenn er eine Oper schreiben wolle. In den großen Würfen der Wiener Meisterjahre («Figaro», «Don Giovanni», «Così fan tutte») hat Mozart das gerne Übernommene von innen her befeuert, ohne die Form zu zerstören. Er durchgeistigte nur das Gewohnte durch die ungestüme Lebendigkeit einer nur im tonlichen Gefüge aussprechbaren, nur *musikalisch* erlebbaren und deutbaren, der Umschreibung in Wortbegriffen kaum je zugänglichen Psychologie, sei es in genialen Wendungen der Sologesänge, sei es im blitzenden Linienspiel des Ensembles.

Die Bearbeitung des Metastasianischen Librettos durch Caterino Mazzolà hatte das feine Gewebe der ursprünglichen dramatischen Führung aus der traditionellen Dreiaktigkeit der Seria unter Beseitigung wichtiger Szenen auf zwei Akte zusammengezogen, wohl um die «Festoper» nicht langatmig werden zu lassen. Die dramatische Schlagkraft des Werkes hat dadurch entschieden gelitten. Das Wertvolle und für Mozart Wichtige in der Bearbeitung Mazzolàs lag aber darin, daß er aus dem vorliegenden Material eine Reihe wirksamer Ensemblestücke zusammenstellte, wahrscheinlich auf Anregung oder in voller Übereinstimmung mit Mozart selbst, der die Ensembleleistungen seines «Figaro», seines «Don Giovanni» hinter sich hatte, daher auch mit sichtlicher Befriedigung auf den Titel seiner Titus-Partitur die Worte schrieb: «ridotta à *vera opera* dal Signore Mazzolà». Als «vera opera» galt Mozart offenbar die neue, mit Ensemblesätzen lebendig durchmischte Form an Stelle der alten, fast nur mit Arien ausgestatteten Seria.

Einige Ensembles aus der «Clemenza» (K. 621), etwa das erste Duett (Nr. 1) und das G-Dur-Terzett (Nr. 10), stehen, was Beschwingtheit, Spannkraft und Intensität des dramatischen Ausdrucks betrifft, kaum hinter irgendeinem Stücke gleicher Gattung aus Mozarts «giocosen» Meisterwerken zurück. Vollends bleibt das «Quintetto con Coro» (Nr. 12), das sogenannte «Finale»[258] am Ausgang des ersten Akts, eine ganz einmalige, unübertreffliche Leistung, dieses dunkle, merkwürdige Stück, mit der leidenschaftlichen, von Verzweiflung und Reue erfüllten Soloszene des zum Morde entschlossenen Sextus, mit der atemlosen Hast eines verwirrt dahinjagenden Durcheinanders der Solisten mit den «da lontana»-Rufen des Chors, mit der überraschenden, echt Mozartschen Wendung zur Stille nach der Rückkunft des vermeintlichen Mörders. Hier, im Augenblick höchster Spannung, steht die berühmte Generalpause, Eingebung eines dramatischen Genies höchster Artung! Das leise verhallende «Andante», ein erhabener, nur selten in schmerzlicher Erregung aufzukkender Klagegesang, auf der Bühne wie im Orchester – wunderbare Trompeten! – eindrucksvoll zu choristischer Stufung gegliedert, gehört zu den bedeutendsten Stücken der gesamten musikdramatischen Literatur. Das zweite Finale (Nr. 26) erfüllt das, was es sein möchte, in vollem Maße: ein wirkungsvoll gebautes musikalisches Prunkstück, Ausdruck dankbarer Freude, eine «Licenza», wenn man will, oder das Schlußstück einer Festkantate mit schön verteilten Aufgaben für die Solisten und den Chor. Der Schlußjubel von Beethovens «Fidelio»[259] steht diesem Finale nicht mehr ferne, wie sich überhaupt manche goldenen Fäden vom «Titus» zu dieser Oper von gleicher, tief menschlicher Gesinnung hinüberspinnen. Noch möge man der beiden höchst konzertanten Arien gedenken, in denen Freund Stadler neben dem Gesangssolisten mit seiner Virtuosität paradieren konnte, die F-Dur-Arie des Sextus mit Klarinette (Nr. 9) und das Rondo der Vitellia mit dem Bassetthorn (Nr. 23); man soll auch das kurze «Duettino» (Sextus, Annius, Nr. 3) nicht vergessen, das plötzlich wie ein lieblicher Sonnenblick aus der Region der Seria in das kleine Liederreich des schlichten Singspiels zu führen scheint. Ihm nahe bleibt eine zarte Arie der Servilia (Nr. 21), aus ihrem Sekundarierdasein durch gemütvolle Töne zu höherer Geltung gehoben. Die *Ouvertüre*, mit den akzentuierten Schleiferfiguren wieder an das Incipit des Idomeneo-Vorspiels anknüpfend, wahrt den objektiv festlichen Charakter der italienischen Opernsinfonia in der geläuterten Form der Mozartschen Spätwerke. Sie ist ein beliebtes Orchesterstück «pro omni tempore» geworden. Soll die dreimal ansetzende, jedesmal von einer Fermate unterbrochene Eindrücklichkeit des Anfangsmotivs, die dann auch in der Reprise wiederkehrt, nicht eine bewußte Voranmeldung der feierlichen, symbolträchtigen Rufe in der «Zauberflöte» sein?[260]

Mozart hatte in der «Clemenza» mit vollem Bewußtsein auf eine Form zurückgegriffen, die für die Zeit, noch mehr für ihn selbst schon beinahe verbraucht war. Durch diese subtile Behandlung neu eingeführter Ensemblestücke versuchte er das Gleichgewicht herzustellen. Doch blieb eine Kühle, die er nicht völlig bannen konnte, in dem großen Raum. Und wieder eine milde Wärme aus anderen Zonen. Es ist der Klang aus der Welt der «Zauberflöte»[261]. So deutlich er fühlbar wird, er ist in sachliche Begriffe kaum zu fassen. Gemeinsame Merkmale der Melodiegestaltung, der Harmonik, der Instrumentation reichen nicht ganz zur Erklärung aus. Es ist noch ein Unwägbares, ein rührend Menschliches im Spiel, das seinen Schöpfer gerade im Zwang des Zwiespalts nicht verleugnen will.

Darum wird auch die «Clemenza» nie ganz von der Bühne verschwinden[262]. Auf der gewohnten intimen Mozartbühne ist für sie kaum ein Platz. Ohne festliche Ausstattung und prunkvolle Dekoration verliert sie ihren ursprünglichen Sinn, ohne die zartfühlende Hand des Bühnenleiters und Kapellmeisters ihren ursprünglichen Gehalt. Wem es ungezwungen, ohne historisierende Gebundenheit, doch nachschöpferisch gelingt, die preziöse Geistigkeit des 18. Jahrhunderts in der barocken Blüte der Seria einem modernen Publikum wieder lebendig zu machen, der vermöchte auch den «Titus» erfolgreich wieder zu erwecken.

Abgespannt, leidend, um eine bittere Erfahrung reicher, verließ Mozart um die Mitte September sein liebes Prag. Heftige Erregung übermannte ihn, als er von den Freunden, von der Stätte seiner schönsten Erinnerungen Abschied nahm. Vielleicht ahnte er, daß er die gastliche Stadt seines «Don Giovanni» nie mehr sehen würde.

43. DIE ZAUBERFLÖTE

«Die ‹Zauberflöte› ist einmal das Zentrum der deutschen Oper, nach welchem man sich noch nach Jahrhunderten wird umsehen müssen, wenn man die Grundelemente deutschen Opernstils studieren will.» (Julius Cornet, 1857)

«Es gehört mehr Bildung dazu, den Wert dieses Opernbuches zu erkennen, als ihn abzuleugnen.»

«Wenn es nur so ist, daß die Menge der Zuschauer Freude an der Erscheinung hat; dem Eingeweihten wird zugleich der höhere Sinn nicht entgehen, wie es ja auch bei der ‹Zauberflöte› der Fall ist.» (Goethe)

Über der inneren Entstehungsgeschichte der «Zauberflöte»[263] liegt geheimnisvolles Dunkel. Wir wissen von der Bindung ihrer Handlung an Ideen, Symbole und Gebräuche des Freimaurerordens, wir wissen von der Pflicht seiner Mitglieder zur Verschwiegenheit, wir wissen endlich, daß Mozart und sein Textdichter Schikaneder Freimaurer gewesen sind. Aus der Erkenntnis dieser Tatsachen kann manches Rätsel aufgeklärt, kann ein Weg zum Verständnis der Oper gefunden werden.

Maria Theresias Überzeugung von der Verderblichkeit der Freimaurerei war die Zugehörigkeit ihres Gemahls zu diesem Bunde stets eine Quelle von Unannehmlichkeiten gewesen. Nach seinem Tode war sie daher mit einem gänzlichen Verbot des Ordens schnell zur Hand. Aber von diesem Augenblick an begünstigte Joseph als Mitregent seiner Mutter die geheimen Bestrebungen der Freimaurer, da sie mit seinen freigeistigen Humanitätsidealen harmonisierten. Als er nach dem Hinscheiden der Kaiserin, 1780, die Alleinregierung antrat, schien daher die Stunde für den Bund zu schlagen.

Ein Jahr später hatte Mozart dauernde Wohnstätte in Wien gefunden. Bald war er durch seine Kunst in rege gesellschaftliche Beziehungen mit angesehenen Persönlichkeiten getreten, die der Freimaurerei nahestanden. Den acht Logen Wiens gehörten damals die geistvollsten Persönlichkeiten der Stadt als Mitglieder an. Der Begründer der bedeutendsten Loge «Zur wahren Eintracht», Ignaz Edler von Born, ein berühmter Mineraloge und universell tiefgründiger Geist, genoß über die Grenzen Österreichs hinaus allgemeine Verehrung.

Zweifellos haben die menschlichen Bestrebungen der Freimaurer, ihr Kampf gegen Aberglauben und Gewissensenge, die Grundsätze gegenseitiger Förderung und brüderlicher Gleichberechtigung, das empfängliche Gemüt Mozarts lebhaft gewonnen. Sein heiter-geselliger Trieb, das Bedürfnis nach ernster Unterhaltung in vertrautem Kreise, seine allen humanen Gedanken offene Seele, die trotz aufrichtiger Gläubigkeit doch immer, halb unbewußt, bestrebt blieb, sich von allem Dogmatischen in Glaubens- und Moralsachen zu befreien, mußten jene Ideale als willkommene Offenbarung nach der bedrückenden Enge der Salzburger Umwelt empfunden haben. Das geheimnisvolle Zeremoniell des Ordens, die bedeutende Rolle ernster Musik bei seinen Gebräuchen und Feierlichkeiten taten ein übriges, Mozarts künstlerische Phantasie anregend zu fesseln.

Vielleicht auf letzte Veranlassung eines alten Bekannten aus der Mannheimer Zeit, des Freiherrn Otto von Gemmingen, war er der Loge «Zur gekrönten Hoffnung» beigetreten. Er widmete sich dem Bunde mit der ihm eigenen leidenschaftlichen Intensität. Seiner freundlichen Beredsamkeit war es sogar gelungen, den mißtrauischen und zurückhaltenden Vater im März 1785 zum Eintritt in den Orden zu bewegen.

Als wertvolle Erinnerung seiner künstlerischen Tätigkeit im Dienste des Bundes ist uns eine Anzahl verschiedenartiger Kompositionen erhalten, eine Reihe ernster Kantaten und Lieder[264], als bedeutungsvollstes Gelegenheitswerk die *«Maurerische Trauermusik»* (K. 477) für eine Gedenkfeier nach dem Ableben zweier Logenbrüder. Das kurze Adagio, ganz von Ernst und milder Verklärung erfüllt, klingt wie ein höchst persönliches, von antiker Größe durchwehtes Bekenntnis des Meisters zu den Rätseln des Todes. Schon die äußere Form des streng geschlossenen Tonstückes, sorgfältige Auswahl der Instrumente und deren Behandlung, die eigenartige Gruppierung des feierlichen Marsches um den Kernpunkt einer gregorianischen Choralmelodie, ganz ähnlich der Behandlung des sakralen Cantus firmus im zweiten Finale der «Zauberflöte», geben dem Ganzen eine Sonderstellung unter allen Werken Mozarts. Obwohl schon im Juli 1785, also sechs Jahre vor jener Oper entstanden, offenbart die «Trauermusik» dieser und dem «Requiem» wesensverwandte Züge.

Die Unterstützung der Freimaurer durch die Regierung hatte den Zulauf einer Schar Unberufener zur Folge. Unordentliches machte sich bemerkbar. Joseph sah sich daher genötigt, durch einen kaiserlichen Entschluß im Dezember 1785 die Zusammenlegung der Wiener Logen auf zwei, «Zur Wahrheit» und «Zur neugekrönten Hoffnung», zu verfügen und die jährliche Bekanntgabe der Mitgliederlisten sowie der jeweiligen Meister vom Stuhl an die Behörden anzubefehlen.

Dem unermüdlichen Born eröffnete sich als erstem Großmeister der Loge «Zur Wahrheit» ein neues Betätigungsfeld. Mozarts Loge «Zur neugekrönten Hoffnung» blieb in bescheidenem Abstand zu jener, der die Elite der Wiener literarischen Gesellschaft angehörte. Vielen Persönlichkeiten, die in Mozarts letztem Lebensabschnitt eine Rolle spielten, ist er in ihrem Kreise nahegetreten. Vor allem waren es der gutmütige Puchberg, der ihn unzählige Male aus schwerer Geldverlegenheit rettete, und

Schikaneder. Aber auch der Musiker Stadler, der ihn gewissenlos ausnützte. Sicher hat Mozart alles getan, seinen Mitbrüdern ein guter, hilfreicher Kamerad zu sein. Wie er gerne aus den Höhen seiner Kunst zu den Trivialitäten des Lebens herabstieg, so scheint er auch als Freimaurer ein ähnliches Doppelleben geführt zu haben. Gleichsam inoffiziell pflegte er in der «Winkel- und Freßloge», dem übermütigen Bohèmezirkel um Schikaneder, ungebundenen Verkehr. Eine Zeitlang trug er sich sogar mit dem Gedanken, eine neue Gesellschaft, «Die Grotte», zu stiften. Eigenhändig entwarf er dazu Pläne und Statuten. Zur praktischen Ausführung kam diese Idee nicht. Der Entwurf hat sich nicht erhalten.[265]

Inzwischen hatte sich die Lage der Freimaurerei zu ihren Ungunsten verändert. Kaiser Joseph II. war am 20. Februar 1790 gestorben. Da sein Nachfolger die Logen verbot, schlug sich die große Menge bald ins Lager der Feinde. Man bezeichnete die Freimaurer als Anstifter der Französischen Revolution, man erblickte in ihnen subversive Elemente im Staate, Feinde der Ordnung, der Religion und des Kaiserhauses. Viele Ordensleute zogen sich aus den Logen zurück. Andere rückten hinter der beschworenen Pflicht der Verschwiegenheit wieder tiefer ins Dunkel.

Es ist sehr möglich, daß die Gestaltung des Theaterstücks, zu dessen Vollendung sich Mozart und Schikaneder im Frühjahr 1791 zusammengetan hatten, unter solchen Umständen ihre entscheidende Wendung nahm.

Zwei Jahre früher war Schikaneder mit seiner Truppe von Regensburg, wo seine Stellung unhaltbar geworden war, voll neuer Pläne nach Wien gekommen. Schnell versöhnte er sich mit seiner Frau, die getrennt von ihm, mit ihrem inzwischen verstorbenen Geliebten, dem Schauspieler Friedel, das Theater im Freihause auf der Wieden geführt hatte, übernahm selbst die Leitung und rückte sofort mit der Schlagkraft seiner urwüchsigen Bühnenbegabung dem gefährlichen Konkurrenten in der Leopoldstadt, Marinelli, energisch zu Leibe. Dieser scharfe Kampf erforderte Vielfalt und Breite des ernsten und heiteren Repertoires, im heitern eine geniale Einstellung auf den Geschmack des Wiener Vorstadtpublikums. Sie gelang der Verwandlungsfähigkeit Schikaneders, eines gebürtigen Bayern aus Straubing, in überraschend kurzer Zeit. Marinellis «Kasperl» lockte die Leute. Schnell erstand auf der Wieden sein erfolgreicher Gegentyp, der «dumme Anton», in zahlreichen, bühnensicher gezimmerten Lokalpossen. Daneben brachte Schikaneder in der Folge Dramen von Shakespeare, Lessing, Schiller und Goethe, Singspiele und todsichere Opern in zweiter Auflage, Paisiellos «Barbier», Martins «Cosa rara», ja sogar eine Fortsetzung der letzteren im Komparativ «Der Fall ist noch weit seltener». Sein feiner Spürsinn als Direktor, gewandte Eigenschaften als Schauspieler, namentlich in derbkomischen Rollen, sein elegantes, weltmännisches Auftreten als Privatmann sicherten ihm bald die nötige Popularität bei den Wienern.

Mit Mozart wird sich die alte Salzburger Freundschaft kurzerhand erneuert haben. Gewiß traf man sich oft im Theater oder bei Gastereien, die Schikaneder mit liebenswürdigem Leichtsinn seinen Freunden, Verehrern und Schauspielern bot. Mozarts Schwägerin, Josepha Hofer, wirkte als Sängerin im Verbande seiner Bühne.

Schikaneders Einnahmen stiegen damals von Jahr zu Jahr. Aus diesem Grunde bleibt es haltlose Legende, daß er in jenen Frühlingstagen an Mozart mit der demütigen Bitte herangetreten sei, ihn durch Vertonung eines zugkräftigen Spektakelstückes aus Not und Schulden zu retten. Wahrscheinlich ist der Gedanke einer gemeinsamen deutschen Oper sogar von Mozart ausgegangen. Denn es ist kaum denkbar, daß Mozart der Idee, die ihn schon als Jüngling begeistert hatte, nach der «Entführung» plötzlich untreu geworden wäre. Er hatte seither nur keine Gelegenheit mehr gefunden, sie erneut in die Tat umzusetzen. An eine Verwirklichung des Gedankens im Rahmen der Vorstadtbühne, als Kasperl- oder Märchenstück, wie es damals Mode war, hat er ursprünglich wohl gar nicht gedacht. In dieser Hinsicht allein mag die Erzählung zu Recht bestehen, daß er anfangs nur mit Zögern auf Schikaneders Anregungen eingegangen sein soll, ein «Malheur» befürchtend, da er eine Zauberoper noch nie komponiert habe. Allerdings hatte ihm der Frankfurter Erfolg des «Oberon», den er vielleicht persönlich miterlebte, kurz vorher einen überzeugenden Beweis von der unverbrauchten Schlagkraft dieser neueren Singspielgattung erbracht. Der Textdichter der Wielandparaphrase, vielmehr der unbedenkliche Plagiator eines gleichnamigen Librettos Friederike Seylers, Karl Ludwig Gieseke, wirkte damals als kleiner Schauspieler, Faktotum und Theaterdichter in Schikaneders Ensemble.

Gieseke[266], der nach abenteuerlichem Doppelleben, hochbetagt, als Mineralogieprofessor der Royal Dublin Society und Ritter des Danebrogordens im März 1833 zu Dublin gestorben ist, soll sich nach Mitteilung des Theaterdirektors Julius Cornet einmal (1819) in vertrautem Kreise als eigentlicher Verfasser der «Zauberflöte» bekannt haben. Nur die Figuren Papagenos und Papagenas seien Eigentum Schikaneders gewesen. Diese keineswegs verbürgte Äußerung, sieben Jahre nach Schikaneders Tod, hat zu einer Streitfrage über die Autorschaft des Zauberflötentextes geführt. Sie ist bis heute nicht entschieden und wird wohl erst dann endgültig geklärt sein, wenn urkundliche Belege einen unumstößlichen Beweis liefern sollten.

Doch dürften Wahrscheinlichkeitsschlüsse aus den vorhandenen Tatsachen schon zu brauchbaren Resultaten führen. Der «Oberon» – nicht einmal ein Originalwerk! – gehörte zu den Erstlingsarbeiten Giesekes.

Wir brauchen vorerst nur die Mache dieses Librettos, dazu alle anderen dramatischen Leistungen Giesekes der ewig jungen Eindruckskraft der Zauberflötenhandlung zu vergleichen, um zu erkennen, wie gering sein künstlerischer Anteil an dem Endresultat unseres trotz manchen Mängeln doch so glücklichen Opernbuches gewesen sein mag. Die Fülle des spontanen, gleichsam improvisatorischen Geschehens weist auf die Phantasie des unliterarischen, genialen Bühnenpraktikers Schikaneder, nicht zuletzt auf Mozart selbst. Von Gieseke und seinem «Oberon» bleibt nicht viel mehr als eine äußerliche Grundlage, ein Motto, übrig: Oberon mit Titania, Sarastro mit der sternflammenden Königin entzweit, Hüons Horn – Taminos Flöte, Scherasmin – Papageno, einige Worte, Symbole und ein wenig Handlung. Ebensoviel, vor allem den Titel, hat das Märchen «Lulu oder die Zauberflöte» aus dem dritten Bande von Wielands Sammlung «Dschinnistan» beigesteuert, eine Geschichte vom Königssohn, der im Besitze eines Zauberringes und einer Flöte die Tochter der strahlenden Fee einem bösen Zauberer wieder entreißt. Aber auch die anderen Märchen des «Dschinnistan» haben einzelne Motive für die «Zauberflöte» geliefert. Noch andere Fäden führen zu gemeinsamen Arbeiten Mozarts und Schikaneders in Salzburg, zum Singspiel «Zaide», zu Geblers «König Thamos», zur Frankfurter Neuadaptierung von Mozarts dazugehöriger Bühnenmusik für das Schauspiel «Lanassa»[267]. Lose Beziehungen zur «Entführung» (Selim-Sarastro, Constanze-Pamina), ja sogar zu Shakespeares «Sturm» (Prospero-Sarastro, Fernando-Tamino, Miranda-Pamina, Trinkulo-Papageno, Kaliban-Monostatos) sind vorhanden. Kein anderes Opernbuch Mozarts wurzelt so tief in der Volkskomödie, in der lebendigen Tradition des spielfreudigen Wiener Bodens, nur wenige Dramen der Weltliteratur sind gleich innig uraltem Mythos, allgemein menschlichen Symbolen verbunden. Die Vermählung heterogenster Elemente geschieht in märchenhafter Anmut, mit kindlich großartiger Selbstverständlichkeit. In dem ewigen Kampf zwischen Nacht und Licht hat auch der Hanswurst seine prominente Rolle erhalten.

Die bunten literarischen Beziehungen des Zauberflötenbuches lassen eine gemeinsame Arbeit vermuten, wie sie auch heute in der dramatischen Werkstatt noch gerne geübt wird. Ein bescheidener, zum mindesten beratender Anteil wird Gieseke dabei vielleicht eingeräumt werden müssen. Wahrscheinlich ist Mozarts Mitarbeit am Buch weit bedeutsamer gewesen als bisher angenommen wurde. Sein Vater war gestorben, seine Frau hatte für derlei «technische» Dinge kein Interesse. Also schweigen auch Mozarts Briefe über jenen wichtigen Punkt. Wir gehen nicht fehl, wenn wir den hohen sittlichen Gehalt der «Zauberflöte» – der seichten Gefälligkeit anderer Bühnenwerke Schikaneders kritisch verglichen – vornehmlich auf Mozarts Initiative zurückführen. Die seltsame Mischung künstlerischer Ernsthaftigkeit mit humorvoller Trivialität des Lebens, die das Buch wahrhaft volkstümlich gemacht hat, ist der menschlichen Erscheinung unseres Meisters innig verwandt.

Ein loses Pläneschmieden zwischen Mozart und Schikaneder mag noch in die Josephinische Zeit zurückreichen. Durch Frankfurt war der «Oberon» Giesekes in den Mittelpunkt des Interesses gerückt. Eine Verdichtung der gemeinsamen Theaterpläne im Frühling 1791 nahm daher von diesem Stücke ihren Ausgang. Nur scheint Schikaneder vorläufig die Führung ergriffen zu haben. Was seinem praktischen Geist entsprach, war die Schablone des modischen Maschinen- und Zauberstücks als wirksame Waffe gegen seine Konkurrenten. So fügte er aus der Oberondichtung mit Benützung des Lulumärchens die Grundzüge einer neuen Handlung, deren Linien bis zum Finale des ersten Aktes zu erkennen sind: Tamino, vor dem Angriffe einer wilden Schlange durch die drei Damen der sternflammenden Königin errettet, verliebt sich in das Bild ihrer Tochter und beschließt, das Mädchen aus der Gewalt des bösen Zauberers zu befreien. Die Königin – als Vertreterin eines *guten* Prinzips – läßt den Jüngling aufs beste für sein Vorhaben ausstatten. Er erhält die gefahrenbannende Zauberflöte, den wegekundigen Papageno und Lichtgenien, die drei Knaben, als Begleiter. Papageno dringt als erster zu Pamina vor und findet sie den lüsternen Annäherungen eines von einem bösen Zauberer bestellten schwarzen Aufsehers gerade preisgegeben. Den Mohren vermag er durch den Anblick seines Vogelkleides zu verjagen und Pamina zur Flucht in Taminos Arme zu überreden.

Von diesem Augenblicke an ändert sich der symbolische Charakter mehrerer Figuren und damit der Plan des ganzen Stücks in der sonderbarsten Weise: Der böse Magier wird zum edelsten Vertreter weisheitstiefer Menschenliebe, dessen Lichtreich auch die drei Knaben angehören. Dafür rückt die sternflammende Königin mit ihren Damen als Verkörperung nachtdunkler, verwerflicher Mächte an seine Stelle. Die Gefahren Taminos haben sich in läuternde Prüfungen vor dem Aufstieg der Liebenden ins ewige Reich der Sonne verwandelt.[268]

Es ist ebensowenig anzunehmen, daß von Schikaneders Seite die Initiative zu diesem völligen Umschwung ausgegangen sei, als daß ihn die Erstaufführung von Perinets Singspiel «Kaspar der Fagottist oder die Zauberzither» bei Marinelli (8. Juli), eines dem Lulumärchen nachgebildeten, inhaltsverwandten Stücks, zu solch durchgreifenden Änderungen bewogen habe. Zauberspiele gleicher Art waren damals unbedenklich zu plünderndes Allgemeingut der Wiener Bühne. Wir werden dagegen kaum fehlgehen, wenn wir die glückliche Verwandlung der düsteren Zauberburg in das helle, weite Tempelreich Sarastros einem unmittelbaren Anstoß aus andern Kreisen zuschreiben. Was Mozart bisher komponiert hatte – und weiter scheint auch der ursprüngliche Text nicht gediehen zu sein – konnte bestehen bleiben. Nun scheint das Auftauchen neuer Ideen aber so innigen Widerhall in seinem Herzen gefunden zu haben, daß seine unsicher zögernde Arbeitsenergie sich mit einem Schlage zur Führerschaft an dem weiteren «Plane» emporriß.

Ignaz von Born lag damals im Sterben. Die Vermutung Komorzynskis, daß an seinem Krankenbette, an dem gar oft von Mozarts und Schikaneders Plänen gesprochen worden sein mag, der Gedanke entstand, die Oper zu einer Verherrlichung der Humanitätsideale[269], zu einem Sieg des Lichtes über die Finsternis zu machen, ja, daß vielleicht Born selbst der Anreger jenes Gedankens war, hat viel Bestrickendes für sich, obwohl sie nicht bewiesen werden kann.

Für den Einfluß Borns wäre zum mindesten die auffällige Verknüpfung seines Aufsatzes «Über die Mysterien der Ägypter» mit der Stoffwelt der «Zauberflöte» sehr bezeichnend. Die Beziehungen des Operntextes zu Terrassons Sethosroman treten dagegen in den Hintergrund. Bei Born finden wir auch die ethischen Grundsätze des Zauberflötenbuchs, das Streben nach Weisheit, Wahrheit und Menschenbeglückung, in verblüffender Übereinstimmung wieder. Dazu Anklänge in Menge: Die Prüfung des Suchenden im Inneren des Tempels an der finsteren Schwelle des Todes, die Wanderung durch Feuer und Wasser, die Pflichten der Verschwiegenheit, der Bekämpfung der Leidenschaften und die Symbole der Dreizahl.

Schikaneder scheint die grundsätzliche Änderung seines ersten Entwurfes willig angenommen zu haben. Die Neuheit der Idee hob sein Stück dadurch nur vorteilhaft aus der Masse der übrigen. Wahrscheinlich trat jetzt erst das ägyptische Milieu der Handlung mit Bestimmtheit hervor. Der böse Zauberer erhielt nun als verklärte Lichtgestalt des geliebten Meisters Born, der im Juli 1791 gestorben war, einen neuen, vielbedeutenden Namen: Zoroaster = Sarastro.

Mit wunderbarer Breite und Erhabenheit tritt unter den feierlichen Klängen des Knabenterzetts («Zum Ziele führt dich diese Bahn») zu Beginn des ersten Finales (Nr. 8) der «neue Plan» in den Vordergrund. Wie die heilige Musik schon alle vorhergegangenen Szenen mit ihrer Wärme erfüllt hatte und in genialer Selbstverständlichkeit die gefährliche Wendung der Handlung vergessen machte, so hob sie jetzt alles trocken Hieratische, Vergängliche der Gebräuche, Meinungen und Symbole ins Allgemeingültige, Weltumspannende. Ihr Ethos wandelte das dekorative Geschehen des alten Opernspiels zum Verkünder höherer Wahrheit. Daher wird die «Zauberflöte» wie der «Faust» nie aufhören, dem «Eingeweihten» – im Sinne Goethes – stets neue Geheimnisse zu offenbaren, obwohl ihre herzerfrischende Natürlichkeit auch den schlichtesten Zuhörer zu beglücken vermag. Was Mozart später am innigsten freute, war der «stille Beifall», das erhebende Bewußtsein, daß die Tiefen seines Werkes sich den Herzen der Hörer erschlossen. Noch an der Arbeit, war er von der Wucht des Mitfühlens manchmal so ergriffen, daß er nicht an das Klavier treten und aus der Oper spielen konnte, ohne von der «Empfindung» überwältigt zu werden.

Der kluge Schikaneder hatte die krankhaft gesteigerte Reizbarkeit des Freundes wohl erkannt. Er tat in seiner unbedenklichen Art alles, den Meister bei fröhlicher Stimmung zu erhalten. Dicht neben dem Wiedner Theater, im Hofe des Freihauses, stand ein kleiner Gartenpavillon. Hier soll Mozart den größten Teil der «Zauberflöte» geschrieben haben. Oft lud ihn Schikaneder zu Tisch. Oder er kam des Abends mit Freunden und Freundinnen, den Arbeitsmüden durch ausgelassene Gelage aufzuheitern. Über diese gewiß unbürgerlichen Konventikel haben sich nach Mozarts Tod wilde Gerüchte verbreitet. Man bezichtigte ihn in maßloser Übertreibung der Völlerei und Liederlichkeit. Gewiß war Mozart, wie Schikaneder, sonderlich den Frauen gegenüber, kein Kostverächter. Daß ihn damals die kleine Madame Gerl, die Gattin des ersten Sarastro, mit lockeren Banden gefesselt hielt, ist vielleicht nicht einmal ganz erfunden. Wir wollen nur nie vergessen, wie wenig Freude dem kranken Künstler damals noch zugemessen war, wie dringend sein menschlich Teil in der tiefen, todesbangen Schwermut, die ihn damals schon umfangen hielt, der laut ablenkenden Trivialität im Kreise so liebvertrauter Possenspieler seiner Lebensbühne bedürftig war.

Mehrere der letzten Kompositionen Mozarts, die *acht Klaviervariationen über Schikaneders Lied «Ein Weib ist das herrlichste Ding»* (K. 613), die *Arie mit obligatem Kontrabaß «Per questa bella mano»* (K. 612) für den Sänger Gerl und den Virtuosen Pischlberger, vor allem aber das wunderbare *Klarinettenkonzert* für Stadler (K. 622) sind die musikalischen Erinnerungen jener kollegialen Beziehungen aus dem Zauberflötenjahr geworden. Bis heute dürfte kein Werk entstanden sein, das dem Wesen der Klarinette vollkommener gerecht würde als dieses Konzert; ein einzigartiges Stück gleicherweise unter Mozarts Konzertkompositionen, vom lieblichen Anfang des prachtvoll gebauten Eingangssatzes mit der bezwingenden Dialogik des Solisten und seines Begleitorchesters, über die himmlische Milde des Adagios zur fröhlichen Beschwingtheit des Finalrondos, dem virtuosen Spiel des alten Konzertierens längst entnommen, von einer süßen, schwermütigen Bekenntnishaftigkeit, klanggewordene, lächelnde Weisheit, verklärtes Wissen um Schönheit, Lebensglück und Vergänglichkeit.

Als Mozart nach Prag fuhr, waren alle Gesangsnummern der Oper fertiggestellt. Den Priestermarsch (Nr. 9) und die Ouvertüre hat er erst nach seiner Rückkehr, am 28. September, beendet. Zahlreiche Proben hatte der junge Kapellmeister des Wiedner Theaters, Johann Baptist Henneberg, dem leidenden Meister abgenommen. Die Uraufführung der «Zauberflöte» am 30. September 1791 dirigierte Mozart, wie der Theaterzettel verrät, aus «Hochachtung für ein gnädiges und verehrungswürdiges Publikum und aus Freundschaft gegen den Verfasser», selbst. Süßmayr saß neben ihm am Flügel und wendete die Notenblätter um. Schikaneder sang den Papageno – diese Figur war ja die seine, wie keine andere des Stücks! – Josepha Hofer die Königin der Nacht, Mlle. Nanina Gottlieb, einst das erste Figarobärbchen, die Pamina, der universelle Musiker Benedikt Schack den Tamino; Gieseke mußte sich mit der Statistenrolle des «ersten Sklav» zufriedengeben.

Nach der Ouvertüre verharrte das Publikum zunächst in erwartungsvoller Stille. Der Komponist Schenk, der nur mehr im Orchester Unterschlupf gefunden hatte, kroch nach den letzten Takten, außer sich vor Entzücken, zu Mozart hin und küßte seine Hand, während dieser, ihm freundlich zulächelnd und, mit der Rechten forttaktierend, schon die Introduktion begonnen hatte. Auch nach dem ersten Akt hielt die auffallend kühle Stimmung des übervollen Hauses noch an, so daß Mozart blaß und bestürzt auf die Bühne geeilt sein soll und Schikaneder ihn beruhigen mußte. Am Schlusse wurde der Beifall lebhafter. Man rief nach dem Maestro. Aber Mozart hielt sich versteckt und war endlich nur mit Mühe vor die Rampe zu bringen. Die frostige Zurückhaltung der Wiener erschütterte sein krankes Gemüt aufs heftigste.

Schikaneder sah viel nüchterner. Er kümmerte sich weder um das flaue Resultat der Premiere noch um die bissige Anmerkung eines Wiener Blattes, die neue Maschinenkomödie wolle trotz aller Aufwendungen den «gehofften Beifall» nicht finden. Im eigensten Interesse begann er das Werk mit allen Künsten des erfahrenen Theaterpraktikers zu forcieren. Schon bei der zweiten Vorstellung, die noch Mozart leitete, war eine lebhafte Erwärmung des Publikums zu spüren. Von da ab steigerte sich der Zulauf in einer Weise, daß Schikaneder noch im Oktober vierundzwanzig Wiederholungen ansetzen konnte. Die «Zauberflöte» wurde das erfolgreichste Zugstück seiner Bühnenlaufbahn. Im November 1792 kündigte er die hundertste, drei Jahre später die zweihundertste Vorstellung an[270]. Seine späteren Operntexte sind fast nur mehr Abkömmlinge dieses einzigen Werks geworden.

Niemals ist Mozart umfassender gewesen als in diesem seinem letzten Bühnenwerk. Niemals vermochte er die Überfülle des Verschiedenen geschlossener, einheitlicher als Träger der dramatischen Idee zu formen. Die Vielfalt des Wiener Singspiels hatte ihm einen passenden Rahmen geboten. Aber erst durch Verschmelzung aller heterogenen Elemente, die ihm in der «Entführung» noch nicht völlig gelungen war, schuf er in der «Zauberflöte» die Grundlagen des neuen musikdramatischen Stils. Vom schlichten, volkstümlichen Liede (Papageno-Couplets, Nr. 2 und 20) zu seiner hochveredelten Blüte (Sarastros «Hallenarie», Nr. 15) ansteigend, über Erinnerungen aus der Welt der Buffa (Quintett, Nr. 5, Duett Papageno-Papagena im 2. Finale), aus den kühleren Regionen der Seria (Königin der Nacht), über der menschlichen Wärme des klassischen Wiener Singspieltons in seiner innigsten Ausprägung (Taminos Bildnisarie, Nr. 3 – Paminas g-moll-Arie, Nr. 17), über weihevollen Klängen aus Bezirken der alten Tragédie lyrique (Priestermarsch, Nr. 9, Priesterchöre) und der sakralen Feierlichkeit strengen Kirchenstils (Choral der Geharnischten im 2. Finale, Nr. 21) wölbt sich ein ungeheurer Bogen, das Symbol von Mozarts schwindelnd weit gespanntem Lebenswerk, von der Erhabenheit Bachscher Polyphonie zu den Pforten der deutschen Romantik[271].

Schon die *Ouvertüre* drängt diese Fülle musikalischer Erscheinungen, gleichsam als symphonisches Erlebnis der Zauberflötenidee, in die knapp umrissene, von den weihevollen Bläserakkorden des einleitenden Adagios gerahmte Form eines stark kontrapunktierenden Sonatensatzes. Ohne über jene wie ein Motto vorangestellten Akkordschläge hinaus das Bühnengeschehen anzudeuten, hält das prachtvolle Stück die feierliche und doch märchenleichte Grundstimmung der Handlung im Spiele seiner Kräfte aufs vollkommenste eingeschlossen.

Das Urerlebnis der «Zauberflöte» ward für Mozart ein ideelles, ethisches. Dies bestimmte ihren inneren Aufbau und alle künstlerischen Blickpunkte, von denen aus Szene und Menschen musikalisch in Erscheinung treten. Der realistischen Leidenschaft «Don Giovannis» verglichen, folgt jetzt das Orchester der reich bedachten Handlung mit einer fast untheatralischen Verhaltenheit, doch jeder Schwebung des Gemütslebens innig hingegeben. Wenn Tamino und Pamina durch Feuersglut und Wasser wandeln, lebt nur die keusche Sicherheit zweier Märchenkinder in dem ätherischen Schweben der Flötenmelodie über den verhaltenen Marschrhythmen, nicht eine Andeutung drohender Naturgewalten. Bezeichnenderweise rückt die Musik von diesem Prinzip am weitesten in der genial charakterisierten Monostatos-Arie (Nr. 13) ab, wo es gilt, die Begehrlichkeit dieser teuflisch-irdischen Kontrastfigur zur sittlichen Idee des Stückes einmal in den Vordergrund des Geschehens zu stellen. Aber auch hier ist das Fehlen jedes dynamischen Ausbruchs, das unaufhörliche Dahinjagen der Begleitungsfiguren in der verwirrenden Sinnenglut des Halbschattens (sempre pp!) ungemein wichtig.

Tamino ist gewiß kein Held im heroischen, wohl aber im ethischen Sinn. Sein Wesen ist dem träumerischen Hingegebensein des reinen Toren Parsifal verwandt. Seine Stärke, seine Standhaftigkeit entspringen der

Lauterkeit seines Gefühls, das sich schon in der Bildnisarie (Nr. 3) mit ganzer Innigkeit und Schlichtheit, doch ohne Sentimentalität, dem Zuhörer erschließt. Darum ist ihm von Anfang an der Pfad in das Lichtreich erschlossen. Den Schutz vor den Versuchungen feindlicher Gewalten trägt er in seinem Herzen. Der zauberkräftigen Flöte bedarf er kaum. Wenn ihr Klang im Finale des ersten Akts die wilden Tiere herbeilockt, hat die kleine Szene nur die Bedeutung eines naiv idyllischen Intermezzos. In der Feuerhöhle aber wird Tamino durch unerschütterlichen Glauben an Wahrheit und Liebe aus der Gefahr gerettet: der reine Ton der Flöte ist zum Symbol seiner Seele geworden.

Alle süßen und bitteren Schmerzen der Liebe sind *Pamina* vorbehalten. Ihre todesbange Klage («Ach, ich fühl's», Nr. 17) ist vielleicht der rührendste, wahrhaftigste Ausdruck keuscher Mädchensehnsucht in der Kunst. Selbst wenn sie die Verzweiflung dem Wahnsinn nahe bringt (Knabenszene des zweiten Finales), fehlt ihrer Gebärde jede Spur theatralischer Absichtlichkeit.

Dem ernsten Liebespaare ist das heitere, *Papageno und Papagena*, beziehungsvoll zur Seite gestellt. Den wahren Gegensatz – zu beiden – bildet die schmutzige Lüsternheit des Mohren *Monostatos*. Denn auch die kindlichen Vogelmenschen sind ganz von der unbefangenen Keuschheit des Mozartschen Wesens erfüllt. Sie leben als Glieder derselben sittlichen Weltordnung, wenn auch nicht im Himmel der Eingeweihten, so doch im Licht der schönen Erde. Ihre unbedenkliche Daseinsfreude, ihre frische Sinnlichkeit, die gackernde Lust ihres Liebestanzes haben die reine Unschuld des Tierhaften, die Sonnenseligkeit der Kinder des großen Pan.

Papageno spielt die lockende Faunsflöte. Seine Ahnenreihe reicht über ähnliche Versuche der Wiener Komödie bis in die uralten Tiertänze primitiver Völker zurück. Der unsterbliche Hanswurst in tausend Gestalten hat einmal die mythische, federnbunte Maske angenommen. Er benimmt sich darin trotz aller Derbheit und Gefräßigkeit gesitteter, mozartischer als in den gangbaren Possen der Zeit. Seine musikalische Sphäre ist das schlichte, volkstümliche Lied, nicht der Gassenhauer. Sein Glockenspiel hat die bezaubernde Dämonie des Liebenswürdigen. Daß er dieses hilfreiche Wundermittel im entscheidenden Augenblicke vergißt, wo ihn sein Unglück beinahe zum Selbstmord treibt, ist der sinnigste Zug seines Naturmenschentums. Er begnügt sich mit Speise und Trank und hat kein Verlangen nach den himmlischen Freuden der Eingeweihten. Trotzdem bleibt er in den irdischen Regionen der wackere Weggenosse Taminos, der eine tiefere Sittlichkeit der ewigen Verbindung von «Mann und Weib» (in seinem Duette mit Pamina, Nr. 7) aus vollem Herzen mitfühlt. Diese edle, menschliche Bedeutung seiner Erscheinung bewahrt ihn trotz aller Komik davor, ein Zerrbild der höheren Handlung zu werden. Der kulturgeläuterten Erhabenheit des Priesterreichs, dem auch die Seelen Taminos und Paminens angehören, tritt er als heiteres Sinnbild der Allmutter Natur entgegen. Papageno lebt, wie Tamino, als Teil von Mozarts eigenstem Wesen, von der gleichen Liebe des Schöpfers gesegnet, in den Wundern seiner Musik.

Innerhalb der menschlichen Gruppe (Tamino, Pamina – Papageno, Papagena) waltet eine wohlgeordnete Kontrastierung. Nicht minder ausdrucksvoll, doch mit andern Mitteln, tritt diese in der Gegenüberstellung der überirdischen Mächte hervor. Die tonliche Gebärde des *Lichtreichs, Sarastros,* des *Sprechers,* der *Priester* und *Geharnischten,* in luftiger Sublimierung auch der *Knaben,* ist voll weihevoller Ruhe, ein ruhiges Schreiten im Gleichmaße geradliniger Rhythmen mit Bevorzugung der liedmäßigen Formen, archaisierender Wendungen und feierlicher Bläserklänge. Unruhig, opernhafter, manchmal zur lodernder Leidenschaft auffladkernd ist die Sprache der *dunklen Gewalten,* der *Königin,* des *Mohren;* koketter, weibchenhafter bei den *Damen.*

Auch die sternflammende Königin, die von allen Figuren der Oper am weitesten der irdischen Sphäre entrückt scheint, hat durch die mütterliche Tragik ihres Kampfes einen bemitleidenswerten, menschlichen Zug erhalten. Das g-moll-Larghetto ihrer ersten Arie (Nr. 4) offenbart dies in seiner dunklen Glut am deutlichsten. Der gewaltige Unterschied dieses weitgespannten Satzes von den gewohnten langsamen Vordersätzen der zweiteiligen Seria-Arien zeigt, daß Mozart nunmehr von einer bedingungslosen Einschaltung des italienischen Opernstils ebensoweit entfernt war wie von einer Parodie der Neapolitaner. Manche haben späterhin die berühmten Koloraturen des Allegroteils und der zweiten Arie (Nr. 14) mit ihrer ekstatischen Leidenschaft, ihrer unheimlich lodernden Schlagkraft im Rahmen der «Zauberflöte» als «stillos», ja störend empfunden. Man übersah dabei, daß diese Form noch lange Zeit in der deutschen Oper (Fidelio: Leonoren-Arie, Freischütz: Agathen-Arie) zur Darstellung eines dramatisch bewegten Pathos herangezogen wurde und daß sich Mozart nur von gleichen Zweckmäßigkeitsgründen leiten ließ. Nicht die Koloratur an sich, sondern die Art der Verwendung verleiht jenen Arien der Königin ihre herbe Unnahbarkeit und die fremde, sternenglitzernde Kühle.

Schon das Vorherrschen düsterer Molltonarten (g-moll, d-moll) in beiden Arien ist ungewöhnlich. Nicht minder die Verdichtung des kolorierten Gesanges mit seinen flammengleich aufzuckenden Staccatofiguren zu Augenblicken von rein instrumentaler Bedeutung (Nr. 14!). In solcher Fassung wird der alte Ziergesang zum tauglichen Mittel leidenschaftlicher Steigerung des dramatischen Erlebens. Die kühle, harte und schneidende Stimme der Hofer mochte Mozart als Vermittlerin seiner Absichten gerade recht erschienen sein.

Beide Arien treten aus ihrer Umgebung mit starker Gegensatzwirkung hervor. Der Allegroteil der ersten (Nr. 4) folgt fast unmittelbar der weichgestimmten Bildnisarie Taminos (Nr. 3) und entwächst dem einleitenden Larghetto wie ein unwirsches Aufraffen aus der Schwäche schmerzlichen Bekennens.

Die Rachearie (Nr. 14) ist knapp vor Sarastros sanftes Friedenslied (Nr. 15, «In diesen heil'gen Hallen») gestellt. Dieser verklärte Gesang der Menschenliebe rückt ihn, der als Herrscher im Reiche der Weisheit niemals in unnahbare Fernen entschwebt, noch inniger in das menschliche Geschehen der Handlung. Das Grundgütige seines Charakters (1. Finale, Terzett Nr. 19 u. a.) hat durch die entsagungsvolle Liebe zu Pamina einen Hauch edler Tragik erhalten.

So nahe tritt in diesem deutschen Spiel der «Zauberflöte» Überirdisches dem irdischen Leben, daß selbst die dunklen Wächter an der mystischen Erhabenheit ihrer Choralweise (2. Finale) ihre Stimmen einmütig mit dem zuversichtlichen Daseinsliede Taminos und Paminas zu dem berauschenden Wohlklange des Quartetts zusammenfügen. In jenem sehr volkstümlichen Naherücken göttlicher Erscheinungen an die Kreise der Menschen, wie es später Ferdinand Raimund in der poesieseligsten Weise zu lösen verstand, bebte die romantische Sehnsucht der Zeit fühlbarer, als es die Musik noch auszusprechen schien. Überall in der «Zauberflöte» drängte ein neuer Klang frühlingsrein an die Oberfläche. Es waren die ersten Tage der Wiederentdeckung des deutschen Volkslieds.

Die *Ensembles* zeigen Mozarts Kunst der Charakterschilderung auf der Höhe ihrer Meisterschaft. Ihre Technik ist eine andere, eingänglichere geworden als im «Don Giovanni» oder «Figaro». Die gruppenweise Gegenüberstellung der Figuren durch feine Differenzierung der symphonischen und klanglichen Mittel kommt innerhalb der geschlossenen mehrstimmigen Sätze wirksam zum Ausdruck. Volkstümliches und opernhaft Traditionelles eint sich in glücklicher Mischung.

Beide *Finali* haben den herkömmlichen italienischen Grundriß des «Dramas im Drama» verlassen. Die künstlerische Bindung der großen Komplexe wird nicht, wie dort, durch logische Steigerung der Verwicklung, sondern durch Konzentration der musikalischen Grundstimmung, durch thematische, klangliche und tonartliche Verwandtschaftsbeziehungen erreicht. Die bunte Vielfalt der szenischen Bilder wird mit Hilfe einer höheren Logik des musikalischen Geschehens als Ganzes zusammengehalten und vom Zuhörer erlebt. Diese neue Ordnung mag als ebenso wichtiger Ausgangspunkt für die spätere Technik der Oper betrachtet werden wie die – oft betonte – Bedeutung der großen *«Sprecherszene»* (1. Finale) mit ihrer glücklichen Verbindung arioser und deklamatorischer Wendungen in der Weiterentwicklung des dramatischen Rezitativstils[272].

Im Gegensatz zum italienischen Accompagnato offenbart der Dialog Taminos mit dem alten Priester eine neue, dem Wesen der deutschen Oper völlig angeglichene Form des Sprechgesangs. Ohne dieses unter Verzicht auf die gewohnte Kleinmalerei einzelner Affekte zu einheitlicher, innerlich erlebter Gefühlssteigerung führende Vorbild ist die große Linie des nationalen Musikdramas über «Fidelio» und «Freischütz» zu Richard Wagner, ja bis Pfitzners «Palestrina» kaum denkbar.

Daß gerade Beethoven und Wagner unter allen Werken Mozarts der «Zauberflöte» besondere Verehrung zollten, ist darum begreiflich. Sie schien dem Geiste eines späteren Zeitalters verwandter als selbst ihren Schwesterwerken in italienischer Sprache, dem «Idomeneo», dem «Figaro» oder «Don Giovanni». Wie sie in der Behandlung der deutschen Sprache beispielgebend blieb, so wirkten der neuartige dunkle Klang ihrer Instrumentation, ihre Harmonik und Melodiegestaltung und die Einzelheiten der dramatisch-musikalischen Linie epochemachend bis in die jüngsten Generationen nationalen Opernschaffens. Erhabene Zeitlosigkeit hat dem Werk ihr Siegel aufgedrückt. Noch von der Helligkeit der Aufklärung erfüllt, leuchtet es schon im Frühlingslicht des kommenden Jahrhunderts als die erste musikdramatische Hochleistung in seinem Geiste. Die Menge der Zauberoperetten, die es bis in die vierziger Jahre des Vormärz im Gefolge hatte, ist unübersehbar wie sein Einfluß auf die gesamte dramatische und epische Literatur: Goethe, E. T. A. Hoffmann, Grillparzer, das ganze Schaffen Ferdinand Raimunds stehen in seinem Bann, die «Frau ohne Schatten» von Richard Strauss ist ein letzter, später Abkömmling. Mit der Begabung aller großen Geistesschöpfungen, Tiefstes, Schwierigstes in der einfachsten Form zu künden, hat die «Zauberflöte» die goldenen Brücken zwischen den Zeiten geschlagen.

44. DAS ENDE

«Verehrter Herr! Gerne möchte ich ihrem Rate folgen. Wie soll ich es aber machen? Mein Kopf ist verwirrt. Nur mit Mühe halte ich mich gesammelt. Das Bild jenes Unbekannten will nicht vor meinen Augen weichen. Immer sehe ich ihn vor mir, er bittet, er drängt mich, ungeduldig fordert er die Arbeit von mir. Ich setze sie fort, weil mich das Komponieren weniger ermüdet als Ruhe. Sonst habe ich ja vor nichts mehr zu zittern. Ich fühle es, mein Zustand sagt es mir: Die Stunde schlägt! Ich werde sterben müssen. Ich bin zu Ende, ehe ich mich meines Talentes erfreuen durfte. Das Leben war doch so schön! Meine Laufbahn begann so glückverheißend! – Aber man kann sein zugemessenes Geschick nicht ändern. Keiner vermag seine Lebenstage zu umgrenzen. Ergeben muß man sich in den Willen der Vorsehung schicken. – Und so beende ich meinen Grabgesang. Ihn darf ich nicht unvollendet lassen.» (Übersetzung eines italienischen Briefes [angeblich] Mozarts vom 7. September 1791 an einen Unbekannten, vielleicht an da Ponte)[273].

Als Mozart noch mit den Anfangsarbeiten an der «Zauberflöte» beschäftigt war, hatte ihn sein alter Mithelfer da Ponte aufgefordert, mit nach London zu kommen und dort bei der italienischen Oper Betätigung zu suchen. Mozart schien diesem Vorschlag nicht abgeneigt. Nur verlangte er einen Aufschub von einem halben Jahre, dem da Ponte nicht zustimmen konnte. Nach der Rückkunft aus Prag konnte der Meister des Unwohlseins, das sich in seinem Körper festgesetzt hatte, nicht mehr Herr werden. Als er die letzten Stücke seiner Oper vollendete, litt er unter häufigen Erschöpfungszuständen. Manchmal hatten ihn kurze Ohnmachtsanfälle übermannt; er fühlte traurig den hemmungslosen Verfall seiner Kräfte. Um so heißer trieb ihn jetzt eine nervöse Unrast zur Arbeit am «Requiem». Er schuf mit Anstrengung. Jede Ablenkung störte ihn. Immer mehr zog sich sein Inneres aus der Welt zurück.

Ungeachtet seines leidenden Zustandes, war Konstanze einige Tage nach der Uraufführung der Oper, Anfang Oktober, mit ihrer Schwester Sophie wieder nach Baden gezogen. Die Kinder blieben an ihren bisherigen Koststätten. Schon gegen sechs Uhr früh pflegte Mozart aufzustehen, um fast den ganzen Tag am Schreibpult zu bleiben. Am Abend trieb es ihn ins Theater. Drei Briefe an die Gattin – seine letzten – stammen aus diesen Tagen. Sie lassen, noch voll der alten, zärtlichen Heiterkeit, die Freude des Meisters an seiner «Zauberflöte» wie einen Lichtblick in seinem scheidenden Leben versöhnend durchschimmern:

«Eben komme ich von der Oper. Sie war ebenso voll wie allezeit. Das Duetto ‹Mann und Weib› und das Glöckchenspiel im ersten Akt wurde wie gewöhnlich wiederholet; auch im zweiten Akt das Knabenterzett. – Was mich aber am meisten freuet, ist der stille Beifall! Man sieht recht, wie sehr und immer mehr diese Oper steigt. Das Sonderbarste ist, daß an dem Abend, als meine neue Oper mit so vielem Beifall zum erstenmal aufgeführt wurde, am nämlichen Abend in Prag der ‹Tito› zum letzten Male auch mit außerordentlichem Beifall aufgeführt worden ist. – Du hättest mich gestern beim Nachtessen sehen sollen! Das alte Tischgerät habe ich nicht gefunden, folglich habe ich ein schneeblümerlweißes hergegeben. Und den Doppelleuchter mit Wachs vor meiner! – Dem Süßmayer gib in meinem Namen ein paar tüchtige Ohrfeigen und lasse ich die Sophie bitten, ihm auch ein paar zu geben. Gut wär' es, wenn ihr ihm einen Krebsen an die Nase zwicket, ein Aug' ausschlüget, sonst eine sichtbare Wunde verursachtet, damit der Kerl nicht einmal das, was er von euch empfangen, ableugnen kann.» (7. und 8. Oktober.)

«Heute früh habe ich so fleißig geschrieben, daß ich mich bis ein halb zwei Uhr verspätet habe. Gleich nach Tisch ging ich wieder nach Hause und schrieb bis zur Opernzeit. Leutgeb bat mich, ihn wieder hineinzuführen, und das tat ich auch. Morgen führe ich die Mama hinein. Das Büchel hat ihr schon vorher Hofer zu lesen gegeben. Bei der Mama wird's wohl heißen, die schaut die Oper, aber nicht, die hört die Oper. – N. N. hatten heute eine Loge. Sie zeigte über alles recht ihren Beifall. Aber er, der Allerfeind, zeigte so sehr den Bayern, daß ich nicht bleiben konnte. Oder ich hätt ihn einen Esel heißen müssen. Unglücklicherweise war ich eben drinnen, als der zweite Akt anfing, folglich bei der feierlichen Szene. Er belachte alles. Anfangs hatte ich Geduld, ihn auf einige Reden aufmerksam machen zu wollen. Allein – er belachte alles. Das war's mir nun zuviel. Ich heiß ihn ‹Papageno› und gehe fort. Ich glaube aber nicht, daß es der Dalk verstanden hat. – Ich ging also in eine andere Loge, worin sich Flamm mit seiner Frau befand. Da hatte ich alles Vergnügen, und da blieb ich bis zu Ende. – Nun ging ich auf das Theater bei der Arie des Papageno mit dem Glockenspiel, weil ich heute so einen Trieb fühlte, es selbst zu spielen. Da machte ich nun den Spaß, wo Schikaneder einmal eine Haltung hat, so machte ich ein Arpeggio. Der erschrak, schaute in die Szene und sah mich. Als es das zweitemal kam, machte ich es nicht. Nun hielt er und wollte gar nicht mehr weiter. Ich erriet seine Gedanken und machte wieder einen Akkord. Dann schlug er auf das Glockenspiel und sagte ‹Halts Maul!› Alles lachte dann. Ich glaube, daß viele durch diesen Spaß das erstemal erfuhren, daß er das Instrument nicht selbst schlägt. Übrigens kannst Du nicht glauben, wie charmant sich die Musik ausnimmt in einer Loge, die nahe am Orchester ist; viel besser als auf der Galerie. Sobald Du zurückkommst, mußt Du es versuchen. – Lechleitner war schon wieder in der Oper. Wenn er schon kein Kenner ist, so ist er doch wenigstens ein rechter Liebhaber. Das ist aber N. N. nicht. Der ist ein wahres Unding!» (8. und 9. Oktober.)

Am 13. Oktober führt er wirkliche «Kenner», Salieri und die Cavalieri, ins Wiedner Theater: «Du kannst nicht glauben, wie artig beide waren, wie sehr ihnen nicht nur meine Musik, sondern das Buch und alles zusammen gefiel. Sie sagten beide, eine Opera, würdig, bei der größten Festivität vor dem größten Monarchen aufzuführen. Sie würden sie gewiß sehr oft sehen, denn sie haben noch kein schöneres und angenehmeres Spektakel gesehen. Salieri hörte und sah mit aller Aufmerksamkeit, und von der Symphonie bis zum letzten Chor war kein Stück, welches ihm nicht ein ‹Bravo!› oder ‹Bello!› entlockte. Und sie konnten gar nicht fertig werden, sich über diese Gefälligkeit bei mir zu bedanken.»

Wenige Tage später war Konstanze wieder in Wien. Vielleicht begann sie einzusehen, wie schlecht es eigentlich um ihren Mann stand. Tatsächlich bot sie jetzt alles auf, ihm zu Hilfe zu sein. Sie überredete ihn zu kleinen Spazierfahrten; sie bestellte heimlich Freunde, ihn zu überraschen und von der Arbeit abzulenken. Er freute sich, wenn liebe Menschen kamen, ließ sie schwatzen, sprach selbst ein paar freundliche Worte drein; doch schien seine Aufmerksamkeit immer unablenkbarer seinem Schaffen und den Phantasien seines Innern zugekehrt. So verzehrte er sich in seinen letzten Tagen wie ein hell auflodерndes Licht.

An einem schönen Herbsttage fuhr er mit Konstanze in den Prater. In der Einsamkeit der stillen Landschaft begann er mit Tränen in den Augen vom Tode zu sprechen und meinte, daß er das «Requiem» für sich selbst schreibe: «Ich fühle mich zu sehr. Mit mir dauert es nicht mehr lange. Gewiß hat man mir Gift gegeben. Ich kann mich von diesem Gedanken nicht losmachen.»

Dieser quälende Verdacht seines krankhaft erregten Geistes ist später durch Konstanze in die breite Öffentlichkeit gedrungen. Bald spannen die sonderbarsten Legenden ihre Fäden. Ja man bezichtigte sogar Salieri heimlich der ruchlosen Tat und wollte wissen, daß er viele Jahre später auf seinem Totenbette in verwirrten Phantasien alles selbst gestanden habe. Der Kampf der Meinungen über jene Gerüchte wie um die Ursachen von Mozarts frühem Tod ist auch heute noch nicht verstummt[274].

Aufs höchste beunruhigt, versuchte Konstanze, ihren Gatten auf andere Gedanken zu bringen. Es gelang ihr, ihm die Partitur des «Requiem» abzuschmeicheln. Der endlich zu Hilfe gerufene Arzt, Dr. Nikolaus Closset, konnte nicht viel anderes tun, als Ruhe und Erholung anzuempfehlen. Wirklich erholte sich Mozart vorübergehend ein wenig, daß es ihm möglich wurde, eine «Kleine Freimaurerkantate» (K. 623), vielleicht nach einem Text von Schikaneder, zu vollenden und am 18. November die Aufführung in der Loge selbst zu leiten[275]. In gehobener Stimmung verlangte er nun sein «Requiem» zurück und setzte die Arbeit fort. Allein die scheinbare Besserung war nur von kürzester Dauer. Am 20. November hielten ihn seine entschwindenden Kräfte nicht mehr aufrecht. Er mußte das Krankenlager[276] aufsuchen. Am Abend vorher soll er noch, elenden Aussehens, mit seinem treuen Faktotum, Joseph Deiner[277], in der «Silbernen Schlange» ein wenig geplaudert haben: «Ich fühle», meinte er, «daß es bald ausmusiziert sein wird. Mich befällt eine Kälte, die ich nicht erklären kann. – Deiner, trinken Sie meinen Wein aus und kommen Sie morgen zu mir. Es wird Winter, wir brauchen Holz.» Am nächsten Morgen fand ihn Deiner schon im Bette. «Joseph, heute ist's nichts», flüsterte Mozart kaum hörbar, «nun haben wir mit Doktors und Apothekers zu tun.»

Hände und Füße begannen anzuschwellen, unbeweglich zu werden. Später trat plötzliches Erbrechen ein. Auch jetzt ließ er von der Beschäftigung mit dem «Requiem» nicht ab. Wenn er ein Stück vollendet hatte, mußte man es gleich singen. Ja er versuchte nach Möglichkeit selbst noch, auf dem Klavier die Begleitung zu spielen. Die Besinnung verließ ihn nicht einen Augenblick. Klaren Auges, ruhig gefaßt, sah er der unvermeidlichen Auflösung entgegen. Sein Leiden ertrug er mit unendlicher Geduld, freundlich, gütig, liebenswürdig wie immer. Nur war er voll Wehmut. Das Leben, das er liebte, lockte gerade in diesen Tagen mit den sonnigsten Hoffnungen. Der Erfolg der «Zauberflöte» versprach eine sorgenlose Zukunft. Dazu traf ein Subskriptionsantrag des ungarischen Adels ein, der eine jährliche Einnahme von 1000 Gulden verhieß. Ein noch günstigeres Angebot war aus Holland gekommen.

Manchmal erschienen Freunde, den Todkranken aufzuheitern. Seine Schwägerin Sophie Haibl half nach besten Kräften, ihn zu pflegen. Ihre praktische Anstelligkeit erfreute den Hilflosen durch zahlreiche Liebesdienste, die Konstanze allein in ihrer ungeschickten Ratlosigkeit übersehen hätte. Am 28. November hatte sich Mozarts Zustand so verschlimmert, daß der behandelnde Arzt den Primarius des Allgemeinen Krankenhauses, Dr. Sallaba, zu einem Konsilium bitten mußte. Zu helfen war freilich nicht mehr. Der akuten Erkrankung, die man «hitziges Frieselfieber» nannte, vermochten die schwindenden Kräfte des Körpers nicht mehr die nötigen Widerstände entgegenzusetzen. Je haltloser dieser verfiel, um so sensibler steigerte sich das Gemütsleben des Sterbenden. Der Gesang seines Kanarienvogels verursachte ihm physische Schmerzen. Aber nur mit Widerstreben ließ er es geschehen, daß man das Tierchen in ein anderes Zimmer brachte. Als die Hände ihren Dienst versagten, schuf seine fieberheiße Phantasie dafür rastlos am «Requiem» weiter. Oder sie weilte des Abends im Theater bei der «Zauberflöte». Er hörte den begeisterten Beifall des Publikums. Die Uhr vor sich, verfolgte er gespannt den Gang der Aufführung: «Jetzt ist der erste Akt zu Ende!» – «Jetzt kommt die Stelle ‹Dir, große Königin der Nacht!›» – Am Tage vor seinem Tode flüsterte er: «Einmal möchte ich doch noch meine Zauberflöte hören!» Kapellmeister Rosner, der gerade an seinem Bette saß, ging zum Klavier und sang das Vogelfängerlied zu Mozarts sichtlicher Freude.

Um zwei Uhr desselben Tages waren mehrere Musiker anwesend. Mozart ließ sich die Partitur des «Requiems» aufs Bett legen, man begann, die fertigen Stücke zum Klavier durchzunehmen. Der Tenorist Schack übernahm die Sopranstimme, Hofer den Tenor, Gerl den Baß, Mozart selbst versuchte mit seiner zarten Tenorstimme den Alt zu markieren. So kam man bis zum Lacrimosa, wo des Meisters Arbeit abbrach. Bei den ersten Takten dieses Satzes übermannte ihn das Gefühl, daß er das Werk nicht mehr vollenden könne. In heftiges Weinen ausbrechend, legte er die Noten beiseite.

In der Nacht meldeten sich plötzlich alle Anzeichen eines baldigen Endes. Aber Mozart lebte noch den nächsten Tag. Am Abend kam Sophie Haibl wie gewöhnlich. «Ach gut, liebe Sophie, daß Sie da sind», begrüßte sie Mozart, als sie an sein Bett trat. «Sie müssen heute nacht dableiben! Sie müssen mich sterben sehen! – Ich habe ja schon den Totengeschmack auf der Zunge. Wer wird dann meiner liebsten Konstanze beistehen, wenn Sie nicht hierbleiben?» Sophie versuchte, ihm solche Gedanken auszureden. Sie erbat nur einen kurzen Urlaub, ihre Mutter zu benachrichtigen, und versprach, gleich wiederzukommen. Konstanze läuft ihr nach und bittet sie, unterwegs bei St. Peter vorzusprechen und einen Priester wie von ungefähr mitzubringen. Nur mit viel Mühe gelingt es, «einen solchen geistlichen Unmenschen» zu bewegen, seinen Besuch in Aussicht zu stellen. Die Gründe dieser hartnäckigen Weigerung sind unbekannt. Sie werden weder in Mozarts Zugehörigkeit zur Freimaurerei noch in seinem angeblich gottlosen Lebenswandel zu suchen sein. Eher wohl in einer gewissen Bequemlichkeit oder Saumseligkeit eines einzelnen. Es bleibt unbestimmt, ob Mozart die Sterbesakramente empfangen hat[278].

Als Sophie zurückkam, fand sie Süßmayr an Mozarts Lager, mit dem Meister eifrig in die unvollendeten Skizzen des «Requiems» vertieft. «Habe ich es nicht gesagt, daß ich es für mich schreibe», sagte Mozart mit Tränen in den Augen. Dann bat er seine Frau, Albrechtsberger vor allen anderen Leuten von seinem Tode zu verständigen. Ihm gebühre seine Stelle in der Stephanskirche vor Gott und der Welt.

Spät abends erreichte man den Arzt erst nach langem Suchen im Theater. Er versprach, nach der Vorstellung zu kommen. Im Vertrauen erklärte er Süßmayr, daß man keine Rettung mehr erwarten möge. Doch verordnete er noch kalte Umschläge auf den Kopf des Sterbenden, die Mozart so erschütterten, daß er bald darauf das Bewußtsein verlor. Nur seine letzten Phantasien schienen immer noch mit der Totenmesse beschäftigt. Er blies die Backen auf und bewegte den Mund, als wolle er die Pauken nachahmen. Gegen Mitternacht richtete er sich plötzlich auf und starrte mit großen Augen ins Leere. Dann sank er zurück, mit dem Haupt gegen die Wand geneigt, und schlummerte leise hinüber. Fünf Minuten vor ein Uhr, in der ersten Stunde des 5. Dezember 1791, war Mozart verschieden.

Im frühen Morgengrauen erschien der sonderliche Inhaber des Müllerschen Wachsfigurenkabinetts, Graf Deym, und nahm die Totenmaske ab. Dieses letzte Ebenbild der armen, eingefallenen Züge ist verschollen[279]. Man verständigte Albrechtsberger und van Swieten und schickte nach Deiner, seinen Herrn anzuziehen. Süßmayr blieb am Sterbelager. Die beiden Kinder weilten nicht im Hause.

Die Leiche dürfte, angeblich mit einem Totenbruderschaftsgewand aus schwarzem Tuch bekleidet, vom 5. auf den 6. Dezember im Arbeitszimmer, in der Nähe des Klaviers, aufgebahrt gewesen sein. Tagsüber erschien in der kleinen Schar Leidtragender, die den Toten noch einmal zu sehen begehrten, auch van Swieten. Daß dieser selbst nicht in bester seelischer Verfassung war, möge durch die Tatsache erklärt werden, daß er eben durch ein Handbillett Kaiser Leopolds sein Amt als Präses der Studien-Hofkommission verloren hatte. Er gab der Witwe den Rat, um unnötige Kosten zu vermeiden, ein Begräbnis der billigsten Klasse zu bestellen[280]. Auch veranlaßte er Konstanze, die sich in hysterischem Unwohlsein in das Bett ihres Mannes gelegt hatte, um an derselben Krankheit zu sterben, das Trauerhaus sofort zu verlassen und bei einer befreundeten Familie Unterkunft zu suchen. So kam es, daß die Witwe dem Verstorbenen nicht einmal das letzte Geleite gab und unkundig blieb, wo seine sterblichen Reste ruhten.

Am Nachmittag des 6. Dezember, um 3 Uhr, fand Mozarts Begräbnis statt. Man brachte den Leichnam in einem schlichten Fichtensarg vor die Kruzifix-Kapelle neben dem unausgebauten Nordturm der St.-Stephans-Kirche, in Nähe der sogenannten Capistran-Kanzel, wo die Einsegnung, wie das bei einfachen Begräbnissen üblich war, im Freien stattfand. Wenige Freunde umstanden den Sarg. Vielleicht begleiteten einige auch den Leichenwagen bis zum Stubentor, wo sie sich verliefen. Keiner hat dem toten Künstler auf dem St. Marxer Friedhof eine Handvoll Erde ins Grab nachgeworfen. Die Legende vom stürmischen Dezemberwetter hat sich als falsch herausgestellt. Es war windstill, den ganzen Tag über, der Luftdruck blieb gleichmäßig und die Temperatur annähernd um 3 Grad, fast milde für die Jahreszeit. Leichte Nebel könnte es gegeben haben. Mozarts Irdisches wurde in einem Reihengrab bestattet. Die Tatsachen, daß solche Reihengräber nicht bezeichnet waren und daß kein Mozart Nahestehender Augenzeuge der Beisetzung gewesen ist, haben es unmöglich gemacht, den Ort, wo seine Gebeine ruhen, späterhin wiederzufinden[281].

An ihre Pflicht erinnert, dem Gatten wenigstens ein einfaches Holzkreuz setzen zu lassen, meinte Konstanze, dies würde schon von der Pfarre, wo die Einsegnung stattgefunden habe, in Ordnung gebracht werden. Als sie aber nach geraumer Zeit einmal mit Freunden den Friedhof besuchte, war ein neuer Totengräber da, der nichts mehr von der Ruhestätte ihres Mannes wußte. Alle Bemühungen der Nachwelt, den Ort festzustellen, sind seither ergebnislos geblieben.

Mozarts Nachlaß war armselig genug. Einem Barvermögen von ungefähr 200 Gulden und dem Schätzwerte des Hausrats von nicht ganz 400 Gulden standen ungefähr 3000 Gulden Schulden gegenüber. Der Kaufmann Puchberg, der selbst eine Forderung von 1000 Gulden an den Nachlaß hatte, verschob seine Ansprüche großmütig auf bessere Zeiten. Wie er Mozart immer hilfreich beigestanden war, so ging er nun auch der Witwe bei der Ordnung der traurigen Verhältnisse getreulich an die Hand. Später ist er der Vormund der beiden Söhne Mozarts geworden.

Am sechsten Tage nach Mozarts Tod überreichte Konstanze dem Kaiser persönlich ein Gnadengesuch. Sie hatte dabei Gelegenheit, den Monarchen von der Haltlosigkeit verleumderischer Gerüchte über das ausschweifende Leben ihres Mannes und einen angeblichen Schuldenstand von 30 000 Gulden zu überzeugen. Leopold II. nahm ihre Erklärungen freundlich zur Kenntnis und riet ihr, ein Konzert von seinen hinterlassenen Werken zu geben, dessen Ertrag durch eine liberale kaiserliche Spende alle Schulden zu decken vermochte, ja sogar noch etwas Geld für die Zukunft übrigließ. Die erbetene Pension wurde im März 1792 von Leopolds Nachfolger Franz II. in der Höhe von 266 Gulden 40 Kreuzer bewilligt, wodurch Konstanze nach dem damaligen Geldwert wenigstens vor äußerster Not bewahrt blieb. Ein Nebeneinkommen fand sie durch Verkauf der nachgelassenen Kompositionen ihres Mannes und durch Vermietung eines oder zweier Zimmer ihrer Wohnung. Dadurch lernte sie später den Legationssekretär an der Dänischen Gesandtschaft in Wien, Georg Nikolaus Nissen, kennen, der sie 1809 heiratete. Nissen war ein geistig kaum hervorragender, doch gutmütiger Mann von ehrenwertem Charakter, ein aufmerksamer Gatte und Stiefvater, dem es sogar gelang, aus Konstanze eine ordentliche Hausfrau zu machen. Seine Verehrung für Mozart war groß und aufrichtig. Durch seine umfassende Biographie des Meisters hat er sich bleibende Verdienste erworben. Bis 1820 lebte Nissen mit seiner Gattin in Kopenhagen, dann trat er in den Ruhestand und zog sich mit ihr nach Salzburg zurück, wo er am 26. März 1826 gestorben ist. Nach seinem Tode lebte Konstanze dort mit ihrer gleichfalls verwitweten Schwester Sophie zusammen. Ein freundschaftliches Verhältnis zu Mozarts Schwester Marianne hat sie nie gefunden. Sie starb achtzigjährig am 6. März 1842, mehr als fünfzig Jahre nach Mozart, in seiner Geburtsstadt – eine vielverehrte alte Dame, lieber die verwitwete «Etatsrätin von Nissen»[282] als die Gattin des großen Künstlers, dessen ganze Genialität und Weltbedeutung sie wohl nie völlig begriffen hat.

45. REQUIEM

«Was ist Genie anders als jene produktive Kraft, wodurch Taten entstehen, die vor Gott und der Natur sich zeigen können und die eben deswegen Folge haben und von Dauer sind? Alle Werke Mozarts sind dieser Art; es liegt in ihnen eine zeugende Kraft, die von Geschlecht zu Geschlecht fortwirket und so bald nicht erschöpft und verzehrt sein dürfte.» (Goethe zu Eckermann)

Mozart hinterließ sein «Requiem» (K. 626) als gewaltigen Torso. Andere Hände, doch von ihm unterwiesen und in seinem Geiste geschult, haben es bald nach seinem Tode, im Dunkel der Anonymität, vollendet. So verwischten sich schon den ersten Hörern die verschwimmenden Linien der Herkunft. Die früh aufgetauchte «Kontroverse über das Requiem» ist bis heute nicht verstummt. Über die Erkenntnis exakter historischer Forschung hinaus vermochte geistvolles Eindringen in die Synthese des Werkes noch wertvolle Ergebnisse zu zeitigen. Allein das letzte Wort dürfte auch in absehbarer Zeit nicht gesprochen werden. Es ist eher anzunehmen, daß der Schleier des Geheimnisses, der über des Meisters Ruhestätte gebreitet liegt, auch sein künstlerisches Vermächtnis nie ganz freigeben werde.

Ungefähr zwei Monate nach Mozarts Tod übergab die Witwe dem Boten des Grafen Walsegg eine vollständige, von ihrem Gatten angeblich zur Gänze fertiggestellte Partitur der Totenmesse. Sie hielt diese Behauptung noch lange aufrecht und hat erst Jahre später Aufklärung gegeben, als die Tatsache eines Mitarbeiters in der musikalischen Welt längst feststand. Der Grund dieser Mystifikation lag in der begreiflichen Besorgnis Konstanzes, der unbekannte Besteller würde ein von Mozart nicht vollendetes oder von anderer Hand ergänztes Werk nicht annehmen und das bereits erlegte Angeld zurückfordern. Sie hatte das Fragment daher noch im Dezember 1791 dem Kapellmeister Joseph Eybler zur weiteren Bearbeitung übergeben. Eybler verlor nach einigen zaghaften Versuchen den Mut und legte die Notenblätter wieder in ihre Hände zurück. Schließlich erklärte sich Süßmayr bereit, das Wagnis zu unternehmen, und ging sofort an die Arbeit.

Mozart hatte von den zwölf Teilen des «Requiems»[283] den Introitus mit dem Kyrie vollständig, die folgenden Teile bis zum Lacrimosa nur in der ausführlichen Art seiner gewohnten vorbereitenden Partituranlagen mit allen Singstimmen und vielen instrumentalen Partien an führenden Stellen ausgeschrieben. Beim achten Takte des Lacrimosa bricht die Handschrift ab. Von den übrigen Sätzen waren das Domine Jesu Christe und das Hostias wie die vorigen entworfen, die letzten drei Sätze fehlten ganz. Doch dürfte Süßmayr nach kritischen Untersuchungen für die fehlenden

Teile weitere Anhaltspunkte auf flüchtigen Vorskizzen des Meisters benützt haben, so daß seine Angabe, er hätte den Schluß des Lacrimosa, das Sanctus, Benedictus und Agnus «ganz neu verfertigt» und nur gegen Schluß die Kyriefuge zu den Worten «cum sanctis» wiederholt, um «dem Werk mehr Einförmigkeit zu geben», schon frühzeitig angezweifelt wurde.

Wahrscheinlich hat Mozart seinem Schüler in den letzten Wochen auch mündliche Belehrungen gegeben. Er hat dies, solange er noch nicht unmittelbar ans Sterben dachte, wahrscheinlich in ähnlicher Art gehalten wie kurz vorher, als er Süßmayr, von Zeitnot gedrängt, als Gehilfen bei der Arbeit am «Titus» herangezogen hatte. Konstanze erinnert sich, daß Mozart die skizzierten Stücke des «Requiems» mit Süßmayr durchzusingen pflegte und bei Erklärungen manchmal mit freundlichem Unwillen schalt: «Ei, da stehen die Ochsen wieder am Berge, das verstehst du noch lange nicht.» Keineswegs scheint er den Schüler als Vollender dieser ihm so wichtigen Arbeit ernstlich ins Auge gefaßt zu haben. Süßmayr selbst gesteht in einem Brief an Breitkopf und Härtel vom 8. Februar 1800, daß die «Endigung dieses Werkes» nach Mozarts Tod, der ihn «überrascht» hätte, «während er an diesem Requiem arbeitete», mehreren (?) Meistern übertragen wurde. «Einige davon konnten wegen überhäuften Geschäften sich dieser Arbeit nicht unterziehen, andere wollten aber ihr Talent nicht mit dem Talente Mozarts compromittiren. Endlich (!) kam dieses Geschäft an mich, weil man wußte, daß ich noch bey Lebzeiten Mozarts die schon in Musik gesetzten Stücke öfters mit ihm durchgespielt und gesungen, daß er sich mit mir über die Ausarbeitung dieses Werkes sehr oft besprochen, und mir den Gang und die Gründe seiner Instrumentirung mitgetheilt hatte.»

Es ist schade, daß der damals noch ziemlich junge *Joseph Eybler* (1765 bis 1841), dem Mozart selbst, noch Ende Mai 1790, ein höchst ehrenvolles Zeugnis ausgestellt und vielleicht zuletzt, Konstanze gegenüber, als den erwünschten Vollender seiner Arbeit bezeichnet hatte, diese nicht fertiggestellt hat. Sein Satz, seine Instrumentation erweisen sich als wesentlich geschickter, aufgelockerter als die gröbere Hand Süßmayrs[284]. Es wäre jedoch ein Unrecht, Süßmayrs Verdienste, sein ehrliches Bemühen deswegen verkleinern zu wollen. Niemals wären die Skizzen allein aus den Archiven und Monographien zur lebendigen Anschaulichkeit des Kunstwerks emporgestiegen. Dieses Verdienst und die Daseinskraft seiner Requiem-Fassung, der freilich auch eine gewisse Indolenz der Nachfahren zugute kommt, sprechen beredter für die Leistung als die vielen unleugbaren handwerklichen Schwächen des Bearbeiters, besonders dort, wo dieser gezwungen war, ganz oder teilweise selbständig zu arbeiten. Dazu gehört, wie schon erwähnt, vor allem das «Sanctus» und das «Agnus Dei», wahrscheinlich auch das «Benedictus», für dessen Auskomponierung möglicherweise ein Mozartscher Grundeinfall zur Verfügung stand, ohne daß es dem Nachfahren gelungen wäre, die adäquate Fortspinnung zu bewältigen. Das letzte Wort über diese so schwierigen stilkritischen Fragen ist indes noch lange nicht gesprochen. Typisch für Süßmayr – selbst dort, wo die gesamte Grundskizze von Mozart selbst stammt – bleibt immer eine gewisse Grobkörnigkeit der Instrumentation, die schon beim «Dies irae» beginnt. Der Streichersatz bleibt meist unselbständig an die von Mozart ausgeführten Gesangsstimmen geklammert. Oder er bewegt sich in unpersönlichen Begleitungsfiguren und Tremolos. Auch die Posaunen kleben nach altväterischer Kirchenweise am Chorsatz, wodurch derbe, mit der reifen Technik Mozarts unvereinbare Klangwirkungen entstehen. Überaus störend ist diese Tatsache im «Confutatis» bei der himmlischen Stelle «Oro supplex et acclinis» zu spüren. Die Fortsetzung des «Lacrimosa» vom Ende des achten Takts an, wo Mozarts Handschrift abbricht, und wo von da ab das herrliche Fragment zu allzu flüchtigem Abschluß gebracht wird, zeigt Süßmayrs «Ratlosigkeit» (W. Fischer) am deutlichsten. Die Verwendung der Kyriefuge im «Agnus» bei den Worten «cum sanctis» ist ein begreiflicher, dem durchschnittlichen Gebrauch der Zeit durchaus entsprechender Notbehelf. Mozarts fein individualisierende Kunst seiner letzten Jahre hätte sicher eine andere Lösung gefunden und so das ganze Werk zu noch gewaltigerem Ausklang gesteigert.

Mit seinem «Requiem» hat Mozart neben der «Zauberflöte» und den letzten größeren Instrumentalwerken dem Gebäude eines unvergleichlich reichen Lebenswerkes auch auf kirchlichem Gebiet den würdigen Schlußstein eingefügt. Die Totenmesse ist von seinen früheren geistlichen Werken, die c-moll-Messe eingeschlossen, durchaus verschieden. In den fast zehn Jahren zwischen dieser Messe und dem «Requiem» hat Mozart, mit Ausnahme des «Ave verum», keine kirchliche Musik mehr geschrieben. Um so deutlicher offenbart die große zeitliche Spanne zwischen zwei Werken einer Gattung die ungeheure Weiterentwicklung seines Schaffens. Beide Werke lassen die Spuren Sebastian Bachs und Händels als gewaltiges Erlebnis im jüngeren Meister erkennen: die c-moll-Messe, vermischt mit Elementen italienischen Einschlags, vielgestaltig, der pomphaften Wärme Händelscher Ausdruckskraft näher, das «Requiem» aber in seiner erhabenen Geschlossenheit und Reife der Innerlichkeit und Tiefe Bachs inniger verwandt, getragen von der Sicherheit des persönlich Durchlebten. Trotz Wahrung aller liturgischen Forderungen erhob sich das Werk über jede dogmatische Begrenzung zum ureigenen Bekenntnis des sterbenden Künstlers vor den Toren der Ewigkeit.

Wie Mozart in der «Zauberflöte» seine lichte, irdische Heilslehre von der Menschenliebe verkündete, so sprach seine ergebene Zuversicht im «Requiem», das er, schon vom Tode umfangen, mit tieferer Bedeutung für sich zu schreiben meinte, von der erlösenden, nimmer aufhörenden Liebe in einer besseren Welt. Die süße Milde der «Zauberflöte» ist auch über dieses Werk gebreitet. Selbst die Schrecken des Jüngsten Tages werden im «Dies irae» ohne die Spur einer theatralischen Geste zum bangen Erlebnis der Seele. Aus der zerknirschten Bitte des Introitus um die ewige Ruhe der Entschlafenen hebt sich die sanfte Choralmelodie des Solosoprans «Te decet hymnus» wie das ruhige Licht der Verheißung über Dunkelheit, Zweifel und Verirrung. Über Schauern der Verdammnis im «Confutatis» schwebt das himmlische «voca me» der Frauenstimmen und die wunderbaren, über alle irdischen Begriffe erhabenen Harmoniefolgen des «Oro supplex». Die furchtbare Majestät Gottes im «Rex tremendae» lächelt gnadenvoll zur kindlich leisen Bitte des «Salva me». Heilige Trostgedanken besänftigen den Anfang des tränendunklen, erschütternden «Lacrimosa», die bange Vision des «Tuba mirum» und das innige Gebet des «Recordare». Verzweifeltes Ringen der Kreatur löst sich allüberall zur Geborgenheit ewigen Friedens. So fand Mozart selbst in bitterer Sterbensnot durch die Kraft seines schlichten Unsterblichkeitsglaubens den Weg zum Tode als dem «wahrsten, besten Freunde des Menschen».

Im Orchester waltet das dunkle Kolorit der Bassetthörner vor. Die Streicher bewegen sich gerne in den tieferen Regionen. Fagotte, Trompeten, Posaunen und Pauken treten hinzu. Die hellen, hohen Oboen haben so wenig wie Klarinetten und Hörner einen Platz in diesem zu ernster Trauer getönten Klangkörper gefunden.

Wie die «Zauberflöte» auf dramatischem Gebiet, so leuchtet das «Requiem» auf liturgischem den späteren Generationen wegeweisend voran. Wie der «Fidelio» ohne die «Zauberflöte», so wäre auch Beethovens Große Messe ohne die seelisch vertiefte Dramatik des Requiems kaum denkbar. Mag in seinem Grundriß, vielleicht sogar in Einzelheiten die Anlage im traditionellen Kirchenstil noch leise hindurchschimmern, es bleibt – ungeachtet der bedeutenden Totenmessen Cavallis, Hasses, Michael Haydns, Gossecs und Cherubinis – neben Bachs h-moll-Messe das erste kirchliche Werk modernen Geistes. Es spricht, wie die «Zauberflöte», schon die Sprache des 19. Jahrhunderts, obwohl es der monumentalen Vorvergangenheit Johann Sebastian Bachs nahesteht. Diese ungeheure Spannung seines kulturellen Gehalts erklärt über die Schönheit des rein Musikalischen hinaus seine eindringliche Wirkung auf die Nachwelt bis zum heutigen Tage. Namentlich in Norddeutschland, wo sich der Geist der altklassischen Meister auch in der zweiten Hälfte des 18. Jahrhunderts lebendiger erhalten hat, vermochte das Werk bald nach Mozarts Tode rasch an Boden zu gewinnen. Siegreicher als Mozarts Opern hat es sich sogar die romanischen Länder schnell unterworfen. Cherubini brachte es 1804 in Paris zu eindrucksvoller Wiedergabe. Dort erklang es auch unter Zurückstellung französischer Kompositionen bei der denkwürdigen Leichenfeier Napoleons (1840). Selbst der großartige Pomp der Berliozschen Totenmesse (1837) konnte es damals nicht in den Schatten stellen. Erst in jüngerer Zeit haben sich hochbedeutende Schöpfungen, freilich nicht mehr streng liturgischen Charakters, Verdis «Missa da Requiem» und das «Deutsche Requiem» von Brahms, seelenverwandt zu seiner einsamen Größe gesellt. Daß die Süßmayrschen Ergänzungen satztechnischer und instrumentaler Art da und dort einer gründlichen Verbesserung bedürften, kann trotzdem nicht geleugnet werden.

Es bleibt eine müßige, doch begreifliche Frage, «welche musikgeschichtlichen Wendungen bei Mozart auch nur fünf Jahre weiteren Schaffens hätten bringen können»[285]. Das letzte Lebensjahr hatte den Meister tatsächlich wie vor einen neuen Anfang gestellt. Mit «Così fan tutte» schien er Vergangenes gleichsam abgeschlossen zu haben. Die Arbeitspause von 1790 ließ die zarten Triebe seines letzten Stils zu herrlicher Blüte gedeihen. Allmählich hatte er sein Lebenswerk, das in der naiven Gesellschaftskunst der Vorklassiker seinen Ausgang genommen hatte, zur tiefsinnig individuellen Gestaltungskraft der altklassischen Meister zurückgeführt. Damit schuf Mozart den beglückenden Ausgleich zwischen Gedankentiefe und architektonischer Geschlossenheit auf durchaus persönlicher, neuzeitlicher Grundlage. Neben der ruhevollen Reife Joseph Haydns, der mit ihm die klassische Wiener Instrumentalkunst zu leuchtenden Höhen emporgehoben hatte, wirkte die sommerliche Glut von Mozarts Manneswerken nach seinem frühen Tod als ungeheure geistige Macht in der Seele jüngerer Generationen weiter. Sie vollendete sich zum zweiten Male andersgestaltig in Beethoven, anders in Schubert. Wie sie, erfüllt von lebensstarken Werten des ausklingenden 18. Jahrhunderts, zur Meisterschaft erstarkend, ihre Wurzeln noch in die Tiefen des Bachschen Zeitalters gesenkt hatte, so gab ihre überreiche Fülle auch der hochklassischen Reife des Empire wie der romantischen Bewegung des Vormärz die segenspendenden Nährstoffe. Ihre unerschöpfliche «zeugende Kraft» ist bis zum heutigen Tage rein und unverwelklich geblieben.

Dieser schwindelnd weiten, kulturellen und entwicklungsgeschichtlichen Spannung des Mozartschen Lebenswerkes entspricht sein kaum faßbarer innerer Reichtum und eine Vielfalt der Gestaltungen ohnegleichen. Ebenbürtig der Hochentwicklung der deutschen Literatur hat Mozart, ein wahrer Geistesgenosse Goethes und Schillers, in der Oper den großen Schritt zum Menschheitsdrama getan. Neben unerreichten Leistungen auf dem Gebiete der italienischen Giocosa vertiefte er die schlichte Anmut des bodenständigen Singspiels zur Weltbedeutung der deutschen Oper. Seine Instrumentalwerke erschöpfen alle Gattungen: von der unbefangenen Fröhlichkeit gesellschaftlicher Serenadenmusik bis zur edlen Leidenschaft der großen Symphonien, vom schlichten Divertimento zur Vergeistigung der «Haydn-Quartette» oder der Klavierfantasien, von der Heiterkeit der Rondos und Variationen zur psychologischen Differenzierung der letzten Klavierkonzerte. Welch ein Weg von der Motette «Exsultate» zum «Ave verum», von der «Krönungsmesse» zum «Requiem»! Es gibt kaum eine Form, die er nicht in folgerichtiger Weiterentwicklung zum Meisterwerke gebildet, kaum ein Instrument seines Orchesters, dessen technische und geistige Möglichkeiten er nicht einmal restlos erschöpft hätte. Der bezaubernde Klang, die Klarheit und Ausdruckskraft seiner Instrumentationskunst, die Schönheit und Sanglichkeit der vokalen Linienführung blieben bis zur Gegenwart nur ganz selten erreicht und vorbildlich wie die logische Anmut, Tiefsinnigkeit und Prägnanz seiner formellen Synthese. Ein unfaßliches, doch fühlbares Fluidum seines künstlerischen Wesens ist wie ein uraltes Volkslied unverlierbares Erbgut der musikalischen Welt geworden. Das lichte Reich seiner Musik hat, wie alles im Schoße der Urgesetze Beheimatete, kein Aufhören. Als holdseliger Heros ewig junger Frühlingskraft lebt Mozart unvergänglich, geheiligt und geliebt in unseren Herzen. Erhebendes Los der Nachwelt, ihn immer inniger zu erkennen, auf den Schwingen seiner Töne des göttlichen Odems allgegenwärtiger Schöpfergewalt immer teilhafter zu werden!

«Glücklich der Mensch, der fremde Größe fühlt
Und sie durch Liebe macht zu seiner eigenen.
Denn groß zu sein, ist wenigen gegönnt. –
Er aber klomm so hoch, als Leben reicht,
Und stieg so tief, als Leben blüht und duftet,
Und so ward ihm der ewig frische Kranz,
Den die Natur ihm wand und mit ihm teilet.»

Grillparzer

ANMERKUNGEN

[1] S. 13: Über die Vorkommnisse um Mozarts Begräbnis siehe S. 461 f. und die Anmerkungen 280 und 281.

[2] S. 14: Vgl. *Einstein,* «Mozart», S. 151 ff.

[3] S. 16: Vgl. das Kapitel *«Literatur und Quellen»*.

[4] S. 20: Das Werk erschien vorerst als fünfte Auflage der Jahnschen Biographie. Eine Neuausgabe in zwei Bänden folgte 1955. Ein Ergänzungsband wird von *Anna Amalia Abert* vorbereitet.

[5] S. 25: Zeitgenössische Schilderungen seiner äußeren Erscheinung, zum Teil nach Berichten seiner Schwester, seiner Witwe und seiner Schwägerin Sophie Haibl, in Schlichtegrolls Nekrolog, bei Niemetschek, Nissen, in den Memoiren des Sängers O'Kelly u. a. O. – J. Frank, Mozarts Schüler, fand (1790) «einen kleinen Mann mit dickem Kopf und fleischigen Händen», Tieck sah ihn 1789 in Berlin, «klein, rasch, beweglich und blöden Auges, eine unansehnliche Figur», der Graf von Bentheim-Steinfurt 1790 zu Frankfurt: «Un petit homme de figure agréable».

[6] S. 25: Vgl. dazu das zusammenfassende Kapitel «Mozartbildnisse»! (S. 530).

[7] S. 30: Mit feinem Verständnis führt *Irma Hoesli* in ihrer Studie *«W. A. Mozart – Briefstil eines Musikgenies»* (Zürich 1948) viele «Capriolen» Mozarts in seinen Briefen auf urhafte musikalische Triebkräfte zurück. «So spielt der Musiker mit der Sprache: er verdrängt das Bedeutungselement und treibt das musikalisch-rhythmische Element der Wörter hervor» (S. 15 u. ff.). – Weiterhin die ausführliche Studie von *Arnold Kühn – Komik, Humor und Musikalität in Mozarts Bäslebriefen* im «Neuen Augsburger Mozartbuch» (1962, S. 107 ff.).

[8] S. 31: «Erreichen die Briefe auch nie die Tiefe und die Weite Mozartscher Musik, umfassen sie auch nicht alle Möglichkeiten des Genies, so sind doch die Quellen der sprachlichen Äußerung dieselben wie jene der musikalischen Gestaltung. Für uns ist die Tatsache unschätzbar, daß zwischen dem Persönlichkeitsgehalt der Musik und der Briefe kein prinzipieller, sondern nur ein gradueller Unterschied besteht» *I. Hoesli* (a. a. O. S. 9).

[9] S. 32: ZIMG (1906, VII., S. 175 ff.). Wenn der plötzliche Stimmungsumschlag auch zu den allgemeinen Elementen des «neuen Stils» gehörte, so erscheint er in dem reifen Mozart zu persönlichem Ausdruck vertieft und allem Formelhaften entrückt. Mit Recht betont *Heuß:* «Daß Werke wie das g-moll-Quintett (K. 516), das g-Moll-Quartett (K. 478), auch die g-Moll-Symphonie (K. 550) und die beiden Moll-Klavierkonzerte (K. 466 und 491) eine ganz eigenartige Leidenschaft besitzen, geben wohl die meisten zu, daß sich aber diese Art der Leidenschaft auch in einer Menge anderer, teilweise recht bekannter Werke findet, dagegen verwahrt man sich und hört in diese Werke und selbst in solche Stellen den allgebräuchlichen süßen, graziösen Mozart hinein.» Und: «Ein Hauptcharakteristikum von Mozarts leidenschaftlichem Naturell finde ich darin, daß von tiefster Leidenschaft erfüllte Stellen da auftreten, wo man sie gar nicht vermutet und wo sie ihrer Natur nach gar nicht hinzupassen scheinen.» – Allerdings ist es ein beliebter Unfug geworden, hinter jeder moll-Wendung «tragische» oder «dämonische» Beweggründe zu vermuten.

[10] S. 34: Hier stellt *Abert* (II S. 8) überzeugend fest, daß die Sittlichkeit, die sich Mozart allmählich selbst schuf, für «ihn, nicht wie für *Beethoven,* den Geistesverwandten *Kants* und *Schillers,* eine kategorische Pflicht» war, sondern sich einfach aus der Pflege seines Naturells ergeben habe. «Er war sittlich aus innerem Bedürfnis heraus und darum auch von moralischer Enge weit entfernt.» Bei Vater

Leopold sei die Sittlichkeit im Rationalismus, bei Wolfgang in der Humanität verwurzelt gewesen.

[11] S. 36: Mozarts Wesen sei «in der Hauptsache nordisch-dinarisch-mediterran (mit alpinem Einschlag) – eine Mischung, die auch bei Goethe vorliege», «eine der großartigsten und glücklichsten Synthesen nördlichen und südlichen Blutes», «die vollendetste Erscheinung einer Rassenmischung überhaupt». Der Grundzug aller aus dem Mittelmeer emporgestiegenen Kunst sei «statisch-zeitlos», im Gegensatz zur nordischen Kunst, die «dynamisch» sei. Mediterran an Mozart sei die unvergleichliche Anmut seiner Werke, in der Oper das «eigentümliche Jenseits von Gut und Böse», «das Beethoven abstieß, das Nietzsche als etwas zu Erringendes schmerzhaft, aber vergeblich anstrebt», wie es im «Don Giovanni» und im «Figaro» als «etwas Natürliches und Echtes von Mozart künstlerisch erlebt und dargestellt sei». *W. Rauschenberger,* Mozarts Abstammung und Rassenmerkmale. Augsburger Mozartbuch 1942/43, S. 398 ff. Vgl. dazu auch *Ottmar Rutz,* Menschheitstypen und Kunst (Jena, 1921)!

[12] S. 39: Vgl. *W. Fischer, «Zur Entwicklungsgeschichte des Wiener klassischen Stils»* (Beihefte z. d. DTÖ 1915, III, S. 24).

[13] S. 43: Vorläufig allerdings nur in Italien, da in der Salzburger Hofkapelle bis 1803 keine Klarinettisten beschäftigt wurden. Es gibt keine, für Salzburg geschriebene Komposition Mozarts, die Klarinetten verwendet.

[14] S. 44: Zur «böhmischen Emigrationsbewegung», die ihren Grund in der Gegenreformationspolitik Karls VI., wohl aber auch in der außerordentlichen Begabtheit und Brauchbarkeit der tschechischen und deutschböhmischen Musiker gehabt hat, vgl. *Vladimir Helfert,* Jiří Benda (Brünn 1929) und *Jan Racek,* Česká Hudba (Prag 1958). Die Auswanderungsbewegung richtete sich in erster Linie nach Preußen, dessen damaliger Herrscher, Friedrich Wilhelm I., seit der Salzburger Emigration (1732/1733) als besonderer Beschützer der Emigranten galt, dann aber auch nach dem übrigen Deutschland und in die österreichischen Erblande. Hier spielten natürlich auch die katholischen Musiker, die mit ihrer Herrschaft von den großen böhmischen Adelssitzen zeitweilig oder für immer in die «Kaiserstadt» Wien kamen, eine wichtige Rolle. Zu den bedeutsamen, aus dem böhmisch-mährischen Raum ausgewanderten Künstlern gehört in erster Linie die hochbegabte Familie *Benda (Franz, Georg, Joseph* u. a.), die vor allem in Berlin, Dresden und Hamburg seßhaft wurde, in Mannheim *Johann Stamitz* (1717–1757) und sein Sohn *Karl* (1745–1801), *Franz Xaver Richter* (1709–1789), *Anton Filtz* (um 1730–1760), in Dresden *Joh. Dismas Zelenka* (1679–1745), in Wien *Franz Xaver Duschek* (1731–1799), *Florian Leopold Gaßmann* (1729–1774), *Leopold Koželuch* (1747–1818) und *Joh. Anton Koželuch* (1738–1814), *Adalbert Gyrowetz* (1763–1850), *Franz Wenzel Mitscha* (Miča) (1694–1744) und sein Neffe *Johann Adam Franz Mitscha* (1746–1811), *Wenzel Müller* (1759–1835), *Wenzel Pichl* (1741 bis 1805), *Anton Reicha* (1770–1836), *Franz Tuma* (1704–1774), *Joh. Bapt. Vanhal* (Wanhal) (1739–1813), *Paul Wranitzky* (1756–1808) und *Anton Wranitzky* (1761 bis 1820), für den italienischen Raum *Joseph Mysliweczek* (1737–1781). Die meisten dieser Künstler sind mehr oder weniger, indirekt oder direkt, auch in der Lebens- und Werkgeschichte Mozarts von Bedeutung gewesen.

[15] S. 48: Man versuche, das völlig naturhafte Dreiklangsmotiv im (instrumentalen) Eingang dieses wunderbaren Liedes des Salzburger Mönchs, über die Zeiten hinweg, mit zwei «klassischen», jenen so überaus «landschaftsverbundenen» Eingängen in unmittelbare Verbindung zu bringen: mit dem Allegro-Incipit im ersten Satz von Mozarts Es-Dur-Symphonie (K. 543) und mit den Anfangstakten des «Donau-Walzers» von Johann Strauß!

[16] S. 48: Über die märchenhafte Umgestaltung des Salzburger Stadtbildes um 1600 unter den Erzbischöfen Wolf Dietrich und Markus Sittikus: *Richard Kurt Donin*, Vincenzo Scamozzi und der Einfluß Venedigs auf die Salzburger Architektur (Innsbruck 1948) – *Franz Fuhrmann*, Salzburg in alten Ansichten (Salzburg 1963) – *Franz Martin*, Salzburg (Salzburg 1952).

[17] S. 51: Zu den *Augsburger Vorfahren Mozarts: Adolf Buff*, Mozarts Augsburger Vorfahren (Zeitschrift des histor. Vereins f. Schwaben u. Neuburg, 18. Jg., Augsburg 1891), eine frühe, sorgfältige, für weitere Studien grundlegende Arbeit des Augsburger Stadtarchivars – *Friedrich Deininger*, W. A. Mozarts Augsburger Ahnen (Zeitschrift «Schwabenland», 8. Jg., Heft 7/9, Augsburg 1941/42 – *Walter Rauschenberger*, Mozarts Abstammung und Ahnenerbe, N. M. Jb., Jg. 2, 1942, S. 101 ff. – *Erich E. Müller von Asow* im «Augsburger Mozartbuch» (Zeitschrift des histor. Vereins f. Schwaben, Bd. 55/56, Augsburg 1942/43, S. 478 ff. – *Ernst Fritz Schmid*, Ein schwäbisches Mozartbuch, Lorch/Stuttgart 1948 – *ders.*: Aus Mozarts schwäbischer Sippe, M. J. B. 1950, S. 99 ff. – *Ludwig Wegele*, Mozart und Augsburg, Augsburg/Basel o. J. – *ders.*: Neue Forschungen zur Ahnengeschichte W. A. Mozarts, MM, 12. Jg., Heft 3/4, August 1964 – *Adolf Layer*, Mozart und Dillingen, Sonderdruck aus dem Jb. des Histor. Vereins Dillingen a. d. Donau, 57/58. Jg., Dillingen 1958 – dazu die wertvollen «genealogischen Beiträge» des vom Augsburger Stadtarchivdirektor *H. F. Deininger* geleiteten, vom histor. Verein f. Schwaben herausgegebenen «Neuen Augsburger Mozartbuches» (Bd. 62/63 der Zeitschrift des histor. Vereins f. Schwaben, Augsburg 1962).

Für einen in den Rechnungsbüchern des Staatsarchivs Florenz in der zweiten Hälfte des 17. Jahrunderts als Lehrer für die großherzoglichen Pagen in Siena wirkenden, 1690 gestorbenen «Rev. P. Fra Deodato Morxart, Maestro della Lingua Alemanna» ist vorläufig ein Familienzusammenhang mit den Augsburger Mozarts nicht nachzuweisen.

[18] S. 53: Baden bei Wien kommt nicht in Betracht. Der Name Sulzer ist dort nicht nachweisbar. *Max Fehr* («Mozart in Winterthur» 1941) nimmt Baden im schweizerischen Aargau als Geburtsort Chr. Sulzers in Anspruch, doch ist laut Mitteilung des dortigen kath. Stadtpfarramtes der Name Christian S. zwischen 1660 und 1720 vorläufig nicht nachweisbar. *W. Rauschenberger* («Mozarts Abstammung und Ahnenerbe» im Mozart-Jahrb. II/1942, S. 101 f.) nimmt eine größere Wahrscheinlichkeit für Baden-Baden oder wenigstens die Markgrafschaft Baden an. Der Name S. sei im Lande Baden sehr verbreitet. In Baden-Baden sei auch ein 1717 verstorbener, bisher ungeklärter *Heinrich Mozart* nachgewiesen. – Die Gattin Chr. Sulzers hieß *Dorothea Bauer* und stammte aus Augsburg. – Eine «Nachkommentafel *David Mozarts*» v. *E. Müller-Asow* im *Augsburger Mozartbuch* (S. 504/05). – Auch in Leopold Mozart lebte noch etwas von dem alten Zunftgeiste in der Art, wie er sich seiner Vaterstadt auch späterhin verbunden hielt. Im Januar 1748 richtete er ein Gesuch an den Rat der Stadt Augsburg, «mit Vorbehalt seines allhiesigen Bürgerrechtes in Salzburg wohnen und sich hier kopulieren lassen zu dürfen». Beides wurde ihm mit Dekret vom 6. Februar desselben Jahres unter der Bedingung gestattet, daß er «im Steueramt sein Vermögen zuvörderst anzeigen und davon auf drei Jahre die Steuern und Anlagen bezahlen und vor Umlauf des dritten Jahres um weitere Erlaubnis gebührend supplizieren muß, wegen auswärtiger Kopulation aber zuvor neun Gulden Vergunstgeld neben anderen der Hochzeitsordnung gemäß zu präsentieren habenden praestandis und aliis consultis entrichten solle.»

[19] S. 55: Wertvolle neue Daten über Leopold M. und Augsburg bringt *Ernst Fritz Schmids* Artikel «Mozart und das geistliche Augsburg, insonderheit das

Chorherrenstift Heilig Kreuz» im *Augsburger Mozartbuch* 1942/43, Seite 40 ff.

[20] S. 58: Das Protokoll der Philos. Fakultät (1739) lautet: «Fuit is paucis ante examen diebus citatus at Magnificum, ubi sententiam, percepit, se non amplius in numero studiosorum habendum esse, quam sententiam nullis interpositis precibus, ac si haec non curaret, acceptavit et discessit.»

[21] S. 62: «moderne Rechtschreibung», *Herbert Klein,* im MJB.

[22] S. 65: Für die Geschichte der Tonkunst in Salzburg vor Mozart grundlegend die Beiträge von *Hermann Spies* in den «Mitteilungen der Gesellschaft für Salzburger Landeskunde», Jahrgänge 81 u. 90 (Beiträge zur Musikgeschichte Salzburgs im Spätmittelalter und zu Anfang der Renaissancezeit), 71 u. 72: (Die Tonkunst in Salzburg in der Regierungszeit Wolf Dietrichs) – *ders.:* «Aus der musikalischen Vergangenheit Salzburgs», in ‹Musica divina›, Wien 1913 – *Const. Schneider,* Geschichte der Musik in Salzburg (Salzburg 1935) – *Viktor Keldorfer,* Klingendes Salzburg (Zürich/Leipzig/Wien 1951) – *J. Peregrinus,* Geschichte der Salzburger Domsängerknaben, Salzburger Landeskunde, Jg. 28/29.

[23] S. 66: *Zur Theaterkultur in Salzburg: Arthur Kutscher,* Das Salzburger Barocktheater (Dresden/Leipzig/München 1924) – *H. F. Wagner,* Theaterwesen in Salzburg, Salzb. Landeskunde, Jg. 33, S. 247 ff. – *Karl O. Wagner,* Das Salzburger Hoftheater, 1775–1805, Salzb. Landeskunde, Festschrift, Salzburg 1910, S. 285 ff. – *F. J. Fischer,* Das Salzburger Theater vom Barock zum Rokoko, Salzb. Landeskunde, Jg. 95, S. 141 ff. – *ders.:* Wandertruppen des 17. Jhts. in Salzburg, Salzb. Landeskunde, Jg. 100, S. 431 ff. – *B. Paumgartner,* Ein Stück Salzburger Musik- und Theatergeschichte in «Salzburg» (Salzburg 1966), S. 278 ff. - *Richard Maria Werner,* Der Laufener ‹Don Juan›, ein Beitrag zur Geschichte des Volksschauspiels, Hamburg 1891.

[24] S. 70: Solche Lizenzen waren eingeschobene Arien, in denen der Sänger vor oder nach einer Kantate oder Oper, meist in huldigender Form, eine direkte Ansprache an die zu feiernde Persönlichkeit im Zuschauerraum richtete. Von Wolfgang Mozart besitzen wir zwei solche Arbeiten, die nach ihrem textlichen Inhalt auf Erzbischof Sigismund Bezug nehmen. Die vorliegende Licenza ist wohl identisch mit der *Tenorarie «Tali e cotanti sono di Sigismondo i meriti»* (K. 36), der ein langes, sorgfältig gearbeitetes Rezitativ vorausgeht. Die Arbeit zeigt den Ehrgeiz des Knaben, sein Können vor seinem Herrn und den italienischen Gästen ins rechte Licht zu setzen.

[25] S. 77: Vgl. dazu: *J. E. Eberlin, «Der blutschwitzende Jesus»,* Oratorium nebst Anhang, Stücke aus anderen Oratorien, bearb. v. *R. Haas, D. T. Ö.,* XXVIII. Jahrgang, I. Bd. 55 (Wien 1921) – *R. Haas, Eberlins Schuldramen und Oratorien,* Beih. d. D. T. Ö., VIII. (Wien 1921) – *M. Haydn, Instrumentalwerke,* bearb. v. *L. H. Perger,* D. T. Ö., XIV. Jahrg., II. (Wien 1907) – *M. Haydn, Drei Messen,* bearb. v. *A. M. Klafsky,* D. T. Ö., XXXV. Bd. (Wien 1915) – *L. Mozart, Ausgewählte Werke,* herausg. v. *M. Seiffert,* D. T. Ö., IX. Jahrg., II. (Leipzig 1908) – *E. L. Theiß,* «Die Instrumentalwerke Leopold Mozarts», Diss. Gießen 1942 – *C. Schneider,* «Geschichte der Musik in Salzburg» (Salzburg 1935) – *ders.:* Die Oratorien und Schuldramen A. C. Adlgassers. StMw. 18 – *Maria Michaela Cuvay,* «Beiträge zur Lebensgeschichte des Salzburger Hofkapellmeisters J. Eberlin», in Mitteilungen der Gesellschaft f. Salzb. Landeskunde, Jahrg. 95, 1955 – *Heinz Josef Herbort,* Die Messen des Joh. Ernst Eberlin, Diss. Münster 1961 – *Hans Jancik,* Michael Haydn, Wien 1952 – *Werner Rainer,* Das Instrumentalwerk A. C. Adlgassers, Diss. Innsbruck 1964 – *ders.:* Anton Cajetan Adlgasser, Salzb. Landeskunde, 105. Jg., 1965 – *Helmut Zehetmair,* Die Kammermusik Mich. Haydns, Diss. Innsbruck 1965.

[26] S. 81: Autograph in der Bibliothek des Conservatorio L. Cherubini (Istituto musicale) Florenz, aufgefunden von B. Paumgartner.

[27] S. 84: «Es wäre seltsam», meint *A. Einstein* in der *Anm.* zu K. 73 l = 81, wenn Leopold sich in Rom nochmals als später Konkurrent seines Sohnes versucht hätte; und noch seltsamer, wenn gerade eine der reiz- und geistvollsten der italienischen Sinfonien aus dem Jahre 1770 von ihm herrühren sollte.» Die Zuweisung an Leopold, der auch *Max Seiffert* (DTB IX/2, S. XXXVIII f.) folgt, ergab sich aus dem Umstand, daß das Werk in J. G. I. Breitkopfs «Catalogo delle Sinfonie» (Suppl. X, 1775) als eine Arbeit Leopold Mozarts angeführt wird. Auch *Wyzewa-St. Foix* (I/306) nehmen das Werk für Wolfgang in Anspruch.

[28] S. 84: *Leopold Mozarts Violinschule:* eine Facsimile-Ausgabe von *B. Paumgartner* (Wien 1922).

[29] S. 88: *Friedr. Breitinger,* «Das Wohnhaus der Familie Mozart am Makartplatz in Salzburg», Mitt. d. Wr. akad. Mozartgem. IX. Juli/August-Heft 1939. Bis auf den Musiksaal hat eine Fliegerbombe das «Haus am Makartplatz» zerstört. Nur der Saaltrakt blieb erhalten. Er wurde 1955 von der Internationalen Stiftung Mozarteum erworben und in würdiger Form museal und als schöner Raum für kleine Konzerte eingerichtet.

[30] S. 90: *Erich Schenk, «Mozarts Salzburger Vorfahren»* (M. J. B. III., 1927); dazu auch die «Nachkommentafel Pertl» von *E. H. Müller von Asow* (vgl. Anm. 18!).

[31] S. 96: *Franz d'Yppold,* gest. 1790. Über die stille, in der Literatur gröblich «mißverstandene» Erscheinung dieses Mannes, der sich auch in der Nachlaßangelegenheit Mozarts bewährte und derjenige war, der Wolfgang den «traurigen, ganz unvermutheten Todesfall des liebsten Vaters» als gemeinsamer, getreuer Freund mitteilte, vgl. *E. Valentin,* «Ein unbekannter Mozart-Brief» im N. M. Jb. III/1943, S. 87 ff. – Wer sich eingehend mit dem stillen Schicksal des «Nannerl» befassen will, lese das liebe Buch von *Walter Hummel,* «Nannerl» (Amalthea Verlag 1952) und desselben «Nannerl Mozarts Tagebuchblätter» (Salzburg 1958) – Franz d'Yppold (d'Ippold) war k. k. Hauptmann, seit 1774 Hofmeister der Edelknaben, dann Direktor des mit der Pagerie vereinigten adeligen Collegium Virgilianum, seit 1777 auch salzburgischer Hofkriegsrat. Er starb zu Salzburg am 25. Februar 1790, 60 Jahre alt. Der Name d'Yppold ist keineswegs französischer Herkunft, stammt vielmehr aus Deutschböhmen. Unser d'Yppold ist als ein schlichter Ippold in Leitmeritz geboren; das vornehme, apostrophierte «de» hat er sich selbst beigefügt. *(Herbert Klein* in N. M., 7. Jg., Heft 3/4, Dezember 1958). Die Schreibweise ‹Diepold› in mehreren neueren biographischen Arbeiten ist unbegründet. Nannerl schreibt ‹d'ybold›.

[32] S. 101: Das Kirchenbuch der Dompfarre in Salzburg macht folgende Kinder L. Mozarts namhaft: 1. *Johann Joachim Leopold* (18. August 1748 – 2. Februar 1749). 2. *Marie Anna Kordula* (18. Juni 1749 – 24. Juni 1749). 3. *Marie Anna Nepomuzena Walburgis* (13. Mai 1750 – 29. Juli 1750). 4. *Marie Anna Walburga Ignatia,* das *«Nannerl»* (30. Juni 1751 – 29. Oktober 1829). 5. *Johann Karl Amadeus* (4. November 1752 – 2. Februar 1753). 6. *Maria Crescentia Francisca de Paula* (8. Mai 1754 – 27. Juni 1754). 7. *Johannes Chrysostomus Wolfgangus Theophilus* (27. Jänner 1756 – 5. Dezember 1791).

[33] S. 101: L. Mozart an den Verleger Lotter in Augsburg: «Übrigens benachrichtige (ich Sie), daß den 27. Januarii abends um 8 Uhr die Meinige mit einem Buben zwar glücklich entbunden worden. Die Nachgeburt aber hat man ihr weg-

nehmen müssen. Sie war folglich erstaunlich schwach. Jetzt aber, Gott sei Dank, befinden sich Mutter und Kind gut» (9. Februar 1756).

34 S. 101: Briefe Leopolds an seine Tochter nach St. Gilgen (Mozarteums-Archiv). *Deutsch-Paumgartner,* Leopold Mozarts Briefe an seine Tochter (Salzburg-Leipzig 1936).

35 S. 101: Der Beginn von Mozarts Geigenspiel wird gewöhnlich in sein sechstes Lebensjahr gelegt. Dagegen eine Notiz in Nissens Kollektaneen: «Im vierten Jahre hörte Herr v. Murr ihn auf der Geige spielen» (M. M. II/1, S. 29).

36 S. 104: *Das Notenbuch für Wolfgang* befand sich im Besitz von *Dr. L. König* in Kiel. Eine vollständige Abschrift besaß *Hermann Abert.* (Die Überschrift des Vaters ist widersprüchlich: Nicht der sechste, sondern der siebente Namenstag Wolfgangs fiel auf den 31. Oktober 1762. Außerdem befand sich die Familie an diesem Tage nicht in Salzburg, sondern in Wien. Man könnte also annehmen, daß das Klavierbüchlein schon 1761 zusammengestellt worden war.) Aus *Mariannens Notenbuch* mit der Überschrift von Leopolds Hand: «Pour le / Clavecin / ce Livre appartient à Mademoiselle / Marie Anne / Mozartin / 1759» sind in den letzten Jahren wieder einige der lange verschollenen Blätter im Antiquariatshandel aufgetaucht, doch leider nicht in das ihnen zugehörige Buch zurückgekehrt. Zum Glück wurden die Facsimiles dieser Blätter in einer Ausgabe von *E. J. Dent* und *E. Valentin* («Der früheste Mozart», München 1956) allgemein zugänglich gemacht. Sie enthalten tatsächlich die ersten Kompositionsversuche Wolfgangs (ein *Andante* und ein *Allegro in C-Dur* (K 1a u. 1b) vom Ende Jänner oder Februar 1761, ein *Allegro in F-Dur* (K 1c) vom 11. Dezember 1761 und ein *Menuett in F-Dur* (K 1d) vom 16. Dezember 1761. Erst dann folgt jenes *G-Dur-Menuett (K 1 = 1e),* das bisher als erste Komposition Mozarts gegolten hat. Interessant ist die Feststellung *Wolfgang Plaths* (M. Jb. 1960/61, S. 86), daß von den 50 im Nannerl-Buch verbliebenen Stücken nur 26 von Leopold geschrieben sind; nur ein einziges (!) stamme von Wolfgangs Hand. Den Rest bestritten zwei ungleiche Schreiber. (Wolfgangs Autograph ist ein *C-Dur-Stück* vom Sommer 1763, K 5a, S. 15 des Büchleins.) – Ein drittes Notenbuch, das sog. *«Londoner Skizzenbuch»* mit Leopolds Überschrift «di Wolfgango Mozart, à Londra 1764» mit 86 beschriebenen Seiten, das im «neuen Köchel» alle Stücke von 15 a bis 15 ss, 43 Klavierstücke im Ganzen, enthält, befand sich in der Berliner Staatsbibliothek, ist aber seit Kriegsende verschollen. Ein Teil der Stücke veröffentlicht von *R. Genée* in Zs. f. Bücherfreunde 1898/99, vollständig von *G. Schünemann* (Leipzig 1909, Breitkopf & H.) – Eine stilkritische Darstellung gibt *Abert* I, 64 ff.

37 S. 105: Vgl. den Schluß von Anm. 36!

38 S. 106: Hierhin gehören die *sechs Violinkonzerte* (fünf allein im Jahre 1775), der *«Concertone»* (K. 190) für zwei Soloviolinen mit Orchester, die *«Konzertante Symphonie»* (K. 364) für Violine und Bratsche und zahlreiche *Divertimenti* und *Serenaden* mit dankbaren Aufgaben für die solistisch geführte Violine, darunter insbesondere die beiden technisch schwierigen «Lodron'schen Nachtmusiken», die Divertimenti in F (K. 247) und B (K. 287).

39 S. 109: Sämtliche in diesem Kapitel zitierten, unbezeichneten Briefstellen sind an diesen in der Zeit vom 3. Oktober bis 29. Dezember 1762 gerichtet. Der vermögende Kaufmann *Johann Lorenz Hagenauer* (1712–1792) hat zu den Kunstreisen der Familie Mozart wiederholt Geld vorgestreckt. Es ist nur natürlich, daß Leopold M. ihm vor allen von den Erfolgen berichtete. Über die Hauskonzerte beim Wiener Adel berichtet die Mozart-Biographie von *E. Schenk* sehr ausführlich.

[40] S. 111: Original französisch. *«Briefe der Kaiserin Maria Theresia an ihre Kinder und Freunde»*, herausg. von *A. Arneth*, Wien 1881 I/93. Vgl. *«Kaiserin Maria Theresia und Mozart»* von *R. Lewicki* (M. M. II/4, S. 103 ff.). Leopold Mozart hatte versucht, seinen Sohn am Hofe Ferdinands anzustellen oder ihm einen Titel zu verschaffen.

[41] S. 112: Die Biographien sprechen von Scharlach. *Dr. Felix Huch* (Bautzen) machte mich aber darauf aufmerksam, daß nach dem vorzüglichen Krankheitsbild Leopold Mozarts in einem Brief an Hagenauer hervorgehe, daß es sich im gegenständlichen Falle nicht um Scharlach, sondern um ein sogenanntes Erythema nodosum handle. Dadurch würden auch die Vermutungen über den Zusammenhang von Mozarts letzter Krankheit mit dieser Kinderkrankheit hinfällig. Auch an diese Krankheit könne sich in schweren, seltenen Fällen eine Nierenentzündung anschließen, doch gehe aus Leopolds Briefen hervor, daß dies kaum der Fall gewesen sei. Als Arzt Wolfgangs fungierte damals der Hofrat und Professor der Medizin an der Wiener Universität, Dr. Johann Anton von Bernhard. Zum Dank veranstalteten die Mozarts nach Wolfgangs Genesung in seinem Hause «eine Musik».

[42] S. 113: Am 28. und 30. Juni sowie am 4. Juli 1763. Mozarts wohnten im vornehmen Gasthof zu den Drei Mohren. Im «Augsburgischen Intelligenz-Zettel» war schon am 19. Mai ein tüchtiger Werbe-Artikel erschienen, der wohl Leopold M. zum Verfasser hatte. Auf der Rückreise kamen die Mozarts am 6. November 1766 wieder durch die Stadt. Vorher hatten sich die Kinder bei dem kunstbegeisterten Fürstbischof von Augsburg, Landgraf Joseph v. Hessen-Darmstadt, in Dillingen hören lassen *(E. F. Schmid*, a. a. O., S. 99 f.) – Zu Persönlichkeiten und Örtlichkeiten in Augsburg: *Ludw. Wegele*, Mozart und Augsburg, 2. Aufl. (Augsburg 1960).

[43] S. 116: Zu *F. M. Grimm: Paul Nettl:* Der kleine Prophet von *Böhmisch-Brod, Mozart und Grimm* (Eßlingen 1953) – «Le Petit Prophète des Boehmischbroda», «dieses witzigste Boulevardessay des 18. Jahrhunderts», das «französischeste aller französischen Pamphlete» *(Nettl)*, das Grimm 1753 verfaßte, hat einen «kleinen Studenten und Bierfiedler» aus Böhmisch-Brod zum Helden, hinter dem sich freilich ein «Shakespeare der Musik» – wahrscheinlich ist *Johann Stamitz* damit gemeint – verbergen soll, der schon von Zeitgenossen *(Burney, Hiller, Arteaga)* enthusiastisch als der Schöpfer eines neuen Stils in der Musik gefeiert wurde.

[44] S. 119: Von diesen *Klaviersonaten mit Violine ‹ad libitum›* («qui peuvent se jouer avec l'Accompagnement de Violon», wie es auf dem Titelblatt des Pariser Druckes heißt) sind K. 6 u. 7 der Prinzessin Victoire, der zweiten Tochter des französischen Königs, K. 8 u. 9 der Comtesse de Tessé, Dame de Madame la Dauphine gewidmet. Die Widmungen in französischer Sprache stammen von Grimm. Die Sonaten sind nach Wagenseilschem Muster gearbeitet (dreiteiliges Allegro, Andante, Menuett und Trio), nur K. 6 ist viersätzig mit einem ‹Allegro molto› am Schluß. Es sind Mozarts erste gedruckte Werke, «Œuvre I u. II», «gravées par Mme. Vendôme», März–April 1764 bei Bordet in der Rue St. Honoré erschienen, im folgenden Jahr dort und, auf Betreiben Leopolds, auch in London mit einem neuen Titelblatt herausgegeben.

[45] S. 119: Johann Schoberts Herkunft – vielleicht österreichischer Schlesier – ist dunkel; um 1765 schon weitberühmt, raffte ihn 1767 eine Pilzvergiftung mit Frau und Kind jäh dahin. Seine Zugehörigkeit zu den «Mannheimern» ist nur bedingt anzunehmen, seine Eigenpersönlichkeit doch zu stark, ihn schlechthin dieser Schule anzureihen. Seine universelle Bedeutung liegt vielmehr «in der Verschmelzung von süddeutschen (Mannheimer), Wiener und venezianischen

Sonatenelementen, bereichert durch eine ganz persönliche Ausdrucksweise, in welcher der Sturm und Drang sich deutlich ankündigt» *(Ed. Reeser)*. In dieser persönlichen Ausstrahlung liegt wohl auch der entscheidende Grund seiner starken Wirkung auf den kleinen Mozart. Auch in den Klavierwerken Schoberts ist das ‹freie Accompagnement› noch üblich: «Les parties d'accompagnements sont ad Libitum» (Titelblatt der «Sonates pour le Clavecin opera XIV», deren erste mit drei Supplementstimmen sogar als Klavierquartett [!] gespielt werden kann).

[46] S. 120: Maxglan ist ein westlicher Vorort von Salzburg, die Glan ein Bach, der ihn durchfließt.

[47] S. 120: *Christian Bach,* geboren 1735. Nach dem Tode seines Vaters (1750), als Fünfzehnjähriger, Schüler seines Bruders Philipp Em. B. in Berlin, geht 1754 nach Italien, wo er zum Katholizismus übertritt und als Opernkomponist steigende Erfolge erzielt. 1762 wird er als Nachfolger Händels Opernkapellmeister in London bis zu seinem Tode (1782). – *Karl Friedrich Abel,* geb. 1725 zu Köthen, erst Mitglied der Dresdner Hofkapelle, kam 1759 nach London. Er starb dortselbst am 22. Januar 1787.

[48] S. 121: *Giovanni Manzuoli* (Manzoli), um 1720 in Florenz geboren und dort um 1780 gestorben, war nach vielen Triumphen in Italien, Spanien, Portugal, aber auch in Wien (1760) im November 1764 nach London gekommen, wo er in dem Pasticcio ‹Ezio› einen enthusiastischen Erfolg erzielte. 1768 trat er in die Dienste des toskanischen Großherzogs und ließ sich in Florenz dauernd nieder, immer noch mit Gastspielen in Italien beschäftigt. Bei der Uraufführung von Mozarts «Ascanio in Alba» am 17. Oktober 1771 in Mailand sang Manzuoli die Titelrolle. In Florenz hat Manzuoli später auch unterrichtet und gerne in Kirchen gesungen.

[49] S. 122: Eine zweite Symphonie in Es (K. 18) hat sich als Komposition Abels herausgestellt. Auch die viersätzige Symphonie in B-Dur (K. 17), die eine Zeitlang als erste Symphonie Mozarts galt, kann ihm aus inneren Gründen nicht zugeschrieben werden. Die Symphonien K. Anh. 220, 222 und 223 (K. 16 a, 19 b u. 19 a) aus der Londoner Zeit sind nur in ihren thematischen Anfängen bekannt, eine weitere Symphonie (K. 16 b) nur aus einer Violinstimme in der Münchner Staatsbibliothek (Mus. Ms. 3228). Dieses, nur in der 1. Violinstimme fragmentarisch erhaltene Werk muß jedoch Leopold Mozart zugeschrieben werden.

[50] S. 123: Der Erstdruck dieser, vermutlich Anfang Mai 1765 zu London entstandenen vierhändigen *Klaviersonate in C-Dur* (K. 19 d) ist zu Paris, aber seltsamerweise erst zwischen 1787 u. 1788 (!)(?) – ein zweiter Druck 1789 in London erschienen *(Krit. Ber. zur NMA,* 1957, *W. Rehm,* S. 53).

[51] S. 123: *Ercole Ciprandi* sang in dem Pasticcio «Ezio» (Text von *Pietro Metastasio),* in dem *Manzuoli* als Träger der Titelrolle solche Erfolge erzielte (vgl. Anm. 48), nur eine Nebenrolle.

[52] S. 123: Der Text zu dieser, im Oktober 1765 entstandenen, im Jänner 1766 im Haag überarbeiteten *Arie* stammt gleichfalls von *Metastasio* aus dessen «Artaserse» (Akt I, Szene 1).

[53] S. 125: *«Six Sonates* / Pour le / Clavecin / Avec / Accompagnement d'un Violon» (K. 26–31) – Druck 1766 bei B. Hummel im Haag –, die *«Sieben Klaviervariationen»* (K. 25) ebendort (1766) – Das Quodlibet *«Galimathias musicum»* (K. 32) ist eine freie, nach Art der alten Suitenpraxis zusammengefügte Folge diverser selbstkomponierter und volksliedhafter Stücke, wahrscheinlich zu beliebiger Auswahl bei der Wiedergabe bestimmt, was aus dem Schlußfugato über das Lied «Willem van Nassau» geschlossen werden kann, das in F-Dur steht, während als Grundtonart der restlichen Suite D-Dur angesehen werden muß.

[54] S. 125: 1726 bis 1795. Mit dem Begründer des französischen Singspiels, *Egidio Romualdo Duni* (1709–1775), war Leopold M. schon bei seinem ersten Pariser Aufenthalte zusammengetroffen (Schurig, Reiseaufz., S. 48).

[55] S. 126: Über den Aufenthalt der Mozarts *in Lyon: Jean Beaumont,* «Mozart à Lyon» in «Reflets de la Vie Lyonnaise», Nr. 38, November 1956 – *in der Schweiz: Max Fehr,* «Die Familie Mozart in Zürich» (130. Neujahrsbl. der Allg. Mus. Ges. Zürich 1942) – *L. Caflisch* u. *M. Fehr,* «Der junge Mozart in Zürich» (140. Neujahrsbl. der Allg. Mus. Ges. Zürich 1952) – *Jacques Burdet,* «Mozart à Lausanne», Revue Historique Vaudoise, 61. Jg., Juni 1953. – Ein kurzes, Anfang Oktober 1766 in Zürich komponiertes Klavierstück (K. 33 b) liegt in der Zürcher Zentralbibliothek.

[56] S. 130: Der Text zu diesem «Schulstück» stammt nach den Untersuchungen *H. Kleins* von dem Salzburger Kauf- und Ratsherrn, späteren Bürgermeister *Ignaz Anton Weiser.* Die Uraufführung am 12. März 1767 fand im Rittersaal der Salzburger Residenz statt (MJB 1957 S. 168 ff.).

[57] S. 130: Neubearbeitung in deutscher Sprache von Roland Tenschert. Die *«Grabmusik»* (K. 42) wurde für die Karwoche 1767, nur der Schlußchor einige Jahre später geschrieben. Die Uraufführung von *«Apollo et Hyacinthus»* (K. 38) fand am 13. Mai 1767 in der großen Aula der Salzburger Universität als allegorisches, zwischen die Akte der lateinischen Tragödie «Clementia Croesi» des Pater Rufinus Widl eingeschobenes, von fünf Personen gesungenes Intermezzo statt. – Zu der im gleichen Jahr entstandenen «Licenza», der *Arie «Tali e cotanti sono»* (K. 36) vgl. Anm. 24! – In das Jahr 1767 gehören auch *vier* interessante *Adaptierungen von Sonatensätzen H. F. Raupachs, Leontzi Honauers, Schoberts, Eckards* und *Ph. Em. Bachs* zu *Klavierkonzerten mit Orchesterbegleitung* (K. 37, 39, 40, 41), die ersten Versuche Mozarts auf diesem Gebiete *(Wyzewa-St. Foix* «Les premiers Concertos de Mozart» ZIMG X, S. 139 ff.). – Manche Kompositionen des jungen Mozart aus dieser Zeit, von denen wir aus den Aufzeichnungen Leopolds oder Nannerls wissen, sind leider verlorengegangen.

[58] S. 132: *«Affligio»*, auch (richtiger) «Afflisio» geschrieben. (E. Wlassik, Chronik des Burgtheaters, S. 16.) A. war eine problematische Gestalt, typischer Hochstapler, der es bis zum Oberstleutnant gebracht hatte, spekulativer Unternehmer ohne Kunstverständnis. Er endete als Galeerensträfling. Zur Zeit der «Finta» befand er sich einer französischen Truppe wegen, die er mit wenig finanziellem Erfolge nach Wien berufen hatte, in Geldverlegenheit. Vielleicht ein Grund mehr zur Ablehnung des nicht sehr aussichtsreichen Werkes Wolfgangs. Seine Prozeßakten finden sich im Staatsarchiv Florenz. (Veröffentlichung durch den Autor dieses Buches in Vorbereitung.)

[59] S. 132: Die Uraufführung fand am 16. Dezember statt, als die Mozarts noch in Olmütz waren. Sie blieb jedoch noch in den ersten Monaten des Jahres 1763 auf dem Spielplan, so daß Wolfgang Gelegenheit hatte, sie zu hören. Er hat späterhin die «Alceste» anderen Opern Glucks vorgezogen. Ihr Pathos finden wir manchmal im «Idomeneo» wieder. Ob aber der Einfluß Glucks auf Mozart schon in jener Zeit so bedeutend gewesen ist, als Wyzewa-St. Foix annehmen, möge dahingestellt bleiben.

[60] S. 133: Die *Arie des Polidoro* «Colla bocca e non col core» (1. Akt, Nr. 7) hat Mozart seltsamerweise aus seinem Schuloratorium «Die Schuldigkeit des ersten Gebots» (K. 35, Nr. 7 «Manches Übel will zuweilen») gekürzt herübergenommen.

[61] S. 135: Neben *Weiskern* war auch Schachtner an der Gestaltung des Textes für Mozart beteiligt. Die Übersetzung einiger Nummern und die Versifizierung des von Weiskern in Prosa gehaltenen Dialogs stammen von ihm *(A. Orel,* Moz. Gem.

Wien, Jg. 2, Nr. 5/6, 1944). – Die Uraufführung des Singspiels im Gartentheater des Dr. Mesmer auf der Landstraße (Spätsommer 1768) wird nur von *Nissen* überliefert und neuerdings angezweifelt. *A. Orel* bestreitet (Schweizer. Mus. Ztg. Zürich, April 1951), daß das Stück damals schon vollendet war. Die Secco-Recitative wurden tatsächlich für eine geplante Aufführung in Salzburg nachkomponiert. Das besagte Gartentheater habe damals noch nicht bestanden (Leopold Mozart erwähnt es erst in einem Brief vom 21. Juli 1773). Daher habe die Aufführung vermutlich im Hause Dr. Mesmers in der Rauchgasse (heute Rasumofskigasse) auf der Landstraße, dort vielleicht in einem Gartenpavillon, stattgefunden (vgl. auch *Deutsch*, «Dokumente», S. 78).

[62] S. 135: Das *Trompetenkonzert* (K. 47 c) ist verlorengegangen. – Über die Identität der *«Waisenhausmesse»* ist man in der Musikwissenschaft noch nicht ins Klare gekommen. Schon die Notiz Leopolds für das Jahr 1768 in seinem Verzeichnis «eine große Messe mit 4 Singstimm 2 Violin 2 Hautb. 2 Viole 4 Clarinis Tymp. etc.» weist zwingend auf die in den älteren Auflagen des «Köchel» zu spät angesetzte *Missa solemnis,* K. 139 (47 a), hin. Trotz des Kyrie-Eingangs in c-moll ist sie, wie auch *Einstein* (1947, S. 426 f.) u. *W. Kurthen* (ZMW, III, S. 209 f.) ausführen, keine Trauermesse, daher auch nicht die Trauermesse auf den Tod des Erzbischofs Sigismund von Schrattenbach, wie *Wyzewa-St. Foix* (I, 244, 421) annehmen. «C-moll» bedeute hier «nichts weiter als erhöhte Feierlichkeit». Auf Wien weist vor allem auch die Besetzung mit zweifachen Violen hin, ein Instrument, das in der Salzburger Dommusik nicht geführt wird, und die 4 (!) «Clarini». Wem das Werk als zu reif erscheint, möge es nur mit dem unzweifelhaft in der gleichen Schaffensepoche zu Wien geschaffenen «Veni Sancte Spiritus» (K. 47) und (nach Köchel[6], S. 74) auch mit der bald nachher entstandenen sogenannten «Dominicus-Messe» (K. 66) vergleichen, die von einigen Gelehrten für die Waisenhausmesse gehalten wird. Nach *E. Schenk* (W. A. Mozart, S. 221) habe man höchstwahrscheinlich in einem von *W. Senn* im Tiroler Zisterzienserstift Stams aufgefundenen, aus Kyrie, Gloria und Sanctus bestehendem Messefragment die fragliche Waisenhausmesse zu erblicken. Es fehlen hierfür jedoch die überzeugenden Argumente. – Die kleinräumige, wenn auch melodisch reizvoll espressive «Missa brevis» (K. 49) kommt schon wegen der Orchesterbesetzung (nur Streicher und Orgel!) als «Waisenhausmesse» nicht in Betracht. Die «espressiven» Messen Mozarts unterscheiden sich als sehr persönliche Kunstwerke deutlich vom «feierlichen», «offiziellen» Typus. Freilich kann dieser Typus auch innerhalb der Großform einer Messe wechseln. – Die Chormotette (Offertorium) «Benedictus sit Deus» (K. 117 = 66 a) gehört wohl zur «Dominicus-» (K. 66), nicht zur «Waisenhausmesse».

[63] S. 137: Die letztgenannte *G-Dur-Symphonie Leopold Mozarts* wurde 1965 in «Nagels Musik-Archiv» (Bärenreiter-Verlag Kassel), Nr. 213, von *Anna Amalia Abert* auf Grund stilkritischer Untersuchung der beiden, in Lambach mit dem Vermerk «Dono Authoris, 4ten Jan. 769» aufgefundenen Symphonien als *Symphonie Wolfgangs* herausgegeben, während die mit Wolfgangs Namen überschriebene Symphonie angeblich durch einen Irrtum des Kopisten oder Bibliothekars Leopold zugeschrieben wird. Diese Symphonie (K. 45 a) hat schon *Wilhelm Fischer* 1923 in Lambach entdeckt und mit guten Argumenten im MJB I (S. 37 ff.) herausgegeben. Sie enthält zwei thematische Anklänge an das in Zeitnähe entstandene Singspiel «Bastien und Bastienne» (K. 50)! Die sehr zweifelhafte Frage harrt noch einer gewissenhaften Lösung.

[64] S. 137: Eine Messe war schon während des zweiten Pariser Aufenthaltes geplant. Doch wurde nur das Kyrie (K. 33) vollendet.

[65] S. 139: Dieser auch für die *Serenaden* typische *Marsch* steht am Eingang jeder unserer *Cassationen* (K. 63 u. 99), ebenso wie darin *je zwei Menuette* und *zwei langsame gesangliche Sätze* zu finden sind. Nach dem Marsch erklingt ein echter *Allegro-Sonatensatz* als festlich eröffnendes Hauptstück der Cassation oder Serenade, als deren Abschluß entweder ein fröhliches *Jagdstück (Allegro assai* in K. 63), ein beschwingtes *Rondo* oder (wie in K. 99) ein mit kurzem *Andante* abwechselndes *Allegro*. – In einer Briefnotiz Wolfgangs an die Schwester aus Bologna vom 4. August 1770 sind unter «Anfänge unterschiedlicher Cassationen» neben dem Incipit von K. 63 und K. 99 auch die Anfangstakte des *D-Dur-Marsches* (K. 62) verzeichnet. Es unterliegt für mich keinem Zweifel, daß dieser Marsch als Eingang der *D-Dur-Serenade* (K. 100) zu stehen hat, die somit als die *dritte Cassation* Mozarts zu gelten hätte. Vielleicht ist es dieselbe *«Final-Musik»* der Logiker und Physiker von der Philosophischen Fakultät der Alma Mater Benedictina, von der Hagenauers Schreibkalender und das Salzburger Gymnasial-Protokoll als «musica ab adulescentulo lectissimo Wolfg. Mozart» berichten. Als Entstehungszeit aller drei Cassationen (K. 63, 99 und 62/100) ist der Salzburger Sommer 1769 anzunehmen. – Hier möge auch die reich kolorierte, festliche *«Licenza»* (Huldigungs-Arie) «Ah, Berenice – Sol nascente» (K. 70), vermutlich zur Geburtstagsfeier des Fürsterzbischofs Sigismund (28. Februar 1769) vor *Sartis* Oper «Vologeso» in der Residenz zur Aufführung gebracht, nicht vergessen werden.

[66] S. 140: Vgl. *E. Schenk*, «Neues zu Mozarts erster Italienreise» (N. M. Jb. III/1943, S. 22 f.). – *E. J. Luin*, «Mozarts Aufenthalt in Rom» (ibid. S. 45 f.). – *Dies.*, «Mozart, Ritter vom Goldenen Sporn» (St. z. Mw. XXII., Wien 1955). – *R. Lunelli*, «Mozart nel Trentino» (Trento 1924). – *E. Fario*, «Incontro di Mozart con Mantova» (Mantova 1955). – *N. Morini*, «Mozart in Bologna» (in der Monographie über die «R. Accademia Filarmonica»). – *G. Barblan* und *A. della Corte*, «Mozart in Italia» (Milano 1956). – *R. Brenzoni*, «Verona nella Vita di W. A. Mozart» (Verona 1954). – *B. Paumgartner*, «Mozart in Florenz» (Kassel 1941). – «Mozart a Rovereto» (mit verschiedenen Beiträgen, Rovereto 1931).

[67] S. 142: *Giustiniani*, geb. 1712, aus berühmter venezianischer Familie. Möglicherweise hat er durch seine guten Beziehungen mit dem Heiligen Stuhl die Auszeichnung Wolfgangs mit dem Orden vom «Gold-Sporn» durch Papst Clemens XIV. angebahnt (Schenk). Oder ist nicht doch der Kardinal Staatssekretär Pallavicini dabei die treibende Kraft gewesen?

[68] S. 142: 1944 ist bei *Carisch* in Mailand eine handschriftlich in der Bibliothek der «Pia Istituzione Musicale di Cremona» befindliche dreisätzige Symphonie in C-Dur erschienen, die der Herausgeber, *Nino Negrotti*, *Mozart* zuweist, der sie bei seinem Aufenthalt in Cremona (Jänner 1770) der dortigen «Academia Filarmonica» gewidmet haben könnte. Nähere Angaben über äußere Merkmale der Handschrift fehlen. Der Ansicht des Herausgebers, die Symphonie weise «in der Form und Ästhetik die Eigenheiten des von Italien beeinflußten Jugendstils Mozarts» auf, kann nicht beigepflichtet werden. Das Werk weist weder nach dem Italien von 1770, noch viel weniger auf Mozart, was die thematische Erfindung, die technisch-formelle Durchführung und die Instrumentierung anlangt, beweist aber, daß der Schreiber der Symphonie den *späteren* Mozart, aber auch die übrigen Wiener recht gut gekannt hat, wenn's nicht selbst ein kleiner Meister dieser Schule ist, der um 1800 tätig war.

[69] S. 143: Dazu gehören außer der genannten *Arie «Misero pargoletto»* (K. 77) noch die *Sopran-Arien* «Per pietà, bell'idol mio» (K. 78) aus Metastasios «Artaserse» (1. Akt, 5. Szene) und *«Fra cento affanni»* (K. 88) aus derselben Oper

(1. Akt, 2. Szene) und die *Szene* (Recitativ u. Arie) «*O temerario Arbace*» (K. 79), gleichfalls aus dem «Artaserse» (2. Akt, 11. Szene), alle im Februar oder März 1770 zu Mailand komponiert. Eine Arie, deren Text (von Metastasio) Wolfgang der Schwester am 26. Jänner 1770 brieflich mitteilt («Misero tu non sei»), ist verlorengegangen.

70 S. 143: Giambattista Martini (1706–1784), Franziskanerpater, ausgezeichneter Kirchenkomponist, angesehener noch als Lehrer, Theoretiker und Historiker, Verfasser einer «Storia della musica» und eines Werkes über den Kontrapunkt, die höchste Autorität Italiens in allen musikalischen Fragen. – In Bologna trafen die Mozarts noch mit dem berühmtesten Kastraten des XVIII. Jahrhunderts, Carlo Broschi, genannt Farinelli (1705–1782), mit den Sängern Manfredini und Giuseppe Aprile (1738–1814), dem Verfasser der bekannten Gesangschule, mit dem Kapellmeister Manzoni und dem Komponisten Joseph Misliweczek, genannt «il Boemo» (1737–1781), zusammen. «Mysliweczek», schreibt Leopold M., «ist ein Ehrenmann. Wir haben vollkommene Freundschaft miteinander gemacht» (vgl. Anm. 14!).

71 S. 144: Damals «Primo Violino» der Florentiner Hofkapelle. *Giovanni Manzuoli* gehörte ihr als «Professore di Canto» an, Kapellmeister war *Carlo Antonio Campion*, «Sopraintendente» seit 1768 der Marchese *Eugenio von Ligniville*. Die Kapelle war zahlenmäßig beschränkt, so daß man bei größeren Anlässen Aushilfsmusiker zuziehen mußte. Der toskanische Hofmarschall *Graf Franz v. Orsini-Rosenberg* hat als späterer Intendant der Wiener Hoftheater noch eine wichtige Rolle in Mozarts Leben gespielt.

72 S. 145: *E. Schenk*, a. a. O., S. 35 f.

73 S. 145: «Finita questa lettera finirò una sinfonia mia, che cominciai» – schreibt Mozart aus Rom am 25. April 1770 an die Schwester – «L'aria è finita, una sinfonia è dal copista (il quale è il mio padre).» Ich bin der Meinung, daß es sich hier um die beiden viersätzigen *D-Dur-Symphonien* (K. 95 u. 97) handelt. In den weiteren Verlauf des italienischen Aufenthaltes fällt die Komposition der dreisätzigen *D-Dur-Symphonie* (K. 84) – vermutlich im Karneval 1770 zu Mailand begonnen, doch erst im Juli zu Bologna vollendet – und der ursprünglich wahrscheinlich als Ouvertüre zum «Mitridate» geplanten dreisätzigen G-Dur-Symphonie (K. 74). – In diese Reihe gehört auch die mit Unrecht für Leopold Mozart in Anspruch genommene dreisätzige *D-Dur-Symphonie* K. 81 (= 73 l) (mit dem Titelvermerk «in Roma 25. April 1770») (vgl. Anm. 27!). – Auch die genannte *G-Dur-Symphonie* (K. 74) ist dreisätzig. Daß der *erste Satz* unmittelbar in das «Andante» übergeht, verstärkt ihren Ouvertürencharakter. Aber das «*Finale*», ein übermütiges «Rondeau» mit einem originellen, etwas exotischen Zwischenteil in Moll, führt uns zweifellos aus der Sphäre einer klassizistischen Seria-Oper weit ins fröhliche Land heimatlicher Divertimenti zurück.

74 S. 145: Ferdinand IV.; seine Gemahlin, Karoline, war österreichische Erzherzogin.

75 S. 147: Carlo Pallavicini (1756–1789), gefallen als österreichischer Offizier und Ritter des Maria-Theresien-Ordens im Türkenkrieg.

76 S. 147: *Dr. Charles Burney:* «Tagebuch einer musikalischen Reise» (Deutsche Ausgabe, Hamburg 1772), S. 167 ff. – (Dort irrtümliches Datum: 13. August statt 30. August.) *Briefe Leopold Mozarts* vom 21. August und 1. September 1770.

77 S. 148: Vgl. dazu die Ausführungen gegen die «romantischen Puristen und ‹Cäcilianer› des 19. Jahrhunderts» und ihren Irrtum, die «Reinheit» der Kirchenmusik Palestrinas, Lassos und Gabrielis betreffend, sowie die folgenden Seiten über den Kirchenstil Haydns und Mozarts bei *Einstein*, S. 422 ff.

[78] S. 149: Vor mehreren Jahren hat sich ein altes Gemälde in Bologna gefunden: Ein junger Künstler, vielleicht Mozart, überreicht seine Prüfungsarbeit zwei Persönlichkeiten der Bologneser Akademie, wohl dem «Princeps» Petronio Lanzi und ihrem Gönner, dem Grafen Baldassare Carrati (vgl. *R. Schade, «Ein unentdecktes Bildnis Mozarts»*; «Die Musik» XVIII/5, S. 353). Die Authentizität des Bildes bleibt zweifelhaft.

[79] S. 149: Leopolds Brief vom 15. Dezember gibt beachtenswerte Einzelheiten über das starkbesetzte Orchester: «Am 12. war die erste Probe mit Instrumenten, aber nur mit 16 Personen, um zu sehen, ob alles korrekt geschrieben ist. Den 17. ist die erste Probe mit ganzem Orchester, welches in 14 Prim- und ebenso vielen Sekundviolinen, 2 Klavieren, 6 Kontrabässen, 2 Violoncellen, 2 Fagotten, 6 Violen, 2 Oboen und 2 Flauttraversi, welche, wo keine Flauti dabei sind, allezeit mit 4 Oboen mitspielen, 4 Corni di caccia und 2 Clarini, folglich 60 Personen besteht.»

[80] S. 151: Die Zuweisung der früher (Köchel, 3. Aufl.) in diese Gruppe eingeteilten viersätzigen *B-Dur-Symphonie* (K. 74 g = Anh. 216 / C 11.03) unter die echten Symphonien Mozarts wird neuerdings (Köchel[6], S. 860) «aus inneren Gründen» in Frage gestellt.

[81] S. 153: Die intensive Verwendung der Chöre in Gruppen (Pastori, Pastorelle, Geni e Grazie) und des Balletts zu großer, choreographisch zu führender Schau geschieht nach dem Vorbild der Wiener Festspiele Glucks.

[82] S. 159: Die *«Kirchensonaten»* sind instrumentale, zwischen Gloria und Credo, genauer zwischen Epistel und Evangelium im Salzburger Gottesdienst eingeschobene einsätzige Stücke in gedrängter Sonatenform, d. h. mit kürzester Durchführung. (*Einstein* nennt sie auch «Epistelsonaten».) Sie stellen einen letzten Rest des in Italien (Bologna!) gegen Mitte des 18. Jahrhunderts besonders lebhaft entwickelten Brauches vor, den Gottesdienst mit instrumentalen Einlagen (Sonaten und Konzerten) zu bereichern. Ein großer Teil der hochbarocken Konzerte (*Torelli!*) verdankt diesem Brauche sein Entstehen. Venedig und andere größere Zentren verpflichteten bedeutende Virtuosen nur, um bei der Wandlung (Elevazione) eine «Sonata da chiesa» zu spielen. Wir besitzen 17 solcher Kirchensonaten von Mozart. – Daß die *drei deutschen Lieder* (Die großmütige Gelassenheit [K. 149 = 125 d], Geheime Liebe [K. 150 = 125 e] und Die Zufriedenheit im niedrigen Stande [K. 151 = 125 f]) auch von *Leopold Mozart* stammen könnten, ist nicht ausgeschlossen. Die Handschrift der erhaltenen «Autographen» stammt wenigstens von ihm, und ein gewisser betonter Rationalismus in der Wahl der Gedichte (von *Christ. Günther* u. *L. v. Canitz*) wird auch in der Vertonung merkbar. Schon die seltsame Überschrift von K. 150 «Im Tempo eines gewissen geheimen Vergnügens» weist zwingend auf Leopold, so daß der «größte Vorbehalt», womit die drei Lieder noch in den Hauptteil des «neuen Köchel» eingereiht wurden, durchaus begreiflich bleibt. – Die *«vierhändige Klaviersonate»* in D-Dur (K. 381 = 123 a) stammt, wie ihre späte Einreihung in den älteren Köchel-Auflagen vermuten ließe, bestimmt nicht aus der Wiener Zeit (*Krit. Ber. zur NMA, Wolfg. Rehm*, S. 74 ff.!).

[83] S. 160: Daß die *sechs Quartette* (K. 155–160) ursprünglich als «authentischer Werkzyklus» geplant waren (Vorw. zur NMA-Ausg., S. X u. VII f.), möchte ich bezweifeln. Und dies nicht nur auf Grund der ursprünglichen Überschriften («Viole», «Violoncello/Basso» bei K. 155 – «Violini, Viole, Bass» bei K. 158 u. 159) und der Tatsache, daß die sechs Quartette nicht fortlaufend notiert sind, sondern daß jedes mit einer neuen Papierlage beginnt. Wichtiger erscheint mir der *echte Divertimento-Charakter* einiger Stücke: des dreisätzigen *D-Dur-Quar-*

tetts (K. 155), des *zweiten*, später eliminierten (!) e-moll-Satzes aus dem *G-Dur-Quartett* (während sich der dafür eingefügte Satz als echter Quartettsatz präsentiert), wohl auch des *F-Dur-Quartetts* (K. 158) mit dem Menuett-Finale. Die Zusammenfügung zu einem Zyklus, noch dazu in der «konsequenten Folge des Quartenzirkels» dürfte nachträglich, wahrscheinlich unter Mitsprache Leopold Mozarts erfolgt sein, dessen Brief an den Verleger Breitkopf vom 7. Februar 1772 – in dem Bestreben, einige Kompositionen von seinem Sohne «zum Druck zu befördern», was jenem «am Anständigsten» wäre, es mögen *«Klaviersachen,* oder *Trio* mit 2 Violinen und einem Violoncello, oder *Quartetten* (!) ... oder *Sinfonien* seyn. Kurz, es mag seyn von einer Gattung Composition als es immer Ihnen vorträglich scheinet, *alles wird er machen*, wenn Sie es nur bald melden» – doch genug deutlich ist. Und die «südliche» Gattung des «Divertimento» scheint, dem «Quartett» gegenüber, im damaligen Leipzig weniger «gängig» gewesen zu sein. (Wir wissen übrigens von keiner Antwort des Verlegers auf diesen Brief.) – Keines der Quartett-Autographen trägt ein Datum. Zweite Hälfte 1772 (noch Salzburg) bis zur Mitte 1773 (Mailand, später Salzburg) ist anzunehmen. – Aus dem Nachlaß von Aloys Fuchs lag noch eine *Serie von vier Quartetten* (K. Anh. 210–213) vor, die unter dem Titel *«Die Mailänder Quartette»* von H. Wollheim bei Schott in Mainz herausgegeben wurden. G. de St. Foix stellt die untereinander stark verschiedenen, stellenweise überraschenden Werke in den Beginn des Jahres 1773. Sie haben sich jedoch als Arbeiten des Dresdner Hofkapellmeisters *Joseph Schuster* herausgestellt. Drei von diesen Quartetten fanden sich unter dessen Namen in der Musikabteilung des Národni-Museums in Prag, das vierte konnte *R. Engländer* schon früher nach einem Partitur-Autograph in Padua als Werk Schusters identifizieren *(R. Krüger).*

84 S. 161: Von dem Textdichter Giov. da Gamerra stammt auch die Übersetzung der «Zauberflöte» ins Italienische. Zu «Lucio Silla» gehört ein großes *Ballett* von 32 Nummern, *«Le gelosie del Seraglio»* (K. 135 a), das sich in einer Skizze im Salzburger Mozarteum erhalten hat. Darin sind auch die Namen der in Aussicht genommenen Tänzer angeführt. Im Finale des Balletts erscheint das a-moll-Thema aus dem Rondo des A-Dur-Violinkonzerts (K. 219) zum erstenmal. – Entscheidende Fragen zu dieser Ballettskizze, insb. über die Autorschaft *Joseph Starzers* an einigen Sätzen harren noch der Aufklärung (vgl. *Walter Senn* in seinem Vorwort zur Ausgabe der *Missa brevis* (K.^{3}, Anh. 235 d, Anm. 29). – Die Besetzung der Oper «Lucio Silla» war folgende: Lucio Silla (Tenor): Bassano Morgnoni; Giunia (Sopran): Anna de Amicis – Cecilio (Sopran): Venanzio Rauzzini; Cinna (Sopran): Felicità Suardi; Celia (Sopran): Daniella Mienci; Aufidio (Tenor): Giuseppe Onofrio.

85 S. 162: *Wyzewa-St. Foix* I/468 ff.

86 S. 164: Von den genannten «Drey Bänden Original-Handschriften W. A. Mozarts» enthielt der erste, derzeit nicht feststellbare Band die Serenade K. 185 und den Marsch K. 189, der zweite (in schweizerischem Privatbesitz) den «Concertone» (K. 190) und drei Serenaden (K. 203, 204, 250). Der dritte Band mit den neun Symphonien befindet sich in Wiener Privatbesitz (Dr. K. R.) – (vgl. *Hermann Beck* in den Einleitungen zu den Sinfonie-Bänden 4 u. 5 der NMA, 1957 u. 1959).

87 S. 169: Ob die Entstehung der fragmentarischen *Missa brevis* (K. 115), nur für 4 Singstimmen und Continuo *(Einstein* nennt sie mit Recht «eine motettische Messe»), wirklich in der Nähe der «Trinitatis-Messe» zu setzen ist, möge dahingestellt bleiben. Leider bricht sie im 9. Takt des «Sanctus» ab, bezeichnenderweise gerade dort, wo eine schwächere Fortspinnung versucht wird. Eine Ergänzung mit Mozartschen Werkstücken versuchte B. Paumgartner (Salzburg, Haydn-Mozart-

Presse). – Das zum «Agnus» als Abschluß dieser Messe umtextierte Kyrie (K. 221) stammt jedoch nach *K. Pfannhauser* (1953) aus einem Instrumentalrequiem *Ernst Eberlins*. Der Chorsatz wurde von Mozart nur studienhalber kopiert.

[88] S. 171: *Briefe Leopold Mozarts aus Wien* an die Gattin (23. Juli 1773): «... denn es ist Zeit, noch ein paar Zeilen an den jungen H. v. Andretter zu schreiben und den Anfang der Final-Musik zu schicken.» (12. August 1773): «Wir sind froh, daß die Final-Musik gut von statten gegangen. Der Wolfgang wird sich bei Herrn Meißner schon bedanken» (vgl. zu der noch immer nicht völlig geklärten Zuweisung dieser Serenade: Mitt. *H. Klein* in K.[6], S. 186, *F. Breitinger*, «Mozarts Andretter-Serenade» [Salzb. Volksbl., 13. Aug. 1957], *C. Bär*, «Zur Andretter-Serenade», MM, Juni 1960).

[89] S. 171: Auch diese Vermutung *Niemetscheks* (in einem Brief an Breitkopf & Härtel) wird von der neueren Mozartforschung angezweifelt, da das Namensfest Erzbischof Colloredos erst auf den 30. September fällt, die Serenade K. 203 aber – wie die meisten andern von Mozart – Anfang August fertiggestellt war und es «nicht zu Mozarts Gewohnheit gehörte, sich derartiger Obliegenheiten so lange Zeit vorher zu entledigen» (K.[3], S. 262). Vielleicht also wieder eine bestellte «Final-Musik» wie die Andretter- oder die Haffner-Serenade (K. 250)? – Obiges Argument der «zu frühen Herstellung» ist freilich nicht zwingend!

[90] S. 171: 1771 hatte H. die sechs «kontrapunktischen» Quartette, 1773 die sog. «Sonnenquartette» vollendet, die Mozart damals offenbar kennengelernt hatte.

[91] S. 172: Wahrscheinlich für den Münchner Fagottdilettanten Thaddäus Freiherr v. Dürnitz († 1803), für den auch die *B-Dur-Sonate für Fagott und Violoncello* (K. 292) geschrieben sein dürfte. Ein zweites, unter dem Namen Mozarts überliefertes, höchst zweifelhaftes *Fagott-Konzert in B-Dur* (K. Anh. 230 a) ist 1934 von Max Seiffert bei Litolff herausgegeben worden.

[92] S. 172: Eine ausgezeichnete Studie über Mozarts Stellung als Klavierkomponist, neben den Untersuchungen Aberts in seiner Mozart-Biographie, in der Dissertation von *H. Engel* (München 1925), *«Die Entwicklung des Klavierkonzertes von Mozart bis Liszt»*. – Das fleißige Buch von *C. M. Girdlestone*, «Mozarts Piano Concertos» (Paris 1939 und London 1948) fordert dagegen mit seinen dedizierten Urteilen trotz unleugbaren Vorzügen manchen Widerspruch heraus. – Viel Anregendes, vor allem für Interpreten der Konzerte, bei *E. u. P. Badura-Skoda*, «Mozart-Interpretation», Wien 1957.

[93] S. 173: «Dann hab ich mein altes Concert ex D gespielt, weil es hier recht wohl gefällt», schreibt Mozart am 14. Februar 1778 aus Mannheim nach Hause. Er spielt dieses Konzert aber auch noch in Wien am 3. März 1782 und später noch. Für diese Aufführung komponierte er an Stelle des ursprünglichen Finales ein *Rondo* (Allegretto grazioso, K. 382), das auch heute bei der Wiedergabe des Konzerts die bevorzugte Stelle einnimmt. Als er damals, am 23. März 1782, seinem Vater das Rondo nach Salzburg schickt, «welches hier so großen Lärm macht», bittet er ihn aber, «es wie ein Kleinod zu verwahren – und es keinem Menschen – auch dem Marchand und seiner Schwester» – Schüler Leopolds! – «nicht zu spielen zu geben – ich habe es besonders für mich gemacht – und kein Mensch als meine liebe Schwester darf es mir nachspielen!»

[94] S. 175: Max Kalbeck (Wien 1891), Oskar Bie (Darmstadt 1915, ein sehr prinzipieller Versuch!), Anton Rudolph (Karlsruhe 1918), Siegfried Anheißer (München 1935), Max Terpis (St. Gallen 1945). B. Paumgartner (Salzburg 1957) 1965 und 1966, auch bei den Salzburger Festspielen in italienischer Sprache. – In den letzten Jahren ist das Werk mit steigendem Erfolg über viele deutsche und auch italienische Bühnen gegangen.

95 S. 178: Es war das Ballett *«La Nymphe parjure protegée par l'amour»*. Die Sandrina sang *Rosa Manservisi*, deren Kunst von Schubart gelobt wird, den Ramiro der Kastrat *Tomaso Consoli*, der späterhin die Rolle des Aminta bei der Salzburger Uraufführung des «Rè pastore» (K. 208) übernommen hat, wahrscheinlich hat der «primo buffo caricato» der Münchner Truppe *Rossi* den Podestà gespielt. Ein Textbuch der Premiere mit der genauen Besetzung hat sich leider nicht erhalten.

96 S. 179: *Ignaz von Beecké* (geb. um 1730, gest. 1803) war württembergischer Hauptmann in fürstlich Öttingen-Wallersteinschen Hofdiensten, später Musikintendant an diesem Hofe. Brillanter, mondäner Klavierspieler und Komponist, hatte er namentlich in Süddeutschland, doch auch in Paris, große Erfolge errungen und nimmt im Lebensbild Mozarts eine ähnliche Stellung ein wie etwa Joseph Wölffl in dem Beethovens.

97 S. 180: Vgl. *F. Jöde: «Die Thematik der Klaviersonaten Mozarts»* (M. J. B. II, S. 10 ff.). Der Verfasser nimmt allerdings, Köchel[2] folgend, die zu späte Zeit von 1777 als Entstehungsjahr der Sonaten an. – Die letzte in D-Dur (K. 284) dürfte schon im Februar oder März 1775 entstanden sein. Einige dieser Sonaten hat Mozart schon nach München mitgenommen, als er dort am 13. Jänner 1775 seine «Finta» aufführte. Später (1777/78) erfahren wir aus seinen Briefen von der großen Reise, daß er sie in München, Augsburg und in Mannheim «beym Cannabich» «recht oft auswendig gespiellt» habe.

98 S. 181: *Joh. Christian Fischer* (* 1733 in Freiburg i. Br.), Oboenvirtuose, erster Oboist in Dresden, Berlin und Mannheim, 1780 Kammervirtuose der Königin Charlotte in London. Das Thema ist das Rondothema im Finale seines 1. Oboenkonzerts.

99 S. 181: Der Text (1751) wurde zuerst von Bonno (Wien), dann 1753 von Sarti (Venedig), 1755 von Hasse (Hubertusburg), 1756 von Gluck (Wien), 1764 von Jomelli (Stuttgart), 1765 von Piccini (Neapel), 1767 und 1769 von Guglielmi und Galuppi (Venedig) vertont. Die Salzburger Bearbeitung hat die ursprünglichen drei Akte auf zwei zusammengezogen und auch sonst Kürzungen vorgenommen. Zur Aufführung hatte man den Kastraten Consoli für die Rolle des Aminta aus München berufen. Die übrigen Rollen sangen Mitglieder der Salzburger Hofkapelle. Für die Bewältigung einiger brillanter obligater Stellen in den Arien hatte man sich auch den trefflichen Flötisten *Johann Baptist Becke* aus München verschrieben, der sich späterhin bei der Heimreise Mozarts von der großen Pariser Reise als verläßlicher Freund bewähren sollte.

100 S. 182: Die vielbenützte Neuausgabe dieser Arie (Breitk. u. H.) enthält eine leider unverwüstliche, stillose Kadenz des Soprans mit der Solovioline. Die unentwegte Benützung dieses Machwerks ist um so weniger entschuldbar, als wir von Mozart selbst drei Kadenzen zu der Arie Nr. 10 (Autogr. Berlin. Staatsbibl.) besitzen. – Die Ouvertüre geht unmittelbar in die erste Arie über, deren Thema Mozart als Mittelteil einer dreiteiligen «Sinfonia» mit der Ouvertüre als erstem und einem schönen «Presto assai» im Kontertanzrhythmus als Finalrondo (K. 102) entworfen hat. Als Mittelteil dieser Sinfonie hat Mozart eben diese Arie (Nr. 1 «Intendo, amico») verwendet und den Sopranpart einer Solooboe übertragen. Die erhaltenen 8 Übergangstakte führen aus diesem Satz unmittelbar in das Finalrondo hinüber, so daß die ganze, aus dem «Rè pastore» gewonnene «Sinfonia» ohne Unterbrechung gespielt werden kann. Sie wurde am 13. Februar 1778 von Mozart selbst in einer Akademie bei Cannabich in Mannheim zur Aufführung gebracht. Dort sang im März Aloysia Weber auch die Arie «Aer tranquillo» (Nr. 3).

[101] S. 183: Die vom Verfasser dieses Buches vor mehr als vier Jahrzehnten begründeten *«Mozart-Serenaden»* der Salzburger Festspiele im Hof der fürsterzbischöflichen Residenz versuchen, die alte «Serenadenstimmung» an Ort und Stelle wiederzuerwecken. Die *«Mozart-Matinéen»* der Salzburger Festspiele wiederum sind zur Wiedergabe selten gehörter Werke sowie der verschiedenen Konzerte und Arien des Meisters eingeführt worden und erfreuen sich seit Jahren steigender Beliebtheit.

[102] S. 184: Während *Einstein* (K.[3], S. 281) an der Echtheit dieser Divertimenti kaum einen Zweifel läßt, ist K.[6] (S. 874) wegen einer «gewissen Kurzatmigkeit der Themenbildung, namentlich in den ersten Sätzen» und «mangelhafter Überlieferung» nicht völlig davon überzeugt (vgl. auch *G. Kinsky* in ZfM 102, Jg. 1935, S. 1116!).

[103] S. 184: K. 187 hat sich, wie *E. F. Schmid* (ZfM 104, S. 1198 ff.) nachweist, als Bearbeitung herausgestellt: Satz 1–5 geht auf *Jos. Starzer* zurück, Satz 6–8 sind Stücke aus Glucks «Paris und Helena».

[104] S. 184: Mozarts erstes *Klaviertrio* in B-Dur (K. 254, Aug. 1776) trägt gleichfalls die Überschrift: *«Divertimento à 3,* Cembalo, Violino e Violoncello». Es ist indes ein richtiges «Trio» im modernen Sinne, wenn auch das Violoncello noch unselbständig größtenteils dem Klavierbaß folgt. Die Höhe der großen Divertimenti dieser Epoche erreicht dieses Werk keineswegs. – Die beiden *«Lodron'schen Nachtmusiken»* (K. 247 und 287) werden gerne von ehrgeizigen Dirigenten mit entsprechend fähigen Orchestern als seltene Paradestücke zur Aufführung gebracht. Stellen sie schon als «Kammermusik» an die solistischen Streicher, namentlich an den Primgeiger, ziemliche Anforderungen, so gehören sie – bei sorgfältiger Ausführung! – zu den heikelsten Stücken, selbst für geübte größere Ensembles. Die erhoffte Wirkung will sich – bei Tuttibesetzung – trotzdem nur in den seltensten Fällen einstellen. Mozart hat bei diesen zwei Stücken bestimmt nicht an mehrfache Besetzung der Streicher gedacht. Das *«Lodron-Konzert» (F-Dur, K. 242) für drei Klaviere* hat Mozart auch auf der Pariser Reise mit dem Klavierbauer Stein und dem Domorganisten J. M. Demmler bei seiner öffentlichen Akademie gespielt, später dann in einer Akademie bei Cannabich in Mannheim von den drei Mädchen Rosl Cannabich, Aloysia Weber und Therese Pierron Serrarius aufführen lassen. Er selbst hat auch ein *Arrangement für zwei Klaviere* verfaßt und die *Kadenzen* für beide Fassungen ausgeschrieben. Dabei ist die wunderbar ziselierte, thematische Kadenz im langsamen Satz vielleicht der Höhepunkt des ganzen Werkes.

[105] S. 186: Außer den genannten fünf Konzerten werden noch zwei andere Werke in der Reihe der Mozartschen Violinkonzerte angeführt. Das unterschobene, höchst zweifelhafte *Es-Dur-Konzert* (K. 268) kann (in der vorliegenden Fassung nach alten Stimmen des Andréschen Verlages) nicht von Mozart stammen. Schon der Beginn der beiden Ecksätze, die lahme, angegliederte Kontrastierung des ersten Themas und die eckige Linie des Rondoanfangs ist so «unmozartisch» als möglich. Sollte es sich wirklich um eine Bearbeitung Mozartscher Skizzen handeln, dann stellt diese Arbeit eine grobe Vermengung talentloser Ahnungslosigkeit mit Mozartschen Fragmenten vor. Das «sechste» große *D-Dur-Konzert* (K. 271 a) trug auf dem verschollenen Autograph angeblich den 16. Juli 1777 als Entstehungsdatum. In der überlieferten Fassung unterscheidet es sich in vieler Beziehung nicht unwesentlich von der älteren Reihe. Die typisch französische Brillanz der Solostimme weist aber auf eine nachmozartsche Epoche. Höchstwahrscheinlich stammt das Konzert wirklich von unserem Meister, wurde aber von Pariser Vituosen des 19. Jahrhunderts so gründlich – auch formell! –

überarbeitet, daß die Urgestalt nicht mehr zu erkennen ist. – Wie nahe – bei aller persönlichen Eigenheit – der Mozartsche Konzerttypus dem zeitgenössischen *italienischen* Konzerttypus der «singbaren Richtung» bleibt, beweisen die auffallenden Beziehungen des D-Dur-Konzerts (K. 218) zu einem, angeblich schon 1768 komponierten Konzert von L. Boccherini. Wahrscheinlich hat Mozart das Konzert in Italien gehört und getreu im Gedächtnis behalten, da es ihm außerordentlich zusagte (vgl. *E. v. Zschinsky-Troxler* in der ZfMW, X, S. 415 ff.). Daß Boccherini durch die Bevorzugung des Rondos als Finalsatz für den jungen Mozart bedeutsam wurde, hat schon *Abert* (I, S. 331) erkannt.

106 S. 187: Vgl. *Einstein,* Mozart, S. 374. – Nicht allein, was die Führung der Solostimme anlangt, auch in Stil und Form des Begleitapparats unterscheiden sich beide Gruppen beträchtlich. Die bei der ersten Gruppe stellenweise noch merkbare «simple Begleitung des Solisten nur mit den höheren Saiteninstrumenten» dürfte auf das unmittelbare Vorbild *Pietro Nardinis* zurückgehen, dessen Konzerte Wolfgang in Florenz kennengelernt haben muß. Fast alle mir bekannten Arbeiten dieses Meisters zeigen die ermüdende Tendenz, den Solisten fast nur mit den beiden Ripiengeigen zu begleiten. – Das sogenannte *«Adelaide-Konzert»* (1933 bei *Schott* herausgegeben), von dem zehnjährigen Wolfgang am 26. Mai 1766, angeblich zu Versailles, der ältesten Tochter Ludwigs XV., Madame Adelaide de France, gewidmet, halte ich für eine gewandt gearbeitete, geschickt aufgezogene Kompilation bisher noch unbekannter Stücke durch den modernen Herausgeber. Die Verdachtsgründe bei K.[6] (S. 870), das Autograph sei bis heute sekretiert geblieben, nicht einmal dem Verlag zur Einsicht vorgelegen, es sei nicht üblich gewesen, Widmungen an hohe Persönlichkeiten nur *handschriftlich* zu dedizieren (die Sitte verlangte *Drucklegung* solcher Werke), außerdem seien die Mozarts nach Leopolds Tagebuch erst am 28. Mai nach Versailles gekommen, sind noch nicht widerlegt.

107 S. 187: Wolfgang berichtet in einem Briefe aus Augsburg vom 23. Oktober 1777: «Auf die Nacht beim Soupée spielte ich das ‹*Straßburger-Conzert*›. Es ging wie Öhl!» Die Frage, welches von den drei letzten Violinkonzerten (K. 216, 218 oder 219) damit anzusprechen sei, ist noch nicht endgültig gelöst. Der «Straßburger» war als Gesellschaftstanz auch in Österreich bekannt und beliebt. *Raimund Zoder* («Der ‹Steirische› und der ‹Straßburger›», Festschrift f. V. v. Geramb, 1949) charakterisiert ihn als einen «zum Gesellschaftstanz gewandelten deutschen Volkstanz, dessen charakteristisches Merkmal die mannigfachen Armverschlingungen und der Stellungswechsel der Tanzenden» seien. Er gehörte als Gesellschaftstanz zur Gattung der *Drei*viertel-Takt-Allemanden. Seine Verwandtschaft mit dem «Steirischen» gründe sich auf die Gleichheit und Ähnlichkeit der Bewegungsformen. Dieser Erkenntnis folgend, müßten die Ansichten, welches Mozartsche Thema eigentlich als «Straßburger» zu verstehen sei, revidiert werden. *Caroline Pichler* berichtet in ihren Denkwürdigkeiten über die Wiener Jahre 1770–1780: «Indes sich nun in dem sehr großen Redoutensall mehrere einzelne Kreise der Deutschtanzenden bildeten, versuchten im Innern dieser Zirkel, wo sie durch den raschen Umschwung der Walzenden nicht gestört wurden, einzelne, meist sehr jugendliche Paare, im Straßburgertanz, der bloß in anmutigen Verschlingungen der Arme und in zierlichen Stellungen des Körpers bestand. Nur frische Jugend und natürliche Grazie konnten in diesem Tanze mit Beifall auftreten, daher er denn auch nicht sehr allgemein war.» Später wäre dann der «Straßburger» und das «Menuett à la Reine» außer Gebrauch gekommen.

108 S. 187: Briefe Leopold Mozarts vom 25. September und 9. Oktober 1777.

109 S. 187: Daß dieses verlorene *Andante in A-Dur* (K. 470) als Einlage in *Giovanni Battista Viottis* e-moll-Konzert (Nr. 16) verwendet worden sei, dessen Ecksätze Mozart für eine Wiener Akademie durch Beifügung von Trompeten und Pauken glänzender gestaltet hat *(WSF IV 95* – Einstein, K.[3] [S. 594]), ist aus «tonartlichen Gründen» (K.[6], S. 470) einigermaßen zweifelhaft. Es besteht die Möglichkeit, daß es für Leopold Mozarts Geigenschüler *Heinrich Marchand* verfaßt wurde, der mit Leopold Mozart nach Wien gekommen war, vielleicht, daß es als «Ersatzstück» für das «Andante cantabile» komponiert wurde.

110 S. 188: Über *Fräulein Jeunehomme* nähere biographische Daten aufzufinden, ist bis jetzt nicht gelungen.

111 S. 188: Außer den im Texte angeführten Stücken noch die *Tenorarien «Si mostra la sorte»* und *«Con ossequio, con rispetto»* (K. 209 und 210, Mai 1775).

112 S. 188: Einige dieser Messen erfreuen sich im musikalischen Volksmunde bekannter Beinamen. So heißt K. 220 wegen der Violingänge im Allegro des Sanctus «Spatzenmesse», K. 257 «Credomesse» wegen der häufigen Wiederholung dieses Wortes und K. 259 «Orgelmesse» wegen des Orgelsolos im Benediktus. Nach *E. Schenk* hätte man – mit guten Gründen – in der Messe K. 257 die sogenannte «Spaur-Messe», d. h. die dem Koadjutor von Brixen, Bischof Ignaz Joseph Graf von Spaur, zugedachte Messe zu erblicken.

113 S. 190: Vgl. Anm. 82.

114 S. 194: Franz Xaver W., Cellist der Münchener Hofkapelle.

115 S. 198: Heitere italienische Übersetzung des Wortes Langenmantel.

116 S. 199: Eine bisher verschollene Besprechung in den «Maschenbaurischen Zeitungen» bringt *E. F. Schmid* im *Augsburger Mozartbuch,* S. 158 f.: «... die Composition gründlich, feurig, mannigfaltig und einfach ... und alles so neu, der Vortrag auf dem Forte-Piano so nett, so rein, so voll Ausdruck und doch zugleich so außerordentlich geschwinde ...»

117 S. 199: Über die technischen Vorzüge der Steinschen Pianofortes schreibt Mozart einen langen, aufschlußreichen Bericht an den Vater (Augsburg 17./18. Oktober 1777). Mozarts Gebrauchsklavier (jetzt im Mozart-Museum, Salzburg) war ein Hammerklavier von Walther. Über das Technische und Klangliche der Klaviere seiner Zeit vgl. die Studie von *Hans Brunner,* «Das Klavierklangideal Mozarts und die Klaviere seiner Zeit» (Augsburg 1933).

118 S. 205: Dieses Konzert hat lange Zeit als verloren gegolten. Unter alten handschriftlichen Stimmen aus dem Nachlaß von Mozarts Sohn in der Salzburger Mozarteums-Bibliothek gelang es mir, das Stück wieder aufzufinden und 1949 als erste Neuausgabe bei *Boosey & Hawkes* (London) zu veröffentlichen. (Dazu ausführlicher Nachweis in meinem Artikel «Mozarts Oboenkonzert in C-Dur, K. 314», MJB 1950, S. 24 ff. – Vgl. auch *E. Schenk,* «Ein unbekannter Brief Leopold Mozarts», Öst. Akad. d. Wissenschaften, Wien 1947, insb. S. 30 ff., und *Einstein,* «Mozart», S. 378 f.) Mozart hat das Oboenkonzert später aus der ursprünglichen Fassung (C-Dur) nach D-Dur transponiert und mit geringen Änderungen zu dem *Flötenkonzert* (K. 314) umgearbeitet, das er schnell für den Holländer de Jean benötigte (vgl. S. 216). Am 14. Februar 1778 schreibt er an den Vater: «Dann hat der Ramm fürs 5. Mal mein Oboe-Konzert für den Ferlendi gespielt, welches hier einen großen Lärm macht. Es ist auch itzt des H. Ramm sein Cheval de bataille.»

119 S. 205: Es sind dies die heute vielgesungenen Chansons «Oiseaux, si tous les ans» (Dichtung von *Antoine Ferrand,* gest. 1719) (K. 307) und «Dans un bois solitaire» (Dichtung von *Antoine Houdart de la Motte,* gest. 1731) (K. 308), die Mozart bei den Wendlings in einer der damals verbreiteten französischen

Liedersammlungen, wahrscheinlich in der dreibändigen «Anthologie Françoise» von *Monnet* (Paris 1765) aufgestöbert haben dürfte.

[120] S. 206: Insbesondere die Melodie des Rudolf «Wenn das Silber deiner Haare» bei Holzbauer mit Sarastros ähnlicher Stelle. Auf die Beziehungen der beiden Ouvertüren hat schon Kretzschmar hingewiesen.

[121] S. 210: Dieselbe Prinzessin Karoline von Nassau-Weilburg, die mit Mozarts 1765 im Haag zusammengetroffen war.

[122] S. 212: Die Akademie bei Cannabich fand am 12. März 1778, zwei Tage vor Mozarts Abreise, statt. Der Text der Arie stammt aus Metastasios «Olimpiade» (III. Akt, 6. Szene). In dieser Oper spricht ein König (Clistene) von den ungeahnten zärtlichen Gefühlen, die ihn unvermutet bei der Begegnung mit dem jungen Licidas bewegen, der in Wirklichkeit sein totgeglaubter Sohn Filinto ist. Mozart hat die Gefühle hier, gleichsam als Symbol seiner Neigung für Aloysia Weber, völlig umgedeutet. «Ich habe auch zu einer Übung» – so schreibt er am 28. Februar 1778 an den Vater – «die Arie ‹Non sò d'onde viene›, die so schön vom (Christian) Bach komponiert ist, gemacht, aus der Ursach, weil ich die vom Bach so gut kenne, weil sie mir so gefällt und immer in den Ohren ist; denn ich hab versuchen wollen, ob ich nicht ungeachtet diesen allen imstande bin, eine Aria zu machen, die derselben vom Bach gar nicht gleicht... sie sieht ihr auch gar nicht, gar nicht gleich ... diese Arie habe ich anfangs dem Raaff zugedacht, aber der Anfang schien mir gleich für den Raaff zu hoch ... mithin schrieb ich sie, und nahm mir vor, sie accurat für die Weberin zu machen ... Das ist nun die beste Aria, die sie hat; mit dieser macht sie sich gewiß überall Ehre, wo sie hinkommt.» – Aloysia hat sie noch als Mozarts Schwägerin in ihrem Konzert zu Wien im März 1783 gesungen. Im März 1787 hat Mozart denselben Arientext dann nochmals für den Bassisten Fischer, seinen ersten Osmin, komponiert (K. 512), der die Szene bei seiner Akademie im Wiener Kärntnertortheater am 21. März 1787 sang.

[123] S. 216: (K. 296, 301–303 und 305): *Abert* (I, S. 623 ff.) weist Einflüsse der «Duetti» von Joseph Schuster (1748–1812) zu diesen Werken nach. «So ist Mozart durch Schusters Vermittlung zu diesen seinen ersten Violinsonaten im modernen, d. h. konzentrierten Stile gelangt. Ihm verdankt er den großen Fortschritt über die Technik der ‹romantischen Sonaten› hinaus, auf seinen und der Franzosen Einfluß geht freilich auch sein Ausbiegen aus deren Stimmungskreis zurück. Die Mannheimer Sonaten kennen keinen solchen Kampf mit einem seelischen Chaos mehr wie jene. Der Suitengeist, Heiterkeit und Lebensfreude waltet vor. Nur in den langsamen Sätzen hat Mozart die an dieser Stelle üblichen Idyllen mit dem ganzen Zauber seiner Poesie verklärt» (S. 626).

[124] S. 216: In *G-Dur* (K. 313) und *D-Dur* (K. 314). Zu letzterem vgl. Anm. 118. – Das *«Andante»* in *C-Dur* für die Flöte mit Orchester (K. 315) dürfte ein Ersatzstück für den Mittelsatz von K. 313 sein, der dem Auftraggeber, *de Jean*, offenbar zu «gearbeitet» erschienen sein mag. Von den drei *Flötenquartetten* in D (K. 285), G (K. 285 a) und C (K. 285 b) ist nur das erste *drei*sätzig und die anderen beiden, *zwei*sätzigen, auch inhaltlich überragend. Das *vierte Flötenquartett in A-Dur* (dreisätzig) (K. 298) entstand vermutlich zu Paris im Frühjahr oder Sommer 1778, nach K.[6] (S. 310) noch vor der Erkrankung von Mozarts Mutter. Nach *G. de St. Foix* («Un Quatuor d'airs dialogués», Bulletin de la Société franç. de musicol., Oct. 1920, S. 59 f.) gehört es zur «leichteren» Gattung der «Quatuors d'airs dialogués», wie sie damals in Paris Mode waren. Die Überschrift Mozarts auf dem Final-Rondo («Allegretto grazioso, mà non troppo presto, però non troppo adagio, così-così – con molto garbo, ed Espressione») zeigt,

wie heiter er das Stück (nach einem Arienthema aus *Paisiellos* «Gli schiavi per amore») genommen hat. Das Trio des Menuetts (als Mittelsatz) ist, nach *St. Foix*, das alte französische Rondo «Il a des bottes, des bottes, Bastien».

[125] S. 219: Die Stelle aus dem Briefe Grimms an Leopold vom 21. Februar 1778, die der Vater wörtlich (in französischer Sprache!) zitiert, erscheint auch für die Betrachtung der späteren Lebensumstände Mozarts so wichtig, daß sie hier im Original wiedergegeben sein soll. Grimm schreibt an Leopold über Wolfgang: «Je crois Votre fils d'une conduite assez sage pour ne pas redouter pour lui les dangers de Paris. S'il était enclin au *libertinage,* il pourrait sans doute courir quelques risques; mais s'il a de la raison, il se garantira de tout inconvénient sans mener pour cela la vie d'un ermite.» – Zu *Grimm* und *Mozart in Paris: Paul Nettl* «Der kleine Prophet von Böhmisch-Brod», Eßlingen 1953 – *J. u. B. Massin,* W. A. Mozart, 1959, S. 229 ff. (Kap. 4 «Un allemand à Paris»).

[126] S. 220: Das Stück, dessen Autograph verschollen ist, wurde uns nicht in seiner ersten Gestalt überliefert. Ganz abgesehen davon, daß es ursprünglich für Flöte (Wendling), Oboe (Ramm), Fagott (Ritter) und Horn (Punto), also ohne Verwendung der Klarinette geschrieben war, dürfte es auch in seinem inneren Bau von fremder Hand überarbeitet worden sein. Immer noch warten wir auf das Auftauchen des Mozartschen Originals. Die derzeit vorliegende Fassung (K. 297 b) weist – trotz allen unverkennbaren Schönheiten! – leider auch manche Merkmale jener rücksichtslosen fremden Gewaltanwendung oder offenbaren Verfälschung auf, die uns bei allen jenen Werken Mozarts überraschen, deren Auftauchen aus alten Pariser Archiven in neuerer Zeit gemeldet wird, wie beispielsweise die *B-Dur-Ouvertüre* (K. 311a – vgl. Anm. 127!) oder das *D-Dur-Violinkonzert* (K. 271a). – Die *Es-Dur-Konzertante* (K. 297b) ist gleichwohl ein heute viel gespieltes Paradestück unserer anspruchsvollen Bläservereinigungen geblieben: hier überwiegt der Mozartsche Inhalt noch auf die wunderbarste Art! Mozart hat das Stück (Brief vom 7. Mai 1778) «in größter Eyl» und «sehr befliessen» fertiggestellt, «und die 4 Concertanten waren noch ganz darein verliebt». *Le Gros* hat die Spart sofort «zum abschreiben» übernommen, dann aber zum größten Ärger Mozarts mit betonter Hartnäckigkeit liegen lassen, bis sich das virtuose Quartett verlaufen hatte. Noch am 9. Juli klagt Wolfgang: «Es ist wohl schade, daß er sie nicht aufgeführt hat, die würde sehr incontiert haben – nun hat er aber die Gelegenheit nicht mehr so. Wo sind allzeit so 4 Leute beisamm?» – *Le Gros* scheint brauchbare Kompositionen, sozusagen auf Vorrat, bei sich zurückgehalten zu haben. Wir erfahren aus Mozarts letztem Brief aus Paris an den Vater (3. Oktober 1778), daß er außer den Sonaten nichts Fertiges mitbringen werde – «denn die 2 Ouvertüren und Sinfonie Concertante hat mir der Le Gros abgekauft; – er meint, er hat es allein, es ist aber nicht wahr; ich hab sie noch frisch in meinem Kopf und werde sie, sobald ich nachhause komme, wieder aufsetzen.» – Leider hat er diese Absicht nicht ausgeführt und seine Arbeiten dafür zum Unglück dem offenbar sehr regsamen Bearbeiterbüro des *Le Gros* überlassen. – Mozarts Pariser Symphonien blieben auch in den folgenden Jahren (1779/1780) auf dem Programm der Concerts spirituels (*St. Foix,* Les Symph. de Mozart, S. 102, Anm.).

[127] S. 221: Durch Vermittlung von M. Matthieu (Conservatoire National de Paris) erhielt das Mozarteum vor vielen Jahren eine Abschrift des aus den alten, zuerst von Julien Tiersot aufgefundenen Stimmen spartierten angeblichen Werkes. Damals wurde es von mir – unter allen Vorbehalten – mit dem Mozarteums-Orchester zur Aufführung gebracht. Der primitive, trompetenlaute Orchesterklang sprach noch stärker gegen eine Autorschaft Mozarts als das Ergebnis der

ersten Durchsicht. Seither ist das Stück mehrere Male neu «entdeckt» und von den glücklichen Findern verteidigt worden. Mir ist unbegreiflich, daß man nicht schon bei den primitiven Kompositionszügen des «Andante pastorale» stutzig wurde. Im besten Fall ist das Werk in seiner jetzigen Gestalt von fremder Hand grob «überarbeitet» worden und teilt damit das Schicksal anderer von Mozart in Frankreich zurückgelassener Kompositionen, des Violinkonzerts (K. 271 a) und der Konzertanten Symphonie (K. 297 b). – Ich selbst möchte heute (mit *E. Hess, St. Foix* u. K.[6]) *keinen Takt* jener *«Ouvertüre» in B-Dur* (K. 311 a) Mozart zusprechen, meine also mit K.[6] (S. 861), daß die zweite Pariser Symphonie Mozarts noch immer als verloren zu gelten hat. Zum *Andantino der D-Dur-Sinfonie* (K. 297): Das ursprüngliche, uns erhaltene *Andante* als deren Mittelsatz hatte, wie Mozart an den Vater berichtet (9. Juli 1778), nicht das Glück gehabt, Le Gros zufriedenzustellen: «Er sagt, es seie zu viel Modulation darin – und zu lang. Das kam aber daher, weil die Zuhörer vergessen hatten, einen so starken und anhaltenden Lärmen mit Händeklatschen zu machen, wie bei dem ersten und letzten Stück. Denn das Andante hat von mir, von allen Kennern, Liebhabern und meisten Zuhörern, den größten Beifall. Es ist just das Contraire, was Le Gros sagt. Es ist ganz natürlich und kurz ... Das letzte gefällt mir aber noch besser.» – Interessant bleibt, daß jene Präzision des Anfangs, der berühmte *«coup d'archet»*, über den sich Mozart zwar lustig macht, ihn aber sehr geschickt in seiner D-Dur-Symphonie zur Anwendung brachte, daß jener exakte «Beginn des Orchesters mit *einem* Bogenstrich», auf den die Pariser Orchester so stolz waren, schon *Casanova* angenehm auffiel, als er 1750 in Paris *André Campras* «Fêtes Venétiennes» zu hören bekam, obwohl ihn damals die grobe Art des Taktschlagens ärgerte. («Je trouvai également délicieux le début de l'orchestre au coup d'archet; mais le directeur, avec son sceptre, allant de droite à gauche avec des mouvements forcés comme s'il avait dû faire aller tous les instruments par la force de son bras, me causa une espèce de dégoût.»)

128 S. 221: Nach einigem Bemühen gelang es Mozart, den Pariser Verleger Sieber zu finden, der die Sonaten K. 301–306 zum Stich übernahm. Die Sonate K. 296 erschien erst 1781 bei Artaria in Wien.

129 S. 222: Es ist das Grundthema zu den bekannten Variationen von Max Reger.

130 S. 224: Bei *Sonnenfels* in seinen *«Briefen über die Wienerische Schaubühne»*, allerdings über eine Wiener Aufführung von 1768, der eine andere Musik, vielleicht von *Fr. Asplmayr*, zugrunde lag. Ein neuer Klavierauszug des Balletts mit den «alten französischen Arien» und mit der Inhaltsangabe nach den alten Berichten von B. Paumgartner ist 1956 bei *Schott* in Mainz erschienen. Für das fehlende *Finale* des Balletts wurde das *«Presto assai»* (K. 102) eingesetzt. Vermutlich für «Les petits Riens» bestimmt war auch die heute einzelstehende *Gavotte* (K. 300). Aus der Pariser Zeit stammt ferner noch eine Reihe von *Ballett-Skizzen* (K. 299 c) mit mimischen Angaben in französischer Sprache, die vermutlich im Zuge der Planungen entworfen wurden, die Mozart mit Noverre im Frühling und Sommer 1778 besprach. Das sind eben die im Text (S. 223) erwähnten Skizzen. Das Motiv zu dem Stück Nr. 17 «Le forgeron travaille» ist identisch mit dem Incipit von Nardos «Hammerarie» («A forza di martelli») aus der «Finta giardiniera» (K. 196, Nr. 5).

131 S. 224: Wenn Mozart von dieser Arie in einem Brief an *Aloysia Weber* (30. Juli 1778) schreibt: «non posso dir altro, che, trà le mie composizioni di questo genere – devo confessare che questa scena è la megliore ch'ho fatto in vita mia ...», so ist sein Stolz über dieses herrliche Stück im hohen tragischen Stil

durchaus begreiflich. Dem überaus ernsten «Accompagnato», der Anrede Alcestes an ihr Volk, einer «Scena» ganz großen Formats, folgt wohl eine ganz auf Aloysias Leistungsfähigkeit zugeschnittene, bis zum dreigestrichenen g emporreichende «Bravour-Arie», die zu den schwierigsten Koloratur-Arien unseres Meisters gehört; aber auch in dieser Arie ist Stil und Haltung von solchem Ernst, daß der Hörer das Virtuose des Ablaufs niemals als aus dem tragischen Rahmen fallend empfindet: hier scheint das technisch Hochgespannte vielmehr zum bewegten Ausdruck hoher dramatischer Leidenschaft geworden zu sein, worin ich eben die besondere Qualität des ganzen Werkes erblicken möchte.

[132] S. 233: In der Einleitung zur großen Arie der «Königin der Nacht» in der «Zauberflöte» findet sich eine Reminiszenz an dieses Melodram.

[133] S. 234: Die vollkommen ausgeführte Einleitung dieses prachtvollen Fragments (K. 315 f.) läßt den Verlust ermessen, daß das Werk nicht weitergeführt werden konnte.

[134] S. 234: Diese sind verschollen. Mozarts späteres Singspiel «Zaide» enthält melodramatische Partien.

[135] S. 235: Die folgenden derben Worte sind in Nissens Entwürfen zu seiner Mozartbiographie wörtlich eingetragen. Mit Rücksicht auf Aloysia Lange wurden die kräftigen Worte für den Druck zu der lahmen Form: «Ich laß das Mädel gern, das mich nicht will», abgeschwächt (vgl. *R. Lewicki:* «Aus Nissens Kolektaneen», MM, II/1, S. 29).

[136] S. 239: Nach *P. v. Waldersee* (Rev. Ber. zur GA.) sei die *G-Dur-Symphonie* (K. 318) späterhin, d. h. seit der Wiener Erstaufführung der «Villanella rapita» (1785) als Ouvertüre zu diesem «Dramma giocoso», besser gesagt «Pasticcio», des *Francesco Bianchi* (1752–1810) gespielt worden, derselben Oper, zu der Mozart für Sängerfreunde auch noch *zwei «Einlagen»*, das Quartett «Dite almeno» (K. 479) und das Terzett «Mandina amabile» (K. 480) – zwischen weiteren fremden Beiträgen italienischer Zeitgenossen, Paisiello, Martini, Sarti, Guglielmi u. a. –, beigesteuert hatte. Nach *Einstein* (Mozart, S. 310 f.) hätte es manches für sich, in dieser Symphonie die Ouvertüre für das fragmentarische Singspiel, heute *«Zaide»* (K. 344) genannt, zu erblicken. «Der Dualismus im Thema, das gebieterische Forte des Tutti, das flehentliche Piano der Streicher gewinnt dann programmatische Bedeutung – hier Sultan Soliman, dort Zaide; ein in den Sonatensatz eingebautes ‹Andante› in derselben Tonart charakterisiert oder symbolisiert das Liebesidyll des Singspiels; zum Überfluß hat Mozart in den letzten Takten auf den ‹türkischen› Charakter der Oper ebenso deutlich hingewiesen wie später in der ‹Entführung›.» – Diesen «programmierenden» Argumenten kann ich mich um so weniger anschließen, als auch die äußere Ausstattung der Ouvertüre mit 8 Holzbläsern (2 Flöten und 2 Oboen), 4 (!) Hörnern und 2 besonderen Trompeten («clarini») auf repräsentativ festlichen Gebrauch des Werkes hinzuweisen scheint und die naiven Anforderungen des Singspiels weit überwächst, besonders wenn wir uns die geplante Uraufführung durch die Böhmsche Truppe, die 1779 in Salzburg gastierte, vorstellen. *Deiters* (Jahn, I^4, S. 618, Anm.) denkt an eine Bestimmung als Einleitung zu *Geblers* «König Thamos», somit als Ergänzung zu Mozarts Bühnenmusik (K. 345). Diese Musik hat Mozart (in zweiter Fassung!) eben jenem Prinzipal *Johann Böhm* 1779 zur Verfügung gestellt, der später aber für seine Reisen mit dem Schauspiel «Lanassa», wofür er Mozarts Musik adaptierte, jedoch die *Es-Dur-Symphonie* (K. 184) als Vorspiel verwendete (vgl. Anm. 140). Sollte Mozart bei unserer G-Dur-Symphonie nicht doch an München, eventuell an Wien gedacht haben? Die *C-Dur-Symphonie* (K. 338) ist vermutlich das Werk gewesen, das zu Mozarts besonderer Freude mit ganz großer Besetzung

(«40 Violin haben gespiellt – die blaß-Instrumente alle doppelt») bei dem alten Kapellmeister Bonno gespielt (Brief v. 11. April 1781 – vgl. S. 259) und noch einmal im ersten Augarten-Konzert (26. Mai 1782) zur Aufführung gebracht wurde.

137 S. 242: Zu den *«Krönungsmessen»* (K. 317 u. 337) vor allem *Karl Pfannhauser* (MM, 11. Jg., Heft 3/4, August 1963). Mühsame Nachforschungen bringen hier erste Sicherheit: «Der auf keinerlei dokumentarische Unterlagen gestützte Artikel *Joh. Ev. Engls* hat übersehen, daß der Name einer Mozartschen ‹Krönungsmesse› ganz offenkundig nicht von Salzburg nach Wien gedrungen war, sondern erst im 19. Jahrhundert von Wien nach Salzburg gelangen konnte» (S. 11). – Sehr schön die Ausführungen von *Massin* (S. 854) über die «leidverwandten» Zusammenhänge der Agnus-Melodie in beiden Messen mit dem späteren «Porgi amor» der Gräfin im «Figaro»: «En réalité ... c'est toujours de lui que Mozart parle, c'est sa ‹Stimmung› personelle qu'il exprime, c'est sa propre mélancholie salzbourgeoise qu'il utilise pour évoquer la plus sainte des victimes, et dont il se souviendra pour faire chanter la plus touchante des délaissées.» – Das Autograph der Messe K. 337 enthält auch das *Fragment eines zweiten «Credo»* mit der überraschenden Überschrift «Tempo di Ciaccoña», das nach 136 Takten bei den Worten «cujus regni non erit finis» leider abbricht.

138 S. 242: Vgl. dazu Anm. 82 und die Studie von *Erich Schenk*, «Mozarts Kirchensonaten» (Deutsche Musikkultur I/6 1937, S. 242 ff.) und dessen grundlegende Arbeit «Über Begriff und Wesen des musikalischen Barock» (ZfMW XVII, 1933, S. 384 ff.).

139 S. 243: Diese Arie (K. 365 a) ist verlorengegangen. Die Briefe Nannerls an ihren Bruder vom 30. November und 18. Dezember 1780 geben ein anschauliches Bild von den Vorstellungen auf Schikaneders Bühne. – Dazu aber als wertvollen Führer durch die kleinere Salzburgische Welt die von *Walter Hummel* (Salzburg 1958) herausgegebenen und bearbeiteten, leider nicht lückenlos erhaltenen *«Tagebuchblätter Nannerl Mozarts»* mit «Eintragungen ihres Bruders Wolfgang Amadeus». – Über die seit 1956 *neuaufgefundenen* Briefe der beiden Mozartsöhne und Konstanzes sowie über das zur 200-Jahr-Feier der Geburt Mozarts vom Mozarteum beim Bärenreiter-Verlag (Kassel) herausgegebene Dokumentar-Buchwerk berichtet *Walter Hummel* in den MM (15. Jg., August 1967). Dieses illustrierte Buch habe in den folgenden Jahren «ein erhöhtes Interesse an Mozarts Nachkommenschaft gezeitigt».

140 S. 244: Vgl. Anm. 136! Autor dieses Schauspiels war *Karl Martin Plümicke*. Das indische Sujet der Handlung ist nach *Antoine Marin Lemierres* (1721–1793) «La Veuve du Malabar» (1770) gearbeitet. Mozart hat das Stück mit seiner Musik noch bei den Festlichkeiten zur Kaiserkrönung in Frankfurt a. M., Ende September 1790, erlebt (vgl. S. 427). – Das ursprüngliche «heroische Drama», *«Thamos, König in Ägypten»*, des *Tobias Philipp Freih. v. Gebler* wurde am 4. April 1774 im Wiener Kärnthnertortheater aufgeführt. Ursprünglich sollte ein Magister, *Joh. Tob. Sattler*, eine Musik dazu liefern, die sogar *Gluck* überprüft hatte, die aber nicht das Glück hatte, dem Autor, Staatsrat und Vizekanzler der k. k. böhmischen Hofkanzlei letztlich zu konvenieren. So kam der Auftrag 1773 an Mozart. «Es ist sein Originalconcept», schrieb Gebler an *Friedr. Nicolai* nach Berlin, «und der erste Chor sehr schön.» Welche Musik bei der Uraufführung des «Thamos» durch die Wahrsche Truppe in Preßburg (11. Dezember 1773) verwendet wurde, bleibt unsicher. Wahr kam mit dieser Inszenierung nach Salzburg (Jänner 1776). Die Musik entsprach jedoch nach Meinung des Rezensenten im «Theaterwochenblatt für Salzburg» (17. Jänner) nicht und stellte sich als zu lang

heraus. Der Name Mozarts wird weder darin noch im Tagebuch *J. F. Schiedenhofens (O. E. Deutsch* im M. Jb. 1957, S. 19) erwähnt. Daß Schiedenhofen es vermerkt hätte, wenn auch nur ein Stück von Mozart (das *d-moll-Chorfinale* mit dem Text von *Andr. Schachtner)* dabei gespielt worden wäre, ist wohl anzunehmen. So gelangen wir also zur Vermutung einer Überarbeitung der alten zwei Chorszenen und Neukomposition des Schlußchors und weiterer Instrumentalstücke für den Impresario *Joh. Böhm,* der mit seiner Truppe im Frühjahr 1779 und vom September 1779 bis März 1780 in Salzburg spielte und dann die Adaptierung der Mozartschen Musik für die «Lanassa» vornahm. In Wien scheint der «Thamos» keinen Erfolg gehabt zu haben. Mozart, der an der Musik hing, schreibt am 15. Februar 1783 von dort an den Vater: «Es tut mir recht leid, daß ich die Musique zum ‹Thamos› nicht werde nützen können! – Dieses Stück ist hier, weil es nicht gefiel, unter die verworfenen Stücke, welche nicht mehr aufgeführt werden. – Es müßte nur bloß der Musik wegen aufgeführt werden – und das wird schwerlich gehen – schade ist es gewiß!» – Doch hat Mozart mit der Übertragung der *zwei Chöre* (Nr. 1 u. 7 b) zu *geistlichen Hymnen:* «Splendente te Deus» (K. Anh. 121) und «Ne pulvis et cinis» (K. Anh. 112) – auch mit deutschem Text bei Breitkopf (1804) «Preis dir! Gottheit» und «Ob fürchterlich tobend» – doch Glück gehabt. Sie wurden in dieser Form, namentlich in der ersten Hälfte des 19. Jahrhunderts, viel gesungen und auch im Druck verbreitet: London (1806), Paris, Florenz usw. Wir finden auch in *Niemetscheks* früher Biographie (1798) einen Hinweis, der sich ohne Zweifel auch auf diese Werke bezieht. («Man macht hier in Prag auf mehreren Kirchenchören einige Motetten von seiner Komposition voll Erhabenheit und Feyerlichkeit.») – Sie sind wohl auch (Hinweis *K. Pfannhauser)* bei den Krönungsfeierlichkeiten für Leopold II. in Prag schon herangezogen worden. Geistliche («ursprünglich nicht für den kirchlichen Gebrauch bestimmt gewesen») und wissenschaftliche Muckerei («nicht Original, sondern Übertragung») haben sie, unserer Zeit entgegen, immer mehr aus dem kirchlichen Gebrauch verdrängt, als ob man – im wissenschaftlichen Falle – nicht auch die «Übertragung» der italienisch komponierten Opern Mozarts in die deutsche (oder französische oder englische) Sprache sänge! Denn auch die lateinische Übersetzung ist dem ursprünglichen devoten Sinn des Textes durchaus angepaßt. So wäre also eine Neuaufnahme der beiden Hymnen («Motetten») in die kirchliche Praxis sehr zu wünschen! – Zwei andere, unter Verl.-Nr. 2727 bei Simrock in Bonn unter Mozarts Namen erschienene «Chöre zu dem Schauspiel Thamos» (K.[6] C–7.02 = Anh. 243) sind unecht. Es ist möglich, daß «uns in diesen beiden Chören die von Gluck überprüfte Musik J. Tob. Sattlers aufbewahrt» blieb (K.[6], S. 833).

[141] S. 245: Frankfurt a. M. (1866), Wien (Rob. Hirschfeld, 1902), Mannheim (Ant. Rudolph, 1915), Karlsruhe (1917), Schwetzingen (1938), Wien, Schönbrunner Schloßtheater (1961). – Die Arientexte Schachtners ohne die (nicht immer glücklichen) Veränderungen Gollmicks haben sich (lt. K.[6], S. 356) in einem nicht erschienenen Partitur-Korrekturexemplar von etwa 1825 neuerdings (1956) im Archiv des André-Verlags gefunden. – Eine Plattenaufnahme der «Zaide» in der «Mozart-Jubilee-Edition» von Philips A 00396/97 L.

[142] S. 247: *Wyzewa-St. Foix* (III, S. 220 ff.) sind der Meinung, daß es vor allem die Version des Idomeneo-Stoffes von *Crébillon* gewesen sei, die *Varesco* benützt habe; denn hier finde sich das Motiv der Liebe des Idomeneo und des Idamantes zu Erixène, die schließlich zum Tod der beiden Männer führt. *(Crébillon* [1674 bis 1762] gehört zu den stärksten, wenn auch nicht immer maßvollen Begabungen des französischen Dramas nach Corneille und Racine.) Es ist seltsam, daß der

Idomeneo-Stoff, obwohl er, wie die «Iphigenie», zu den großen Themen der klassischen Tragödie gehört, so wenig oft vertont wurde. Die Vermutung *Wyzewa-St. Foix,* die Tragödie von *Lemierre* könnte auch in Salzburg gespielt worden sein, ist nicht nachweisbar. Dagegen wissen wir von der Salzburger Universitätsaufführung eines «Idomeneus Cretensium Rex» von *Marian Wimmer* mit der Musik von *Joh. Ernst Eberlin* in der «Aula academica» am 7. April 1755 *(Fr. Joh. Fischer,* Salzb. Landesk. 1955, S. 171).

143 S. 250: Es gehörte zu den bedeutsamsten Augenblicken in der musikgeschichtlichen Entwicklung, als die in den verschiedenartigsten Instrumentalwerken (Symphonien, Serenaden, Konzerten usw.) zu jugendlicher Meisterschaft erstarkte «moderne» Orchestersprache der klassischen Epoche schon in Mozarts «Idomeneo» als Künderin eines neuen Gefühls- und Geistesausdrucks in den Dienst des Musikdramas trat, so daß tatsächlich «in keinem anderen Stadium der Musik dieses musikalische Drama Mozarts hätte entstehen können» (Dilthey).

144 S. 251: Die deutsche Übersetzung in den Textbüchern stammte von *Schachtner.*

145 S. 253: Am 1. Jänner 1802 brachte *Kassel* den «Idomeneo» in deutscher Übersetzung wieder auf die Bühne. *Wien* folgte am 13. Mai 1806 mit einer Übersetzung von *Heinr. v. Treitschke.* Eine frühe Bearbeitung mit neuem Text stammt von dem bekannten Herausgeber «Deutscher Volkslieder mit ihren Originalweisen» *Ant. Wilh. v. Zuccalmaglio* (1838). Ein von *Joh. N. Fuchs* «revidierter» Neubelebungsversuch an der Wiener Hofoper (25. Oktober 1879) brachte es in zwanzig Jahren nur auf acht Wiederholungen. Einer sorgfältigen Bearbeitung von *Ernst Lewicki* (Karlsruhe 1917, Dresden 1925 u. 1928) folgten 1931 drei weitere Bearbeitungsversuche: *München (E. Wolf-Ferrari),* Dessau *(A. Rother)* und *Frankfurt a. M. (W. Meckbach).* Im gleichen Jahre ging die freie Umformung der Oper durch eine textliche und zum Teil handlungsmäßige Neugestaltung von seiten des Regisseurs *Lothar Wallerstein* und Umfassung der an sich «unangetastet» gelassenen Musik Mozarts durch Originalkompositionen von *Richard Strauss* an der Wiener Staatsoper in Szene. Die «allzu redseligen Original-Rezitative wurden durch kurze, die Handlung prägnant erklärende und die Personen charakterisierende Worte ersetzt» *(L. Wallerstein),* der Liebeskonflikt Elektra-Idamantes-Ilia ausgeschaltet, aus der eifersüchtigen Elektra eine «griechisch-national fühlende Priesterin Ismene» mit «überindividuellen Zügen» geformt und der tragische Konflikt (Schuldbewußtsein, Vaterliebe, Gottergebenheit, Kindesliebe, Neigung zu Idamantes) möglichst klar herausgearbeitet, dabei freilich aus dem Nebeneinander zweier sehr persönlicher Stile ein Drittes, Neues versucht. Mehr als zwölf Wiederholungen waren auch dieser Bearbeitung nicht beschieden. Der Klavierauszug der Salzburger Festspielaufführungen von 1956 und 1961/62 ist bei Bärenreiter in Kassel erschienen.

146 S. 253: *Alfred Heuß,* Mozarts «Idomeneo» als Quelle für «Don Giovanni» und die «Zauberflöte» (ZfMW, XIII/4, S. 177 ff.).

147 S. 254: Es bleibt interessant, daß Mozart die Titelrolle ursprünglich einem Baß zugedacht hatte. Im Autograph sind die ersten Seccorezitative des Idomeneo im Baßschlüssel geschrieben, und die Baßlage für die Stimme bleibt festgehalten. Darüber aber steht die nachträgliche Punktierung für eine Tenorstimme. Vorerst war nämlich der Bassist *Zonca* für die Rolle des Idomeneo ausersehen. Bald aber trat der schon achtundsechzigjährige Tenorist *Raaff* an dessen Stelle, worüber Mozart keineswegs entzückt war: «Wie zum Exemple die erste Arie ‹Vedromi intorno›. Wenn Sie sie hören werden, ist sie gut. Sie ist schön, aber wenn ich sie für Zonca geschrieben hätte, so würde sie noch besser auf den Text

gemacht sein» *(Mozart an den Vater,* 27. Dezember 1780). – Vgl. *E. Lewicki,* Die Stimmcharaktere im «Idomeneo». – Ber. über die musikwiss. Tagung, Salzburg 1931, Leipzig 1932, S. 158 ff.

148 S. 256: Mozart verwendet in diesem Stück zum ersten Male Bassetthörner. Die oberflächliche Bearbeitung vierer Sätze dieser Serenade zu dem Streichquintett K. 46 hat nichts mit Mozart zu tun. – Bestimmt handelt es sich bei diesem auch formell reifen Meisterwerk nicht um eine frühe Arbeit von 1768, auch nicht um dessen Umarbeitung für München, wie NMJb I/1941, S. 28, angibt. Statt des heute meist verwendeten *Kontrafagotts* als tiefste Stimme in dieser «Gran Partita» schreibt Mozart allerdings einen *Kontrabaß* vor.

149 S. 256: Beide Lieder sind vermutlich für den Münchner Hornisten *Martin Lang* geschrieben. Der Text zur «Zufriedenheit» (K. 349) stammt von *Joh. Martin Miller* aus dessen «Siegwart. Eine Klostergeschichte» (1776). Der Textdichter von K. 351 ist unbekannt.

150 S. 256: Aus dessen empfindungsseligem Moderoman «Sophiens Reise von Memel nach Sachsen». Seltsam bleiben die Vortragsanweisungen, die Mozart den drei Liedern voranstellt: «Gleichgültig und zufrieden», «Traurig, doch gelassen», «Mäßig gehend». Norddeutsche Einwirkung mag daraus erkannt werden. – K.[6] (S. 362) vermutet, daß Mozart, der «die Situation genau beobachtet» habe, die drei Lieder auf Bestellung für einen Almanach komponiert haben könnte (die Liedtitel lauten: «Verdankt sei es dem Glanz», «An die Einsamkeit», «An die Hoffnung»). – Es besteht eine Möglichkeit, daß alle drei Lieder erst in der ersten Zeit der Wiener Jahre entstanden sein könnten. Das Autograph (Berlin, Pr. St. B.) ist seit Kriegsende verschollen, eine schriftmäßige Nachprüfung ist daher nicht möglich.

151 S. 257: Die Worte von K. 368 stammen aus Metastasios «Demofoonte», die von K. 369 aus dessen «Ezio», dem schon der Knabe Mozart einen Arientext («Va dal furor portata», K. 21) entnommen hatte.

152 S. 259: Vermutlich die C-Dur-Symphonie (K. 338, Salzburg 1780), vielleicht durch das hübsche, erst in Wien entstandene *Menuett* (K. 409) auf vier Sätze ergänzt, das freilich in Stil und Klang nicht mehr restlos zu den ursprünglichen drei Sätzen der Symphonie zu passen scheint.

153 S. 260: «Eine Sonata mit Accompagnement einer Violin, für mich – welche ich gestern nachts von 11 Uhr bis 12 componiert habe – aber, damit ich fertig geworden bin, nur die Accompagnementstimm für Brunetti geschrieben habe, ich aber meine Parthie im Kopf behalten habe» *(Brief Mozarts an den Vater* vom 8. April 1781). Welche *Sonate für Klavier und Violine* darunter zu verstehen ist, wurde bis heute noch nicht einwandfrei festgestellt. Ist es das *Allegro einer Sonate in B-Dur* (K. 372), ein vom *Abbé Stadler* von 65 auf 133 Takte ergänztes Fragment, wie K.[1] vermutet, oder, nach *A. Einstein* (K.[3], S. 457), die *G-Dur-Sonate* (K. 379 = 373 a), von der eine alte Abschrift der Violinstimme in der Preuß. Staatsbibl. Berlin (Mus. Ms. 15, 536) erhalten ist, die eine Kopie jener «Accompagnementstimm» sein könnte, von der Mozart berichtet. – Nach *R. Haas (Mozart,* S. 105) könnte möglicherweise die *B-Dur-Sonate K. 378* die fragliche «Brunetti-Sonate» sein, die «nach *André* in Wien entstanden ist, während *Wyzewa-St. Foix* sie nach Salzburg (1779) zurückverlegen».

154 S. 260: Wilhelmine, geb. v. Uhlfeld, eine der geistvollsten, charmantesten adeligen Damen Wiens, eine eifrige Förderin Mozarts in der Wiener Zeit. *Jos. Haydn* war ihr Lehrer im Gesang und im Klavierspiel. Er, *Gluck* und *Beethoven,* der ihr sein Trio op. 11 widmete, verkehrte in ihrem gastlichen Hause. Ihr Gatte, *Franz Jos. Thun,* «Thaumaturg, Visionär und Mesmerist», gehörte zu den selt-

samen Erscheinungen des Josephinischen Zeitalters. Er war der älteste Sohn jenes «alten» Grafen *Joh. Jos. Anton Thun,* in dessen Linzer Haus Mozart im November 1783 die «Linzer-Symphonie» schrieb. Der in Wolfgangs Briefen öfters genannte «böhmische Thun» «dürfte mit dem Grafen *Anton Thun* – jüngsten Sohne des eben Genannten – identisch sein» *(C. Preihs,* «Mozarts Beziehungen zu den Familien Thun-Hohenstein», NMJb III/1943, S. 63 ff.).

155 S. 269: Zur *B-Dur-Sonate* (K. 378) vgl. Anm. 153. – Auch *A. Einstein* (Mozart S. 344) verlegt die Komposition dieser Sonate – «wohl für Marianne und den Vater» – noch in den Beginn des Jahres 1779 nach Salzburg. Die *C-Dur-Sonate* (K. 296) hat Mozart noch in Mannheim im März 1778, «pour Mademoiselle Therese Pierron», die erst fünfzehnjährige Haustochter des Hofkammerrats Serrarius komponiert, die er im Klavier unterrichtete.

156 S. 270: Ein leicht, doch zu höchster Vollkommenheit gefügtes Meisterwerk. Der Anfang weckt Erinnerung an das Incipit von J. Christ. Bachs Klavierkonzert op. 13,2 (1777), ist aber gerade in der Abweichung von diesem Muster unvergleichlich mozartisch geraten (vgl. *Einstein,* S. 194). Mozart komponierte diese «Sonate in zweyen» «expreß» für eine Privatakademie bei Aurnhammers und spielte sie dort zum erstenmal am 24. November 1781, ein anderesmal mit seiner Schülerin Babette Ployer am 13. Juni 1784 in Döbling bei dem Agenten Ployer vor Paisiello. – Eine zweite Sonate für 2 Klaviere in B-Dur, zu ungefähr gleicher Zeit wie K. 448 begonnen, blieb Fragment (K. Anh. 42).

157 S. 270: Ein Stück, recht nach dem preziösen Goût des Wiener Publikums, das Mozart an Stelle des ursprünglich «gearbeiteten» Finales in sein «altes Concert ex D» (K. 175) einsetzte. Mozart wußte, was für einen Schatz er mit diesem unvergleichlichen Stück geschaffen hatte. Offenbar war es auch das Werk, das Mozart am 11. März 1783 in einer Akademie seiner Schwägerin Aloysia Lange wiederholte: «... man hörte aber nicht auf zu klatschen und ich mußte das Rondeau repetieren; – es war ein ordentlicher Platzregen» (Brief vom 12. März 1783). Vgl. Anm. 173!

158 S. 270: Neuerdings wird auch die Authentizität einer Bearbeitung der c-moll-*Serenade* (K. 388) als *Streichquintett* (K. 406) durch Mozarts eigene Hand, zum mindesten die Umstände, die zu dieser Arbeit führten, angezweifelt (vgl. *Massin,* S. 1039 f. zur apokryphen Bearbeitung der *B-Dur-Bläserserenade* [K. 361] als Streichquintett [K. 46] Anm. 148!). Die Bearbeitung der Serenade K. 388 fehlt in Mozarts thematischem Verzeichnis, ebenso ein Datumvermerk auf dem Autograph (!) im Brit. Museum (Add. 31, 748). Auch die Echtheit des Brieffragments an einen Unbekannten (Briefe IV, 1016, Anf. 1787), in dem Mozart das «neue Quintett ex C-minor» erwähnt, woraus sich eine Datierung der Arbeit (Ende 1786 oder Anfang 1787) ergäbe, ist nicht sichergestellt, damit auch die Vermutung in K.[3] (S. 658), daß Mozart sie vorgenommen habe, um die Reihe der drei Quintette (K. 406, 515, 516) zu erweitern, die er am 2. April 1788 in der «Wiener Zeitung» «schön und korrekt geschrieben, auf Subskripzion» um «4 Dukaten, zu 18 fl. Wienerkurent» anbot.

159 S. 271: Später hat Mozart Flöten und Klarinetten in den Ecksätzen noch beigefügt. Sollte das eliminierte Menuett wirklich verlorengegangen sein? Schon die herrliche duale Formung des Eingangsthemas im ersten Satz zeigt das Werk auf der vollen Höhe des Wiener symphonischen Stils. Das Finale (Presto) nimmt, wenn auch mit völlig anderer Zielrichtung, den Grundgedanken der Osmin-Arie aus dem III. Akt der so zeitnahen «Entführung» (K. 384, Nr. 19) auf. Als Mozart das Werk nach der Salzburger Uraufführung, der er nicht beiwohnte, wieder zurückerhielt, war er, wie er dem Vater am 15. Februar 1783 schrieb, «ganz

surpreniert» von der «Neuen Hafner-Symphonie». Er hatte in großer Eile daran gearbeitet: «Ich wußte kein Wort mehr davon – die muß gewiß guten Effekt machen.» – Als er den Marsch (K. 408/2) der eben fertiggestellten Symphonie (noch als «Serenade»!) am 7. August 1782 nach Salzburg sandte, gab er rasch ein paar Tempoanweisungen mit, die beachtlich bleiben: «Das erste Allegro muß recht feüerig gehen. – das letzte – so geschwind als es möglich ist.»

160 S. 272: *R. Haas* nimmt (ZfM III, 405 ff.) an, daß die Sammlung «Teutsche Comedie-Arien» (1754–1757) für Kurz-Bernardon Joseph Haydn, höchstenfalls Joseph Starzer zu Komponisten hat. Wahrscheinlich ist auch Haydns Operette «Der neue krumme Teufel» (1751) für Kurz-Bernardon geschrieben.

161 S. 272: Eine Neuausgabe dieses Singspiels in den DTÖ (XVIII/1) mit Einleitung von *R. Haas,* die wertvolle Daten zur Geschichte des Wiener Singspiels bringt.

162 S. 276: Abgesehen vom Fragment der c-moll-Messe (K. 427) eine *Violinsonate in C-Dur* (K. 403 «pour ma très chère épouse»), der die letzten Takte des Finales fehlen, *Solfeggien und Esercizj* (K. 393) für ihre Stimmbildung, eine *Arie* nach Metastasio *«In te spero, o sposo amato»* (im Entwurf bei Nissen, Anh. S. 28, K. 440), der *Anfang einer Sonate für zwei Klaviere* (K. Anh. 43) und ein *Marsch* (wahrscheinlich K. 408, Nr. 1).

163 S. 277: Konstanze scheint die Briefe Leopolds aus dieser Zeit, die gewiß peinliche Anschuldigungen gegen sie und ihre Mutter enthielten, nach dem Tode ihres Gatten auf die Seite gebracht zu haben.

164 S. 277: Vgl. *E. K. Blümml: «Johann von Thorwart»* (MM II/3, S. 81).

165 S. 279: Aus den Jahren 1824–1837. Veröffentlicht von *H. Abert* (MM II/2 und 3, S. 38 ff.). – «Briefe, Aufzeichnungen, Dokumente 1782–1842» von A. Schurig (Dresden 1922). – *E. Valentin:* «Das Testament der Constance Mozart-Nissen», NMJb II/1942, S. 128 ff. Unter den wertvollen Beiträgen dieses Artikels zur Lebensgeschichte Konstanzes und ihres zweiten Gatten *G. N. Nissen* finden sich auch die nach einem neu aufgefundenen Taufschein erstmalig richtiggestellten Geburtsdaten Konstanzes: Zell im Wiesenthal, 5. 1. 1762 (nicht 1763!). – Auch den Adel, das «von», das Constanze ihrem Namen beizusetzen pflegte, hat sie ebensowenig wie irgendein Mitglied ihrer Familie besessen. Später nannte sie sich dann auch Constanze *von* Nissen, obwohl auch ihr zweiter Mann den Adel nicht besaß. In Wien war man freilich mit der Anrede «Herr von ...» oder «Frau von ...» leicht zur Hand. – Vgl. ferner: *F. Martin,* Beiträge über Mozarts Witwe (NMJb III/1943), S. 113 ff., und die wertvollen Schilderungen in «A Mozart Pilgrimage» by *Nerina Medici* and *Rosemary Hughes,* London 1955, das Reise-Tagebuch des Londoner Verleger-Ehepaares *Vincent u. Maria Novello* (1829), das auch in etwas gekürzter deutscher Ausgabe von *Ernst Roth,* Bonn 1959, erschienen ist (Titel: «Eine Wallfahrt zu Mozart, 1829»).

166 S. 284: Mozart verließ diese Wohnung bald, als der Baron sie Freunden überließ und dem Künstler dafür ein Quartier am Kohlmarkt zur Verfügung stellte. Aber im April 1773 hatte Mozart auch diese ungenügenden, finsteren Räume aufgegeben und war auf den Judenplatz 244 in das Haus der Burgschen Erben in den III. Stock übersiedelt, wo sein erstes Kind, Raymund, am 17. Juli 1783 geboren wurde.

167 S. 286: Den Quellennachweis des Liedes gibt *Erk-Böhme, «Deutscher Liederhort»* I, S. 283 f. – Es sei hier auch auf eine inhaltsähnliche Erzählung in Boccaccios *Decamerone* (V. Tag, Nr. 2) hingewiesen, in der Marco Gomita seine in einer Barke an die tunesische Küste verschlagene Geliebte, Constanza – also der gleiche Name! – in der Berberei glücklich wiederfindet.

[168] S. 287: Eine Zusammenstellung gibt *Walther Preibich* in den SIMG (X, S. 430 ff.). Dazu *Abert* (I, S. 932 ff.).

[169] S. 287: Chr. G. Neefe, Lehrer Beethovens, geb. am 5. Februar 1748 zu Chemnitz, gest. am 26. Januar 1798 zu Dessau.

[170] S. 293: Es sei hier auf die seelische Gemeinsamkeit der drei «Mädchen-Arien» – alle drei in g-moll! – hingewiesen: *Ilia* (Idomeneo, Nr. 1, «Padre, germani, addio!»), *Constanze* (Entführung, Nr. 10), *Pamina* (Zauberflöte, Nr. 17 «Ach, ich fühl's»). (Eine Fortsetzung dieses Gedankens über das Mozartsche g-moll bringt *Th. Werner:* NMJb II/1942, S. 181 ff., «Zur Kenntnis der Mozartschen Opernarie».) – Während die erste Arie der Constanze (Nr. 6) nur 125 Takte, die g-moll-Arie (Nr. 10) 154 Takte lang ist, erreicht ihre dritte Arie, die «Martern-Arie» (Nr. 11), die ungewöhnliche Länge von 293 Takten, wobei allerdings 60 Takte auf das konzertante Ritornell entfallen. – *Robert Haas* (W. A. Mozart, S. 133) begründet diese «aus dem Rahmen fallende Bravourarie», deren Grundidee nicht in dramatischen Erwägungen, also nicht dadurch, «daß sie die Gefühle des Bassa Selim ausspreche, der selbst zur Enthaltung vom Gesang verurteilt ist», zu suchen sei, folgendermaßen: «Maßgebend ist hier weniger die ins Seriafach überschlagende Gefühlssprache als die vielfältige Virtuosenleistung; die dramatische Bewegung erscheint abgestellt; wie in seiner vieljährigen ununterbrochenen Pflege des Instrumentalkonzerts wird die *Lust am brillanten Erguß solistischer Virtuosität* in den Vordergrund geschoben.» Jede dramatische Ausdeutung der Arie durch geschäftige Regisseure wäre daher als verfehlt anzusehen. Das Stück ist eine Konzertarie im wahren Sinne des Wortes.

[171] S. 294: Dieses Zurücksinken in die Stille in wichtigen Augenblicken des dramatischen Verlaufs entspricht durchaus dem Mozartschen Schaffenstypus. Man vergleiche dazu: «Figaros Hochzeit», I. Takt, Terzett Nr. 7, wenn der Graf den Pagen entdeckt; II. Akt, Finale Nr. 15, wenn Susanna anstatt Cherubino aus dem Kabinett tritt – «Zauberflöte», das Durchschreiten von Feuer und Wasser bei zartester Orchesterbegleitung – «Titus», die berühmte Generalpause im Finale Nr. 12.

[172] S. 295: Da andere unmittelbare Quellen dafür nicht heranzuziehen waren, konnte die Persönlichkeit dieses Schauspielers erst durch einen von *Emily Anderson* erstmalig in «Music and Letters» vom April 1954 veröffentlichten und kommentierten Briefausschnitt aus der Korrespondenz Mozarts mit seinem Vater festgestellt werden. *Dominik Jautz* (1737–1806) aus Prag war zuerst am Kärntnertor-Theater beschäftigt, wo er von 1772 bis 1776 spielte, und kam sodann ans Burgtheater, wo er bis 1793 verblieb. Die weitere Besetzung der «Entführung» bei ihrer Uraufführung am 16. Juli 1782 war: Constanze: *Catarina Cavalieri*, Blondchen: *Therese Teyber*, Belmonte: *Valentin Adamberger*, Pedrillo: *Ernst Dauer*, Osmin: *Karl Ludwig Fischer*. Der von Mozart in seinem Briefe vom 1. August 1781 als in Aussicht genommene, später nicht akzeptierte Darsteller des Selim Bassa, «Mr. Walter», ist wahrscheinlich der aus Böhmen stammende, in Wien bei der deutschen Oper von 1779 bis 1783 beschäftigte Sänger *Joseph Walter* gewesen.

[173] S. 295: Ges. Schriften I, S. 244.

[174] S. 297: 1783 oder 1784: Anton Hasenhuths Leben (S. 94 ff.).

[175] S. 299: Erst am 7. Dezember 1787 ernannte Joseph II. Mozart zum k. k. Kammermusiker (k. k. Kammerkompositeur) mit einem jährlichen Gehalt von 800 Gulden.

[176] S. 299: A. Salieri (1750–1825) war schon 1766 als Schüler Florian Gaßmanns aus Venedig nach Wien gekommen und hatte 1770 mit seiner ersten komischen

Oper «Le donne letterate» einen Erfolg errungen, der eine glanzvolle Laufbahn einleitete. Nach dem Tode Gaßmanns (1774) ernannte ihn der Kaiser zum Kammerkompositeur und Dirigenten der italienischen Oper. Die Gunst Glucks verschaffte ihm das Buch Calsabigis zur Oper «Les Danaïdes», die 1784 zu Paris als Werk Glucks und Salieris mit großem Erfolge in Szene ging. 1788 wurde er nach Bonnos Tode Hofkapellmeister.

177 S. 300: Clementi äußerte sich begeistert über Mozarts Spiel, während Mozart ihm Gefühl und Geschmack absprach und ihn einen bloßen Mechanikus, einen «Ciarlattano wie alle Welschen» nannte. Mozart war freilich in seinen Urteilen über Musikerkollegen meist recht streng.

178 S. 301: «Meinem teuren Freunde Haydn! Ein Vater, der sich entschlossen hat, seine Kinder in die große Welt zu senden, muß sie, meine ich, dem Schutze und der Führung eines sehr berühmten Mannes anvertrauen, der noch dazu sein bester Freund ist. – Hier, großer Mann und mein teuerster Freund, sind meine Kinder! – Sie sind wahrlich die Frucht einer langen, mühsamen Arbeit. Nur die Hoffnung, die mir einige Freunde machten, jene Mühe wenigstens zum Teil aufgewogen zu sehen, ermutigt mich und schmeichelt mir, diese Kinder würden mir eines Tages einigen Trost bringen. – Du selbst, teuerster Freund, hast mir bei Deinem letzten Aufenthalt in dieser Stadt Deine Zufriedenheit mit ihnen ausgedrückt. – Diese Deine Unterstützung beflügelt mich vor allem; daher empfehle ich sie Deiner Huld und hoffe nur, daß sie sich Deiner Gunst nicht unwürdig erweisen werden. – Nimm sie also, bitte, mit Güte auf und sei ihnen Vater, Führer und Freund! Von diesem Augenblicke an trete ich Dir meine Rechte an ihnen ab: ich bitte dich nur, jene Fehler, die dem parteiischen Auge des Vaters vielleicht verborgen blieben, mit Nachsicht zu betrachten und Deine generöse Freundschaft trotzdem dem zu bewahren, der sie so hochschätzt und von ganzem Herzen, geliebter Freund, Dein ergebenster Freund bleibt – W. A. Mozart.» Diese Widmung, im Original italienisch, ist vom 1. September 1785 datiert, ein rührend ins Menschliche gewandelter Abkömmling jener steif devoten, oft unerträglich servilen Dedikationen abhängiger Musiker an große Herrn. Der Druck der sechs Quartette, der die Widmung enthält, erschien bei Artaria & Comp. in Wien. Die «lange, mühsame Arbeit» («lunga, e laboriosa fatica») bestätigt das Autograph. Keine Handschrift Mozarts enthält so viele Korrekturen als diese.

179 S. 304: Einen Einblick in die Art dieser Studien gibt uns ein Übungsheft aus dem Jahre 1784 mit kontrapunktischen Aufgaben für Abt Stadlers Kusine. Wertvolles Material bieten auch mehrere Anfänge von Klavierfugen (Autographe meist im Salzburger Mozarteum): c-moll (K. 383 d), d-moll (K. 383 b) mit genialer Beantwortung, G-Dur (K. 375 g) und G-Dur für 2 Klaviere (K. 375 d). Die meisten dieser und vielleicht anderer verlorengegangener Fragmente dieser Art dürften im «Fugenjahr» 1782 entstanden sein. Aus dem *zweiten Teil des «Wohltemperierten Klaviers» von J. S. Bach* hat Mozart, wahrscheinlich in diesem Jahr oder 1783, zunächst *fünf vierstimmige Fugen* (Nr. 2, 5, 7, 8 u. 9) für 2 Violinen, Viola und Baß (K. 405) bearbeitet. Die Authentizität dieser Bearbeitung ist durch das Autograph (ehemals Offenbach bei Aug. André, derzeit bei Gregor Piatigorsky, Los Angeles) gesichert. Dagegen wird Mozarts Autorschaft an der *Einrichtung von sechs dreistimmigen Fugen* (K. 404 a) neuerdings stark angezweifelt. Drei dieser Fugen stammen aus J. S. Bachs «Wohltemperiertem Klavier» (I. Nr. 8, II. Nr. 13 u. 14), eine aus dessen Orgelsonate II (BWV 526) und eine aus seiner «Kunst der Fuge» (Contrapunctus 8), die letzte Fuge hat Wilh. Friedemann Bach zum Autor. Alle sechs Fugen werden von langsamen

Sätzen eingeleitet. Zwei davon (Nr. 4 u. 5) sind Bachs Orgelsonaten (BWV 527 u. 526) entnommen. Die weiteren vier wurden Mozart zugeschrieben, obwohl sein Name auf keiner der älteren Kopien (bei fehlendem Autograph) vermerkt ist. Für Mozarts Autorschaft sind frühzeitig *Wilh. Rust* (Bach-Ges.-Ausg. IX. Bd., Vorw. 1860), *E. Lewicki* (MMG, 1903, S. 163 ff.), *Wyzewa-St. Foix* (II., 412) und (mit «höchstwahrscheinlich») auch *Abert* (II., 94), zuletzt mit besonderer Betonung der Genialität der vier Einleitungssätze, der Erfindung und des Stilgefühls, *A. Einstein* («Musical Times», März 1936, u. K.[3], S. 513) eingetreten. *J. Nep. David* hat die Fugen mit den Einleitungen erstmals als praktische Ausgabe unter Mozarts Namen 1938 bei Breitkopf & Härtel herausgegeben. Die Mozarts Autorschaft an K. 404 bezweifelnden Stimmen der neueren Literatur (*Warren Kirkendale*, «More slow introductions by Mozart to fugues of J. S. Bach») [Journal of the American Musicological Society XVII, 1964] u. «Ein unveröffentlichtes Mozart-Autograph» [M. Jb. 1962/63] – *Andreas Holschneider*, «Zu Mozarts Bearbeitungen Bach'scher Fugen» (Musikforschung XVII, 1964) haben leider zu einer persönlichen Polemik (Mf. XVIII, S. 195 ff. u. 474 f.) geführt, ohne die Frage überzeugend zu klären. *Holschneiders* Urteil, daß «außer Mozart andere Musiker aus dem Swieten-Kreis, vor allem Joseph Haydn, der Autor sein» könnten, stützt sich auf die Annahme, daß *beide* Zyklen (K. 405 u. 404 a) nach einer bestimmten Abschrift des Bachschen Werkes aus der Bibliothek Gottfried van Swietens (derz. Baldwin Wallace College, Berea, Ohio, sign. M. 2. 1 M 5) gearbeitet worden seien. Das Werk Mozarts K. 404 a müsse daher unter die Werke zweifelhafter Echtheit verwiesen werden.

180 S. 305: Das Werk ist – wie K. 402 – als Sonatensatz für Violine und Klavier angelegt, jedoch nur 27½ Takte lang weitergeführt. Alles weitere der heute so bekannten Klavierfassung stammt von Abt Stadler. – Die *«kleine C-Dur-Fantasie»* für Klavier (K. 395) ist fälschlich als solche bezeichnet; in Wahrheit ein vermutlich noch in der Pariser Zeit, etwa Mitte Juli 1778, entstandenes Capriccio. Vgl. zu diesen Stücken *R. Haas:* «Mozarts kleinere Klavierfantasie in c-Moll, K. 396» im «Augsburger Mozartbuch», S. 422 ff., wo auch ein weiteres prachtvolles *Fragment in f-Moll* (K. 383 b), «Anfang einer Fantasie», mitgeteilt wird.

181 S. 306: *H. Engel* hat einen Zusammenhang des Eingangs der Fantasie mit dem Adagio aus Ph. E. Bachs Klavierkonzert Nr. 3 nachgewiesen (ZfMW XII, S. 242). Das Werk ist von Mozart seiner Schülerin *Therese von Trattner* gewidmet, der zweiten Gattin des Wiener Buchhändlers *Joh. Thomas v. Trattner.* Autograph und die Abschrift mit Mozarts eigenhändiger Widmung («Vienna, li 14 d'Ottobre 1784») und wertvollen autographen Bemerkungen im Text selbst sind leider verlorengegangen.

182 S. 307: Durch falsche Deutung eines Datierungsvermerks in Nannerl Mozarts Tagebuch, die dem Herausgeber der Mozart-Biographie Nissens, Dr. Feuerstein, zwei Jahre nach Nissens Tod (1828) unterlaufen sein dürfte, haben sich die falschen Daten über die Uraufführung der c-moll-Messe in Salzburg bis in unsere Zeit erhalten. Das Werk wurde am 23. Oktober 1783 im Kapellhaus probiert und am 26. Oktober in der Stiftskirche St. Peter aufgeführt. Die erst 1963 durch *Bauer-Deutsch* veröffentlichten Tagebuchaufzeichnungen von Mozarts Schwester über diese Zeit (*Mozart, Briefe und Aufzeichnungen*, Bd. III, S. 290) bestätigen die Mitwirkung Konstanzes: «den 23ten um 8 uhr in der Mess. in capelHaus bey der prob von der mess meines bruders, bey welcher meine schwägerin die Solo Singt...» und «den 26ten zu st peter in amt mein bruder sein amt gemacht worden, die ganze hofmusik war dabey.» – Welche seiner älteren Messen Mozart damals zur Ergänzung des Fragments herangezogen hat,

erfahren wir leider nicht. Auf Anregung und unter Mitarbeit *Ernst Lewickis* hat *Alois Schmitt* 1901 den ersten Rekonstruktionsversuch der Messe durch Ausarbeitung einiger, von Mozart nur skizzenhaft angelegter Teile im Credo, Neubildung des Agnus aus dem Kyrie (was alter Kirchengewohnheit durchaus entsprach), Ergänzung der Instrumentation durch Hinzufügung von Flöten und Klarinetten, Ausarbeitung der Orgelstimme u. a. unternommen und das Werk in dieser Fassung am 3. April 1901 in der Martin-Luther-Kirche zu Dresden aufgeführt. Später (1918 u. 1921) hat *Lewicki* noch einige Änderungen vorgenommen. So ist die Messe bei Breitkopf & Härtel erschienen und hat viele Aufführungen erlebt. 1956 hat *H. C. Robbins Landon* eine sehr korrekte Neufassung des Fragments mit kritischer Einleitung und Revisionsbericht bei Eulenburg herausgegeben. Die alljährlichen Gedenkaufführungen der Messe durch die Internationale Stiftung Mozarteum in der Peterskirche zur Festspielzeit ziehen zur Ergänzung des Fehlenden an Stelle der Schmittschen Fassung die komplementären Teile aus Mozarts *«Missa longa»* (K. 262) heran, was vielleicht auch Mozart bei der Uraufführung getan haben könnte. – Nach MJB III/1943, S. 166 findet sich unter den autogr. Skizzen der Bibl. nat. Paris (Ms. 241) eine angebliche *«zweite (frühere) Fassung des Benedictus»* der Messe (K. 427). Doch hätte schon der Text («Quoniam tu solus») den Herausgeber aufmerksam machen müssen, daß es sich hier um ein *«Gloria»-Fragment,* und dies bestimmt nicht aus der c-moll-Messe, handelt. Alle daran geknüpften Schlußfolgerungen werden damit gegenstandslos.

183 S. 307: Zu der Umformung des Kyrie und Gloria für die *Kantate «Davidde penitente»* (K. 469) «zur Societäts-Musique», d. h. in den zwei Konzerten für den Pensionsfond der Musikerwitwen im Burgtheater an den beiden genannten Tagen hat Mozart noch kurz vorher *zwei Arien* neu komponiert: «A te frà tanti affanni» für *Adamberger* und «Tra l'oscure ombre funeste» für die *Cavalieri.* – Da ein «Davidde il penitente» («David poenitens») von *Ferdinando Bertoni* (1725–1813) schon zehn Jahre früher (17. März 1775) an gleicher Stelle zu gleichem Zweck aufgeführt worden war und sechs Jahre später (11. März 1791) im Hofburgtheater ein geistliches Singspiel in vier Akten, «Il Davidde» von da Ponte, mit «ganz neuer Musik» als Beneficevorstellung für da Pontes Protégée, die Sängerin *Adriana Ferrarese,* in Szene ging, ist die Frage um die ursprünglichen und die von diesen abgeleiteten Textvorlagen und ihre Autoren wieder einigermaßen unsicher geworden.

184 S. 309: Gelegentliche (gute!) Aufführungen Händelscher Werke in Mozarts Bearbeitung sollten doch hin und wieder – trotz allen philologischen Bedenken – gewagt werden. Sie böten eine Fülle höchst reizvoller, genialer musikalischer Augenblicke. Vielleicht wird eine neue Generation, weniger belastet, unbefangener solche kleinen künstlerischen Wagnisse mit frischerem Mute aufnehmen!

185 S. 309: Daß als «Linzer-Symphonie» allenfalls auch die Symphonie in G-Dur (K. 444) in Betracht kommen könnte (vgl. *C. Preihs,* MJB III/1943, S. 79 mit Bezug auf *Köchel),* erledigt sich schon dadurch, daß dieses Werk im Hauptteil gar nicht von Mozart ist, wie eben im Text ausgeführt wurde. Weist nicht auch der oberösterreichisch-ländlerische Charakter des Menuetts auf Linz? – Zu den Symphonien K. 425, 388 und 319 vgl. ferner *F. Schnapp* in NMJb II/1942, S. 211 ff., wo die sechs Werke behandelt werden, die Mozart am 1. Oktober 1786 für den Fürsten Joseph Maria Benedikt von Fürstenberg nach Donaueschingen sandte, darunter die Stimmen der Symphonien K. 425, 338 u. 319.

186 S. 316: Die Zuweisung gerade *dieses* Konzertes an die *Paradis* ist allerdings nicht sichergestellt. «Ein herrliches Concert, das er für die Paradies nach Paris gemacht hat», schreibt Vater Leopold Mozart aus Wien an die Tochter am

14. November 1785. Als Mozart das Konzert vollendete (30. September 1784), befand sich die Künstlerin bereits auf ihrer großen westeuropäischen Reise, von der sie erst im Frühjahr 1786 wieder nach Wien zurückkehrte. Allerdings waren die Paradis, Maria Theresia und ihre Mutter, kurz nach Antritt dieser Reise, im August 1783, mit der ganzen Familie Mozart in Salzburg zusammengetroffen. Auch mit Wolfgang und Konstanze, die damals dort zu Besuch weilten. Wir haben dies erst durch die von *W. Hummel* veröffentlichten «Tagebuchblätter Nannerl Mozarts» (Salzburg 1958) erfahren («den 27ten ... md. paradies mit ihrer blinden tochter bey uns» ... den 28ten «... hernach beym Stern bey fr. v. paradis in der visite»). *Hermann Ullrich* (Festschrift der Mozart-Gemeinde Wien, Wien 1964) vermutet sehr richtig, daß die Künstlerin von der damaligen Anwesenheit Wolfgangs im Vaterhaus Kenntnis hatte und den Aufenthalt dazu benützen wollte, bei Vater Mozart, dem gewandten Reisemarschall, nützliche Winke einzuholen. Man würde nicht fehlgehen, wenn man annimmt, daß Wolfgang und die blinde Pianistin einander schon vor den Salzburger Tagen recht gut kannten. Wahrscheinlich habe man damals auch über ein Konzert gesprochen. Hat Mozart der Künstlerin das Konzert nach Paris nachgeschickt, das sie Ende Oktober 1784 verließ, um nach London zu reisen? In Paris hat sie nachweisbar kein Konzert von Mozart gespielt, wohl aber solche ihres Lehrers *Koželuch*. Ob sie ein Mozart-Konzert in London spielte, wissen wir nicht. Merkwürdig bleibt also, daß die Paradis das für sie komponierte Konzert, mag es nun jenes in B (K. 456) gewesen sein oder ein anderes, weder in Paris noch in London nachweisbar gespielt hat. Sie habe es vorgezogen, Konzerte *Leopold Koželuchs* vorzutragen *(H. Ullrich)*. Merkwürdig bleibt auch, daß sie auch zu Wien, nach ihrer Rückkehr von der großen Reise, soweit nachweisbar, nur immer diese Konzerte oder eigene, aber keine von Mozart spielte. Somit bleibt also die Widmung unseres Konzerts K. 456 – trotz manchen positiven Stimmen – ebenso im Dunkel wie die späteren künstlerischen Beziehungen Mozarts zu dem hochbegabten, ihr Schicksal großartig beherrschenden, vielleicht aber doch höchst eigenwilligen und seltsamen Mädchen. Daß die Gestimmtheit Koželuchs Mozart gegenüber gewiß nicht wohlwollend war, muß hier auch noch in Rechnung gezogen werden. Die Tatsache des Konzerts ist beglückender als alles, was wir über jene Umstände noch erfahren können.

187 S. 318: Zu einem großen Teil der Klavierkonzerte (K. 175, 238, 246, 271, 365, 382, 413, 414, 415, 449, 450, 451, 453, 456, 459, 488 und 595) haben sich Kadenzen von Mozarts Hand erhalten. Sie sind, ihrer Bestimmung entsprechend, verschieden in Anlage und Ansprüchen. Der größte Teil dieser Kadenzen ist unter K. 624 in Serie XXII, Nr. 18 der Gesamtausgabe gesammelt. Dazu gehört noch eine Reihe handschriftlicher Kadenzen im Benediktinerstift St. Peter zu Salzburg (MM II, S. 91 ff. – in K.³ und K.⁶ unter 626 a den anderen Kadenzen beigefügt). In allen Fällen eignen sich die Mozartschen Originalkadenzen auch heute besser zum praktischen Gebrauch als so manches Machwerk komponierenden Virtuosenehrgeizes. – Bei dieser Gelegenheit sei auf die prächtigen Kadenzen in den Mozartschen Klaviervariationen hingewiesen.

188 S. 318: 1. K. 455: Zehn Variationen über «Unser dummer Pöbel meint» aus Glucks «Pilgrimen von Mekka», August 1784; 2. K. 460: Acht Variationen über Sartis «Come un'agnello» aus dessen Oper «Fra due litiganti il terzo gode», Juni 1784; 3. K. 500: Zwölf Variationen, B-Dur über ein Allegretto, September 1786, und 4. K. 501: Andante, G-Dur mit fünf Variationen für Klavier zu vier Händen, November 1786.

189 S. 318: Ein von Mozart zwar vollständig entworfenes, jedoch nicht völlig

ausgeführtes «Rondeau» *für Horn* mit *Orchesterbegleitung* (K. 371, Wien, 21. 3. 1781) hat der Verfasser ergänzt und bei der U. E. Wien herausgegeben. Es stellt zweifellos den Schlußsatz für ein weiteres Hornkonzert in Es-Dur vor, von dessen erstem Satz sich mehrere, in der Welt zerstreute Skizzenblätter (K. 370 b) erhalten haben.

190 S. 319: Ergänzend sind an dieser Stelle noch die zwei Einlagen zu erwähnen, die Mozart im März 1786 für die Wiener Dilettantenaufführung seines «Idomeneo» schrieb: Ein *Duett für Sopran und Tenor:* «Spiegarti, oh Dio» (K. 489) für Frau von Pufendorf und Baron Pulini, und eine *Szene des Idamante mit Solovioline:* «Non più, tutto ascoltai» (K. 490) für Pulini und den Grafen August von Hatzfeld. Dieser, ein glänzender Amateurgeiger und mit Mozart befreundet, starb 1787, erst einundvierzigjährig. Mozarts Quartette soll er mit prächtigem musikalischem Erfassen gespielt haben.

191 S. 320: Ein zweites *Bläserquintett für Klavier, Oboe, Klarinette, Bassetthorn und Fagott* (K. 452 a) ist leider nicht über den Anfang hinaus gediehen.

192 S. 321: *Regina Strinasacchi*, geboren am 1. März 1761 zu Ostiglia bei Mantua, gest. am 11. Juni 1839 zu Dresden, Schülerin des Conservatorio della Pietà zu Venedig, erregte als virtuose Geigerin schon früh in Rom, Neapel, Florenz und Paris großes Aufsehen. In Gotha heiratete sie 1785 den Violoncellovirtuosen *Joh. Conr. Schlick.* 1784 war sie zum erstenmal nach Wien gekommen. Von hier schreibt Mozart an den Vater nach Salzburg (24. April 1784): «Hier haben wir nun die berühmte Mantuanierin Strinasacchi, eine sehr gute Violinspielerin; sie hat sehr viel Geschmack und Empfindung in ihrem Spiele. – Ich schreibe eben an einer Sonate, welche wir Donnerstag im Theater bey ihrer Akademie zusammen spielen werden.» Dazu erfahren wir noch Anregendes aus einem Brief Vater Leopolds an die Tochter nach St. Gilgen (7. Dezember 1785), als die Künstlerin in einer Salzburger Akademie gespielt hatte: «Mir tut es leid, daß Du dieses nicht große, artige, etwa 23 Jahre alte, nicht schandliche (!), sehr geschickte Frauenzimmer nicht gehört hast. Sie spielt keine Note ohne Empfindung – sogar bei der Synfonie spielte sie alles mit Expression – und ihr Adagio kann kein Mensch mit mehr Empfindung und rührender spielen als sie; ihr ganzes Herz und Seele ist bey der Melodie, die sie vorträgt. Und eben so schön ist ihr Ton, und auch Kraft des Tones. Überhaupts finde, daß ein Frauenzimmer, die Talent hat, mehr mit Ausdruck spielt, als eine Mannsperson. NB: sie ist die nämliche Strinasacchi, bey deren Akademie Dein Bruder in Wien nicht nur ein Konzert spielte, sondern ihr ein *Duetto* zu eben dieser Akademie komponierte, mit Cembalo und Violine, und zwar das nämliche, so Dir mitgebracht habe, das Toricella graviert hat und Deines Mannes Favorit ist ... Herr Schlick, ein in Sachsengothaischen Diensten stehender vortrefflicher Violoncellist, der auch komponiert, nahm sie vor ein paar Monaten zur Frau. Und nun reisen sie über Regenspurg nach Hause ... Sie hörten meinen Namen, und dann war Bekanntschaft schon gemacht.» – Die hübsche Legende von der noch nicht vollendeten Niederschrift bei der Wiener Akademie, der Kaiser Joseph II. beiwohnte, wird durch das in Stockholm aufbewahrte Autograph bestätigt: «Die Violinstimme ist mit blasser Tinte geschrieben, die Klavierstimme offenbar später; denn der Raum zwischen den Taktstrichen reicht oft nicht aus, um für die einzutragenden Noten des Klaviers Platz zu gewinnen, so daß die Taktstriche öfter ausgebuchtet werden mußten» (K.[6], S. 492). – *A. Orel*, «Mozartiana in Schweden» (Acta Moz. 1959, H. 1).

193 S. 324: Vgl. *Wiener Liedmusik* 1778–1792, herausg. von I. Schaeffenberg in den D. T. Ö. XXVII/2 und *Abert II*, S. 250 ff.

[194] S. 325: Daß Mozart das Gedicht «Veilchen» aus *I. A. Steffans* «Sammlung deutscher Lieder» (Wien 1778) kennengelernt haben soll, ist trotz Ähnlichkeiten der beiden Kompositionen zweifelhaft. Bei Steffan ist als Dichter des Liedes Gleim genannt, das Autograph trägt aber, vielleicht wirklich von Mozarts Hand, die Überschrift: «Das Veilchen. vom Goethe.»

[195] S. 326: Der Vollständigkeit halber seien noch die folgenden deutschen Lieder Mozarts erwähnt: *«Des kleinen Friedrich Geburtstag»* (K. 529, November 1787), *»Die kleine Spinnerin»* (K. 531, Dezember 1787), *«Ich möchte wohl der Kaiser sein»* («Ein deutsches Kriegslied», K. 539), mit Orchester am 7. März 1788 anläßlich des Türkenkrieges von dem Komiker Friedrich Baumann im Leopoldstädter Theater vorgetragen, *«Beim Auszug ins Feld»* (K. 552, August 1788), ein Lied ähnlicher Art, *«Im Frühlings Anfang»* (K. 597) und *«Das Kinderspiel»* (K. 598). Zwei Lieder, *«Wie unglücklich bin ich nit»* (K. 147) und *«O heiliges Band»* (K. 148), gehören noch in die Salzburger Zeit um 1772. – Die Gesamtausgabe enthält 34 authentische Lieder. Die Zahl der Mozart auf diesem Gebiet unterschobenen Kompositionen ist sehr groß. Das bekannteste Beispiel dafür ist das *«Wiegenlied»* (K. 350 = Anh. 284 f.) «Schlafe, mein Prinzchen». Der Komponist dieses vielgesungenen Liedchens, dessen Text von *Friedr. Wilh. Gotter* stammt, ist *Bernhard Flies,* wie *M. Friedländer* erst in neuerer Zeit durch Entdeckung eines höchst seltenen Berliner Musikdrucks (um 1795) in der Hamburger Stadtbibliothek feststellen konnte. Dieser Druck trägt die Überschrift «Wiegenlied von Gotter, in Musik gesetzt von Flies. Zu haben bei Böheim, Berlin, gedruckt bey G. F. Starke». Seltsamerweise ist der Irrtum, der noch im 35. Jahresbericht der I. Stiftg. Mozarteum (1915) durch Joh. Ev. Engl eine Bestätigung findet, durch Konstanze Mozart in die Welt gegangen, die am 25. Oktober 1825 an den Verleger André schrieb: «In Abschrift. – Ein Wiegenlied in 3 Strophen ... Ganz allerliebst, mehrfach kenntlich mozartisch, naiv, launig. Ich muß hinzusetzen, daß die Schwester von dem Liede Nichts weiß. Aber hier passiert es lange Jahre für Mozarts Arbeit ... Es muß aus seinen Jünglingsjahren seyn, weil er es nicht in Wien gemacht hat» *(Bauer-Deutsch,* Bd. IV, S. 471 f.). Nach dem Tode Nissens schickte sie dann (im November 1828) eine «Ersatzkomposition» an Dr. Feuerstein, den Herausgeber der Mozart-Biographie Nissens. Trotzdem ist das Lied nachträglich im Anhang zu dieser Biographie (S. 20) mit dem obigen Kommentar Konstanzes als «Beylage» erschienen. Es erscheint noch als echt im Revisionsbericht *G. Nottebohms* (Ser. VII, Nr. 12, S. 3 – 1889) mit einem Versuch, den «schlecht declamierten» Text zu verbessern. – Die Weise des Kinderliedes «Komm, lieber Mai» (K. 596) ist zum Hauptthema im Finale von Mozarts letztem *Klavierkonzert in B-Dur* (K. 595) geworden.

[196] S. 326: Mit Begleitung von 3 Bassetthörnern (resp. von 2 Klarinetten und 1 Bassetthorn, K. 437): «Luci care, luci belle» (K. 346), «Ecco quel fiero istante» (K. 436), «Mi lagnero tacendo» (K. 437), «Se lontan ben mio tu sei» (K. 438), «Due pupille amabile» (K. 439), «Più non si trovano» (K. 459). Diese reizenden «Notturni» stellen Musterbeispiele einer beim Wiener Publikum beliebten Gattung dar. *Neuausgabe dieser «Geselligen Lieder»* und einiger dreistimmiger Kanons (Auswahl) durch den Verfasser im «Bärenreiter-Verlag», Kassel. (Ähnliche Kompositionen von Angrisani, Danzi, Salieri, Sterkel u. a.) Sie stammen wirklich von Mozart und nicht, wie selbst Konstanze nachträglich meinte, von dem 1783 erst sechzehnjährigen Gottfried v. Jacquin. Auch die Lieder «Erzeugt von heißer Phantasie» (K. 520) und «Das Traumbild» (K. 530) waren unter Jacquins Namen verbreitet (Zeitgenöss. Wiener Abschriften: Florenz Ist. Mus. D 601 u. a. O.). (Zu den Kanzonetten vgl. *Hedwig Kraus,* «W. A. Mozart und die Fa-

milie Jacquin», in ZfMW XV, S. 155 ff. An dieser Stelle kommen auch K. 346, 438 und 439 zum Erstabdruck.) Gottfried v. Jacquin ist jung, bald nach Mozart, an der Schwindsucht 1792 gestorben.

197 S. 327: Besetzung: Klarinette, Viola und Klavier. Die Viola wahrscheinlich zu Mozarts persönlichem Gebrauch. In diesem Zusammenhang – vielleicht auch für den Jacquinschen Kreis geschrieben – seien die hübschen *5 Divertimenti für 2 Klarinetten und Fagott* (K. Anh. 229 und 229 a) (neu herausg. von *E. Lewicki*) und die *12 Duos für 2 Waldhörner* (nicht Bassetthörner!) (K. 487, «Di Wolfgang Amadé Mozart in Wien, den 27. Jullius untern Kegelscheiben») erwähnt. Die Vorbemerkung *Waldersees* zur Ausgabe dieser zwölf Duette (WAM, Ser. 24, 58): «Von allen Hörnerarten können einzig und allein die Bassetthörner den uns vorliegenden Notensatz ausführen», ist vollkommen abwegig. Es liegt hier im Gegenteil ein ausgezeichneter «Satz» für das *Waldhorn* vor, den ein halbwegs geübter Spieler auch heute noch (auf einem F-Horn!) ohne Ventile zu blasen imstande ist. Ja, diese Duette sind neben den Hornkonzerten geradezu ein Musterbeispiel für Mozarts Erfahrung und besondere Kunst in der virtuosen Ausnützung aller Gegebenheiten für das Naturhorn seiner Zeit. Sie dürfen auch nicht, *Deiters* folgend, mit den in Leopold Mozarts Verzeichnis (S. XXVI) angeführten «Stücken für 2 Corni di Baßetto» (s. *Abert* II, 1048) identifiziert werden. Diese Stücke müssen als verloren gelten.

198 S. 328: Als begleitende Besetzung für dieses Fragment (K. 532 «La Libertà a Nice») war vorgesehen: 1 Flöte, 2 Klarinetten, 2 Hörner, 2 Fagotte und Baß. *Michael Kelly* hat seine eigene Melodie, die mit der von Mozart «variierten» ziemlich übereinstimmt, später in einer Fassung für 2 Soprane mit Klavierbegleitung drucken lassen und als Kompositionsjahr dabei 1787 angegeben.

199 S. 328: In einem Brief an Breitkopf berichtet Konstanze (25. Mai 1799), sie habe Beethoven gebeten, «zu dem Pendant des Bandl-Terzetts den Baß zu setzen», es sei «für vier Stimmen (meinen Mann und mich und zwey Freunde), aber nur in Gesang gesetzt». Beethoven scheint ihr jenen Wunsch jedoch nicht erfüllt zu haben.

200 S. 328: Unter den echten sind folgende Kanons anzuführen: *Zweistimmig:* Kanonisches Adagio für 2 Bassetthörner und Fagott (K. 410). (Die Stimme des Fagotts ist Begleitstimme. Der vokale Text «Laßt immer» ist aller Wahrscheinlichkeit nach unterlegt.) – *Dreistimmig:* «Nichts labt mich mehr» (K. 233), «Heiterkeit und leichtes Blut» (K. 507), «Auf das Wohl aller Freunde» (K. 508), «Difficile lectu» (K. 599) und «Caro bell' idol mio» (K. 562). – *Vierstimmig:* «Wer nicht liebt» (= «Lieber Freistädtler», K. 232), «Alleluja» (K. 553), «Ave Maria» (K. 554), «Lacrimoso» (K. 555), «G'rechtel's enk» (K. 556), «Nascoso» (K. 557), «Gehn ma in'n Prada» (K. 558), «O du eselhafter Peierl» (K. 560) und «Bona nox» (K. 561). – *Sechsstimmig:* «Laßt uns froh sein» (K. 231). – *Zwölfstimmig* (3 vierstimmige Chöre): «V'amo di core» (K. 348). Die Kanons K. 231 und 233 haben in der alten Gesamtausgabe einen dezenten Text unterlegt erhalten. Auch zu K. 507 und 508 (ursprünglich ohne Text) wurde später ein solcher gesetzt. – K. 554 bis 562 sind in Mozarts thematischem Verzeichnisse alle mit dem 2. September 1788 datiert. Die Annahme, Mozart hätte sie alle an diesem «berühmten Kanontage» komponiert, ist natürlich Legende. Mozart hat damals nur Zusammengehöriges aus verschiedener Zeit auf einem Blatt vereinigt.

201 S. 329: Allgem. Mus.-Zeitung III, S. 550 ff. – Die Berichte des Don-Giovanni-Übersetzers, *Friedr. Rochlitz,* sind mit Vorsicht aufzunehmen. Was er über Mozart berichtet, ist manchmal so «unmozartisch» als nur möglich. Dazu gehört insbesondere der von ihm veröffentlichte «Brief Mozarts an van Swieten von 1789»,

eine durchsichtige Fälschung: der «österreichische Ton», Sprache und Gedankengang, gründlich mißglückt, das Ganze nicht einmal als «Interview» annehmbar. Die vorliegende Erzählung klingt wahrscheinlicher.

202 S. 334: Die Arien «Vorrei spiegarvi» und «No, no che non sei capace» für Aloysia Lange und die Arie «Per pietà non ricercate» für Adamberger. Das Quartett und das Terzett für Bianchis *«Villanella rapita»* (K. 479 und 480), *«Dite almeno, in che mancai»* und *«Mandina amabile»* wurden am 5. und 28. November für die Sängerin Celeste Coltellini und die Sänger Calvesi, Mandini und Bussani komponiert. Das Terzett ist stimmungsverwandt mit dem Duettino «Là ci darem la mano» aus dem «Don Giovanni». Es ist interessant, an der Hand dieser «Einlagen» festzustellen, wie Mozarts sich immer festigende Vertrautheit mit der Gattung ihrer Vollendung im «Figaro» und in seinen späteren dramatischen Meisterwerken entgegenwächst.

203 S. 335: Versuche einer Neubearbeitung der *«Oca del Cairo»* von Victor Wilder (Paris 1867) und von Virgilio Mortari (Salzburg 1936), des *«Sposo deluso»* von A. Schremmer und L. Kusche (Gotha 1929).

204 S. 337: Vgl. *Komorzynski*, *«Emanuel Schikaneder»* (Berlin 1901) und *«Der neueste Stand der Zauberflötenfrage»* im Altwiener Kalender des Amaltheaverlages (Wien 1926).

205 S. 338: Beide Libretti, Stephanies «Schauspieldirektor» und der fein geschliffene Text Castis, «Prima la musica e poi le parole», kommen der Neugier des Publikums entgegen, hinter die Kulissen zu sehen und ein wenig von der geheimnisvollen Theaterluft zu schmecken, einer Neugier, die wohl so alt ist wie das Theater selbst. Die Blütezeit der italienischen Oper im Settecento hat unzählige solcher Parodien ihres eigenen Betriebs produziert, literarisch das prachtvolle «Teatro alla moda» von Benedetto Marcello, szenisch den hübschen «Impresario delle Smirne» von Carlo Goldoni, ein Lustspiel, den «Impresario delle Canarie», ein musikalisches «Intermezzo» von Metastasio, Calzabigis «Opera seria» und das «Capriccio» von Giuseppe Bertati, dem Verfasser eines auch für Mozart grundlegenden Don-Giovanni-Librettos, um nur die wichtigsten dieser Arbeiten zu nennen. Aus der im Titel ausgedrückten Idee Castis, «Erst die Musik, dann die Worte», aus dem Titel Bertatis, «Farsa», ist dann in freier dichterischer Weiterbildung die Oper «Capriccio» von Richard Strauss entstanden. Ursprünglich stand das «Capriccio» Bertatis als Rahmenspiel vor seinem für den Komponisten *Gazzaniga* als Einakter entworfenen Don-Giovanni-Spiel «Il Convitato di pietra». – In der von Mozart vertonten «Komödie» waren der Textdichter Stephanie d. J. und die Schauspieler Brockmann, Lange und Weidman sowie die Schauspielerinnen Sacco, Adamberger und Stephanie beschäftigt, als Sängerinnen wirkten die Damen Lange und Cavalieri und der Tenor Adamberger mit. Über die «Orangerie» und die Festveranstaltung gibt *O. E. Deutschs* Artikel «Mozart und die Schönbrunner Orangerie» (Öst. Musikzeitschrift, IX. Jg., Heft 2, Februar 1954) genaue Auskunft.

206 S. 342: Die beste deutsche Neuausgabe der «Denkwürdigkeiten» *da Pontes* in 3 Bänden mit wertvollen Anmerkungen von *Gustav Gugitz* (Paul Aretz Verlag, Dresden 1924).

207 S. 342: Richard Wagners Ausspruch, Mozart wäre mit «unbesorgter Wahllosigkeit» an seine dramatischen Arbeiten gegangen und hätte sich «mit größter Unbefangenheit» an die Komposition jedes ihm aufgegebenen Operntextes gemacht (Oper und Drama, III. Aufl., S. 246), beweist nur, wie ferne das Genie des 19. Jahrhunderts einer Erkenntnis des 18. Jahrhunderts, namentlich aber Mozarts Opernästhetik, gestanden. – Es bleibt vielleicht die Tatsache bedauerlich,

daß Mozart mit da Pontes Wiener Rivalen, dem als Dichter bedeutenderen G. B. Casti, niemals in fruchtbare Verbindung getreten ist. Doch wäre wahrscheinlich kein «Figaro» und kein «Don Giovanni» aus dieser Verbindung entwachsen.

208 S. 347: Es ist bezeichnend, daß die neuere Mozartforschung gerade beim «Figaro» mit interessanten Untersuchungen einsetzt, die in bisher noch unerschlossene Gebiete führen. Vgl. dazu u. a.: *E. Schenk:* «Zur Tonsymbolik in Mozarts ‹Figaro›», NMJb I/1941, S. 1941 ff.: Es liege durchaus in der Entwicklungsrichtung nach dem «Barockerlebnis seit 1782», wenn Mozart im «Figaro» zu Charakterisierungszwecken die *Typenvariationen* heranziehe, die sich über Bach, Händel, den deutschen und italienischen Mittelbarock, über die frühbarocke Variationssuite bis ins frühe 16. Jahrhundert zurückverfolgen ließen. Doch diene Mozart das «Leitmotiv» – das sich außerdem durch die fehlende Konstanz von der Leitmotivtechnik Wagners unterscheide – nicht als Symbol der Person selbst, vielmehr als das der sie beherrschenden Affekte bzw. Charaktereigenschaften. «Durch Wiederkehr der verschiedenen Varianten eines als Personalsymbol zu wertenden Melodietypus werden die seelischen Triebkräfte klargemacht, die Tun und Handeln der einzelnen Personen bestimmen. So gelingt Mozart der bisher letzte Ausgleich zwischen ratio und Gefühl.» – Diesen Gedankengängen folgt *E. Graf:* «Das ‹Leitmotiv› des Cherubin» (NMJb II/1942, S. 201 ff.). – Vgl. ferner: *Kl. Jungk:* Tonbildliches und Tonsymbolisches in Mozarts Opern (Diss. Berlin 1939), und *H. Joerges:* Das Klangsymbol des Todes im dramatischen Werk Mozarts (Wolfenbüttel-Berlin 1937) – vor allem: *Thras. Georgiades:* Aus der Musiksprache des Mozart-Theaters, MJB 1950, S. 76 ff.

209 S. 349: Mozart schrieb die Partie der Susanna für Nancy Storace, deren künstlerische Erscheinung ihm bei der Gartenarie eindrucksvoll vorschwebte. Daß er sich mit diesem Stücke besondere Mühe gab, beweist der kunstvolle Organismus der Arie in der scheinbar einfachsten Fassung, wie die für Mozart ungewöhnliche Zahl von Skizzen, die dazu erhalten sind. Über Sinn und Absicht der *«Garten»- oder «Rosenarie»* (Nr. 27) ist viel geschrieben worden. Die Deutung *O. Jahns:* «Sehnsucht der Braut nach dem geliebten Manne mit der größten Zartheit und Innigkeit in reinster Schönheit ausgesprochen», wiederholt *Abert* als «echte Stimme ihres Herzens». Die Arie als «Parodie» anzusehen, wie es *H. Kretzschmar* (1905) mit Berufung auf die Worte des Rezitativs tut, geht wohl zu weit. Willkürlich, unrichtig und unbeweisbar dazu seine Behauptung: «Wenn Mozart von echter Liebe singen will, so tut er es nicht in Melodien, die auf Akkord-Intervalle hinauslaufen. Dies hier ist absichtliche Armut und Banalität» (!). Glaubhafter die Feststellung *S. Anheißers* (Köln. Zeitung 1931, Nr. 559 und 573, und ZfMW XV/7, S. 301 ff.), daß dem Text von Rezitativ und Arie ein Doppelsinn zugrunde liegt: «Susanne drückt sich so aus, daß ihre Worte sowohl auf den lauschenden Figaro wie auf den zu erwartenden Grafen passen. Sie treibt mit Figaro ein allerliebstes Katzmausspiel.» Der lauschende Figaro soll glauben, die Arie gelte dem Grafen, während sie genausogut auf Figaro paßt. Denselben Doppelsinn – nur etwas vergröbert – verrät ein *«Scena con Rondo»* überschriebener Entwurf *«Non tardar amato bene»* in E-Dur (veröffentlicht von *A. Ebert* in MBM 1910, 8. Heft), an dessen Stelle später die Gartenarie getreten sei. *Anheißer* meint, obwohl die Gartenarie «eigentlicher Gefühlstiefe» entbehre (!), mische sie in unnachahmlichem Doppelspiele Scherz und Ernst und löse beide in Wohlklang auf. Was aber ist jener bewegte Mozartsche Wohlklang anderes, als in Musik gelöstes Gefühl? Eine Ansicht *Straßers,* die Gartenarie sei ursprünglich der Gräfin zugeteilt gewesen, was dramaturgisch begründet wird,

später aber habe sich die Umstellung durch Sängerintrigen – die Primadonna Susanna-Storace habe ihr Recht auf eine Arie im letzten Akte geltend gemacht – erst ergeben, hat manches für sich. Nur ist aber der Charakter des Stückes von allem Anfang an von der Erscheinung und Stimme der Storace schwer zu trennen. Als der «Figaro», drei Jahre nach der Uraufführung, 1789, wieder ins Wiener Repertoire eingestellt wurde, sang die Cavalieri die Gräfin, die Susanna wurde von der Freundin da Pontes, Adriana Ferrarese del Bene, übernommen. Mozart hielt nicht viel von ihr. Begreiflich, daß er dieser jeder Naivität baren Stimmkanone die Storace-Arie nicht gerne anvertrauen wollte. Die Ferrarese erreichte daher leicht die Komposition einer anderen, textlich hochtrabenden, gesanglich anspruchsvollen, pathetisch akzentuierten *Arie, «Al desio di chi t'adora»* (K. 577). Diese Arie, instrumental mit Bassetthörnern ausgestattet, die sonst nicht im «Figaro» verwendet sind, bedeutet eine ähnliche Aufopferung Mozarts für die Gurgel der Ferrarese, wie seinerzeit die «Marternarie» für die Cavalieri. Nicht so bedeutend wie diese und dramaturgisch fehl am Ort, hat sie die «Gartenarie» niemals zu verdrängen vermocht. Eine Partitur von Wiener Kopistenhand im Istituto musicale in Florenz (A 262) gibt die zweite Wiener Fassung genau wieder. Sie beweist, daß die *Ariette Susannas, «Un moto di gioja»* (K. 579), niemals an Stelle der Gartenarie gestanden ist, sondern merkwürdigerweise an Stelle der jene Ariette dramaturgisch und musikalisch weit übertreffenden *Arie «Venite, inginocchiatevi»* (Nr. 12) im II. Akt Verwendung fand. Ferner: *W. Meckbach:* Susannens Gartenarie in Mozarts Figaro, Allgem. Musikzeitung 1935, Nr. 34.

210 S. 349: Ein prachtvolles, mit Mozarts hs. Vermerk «Benucci» versehenes, also für diesen vermutlich zu Konzertzwecken bestimmtes *Accompagnato* zu dieser Arie (erstmals von *A. Einstein* beschrieben) in der Bibliothek des Conservatorio Cherubini (Ist. mus.) zu Florenz.

211 S. 350: Es muß wohl beachtet werden, wie «konzentriert» die Arienform – dem üblichen Typus gegenüber – nunmehr bei Mozart erscheint, «konzentriert» in formeller und symphonischer Hinsicht, dafür von innerer Belebtheit und Variabilität ohnegleichen! Die *Cavatine* ist jetzt, freilich mit durchaus neuer Bedeutsamkeit, die Hauptform des Mozartschen Musiktheaters geworden, insbesondere in den Arien der Hauptdarsteller, während bezeichnenderweise die Arien der Nebenpersonen auch formell gerne noch den älteren Arienstil zu wahren trachten. – Für die entzückende *«Canzone» Cherubinos* im 2. Akt (Nr. 11):

«Voi che sapete
Che cosa è amor,
Donne, vedete
S'io l'ho nel cor» ... usw.

hat unser *da Ponte* freilich eine kleine Anleihe bei seinem Rivalen *Casti* aus dessen Libretto zu *Paisiellos* «Rè Teodoro» gemacht. Hier singt *Lisetta* (I. Akt, Szene 4):

«O giovinette innamorate,
Deh mi spiegate
Che cosa è amor,
Se sia diletto,
Se sia martire;
Io ben capire
Non posso ancor» ... usw.

212 S. 355: Der Aktschluß stammt von da Ponte. Beaumarchais hatte der erregten Szene noch das Gespräch Susanna–Gräfin über das Stelldichein im Garten folgen lassen. Da Ponte hat diese Szene in den dritten Akt verlegt.

[213] S. 355: Gluck hat schon 1761 dieselbe Melodie in seinem Ballett «Don Juan» verwendet.

[214] S. 358: Zu *Mozarts Orchester: Fr. Bayer:* «Über den Gebrauch der Instrumente in den Kirchen- und Instrumentalwerken von Mozart» (St. z. Mw., XIV). – *V. Zuckerkandl:* «Prinzipien und Methoden der Instrumentation in Mozarts dramatischen Werken (Diss., Wien 1927). – *Osk. Kaul:* «Zur Instrumentation Mozarts» (Mozart-Kgr.-Ber. 1932). – *Carl Thieme:* «Der Klangstil des Mozartorchesters (Diss., Leipzig 1936).

[215] S. 359: Die nächste Wiener Aufführung fand erst wieder am 29. August 1789 statt. – Eine bisher unbekannte Besprechung der Uraufführung in der «Wiener Realzeitung» vom 11. Juli 1786 veröffentlicht *Christopher Raeburn* in dem Artikel «Figaro in Wien» (Öst. Musik-Zeitschrift, 12. Jg., 1957, Heft 7/8, S. 276 f.): «Montags den 1ten May wurde in dem k. k. National-Hof-Theater aufgeführt: (zum erstenmal) *Le Nozze di Figaro. Die Hochzeit des Figaro.* Ein *italienisches Singspiel* in vier Aufzügen. Die Musik ist vom Hrn. Kapellmeister *Mozart.*

‹Was in unsern Zeiten nicht *erlaubt ist,* gesagt zu werden, wird gesungen.› Könnte man nach *Figaro* (Im Barbier von Seviglia) sagen. Dieses Stück, das man in *Paris* verbothen, und hier als *Komödie* sowohl in einer schlechten als in einer guten Übersetzung aufzuführen nicht erlaubt hat, waren wir endlich so glücklich als *Oper* vorgestellet zu sehen. Man sieht, daß wir besser daran sind als die Franzosen.

Die Musik des Herrn *Mozart* wurde schon bey der ersten Vorstellung von Kennern allgemein bewundert, nur nehme ich diejenigen aus, deren Eigenliebe und Stolz es nicht zuläßt, etwas gut zu finden, was sie nicht selbst verfaßt haben. Das *Publikum* zwar (und dem Publikum begegnet dieses oft) wußte am ersten Tage nicht eigentlich, wie es daran war. Es hörte manches *Bravo* von unpartheiischen Kennern, aber ungestüme Bengel im obersten Stockwerke strengten ihre gedungenen Lungen nach Kräften an, um mit ihrem *St!* und *Pst!* Sänger und Zuhörer zu betäuben; und folglich waren mit Ende des Stückes die Meinungen getheilt.

Überdies hat es seine Richtigkeit, daß die erste Aufführung, weil die Komposition sehr schwer ist, nicht am besten von statten ging.

Itzt aber nach wiederholten Vorstellungen würde man sich offenbar entweder zur *Kabale* oder *Geschmacklosigkeit* bekennen, wenn man eine andere Meinung behaupten wollte, als daß die Musik des Hrn. *Mozart* ein Meisterstück der Kunst sey.

Sie enthält so viele Schönheiten, und einen solchen Reichtum von Gedanken, die nur aus der Quelle eines angebohrenen Genie's geschöpft werden können.

Einige Zeitungsschreiber beliebten zu erzählen, Herrn Mozarts Oper habe ganz und gar nicht gefallen. Es läßt sich errathen, von welcher Art Korrespondenten seyn müssen, die dergleichen offenbare Lügen in den Tag hineinschreiben. Ich glaube, es ist genugsam bekannt, daß eben die dritte Vorstellung dieser Oper und die in selber so häufig anverlangten Wiederholungen die Ursache waren, warum einige Tage darauf auf allerhöchstem Befehl öffentlich bekannt gemacht wurde: es sey in Hinkunft verbothen, in den Singspielen kein Stück mehr, das aus mehr als einer Stimme besteht, wiederholen zu lassen.»

[216] S. 360: Daß Mozart einmal selbst den Versuch unternommen habe, seinem «Don Giovanni» einen deutschen Text zu unterlegen, ist eine Mystifikation des phantasievollen Johann Peter Lyser (1803–1870), der ein solches Fragment angeblich vom Originale abschrieb. Der unecht österreichische Ton jenes Übersetzungsfragmentes verrät sich sofort.

[217] S. 360: Der Wiener Uraufführung (1786) folgten: Prag (Dezember 1786), Monza (1787, der 3. und 4. Akt von Angelo Tarchi!), Donaueschingen 1787 (in deutscher Sprache!), Florenz, Frankfurt am Main und Leipzig (1788), Bonn und Passau (1789), Stuttgart, Mannheim und Berlin (1790). Doch drang der «Figaro» als Repertoirestück in Deutschland erst nach dem ungeheuren Erfolge der «Zauberflöte» im letzten Jahrzehnt des Jahrhunderts überall durch. Ein Versuch, das Werk in Paris (1793) mit der Prosa des Beaumarchais statt der Seccos auf dem Spielplane zu halten, mißlang, weitere Aufführungen folgten dort 1802 und 1807, der andauernde Erfolg stellte sich erst nach einer französischen Bearbeitung 1853 ein.

[218] S. 360: Im Jahr der Uraufführung 1786 erschien die erste deutsche Übersetzung von Kurzbeck, 1787 die deutsche Übersetzung für das Fürstlich Fürstenbergische Hoftheater in Donaueschingen, 1790 eine gleichfalls anonyme Übersetzung für Berlin, im gleichen Jahre Vulpius, 1791 Knigge, 1792 K. L. Gieseke, der angebliche Mitautor des Zauberflötentextes, 1798 eine anonyme Übersetzung «für das kaiserliche Hoftheater in Wien – Mit Beybehaltung (!) der Musik von Mozart», 1847 Devrient, 1858 Kugler, 1874 Carl Niese, um 1880 Schletterer, 1899 Hermann Levi, 1906 Max Kalbeck, 1930 Siegfried Anheißer.

[219] S. 362: O. *Bacher*, «Geschichte der Frankfurter Oper im 18. Jahrhundert»: «Archiv f. Frankf. Geschichte u. Kunst».

[220] S. 363: Anfangs April 1788 kündigt Mozart die beiden *Quintette* mit noch einem dritten Quintett (= die *eigene* Bearbeitung der achtstimmigen *c-moll-Bläserserenade* [K. 388] von 1782 für *Streichquintett K. 406)* in der «Wiener Zeitung» mit folgenden Worten an: «Musikalische Nachricht. Drei neue Quintetten à 2 Violini, 2 Viola e Violoncello, welche ich. schön und korrekt geschrieben, auf Subscripzion anbiete. Der Preis der Subscripzion ist 4 Ducaten zu 18 fl Wiener Kurent. – Die Subscripzions-Billets sind täglich bei Herrn Puchberg in der Sallinzischen Niederlagshandlung am hohen Markt zu haben, allwo vom 1. Julius an auch das Werk selbst zu haben sein wird. Ausländische Liebhaber ersuche ich, ihre Bestellungen zu frankiren. Wien, den 1. April 1788. Kapellmeister Mozart in wirkl. Dienste Sr. Majestät.»

[221] S. 363: «Morgen Freitag hat mich Graf Hadik gebeten, ihm das Stadler-Quintett (= K. 581), und das *Trio* (= Divertimento K. 563), so ich für *Sie* geschrieben, hören zu machen. Ich bin so frei, Sie dazu einzuladen: Häring wird es spielen. – Ich würde selbst zu Ihnen gekommen sein, um mündlich mit Ihnen zu sprechen, allein mein Kopf ist wegen rheumatischen Schmerzen ganz eingebunden, welche mir meine Lage noch fühlbarer machen. – Noch einmal, helfen Sie mir nach Ihrer Möglichkeit nur für diesen Augenblick – und verzeihen Sie mir. Ewig ganz Ihr Mozart.» (Brief Mozarts, 8. April 1790 an *Michael Puchberg*, darunter dessen Vermerk: «Den 8. April 1790 fl. 25 in Bancozetl geschickt.») – Das andere *Trio*, von dem Mozart in der Nachschrift seines Briefes vom 17. Juni 1788 an Puchberg berichtet («P. S.: Wann werden wir denn wieder bei Ihnen eine kleine Musique machen? Ich habe ein neues Trio geschrieben») ist vermutlich das, allerdings erst am 22. Juni in das eigenhändige Verzeichnis eingetragene *Klaviertrio in E-Dur* (K. 542), das er mit weiteren «neuesten Klavierstücken» Anfang August der Schwester etwas verspätet zum Namenstag mit der Bitte schickte, es unter den «neuen Sachen» auch Michael Haydn vorzuspielen und das «ihm nicht mißfallen» werde. – Zum *«Kegelstatt-Trio»* (K. 498) und seiner Verbindung mit der Familie *Jacquin* vgl. S. 327 und die Anm. 196 u. 197! – Daß das G-Dur-Trio (K. 564) ursprünglich eine Sonate für Klavier allein gewesen sei, beruht auf einer irrtümlichen Bestimmung der autographen Klavierstimme der Triofassung als Solo-

sonate. Das Thema des Andante-Mittelsatzes dieses Trios hat Beziehungen zu Bastiennes «Aria» «Mein liebster Freund hat mich verlassen» aus dem frühen Singspiel «Bastien und Bastienne» (K. 50) (Mitt. *J. Zürcher* in K.[6], S. 636).

[222] S. 363: Mozart hat das *Allegro* und das *Andante con Variazioni* vermutlich selbst für das *Klavier allein* bearbeitet (K. 547 a und 547 b). Das *Rondo* dieser zweisätzigen Sonate (K. 547 a) ist das Rondo der *C-Dur-Klaviersonate* (K. 545), wohl auch von Mozart selbst nach F-Dur transponiert und ausgestaltet. – Vom *Variationensatz* (K. 547 b) dürfte (laut *K. v. Fischer* in der NMA, Ser. IX. Werkgruppe 26, S. XII) «die in allen Drucken seit 1795 erscheinende 4. ‹Ersatz-Variation›» nicht von Mozart stammen. Ebenso ist «die Koda der Klavierfassung, die im Autograph fehlt, kaum Mozart zuzuschreiben».

[223] S. 364: Ob ein weiteres *Sonaten-Fragment*, das B-Dur-Allegro (K. 498 a), hier einzureihen sei, scheint ungeklärt. – *Einstein* (S. 337) hält den Satz, «den später der Leipziger Thomaskantor *Aug. Eberhard Müller* für sich in Anspruch genommen hat», für echt. Desgleichen auch *Wyzewa-St. Foix* (II, S. 416 mit Anm. 1, «août 1786»), («Cet admirable *allegro*, d'une authenticité ‹mozartienne› absolument hors de doute»), ebenso *Abert* (II, S. 373, Anm. 3) («sicher ebenfalls von Mozart»). Beide Forscher treten auch für die Authentizität des dem *Allegro* angeschlossenen *Menuetts* ein. Dagegen *K.*[6] (S. 894, Anh. C 25.04/25.05): «Die Echtheit des 1. Satzes (Allegro) und des Menuetts ist zweifelhaft.» Die ersten *Druckausgaben* (Leipzig 1798 u. Wien 1801) kombinieren die beiden Sätze mit Bearbeitungen, die bestimmt nicht auf Mozart zurückgehen: Das *Andante* ist eine Kurzfassung des langsamen Satzes aus dem *Klavierkonzert* K. 450, das *Finalrondo* setzt sich aus Bruchstücken der Schlußsätze eben dieses Konzerts (K. 450) und der Klavierkonzerte K. 456 u. 595 zusammen.

[224] S. 367: Die Bezeichnung «Schwanengesang» für die Es-Dur-Symphonie ist ebenso wie der Beiname «Jupitersymphonie» für die «große C-Dur» Verlegererfindung späterer Zeiten. Robert Schumanns Charakterisierung der g-moll-Symphonie als «griechisch schwebende Grazie» gibt das Urteil seiner Epoche wieder, die an Mozart apollinische Ausgeglichenheit, niemals die Heftigkeit seelischer Erregungen zu dulden bereit war. Mozart hat diesem Werk, das in der ersten Fassung im Holzbläserensemble nur zwei Oboen, keine Klarinetten vorgesehen hatte, später noch zwei Klarinetten beigefügt. In dieser Bearbeitung erscheint die Symphonie zumeist in den Konzertsälen, obwohl der ersten Fassung, schon um der wunderbaren Durchsichtigkeit und herben Klangwirkung des ursprünglichen Bläsersatzes willen, der Vorzug gebührt.

[225] S. 370: Vgl. *Abert* II, S. 596. Dortselbst die Nachweise: *Gluck*, Orpheus («Che puro ciel»), *Mozart*, d-moll-Konzert (K. 466), Don-Giovanni-Ouvertüre, *Haydn*, Mittelsätze der *Sonaten* Nr. 35, 38 und 39, *Beethoven*, c-moll-Symphonie (Finale).

[226] S. 372: Den Text zu dieser «Szene» (K. 528) hat Mozart der «Festa teatrale» *«Cerere placata»* von *Nicolo Jomelli* entnommen. Eine Partitur des Werkes hat sich im Salzburger Mozarteum erhalten. Jomelli hat die Oper am 24. September 1770 in Neapel zur ersten Aufführung gebracht. Die «Scena» beginnt auch bei Jomelli mit einem breiten Accompagnato, gesungen vom Sopran(-kastraten) Titano. In der nun folgenden Arie hat sich Titano laut Anweisung in der Partitur an *drei* verschiedene Personen zu wenden: bei «Resta, o cara» an Proserpina, bei «consolarla» an Alfeo, bei «prendi cura» an Cerere. Dies diene zur Klärung des Textes in der Vertonung durch Mozart!

[227] S. 373: 1786 veranstaltete Mozart noch sieben Akademien, nach 1788 hat er aller Wahrscheinlichkeit nach keine mehr zustande gebracht.

[228] S. 373: Nancy Storace und ihr Bruder, der Komponist Stephen Storace (1763–1796). – *Nancy*, eigentlich *Anna Selina Storace*, 1766 geboren, studierte in Italien bei Sacchini, debütierte schon 1780 in Florenz, kam dann nach den üblichen Stagione-Gastspielen in Parma, Mailand und Venedig nach Wien, wo sie bis 1787 verblieb. Wie es heißt, haben ihr Rivalitätsstreitigkeiten mit *Aloysia Lange* das Wirken in der Kaiserstadt verbittert. Nach London zurückgekehrt, sang sie dort noch bis 1808. 1817 ist sie gestorben. Es ist viel über eine herzliche Korrespondenz zwischen ihr und Mozart gesprochen worden, die verschollen sein soll. Angeblich hätte Konstanze ihre Briefe an den Meister verbrannt. An den Plänen Mozarts, eine Reise nach England betreffend, waren die Storaces, wie wir den Briefen Vater Leopolds an seine Tochter entnehmen, maßgebend beteiligt. *Stephen Storace*, der von Kaiser Joseph II. den Auftrag erhalten hatte, zwei Opern («Gli sposi malcontenti» und «Gli equivoci») für Wien zu schreiben, hatte dort auch den Unterricht Mozarts genossen. 1787 kehrte er nach London zurück. Hier fiel der Wienerische Gefühlston seiner Opern sowie der Handlungsreichtum und die Länge seiner Finali auf. Sein bestes Werk ist die Oper «The Pirates» (1792) geworden. Er hat mit seiner Oper «The Cherokee» das erste «amerikanische» Western-Thema auf die Gesangsbühne gebracht. Zu seiner Oper «The Doctor and the Apothecary» (1788), von der ungefähr ein Drittel aus *Dittersdorfs* gleichnamigem Singspiel stammt, hat er, wohl in Anlehnung an Mozarts Figaro-Ouvertüre, die erste *einsätzige* Ouvertüre des englischen Musiktheaters geschrieben. In seiner «Collection of Original Harpsichord Music» hat er u. a. auch eigene Bearbeitungen Mozartscher Klavier-Trios veröffentlicht.

[229] S. 373: Es wurde das schönste und teuerste Quartier, das Mozart in Wien bewohnt hat, mit einem prächtigen stuccoverzierten Musikraum, noch heute als Gedenkstätte erhalten. Dort entstand «Figaros Hochzeit», dort müßte der junge Beethoven dem Meister vorgespielt haben.

[230] S. 375: Zu Mozarts Aufenthalten in Prag: *Paul Nettl*, Mozart in Böhmen (neubearbeitet und erweiterte Ausgabe von *R. v. Procházkas* «Mozart in Prag»), Prag 1938 – desselben «*W. A. Mozart*», Frankfurt a. M. 1955, S. 49 ff. – *A. Buchner*, *K. Koval*, *K. Mikysa* und *A. Čubr*, «Mozart und Prag», Prag 1957.

[231] S. 376: Zur *tschechischen Musik im 18. Jahrhundert: Rich. Batka*, «Die Musik in Böhmen» (Berlin, o. J.) – *Jan Racek:* «Česka hudba» (Prag 1958) – *Vladimir Helfert*, «Zum Problem der böhm. Musikeremigration» (aus «*Jiří Benda*», Brünn 1929, S. 191 ff.).

[232] S. 379: Diese Serie eröffnet die Reihe der großen Tänze Mozarts. Sie unterscheiden sich nicht nur durch Anlage und Besetzung von den Salzburger Tänzen, sondern nehmen auch in vielen Zügen – namentlich in Übergangsgruppen – die spätere Wiener Walzerkunst voraus. – Den bisher nur bei Artaria (1790) mit wesentlichen Abweichungen gedruckten *Klavierauszug* von K. 509 veröffentlichte *E. Müller-Asow* nach dem Autograph in der Leipziger Stadtbibliothek (NMJb II/1942, S. 255 f.). – Die «Neun Kontertänze oder Quadrillen» (K. 510), angeblich jene für den Gesellschaftsball beim Grafen Pachta, stammen jedoch nicht von Mozart. Es sind primitive Arbeiten.

[233] S. 380: Vgl. *E. Panzerbieter*, «Beethovens erste Reise nach Wien im Jahre 1787» (ZfMW 1927/28, S. 153).

[234] S. 382: *Dr. Siegmund von Barisani*, Sohn des erzbischöflich Salzburgischen Leibarztes, Primarius und Hofrats *Dr. phil. et med. Silvester von Barisani*, hatte es schon in jungen Jahren (1786) zum Primarius des Allgemeinen Krankenhauses in Wien gebracht. Er setzte die getreue Freundschaft der ganzen Familie den Mozarts gegenüber auch hier fort und ist Mozart bei zwei schweren Grippeanfällen

im Frühjahr 1783 und im Sommer 1784 beigestanden. Immer ist er Wolfgangs liebenswürdiger Berater und getreuer Bewunderer seiner Musik geblieben. Seiner poetischen Eintragung in Mozarts Stammbuch hat dieser nach Barisanis Hinscheiden folgende, von tiefer Erschütterung zeugende Worte beigeschrieben: «Heute, am 3ten Steptember dieses nämlichen Jahres (1787), war ich so unglücklich, diesen edeln Mann, liebsten, besten Freund und Erretter meines Lebens ganz unvermutet durch den Tod zu verlieren. – Ihm ist wohl! – aber mir – uns – und allen, die ihn genau kannten, – uns wird es nimmer wohl werden, – bis wir so glücklich sind, ihn in einer bessern Welt – wieder- und auf Nimmerscheiden – zu sehen. Mozart.» – Barisani war plötzlich einer Infektion erlegen. *(Friedr. Breitinger,* «Die Familien Barisani und Mozart», Salzb. Volksbl., Jänner 1960.)

235 S. 385: Die Lieder «Es war einmal» (K. 529) und «Wo bis du, Bild» («Das Traumbild», K. 530). Letzteres sendet Mozart noch aus Prag an seinen jungen Freund *Gottfried von Jacquin* («... wenn es erst nottut, Sie durch das Lied en question meiner Freundschaft zu versichern, so haben Sie weiter keine Ursache, daran zu zweifeln; – hier ist es.» 9. November 1787). Mehrere Lieder, die Mozart allerdings völlig an Jacquin abgetreten hatte, sind, lange nach Jacquins frühem Tode (1792), unter dessen Namen von seiner Familie bei dem Verleger *Cappi* in Wien herausgegeben worden. Das Incipit einer Orgelphantasie (K. 258 a) hält den Besuch Mozarts im Stift Strachov fest, wohin der Meister eines Nachmittags mit *Frau Duschek* nach einem Bericht des Chorherrn und Musikdirektors *Norbert Lehmann* zu Besuch gekommen war. Dort habe er die Kirchenorgel herrlich geschlagen und nach kühnen Improvisationen eine Fuge so prächtig durchgeführt, «daß man wie versteinert dastand». Die 57 erhaltenen Takte dieser Phantasie im Nachlaß des Mozartbiographen Franz Niemetschek stellen den Versuch jenes Chorherrn dar, Mozarts freie Phantasie schriftlich festzuhalten. *(A. Ebert,* «Eine freie Phantasie Mozarts» in «Die Musik» X/1, 1910, S. 106 f.)

236 S. 386: Auswahl aus der reichen *Literatur zu «Don Juan»: Sören Kierkegaard,* Auswahl aus seinen Bekenntnissen und Gedanken (München 1914) – *ders.:* Mozarts Don Juan (Atlantis Musikbücherei, Zürich 1956) – *Rud. v. Freisauff,* Mozarts Don Juan 1787–1887 (Salzburg 1887) – *K. Engel,* Die Don-Juan-Sage auf der Bühne (Dresden und Leipzig 1887) – *Erwin Rieger,* Phantasie über Don Juan (Wien 1922) – *M. Vetter,* Volkhafte Wesensmerkmale in Mozarts italienischen Opern (ZfM, 105. Jg., S. 852 ff.) – *Luigi Costanzo,* Don Giovanni Tenorio nel Teatro Spagnolo e Romano (Neapel 1939) – *Pierre Jean Jouve,* Le Don Juan de Mozart (Fribourg 1942) – *Gregorio Maranon,* Don Juan, Legende und Wirklichkeit (Deutsche Übertragung H. Schmiedt, Frankfurt a. M. 1954) – *Werner Oehlmann,* Don Juan, Dichtung und Wirklichkeit (Ullstein-Bücher, Berlin 1965) – *E. J. Dent,* Mozarts Operas (Übersetzung von *A. Mayer,* Berlin 1924) – O. *Andolfi,* Don Giovanni di W. M. (Rom 1930) – *Paul Stefan,* Don Giovanni (Wien 1938) – *R. Dumesnil,* Le Don Juan de Mozart (Paris 1955) – *Abert* II, S. 438 ff. – *J. u. B. Massin,* S. 1048 ff., u. a.

237 S. 393: Auch der würdige, keineswegs «übereilte» oder «rasch hingeworfene» *Konzertschluß* geht unzweifelhaft auf Mozart selbst zurück. Er liegt dem Autograph bei. Wir wissen nur nicht, wann und zu welcher Gelegenheit Mozart ihn komponiert hat. (Andere «Konzertschlüsse» von *Chr. Cannabich, A. E. Marschner* und *J. P. Schmidt.)*

238 S. 394: Die zwei lächerlichen Ballettmädchen – ältestes Theater! – an dieser Tafel, wo Don Giovanni doch *allein* auf den Commendatore zu warten hätte, sind auf der deutschen Bühne immer noch unausrottbar, wie es scheint!

[239] S. 395: Daß Donna Anna ein jungfrauenhaftes, unberührtes Mädchen sein sollte, Donna Elvira dagegen die gesetzte, wenn auch gewiß nicht zu alte Frau, scheinen die Regisseure (im Verein mit den Kapellmeistern) bis heute nicht begriffen zu haben. Den «hochdramatischen» Augenblicken («Rachearie» usw.) wird die Statur Donna Annas aufgeopfert! Wie zu Mozarts Zeiten gibt es doch auch heute genug *jüngere* Sängerinnen, die neben ihrer schlanken Taille gleicherweise über sanfte Innigkeit wie über leidenschaftliches Temperament verfügen, das, wichtiger als die athletische Kraft der Stimme, zu den primären Erfordernissen dieser Rolle gehört. Ist es somit auf unserer Bühne nicht möglich, als Donna Anna statt der ausgewachsenen, auf dieser Partie eisern beharrenden Kammersängerinnen einmal auch eine, dem Typus der adeligen Figur wirklich entsprechende Interpretin zu erleben? – Und muß Don Giovanni immer als ein kaum mehr jugendlicher, bereits etwas übertragener Roué gespielt werden?

[240] S. 397: 1788: *Kontertänze:* K. 534, 535, 535 a, 565; *Teutsche:* K. 536, 567; *Menuette:* K. 568. – 1789: *Kontertanz:* K. 587; *Teutsche:* K. 571, 586; *Menuette:* K. 585. – Jänner 1790: *Ouvertüre mit drei Kontertänzen* (K. 106), später keine Tänze! (Tod Josephs II. am 20. Februar. Keine Festlichkeiten!) – 1791: *Kontertänze:* K. 603, 607, 609, 610; *Teutsche:* K. 600, 602, 605; *Menuette:* K. 599, 601, 604; *Ländler:* K. 606.

[241] S. 397: Die Wiener Fassung hat sich durch Auffindung zweier Partiturkopien (B 177 und A 224, die zweite aus der Wiener Kopisterie Lausch) im Conservatorio Cherubini (Istituto musicale), Florenz, genau rekonstruieren lassen. Darüber berichtet *G. Schünemann* im MJB I/1941, S. 135 ff., *«Zwei neue Szenen im ‹Don Giovanni›»*. – Das *Autograph* befindet sich in der Bibliothek des Conservatoire de Musique zu Paris. Es wurde 1855 aus dem Besitz der Erben des Verlegers André von *Pauline Viardot-Garcia* erworben und 1910 der genannten Bibliothek vermacht. Über die zahlreichen *alten* Abschriften: K.[6], S. 595 f.

[242] S. 399: Weitere Erstaufführungen des «Don Giovanni»: Florenz 1792, Amsterdam 1794, Paris 1805 (arg verballhornt), Petersburg, Kopenhagen 1807, Rom 1811, Neapel 1812, Mailand 1814, London 1815, New York (über Initiative des alten da Ponte) 1825, Madrid 1894 (!).

[243] S. 399: Über Mozarts Wohnungen in Wien vgl. *H. Damisch*, «Die Wiener Mozart-Häuser» (Wien 1932)

[244] S. 399: Für diese wohl nie zustande gekommenen Akademien waren die letzten drei Symphonien (K. 543, 550 und 551) bestimmt. Wir wissen also nicht, ob Mozart diese seine höchsten Kunstwerke auf symphonischem Gebiete jemals gehört hat oder nicht.

[245] S. 401: Das Ehepaar sollte noch einmal zum Mittelpunkte eines merkwürdigen, ungeklärten Gerüchtes werden, das mit Mozart in Verbindung stand. Wenige Tage nach dessen Tode, am 10. Dezember 1791, verwundete Hofdemel, wie man sagte, aus Eifersucht und weil er die Geldsummen, die er dem eben verstorbenen Lehrer und vermuteten Liebhaber seiner Frau geliehen hatte, für verloren hielt, in einem Anfalle rasender Wut seine schwangere Gattin ziemlich gefährlich und beging nachher Selbstmord. Noch Beethoven weigerte sich, vor Frau Hofdemel zu spielen, weil sie «die Geschichte mit Mozart gehabt habe». (Vgl. *Medau*, «Erinnerungen an merkwürdige Gegenstände und Begebenheiten», Prag 1848, angeblich nach dem Berichte eines Augenzeugen, und *Jahn*, «Ges. Aufs. über Musik», S. 230 ff.)

[246] S. 402: Vgl. *H. Volkmann*, «Neues zu Mozarts Dresdner Aufenthalt» (ZfMW X, 1927/28, S. 205). Von den anderen Mitwirkenden beim Hofkonzert hat Mozart nichts nach Hause berichtet.

[247] S. 406: Für den 29. August; im Jahre 1789 wurde die Oper noch zwölfmal, 1790 fünfzehnmal, 1791 dreimal gegeben. Einen materiellen Vorteil hatte Mozart nach dem unzureichenden Urheberschutz seiner Zeit davon natürlich nicht.

[248] S. 407: «Unterdessen schreibe ich 6 leichte Klavier-Sonaten für die Prinzessin Friederika und 6 Quartetten für den König, welches ich alles bei Kozeluch auf meine Unkosten stechen lasse; nebstbei tragen mir die zwei Dedikationen auch etwas ein« (Brief Mozarts an Puchberg, 12. Juli 1789). – Von diesen geplanten Werken hat Mozart jedoch nur die *D-Dur-Klaviersonate* (K. 576) und *drei Streichquartette* (K. 575, 589, 590) fertiggestellt. Die interessante Tatsache, daß Mozart bei K. 575, das er rasch in Angriff genommen hat, für Themen des 1. und 2. Satzes auf frühe Entwürfe, vielleicht sogar aus der italienischen Zeit zurückgriff *(Massin,* S. 1092), ergibt sich aus dem Autograph: aus dem Schriftbild wie aus der Qualität des Notenpapiers. Er hat die drei Quartette dann dem Verleger Artaria angeboten. («Nun bin ich gezwungen, meine Quartetten [diese mühsame Arbeit] um ein Spottgeld herzugeben» [Mozart am 12. Juni 1790 an Puchberg]. Artaria kündigt diese Werke aber erst am 28. Dezember 1791 in der «Wiener Zeitung» an. Die nicht sorgfältige Ausgabe läßt auf Eile [bald nach Mozarts Tod!] schließen.)

[249] S. 408: Die Wiener Erstausgabe bei *Artaria & Co* (Mai 1793) bringt beide Quintette unter Verl.-Nr. 428 u. 429: «Grand Quint. No 4 u. 5 mit dem Beisatz: ‹Composto per un Amatore Ongarese›.» Doch ist uns über diesen «ungarischen Liebhaber» nichts bekannt. Nach Larsens Vermutung (bei E. F. Schmid, im Vorwort zum Vorabdruck der NMA) könnte es sich um einen aus Ungarisch Hradisch stammenden Wiener Musikliebhaber, den Violin-Dilettanten und «Großhandlungs-Gremialisten» *Johann Tost* handeln. Diese Vermutung ist weiterhin nicht beweisbar. – *Ernst Hess* weist in «Die ‹Varianten› im Finale des Streichquintetts K. 593» (MJb 1960/61, S. 68 ff.) auf «eine ganze Reihe von Abweichungen in Notentext, Artikulation, Phrasierung und Dynamik» jener Neuausgabe nach dem Autograph früheren Ausgaben gegenüber hin, wobei insbesondere der «Themenbeginn des Finales» einer eingehenden Kritik unterzogen wird. Die Veränderungen sind (nach *Hess)* erst anläßlich des Erstdruckes im Haus Artaria (1793!) vorgenommen worden, eine «posthume, augenfällige Entstellung eines der kühnsten Kammermusiksätze Mozarts». Wer das Finalthema so «einschneidend» verändert haben soll, ist noch ungeklärt.

[250] S. 409: Hierher gehören das *Kanonische Adagio für zwei Bassetthörner und Fagott* (K. 410) und ein *Adagio für zwei Klarinetten und drei Bassetthörner* (K. 411). Klarinetten und Bassetthörner spielen in der letzten Schaffenszeit Mozarts eine bedeutende Rolle. Zwei kleinere Klavierkompositionen, ein *Menuett (ohne Trio)* in D (K. 355) und ein kurzes *Andantino in Es für J. B. Cramer in London* (K. 236), sind in die Jahre 1789/90 zu verlegen. Das Thema des *Andantino,* das sich Mozart, wie *Ernst Hess* (Zürich) vermutet, vielleicht als Thema für Variationen aufgeschrieben hat, stammt aus *Glucks* «Alceste»: Es ist die Arie «Non vi turbate, no».

[251] S. 410: K. 578: «Alma grande e nobil core» für Cimarosas «Due Baroni»; K. 582: «Chi sà, chi sà, qual sia», und die bedeutendere K. 583: «Vado, ma dove?» für Martins «Burbero di buon core». Die deutsche Arie für Mad. Hofer (K. 580) ist nur im Partiturenentwurf erhalten. Sie war als Einlage in Paisiellos «Barbier von Seviglia» geplant; doch scheint die Aufführung im Theater auf der Wieden damals nicht zustande gekommen zu sein. Dafür würde auch die Tatsache sprechen, daß Mozart die Arbeit nicht zu Ende geführt hat.

[252] S. 411: «Von der Musik ist, glaube ich, alles gesagt, daß sie von Mozart ist» (Bericht über die Uraufführung im «Journal des Luxus und der Moden» 1790, S. 148 ff.). – Frankfurt a. M. brachte 1791 die erste Uraufführung in deutscher Sprache unter dem Titel «Liebe und Versuchung» und leitete damit die endlose Reihe deutscher Übersetzungen und Bearbeitungsversuche ein. Ausländische Erstaufführungen: Mailand 1807, Paris, London 1811, Neapel 1815, Turin 1816. In Italien konnte das Werk keinen Dauererfolg erzielen.

[253] S. 416: *«Non siate ritrosi»*. Es ist dies das Rondo, das an die Stelle der *Arie «Rivolgete a lui lo sguardo»* (K. 584) getreten ist. Diese, ein würdiges Gegenstück zu Leporellos «Registerarie», gehört zu den feinsten Werkstücken des reifen Meisters: Von unerbittlicher Sicherheit im Charakterisieren, voll Anschaulichkeit, Geist, Humor und Ironie, breit in ihren Dimensionen, hätte sie vielleicht den Rahmen der leichten «Buffa» gesprengt.

[254] S. 426: Vgl. O. *Bacher, «Mozart auf der Fr. Kaiserkrönung»*, und *E. Kruttge, «Aus den Reisetagebüchern des Grafen L. v. Bentheim-Steinfurt»* (ZfM VI/1, 1923).

[255] S. 433: *Franz Xaver Süßmayr*, geb. 1766 in Schwanenstadt (Oberösterreich) als Sohn des dortigen Mesners, Chorregenten und Schulmeisters Franz Karl S., kam 1779 nach Kremsmünster, wo er in dem berühmten Benediktinerstift einen guten humanistischen, aber auch musikalischen Unterricht erhielt. Im Herbst 1787 kam er von dort nach Wien, wo er sich als Privatlehrer und mit Gelegenheitsdiensten in der Hofkapelle vorläufig weiterbrachte. 1790, vielleicht erst 1791, ist er mit Mozart in nähere Beziehungen getreten, um von diesem Unterweisungen in der Komposition zu empfangen. Seit 1792, nachdem er auch bei *Antonio Salieri* weiteren Unterricht genossen hatte, trat er als Bühnenkomponist hervor, leistete vorerst Aushilfsdienste am Cembalo und als Kapellmeistersubstitut, um dann, im Juli 1794, Kapellmeister der deutschen Oper am k. k. Nationaltheater in Wien zu werden. Er starb früh, am 17. September 1803 zu Wien, an Lungentuberkulose. Eine Reihe seiner Opern, u. a. «Der Spiegel von Arkadien» (Text von *Schikaneder*), «Idris und Zenide» (Text nach Wieland von *Gieseke*), «Soliman II.» und «Der Wildfang» hatten lebhaften Erfolg, wurden aber bald nach seinem Tode vergessen. Als Kirchenmusiker darf Süßmayr eine gewisse Bedeutung in der fortlaufenden Tradition der nachbarocken österreichischen Messe nicht abgesprochen werden. Als dienender Helfer Mozarts in dessen letzten Lebensjahren, als gutmütige Zielscheibe seiner Späße hatte Süßmayr eine wichtige Aufgabe zu erfüllen. Seine Leistung als Mitarbeiter am «Requiem» ist von der exakten Forschung bis heute noch nicht völlig geklärt.

[256] S. 436: Für eine frühere Vollendung mehrerer Stücke spricht der Umstand, daß wir Skizzen zu den Duetten Nr. 1 und 3 besitzen, in denen die Rolle des Sextus einem Tenor zugedacht war. Mozart wußte also damals noch nicht, daß eine «Signora Perini» für diese Partie in Aussicht genommen war. Auch die Rolle der Vitellia liegt in einigen Ensembles wesentlich höher als in den später der dunkleren Stimme einer «Signora Marchetti-Fantozzi» unmittelbar angepaßten Arien, die einmal sogar bis zum kleinen g hinabführen. Im G-Dur-Terzett steigt die Partie der Vitellia dagegen bis zum dreigestrichenen d empor! Man sieht den Ensembles an, daß sie mit Freude und besonderer Sorgfalt gefertigt sind. – Die Rolle des Sextus wurde von der Mezzosopranistin «Signora Perini» gesungen. Hosenrollen waren, wie die Geschichte des Florentiner Pergola-Theaters zeigt, am Toskanischen Hof, von dem ja Leopold II. als ehemaliger toskanischer Großherzog kam, sehr beliebt. Doch wurde der Annius, wie *P. Nettl* feststellt, nicht von einer Dame, sondern von einem Kastraten, Signor Bedini, gesungen.

[257] S. 437: Den «Studien für Tonkünstler und Musikfreunde» (herausgegeben von Kunze und Reichardt) wird von dem Prager Korrespondenten gemeldet: «Die große italiänische Oper: La Clemenza di Tito, nach der Komposition des Herrn Kapellmeister Mozard, bei Gelegenheit der Krönungsfeierlichkeit hier aufgeführt, hat den Beifall nicht gefunden, den der sonst hier so beliebte Komponist erwarten konnte.» Und Rochlitz merkt in einem Aufsatz der Zeitschrift «Deutschland» (1796) an: «Mozart sah sich gezwungen, entweder ein ganz mittelmäßiges Werk zu liefern oder nur die Hauptsätze sehr gut, die minder interessanten ganz leichthin und bloß dem Zeitgeschmack des großen Haufens gemäß zu bearbeiten. Er wählte das letzte.» Was großartig gesagt scheint, aber nicht stimmt! *Graf Zinzendorf*, der mit dem Hof nach Prag gekommen war, notiert am 6. September 1791 in sein Tagebuch: «A 5h au Theatre de la vieille ville... La cour n'arriva qu'a 7h 1/2 passé – on nous regala du plus ennuyeux Spectacle La Clemenza di Tito...» Interessant bleibt, daß die in der «Krönungsurkunde» erwähnte, rühmlich bekannte Todi in dem bei *Jahn-Abert* (II./712) abgedruckten Personenverzeichnis, dessen Herkunft allerdings «dunkel ist» (Anm. 5!) nicht vorkommt. Diese *Luiza Todi*, eine Sängerin aus Portugal, lebte seit 1789 in ihrer Heimat. Sie hat (nach *Dokumente*, S. 446) niemals in Prag gesungen. Die erwähnte «Urkunde über die vollzogene Krönung ... Leopold des Zweiten...» von *Johann Debrois* ist allerdings erst 1818 (!) in Prag erschienen.

[258] S. 440: Ich nehme an, daß das von Mozart «Quintetto con Coro», nicht «Finale» überschriebene Stück früh in Wien vollendet wurde und ursprünglich nicht als «Finale» bestimmt war.

[259] S. 440: Man vergleiche z. B. das Terzett (Marzelline, Leonore, Rocco) aus dem 1. Akt des «Fidelio» mit dem Duett Nr. 1 aus dem «Titus» u. a.

[260] S. 440: Schon in einer Zwischenaktmusik Mozarts zu Geblers freimaurerischem «König Thamos» (K. 345) fallen die dreimaligen «Akkordrufe» auf.

[261] S. 441: Gleich in der ersten Arie des Titus (Nr. 6) fällt eine instrumentale Reminiszenz an die berühmtere Sarastro-Arie (K. 620, Nr. 15, bei: «dann wandelt er an Freundes Hand») auf. Aber auch zum «Idomeneo» lenkt viel Verwandtes zurück.

[262] S. 441: Versuch einer Neubelebung der Oper durch *Hans Curjel und B. Paumgartner*, Salzburg, Festspiele 1949, freilich ohne nachhaltigen Erfolg.

[263] S. 442: Aus der reichen *Literatur zur «Zauberflöte»: Abert* II, 751–839, *A. Einstein*, 603–611, *Massin*, 1137–1159, *E. J. Dent*, «The Magic Flute», Cambridge 1911, *M. Kufferatz*, «La Flute enchantée de Mozart», Paris 1914/19, *H. W. v. Waltershausen*, «Die Zauberflöte», München 1920, *Egon Komorzynski*, «Der Streit um den Text der Zauberflöte», Alt.-Wr. Kalender 1922; Der neueste Stand der Zauberflötenfrage; Alt. Wr. Kalender 1925, Sänger und Orchester des Freihaustheaters, MJb 1951, S. 138 ff. – Das Urbild der Zauberflöte, MJb 1952, S. 101 ff., «Die Zauberflöte und Dschinnistan», MJb 1954, S. 177 ff. – Die Entstehung der Zauberflöte, Die Musik, 31. Jg., S. 747 ff. – War Mozarts Zauberflöte ein Spektakelstück?, Wr. Figaro, 27. Jg., 1959, Die Zauberflöte und die Wissenschaft, Wr. Figaro, 29. Jg., 1961, Schikaneders Bühnenbeleuchtung, Wr. Figaro, 30. Jg., 1962, *M. Pirker*, Die Zauberflöte, Wien/Berlin 1920 (Sammlg. Theater u. Kultur, Bd. 3), *E. K. Blümml*, Ausdeutungen der Zauberflöte, MJb I (H. Abert), München 1923, S. 109 ff. – *E. Istel*, «Die Freimaurerei in Mozarts Zauberflöte», Berlin 1928, *C. Schneider*, Ausstellung «Die Zauberflöte» der Int. St. Mozarteum, Salzburg 1928, *K. Ph. Bernet-Kempers*, Die Zauberflöte, Amsterdam 1929, *P. Nettl*, Sethos und die freimaurerische Grundlage der Zauberflöte, Tagungsbericht der ISM, Leipzig 1932, S. 142 ff. – *Paul Stefan, die Zauberflöte,*

Herkunft, Bedeutung, Geheimnis, Wien 1937. – *O. E. Deutsch,* Das Freihaustheater auf der Wieden, 1787–1801, Wien 1937. – Der rätselhafte Gieseke, Mf. V. 1952, S. 152 ff., *V. Junk,* Zweiter Teil «Faust» und zweite «Zauberflöte», NMJb. 2. Jg., 1942, S. 59 ff. – *W. Fischer,* «Der, welcher wandelt diese Straße voll Beschwerden», MJb 1950, S. 41 ff. – *A. Hyatt-King,* «The Melodic Sources and Affinities in the . . .», Musical Quarterly 36, 1950, S. 241 ff. – *H. Decker,* «Dramaturgie und Szene in . . .», Regensburg 1949. – *E. Schmitz,* Formgesetze in Mozarts Zauberflöte, M. Schneider-Festschr. 1955, S. 209 ff. – *Edw. Zellweker,* Das Urbild des Sarastro, Ign. v. Born, Wien 1953. – *R. Hammerstein,* Der Gesang der geharnischten Männer, AfMW 1956, 1. H., S. 1 ff. – *B. Walter,* Vom Mozart der Zauberflöte, Frankfurt 1956. – *G. Friedrich,* Die humanistische Idee der Zauberflöte, Dresden 1954. – *F. Grasberger,* Zur Symbolik der Zauberflöte, Kongreßbericht, Wien 1956, S. 249 ff. – *W. Schuh,* Über einige frühe Textbücher zur Zauberflöte, Kongreßber. Wien 1956, S. 570 ff. – *B. Paumgartner,* Eine Textbearbeitung der Zauberflöte von 1795, Festschr. f. O. E. Deutsch, Kassel 1963, S. 128 ff. – *R. Engländer,* Die Skizzen zur Zauberflöte, Öst. Mus. Zeitschr. 11, 1956, S. 444 ff. – *Alfons Rosenberg,* Die Zauberflöte, München 1964, *ders.:* «Die Zauberflöte und das Mithrasmysterium», Horw-Luzern 1966, u. a.

264 S. 443: *Kantaten: «Dir, Seele des Weltalls»* (K. 429), *«Die Maurerfreude»* (K. 471, 1785 in Leopold Mozarts Gegenwart aufgeführt), *«Die ihr des unermeßlichen Weltalls Schöpfer ehrt»* (K. 619, kurz vor der «Zauberflöte» entstanden) und die sogenannte *«Kleine Freimaurerkantate»* (K. 623, Text von Schikaneder), mit dem sogenannten «Bundeslied» am Schlusse, eines der letzten Werke des Meisters. – *Lieder: «Zur Eröffnung»* und *«Zum Schluß einer Loge»*, K. 483 und 484 mit Chor, und die *«Gesellenreise»* (K. 468). – Der *Mauergesang* (nach dem Schlußchor der Freimaurerkantate K. 623) «Laßt uns mit geschlungenen Händen», K. 623 a, Text vermutlich von *Schikaneder,* ist mit Neutextierung von *Paula v. Preradovič* die *österreichische Bundeshymne* geworden. Doch wird neuerdings – meiner Ansicht nach nicht völlig überzeugend! – die Autorschaft Mozarts an dem ganzen Maurergesang angezweifelt. Wenn K.[6], S. 726, meint: «Einzelheiten der Satztechnik und der Baßführung lassen jedenfalls Zweifel aufkommen, ob der Gesang tatsächlich von Mozart stammt», so fehlen hiezu die näheren Hinweise. Der Gesang mit der Überschrift «Zum Schluß der □» ist schon der Erstausgabe, Wien 1792, bei Jos. Hraschansky beigebunden. Eine zweite Ausgabe, Leipzig 1805, bei Hoffmeister & Kühnel, überschreibt: «Nach Mozarts Manuskript». Ein solches hat sich allerdings nicht erhalten. Der spätere Text lautete dann: «Brüder reicht die Hand zum Bunde». Das Autograph der *Kantate* (K. 623) bei der Ges. d. Musikfreunde in Wien.

265 S. 444: *Konstanze Mozart* erwähnt den Entwurf in einem Brief an Breitkopf & Härtel vom 21. Juli 1800 aus Wien: «Ich leihe Ihnen hiemit zum Gebrauch für die Biographie, welche Sachen ich mir gelegentlich und franco wieder erbitte . . . 1.) einen Aufsatz, größtenteils in der Handschrift meines Mannes, von einem Orden oder Gesellschaft, die er errichten wollte: Grotta genannt. Ich kann nicht mehr Erläuterung schaffen. Der hiesige Hofklarinettist Stadler der Ältere, der den Rest geschrieben hat, könnte es, trägt aber Bedenken zu gestehen, daß er darum weiß, weil die Ordens oder geheime Gesellschaften so sehr verhaßt sind.» – Hat nun Mozart mit der «Grotte» einen Bund im Sinne seiner ganz persönlichen Ideale geplant, wie sie uns etwa im Reiche des weisen Sarastro entgegentreten, oder beabsichtigte er die Gründung einer dem Kaiser Leopold genehmen «Assoziation» aus «guten und gehorsamen» Leuten, die «sich von dem Verdacht revolutionärer Umtriebe reinigen und ihre loyale patriotische Gesinnung bezeugen

sollten» *(A. Wandruszka)*? In beiden Fällen wäre es möglich, daß er sich damit Feinde bei seinen alten Freimaurerbrüdern geschaffen haben könnte.

266 S. 445: *Karl Ludwig Gieseke*, eigentlich *Johann Georg Metzler*, 1761 zu Augsburg geboren, studierte in Göttingen Jura und Mineralogie, taucht 1783 in der Großmannschen Theatergesellschaft (Mainz und Frankfurt) als Schauspieler auf, dann in derselben Eigenschaft in Regensburg, Augsburg, Salzburg, Esterház, Linz und Graz. 1789 kommt er zu Friedel ins Theater auf der Wieden, das Schikaneder im Herbst übernimmt, wo er lange Zeit aushält. 1801 verläßt er Wien, eröffnet nach neuerlichem Wanderleben eine mineralogische Schule in Kopenhagen und wird 1806 von Christian VII. auf eine Forschungsreise nach Grönland geschickt, wo er $7^1/_2$ Jahre bleibt. Nach seiner Rückkehr (1813) in Edinburgh herzlich aufgenommen, erhält er im Dezember d. J. die neubegründete Mineralogieprofessur der Royal Dublin Society. 1819 weilt er vorübergehend in Wien. Er genoß als wissenschaftliche Autorität großes Ansehen. Ein Brief von ihm an Goethe über barometrische Beobachtungen ist vorhanden. Angeblich soll er ein Urbild des «Wilhelm Meister» gewesen sein. Von seinen zahlreichen Theaterstücken und Libretti entstammt nur ein geringer Teil seiner eigenen Erfindung. Die meisten sind Bearbeitungen, Übersetzungen (darunter auch eine Übersetzung des «Figaro» und der «Così fan tutte») oder Travestien. (Vgl. *Komorzynski*, «Schikaneder», *Blümml*, «Aus Mozarts Freundes- und Familienkreis», S. 70 ff., und *Dent*, «Mozarts Opern», S. 207 ff.)

267 S. 446: Auf die inhaltliche Verwandtschaft dieses Stückes mit *Henslers «Sonnenfest der Brahminen»* (aufgeführt im September 1790 bei Marinelli), das Schikaneder für die Priesterszenen benützte, sei hingewiesen.

268 S. 447: hiezu: *Anton Aagaard* (Kopenhagen), «Der berühmte Bruch in der Handlung der ‹Zauberflöte› ». – Dieser ausgezeichnete Artikel ist mir nur im Manuskript bekannt. – Die eigentliche «Bruchstelle» findet sich – nach *Aagaard* – in der Sprecherszene. Immer noch spreche Tamino in despektierlichen Ausdrücken (Bösewicht, Heuchelei, Betrug) von Sarastro, der Sprecher ebenso von der Königin. Warum will Tamino gehen und dadurch auf die Möglichkeit verzichten, Pamina zu befreien? Wieso weiß der Sprecher von dem kühnen Fremdling, der hier «der Lieb und Tugend Eigentum» zu suchen vorgebe, daß ihn «Tod und Rache» entzünden. Aus dem «Wie» könne man merken, daß die Stellung ursprünglich eine andere gewesen sein muß. Nach einem Ur-Theatergesetz müßte der Zuhörer eine ganz bestimmte Ahnung bekommen, wer in dem Zwiespalt zurecht besteht. Unsere Sympathien gehörten anfangs doch der Königin, und Mozart habe uns das im langsamen Teil ihrer Arie (Nr. 4) doch mit allem Ernst ans Herz gelegt. Was macht ferner der Übeltäter Monostatos am Hofe Sarastros? – Soweit *Aagaard*. Welches Glück, daß in der Märchenhaftigkeit der «Zauberflöte» alles genau so recht ist, wie es ist!

269 S. 448: Daß Pamina (nach *E. Komorzynski* im NMJb 1941, S. 172 f.) jedoch das deutsche Singspiel, die «lügnerische Königin» die italienische Oper, Sarastro den Kaiser, Monostatos Salieri, Tamino den «idealen Tonkünstler», Papageno den Theaterdirektor bedeuten sollte, der «mit seinem Flötchen die Vögel anlockt und dessen Glockenspiel die Leute sogar gegen ihren Willen tanzen macht» – so viel Absicht rund herum, so viele «Allegorien» sollte man den aus vollem Lebensreichtum schaffenden, genialen Theaterpraktikern Mozart und Schikaneder nicht zumuten! «Sinn und Ethos» der «Zauberflöte» erstrahlen von weit höherer Ebene über die Menschheit, wie es uns schon der tätige Enthusiasmus Goethes (Fortsetzung der «Zauberflöte» im Einklang mit dem Euphorion-Stoff des

«Faust»!) beweist (*B. Paumgartner*, «Von Mozarts ‹Zauberflöte› zu Goethes ‹Faust II›», Salzburger Journal 1963, S. 20 ff.).

270 S. 450: Als gewandter Theaterimpresario hat Schikaneder bei der Zählung der «hundertsten» und der «zweihundertsten» Aufführung leicht geschwindelt, was angesichts des immer weiter steigenden Erfolges der Oper irrelevant bleibt. – Auswärtige Erstaufführungen: Prag Oktober 1792, Frankfurt 1793, Weimar (Bearbeitung von Vulpius), Berlin und Dresden (in italienischer Sprache!) 1794. – Paris (arg verballhornt unter dem Titel «Les Mystères d'Isis») 1801, London 1811, Mailand 1816, Florenz 1818.

271 S. 451: Zur Choralepisode der Geharnischten im 2. Finale vgl. die schöne Studie von *R. Hammerstein*, «Der Gesang der geharnischten Männer», AfMW, 13. Jahrgang, 1956.

272 S. 454: Vorbildliches zu dieser breit durchkomponierten Szene finden wir allerdings schon in den großen Accompagnati des «Idomeneo», insbesondere auch in den nicht zur Aufführung gelangten Entwürfen.

273 S. 456: Daß dieser Brief an *da Ponte* gerichtet ist, wird nur aus der italienischen Sprache vermutet, in der er abgefaßt ist. Auch seine Echtheit wird bestritten. Wir kennen ihn nur aus einer Abschrift in der Staatsbibliothek Berlin mit dem Zusatz, daß sich das Original im Besitz eines gewissen Mr. Joung in London (?) befinde. Der Brief möge daher nur als «Motto», als Einleitung in das Kapitel, nicht als «Dokument» betrachtet werden. Wenn er auch etwas «literarisch» gefaßt erscheint – und die Zweifel an seiner Authentizität daher berechtigt erscheinen! –, gibt er doch die seelische Depression in jenen Tagen mit einer gewissen liebevollen Einfühlung wieder.

274 S. 458: Vgl. Anm. 276.

275 S. 458: *O. E. Deutsch*, Dokumente, S. 361, nimmt an, daß die Worte der Kantate von *Gieseke* stammen, da Schikaneder – nach kurzer Zugehörigkeit zu einer Regensburger Loge – damals noch keiner Wiener Loge angehört zu haben scheint. Vgl. Anm. 264!

276 S. 459: Wir sind, was die unmittelbaren Schilderungen von Mozarts letzten Tagen anbetrifft, im wesentlichen auf die Berichte seiner Schwägerin *Sophie Haibl*, dazu die Erinnerungen seiner Gattin *Konstanze* bei *Niemetschek* und *Nissen* angewiesen. Die Erinnerungen *Joseph Deiners* verdanken wir einem, allerdings erst am 28. Jänner 1856 (!) zum 100. Geburtstag Mozarts in der Wiener «Morgen-Post» erschienenen Bericht, die literarisch appretierte Fassung der Erzählungen eines «Mannes aus dem Volke», der mit Mozart noch in «persönlicher Berührung» gestanden sei. Wenn *Deiner*, wie *Jahn* annimmt, selbst noch der Erzähler gewesen war, müßte er damals schon ziemlich alt gewesen sein. Doch klingt manches in diesen Erinnerungen erlebt und glaubwürdig. Es gibt allerdings Forscher, die, wie *E. Weizmann* (Wien), sämtliche «Deiner-Episoden» wie auch die meisten der Berichte Lysers für freche Fälschungen erklären. Über die Natur von Mozarts letzter Erkrankung gehen die Meinungen der Fachleute heute noch stark auseinander. Das *Totenbuch der Pfarre St. Stephan* beurkundet am 6. Dezember 1791 den Tod Mozarts mit dem Zusatz «an hitzigen Friesel Fieber beschaut, alt 36. Jr.» Dies geht offenbar auf die Diagnose eines seiner ihn in den letzten Tagen behandelnden Ärzte, *Dr. N. Closset* und *Dr. M. von Sallaba*, zurück. Doch waren selbst diese beiden Ärzte (nach *Niemetschek)* «in der Bestimmung seiner Krankheit nicht einig» («Frieselfieber» oder «Gehirnhautentzündung»). Selbst *Niemetschek* kann bei der Erwähnung von Mozarts frühem Tod (S. 44) die Bemerkung nicht unterdrücken: «Wenn er ja nicht auch künstlich befördert war.» Er reproduziert in seinem Buch auch die Bemerkung Mozarts zu

seiner Gattin: «Ich fühle mich zu sehr. Mit mir dauert es nicht mehr lange: gewiß, man hat mir Gift gegeben! Ich kann mich von diesem Gedanken nicht los winden.» Auf der gleichen Meinung scheint auch ein Bericht aus Prag im Berliner «Musikalischen Wochenblatt» vom 31. (?) Dezember 1791 zu beruhen (der Brief ist mit 12. Dezember datiert): «Indem ich soeben meinen Brief schließen will, erhalt' ich eine leider! sichere Nachricht... Mozart ist – todt. Er kam von Prag kränklich heim, siechte seitdem immer: man hielt ihn für wassersüchtig, und er starb zu Wien, Ende voriger Woche. Weil sein Körper nach dem Tode schwoll, glaubt man gar, dass er vergiftet worden.» – Die Reisetagebücher des Ehepaares *Vincent* und *Mary Novello* von 1829 bringen am 15. Juli aus Salzburg folgende Notiz nach Ausführungen des zweiten Mozart-Sohnes, Franz Xaver Wolfgang, den die Novellos dort bei seiner Mutter Konstanze trafen: «Der Sohn stellt es in Abrede, daß Salieri Mozart vergiftet habe, obwohl der Vater es glaubte und Salieri es in seinen letzten Tagen gestand. Ungefähr sechs Monate vor seinem Tode kam Mozart der furchtbare Gedanke, daß ihn jemand mit Aqua Toffana vergiften wolle – er kam eines Tages zu Konstanze und klagte über große Schmerzen in den Lenden und allgemeine Mattigkeit –; einer seiner Feinde habe ihm die verderbliche Mixtur beigebracht, die ihn töten würde, und sie könnten den Zeitpunkt seines Todes genau und unverweigerlich berechnen ... ‹Ich weiß, daß ich sterben muß›, rief er aus, ‹jemand hat mir Aqua Toffana eingegeben und hat den Tag meines Todes genau vorher berechnet...›» – Wenn auch die Legende über Salieris Mitschuld energisch zurückgewiesen werden muß, bleibt doch der zeitweilige Glaube des kranken Meisters an einen Anschlag von möglicherweise anderer Seite («einer seiner Feinde» – «some one of his enemies») unbezweifelbar. Noch am 25. August 1837 schreibt Konstanze, die über diese Frage nie ganz sicher war, an den Regierungsrat Ziegler nach Münster über ihren Sohn, daß dieser nicht wie sein Vater Neider zu befürchten habe, die ihm nach dem Leben trachteten. – Es bleibt seltsam, daß die wichtigsten Dokumente und Nachrichten über Mozarts Tod erst eine gute Generationsspanne, etwa 35 Jahre später, auftauchten. Die offizielle Mozartforschung hat – fast bis in die letzten Jahrzehnte – manche Einzelheit geflissentlich verschwiegen, so daß eine gewissenhafte Berichterstattung, auch wenn sie von einer Vergiftung Mozarts nicht überzeugt ist, um der historischen Objektivität willen alles Erreichbare über seine Erkrankung und sein Ende wenigstens anzuführen verpflichtet ist. Letzte Sicherheit des Urteils ist heute noch nicht möglich. – Das vielzitierte ausführliche ärztliche *Attest des Pathologen Dr. E. Guldener von Lobes* vom 10. Juni 1824 (!), also 33 Jahre nach Mozarts Tod, ist ein «Gefälligkeitsattest» für den italienischen Journalisten *Giuseppe Carpani* für dessen Verteidigungsschrift zugunsten Salieris. In diesem, in italienischer Sprache verfaßten «Briefe» nimmt *Guldener* ein «rheumatisch-entzündliches Fieber» («una febbre reumatico-infiammatoria»), wie es damals angeblich in Wien grassierte, «mit nachfolgendem Befall des Kopfes» («deposito alla testa» – Gehirnentzündung) als Todesursache an. Den Nachweis einer Epidemie dieser Art im damaligen Wien hat *Guldener* nicht erbracht. Er hat auch Mozart nicht persönlich besucht («non lo visitai per qualche riguardo»), sondern sich den Fall lediglich von dem ihm bekannten Dr. Closset berichten lassen. Niemandem sei es in den Sinn gekommen, heißt es weiterhin in Guldeners Bericht, auch nur im entferntesten den Verdacht einer Vergiftung anzunehmen. Auch habe die genaue Besichtigung der Leiche nichts Ungewöhnliches gezeigt. (Dagegen spricht die Tatsache, daß eine Sektion der Leiche nicht stattgefunden hat. Die Ausstellung eines Totenscheins von ärztlicher Seite ist damals nicht üblich gewesen.) Warum hat Carpani das Dokument nicht unmittelbar von dem behandelnden Arzt, Dr. Closset, angefordert, der im Juni 1824 noch lebte? – Auf Grund der Feststellungen *Dr. Guldeners* kommt in neuester Zeit *Dr. C. Bär* (Mozart-Tagung, Salzburg, August 1964, und Diskussionsvotum zu *O. E. Deutsch*, «Die Legende von Mozarts Vergiftung», MJB 1964, Salzburg 1965) zur Diagnose einer Polyarthritis rheumatica. Hiezu müßte unbezweifelbar festgestellt werden, ob Mozart tatsächlich bis kurz vor seinem Ende an der Partitur des Requiems gearbeitet hat oder ob er dies eben wegen jener Erkrankung (Lähmung der Finger!) nicht konnte. Wir hören auch nichts von erhöhter Verwirrtheit, Fiebererscheinungen oder Delirien in jenen letzten Tagen. Im Gegenteil: Mozart soll bis zuletzt bei vollem Bewußtsein geblieben sein. – Ein anderer Arzt, *Dr. J. Barraud*, legt in seiner Studie «A quelle maladie a succombé Mozart» («Chronique médicale», 15. November 1905) fest, Mozart sei an den Folgen einer Nierenentzündung (vermutlich der Brightschen Nierenkrankheit) gestorben. *Dr. Hermann Kasseroller* (Salzburg 1927) kommt mit interessanter Begründung zu einem ähnlichen Schluß: Kein Symptom in Mozarts letzter Krankheit weise auf eine Erkrankung tuberkulöser Natur hin, vielmehr ließen sich sämtliche Symptome nach den Schilderungen der Augenzeugen durch Folgeerscheinungen einer chronischen Nierenentzündung erklären, deren Entstehungszeit vielleicht auf einen im neunten Lebensjahre erworbenen Scharlach zurückzuführen sein dürfte. Die vielleicht seit dieser Zeit insuffizienten Nieren scheinen in seinen letzten Lebensjahren zu Schrumpfnieren geworden zu sein, so daß die Mozart in der letzten Zeit anhaftenden Vergiftungsideen durch eine von jener Schrumpfung verursachte Harnstoffvergiftung (Urämie) erklärlich sind. Der Mozartsche Typus (Zeichnung von Dora Stock) weist den für chronische Nierenentzündung bezeichnenden Gesichtsausdruck auf, gekennzeichnet durch leichte Gedunsenheit, Blässe und matten Blick. Die Krämpfe, die Mozart in den letzten Wochen befielen und die von den Ärzten als «hitziges Frieselfieber» (Fraisen!) bezeichnet wurden, ergeben sich aus der durch die ungenügende Nierenfunktion bedingten Harnstoffvergiftung des Körpers und deren Einwirkung auf das Gehirn. Eine weitere Erklärung für die Annahme der Schrumpfniere gibt die Erscheinung der Schwellung von Händen und Füßen. Im letzten Stadium traten die ursprünglich urämischen Gehirnreizerscheinungen in ein Gehirnlähmungsstadium, das sich durch langsames tiefes Atmen mit lauten, vernehmlichen Lippen- und Wangenbewegungen beim Ausatmen charakterisiert, so daß durch diese Erscheinung die Angaben der Augenzeugen von seinem Ende (er habe die Backen aufgeblasen und die Pauken nachgeahmt) erklärt sind. – Vgl. dazu auch *Johannes Dalchow*, «W. A. Mozarts Krankheiten» in den «Veröffentlichungen des Internationalen Archivs» (Auszug im «Wr. Figaro», 23. Jg., 1955, Folge 3) und *ders.*, «Pathographie über W. A. Mozart», MJb 1955, S. 90 ff. – *Hans Holz*, «Mozarts Krankheiten und sein Tod», Diss. Jena 1939. – *Duda, G.:* «Gewiß, man hat mir Gift gegeben.» Eine Untersuchung der Krankheiten Mozarts, Pähl 1958. – *Greither, A.:* «Mozart und die Ärzte, seine Krankheiten und sein Tod», Deutsche Mediz. Wochenschrift, 1956; *ders.:* «Die Legende von Mozarts Vergiftung», Deutsche Mediz. Wochenschrift, 1957; *ders.:* «Die Todeskrankheit Mozarts», Basel 1967. – *Alfons Rosenberg*, «Die Todeskrankheit Mozarts», Horw-Luzern 1966. – *D. Kerner*, «Mozarts Krankheiten und sein Tod», Neue Zeitschr. f. Musik, 1958. – *J. Dalchow, G. Duda, D. Kerner*, «W. A. Mozart, Die Dokumentation seines Todes», Pähl 1966. – In diesem Buche, das auch viele Ergebnisse der zahlreichen Aufsätze Dr. Kerners und seiner Mitarbeiter verwertet, versuchen die drei Ärzte mit «naturwissenschaftlicher Forschung *das*, was sich seit Generationen als Legende mit wahrem Kern über alle Zeiten hinweg rettete», das Gerücht von Mozarts gewaltsamem Ende, zu bestätigen. Schon 1956 hatte *Dr. Kerner* in einem Artikel der «Wr. Mediz. Wochenschrift»: «Starb W. A. Mozart eines natürlichen Todes?» ausgeführt, Mozart wäre absichtlich mit Quecksilber vergiftet worden, und zwar planmäßig, monatelang mit kleinen Dosen, bis er dann am 18. November 1791 die tödliche Restdosis erhalten habe. Zwei Tage sei es dann zum schlagartigen Anschwellen der Extremitäten und des Rumpfes, zu «akuter degenerativer Nierenparenchymschädigung», verursacht durch das Quecksilber, gekommen. – Durch diese Forschungen Dr. Kerners und seiner Kollegen ist, wie *E. Komorzynski* bemerkt, eine Entscheidung zwar nicht erfolgt, und sie wird auch in Zukunft kaum erfolgen können. Aber es sei gewiß verdienstvoll und anerkennenswert, daß die bis jetzt unentschiedene Frage durch die übersichtliche und fachmännisch gründliche Zusammenstellung alles Wichtigen und Bedeutsamen aufgerollt und einer unvoreingenommenen Beurteilung nahegebracht worden ist. Auch wer nicht daran glaubt, daß Mozart durch Gift getötet worden ist – und dazu gehört auch heute der größte Teil der Mozart-Forscher –, muß durch die Untersuchungen der Genannten zu tieferem Nachdenken und noch gründlicheren Untersuchungen angeregt werden. In allerletzter Zeit (Mitt. d. Deutschen Mozart-Gesellschaft, Acta Mozartiana, II. Heft, Juli 1967, S. 31 ff.) hat *Dr. Kerner* die deutsche Übersetzung eines in italienischer Sprache abgefaßten Schriftstücks von der Hand des älteren Sohnes Mozarts, *Karl Thomas Mozart* (1784–1858), aus dessen Nachlaß veröffentlicht, eine Entgegnung auf Giuseppe Carpanis obenerwähnte Verteidigungsschrift zugunsten Salieris. Eine Kopie jenes, scheinbar undatierten, Schriftstücks befinde sich auch im Internationalen Musiker-Brief-Archiv (IMBA). Eine Schriftprobe des Autographs von Mozarts Sohn ist jener (kommentarlosen) Veröffentlichung beigefügt. Diese lautet (mit Kürzungen!): «Ich habe den Brief gelesen, den Herr Carpani in die italienische Bibliothek (= Biblioteca Italiana) aufnehmen ließ, um Salieri gegen die Anschuldigung der Vergiftung Mozarts zu verteidigen. Ich stimme in allem überein, was er in dem ersten Teil seiner Verteidigungsschrift anführt, d. h. bezüglich der Neigung der Menschen, den boshaften, sonderbaren und geheimnisvollen Behauptungen Glauben zu schenken ... Was man aufklären sollte, ist, ob es sich bei seiner Krankheit um ein nicht diagnostiziertes entzündliches Gallenfieber handelte, das der Arzt gleich als hoffnungslos bezeichnete (er erkannte die Gefahr erst in den letzten Augenblicken). Besonders erwähnenswert sind meiner Ansicht nach die Umstände, nämlich daß ein paar Tage vor dem Tod eine derart große, allgemeine Schwellung auftrat (una gonfiezza generale), welche den Kranken an jeder kleinsten Bewegung hinderte, ferner der Gestank, der eine innerliche Auflösung ankündigte und gleich nach dem Tode immer stärker wurde, so daß er eine Leichenschau unmöglich machte ... Möge der Maestro Salieri an dem Tod Mozarts unschuldig sein, wie ich es wünsche und glaube. Ob das Leben Mozarts gewaltsam beendet wurde und man Salieri dieses Verbrechen zuschreiben soll? In Bezug auf diesen zweiten Teil möchte ich mich den zahlreichen Zeugen anschließen, die die persönlichen Eigenschaften des Maestro Salieri zu schätzen wußten, und darum glaube ich, daß er unschuldig ist, möchte aber unterstreichen, daß ich dazu nicht durch die Verteidigungsschrift des Herrn Carpani veranlaßt wurde. Ich kann das Zeugnis des Herrn Neukomm nicht als gültig anerkennen, da dieser um jene Zeit kaum der Kindheit entwachsen war, ebenso halte ich die Behauptung für falsch, daß er beim Tode Mozarts zugegen gewesen sei. In Mozarts Familie wurde er neun Jahre später eingeführt, als er zum Erzieher des jüngsten Sohnes des Maestro ausersehen wurde. Falls man aber die Glaubwürdigkeit der Behauptung Neukomms anerkennen wollte, wie kann man das, was der Herr Carpani behauptete, mit der von Neukomm in die französischen Blätter eingerückten Erklärung vereinbaren? Demgemäß sollte man glauben, daß der kranke Salieri – obwohl geistesgestört – sich dazu bekennt, am Tode Mozarts schuld zu sein, während der Herr Carpani durchaus bemüht ist, diesen Umstand zu verneinen und seine Meinung durch das Zeugnis der Krankenpfleger Salieris unterstützt. Gänzlich falsch sind außerdem die Umstände, die Herr Carpani anführt und welche den Tod Mozarts begleitet hätten. Es ist falsch und noch nicht erwiesen, ob Mozart gestorben ist, weil sein Lebenslauf beendet war, oder ob sein Tod durch Gewalt herbeigeführt wurde. Indessen gibt es starke Anzeichen, das in Betracht zu ziehen. Übrigens darf man nicht vergessen, was Mozart selbst in den letzten Monaten seines Lebens vermutete, ein Verdacht, der bei ihm durch die sonderbaren Auswirkungen der inneren Unordnung, die er spürte, entstanden war und der mit der mysteriösen Bestellung des Requiems zusammentrifft – alles Dinge, die so allgemein bekannt sind, daß ich sie hier nicht weiter zu erwähnen brauche.» Wo das italienische Original derzeit nachzuprüfen ist, wird leider nicht angegeben. Zweifellos dürfte nach dessen Sicherung der Inhalt die Wissenschaft wieder vor neue, interessante Probleme stellen.

277 S. 459: Man vergleiche dazu das über *Deiner* in Anm. 276 Ausgeführte! – Wir folgen im übrigen, wie zu Anfang dieser Anmerkung ausgeführt, den uns als einzige unmittelbare Quelle zur Verfügung stehenden «Familien-Berichten» (Konstanze Mozart, Sophie Haibl, z. T. über Niemetschek und Nissen).

278 S. 460: In den Sterbedokumenten von St. Stephan fehlt jedenfalls der sonst übliche Passus: «Versehen mit den Sterbesakramenten.» – «Ort, wohin und Tag, an welchem die Begräbniß beschehen», ist jedenfalls im Sterberegister von St. Stephan vermerkt: «den 6. Dezembris» im «Freydhofe ausser St. Marx.» (Dasselbe auch im «Totenbuch» von St. Stephan.)

279 S. 461: Die in neuerer Zeit zu Wien mit großem Lärmen wiederaufgefundene angebliche Totenmaske Mozarts hat sich nach wissenschaftlicher Prüfung als unecht herausgestellt. Vgl. den Artikel «Mozartbildnisse», S. 530.

280 S. 461: Es handelte sich somit nicht um ein unbezahltes «Armenbegräbnis», sondern um das billigste *bezahlte* Begräbnis der 3. Klasse. Die Kosten waren insgesamt 8 Gulden 56 Kreuzer, d. h. 4 fl. 36 kr. «Pfarrgeld» und 4 fl. 20 kr. Kirchengeld. Dazu kamen noch die Kosten für den Leichenwagen: 3 fl.

281 S. 461: Die *Berichte über Mozarts Begräbnis* sind hauptsächlich durch die in der Wiener «Morgenpost» vom 28. Jänner 1856 (!) erschienenen *Erinnerungen eines «Mannes aus dem Volke»* in Unordnung geraten. (Vgl. *Anm. 276* u. *Jahn-Abert* I 1026 u. II 842, 845 f.!) Mozart habe – nach *Jahn* – das Bierhaus «Zur silbernen Schlange» in der Kärnthnerstraße gerne aufgesucht und sei mit dessen Hausmeister *Joseph Deiner* «gut bekannt» gewesen. Er habe Deiner stets «mit viel Vertrauen behandelt»! Von *Deiner* stammen auch die Nachrichten von der Einsegnung der in ein «Todten-Bruderschaftsgewand von schwarzem Tuche» gehüllten Leiche des Meisters in der Kreuzkapelle von St. Stephan (richtig: im Freien, vor der «Kruzifix-Kapelle», dem Eingang zu den Katakomben, nahe der sogenannten «Capistran-Kanzel»). Bei dieser Einsegnung habe (nach *Deiner*) so schlechtes Wetter geherrscht, Sturm, Schnee und Regen, daß sich auch die wenigen Leidtragenden, die bei dieser Einsegnung dabei waren, entschlossen hätten, beim Stubentore umzukehren und nicht mit auf den St. Marxer Friedhof hinauszufahren. – Unter den «wenigen Freunden», die bei der Einsegnung zugegen waren, nennt *Abert* (II/846) van Swieten, Süßmayr, Deiner, Roser, den Cellisten Orsler und die Schwäger Mozarts, Lange und Hofer. Auch Salieri wird genannt. Doch stammen alle diese Namen aus späteren Quellen. Schikaneder, der fehlte, soll

(nach *Nissen,* S. 572) herumgegangen sein, laut aufschreiend: «Sein Geist verfolgt mich allenthalben: er steht immer vor meinen Augen!» – Da somit kein Nahestehender bei der eigentlichen Beisetzung anwesend war, sei dies die Ursache gewesen, warum die Stätte, «wo die Asche des großen Tondichters ruhe», nicht mehr bestimmt werden könne. Diese Darstellung ist über ein Jahrhundert lang in der Mozart-Biographik maßgebend geblieben. Seit März 1960 kennen wir aber durch *Egon Komorzynski* (*«Wiener Figaro»,* 28. Jg., Heft 1) eine Stelle in dem Tagebuch des seit 1782 zu Wien als «Präsident der Rechnungshofkammer» amtierenden *Grafen Carl von Zinzendorf.* Dieser hat Tag für Tag das jeweilige Wetter in sein Diarium mit etwas altertümlichen französischen Schlagworten eingetragen. Für den 6. Dezember 1791, dem Tag der Einsegnung und des Begräbnisses, lautet die Eintragung: «... Tems doux. Du brouillard frequent» (Mildes Wetter mit häufigem Nebel). Es ist also weder Regen noch Schneetreiben vermerkt, was Zinzendorf bestimmt erwähnt hätte. Auch nach dem Buch der *Wiener Sternwarte,* in dem die meteorologischen Hauptdaten von 1775 bis 1885 gedruckt vorliegen, zeigte das Barometer am Begräbnistag nur geringe Schwankungen; es blieb den ganzen Tag über windstill und, der Jahreszeit entsprechend, kühl (gegen + 3 °), aber nicht kalt, wenn auch nicht das «strahlend schöne Wetter» herrschte, das in einigen jüngeren Darstellungen eine gewisse Rolle spielt. Jedenfalls reicht das Wetter nicht aus, um den Schwund der Leidtragenden beim nahen Stubentor zu erklären. Der wahre Grund muß ein ganz anderer gewesen sein. Auch die übliche Rechtfertigung mit der seit *Joseph II.* üblichen «Einfachheit der Leichenbegängnisse» genügt nicht. Uns sind wesentlich aufwendiger gehaltene Kondukte bei durchaus nicht immer hochgestellten Personen aus jener Zeit bekannt. (Beim Begräbnis *Glucks* [1787] war, wie berichtet wird, eine erstaunlich große Zahl von Leidtragenden auf dem Matzleinsdorfer Friedhof anwesend.) Eine unwiderlegliche Darstellung der eigentlichen Ursache besitzen wir zur Zeit noch nicht. – «Die Reihengräber waren etwa 2½ Meter tief und wurden in drei Schichten belegt. Aber nicht auf einmal, sondern in zeitlichen Abständen. Die Personen aus dem gleichen Stadtviertel, die um den 6. Dezember beigesetzt wurden, blieben Mozarts Nachbarn und sind im Totenbuch der Pfarre St. Stephan zu finden» (*Hermine Cloeter,* Die Grabstätte Mozarts, Wien 1956). – Die Gräber «solcher allgemeiner Begräbnisstellen» sollen (nach *Nissen,* Kollektaneen) alle sieben Jahre «geöffnet und aufgeräumt» worden sein (*R. v. Lewicki* in *MM,* November 1919).

282 S. 462: Nissen ist niemals in den österreichischen Adelsstand erhoben worden, wie dänische Quellen berichten. «Die Erhebung in den Adelsstand war zweifellos eine Erfindung Konstanzes, der geborenen ‹von› Weber und angeheirateten Verwandten der ‹von› Hönigs» (*E. Valentin,* NMJb II/1942, S. 164). (Vgl. Anm. 165!)

283 S. 463: Die Originalpartitur des Requiems befindet sich seit 1838 vollständig im Besitz der Wiener Staatsbibliothek (Faksimilie des Autographs, herausg. von A. Schnerich, 1914). In dem Exemplar, das Walsegg erhielt, stammte nur die Nummer I von Mozart, Nummer II–XII hatte Süßmayer mit seiner dem Meister ähnlichen Handschrift nach den originalen Entwürfen kopiert und in diese Kopie die fehlenden Stellen eingetragen. Die eigenhändigen Niederschriften Mozarts von Nummer II–XII behielt Konstanze zurück. Dieses Manuskript bildete dann die Grundlage der Druckveröffentlichung des Werkes durch Mozarts Witwe, die zu einer Kontroverse mit dem Grafen Walsegg führte. – Zur *Literatur* über das Requiem: *Abert,* II., S. 851 ff., u. *ders.:* II., S. 1019 ff. – «Die Kontroverse über das Requiem» (O. Jahn). – *R. Handke,* Zur Lösung der Benedictusfrage in Mozarts Requiem, ZfMW I., S. 108 ff., der auch die letzten drei Sätze und das Lacrimosa in der Hauptsache Mozart zuschreibt. Der Anfangsgedanke des Benedictus finde

sich in einem Übungsheft Mozarts und sei fast allen Benedictusgedanken seiner früheren Messen verwandt. – *Wilh. Fischer,* Das «Lacrimosa dies illa» in Mozarts Requiem, MJb 1951 (Salzburg 1953), S. 9 ff.– *E. J. Luin,* Wer war der unbekannte Bote des Mozartschen Requiems? Schweizer Musikztg. Zürich 91, 1951. – *Ernst Hess,* Zur Ergänzung des Requiems von Mozart durch F. X. Süßmayr. – Zur Erläuterung der Disposition des Requiems: Introitus (Requiem) und Kyrie bilden den ersten Teil (I), folgt die Sequenz (Dichtung von Th. v. Celano, Mitte 13. Jahrhundert), in sechs selbständige Stücke (II–VII) zerlegt (Dies irae, Tuba mirum, Rex tremendae, Recordare, Confutatis und Lacrimosa), das Offertorium aus zwei Teilen (VIII und IX, Domine Jesu und Hostias), Sanctus (X), Benedictus (XI) und Agnus (XII).

284 S. 464: Mozarts Zeugnis für *Eybler:* «Ich Endesgefertigter bescheinige hiermit, daß ich Vorzeiger dieses, Herrn *Joseph Eybler,* als einen würdigen Schüler seines berühmten Meisters Albrechtsberger, als einen gründlichen Componisten, sowohl in Kammer- als Kirchenstyl gleich geschickten, in der Setzkunst ganz erfahrnen, auch vollkommenen Orgel- und Klavierspieler, kurz als einen jungen Musiker befunden habe, wo es nur zu bedauern ist, daß seinesgleichen so selten ist. – Wienn, den 30. May 1790» (Original in der National-Bibl., Wien). – *Eybler* wurde der Nachfolger Salieris. Er hatte schon am 21. Dezember 1791 Konstanze zustimmend geantwortet und mit der Ergänzung des Requiems begonnen, die er nur bis zum Offertorium fortführte, dann aber leider zurücklegte. Süßmayr hat dann einige der Eyblerschen Lösungen übernommen.

285 S. 467: *H. J. Moser,* Geschichte der deutschen Musik, II/1, S. 445.

ABKÜRZUNGEN

Abert	=	*Hermann Abert,* «W. A. Mozart», herausgegeben als fünfte vollständig neu bearb. u. erweiterte Auflage von Otto Jahns Mozart, 2 Bände, Leipzig, Breitkopf & Härtel, 1919.
Einstein	=	*Alfred Einstein,* «Mozart, Sein Charakter, sein Werk», Stockholm Bermann-Fischer-Verlag, 1947.
K	=	Köchel-Verzeichnis.
WSF	=	*de Wyzewa et de Saint Foix,* «W. A. Mozart, sa vie musicale et son œuvre de l'enfance à la pleine maturité (1756–1777)», 2 Bände, Perrin et Cie., Paris, 1912 (3. Bd. v. St. Foix, Paris 1936).
MJB	=	Mozart-Jahrbuch, herausgegeben von H. Abert, München, Drei-Masken-Verlag, resp. seit 1950 von der Intern. Stiftung Mozarteum.
NMJb	=	Neues Mozart-Jahrbuch, hrg. v. E. Valentin, Regensburg, Gustav Bosse.
MBM	=	Mitteilungen f. d. Berliner Mozart-Gemeinde, Bln., Mittler & Sohn.
MM	=	Mozarteums-Mitteilungen, herausgegeben und verlegt vom Mozarteum in Salzburg, 1918–1920, dann seit 1962.
NMA	=	Neue Mozart-Gesamtausgabe.
DdT	=	Denkmäler deutscher Tonkunst, Leipzig, Breitkopf & Härtel.
DTB	=	Denkmäler deutscher Tonkunst in Bayern, ebenda.
DTÖ	=	Denkmäler der Tonkunst in Österreich, Wien, Artaria und U. E.
SIMG	=	Sammelbände der Internationalen Musikgesellschaft, ebenda. Breitkopf & Härtel.
ZIMG	=	Zeitschrift der Internationalen Musikgesellschaft, ebenda.
ZfM	=	Neue Zeitschrift für Musik (Leipzig–Regensburg).
ZfMW	=	Zeitschrift für Musikwissenschaft (Leipzig).

AHNENTAFEL W. A. MOZARTS

David Mozart (I)
aus Pfersee

David Mozart (II) Maurermeister geb. um 1620 † 28. 1. 1685 Augsburg	∞ 25. 1. 1643 Augsburg	Maria Negeler aus Lechhausen † 24. 4. 1697 Augsburg	Bartholomäus Pertl Fürsterzbischöfl. Leibkutscher † um 1636 Salzburg	∞ 11. 11. 1601 Dom Salzburg	Ursula Schmid aus Lamprechtshausen
Franz Mozart Maurermeister * 3. 10. 1649 Augsburg	∞ 30. 1. 1678	Anna Harrer aus Oberpüchrhain † Augsburg	Johannes Pertl Tuchmacher * 23. 2. 1607 Salzburg † 26. 4. 1698 (?) Salzburg	∞ 19. 7. 1654 Salzburg	Magdalena Zachner aus Kirchheim † 11. 2. 1681 Salzburg
Johann Georg Mozart Buchbindermeister * 4. 5. 1679 Augsburg † 19. 2. 1736 Augsburg	∞ 16. 5. 1718	Anna Maria Sulzer aus Augsburg * 30. 7. 1696 † 11. 12. 1766 (?) Augsburg	Wolf Niklas Pertl Fürsterzbischöfl. Pfleg. * 6. 12. 1667 Salzburg † 7. 3. 1724 St. Gilgen	∞ 22. 11. 1712 St. Gilgen	Eva Rosina Barbara Puxbaumer geb. Altmann † 9. 12. 1755 Salzburg

Johann Georg Leopold Mozart Fürsterzbischöfl. Vizekapellmeister * 14. 2. 1719 Augsburg † 28. 5. 1787 Salzburg	∞ 21. 9. 1747 Aigen bei Salzburg	Anna Maria Pertl * 25. 12. 1720 St. Gilgen † 3. 7. 1778 Paris
Wolfgang Amadeus Mozart * 27. 1. 1756 Salzburg † 5. 12. 1791 Wien	∞ 4. 8. 1782 Wien	Konstanze Weber * 5. 1. 1762 Zell im Wiesenthal † 6. 3. 1842 Salzburg

1. Raimund Leopold M. * 17. 6. 1783 Wien † 19. 8. 1783 Wien	2. Karl Thomas M. * 21. 9. 1784 Wien † 31. 10. 1858 Mailand	3. Joh. Thomas Leopold M. * 18. 10. 1786 Wien † 15. 11. 1786 Wien	4. Theresia M. * 27. 11. 1787 Wien † 29. 6. 1788 Wien	5. Anna M. * und † 16. 11. 1789 in Wien	6. Wolfgang Franz M. * 26. 7. 1791 Wien † 29. 7. 1844 Karlsbad

Zur Frage der Mozartbildnisse: M. Zenger – O. E. Deutsch, Mozart und seine Welt in zeitgenössischen Bildern, NMA, Ser. X, Suppl. Werkgr. 32, Kassel 1961. – *H. Abert,* Mozarts Porträts in «W. A. Mozart», II., S. 1036 ff., Leipzig 1921. – *Julius Leisching,* W. A. Mozarts Bildnisse, Salzb. Museumsblätter, V. Jg., Nr. 5/6, Dez. 1926. – *Rob. Bory,* W. A. Mozart, Sein Leben und seine Werke in Bildern, Genf 1948. – *A. Schurig,* II., S. 353 ff. – *R. Tentschert,* Mozart, Ein Künstlerleben in Bildern und Dokumenten, Amsterdam 1931. – *E. Valentin – Ph. Harden-Rauch,* Mozart, Bildbiographie, München 1959. – *E. Vogel,* Mozart-Portraits, Jb. Peters 1899, Leipzig 1900. – *L. Schiedermair,* Mozart-Ikonographie in den «Briefen», Bd. V, XII, München 1914. – *Max Zenger,* Falsche Mozartbildnisse, NMJb I/1942, S. 176 ff. – *Franz Martin,* Das Nannerl Mozart im Galakleid, MJb 1950, S. 49 ff. – *Erna Felmayer,* Der Maler Thaddäus Helbling und sein angebliches Mozartbild, im «Hist. Museum der Stadt Wien», Wien 1957, S. 59 ff. – *Rob. Haas,* Ein unbekanntes Mozartbildnis, in «Festschrift f. W. Fischer», Innsbruck 1956, S. 15 ff. – *Raff. Brenzoni,* Das Veroneser Mozartbild, Musik-Erziehung, Wien, Dez. 1955, Jg. 9, Heft 2, S. 85 ff. – *O. E. Deutsch,* Ein Mozartbildnis von Barbara Krafft, Bergland, Innsbruck 1936, August, Jg. 18, Nr. 8. – Aus der *frühen Kinderzeit* Wolfgangs ist nur ein einziges Bild als verläßlich anzusehen: jenes im Salzburger Mozart-Museum, das den Sechsjährigen (1762) in dem von der *Kaiserin Maria Theresia* geschenkten, ursprünglich für den *Erzherzog Maximilian* bestimmten Galakleid darstellt, «vom feinsten Tuch lilofarb», wie Vater Mozart berichtet, «die Weste von Mode nämlicher Farbe, Rock und Kamisol mit Goldborten breit und doppelt bordiert». Alles in allem ein frisches, gesundes, pausbäckiges Knabenbild, ein wenig älter und reifer in der Darstellung, als der «Wolferl» damals tatsächlich ausgesehen haben mag, wahrscheinlich nicht in Wien und nicht von einem Schüler des kaiserlichen Hofmalers *van Meytens* gemalt, sondern, wie Franz Martin vermutet, in Salzburg von dem Trientiner Künstler *Pietro Antonio Lorenzoni.* Dieser war von etwa 1749 an bis zu seinem Tode (18. Jänner 1786) in Salzburg tätig. Das Gegenstück dazu, «Schwester Nannerl im Galakleid», hat seine heitere kleine Geschichte, die lehrt, wie vorsichtig man bei der Beurteilung solcher Bilder vorgehen müsse: Auch Nannerl hatte von der Kaiserin damals ein Prunkkleidchen, das Hofkleid einer Prinzessin, «*weiß* brochierter Taffet mit allerhand Garnierungen», erhalten. «Es ist schade», ergänzt der alte Mozart seinen Bericht aus Wien, «daß man nichts anders als einen Cotillon» – ein Unterröcklein – «hat daraus machen können. Ein Miederl ist auch dabei.» Nun hat Nannerl auf dem Salzburger Bild aber ein lilafarbenes Kleidchen an, das also keineswegs das von der Kaiserin geschenkte Hofkleid sein kann. *Martin* hat entdeckt, daß die Form des Kleides mit allen Einzelheiten der Garnierung, der Ausschnitt und die Haltung der Arme vollkommen identisch mit einem von Lorenzoni gemalten Porträt einer salzburgischen Pflegskommissärsgattin, *Frau von Kurz,* geborener *von Koflern,* sind. Wer von beiden Frauen hat nun wirklich das lila Prunkkleid besessen oder – so fragt *Martin* – besaß es – gar keine? Man ist beinahe versucht, anzunehmen, daß *Lorenzoni,* wie das bei Kommerzmalern jener Zeit wirklich in Übung gewesen ist, auf einen bereits fertig gemalten Körper den Kopf einfach aufgesetzt hat. Das Bild Wolferls scheint dagegen vollständig mit dem echten Hofkleid gemalt worden zu sein. Noch bleibt von *zwei Pariser Kinderbildern* zu berichten: Das erste, ein Aquarell, hat der Malerdilettant *Louis Garrogis Carmontelle* «gleich bey Ankunft» (November 1763) in der Seinestadt angefertigt. «Der Wolfgang spielt Clavier», so berichtet Leopold, «ich stehe hinter seinem Sessel und spiele Violin und die Nannerl lehnt sich auf das Clavecin mit einem Arm; mit der andern Hand hält sie die Musicalien, als sänge sie.» Allgemein bekannt ist dieses Aquarell erst durch einen Kupferstich geworden, den *Jean Baptiste Delafosse* ein Jahr später angefertigt und vertrieben hat. (Der englische Stich des Siebenjährigen von *T. Cook* ist nur die Nachbildung eines Ausschnitts aus diesem Stich.) An die Naturtreue dieser Abbildungen dürfen wir natürlich ebensowenig Ansprüche stellen wie an ihren dokumentarischen Wert. Einen solchen besitzt ohne Zweifel das mit vielen Figuren gefüllte Gemälde von *Michel Barthélemy Ollivier* im Pariser Louvre. Es zeigt uns den kleinen Mozart am Flügel bei einem vom *Prinzen Conti* im Vierspiegelsaal des Temple arrangierten englischen Tee. Die winzige Figur des Kindes in der linken Bildhälfte erscheint inmitten der lebendig gestellten Noblesse so klein, daß eine Frage nach Naturtreue oder Ähnlichkeit gar nicht gestellt werden kann. Doch hat der Künstler den Augenblick ausgezeichnet getroffen, wo aus lässigem Umherstehen der Gruppen, angeregter Konversation und routinierter Unaufmerksamkeit alles plötzlich wie fasziniert auf die winzige Persönlichkeit am Cembalo hinübersieht, als hätte die zauberische Kunst des knabenhaften Orfeo mit einem Mal alle zu gespanntem Hinhorchen gezwungen, das stark und überzeugend aus dem Bilde spricht. Das in Reproduktionen sehr verbreitete *Knabenbild von Thaddäus Helbling* (Mozart-Museum, Salzburg), der Legende nach den ungefähr zwölfjährigen Wolfgang am Klavier darstellend, war schon seit längerer Zeit mit guten Gründen angezweifelt worden. Immer blieben die dunkelbraunen Augen des in Wirklichkeit blauäugigen Mozart auf diesem Gemälde verdächtig. Auch die erwünschte Tradition, das Bild stamme aus dem Nachlaß des persönlichen Freundes und Hausherrn der Mozarts, Lorenz Hagenauer (1712–1792), hat sich als haltlos erwiesen. Verwirrend war allerdings die Tatsache, daß es von einem Nachfolger Hagenauers, Angelo Saullich, allerdings erst 1858, als der damalige Besitzer von Leopoldskron, der «bürgerliche Schießstättenwirt» Georg Zierer, die Kunstschätze des ehedem gräflich Firmianschen Schlosses um lächerliche Beträge verschleuderte, erworben und dem Mozarteum späterhin übermacht worden war. Nach den plausiblen Ausführungen *Erna Felmayers* stellt der «hübsche, elegant gekleidete Knabe, dieser ‹kleine Dandy› mit den schönen schwarzen Augen, richtigen ‹Kirschenaugen› in dem noch kindlichen, etwas gelangweilt-hochmütigen Gesicht» den jungen *Grafen Carl Firmian* (geb. 1770) vor, den älteren Sohn des *Grafen Franz Lactanz Firmian,* desselben, der 1744 das Schloß Leopoldskron bei Salzburg von seinem Onkel, dem Salzburger Erzbischof *Leopold Anton Graf Firmian,* geerbt hatte. Die Akten über dieses Bild sind also noch nicht geschlossen. Auf der ersten italienschen Reise (1770) entstand zu Verona das schönste Jugendbildnis Wolfgangs, wieder eine Darstellung des Knaben am Klavier. Ehemals Eigentum *Dr. Karl Kupelwiesers* (Wien), befindet sich das Gemälde heute im Besitz des berühmten Pianisten *Alfred Cortot.* Es wurde von einem Veroneser Gönner der Mozarts, *Pietro Lugiati,* in Auftrag gegeben und hat lange als ein Werk des tüchtigen *G. B. Cignaroli* gegolten, wird aber von der neueren Forschung seinem Neffen und Schüler *Saverio dalla Rosa* zugeschrieben. Mit flotter Technik läßt es einen bewußt geistvollen Zug im frischen Antlitz des jungen Künstlers aufleuchten und wird der feinen, eleganten rechten Hand, deren kleinen Finger ein ihm von *Maria Theresia* gespendeter Diamantring wie ein Talisman ziert, besonders gerecht. Ein *Kniestück, «Mozart mit dem Diamantring»* (Mozart-Museum, Salzburg), etwa 1774/75 von einem Unbekannten gefertigt, steht künstlerisch weit unter dem Veroneser Porträt. Mozart erscheint darauf erwachsener, verschlossener. Wir wissen nicht, ob daran nicht die Steifheit der Pinselführung Schuld trägt. Einst im Besitz der Salzburger Familie von Helmreichen, 1926 vom Mozarteum erworben, wird dieses Porträt als Darstellung Mozarts neuerdings mit Recht stark angezweifelt. Ein anderes Jünglingsbild, feierlich und starr, zeigt Mozart – viel zu alt, mit beinahe greisenhaften, pedantischen Zügen – mit dem ihm vom Papst verliehenen *Orden vom goldenen Sporn.* Das Original ist verlorengegangen. Ein Zweitstück davon, wohl vom gleichen Maler stammend, befindet sich in der Bibliothek des Liceo musicale zu Bologna. Von diesem wieder wurde in neuerer Zeit eine Kopie für das Salzburger Mozart-Museum angefertigt. Die Bologneser Kopie hat Vater Mozart im Dezember 1777 als Erkenntlichkeitsgeschenk an den Musikgelehrten *Padre Giambattista Martini* gesendet. «Ich zögerte bis jetzt», so führt er entschuldigend in seinem Begleitbrief an, «aus Mangel eines geschickten Malers, Ihnen damit aufzuwarten. Es fehlt nämlich ein solcher in unserer Stadt, und ich hoffte immer, es möchte ein geschickter Künstler hierher kommen. Endlich aber war ich gezwungen, mich zu entschließen, das Porträt von einem hiesigen Maler verfertigen zu lassen». Es ist darnach! Wie es uns heute, namentlich in der dritten Auflage von der Wand im Mozart-Museum entgegentritt, darf es somit kaum mehr als authentisch, höchstens als ein kurioses Erinnerungsstück betrachtet werden. Seltsamerweise hat Vater Mozart das Original, das wir eben leider nicht kennen, in einem Briefe an den Sohn (27. November 1777) «wunderbar getroffen» gefunden. Aus einer Versteigerung der Bologneser Stadtverwaltung stammt ein jetzt in Paris befindliches, künstlerisch wertloses, angeblich die Aufnahme Mozarts in die Bologneser Accademia Filarmonica (Oktober 1770) darstellendes Gruppenbild. Auch auf dieser höchst dubiosen Leinwand ist der Knabe viel zu massiv und alt, wenn auch mit tüchtiger Nase dargestellt. Die Züge dieses Jünglings erinnern auffallend an jene des berühmten Altisten *Giuseppe Aprile.* Zwei angeblich 1770 in Rom von *Pompeo Batoni* gemalte Bilder – heute in englischem Privatbesitz –, «Mozart mit der Notenrolle» und «Mozart mit der Harfe», müssen als unecht abgelehnt werden. Es besteht nicht die Spur einer Nachricht, daß Mozart jenem Künstler gesessen ist. Dasselbe muß von dem im Salzburger Mozart-Museum aufbewahrten Knabenbild «Mozart mit dem Vogelnest» von *Zoffani* festgestellt werden. Keine sichere Quelle berechtigt uns, dieses Abbild eines kränklichen, überschlanken, wasserköpfigen Kindes mit Wolfgang zu identifizieren. Auch das süß verträumte, berühmte Knabenköpfchen von *Greuze* hat bestimmt nichts mit Mozart zu tun. Ebensowenig die kaum mehr zählbaren, ununterbrochen wieder auftauchenden Porträts mehr oder weniger eleganter Rokokokinder mit Puderperücke. Diese ist meist das einzige, was sie mit Wolfgang oder seiner Schwester gemeinsam haben. Man hat damit viel Unfug getrieben. Bereitwillige Phantasie, Voreiligkeit und geschäftige Unwissenheit sind tüchtige Helfer dabei gewesen. Vom reicher noch blühenden Mißbrauch mit posthumen Mozartporträts gar nicht zu reden. Immer sind dabei die süßlichen Bilder des Mozartbübleins die beliebtesten gewesen. Unter den leider nur *zwölf authentischen Darstellungen Mozarts* ist – von zwei *Miniaturen* (eine für das Nannerl, die andere 1777 für das Augsburger Bäsle gemalt) abgesehen – an erster Stelle eine Darstellung des *jungen Meisters* auf dem großen, heute im Musiksaal des Mozart-Wohnhauses auf dem Makartplatz untergebrachten, großen Familienbilde der Mozarts zu nennen. Der 1736 in Presano bei Trient geborene, 1819 in Linz verstorbene vielbeschäftigte *Johann Nepomuk della Croce* hat es im Spätherbst 1780 im gleichen Raume zu Salzburg gemalt, in dem es heute hängt: Wolfgang ist, mit Schwester Nannerl am Klavier spielend, in Dreiviertelansicht wiedergegeben; der Vater mit der Geige lehnt hinter dem Flügel, während die damals schon verstorbene Mutter wenigstens im gerahmten Wandbild an der gut erdachten Szene teilnimmt. Wichtig an diesem Bilde ist die auffallende Übereinstimmung von Wolfgangs Typus mit dem der Mutter, was auch am Einzelporträt der Frau Anna Maria Mozart im Mozart-Museum (Getreidegasse) studiert werden kann. Sofort fallen die große, «dinarische» Nase, dazu viele andere Züge von faszinierender Ähnlichkeit unmittelbar auf. Dies läßt auf tiefe Wesensgleichheit der beiden Persönlichkeiten schließen. Das Porträt schmeichelt nicht: eine gewisse Gewähr für seine Ehrlichkeit! Wolfgangs Augen sind von zarter Bläue, die Haare sehr blond. Der etwas «unstäte und zerstreute» Blick, von dem der Sänger *O'Kelly* erzählt, kommt gut zum Ausdruck. Auch die leichte Myopie, das «kurze Gesicht«, das uns ein Brief des Vaters einwandfrei bestätigt. Ein einziges Bildwerk scheint mir jedoch einen Schimmer der unsagbaren Melancholie begriffen zu haben, die zu den verborgenen Wundern seines Wesens gehörte, von der nur wenige Stellen seiner Briefe, viel unergründliche Wendungen seiner späteren Werke sprechen: Es ist dies die bekannte, als Profilbild auf Elfenbeinkarton entworfene, heute in der Musikbibliothek des Hauses Peters in Leipzig bewahrte *Silberstiftzeichnung* von *Dorothea Stock,* einer Tante des Dichters *Theodor Körner.* Die Künstlerin hat es auf der Berliner Reise des Meisters im Frühling 1789 zu Dresden gefertigt. Es wurde das letzte Bild, dem Mozart gesessen ist. Nicht ohne Ergriffenheit können wir in den ätherischen Zügen die Spuren aufkeimenden Leidens schon deutlich eingegraben sehen. Diesem ahnungsschweren Bilde verwandt ist die *kleine, unvollendete Kopfstudie Mozarts* von seinem Schwager, dem auch als Maler begabten Schauspieler *Joseph Lange,* von 1782 im Mozart-Museum zu Salzburg; vielleicht gerade darum, weil sie unvollendet blieb, uns daher traumhafter erscheint, als sie beabsichtigt gewesen sein mag. Der gespannte Ausdruck des einer visionären Tonwelt völlig hingegebenen Künstlers – Mozart ist am Klavier sitzend gedacht – hat etwas rührend Entrücktes. Als Standardwerk gilt das leicht idealisierte *Wachsrelief von Leonhard Posch aus dem Jahre 1788,* die Quelle unzähliger Stiche und Wiederholungen bis in unsere Zeit. Mozart wird hier antikisiert, mit freiem Halse und herabwallendem Lockenhaar dargestellt. Etwas später (1789) hat Posch eine Nachformung in Buchsbaumholz geschnitten. Mozart erscheint auf dieser nicht mehr klassizistisch stilisiert, sondern in der Tracht seiner Zeit. Eine zweite Abformung wurde ein Relief aus Meerschaum auf einem mit blauem Samt unterlegten Untergrund aus Glas in ovaler Rahmung aus facettierten Stahlrosetten, der sogenannte «Mozart auf der Gürtelschnalle». Alle diese drei Stücke besaß das Salzburger Mozart-Museum. Aber das Wachsrelief und das Meerschaumrelief sind im Endsturm des großen Krieges verschwunden. Vielleicht ziert die «Gürtelschnalle» jetzt den Aufputz eines unwissenden weißen oder braunen Mädchens im weiten Westen. Als authentisch ist auch der einfache, von *Hieronymus Löschenkohl* gezeichnete *Schattenriß* anzusehen, der im «Österreichischen Nationalkalender auf das Jahr 1786/87» erschienen ist. Wenige Stunden nach Mozarts Heimgang nahm ein *Graf Deym,* der unter dem bürgerlichen Namen *Müller* ein «Kunstkabinett» mit Gemälden, Abgüssen klassischer Plastiken, Wachsfiguren und seltsamen Raritäten auf dem Kohlmarkt unterhielt, die *Totenmaske* für seine Sammlungen ab (vgl. S. 461). Von dieser soll auch die Witwe Konstanze einen Abguß erhalten haben. Aber diese Dokumente von unschätzbarem Wert sind spurlos verschwunden (vgl. dazu: *Walter Krieg:* «Um Mozarts Totenmaske» im NMJb III/1943, S. 118 ff.). In jüngster Zeit ist die angebliche Totenmaske wieder aufgetaucht, ein saftiger Schwindel, der ernsthafter Prüfung nicht standhalten konnte. Konstanzes Kopie soll ihr «beim Abstauben» aus den Händen gefallen und zerbrochen sein. Die Splitter habe sie des Aufhebens nicht für wert gehalten. So wenigstens berichtet *Ludwig Nohl* (1880) nach den Erzählungen alter Salzburger. Somit ist auch diese Kunde reichlich unsicher. In den zahlreichen Phantasiebildern, die von Mozarts Hinscheiden an bis in unsere Zeit geschaffen wurden, spiegelt sich die Stellung der Welt zum Genius und Menschen Mozart im Licht der rasch wechselnden kulturellen und geistigen Haltung nicht anders wider als in der Beurteilung und Schätzung seines Werks durch Musiker, Musikliebhaber und Forscher der verschiedenen Generationen. Viel Aufrichtiges, viel mühsam Erarbeitetes ist darunter. Leider auch viel leere Sentimentalität, Verkennung und viel Kitsch. Allgemeine Verwirrung hat das sogenannte *Tischbeinsche Bild* hervorgerufen, das noch heute als weit verbreitetes Porträt des Meisters sein Unwesen treibt. Schon 1856 hat Mozarts Sohn Karl dagegen energische Verwahrung eingelegt. Das Modell, ein unbekannter, nobler Herr der Gesellschaft, hat wohl nie geahnt, daß sein hübsches Gesicht eine solche Volkstümlichkeit in der Nachwelt erlangen werde. Hundert Jahre nach jenem Protest hat der Salzburger Landtag eine «Lex Mozart» beschlossen, die wenigstens im kleinen eigenen Lande der Verkitschung von Mozarts Bild und Andenken durch falsche Geschäftstüchtigkeit im Dienste der Andenkenindustrie Einhalt tun wollte. Das war gut gemeint. Aber es hat bisher wenig genützt und ist heute bereits wieder völlig vergessen. Jene Tischbeinsche Paraphrase ist, allen Bemühungen zum Trotz, bis heute ein Leitstern in der Verwirrung um die falschen Mozartbildnisse geblieben und wird es wohl noch auf lange Zeit hinaus bleiben. Warum auch nicht? Mozart wird auch diese freundliche Mystifikation lächelnd überdauern. Ein posthumes Bild von besonderer Qualität muß hier zuletzt jedoch Erwähnung finden: Es ist das von der hochbegabten *Barbara Krafft*, geb. Steiner (1764–1825) im Auftrag Joseph Sonnleithners 1819 zu Salzburg gemalte Brustbild Mozarts in Öl. Mozarts Schwester hat der Malerin dort drei Bilder, das große Familienbild, das verlorengegangene kleinere Bild von Joseph Lange und eine Miniatüre zur Verfügung gestellt. Es ist ein höchst lebendiges Bild des Meisters, am stärksten an das große Familienbild von Joh. Nep. della Croce erinnernd, geworden (Sammlung der Gesellschaft der Musikfreunde, Wien).

WERKVERZEICHNIS

Das nachfolgende Werkverzeichnis enthält die *wesentlichen* Werke W. A. Mozarts nach der Sacheinteilung des *chronologisch-thematischen Verzeichnisses* von *L. v. Köchel* (III. Aufl., Leipzig, Breitkopf & Härtel, 1937, Neubearbeitung von *Alfred Einstein)*. Da diese Auflage, ebenso wie die 1964 erschienene sechste (K.[6]), neben der neuen Werkzählung auch die Ziffern der älteren Auflagen führt, konnten diese füglich beibehalten werden. In der Rubrik «Seite» ist die Seite *unseres Buches* angeführt, wo das betreffende Werk behandelt wird. Die Rubrik «WAM» gibt die Serie und Nummer des Werkes in der *«kritisch durchgesehenen Gesamtausgabe der Werke von Wolfgang Amadeus Mozart»* (Breitkopf & Härtel) an. Gleichfalls praktischen Zwecken dienen die Angaben über Tonart, Entstehungsort und -zeit sowie über die instrumentale und vokale Besetzung. Bei nicht genau datierbaren Werken ist ein * der Datierung vorgesetzt. In der Rubrik «Tonart» bedeuten große Buchstaben *Dur-*, kleine *Moll*-Tonarten.

Abkürzungen:

K.V. = Köchel-Verzeichnis Nr.	Kl = Klarinette	Sopr = Sopran- (Solo)	Ma = Mannheim
	Bh = Bassetthorn	Alt = Alt- (Solo)	Mai = Mailand
Str = Streicher	Fg = Fagott	Ten = Tenor- (Solo)	Mü = München
V oder Vl = Violine	Hr = Horn	Baß = Baß- (Solo)	P = Paris
VV = 1. u. 2. Violine	Tr = Trompete	Am = Amsterdam	Pm = Potsdam
Va = Viola	Pos = Posaune	Bo = Bologna	Pr = Prag
Vc = Violoncell	Pk = Pauke	Boz = Bozen	S = Salzburg
B = Kontrabaß	Klav = Klavier	Ha = Haag	Se = Seeon
Fl = Flöte	O = Orgel	L = London	W = Wien
Ob = Oboe	St = Singstimme	Lz = Leipzig	

I. MESSEN

Nr.	K.V.	Tonart	Ort (der Komposition)	Datum (der Komposition)	Besetzung	Seite	WAM	Anmerkung
1	49	G	W	Okt./Nov. 1768	4 St — VV, Va, B, O	135, 137, 480	1/1	
2	65	d	S	14. 1. 1769	4 St — VV, B, O	137	1/2	
3	66	C	S	Okt. 1769	4 St — VV, Va, B, 2 Tr, Pk, O	137, 480	1/3	«Dominicus-Messe»
5	139	c	W	*1768	4 St — VV, 2 Va, B, 2 Ob, 3 Pos, 4 Tr, Pk, O	169, 480	1/4	«Waisenhaus-Messe»?
6	115	C	S	*1773	4 St — O	484	24/28	Fragment
7	167	C	S	Juni 1773	4 St — VV, B, 2 Ob, 4 Tr, Pk, O	169, 174	1/5	«Trinitatis-Messe»
8	192	F	S	24. 6. 1774	4 St — VV, B, O	173 f., 241, 321	1/6	
9	194	D	S	8. 8. 1774	4 St — VV, B, O	173 f., 241	1/7	
10	220	C	Mü	*Jan. 1775	4 St — VV, B, 2 Tr, Pk, O	188 f., 489	1/8	«Spatzenmesse»

Nr.	K.V.	Tonart	Ort der Komposition	Datum der Komposition	Besetzung	Seite	WAM	Anmerkung
11	262	C	S	1776	4 St — VV, B, 2 Ob, 2 Hr, 2 Tr, O	189, 503	1/12	
12	257	C	S	Nov. 1776	4 St — VV, B, 2 Ob, 2 Tr, 3 Pos, Pk, O	188 f., 489	1/9	«Credo-Messe»
13	258	C	S	Dez. 1776	4 St — VV, B, 2 Tr, Pk, O	188 f.	1/10	
14	259	C	S	Dez. 1776	4 St — VV, B, 2 Tr, Pk, O	188 f., 489	1/11	«Orgelsolo-Messe»
15	275	B	S	*1777	4 St — VV, B, O	189, 434	1/13	
16	317	C	S	23. 3. 1779	4 St — VV, B, 2 Ob, 2 Hr, 2 Tr, 3 Pos, Pk, O	240 ff. 348, 468, 494	1/14	«Krönungs-Messe»
17	337	C	S	März 1780	4 St — VV, B, 2 Ob, 2 Fg, 2 Tr, 3 Pos, Pk, O	240 ff., 494	1/15	
18	427	c	W	*1782/1783	4 St — VV, Va, B, Fl, 2 Ob, 2 Fg, 2 Hr, 2 Tr, 4 Pos, O	242, 299, 302, 307 f., 465, 499, 502 f., 538	24/29	«c-moll-Messe» Fragment
19	626	d	W	1791	4 St — VV, Va, B, 2 Bh, 2 Fg, 3 Pos, 2 Tr, Pk, O	13, 28, 242, 256, 308, 424, 435 443, 456, 458 ff., 463 ff., 518, 524, 527 f.	24/1	«Requiem» erg. v. Süßmayr

II. LITANEIEN, VESPERN

Nr.	K.V.	Tonart	Ort der Komposition	Datum der Komposition	Besetzung	Seite	WAM	Anmerkung
1	109	B	S	Mai 1771	4 St — 2 VV, B, 3 Pos, O	151	2/3	«Litaniae Lauretanae»
2	125	B	S	März 1772	4 St — VV, Va, B, 2 Fl, 2 Ob, 2 Hr, 2 Tr, O	148, 159	2/2	«Litan. de ven. altaris Sacramento»
3	195	D	S	1774	4 St — VV, Va, B, 2 Ob, 2 Hr, O	173 f.	2/1	«Litaniae Lauretanae»
4	243	Es	S	März 1776	4 St — VV, Va, B, 2 Fl, 2 Ob, 2 Fg, 2 Hr, 3 Pos, O	189	2/4	«Litan. de ven. altaris Sacramento»
6	193	C	S	Juli 1774	4 St — VV, B, 2 Tr, Pk, O		2/5	«Dixit» et «Magnificat»
7	321	C	S	1779	4 St — VV, B, 2 Tr, Pk, O	242	2/6	«Vesperae de Dominica»
8	339	C	S	1780	4 St — VV, B, Fg, 2 Tr, 3 Pos, Pk, O	242	2/7	«Vesperae de confessore»

Nr.	K.V.	Gattung	Tonart	Ort (der Komposition)	Datum der Komposition	Besetzung	Seite	WAM	Anmerkung
1	33	Kyrie	F	P	12. 6. 1766	4 St — VV, Va, B	480	3/1	
4	221	Kyrie	C	S	1771	4 St — O		24/34	
6	322	Kyrie	Es	Ma	1778	4 St — VV, Va, B, 2 Ob, 2 Fg, 2 Hr, 2 Tr, Pk, O	216	3/3	
8	341	Kyrie	d	Mü	1781	4 St — VV, Va, B, 2 Fl, 2 Ob, 2 Kl, 2 Fg, 4 Hr, 2 Tr, Pk, O	242, 256	3/5	«Münchner-Kyrie»
10	47	Veni Sancte	C	W	1768	4 St — VV, Va, B, 2 Ob, 2 Hr, 2 Tr, Pk, O	480	3/7	
11	85	Miserere	a	Bo	1770	Alt, Ten, Baß, O	147	3/8	
12	86	Antiphone	a	Bo	9. 10. 1770	4 St	149	3/9	«Quaerite primum» (Bologneser Prüfungsarbeit)
14	108	Regina coeli	C	S	Mai 1771	4 St — VV, Va, B, 2 Fl, 2 Ob, 2 Hr, 2 Tr, Pk, O	151	3/10	
15	127	Regina coeli	B	S	Mai 1772	4 St — VV, Va, B, 2 Fl, 2 Ob, 2 Hr, O	159	3/11	
16	276	Regina coeli	C	S	*1779	4 St — VV, B, 2 Ob, 2 Tr, Pk, O	242	3/12	
20	343	2 deutsche Lieder	F, C	S	*1779	1 St — B	242	3/16	
21	34	Offertorium	C	Se	*1766/1767	4 St — VV, B, 2 Tr, Pk, O		3/17	«Scande coeli limina»
23	72	Offertorium	G	S	1771	4 St — VV, B, O		3/18	«Inter natos»
24	93	Psalm	c	S	1771	4 St — (VV), O		3/19	«De profundis»
25	117	Offertorium	C	S	1769	4 St — VV, 2 Va, B, 2 Fl, 2 Hr, 2 Tr, Pk, O	480	3/20	«Benedictus sit Deus»
27	165	Motette	F	Mai	1773	Sopr — VV, Va, B, 2 Ob, 2 Hr, O	160, 468	3/22	«Exsultate»
29	198	Offertorium	F	Mai	1773	Sopr, Ten — VV, Va, B, O		3/24	«Sub tuum praesidium»
30	222	Offertorium	d	Mü	*1775	4 St — VV, Va, B, 2 Ob, 2 Hr, O	174, 178	3/25	«Misericordias»
32	260	Offertorium	D	S	*Juni 1776	2 vierst. Chöre — VV (ad lib), B, O	189	3/26	«Venite populi»
33	273	Graduale	F	S	9. 9. 1777	4 St — VV, Va, B, O	83, 189 f.	8/27	«Sancta Maria»
34	277	Offertorium	F	S	1777	4 St — VV, B, O	189	3/28	«Alma Dei»
39	618	Motette	D	W	17. 6. 1791	4 St — VV, Va, B, O	83, 242, 424, 434, 465, 468	3/31	«Ave verum»

IV. KIRCHEN-SONATEN

Nr.	K.V.	Tonart	Ort (der Komposition)	Datum (der Komposition)	Besetzung	Seite	WAM	Anmerkung
1	67	Es	S	1767	VV, B, O	151	23/1	
2	68	B	S	1767	VV, B, O	151	23/2	
3	69	D	S	1767	VV, B, O	151	23/3	
4	144	D	S	1772	VV, B. O	156, 159	23/4	
5	145	F	S	1772	VV, B, O	159	23/5	
6	212	B	S	1775	VV, B, O	190	23/6	
7	241	G	S	Jan. 1776	VV, B, O	190	—	
8	224	F	S	1776	VV, B, O	190	23/7	
9	225	A	S	1776	VV, B, O	190	23/8	
10	244	F	S	April 1776	VV, B, O	190	23/9	
11	245	D	S	April 1776	VV, B, O	190	23/10	
12	263	C	S	1776	VV, B, 2 Tr. O		—	
13	274	G	S	1777	VV, B, O	190	23/11	
14	278	C	S	1777	VV, Vc, B, 2 Ob, 2 Tr, Pk, O	190	23/12	
15	329	C	S	1779	VV, Vc, B, 2 Ob, 2 Hr, 2 Tr, Pk, O	242	23/14	
16	328	C	S	1779	VV, B, O	242	23/13	
17	336	C	S	März 1780	VV, B, O	242	23/15	

V. KANTATEN (mit Orchesterbegleitung)

Nr.	K.V.	Titel	Textdichter	Ort (der Komposition)	Datum (der Komposition)	Seite	WAM	Anmerkung
1	42	Grabmusik	?	S	1767	130, 479	4/1	
2	118	La Betulia liberata	Metastasio	?	1771	150, 151 f.	4/4	
3	429	«Dir, Seele des Weltalls»	?	W	1783	520	24/36	
4	469	Davidde penitente	da Ponte?	W	1785	307, 503	4/5	Umformung der c-moll-Messe K. 427
5	471	Maurerfreude	Fr. Petran	W	20. 4. 1785	520	4/2	
6	566	Acis u. Galathea	John Gay	W	Nov. 1788	308, 401	—	Neu-Instrumentation der vier Chorwerke von Händel
7	572	Messias			März 1789	308, 401	—	
8	591	Alexanderfest	C. W. Ramler	W	Juli 1790	308, 423	—	
9	592	Caecilientag	J. Dryden	W	Juli 1790	308, 423	—	
10	623	Kl. Freimaurer-Kantate	Schikaneder	W	15. 11. 1791	458, 520	4/3	

VI. OPERN

Nr.	K.V.	Titel	Textdichter	Ort der Komposition	Datum der Komposition	Seite	WAM
1	35	Die Schuldigkeit des ersten Gebotes	J. A. Wimmer	S	1766/1767	130, 479	5/1
2	38	Apollo et Hyacinthus	?	S	Mai 1767	67, 130, 479	5/6
3	51	La finta semplice	C. Goldoni (M. Coltellini)	W	1768	70, 132 ff., 136, 139, 549	5/4
4	50	Bastien und Bastienne	F. W. Weiskern	W	1768	104, 134 f., 324, 480, 513	5/3
5	87	Mitridate	W. A. Cignasanti	Mai	Dez. 1770	149 f., 152, 154, 161, 439, 482, 558	5/5
6	111	Ascanio in Alba	G. Parini	Mai	1771	153 f., 155, 181, 439	5/6
7	126	Il sogno di Scipione	P. Metastasio	S	März 1772	70, 155, 551	5/7
8	135	Lucio Silla	G. de Gamerra	Mai	Dez. 1772	160 f., 313, 439, 484	5/8
9	196	La finta giardiniera	R. Calsabigi	Mü	Jan. 1775	168, 174 ff., 180, 245, 356, 403, 416, 427, 479, 486, 492	5/9
10	208	Il Rè pastore	P. Metastasio	S	23. 4. 1775	70, 169, 181 f., 439, 486	5/10
11	Anh 10	Les petits riens	J. G. Noverre	P	1778	223 f., 492, 555	24/10a
12	345	König Thamos	Th. Ph. v. Gebler	S	*1779	71, 164, 171, 244, 245, 427, 446, 493 ff., 519	5/12
13	344	Zaide	J. A. Schachtner	S	*1779	71, 74, 244 f., 273, 296, 446, 493, 495, 550	5/11
14	366	Idomeneo	G. Varesco	Mü	Jan. 1781	74, 159, 206, 224, 239, 247 ff., 296, 313, 334, 342, 357, 366, 372, 419, 439 f., 455, 479, 495 f., 500, 505, 519, 522, 541	5/13
15	367	Ballettmusik zu Idomeneo	—	Mü	Jan. 1781	256	5/14
16	384	Entführung aus dem Serail	Chr. Fr. Bretzner (Stephanie d. J.)	W	Mai 1782	13, 34, 245, 253, 254, 271, 274, 282, 283, 286 ff., 299, 300, 315, 324, 331, 338, 339, 342, 357, 376, 397, 404, 427, 445 f., 451, 493, 498 ff., 541	5/15
17	422	L'oca del Cairo (Fragment)	G. Varesco	S	1783	334, 508	24/37
18	430	Lo sposo deluso (Fragment)	?	S	1783	335, 508	24/38
19	486	Der Schauspieldirektor	Stephanie d. J.	W	3. 2. 1786	18, 338 f., 508	5/16
20	492	Le Nozze di Figaro	L. da Ponte	W	29. 4. 1786	13, 32, 34, 50, 168, 253, 295, 317, 327, 331, 339 ff., 345 ff., 362, 365, 372, 375 f., 378 f., 381, 383, 389, 391 f., 395, 406, 410, 411, 413 f., 418 ff., 423, 427, 429, 439, 454 f., 472, 494, 500, 508 ff., 514, 521, 542, 560	5/17
21	527	Don Giovanni	L. da Ponte	Pr	28. 10. 1787	13, 32, 34, 67, 161, 166, 253, 295, 360, 365, 372, 375, 381 ff., 386 ff., 397 ff., 413 f., 419 f., 423, 427, 436 f., 439, 451, 454 f., 496, 507 f., 511, 513, 515 f.	5/18
22	588	Così fan tutte	L. da Ponte	W	Jan. 1790	32, 328, 409 f., 411 ff., 423, 439, 467, 521	5/19

Nr.	K.V.	Titel	Textdichter	Ort der Komposition	Datum der Komposition	Seite	WAM
23	620	Die Zauberflöte	F. Schikaneder	W	Sept. 1791	13 f., 32, 34, 66, 166, 206, 244, 245, 253, 256, 267, 295, 338, 358, 365, 377, 399, 410, 419, 423 f., 428, 438, 440 f., 442 ff., 456, 459 f., 465 f., 484, 493, 496, 500, 508, 512, 519 ff.	5/20
24	621	La clemenza di Tito	C. Mazzolà nach P. Metastasio	Pr	Sept. 1791	159, 161, 239, 366, 410, 432 ff., 457, 464, 500, 519	5/21

VII. GESANGSKOMPOSITIONEN MIT ORCHESTER

Nr.	K.V.	Gattung	Titel (Textanfang)	Ort der Komposition	Datum der Komposition	Besetzung	Seite	WAM
1	21	Arie	«Va, dal furor portata»	L	1765	Ten — Str, 2 Ob, 2 Fg, 2 Hr	123, 497	6/1
2	23	Arie	«Conservati fedele»	Ha	1765/1766	Sopr — Str	123, 125	6/2
3	36	Arie	«Tali e cotanti sono»	S	Dez. 1766	Ten — Str, 2 Ob, 2 Fg, 2 Hr, 2 Tr, Pk	479	6/3
4	70	Arie	«A Berenice»	S	*Febr. 1769	Sopr — Str, 2 Ob, 2 Hr	481	6/4
6	77	Arie	«Misero me»	Mai	März 1770	Sopr — VV, 2 Va, B, 2 Ob, 2 Fg, 2 Hr	143, 481	6/5
7	78	Arie	«Per pietà bell' idol mio»	Mai	1770	Sopr — Str, 2 Ob, 2 Hr	481	6/6
8	88	Arie	«Fra cento affanni»	Mai	Febr./März 1770	Sopr — VV, 2 Va, B, 2 Ob, 2 Fg, 2 Hr	481	6/9
9	79	Arie	«O temerario Arbace»	Mai	Febr./März 1770	Sopr — VV, 2 Va, B, 2 Ob, 2 Fg, 2 Hr	482	6/7
14	209	Arie	«Si mostra la sorte»	S	19. 5. 1775	Ten — Str, 2 Fl, 2 Hr	188, 489	6/11
15	210	Arie	«Con ossequio»	S	Mai 1775	Ten — Str, 2 Ob, 2 Hr	188, 489	6/12
16	217	Arie	«Voi avete un cor fedele»	S	26. 10. 1775	Sopr — 2 Ob, 2 Hr	188	6/13
17	255	Arie	«Ombra felice»	S	Sept. 1776	Alt — Str, 2 Ob, 2 Hr	188	6/14
18	256	Arie	«Clarice cara»	S	Sept. 1776	Ten — Str, 2 Ob, 2 Hr	188	6/15
19	272	Arie	«Ah, lo previdi»	S	Aug. 1777	Sopr — Str, 2 Ob, 2 Hr	188, 190	6/16
20	294	Arie	«Alcandro, lo confesso»	Ma	24. 2. 1778	Sopr — Str, 2 Fl, 2 Kl, 2 Fg, 2 Hr	212, 216, 427	6/17
21	295	Arie	«Se al labbro mio»	Ma	24. 2. 1778	Ten — Str, 2 Fl, 2 Ob, 2 Fg, 2 Hr	209, 216	6/18
22	486a	Arie	«Basta, vincesti»	Ma	27. 2. 1778	Sopr — Str, 2 Fl, 2 Fg, 2 Hr	205, 216	24/61
23	316	Arie	«Popoli di Tessaglia»	Mü	8. 1. 1779	Sopr — Str, Ob, Fg, 2 Hr	224, 235	6/19
24	146	Arie	«Kommet her, ihr frechen Sünder» (Passionslied)	S	*1779	Sopr — Str, O		6/10
25	368	Arie	«Ma che vi fece»	Mü	Jan. 1781	Sopr — Str, 2 Fl, 2 Fg, 2 Hr	256, 497	6/20
26	369	Arie	«Misera, dove son»	Mü	8. 3. 1781	Sopr — Str, 2 Fl, 2 Hr	256 f., 313, 497	6/21

Nr.	K.V.	Gattung	Titel (Textanfang)	Ort der Komposition	Datum der Komposition	Besetzung	Seite	WAM
27	374	Arie	«A questo seno»	W	April 1781	Sopr — Str, 2 Ob, 2 Hr	260, 428	6/22
29	383	Arie	«Nehmt meinen Dank»	W	10. 4. 1782	Sopr — Str, Fl, Ob, Fg	271	6/23
30	440	Arie	«In te spero»	W	*1782	Sopr — B (Fragment)	499	24/47
31	389	Duett	«Welch ängstliches Beben» (Entw. zur «Entführung»)	W	*1782	2 Ten — Str, Fl, Ob, Fg, 2 Hr		24/41
32	416	Rondo	«Mia speranza»	W	8. 1. 1783	Sopr — Str, 2 Ob, 2 Fg, 2 Hr	313, 320	6/24
33	435	Arie	«Müßt ich auch» (unvollendet)	W	*1783	Ten — Fl, Ob, Kl, 2 Fg, 2 Hr, 2 Tr, Pk	333	24/43
34	433	Arie	«Männer suchen stets»	W	*1783	Baß — Str, 2 Ob, 2 Hr	333	24/43
35	418	Arie	«Vorrei spiegarvi»	W	20. 6. 1783	Sopr — Str, 2 Ob, 2 Fg, 2 Hr	319 f., 334, 508	6/25
36	419	Arie	«No, no, che non sei capace»	W	Juni 1783	Sopr — Str, 2 Ob, 2 Hr, 2 Tr, Pk	320, 334, 508	6/26
37	420	Arie	«Per pietà, non ricercate»	W	21. 6. 1783	Ten — Str, 2 Kl, 2 Fg, 2 Hr	320, 334, 507	6/27
38	432	Arie	«Cosi dunque tradisci»	W	*1783	Baß — Str, 2 Fl, 2 Ob, 2 Fg, 2 Hr	320	6/29
39	434	Terzett	«Del gran regno» (Entwurf)	S	*1785	Ten, 2 Baß — Str, 2 Ob, 2 Kl, 2 Fg, 2 Hr	335	24/44
40	431	Arie	«Misero, o sogno»	W	1783	Ten — Str, 2 Fl, 2 Fg, 2 Hr	320	6/28
41	436	Terzett	«Ecco quel fiero instante»	W	1783	2 Sopr, Baß — 3 Bh	326 f., 506	6/30
42	437	Terzett	«Mi lagnerò tacendo»	W	1783	2 Sopr, Baß — 2 Kl, Bh	326 f., 506	6/31
43	438	Terzett	«Se lontan, ben mio»	W	1783	2 Sopr, Baß — 2 Kl, Bh	326 f., 506	24/46
44	439	Terzett	«Due pupille amabili»	W	1783	2 Sopr, Baß — 3 Bh	326 f., 506	—
45	346	Terzett	«Luci care, luci belle»	W	1783	2 Sopr, Baß — 3 Bh	326 f., 507	—
46	479	Quart.	«Dite almeno»	W	5. 11. 1785	Sopr, Ten, 2 Bässe — Str, 2 Ob, 2 Kl, 2 Fg, 2 Hr	493, 508	6/32
47	480	Terzett	«Mandina amabile»	W	21. 11. 1785	Sopr, Ten, Baß — Str, 2 Fl, 2 Ob, 2 Kl, 2 Fg, 2 Hr	493, 508	6/33
48	489	Duett	«Spiegarti oh Dio» (zu «Idomeneo»)	W	10. 3. 1786	Sopr, Ten — Str, 2 Ob, 2 Fg, 2 Hr	255, 505	5/13
49	490	Rondo	«Non più, tutto ascoltai» (zu «Idomeneo»)	W	10. 3. 1786	Sopr — V Solo, Str, 2 Kl, 2 Fg, 2 Hr	255, 505	5/13
50	505	Rondo	«Chio mi scordi di te»	W	27. 12. 1786	Sopr — Klav Solo, Str, 2 Kl, 2 Fg, 2 Hr	372	6/34
51	512	Arie	«Alcandro, lo confesso»	W	18. 3. 1787	Baß — Str, Fl, 2 Ob, 2 Fg, 2 Hr	372, 490	6/35
52	513	Arie	«Mentre ti lascio»	W	23. 3. 1787	Baß — Str, Fl, 2 Kl, 2 Fg, 2 Hr	327	6/36
53	528	Arie	«Bella mia fiamma»	Pr	3. 11. 1787	Sopr — Str, Fl, 2 Ob, 2 Fg, 2 Hr	372, 385, 513	6/37
54	532	Terzett	«Grazie agl' inganni»	W	*1787	Sopr, Ten, Baß — Fl, 2 Kl, 2 Fg, 2 Hr, B	327	7/35
55	538	Arie	«Ah se in ciel»	W	4. 3. 1788	Sopr — Str, 2 Ob, 2 Fg, 2 Hr	372	6/38

Nr.	K.V.	Gattung	Titel (Textanfang)	Ort der Komposition	Datum der Komposition	Besetzung	Seite	WAM
56	539	Lied	«Ich möchte wohl der Kaiser»	W	5. 3. 1788	Baß — Str, Kl, Fl, 2 Ob, 2 Fg, 2 Hr, Becken, gr. Tromm.	506	6/38
57	541	Arie	«Un bacio di mano»	W	Mai 1788	Baß — Str, Fl, 2 Ob, 2 Fg, 2 Hr	372	6/40
58	549	Terzett	«Più non si trovano»	W	17. 7. 1788	2 Sopr, Baß — 3 Bh	326 f., 506	6/41
60	577	Rondo	«Al desio di chi» (zu «Figaro»)	W	Juli 1789	Sopr — Str, 2 Bh, 2 Fg, 2 Hr	510	5/17
61	578	Arie	«Alma grande»	W	Aug. 1789	Sopr — Str, 2 Ob, 2 Fg, 2 Hr	409, 412, 517	6/42
62	579	Arie	«Un moto di gioia» (zu «Figaro»)	W	Aug. 1789	Sopr — Str, Fl, Ob, Fg, 2 engl. Hr (2 Hr)	510	7/36
63	580	Arie	«Schon lacht der holde» (unvollendet)	W	17. 9. 1789	Sopr — Str, 2 Kl, 2 Fg, 2 Hr	409, 517	24/48
64	582	Arie	«Chi sà, chi sà, qual sia»	W	Okt. 1789	Sopr — Str, 2 Kl, 2 Fg, 2 Hr	409, 412, 517	6/43
65	583	Arie	«Vado, ma dove?»	W	Okt. 1789	Sopr — Str, 2 Kl, 2 Fg, 2 Hr	409, 412, 517	6/44
66	584	Arie	«Rivolgete a lui» (zu «Cosi fan tutte»)	W	Dez. 1789	Baß — Str, 2 Ob, 2 Fg, 2 Tr, Pk	409 f., 518	6/45
68	625	Duett	«Nun, liebes Weibchen»	W	*1790	Sopr, Baß — Str, Fl, 2 Ob, 2 Fg, 2 Hr		6/47
69	612	Arie	«Per questa bella mano»	W	8. 3. 1791	Baß — obl. B, Str, Fl, 2 Ob, 2 Fg, 2 Hr	449	6/46
70	615	Chor	«Viviamo felici» (verschollen)	W	20. 4. 1791	4 St — Str?	432	—
71	Anh. 245	Arie	«Io ti lascio»	Pr	*Sept. 1791	Baß — Str		

VIII. LIEDER MIT KLAVIERBEGLEITUNG

Nr.	K.V.	Textanfang	Ort der Komposition	Datum der Komposition	Seite	WAM	Anmerkung
3	149	«Ich hab' es längst»	S	*1772	159, 483	7/5	von Leop. Mozart?
4	150	«Was ich in Gedanken»	S	*1772	159, 483	7/6	von Leop. Mozart?
5	151	«Ich trachte nicht»	S	*1772	159, 483	7/7	von Leop. Mozart?
6	147	«Wie unglücklich bin ich nit»	S	*1772	506	7/3	
7	148	«O heiliges Band»	S	*1772	506	7/4	
8	152	«Ridente la calma»	S	*1775		7/8	
9	307	«Oiseaux, si tous les ans»	Ma	Nov. 1777	205, 324, 489	7/9	
10	308	«Dans un bois»	Ma	*1778	205, 324, 489	7/10	
11	392	«Verdankt sei es»	S	*1780	256	7/16	
12	391	«Sei du mein Trost»	S	*1780	256, 324	7/15	
13	390	«Ich würd' auf meinem Pfad»	S	*1780	256, 324	7/14	
14	349	«Was frag ich viel»	Mü	*1780/1781	256, 497	7/11	mit Mandolinenbegleitung
15	351	«Komm, liebe Zither»	Mü	1780/1781	256, 497	7/13	mit Mandolinenbegleitung
—	Anh 25	«O Calpe! Dir donnert's»	W	Dez. 1782	325	—	Fragment
16	393	Solfeggien	W	*1782	499	24/49	
17	441	«Liebes Mandel, wo ist's»	W	*1783	328, 507	7/17	«Bandelterzett»
19	468	«Die ihr einem neuen Grade»	W	26. 3. 1785	520	7/18	
20	472	«Ihr Mädchen, flieht»	W	7. 5. 1785	325	7/19	
21	473	«Wie sanft, wie ruhig»	W	7. 5. 1785	325	7/20	
22	474	«Der reiche Tor»	W	7. 5. 1785	325	7/21	
23	476	«Ein Veilchen auf der Wiese»	W	8. 6. 1785	325	7/22	
24	483	«Zerfließet heut»	W	Dez. 1785	520	7/23	für 3 St. mit Orgel
25	484	«Ihr unsre neuen»	W	*Dez. 1785	520	7/24	für 3 St. mit Orgel
26	506	«Wer unter eines Mädchens Hand»	W	*1786		7/25	
27	517	«Zu meiner Zeit»	W	18. 5. 1787	326	7/26	
28	518	«Sobald Damoetas»	W	20. 5. 1787	326	7/27	
29	519	«Die Engel Gottes weinen»	W	23. 5. 1787	326	7/28	
30	520	«Erzeugt von heißer Phantasie»	W	26. 5. 1787	325, 506	7/29	
31	523	«Abend ist's»	W	24. 6. 1787	325	7/30	
32	524	«Wenn die Lieb»	W	24. 6. 1787	326	7/31	
33	529	«Es war einmal»	Pr	6. 11. 1787	385, 505, 515	7/32	
34	530	«Wo bist du, Bild»	Pr	6. 11. 1787	326 f., 385, 506, 515	7/33	
35	531	«Was spinnst du»	W	11. 12. 1787	506	7/34	
36	552	«Dem hohen Kaiserworte»	W	11. 8. 1788	506	—	
37	Anh 5	«Caro mio, Druck»	W	*1789	328	24/50	Scherzh. Quart.
38	596	«Komm, lieber Mai»	W	14. 1. 1791	326, 432, 506	7/37	
39	597	«Erwacht zum neuen Leben»	W	14. 1. 1791	506	7/38	
40	598	«Wir Kinder, wir schmecken»	W	14. 1. 1791	506	7/39	
41	619	«Die ihr des unermeßlichen Weltalls»	W	Juli 1791	520	7/40	Kl. deutsche Kantate

IX. KANONS

Nr.	K.V.	stimmig	Textanfang	Ort	Datum	Seite	WAM	Anmerkung
				der Komposition				
2	229	3	«Sie ist dahin»	W	*1782		7/42	
4	231	6	«Laßt froh uns sein»	W	*1782	507	7/44	neuer Text
5	233	3	«Nichts labt mich mehr»	W	*1782	507	7/46	neuer Text
6	234	3	«Essen, Trinken»	W	*1782		7/47	neuer Text
8	348	12	«V'amo di core»	W	*1782	328, 507	7/49	f 3 vierst. Chöre
—	410	2	Kanonisches Adagio	W	*1785	330, 507, 517	10/15	f. 2 Bh u. begl. Fg
9	507	3	«Heiterkeit»	W	1786	507	7/40	
10	508	3	«Auf das Wohl»	W	*1786	507	7/51	
11	232	4	«Lieber Freistädtler»	W	*1787	507	7/45	
13	553	4	«Alleluja»	W	2. 9. 1788	507	7/52	
14	554	4	«Ave Maria»	W	2. 9. 1788	507	7/53	
15	555	4	«Lacrimoso»	W	2. 9. 1788	507	7/54	
16	556	4	«G'rechtelt's enk»	W	2. 9. 1788	507	7/55	
17	557	4	«Nascoso è il mio sol»	W	2. 9. 1788	329, 507	7/56	
18	558	4	«Gehn ma in 'n Prada»	W	2. 9. 1788	329, 507	7/57	
19	559	3	«Difficile lectu»	W	2. 9. 1788	329, 507	7/58	
20	560	4	«O du eselhafter Peierl»	W	2. 9. 1788	329, 507	7/59	
21	561	4	«Bona nox»	W	2. 9. 1788	329, 507	7/60	
22	562	3	«Caro bell'idol mio»	W	2. 9. 1788	329, 507	7/61	

X SONATEN (Son) UND FANTASIEN (F) FÜR KLAVIER ZU 2 HÄNDEN

Nr.	K.V.	Gattung	Tonart	Ort	Datum	Seite	WAM	Anmerkung
				der Komposition				
1	279	Son	C	S	1774	178 ff.	20/1	
2	280	Son	F	S	1774	178 ff.	20/2	
3	281	Son	B	S	1774	178 ff.	20/3	
4	282	Son		S	1774	178 ff.	20/4	
5	283	Son		S	1774	178 ff.	20/5	
6	284	Son		Mü	1775	178 ff., 486	20/6	
7	309	Son	C	Ma	8. 11. 1777	205, 216	20/7	
8	311	Son	D	Ma	Nov. 1777	216	20/9	
9	310	Son	a	P	1778	221 f., 306	20/8	
10	330	Son	C	P	1778	221 f.	20/10	
11	331	Son	A	P	1778	221 f.	20/11	
12	332	Son	F	P	1778	221 f.	20/12	
13	333	Son	B	P	1778	221 f.	20/13	
14	457	Son	c	W	14. 10. 1784	306 f., 314	20/14	} meist m. d. Fantasie K. 475
15	545	Son	C	W	26. 6. 1788	364, 513	20/15	} verbunden
16	Anh 135, 138	Son	F	W	1788		—	vgl. Violinsonate K. 547
17	570	Son	B	W	Febr. 1789	364	20/16	
18	576	Son	D	W	Juli 1789	407, 517	20/17	
19	395	Son	C	P	*1778	502	24/24	Capriccio
20	394	F	C	W	April 1782	304 f.	20/18	mit Fuge
21	396	F	c	W	1782	305 f., 502	20/19	eigentl. f. Klav. u. Vl.
22	397	F	d	W	1782	305	20/20	
23	475	F	c	W	20. 5. 1785	306	20/21	Einleit. z. Son. K. 457

XI. VARIATIONEN FÜR KLAVIER ZU 2 HÄNDEN

Nr.	K.V.	Tonart	Variationen über	Zahl d. Variat.	Ort der Komposition	Datum der Komposition	Seite	WAM
1	24	G	ein holländ. Lied	8	Ha	Jan. 1766	124	21/1
2	25	D	«Wilhelmus von Nassauen»	7	Am	Febr. 1766	125, 478	21/2
3	180	G	«Mio caro Adone»	6	W	1773	170	21/4
4	179	C	ein Menuett von Fischer	12	S	1774	181, 207	21/3
5	354	Es	«Je suis Lindor»	12	P	1778	222	21/9
6	265	C	«Ah, vous dirai-je, Maman»	12	P	1778	222	21/6
7	353	Es	«La belle Françoise»	12	P	1778	222	21/8
8	264	C	«Lison Dormait»	9	P	1778	222	21/5
9	352	F	«Les mariages samnites»	8	W	Juni 1781	270	21/7
10	398	F	«Salve tu, Domine»	6	W	März 1783	270, 313	21/10
11	460	A	«Come un'agnello»	8	W	Juni 1784	318, 504	21/12
12	455	G	«Unser dummer Pöbel»	10	W	25. 8. 1784	313, 318, 504	21/11
13	500	B	ein Allegretto	12	W	12. 9. 1786	318, 504	21/13
14	573	D	«ein Menuett v. Duport»	9	Pm	29. 4. 1789	404	21/14
15	613	F	«Ein Weib ist das herrlichste Ding»	8	W	März 1791	449	21/15

XII. EINZELSTÜCKE FÜR KLAVIER ZU 2 HÄNDEN

Nr.	K.V.	Gattung	Tonart	Ort der Komposition	Datum der Komposition	Seite	WAM
	1a K[6]	Andante	C	S	Jan./Febr. 1761	476	—
	1b K[6]	Allegro	C	S	Jan./Febr. 1761	476	—
	1c K[6]	Allegro	F	S	11. 12. 1761	476	—
	1d K[6]	Menuett	F	S	16. 12. 1761	476	—
1	1	Menuett	G	S	1761/1762	104, 476	22/1
2	2	Menuett	F	S	Jan. 1762	104	22/2
3	4	Menuett	F	S	11. 5. 1762	104	22/3
4	5	Menuett	F	S	5. 7. 1762	104	22/4
6	315a	8 Menuette	—	S	1779	—	—
7	355	Menuett	D	W	1790	517	22/6
8	485	Rondo	D	W	10. 1. 1785	306 f.	22/7
9	494	Rondo	F	W	10. 6. 1786	306 f., 364	22/8
10	511	Rondo	a	W	11. 3. 1787	307	22/9
15	399	Suite im alten Stil (Fragment)	C	W	1782	304	22/10
17	3	Allegro	B	S	4. 5. 1763	104	22/12
18	9a	Allegro	C	?	1763	116	—
20	312	Allegro	g	S	1774		22/13
21	400	Allegro	B	W	1781		24/26
22	Anh 136	Allegro und Menuett	B	W	*1786		—
24	533	Allegro und Andante	F, B	W	3. 1. 1788	364	22/14
25	236	Andantino	Es	W	1790	517	22/15
26	540	Adagio	h	W	19. 3. 1788	364	22/16
27	356	Adagio für Harmonika	C	W	1791	432	10/17
28	574	Gigue	G	Lz	Mai 1789	403	22/17
29	624	Kadenzen	—	—	1768—1791	504	22/18

XIII. STÜCKE FÜR KLAVIER ZU 4 HÄNDEN UND FÜR 2 KLAVIERE

Nr.	K.V.	Gattung	Tonart	Ort (der Komposition)	Datum (der Komposition)	Seite	WAM
1	19d	Sonate 4hdg.	C	L	1765	123, 364, 478	—
2	381	Sonate	D	S	1772	159, 364, 483	19/3
3	358	Sonate	B	S	1774	364	19/2
4	497	Sonate	F	W	1. 8. 1786	364	19/4
5	357	Sonate (Fragment)	G	W	*1786	364	19/1
6	521	Sonate	C	W	29. 5. 1787	364	19/5
7	401	Fuge	g	W	1782	304	22/11
8	501	Variationen 4hdg.	G	W	4. 11. 1786	318, 364, 504	19/6
9	426	Fuge für 2 Klaviere	c	W	23. 11. 1783	304, 548	19/7
10	448	Sonate für 2 Klaviere	D	W	*Nov. 1781	270, 498	19/8

XIV. SONATEN (Son) UND VARIATIONEN (Var) FÜR KLAVIER UND VIOLINE

Nr.	K.V.	Gattung	Tonart	Ort (der Komposition)	Datum (der Komposition)	Seite	WAM	Anmerkung
1	6	Son	C	P	*1762/1764	115, 477	18/1	
2	7	Son	D	P	*1763/1764	119, 477	18/2	
3	8	Son	B	P	*1763/1764	119, 477	18/3	
4	9	Son	G	P	*1764	119, 477	18/4	
5	10	Son	B	L	1764	119, 122	18/5	
6	11	Son	G	L	1764	119, 122	18/6	
7	12	Son	A	L	1764	119, 122,	18/7	
8	13	Son	F	L	1764	119, 122	18/8	
9	14	Son	C	L	1764	119, 122	18/9	
10	15	Son	B	L	1764	119, 122	18/10	
11	26	Son	Es	Ha	Febr. 1766	119, 122, 125, 478	18/11	
12	27	Son	G	Ha	Febr. 1766	119, 122, 125, 478	18/12	
13	28	Son	C	Ha	Febr. 1766	119, 122, 125, 478	18/13	
14	29	Son	D	Ha	Febr. 1766	119, 122, 125, 478	18/14	
15	30	Son	F	Ha	Febr. 1766	119, 122, 125, 478	18/15	
16	31	Son	B	Ha	Febr. 1766	119, 122, 125, 478	18/16	
19	301	Son	G	Ma	Febr. 1778	216, 221, 236, 490, 492	18/26	
20	302	Son	Es	Ma	Febr. 1778	216, 221, 236, 490, 492	18/26	
21	303	Son	C	Ma	Febr. 1778	216, 221, 236, 490, 492	18/27	
22	305	Son	A	P	1778	216, 221, 236, 490, 492	18/29	
23	296	Son	C	Ma	11. 3. 1778	216, 221, 269, 490, 492, 498	18/24	
24	304	Son	e	P	1778	221, 236, 492	18/28	
25	306	Son	D	P	1778	221, 236, 492	18/30	
26	378	Son	B	S	*1779	269, 497	18/34	{ unvollendet,
27	372	Son	B	W	24. 3. 1781	497	18/31	nur das Allegro
28	379	Son	G	W	7. 4. 1781	269, 497	18/35	{ 12 Var. über «La
29	359	Var	G	W	Juni 1781	270	18/44	Bergère Célimène»

Nr.	K.V.	Gattung	Tonart	Ort	Datum	Seite	WAM	Anmerkung
				der Komposition				
30	360	Var	g	W	Juni 1781	270	18/45	{ 6 Var. üb. «Hélas, j'ai
31	376	Son	F	W	1781	269	18/32	perdu mon amant»
32	377	Son	F	W	1781	269	18/33	
33	380	Son	Es	W	1781	269	18/36	
34	403	Son	C	W	1782	499	18/38	
35	404	Son	C	W	1782	502	18/39	unvollendet
36	402	Son	a	W	1782	304, 502	18/37	von M. Stadler ergänzt
37	454	Son	B	W	21. 4. 1784	321	18/40	«Strinasacchi-Sonate»
38	481	Son	Es	W	12. 12. 1785	321	18/41	
39	526	Son	A	W	24. 8. 1787	363	18/42	
40	547	Son	F	W	19. 7. 1788	363, 512, 545	18/43	von Mozart auch als Klaviersonate bearbeitet

XV. TRIO, QUARTETT (Qua), QUINTETT (Qui) MIT KLAVIER

(Klavier und Streicher, wo nicht anders angegeben)

Nr.	K.V.	Gattung	Tonart	Ort	Datum	Seite	WAM	Anmerkung
				der Komposition				
1	254	Trio	B	S	Aug. 1776	487	17/4	
2	442	Trio	d	W	1783		17/5	unvollständig
3	496	Trio	G	W	8. 7. 1786	363	17/6	
4	498	Trio	Es	W	5. 8. 1786	327, 363, 512	17/7	für Klavier, Klarinette u. Viola «Kegelstatt-Trio»
5	502	Trio	B	W	18. 11. 1786	363	17/8	
6	542	Trio	E	W	22. 6. 1788	363, 512	17/9	
7	548	Trio	C	W	14. 7. 1788	363	17/10	
8	564	Trio	G	W	27. 10. 1788	363, 512	17/11	
9	478	Qua	g	W	16. 10. 1785	321, 471	17/2	
10	493	Qua	Es	W	3. 6. 1786	321	17/3	
11	452	Qui	Es	W	30. 3. 1784	320	17/1	Klav, Ob, Klar, Hr, Fg
12	617	—	c, C	W	23. 5. 1791	432	10/18	«Adagio u. Rondo» f. Harmonika Fl, Ob, Va u. Vc

XVI. DUO UND TRIO FÜR STREICHER ODER BLÄSER OHNE KLAVIER

Nr.	K.V.	Gattung	Tonart	Ort	Datum	Seite	WAM	Anmerkung
				der Komposition				
1	423	Duo	G	S	1783	309	15/1	Vl, Va
2	424	Duo	B	S	1783	309	15/2	Vl, Va
3	266	Trio	B	S	1777		24/23a	2 Vl, B (Vc)
5	563	Trio	Es	W	27. 9. 1788	363, 512	15/4	«Divertimento» f. Vl, Va, Vc
7	Anh 229	Trio	—	W	1783	507	24/62	5 Divertimenti f. 2 Kl u. Fg
8	487	Duo	—	W	27. 7. 1786	507	15/3	12 Duo f. 2 Hr (nicht Bh!)
9	292	Duo	B	Mü	1775	485	10/14	Sonate für Fg und Vc

Nr.	K.V.	Gattung	Tonart	Ort	Datum	Seite	WAM	Anmerkung (Besetzung)
				der Komposition				
1	80	Qua	G	L	15. 3. 1770	143, 160, 171	14/1	VV, Va, Vc
2	136	Div	D	S	1772	143, 156, 160	14/24	VV, Va, B
3	137	Div	B	S	1772	143, 156, 160	14/25	VV, Va, B
4	138	Div	F	S	1772	143, 156, 160	14/26	VV, Va, B
5	155	Qua	D	Boz	Okt. 1772	160, 171, 483	14/2	VV, Va, Vc
6	156	Qua	G	Mai	1772	160, 171, 483	14/3	VV, Va, Vc
7	157	Qua	C	Mai	1772/1773	160, 171, 483	14/4	VV, Va, Vc
8	158	Qua	F	Mai	1772/1773	160, 171, 483	14/5	VV, Va, Vc
9	159	Qua	B	Mai	1773	160, 171, 483	14/6	VV, Va, Vc
10	160	Qua	Es	Mai	1773	160, 171, 483	14/7	VV, Va, Vc
11	168	Qua	F	W	Aug. 1773	170 f.	14/8	VV, Va, Vc
12	169	Qua	A	W	Aug. 1773	170 f.	14/9	VV, Va, Vc
13	170	Qua	C	W	Aug. 1773	170 f.	14/10	VV, Va, Vc
14	171	Qua	Es	W	Aug. 1773	170 f.	14/11	VV, Va, Vc
15	172	Qua	B	W	Sept. 1773	170 f.	14/12	VV, Va, Vc
16	173	Qua	d	W	Sept. 1773	170 f.	14/13	VV, Va, Vc
						106, 299, 301, 312, 314, 357, 363, 369, 468	14/14-19	«Haydn-Quartette» allgemein
17	387	Qua	G	W	31. 12. 1782	172, 302, 305	14/14	VV, Va, Vc «Haydn-Quartette» I.
18	421	Qua	d	W	Juni 1783	302	14/15	VV, Va, Vc «Haydn-Quartette» II.
19	428	Qua	Es	W	Juni 1783	302	14/16	VV, Va, Vc «Haydn-Quartette» III.
20	458	Qua	B	W	9. 11. 1784	302	14/17	VV, Va, Vc «Haydn-Quartette» IV. («Jagd-Quartett»)
21	464	Qua	A	W	10. 1. 1785	302	14/18	VV, Va, Vc «Haydn-Quartette» V.
22	465	Qua	C	W	14. 1. 1785	302 f.	14/19	VV, Va, Vc «Haydn-Quartette» VI.
23	499	Qua	D	W	19. 8. 1786	303	14/20	VV, Va, Vc
24	575	Qua	D	W	Juni 1789	407, 425, 516 f.	14/21	VV, Va, Vc
25	589	Qua	B	W	Mai 1790	407 f., 423, 425, 516	14/22	VV, Va, Vc
26	590	Qua	F	W	Juni 1790	407 f., 423, 425, 516	14/23	VV, Va, Vc
27	405	—	—	W	1782	501 f.	—	5 Fugen von J. S. Bach für Str.-Qu. einger.
28	546	—	c	W	26. 6. 1788	304	14/27	«Adagio u. Fuge K. 426» f. 2 Klv., f. Qu. einger.
29	285	Qua	D	Ma	25. 12. 1777	216, 490	14/28	Fl, Vl, Va, Vc
30	285a	Qua	G	Ma	1778	216, 490	—	Fl, Vl, Va, Vc (2 Sätze)
31	Anh 171	Qua	C	Ma	1778	216, 490	—	Fl, Vl, Va, Vc (2 Sätze) = 285 b
32	298	Qua	A	P(?)	1778	490	14/29	Fl, Vl, Va, Vc
33	370	Qua	F	Mü	1781	256	14/30	Ob, Vl, Va, Vc

XVIII. STREICHQUINTETTE

Nr.	K.V.	Tonart	Ort der Komposition	Datum der Komposition	Seite	WAM	Anmerkung (Besetzung)
2	174	B	S	Dez. 1773	172	13/1	VV, 2 Va, Vc
3	407	Es	W	1782	74, 318	13/3	V, 2 Va, Hr, Vc
4	516	g	W	16. 5. 1787	363, 471, 498	13/5	VV, 2 Va, Vc
5	515	C	W	19. 4. 1787	363, 498	13/4	VV, 2 Va, Vc
6	406	c	W	1787	270, 497, 498, 512	13/2	VV, 2 Va, Vc Umarbeitung der Bläser-Serenade K. 388
7	581	A	W	29. 9. 1789	409, 512	13/6	Kl, VV, Va, Vc «Stadler-Quintett»
8	593	D	W	Dez. 1790	408, 429, 517	13/7	VV, 2 Va, Vc
9	614	Es	W	12. 4. 1791	408 f., 429, 432	13/8	VV, 2 Va, Vc

XIX. SYMPHONIEN

Nr.	K.V.	Tonart	Ort der Komposition	Datum der Komposition	Besetzung	Seite	WAM	Anmerkung
1	16	Es	L	1764/1765	Str, 2 Ob, 2 Hr	122, 239, 321	8/1	
2	19	D	L	1765	Str, 2 Ob, 2 Hr	122	8/4	
3	22	B	Ha	Dez. 1765	Str, 2 Ob, 2 Hr	125	8/5	
4	76	F	W	1767	Str, 2 Ob, 2 Fg, 2 Hr		24/3	
5	43	F	W?	1767	VV, 2 Va, B, 2 Fl, 2 Ob, 2 Hr	136	8/6	
6	45	D	W	16. 1. 1768	Str, 2 Ob, 2 Hr, 2 Tr, Pk	136	8/7	als Ouvertüre zu «Finta semplice» verwendet
7	Anh 221	G	W	1768	Str, 2 Ob, 2 Hr	137, 480	—	«Lambacher-Symphonie»
8	Anh 214	B	W	1768	Str, 2 Ob, 2 Hr		—	
9	48	D	W	13. 12. 1768	Str, 2 Ob, 2 Hr, 2 Tr, Pk	136	8/8	
10	81	D	R	*25. 4. 1770?	Str, 2 Ob, 2 Hr	84, 475, 482	24/4	bestritten! von Leop. Mozart?
11	97	D	R	April 1770	Str, 2 Ob, 2 Hr, 2 Tr, Pk	482	24/7	
12	95	D	R	25. 4. 1770	Str, 2 Fl oder 2 Ob, 2 Tr	482	24/5	
13	84	D	Bo	1770	VV, 2 Va, B, 2 Ob, 2 Hr.	482	8/11	
14	74	G	Mai	Dez. 1770	Str, 2 Ob, 2 Hr	482	8/10	
15	Anh 216	B	S	1771		483	—	bestritten!
16	75	F	S	1771	Str, 2 Ob, 2 Hr	151	24/2	
17	73	C	S	1771	Str, 2 Fl, 2 Ob, 2 Hr, 2 Tr, Pk	151	8/9	

Nr.	K.V.	Tonart	Ort	Datum	Besetzung	Seite	WAM	Anmerkung
			der Komposition					
18	110	G	S	Juli 1771	Str, 2 Fl, 2 Ob, 2 Fg, 2 Hr	151	8/12	
19	96	C	Mai	Nov. 1771	Str, 2 Ob, 2 Hr, 2 Tr, Pk	159	24/6	
20	112	F	Mai	2. 11. 1771	Str, 2 Ob, 2 Hr	154	8/13	
21	114	A	S	30. 12. 1771	Str, 2 Fl, 2 Ob, 2 Hr	155, 156, 158	8/14	
22	124	G	S	21. 2. 1772	Str, 2 Ob, 2 Hr	156	8/15	
23	128	C	S	Mai 1772	Str, 2 Ob, 2 Hr	156 f.	8/16	
24	129	G	S	Mai 1772	Str, 2 Ob, 2 Hr	156 f.	8/17	
25	130	F	S	Mai 1772	Str, 2 Fl, 4 Hr	156 ff.	8/18	
26	132	Es	S	Juli 1772	Str, 2 Ob, 4 Hr	156 ff.	8/19	
27	133	D	S	Juli 1772	Str, Fl, 2 Ob, 2 Hr, 2 Tr	156, 158	8/20	
28	134	A	S	Aug. 1772	Str, 2 Fl, 2 Hr	156, 158	8/21	
29	161b 163	D	Mai	1772	Str, 2 Fl, 2 Ob, 2 Hr, 2 Tr, Pk		24/10	Satz 1 und 2 Ouv. zu «Sogno di Scipione»
30	162	C	S	1773	VV, 2 Va, B, 2 Ob, 2 Hr, 2 Tr	164 f., 167	8/22	
31	199	G	S	April 1773	VV, 2 Va, B, 2 Fl, 2 Hr	163 f.	8/27	
32	181	D	S	Mai 1773	VV, 2 Va, B, 2 Ob, 2 Hr, 2 Tr	163, 165	8/23	
33	184	Es	S	1773	VV, 2 Va, B, 2 Fl, 2 Ob, 2 Fg, 2 Hr, 2 Tr	163 f., 493	8/26	
34	182	B	S	1773	VV, 2 Va, B, 2 Fl, 2 Ob, 2 Hr	163, 165	8/24	
35	200	C	S	Nov. 1773	Str, 2 Ob, 2 Hr, 2 Tr, Pk	157, 159, 163, 167	8/21	
36	183	g	S	1773	VV, 2 Va, B, 2 Ob, 2 Fg, 4 Hr	163, 165 ff., 180	8/25	
37	201	A	S	1774	Str, 2 Ob, 2 Hr	156, 163	8/29	
38	202	D	S	5. 5. 1774	Str, 2 Ob, 2 Hr, 2 Tr	163, 168	8/30	
39	Anh 9	Es	P	April 1778	Ob solo, Kl solo, Hr solo, Fg solo — Str, 2 Ob, 2 Hr	220, 491 f.	24/7a	Sinf. concertante
40	297	D	P	Juni 1778	Str, 2 Fl, 2 Ob, 2 Kl, 2 Fg, 2 Hr, 2 Tr, Pk	168, 221, 239, 492	8/31	«Pariser Symph.»
41	Anh 8	B	P	*Sept. 1778	Str, 2 Fl, 2 Ob, 2 Kl, 2 Fg, 2 Hr, 2 Tr, Pk	221	—	«Ouvertüre» sehr zweifelhaft
42	318	G	S	26. 4. 1779	Str, 2 Fl, 2 Ob, 2 Fg, 4 Hr, 2 Tr, Pk	238, 493	8/32	Ouvertüre zu «Zaide»?
43	319	B	S	9. 7. 1779	Str, 2 Ob, 2 Fg, 2 Hr	122, 238 f., 321, 503	8/33	
44	338	C	S	20. 8. 1780	Str, 2 Ob, 2 Fg, 2 Hr, 2 Tr, Pk	238 f., 493, 497, 503	8/34	

Nr.	K.V.	Tonart	Ort	Datum	Besetzung	Seite	WAM	Anmerkung
			der Komposition					
45	385	D	W	Aug. 1782	Str, 2 Fl, 2 Ob, 2 Kl, 2 Hr, 2 Tr, Pk	158, 271, 313, 366, 499	8/35	«Haffner-Symphonie»
46	425	C	Linz	3. 11. 1783	Str, 2 Ob, 2 Fg, 2 Hr, 2 Tr, Pk	159, 299, 309 f., 365, 498, 503	8/36	«Linzer-Symphonie»
47	444	G	Linz	Nov. 1783	Str, 2 Ob, 2 Hr	309, 503	8/37	nur die Einleitung von Mozart, die Symph. von Mich. Haydn
48	504	D	W	6. 12. 1786	Str, 2 Fl, 2 Ob, 2 Fg, 2 Hr, 2 Tr, Pk	158, 365 ff., 378	3/38	«Prager-Symph.» («ohne Menuett»)
49	543	Es	W	26. 6. 1788	Str, Fl, 2 Kl, 2 Fg, 2 Hr, 2 Tr, Pk	317, 365, 367 f., 399, 472, 513, 516	8/39	
50	550	g	W	25. 7. 1788	Str, Fl, 2 Ob, 2 Fg, 2 Hr (hinzugefügt 2 Kl)	15, 166, 363, 365, 367 ff., 369, 471, 513, 516	8/40	
51	551	C	W	10. 8. 1788	Str, Fl, 2 Ob, 2 Fg, 2 Hr, 2 Tr, Pk	122, 159, 239, 302, 305, 321, 365, 367, 369 ff., 407, 513, 516	8/41	«Jupiter-Symphonie»

XX. DIVERTIMENTI (Div), SERENADEN (Ser), CASSATIONEN (Cas)

Nr.	K.V.	Gattung	Tonart	Ort	Datum	Besetzung	Seite	WAM	Anmerkung
				der Komposition					
2	100	Ser	D	S	1769	Str, 2 Fl, 2 Ob, 2 Hr, 2 Tr	138, 481	9/3	
3	63	Cas	G	S	1769	Str, B, 2 Ob, 2 Hr	138, 151, 481	9/1	
4	99	Cas	B	S	1769	Str, 2 Ob, 2 Hr	138, 481	9/2	
5	185	Ser	D	W	1773	Str, 2 Fl, 2 Ob, 2 Hr, 2 Tr mit Solo-Vl	171, 484, 554	9/5	
6	203	Ser	D	S	Aug. 1774	Str, 2 Fl, 2 Ob, Fg, 2 Hr, 2 Tr mit Solo-Vl	157, 171, 484 f., 553	9/6	
7	204	Ser	D	S	Aug. 1775	Str, 2 Fl, 2 Ob, Fg, 2 Hr, 2 Tr mit Solo-Vl	183, 484, 553	9/7	
8	239	Ser	D	S	1776	2 kl. Orch: VV (soli), Va, B - VV, Va, Vc, Pk	183	9/8	«Serenata notturna» f. 2 Orchester
9	250	Ser	D	S	Juli 1776	Str, 2 Fl, 2 Ob, 2 Fg, 2 Hr, 2 Tr mit Solo-Vl	183 f., 188, 271, 484 f., 553	9/9	«Haffner-Serenade»

Nr.	K.V.	Gattung	Tonart	Ort (der Komposition)	Datum (der Komposition)	Besetzung	Seite	WAM	Anmerkung
10	101	Ser	F	S	1776	VV, B, Fl, 2 Ob, Fg, 2 Hr		9/4	
11	286	Ser	D	S	1776/1777	4 Orch.: viermal Str, 2 Hr	183, 189	9/10	«Nocturno» f. 4 Orchester
12	320	Ser	D	S	3. 8. 1779	Str, 2 Fl, 2 Ob, 2 Fg, 2 Hr, Posthorn, 2 Tr, Pk - mit Bläserkonzertino	237, 553	9/11	
13	361	Ser	B	Mü	1781	2 Ob, 2 Kl, 2 Bh, 4 Hr, 2 Fg, B	256, 498	9/12	
14	375	Ser	Es	W	Okt. 1781	2 Ob, 2 Kl, 2 Hr, 2 Fg	270	9/13	
15	388	Ser	c	W	Juli 1782	2 Ob, 2 Kl, 2 Hr, 2 Fg	270, 330, 498, 512, 549	9/14	
16	525	Ser	G	W	10. 8. 1787	VV, Va, B (Vc)	333, 364	13/9	«Eine kl. Nachtmusik»
17	113	Div	Es	Mai	Nov. 1771	VV, Va, B, 2 Ob, 2 Engl. Hr, 2 Kl, 2 Fg, 2 Hr	154	9/15	
18	131	Div	D	S	Juni 1772	VV, 2 Va, B, Fl, Ob, 4 Hr	156 f.	9/16	
19	186	Div	B	Mai	März 1773	2 Ob, 2 Engl. Hr, 2 Kl, 2 Fg, [illegible]	169	9/18	nur Bearbeitung! (komp. v. Gluck u. Starzer)
20	187	Div	C	S	1773	2 Fl, 5 Tr, 4 Pk	184, 487	9/19	
21	166	Div	Es	S	24. 3. 1773	2 Ob, 2 Engl. Hr, 2 Kl, 2 Fg, 2 Hr	169	9/17	
22	205	Div	D	W	1773	V, Va, B, Fg, 2 Hr	171, 553	9/21	
23	Anh 226	Div	Es	Mü	1775	2 Ob, 2 Kl, 2 Fg, 2 Hr	184	—	nicht gesichert!
24	Anh 227	Div	B	Mü	1775	2 Ob, 2 Kl, 2 Fg, 2 Hr	184	—	nicht gesichert!
25	213	Div	F	S	Juli 1775	2 Ob, 2 Fg, 2 Hr,	184	9/22	
26	240	Div	B	S	Jan. 1776	2 Ob, 2 Fg, 2 Hr	184	9/23	
27	252	Div	Es	S	Jan. 1776	2 Ob, 2 Fg, 2 Hr	184	9/26	
28	188	Div	C	S	1776	2 Fl, 5 Tr, 4 Pk	83, 184	9/20	
29	247	Div	F	S	Juni 1776	VV, Va, Vc, 2 Hr	184 ff., 476, 487, 553	9/24	1. «Lodronsche Nachtmusik»
30	251	Div	D	S	Juli 1776	VV, Va. B, Ob, 2 Hr	184	9/25	
31	253	Div	F	S	Aug. 1776	2 Ob, 2 Fg, 2 Hr	184	9/27	
32	270	Div	B	S	Jan. 1777	2 Ob, 2 Fg, 2 Hr	184	9/28	
33	287	Div.	B	S	1. 2. 1777	VV, Va, B, 2 Hr	184, 188, 476, 487	9/29	2. «Lodronsche Nachtmusik»
34	289	Div	Es	S	1777	2 Ob, 2 Fg, 2 Hr	184	9/30	
36	334	Div	D	S	1779	VV, Va, B, 2 Hr	237, 553	9/31	

Nr.	K.V.	Gattung	Tonart	Ort der Komposition	Datum der Komposition	Besetzung	Seite	WAM	Anmerkung
1	189	Marsch	D	W	Aug. 1773	VV, B, 2 Fl, 2 Hr, 2 Tr	484	10/1	z. Seren. K. 185
2	290	Marsch	D	W	1773	1 Vl, Va, B, 2 Hr		10/7	z. Divert. K. 205
3	237	Marsch	D	S	1774	VV, B, 2 Ob, 2 Fg, 2 Hr, 2 Tr		10/4	z. Seren. K. 203 (?)
4	215	Marsch	D	S	Aug. 1775	Str, 2 Ob, 2 Hr, 2 Tr		10/3	z. Seren. K. 204
5	214	Marsch	C	S	20. 8. 1775	Str, 2 Ob, 2 Hr, 2 Tr		10/2	
6	248	Marsch	F	S	Juni 1776	VV, Va, B, 2 Hr	184	10/5	z. Divert. K. 247
7	249	Marsch	D	S	20. 7. 1776	Str, 2 Ob, 2 Fg, 2 Hr, 2 Tr	183	10/6	z. Seren. K. 250
	335a	Marsch	D	S	Aug. 1779	Str, 2 Fl, 2 Ob, 2 Hr, 2 Tr		10/8	z. Seren. K. 320
	335b	Marsch	D	S	Aug. 1779	Str, 2 Fl, 2 Ob, 2 Hr, 2 Tr		10/8	z. Seren. K. 320
9	445	Marsch	D	S	1779	VV, Va, B, 2 Hr		10/21	z. Divert. K. 334
10	408a	Marsch	C	W	1782	Str, 2 Ob, 2 Hr, 2 Tr, Pk	499	10/9	
	408b	Marsch	D	W	Aug. 1782	Str, 2 Fl, 2 Ob, 2 Fg, 2 Hr, 2 Tr, Pk	271, 499	10/9	
	408c	Marsch	C	W	1782	Str, 2 Fl, 2 Fg, 2 Hr, 2 Tr, Pk		10/9	
11	544	Marsch	D	W	26. 7. 1788	1 Vl, Va, Vc, Fl, Hr		—	verschollen
20	32	Galimathias musicum (Quodlibet)	D	Ha	März 1766	Klav, VV, Va, B, 2 Ob, Fg, 2 Hr	82, 125, 478	24/12	
21	477	Maur. Trauer-musik	c	W	Nov. 1785	VV, Va, B, 2 Ob, Kl, Bh, Kfg, 2 Hr (oder 2 Bh)	443	10/12	
22	522	Musikal. Spaß	F	W	14. 6. 1787	VV, Va, B, 2 Hr	82, 364	10/13	
24	410	Kanon. Adagio	F	W	1783	2 Bh, Fg	330, 507, 517	10/15	
25	411	Adagio	F	W	1783	2 Kl, 3 Bh	517	10/16	
26	594	Adagio und Allegro	f, F	W	1790	Orgelwalze	429 f.	24/27a	
27	608	Fantasie	f	W	3. 3. 1791	Orgelwalze	430	10/19	
28	616	Andante	F	W	4. 5. 1791	Orgelwalze	430	10/20	

Nr.	K.V.	Gattung	Tonart	Ort der Komposition	Datum der Komposition	Besetzung	Seite	WAM	Anmerkung
2	103	19 Menuette	—	S	1789	VV, B, 2 Fl, 2 Ob, 2 Hr, 2 Tr		—	
3	104	6 Menuette	—	S	1769	VV, B, kl. Fl, 2 Ob, 2 Hr, 2 Tr		—	
4	105	6 Menuette	—	S	1769	VV, B, Fl, 2 Ob, 2 Hr		—	
6	61	6 Menuette	—	S	1769	VV, B, 2 Fl, 2 Ob, 2 Hr, 2 Tr		—	
8	164	6 Menuette	—	S	Juni 1772	VV, B, Fl, 2 Ob, 2 Hr, 2 Tr		24/14a	
9	176	16 Menuette	—	S	Dez. 1773	VV, B, 2 Fl, 2 Ob, Fg, 2 Hr, 2 Tr		—	
10	363	3 Menuette	—	S	1780	VV, B, 2 Ob, 2 Fg, 2 Hr, 2 Tr, Pk		24/14	
11	409	Menuett	C	W	Mai 1782	Str, 2 Fl, 2 Ob, 2 Fg, 2 Hr, 2 Tr, Pk	239, 497	10/11	
12	461	5 (6) Menuette	—	W	1784	VV, B, 2 Fl, 2 Ob, 2 Fg, 2 Hr		11/16	Nr. 6 unvollständig
13	568	12 Menuette	—	W	24. 12. 1788	VV, B, 2 Fl, Flautino, 2 Ob, 2 Kl, 2 Fg, 2 Hr, 2 Tr, Pk	516	11/1	
14	585	12 Menuette	—	W	Dez. 1789	VV, B, 2 Fl, Flautino, 2 Ob, 2 Kl, 2 Fg, 2 Hr, 2 Tr, Pk	516	11/2	
15	599	6 Menuette	—	W	23. 1. 1791	VV, B, 2 Fl, kl. Fl, 2 Ob, 2 Kl, 2 Fg, 2 Hr, 2 Tr, Pk	516	11/3	
16	601	4 Menuette	—	W	5. 2. 1791	VV, B, Leier, 2 Fl, kl. Fl. 2 Ob, 2 Kl, 2 Fg, 2 Hr, 2 Tr, Pk	516	11/4	
17	604	2 Menuette	—	W	12. 2. 1791	VV, B, 2 Fl, 2 Kl, 2 Fg, 2 Hr, 2 Tr, Pk	516	11/5	
18	509	6 Teutsche	—	Pr	6. 2. 1787	VV, B, 2 Fl, kl. Fl, 2 Ob, 2 Kl, 2 Fg, 2 Hr, 2 Tr, Pk	379, 514	11/6	
19	536	6 Teutsche	—	W	27. 1. 1788	VV, B, 2 Fl, Flautino, 2 Ob, 2 Kl, 2 Fg, 2 Hr, 2 Tr, Pk	516	11/7	
20	567	6 Teutsche	—	W	6. 12. 1788	VV, B, 2 Fl, Flautino, 2 Ob, 2 Kl, 2 Fg, 2 Hr, 2 Tr, Pk	516	11/8	

Nr.	K.V.	Gattung	Tonart	Ort	Datum	Besetzung	Seite	WAM	Anmerkung
				der Komposition					
21	571	6 Teutsche	—	W	21. 2. 1789	VV, B, 2 Fl, Flautino, 2 Ob, 2 Kl, 2 Fg, 2 Hr, 2 Tr, Pk, Becken, Tamburin	516	11/9	
22	586	12 Teutsche	—	W	Dez. 1789	VV, B, 2 Fl, Flautino, 2 Ob, 2 Kl, 2 Fg, 2 Hr, 2 Tr, Pk, Tamburin	516	11/10	
23	600	6 Teutsche	—	W	29. 1. 1791	VV, B, 2 Fl, kl. Fl, 2 Ob, 2 Kl, 2 Fg, 2 Hr, 2 Tr, Pk	516	11/11	
24	602	4 Teutsche	—	W	5. 2. 1791	VV, B, 2 Fl, kl. Fl, 2 Ob, 2 Kl, 2 Fg, Leier, 2 Hr, 2 Tr, Pk	516	11/12	
25	605	3 Teutsche	—	W	12. 2. 1791	VV, B, 2 Fl, kl. Fl, 2 Ob, 2 Hr, 2 Posthr, 2 Tr, Pk, Schellen	516	11/13	Nr. 3: «Die Schlittenfahrt»
26	606	6 Ländler	B	W	28. 2. 1791	VV, B	516	24/16	
44	300	Gavotte	B	P	Mai/Juni 1778	VV, Va, B, 2 Ob, 2 Fg, 2 Hr	492	—	wahrscheinlich zu «Les petits riens»
27	106	Ouv. u. 2 Kontretänze	—	W	Jan. 1790	VV, B, 2 Ob, 2 Fg, 2 Hr	516	24/15	
29	267	4 Kontretänze	—	S	1777	VV, B, Fl, 2 Ob, Fg, 2 Hr		11/15	
31	462	6 Kontretänze	—	W	1784	VV, B, 2 Ob, 2 Hr		11/17	
32	463	2 Menuette m. 2 Kontretänzen	—	W	1784	VV, B, 2 Ob, Fg, 2 Hr		11/18	
34	534	Kontretanz	D	W	14. 1. 1788	VV, B, Flautino, 2 Ob, 2 Hr, Trommel (nur in Klav.-Fassung erhalt.)	516	24/27	«Das Donnerwetter»
35	535	Kontretanz	C	W	23. 1. 1788	VV, B, kl. Fl, 2 Kl, Tr, Trommel	516	11/20	«La Bataille»
38	587	Kontretanz	C	W	Dez. 1789	VV, B, Fl, Ob, Fg, Tr	516	11/21	«Der Held Coburg»
39	603	Kontretänze	—	W	5. 2. 1791	VV, B, kl. Fl, 2 Ob, 2 Fg, 2 Hr, 2 Tr, Pk	516	11/22	
40	607	Kontretanz	Es	W	28. 2. 1791	VV, B, Fl, Ob, Fg, 2 Hr	516	24/17	«Il trionfo delle Donne» (unvollst.)
41	609	5 Kontretänze	—	W	1791	VV, B, Fl, Trommel	516	11/23	Nr. 1 m. d. «Figarothema»
42	610	Kontretanz	G	W	6. 3. 1791	VV, B, 2 Fl, 2 Hr	516	11/24	«Les filles malicieuses»
43	446	Pantomime	—	W	Febr. 1783	VV, Va, B	334	24/18	Fragment

Nr.	K.V.	Konzert für:	Tonart	Ort der Komposition	Datum der Komposition	Besetzung des Begleitorchesters	Seite	WAM	Anmerkung
1	207	Vl	B	S	14. 4. 1775	Str, 2 Ob, 2 Hr	186 f., 476	12/1	
2	211	Vl	D	S	14. 6. 1775	Str, 2 Ob, 2 Hr	186 f., 476	12/2	
3	216	Vl	G	S	12. 9. 1775	Str, 2 Fl, 2 Ob, 2 Hr	182, 186 f., 476, 488	12/4	
4	218	Vl	D	S	Okt. 1775	Str, 2 Ob, 2 Hr	186 f., 476, 488	12/4	
5	219	Vl	A	S	20. 12. 1775	Str, 2 Ob, 2 Hr	158, 186 f., 222, 476, 484, 488	12/5	
6	271a	Vl	D	S	16. 7. 1777	Str, 2 Ob, 2 Hr	476, 487, 491 f.	—	überarb.!
7	268	Vl	Es	?	1780	Str, Fl, 2 Ob, 2 Hr	487	24/19	zweifelhaft!
8	261	Adagio f. Vl	E	S	1776	Str, 2 Fl, 2 Hr	187	12/6	für Brunetti zu K. 219
9	269	Rondo f. Vl	B	S	1776	Str, 2 Ob, 2 Hr	187	12/7	zu K. 207
10	373	Rondo f. Vl	C	W	2. 4. 1781	Str, 2 Ob, 2 Hr	187, 260	12/8	für Brunetti
11	470	Andant. f. Vl	A	W	1. 4. 1785	Str, 2 Ob, 2 Hr	489	—	verschollen!
12	190	2 Vl	C	S	3. 5. 1773	VV, 2 Va, Vc, B, 2 Ob, 2 Hr, 2 Tr	169, 476, 484	12/9	«Concertone»
13	364	Vl, Va	Es	S	1779	VV, 2 Va, B, 2 Ob, 2 Hr	238, 476	12/10	Konzertante Symph.
14	191	Fg	B	S	4. 6. 1774	Str, 2 Ob, 2 Hr	172	12/11	
16	299	Fl, Hrf	C	P	Apr. 1778	Str, 2 Ob, 2 Hr	220	12/12	
17	313	Fl	G	Ma	1778	Str (2 Fl), 2 Ob, 2 Hr	216, 490	12/13	
18	314	Fl	D	?	1777/1778	Str, 2 Ob, 2 Hr	216, 489 f.	12/14	ursprüngl. in C f. Ob
19	315	Andant f. Fl	C	Ma	1778	Str, 2 Ob, 2 Hr	216, 490	12/15	
20	371	Rondo f. Hr	Es	W	21. 3. 1781	Str, 2 Ob, 2 Hr	504	24/21	unvollst.
21	412	Hr	D	W	1782	Str, 2 Ob, 2 Fg	74, 318 f.	12/16	f. Leutgeb
22	417	Hr	Es	W	27. 5. 1783	Str, 2 Ob, 2 Hr	74, 318 f.	12/17	f. Leutgeb
23	447	Hr	Es	W	1783	Str, 2 Ob, 2 Fg	74, 318 f.	12/18	f. Leutgeb
24	495	Hr	Es	W	25. 7. 1786	Str, 2 Ob, 2 Hr	74, 318 f.	12/19	f. Leutgeb
25	622	Kl	A	W	Okt. 1791	Str, 2 Fl, 2 Fg, 2 Hr	449	12/20	f. Stadler
30	175	Klav	D	S	Dez. 1773	Str, 2 Ob, 2 Hr, 2 Tr, Pk	172 f., 313, 498, 504	16/5	
31	238	Klav	B	S	Jan. 1776	Str, 2 Fl, 2 Ob, 2 Hr	187, 504	16/6	
32	242	3 Klav	F	S	Febr. 1776	Str, 2 Ob, 2 Hr	185, 187, 237, 487	16/7	«Lodron-Konzert»
33	246	Klav	C	S	April 1776	Str, 2 Ob, 2 Hr	187, 504	16/8	«Lützow-Konzert»
34	271	Klav	Es	S	Jan. 1777	Str, 2 Ob, 2 Hr	187 f., 504	16/9	«Jeune-homme-Konzert»
35	365	2 Klav	Es	S	1779	Str, 2 Ob, 2 Fg, 2 Hr (später 2 Kl, 2 Tr u. Pk zugesetzt)	237, 504	16/10	
36	414	Klav	A	W	1782	Str, 2 Ob, 2 Hr	315, 504	16/12	

Nr.	K.V.	Konzert für:	Tonart	Ort	Datum der Komposition	Besetzung des Begleitorchesters	Seite	WAM	Anmerkung
37	413	Klav	F	W	1782/1783	Str, 2 Ob, 2 Fg, 2 Hr	315, 504	16/11	
38	415	Klav	C	W	1782/1783	Str, 2 Ob, 2 Fg, 2 Hr, 2 Tr, Pk	315, 504	16/13	
39	449	Klav	Es	W	9. 2. 1784	Str, 2 Ob, 2 Tr	316, 504	16/14	
40	450	Klav	B	W	15. 3. 1784	Str, Fl, 2 Ob, 2 Fg, 2 Hr	316, 504, 513	16/15	
41	451	Klav	D	W	22. 3. 1784	Str, Fl, 2 Ob, 2 Fg, 2 Hr, 2 Tr, Pk	316, 504	16/16	
42	453	Klav	G	W	12. 4. 1784	Str, Fl, 2 Ob, 2 Fg, 2 Hr	316, 504	16/17	für Bab. Ployer
43	456	Klav	B	W	30. 9. 1784	Str, Fl, 2 Ob, 2 Fg, 2 Hr	316, 504, 513	16/18	
44	459	Klav	F	W	11. 12. 1784	Str, Fl, 2 Ob, 2 Fg 2 Hr	316, 428, 504	16/19	1. Krönungskonzert
45	466	Klav	d	W	10. 2. 1785	Str, Fl, 2 Ob, 2 Fg, 2 Hr, 2 Tr, Pk	166, 314, 317, 471, 513	16/20	
46	467	Klav	C	W	9. 3. 1785	Str, Fl, 2 Ob, 2 Fg, 2 Hr, 2 Tr, Pk	317	16/21	
47	482	Klav	Es	W	16. 12. 1785	Str, Fl, 2 Kl, 2 Fg, 2 Hr, 2 Tr, Pk	317	16/22	
48	488	Klav	A	W	2. 3. 1786	Str, Fl, 2 Kl, 2 Fg, 2 Hr	317, 504	16/23	
49	491	Klav	c	W	24. 3. 1786	Str, Fl, 2 Ob, 2 Kl, 2 Fg, 2 Hr, 2 Tr, Pk	314, 317, 471	16/24	
50	503	Klav	C	W	4. 12. 1786	Str, Fl, 2 Ob, 2 Fg, 2 Hr, 2 Tr, Pk	318	16/25	
51	537	Klav	D	W	24. 2. 1788	Str, Fl, 2 Ob, 2 Fg, 2 Hr, 2 Tr, Pk	316, 318, 402, 428	16/26	2. Krönungskonzert
52	595	Klav	B	W	5. 1. 1791	Str, Fl, 2 Ob, 2 Fg, 2 Hr	318, 432, 504, 506, 513	16/27	
53	382	Rondo f. Kl	D	W	März 1782	Str, Fl, 2 Ob, 2 Hr, 2 Tr, Pk	270, 313, 485, 504	16/28	
54	386	Rondo f. Kl	A	W	19. 10. 1782	Str, 2 Ob, 2 Hr		—	
55	107	Klav	—	L	1765	VV, B	123	—	3 Klav.-Sonaten von J. Chr. Bach, von Mozart als Klav.-Konzerte eingerichtet
—	Anh 104	Vl, Va, Vc	A	S	1779	Str, 2 Ob, 2 Hr	238	—	Tripelkonzert, Fragment

LITERATUR UND QUELLEN

Die Standardwerke der Mozart-Literatur, insb. die Biographien von *Jahn, Abert, Einstein* u. a. sind z. T. schon im ersten Kapitel des Textes behandelt worden. Unmittelbar mit diesem zusammenhängende Quellennachweise finden sich in den Anmerkungen. Die folgende Zusammenfassung soll den Leser nur auf die wichtigsten Arbeiten aufmerksam machen, die neben den schon früher genannten Werken auch diesem Buch zugrunde lagen. – Bald nach dem Tode Mozarts war in dem *«Nekrolog auf das Jahr 1791»* bei Perthes in Gotha ein würdiger und merkwürdig objektiver Abriß seines Lebens von *Friedrich von Schlichtegroll* (1764–1822) erschienen. Die Schwester Mozarts hatte diese kurze Biographie mit Beiträgen unterstützt und durch zustimmendes Urteil gutgeheißen. Die absprechende Meinung der Witwe des Tondichters über den, ihrer kleinlichen Einstellung nach, vielfach ungerechten Aufsatz hat das glaubwürdige Dokument für längere Zeit in Mißkredit gebracht und unterdrückt. Es enthält wertvolle persönliche Daten über den Meister, wenn es auch in erster Linie nur die Jugendjahre ausführlicher behandelt und den Werken noch nicht nähertritt. Als Fortsetzung Schlichtegrolls erschienen die biographischen Arbeiten von *Niemetschek* (1798), *Rochlitz* (1797) und *Stendhal* (1814). Stendhal ist der erste schwärmerische Verkünder Mozarts unter den Romanen. Er dringt mit dem ihm eigenen psychologischen Sinn in Fernen, die seine musikalische Beschränkung niemals erreicht hätte. 1828 veröffentlichte die Witwe Mozarts das fleißige Sammelwerk ihres zweiten, vor Vollendung der Arbeit verstorbenen Gatten, des dänischen Etatsrates *Georg Nikolaus Nissen*, einen Quellenschatz ersten Ranges. Leider hat Nissen in Rücksichtnahme auf Mozarts Witwe das reiche Material, das ihm zur Verfügung stand, zum Teil unterdrückt, zum Teil einseitig behandelt und dadurch zahlreiche Fehlurteile in die Welt gesetzt. Eine kritische Durchforschung seiner im Salzburger Mozarteum verwahrten handschriftlichen Entwürfe und Korrekturen könnte noch Brauchbares zutage fördern. Eine Biographie des russischen Diplomaten *Alexander von Ulibischeff* (1843) fand weite Verbreitung, ist aber subjektiv beschränkt, zum Teil dilettantisch. Die genannten Werke begnügen sich mit der anekdotenhaften Schilderung von Mozarts Leben und vermeiden meist tieferes Eingehen in das künstlerische Schaffen. Zum Teil treten sie diesem in persönlich befangener Einstellung entgegen, die als Spiegelung der zeitgenössischen Auswirkung von Mozarts Musik nicht ohne Reiz ist.

1856/59 war die große Biographie von *Otto Jahn* erschienen. In konsequenter Entwicklung der jungen musikwissenschaftlichen Forschung, deren mächtiger Aufschwung in vielem der Persönlichkeit eines *Hugo Riemann* zu danken ist, erschien allmählich eine Reihe wertvoller Spezialarbeiten auf dem Gebiete der Mozart-Forschung, die immer weitere Breschen in die lange als endgültig betrachteten Ergebnisse des Jahnschen Werkes schlugen und eine neue Gesamtbetrachtung langsam vorbereiteten. Zunächst widerlegte *Friedrich Chrysander* in seinen Aufsätzen über die Jugendoper «Mitridate» (Allg. Musikal. Zeitung, XVI, XVII, 1881 ff.) mehrere Irrtümer Jahns; im Anschluß daran hat *Hermann Kretzschmar* in einer Studie «Mozart in der Geschichte der Oper» (Jahrb. d. Musikbibl. Peters, 1905) der Forschung wichtige Wege auf diesem Gebiete gewiesen.

Schon 1894 war die erste Publikation der *«Denkmäler der Tonkunst in Österreich»* erschienen. Diesen folgten die *«Denkmäler deutscher Tonkunst»* und die *«Denkmäler deutscher Tonkunst in Bayern»*, sorgfältige Publikationen, die unter vielen Quellenwerken älterer Meister auch die Arbeiten der Vorläufer und Zeitgenossen Mozarts einem weiteren Kreise übersichtlich erschlossen. *Adolf Sand-*

bergers bedeutender Aufsatz *«Zur Geschichte des Haydnschen Streichquartetts»* (1900) eröffnet die zahlreichen nun folgenden Untersuchungen, durch die helleres Licht auf die grundlegende Arbeit einer Reihe schaffender Künstler vor der Blütezeit des sogenannten «klassischen Instrumentalstils», auf die typisch ausgeprägten Leistungen der Wiener und Mannheimer sinfonischen Schule, der norddeutschen und der Salzburger Meister zur Zeit der Mozartschen Entwicklungsjahre fiel. Hand in Hand damit schuf die moderne Methode *stilkritischer Musikforschung*, die in Wien ihren Ausgang genommen hatte, die Grundlagen einer neuen Betrachtungsweise des historischen Materials und stellte damit auch das Mozartsche Werk in den lebendigen Organismus der musikgeschichtlichen Entwicklung. 1905 hatte *Paul Graf von Waldersee* die letzte Neubearbeitung von *L. v. Köchels* «Chronologisch-thematischem Verzeichnis sämtlicher Tonwerke W. A. Mozarts» herausgegeben. Waldersee benützte in erster Linie Köchels Zusätze in dessen Handexemplar der 1. Auflage von 1862 und faßte die Forschungsergebnisse von 1877, dem Todesjahre Köchels, ab zusammen. Die Umwälzungen, die sich seither in der musikwissenschaftlichen Disziplin vollzogen, hat *H. Abert* in speziellem Hinblick auf die Mozart-Forschung in seinem Aufsatze über «Stand und Aufgaben der Mozart-Forschung» (MJB 1924) dargestellt. Die Jahre seit dem Erscheinen der Walderseeschen Neubearbeitung haben tatsächlich gerade in der Mozart-Forschung eine fast unübersehbare Fülle neuer Erkenntnisse gebracht. Zahlreiche bisher unbekannte Werke des Meisters sind neu zutage gefördert worden, andererseits hat eine kritische Forschung viele Arbeiten, die Mozart unterschoben worden waren und die zum Teil sogar Aufnahme in die *Gesamtausgabe* (Breitkopf & Härtel 1876–1886) gefunden hatten, als unecht erkannt. Eine neuerliche Zusammenfassung des gesamten reichen Materials geschah – das *«Nouveau-Classement»* von Wyzewa-St. Foix wieder überholend – durch die *Neuauflagen des chronologisch-thematischen Verzeichnisses sämtlicher Tonwerke W. A. Mozarts von Ludwig von Köchel* bei Breitkopf & Härtel (3. Auflage, Leipzig 1937, bearb. von *Alfr. Einstein,* dazu zwei unveränderte Neudrucke dieser Auflage, ohne das 1947 erschienene, von *Einstein* verfaßte *Supplement,* als 4. u. 5. Auflage bezeichnet – 6. Auflage, Wiesbaden 1964, bearb. von *Franz Giegling, Alexander Weinmann* und *Gerd Sievers*). In dem für jeden Mozart-Beflissenen unentbehrlichen «Köchel» erscheint alles Quellenmäßige über jedes einzelne *Werk,* die Entwürfe, die Angaben über Autograph, Abschriften, Ausgaben, Geschichte und Literatur in gedrängter Form, systematisch und übersichtlich zusammengestellt. Dazu tritt, mit gleicher Bedeutung für Mozarts *Leben,* der als «Supplement der Neuen Ausgabe sämtlicher Werke Mozarts» von der Internationalen Stiftung Mozarteum in Salzburg herausgegebene, mit außerordentlicher Akribie durchgearbeitete Band *«Mozart, Die Dokumente seines Lebens»,* gesammelt und erläutert von *Otto Erich Deutsch* (Bärenreiter, Kassel-Basel-London-New York, 1961), dem sich die *neue Gesamtausgabe der Briefe und Aufzeichnungen Mozarts,* bearb. von *Wilh. A. Bauer* u. *O. E. Deutsch* im gleichen Verlage, 4 Bände, 1962/63, ebenbürtig anschließt. Ältere Briefausgaben von *Ludw. Nohl* (Salzburg 1865) und *Karl Storck* (Elberfeld, o. J.). Die erste kritische Gesamtausgabe der «Briefe M. A. Mozarts und seiner Familie» stammt von *Ludwig Schiedermair* (München 1914). Dazu dessen Faksimileausgabe von «W. A. Mozarts Handschrift in zeitlich geordneten Nachbildungen» (Leipzig 1919) als Ergänzung seiner übersichtlich zusammenfassenden Arbeit «Mozart, sein Leben und seine Werke» (München 1922). Eine weitere «Gesamtausgabe der Briefe und Aufzeichnungen der Familie Mozart», die Originalbriefe des Meisters auch in Lichtdruckreproduktionen wiedergibt, veranstaltete *Erich H. Müller-Asow* im Auftrag des Zentralinstituts für Mozart-Forschung am Salzburger Mozarteum (Alfr. Metzner, Berlin 1942). Die

Ausgabe der «Briefe Leopold Mozarts an seine Tochter» besorgten *O. E. Deutsch* und *B. Paumgartner* (Ant. Pustet, Salzburg-Leipzig 1936). «Briefe, Aufzeichnungen, Dokumente Konstanze Mozarts» hat *Arthur Schurig* 1922 im Opal-Verlag (Dresden) herausgegeben. Reizvolle Untersuchungen sind *Irma Hoeslis* «W. A. Mozart – Briefstil eines Musikgenies» (Zürich 1948, Artemis-Verlag) und *Arnold Kühns* Dissertation «Mozarts humoristische Briefe». Literarhistorische Beiträge zum Verständnis der Briefe und dichterischen Versuche (Saarbrücken 1960). – Wesentliches Material als instruktiver Spiegel der in der Zeit fortschreitenden wissenschaftlichen Erkenntnisse enthält die wertvolle Reihe der *Mozart-Jahrbücher:* Drei Jahrgänge «Mozart-Jahrbuch» von *Hermann Abert* im Drei-Masken-Verlag, München 1923/24/29, herausgegeben; ihnen folgend das «Neue Mozart-Jahrbuch», herausgegeben von *Erich Valentin* «im Auftrage des Zentralinstituts für Mozart-Forschung am Mozarteum Salzburg» beim Bosse-Verlag in Regensburg 1941/42/43, seit 1950 die Reihe des, unmittelbar von der Internationalen Stiftung herausgegebenen «Mozart-Jahrbuchs» (Schriftleitung *Géza Rech*), von der bis heute 14 Bände (der erste 1950, der letzte 1965/66) erschienen sind. Dazu die seit 1896 bestehenden «Mitteilungen für die Mozart-Gemeinde in Berlin» und die seit 1962 periodisch erscheinenden «Mitteilungen der Internationalen Stiftung Mozarteum», Nachfolger der Mozarteums-Mitteilungen (MM). Wichtige Hinweise geben die *Revisionsberichte* zur alten Gesamtausgabe der Werke Mozarts (Leipzig, Breitkopf & Härtel) und die *Kritischen Berichte* zur Neuen Mozart-Ausgabe (NMA), verbunden mit den ausführlichen kritischen *Einleitungen in den Notenbänden* selbst (Kassel, Bärenreiter Verlag). – Die neuere Forschung hatte sich nicht auf Echtheitsbeweise allein beschränkt. Nach Prüfung der Ergebnisse der älteren Zeit, deren Hauptvertreter *Jahn* und *Köchel* waren, war sie vielfach zu anderen Ergebnissen gelangt. Zahlreiche Biographien und größere Spezialarbeiten, dazu eine Unzahl kleinerer Publikationen haben den Gesichtskreis der Mozart-Literatur in den letzten Dezennien bedeutend erweitert. Hierher sind alle die Aufsätze in den wissenschaftlichen und anderen Musikzeitschriften zu rechnen, Erläuterungen, stilistische Einzeluntersuchungen, dazu auch Dissertationen, die sich der Feststellung des Mozartschen Werkes, seiner Bedingungen und seiner Zeit widmen. Zu diesen Arbeiten zählen die Untersuchungen *H. Riemanns* über Schobert (DdT XXXIX, 1909), *H. Aberts* Aufsatz *«Joh. Christ. Bachs ital. Opern und ihr Einfluß auf Mozart»* (ZfMW I/6, 1919) und seine Studie über *L. Mozarts Notenbuch von 1762* (Gluck-Jahrb. III, S. 51 ff.), *W. Fischers* Habilitationsschrift *«Zur Entwicklungsgeschichte des Wiener klass. Stils»* (Studie z. Mus.-Wiss., III., 1915), *Hans Joachim Mosers* lebendige Darstellung der Stilwandlung um die Mitte des 18. Jahrhunderts in seiner «Geschichte der deutschen Musik» (II/1, S. 309 ff.), die Studien *Erich Schenks* über das musikalische Barock, über «Mozarts Salzburger Vorfahren» (MJb III, 1927), «Zur Tonsymbolik in Mozarts ‹Figaro›» (NMJb I, 1941) und als Hauptwerk seine Mozart-Biographie (Zürich-Wien-Leipzig, Amalthea-Verl., 1955), *H. Engels* «Entwicklung des deutschen Klavierkonzerts» (Leipzig 1927) und seine Studie über Mozarts Konzertwerke (Ber. mw. Tg. 1932), Arbeiten von *Andrea della Corte* und *Fausto Torrefranca* über den Einfluß italienischer Meister, insb. Sammartinis auf Mozart, die Studie «Mozart et ses concertos pour Piano» von *C. M. Girdlestone* (Paris 1939), derselbe, «Mozart's Piano Concertos» (London, Cassell & Co., 1948) und das instruktiv ausführliche Werk über das gleiche Thema von *Eva und Paul Badura-Skoda*, «Mozart-Interpretation» (Wien-Stuttgart 1957). Auch *Hans Dennerleins* Studie «Der unbekannte Mozart» (Leipzig 1955) befaßt sich mit der «Welt seiner Klavierwerke». In seiner Mainzer Habilitationsschrift untersucht *Günther Massenkeil* das «Problem der Symmetrie in der Instrumentalmusik W. A. Mozarts» (Franz Steiner, Wiesbaden 1962). – Die *Bühnenwerke Mozarts* behandelt grundlegend *E. J. Dent* («Mozart's Operas», London 1913), während die interessante Schrift von *H. Cohen* «Die dramatische Idee in Mozarts Operntexten» (Berlin 1916) noch nicht zur Klarheit führt. *Leopold Conrads* «Mozarts Dramaturgie der Oper» (Würzburg 1943) ist ein Versuch, dem Problem von anderer Seite her beizukommen, als es *Ernst Lert* in seinem «Mozart auf dem Theater» (Berlin 1918) als gewiegter Bühnenpraktiker getan hatte. Wichtig: *Thrasybulos Georgiades'* «Aus der Musiksprache des Mozart-Theaters» (Mozart-Jb. 1950)! «Mozarts Lebensweg in Bildern» verfolgt *Géza Rech* (Deutscher Kunstverlag, 1955). *Otto Schneiders* «Mozart in Wirklichkeit» (Wien 1955) gibt diesen «nur fünfunddreißigjährigen Erdenweg» erst «chronologisch aufgereiht, dann kalendarisch auf den Jahresablauf verteilt». Aufschlußreich: «A Mozart Pilgrimage», die von *Nerina Medici di Marignano* und *Rosemary Hughes* erstmalig 1955 bei Novello & Co. (London) herausgegebenen Reisetagebücher des Verlegerehepaares *Vincent und Mary Novello* aus dem Jahre 1829. Diese fanatischen Mozart-Verehrer haben damals die Reise von London nach Salzburg und Wien unternommen, um, «38 Jahre nach des Meisters Tode, die wenigen überlebenden Verwandten und Freunde Mozarts zu sehen und die Orte zu betreten», die der Genius geheiligt hatte. (Eine etwas gekürzte deutsche Übertragung von *Ernst Roth* (Boosey & Hawkes, Bonn 1959.) Über die «Salzburger Mozartfragmente» eine tüchtige Bonner Dissertation von *Mena Blaschitz* (1926). Zu den Biographien literarischer Tendenz gehört das zweibändige Werk «W. A. Mozart» von *Artur Schurig* (Leipzig 1913). Bleibende Verdienste hat sich der Genannte durch kleinere Mozart-Publikationen, namentlich durch die Herausgabe der Reiseaufzeichnungen Leopold Mozarts und, wie schon erwähnt, der Briefe Konstanze Mozarts erworben. Aus gleicher «Vorkriegszeit» wie die Biographie Schurigs stammt *Leopold Schmidts* damals vielgelesene Lebensbeschreibung «W. A. Mozart» (Berlin 1912). Mit freundlicher Wärme und liebevoller Einfühlung versucht der Jesuitenpater *Joseph Kreitmaier* in seinem «W. A. Mozart» eine «Charakterzeichnung des großen Meisters» nach den literarischen Quellen (Düsseldorf 1919). Neuere biographische Arbeiten von *Roland Tenschert* («Ein Künstlerleben in Bildern und Dokumenten», Leipzig-Amsterdam 1930, «Mozart, ein Leben für die Oper», Wien 1914, und «W. A. Mozart», Salzburg 1951) und *Robert Haas*, «W. A. Mozart» (Potsdam 1933). *Tenschert* hatte 1921 in Wien über «Die Ouvertüren Mozarts» (Mozart Jb. II, München 1924) dissertiert. Eine ausführliche, ausgezeichnet geordnete, inhaltsreiche Arbeit aus neuester Zeit ist die Mozart-Biographie von *Jean und Brigitte Massin* in der Bücherreihe des «Club français du Livre» (1959), eines der überzeugendsten Bücher über Mozart in französischer Sprache. Die Bedeutung der Monographie «Mozart – Sein Charakter, sein Werk» von *Alfred Einstein* (Stockholm 1947, Bermann-Fischer-Verlag; eine englische Fassung war bereits 1945 in New York bei der «Oxford University Press» erschienen) wurde schon im ersten Kapitel des Textes gewürdigt. Im Text und in den Anmerkungen wurde einer großen Reihe weiterer wertvoller, in diesem Kapitel nicht erwähnter *Spezialarbeiten* gedacht.

Verzeichnis der Abbildungen: Die Familie Mozart. Gemälde von J. N. de Croce 1780/81, bei S. 96 – Der siebenjährige Mozart mit Vater und Schwester. Stich von Delafosse 1764, bei S. 136 – Mozart. Aus dem Gemälde von de Croce, bei S. 236 – Konstanze Mozart. Gemälde von J. Lange 1782, bei S. 296 – Mozart. Gemälde von J. Lange 1782, bei S. 316 – Mozart. Holzrelief von L. Posch 1789, bei S. 376 – Mozart. Zeichnung von Dora Stock 1789, bei S. 396.